中国区域
金融稳定报告
(2017)

China Regional
Financial Stability Report
(2017)

中国人民银行上海总部金融稳定分析小组　编

中国金融出版社

责任编辑：赵晨子
责任校对：潘　洁
责任印制：张也男

图书在版编目（CIP）数据

中国区域金融稳定报告．2017（Zhongguo Quyu Jinrong Wending Baogao．2017）／中国人民银行上海总部金融稳定分析小组编．—北京：中国金融出版社，2017.9
ISBN 978－7－5049－9142－3

Ⅰ．①中…　Ⅱ．①中…　Ⅲ．①区域金融—研究报告—中国—2017　Ⅳ．①F832.7

中国版本图书馆 CIP 数据核字（2017）第 194859 号

出版 发行	中国金融出版社

社址　北京市丰台区益泽路 2 号
市场开发部　（010）63266347，63805472，63439533（传真）
网 上 书 店　http：//www.chinafph.com
　　　　　　　（010）63286832，63365686（传真）
读者服务部　（010）66070833，62568380
邮编　100071
经销　新华书店
印刷　北京市松源印刷有限公司
装订　平阳装订厂
尺寸　210 毫米×285 毫米
印张　28.5
字数　739 千
版次　2017 年 8 月第 1 版
印次　2017 年 8 月第 1 次印刷
定价　169.00 元
ISBN 978－7－5049－9142－3
如出现印装错误本社负责调换　联系电话（010）63263947

《中国区域金融稳定报告（2017）》编写组

总　　纂：杜要忠　郑　锋　丘　斌　陶　诚　裴绍军
统　　稿：陈　静　郭　芳　王　亮
执　　笔：陈　静　郭　芳　王　亮　庄礼焕　黄启然　季　军
　　　　　居　姗　邓京明　郝俊香　梁　伟　刘　健　赵　起
　　　　　朱永海　王迪迪　张继仁

目　　录

第一部分　概述 ··· 1
　一、区域经济运行与金融稳定 ·· 1
　二、区域金融业与金融稳定 ·· 8
　三、区域金融市场与金融稳定 ·· 17
　四、区域金融改革与金融稳定 ·· 18
　五、区域金融基础设施与金融稳定 ··· 19

第二部分　东部地区 ·· 20
　一、产业转型升级取得新进展，经济复苏压力依然较大 ····························· 20
　二、房地产市场调控取得初步成效，但潜在风险仍需关注 ·························· 20
　三、同业业务快速发展，交叉性金融风险有所积累 ··································· 21
　四、不良贷款增长势头有所放缓，信贷风险防控压力仍然较大 ···················· 22
　五、证券业创新业务发展迅速，但创新发展带来新的挑战 ·························· 24
　六、保险业服务经济社会能力增强，退保与满期给付压力较大 ···················· 24
　七、定量评估 ··· 25

第三部分　中部地区 ·· 28
　一、经济结构总体改善，化解产能过剩的压力依然较大 ····························· 28
　二、金融改革力度持续增强，金融组织体系不断完善 ································ 30
　三、银行信用风险总体可控，重点领域风险防范压力上升 ·························· 30
　四、区域多层次资本市场建设加快，地方各类交易所亟待规范 ···················· 32
　五、各项保险业务稳步发展，偿付退保压力和市场秩序不规范等依然存在 ····· 34
　六、定量评估 ··· 35

第四部分　西部地区 ·· 38
　一、地区经济运行保持平稳，部分行业仍面临下行压力 ····························· 38
　二、地方金融改革有序推进，农村金融服务能力持续提升 ·························· 38
　三、银行业总体运行平稳，部分领域风险有所上升 ··································· 40
　四、证券期货业平稳发展，部分市场主体稳健性有待提升 ·························· 42
　五、保险业增长势头强劲，潜在风险仍需关注 ··· 42
　六、金融基础设施持续完善，但部分领域风险因素依然存在 ······················· 43

七、定量评估 ··· 43

第五部分　东北地区 ·· 46
　　一、经济增长总体放缓,内生动力有待增强 ··· 46
　　二、去产能、去库存取得一定成效,但工业产业转型升级步伐偏缓 ················ 47
　　三、银行业整体规模稳步增长,不良贷款防控形势严峻 ····························· 47
　　四、法人银行机构改革取得新进展,资本金补充机制有待健全 ····················· 49
　　五、证券业运行平稳,直接融资进展缓慢 ··· 49
　　六、保险业整体实力增强,相关配套措施有待完善 ··································· 50
　　七、定量评估 ··· 51

第六部分　总体评估 ·· 54
　　一、总体评估 ··· 54
　　二、维护区域金融稳定需关注的方面 ·· 55

专题 ··· 59
　　区域性股权市场发展成效及存在问题 ·· 59
　　我国区域要素金融市场发展特点、问题及建议 ······································· 62
　　我国资产管理业务现状及存在问题 ··· 66
　　借鉴国际经验加强保险资金运用风险管理 ·· 71

中国各地区金融稳定报告摘要（2017）

北京市金融稳定报告摘要	77
天津市金融稳定报告摘要	87
河北省金融稳定报告摘要	95
山西省金融稳定报告摘要	101
内蒙古自治区金融稳定报告摘要	111
辽宁省金融稳定报告摘要	122
吉林省金融稳定报告摘要	133
黑龙江省金融稳定报告摘要	144
上海市金融稳定报告摘要	155
江苏省金融稳定报告摘要	166
浙江省金融稳定报告摘要	174
安徽省金融稳定报告摘要	185
福建省金融稳定报告摘要	197
江西省金融稳定报告摘要	205
山东省金融稳定报告摘要	215
河南省金融稳定报告摘要	225
湖北省金融稳定报告摘要	235
湖南省金融稳定报告摘要	245
广东省金融稳定报告摘要	254
广西壮族自治区金融稳定报告摘要	269
海南省金融稳定报告摘要	279
重庆市金融稳定报告摘要	289
四川省金融稳定报告摘要	299
贵州省金融稳定报告摘要	313
云南省金融稳定报告摘要	324
西藏自治区金融稳定报告摘要	337

陕西省金融稳定报告摘要	349
青海省金融稳定报告摘要	361
甘肃省金融稳定报告摘要	370
宁夏回族自治区金融稳定报告摘要	378
新疆维吾尔自治区金融稳定报告摘要	387
大连市金融稳定报告摘要	400
青岛市金融稳定报告摘要	413
宁波市金融稳定报告摘要	421
厦门市金融稳定报告摘要	429
深圳市金融稳定报告摘要	437

第一部分　概　述

2016年，面对世界经济政治领域不确定因素进一步增多、国内结构性矛盾仍较突出的复杂多变形势，各地区[①]主动适应经济发展新常态，统筹推进"五位一体"总体布局和协调推进"四个全面"战略布局，以推进供给侧结构性改革为主线，适度扩大总需求，坚定推进改革，妥善应对各类风险挑战，"十三五"开局良好，经济社会保持平稳健康发展，区域发展协调性进一步增强。在贯彻落实稳健货币政策基础上，各地区金融业改革稳步推进，金融体系总体稳健运行。

一、区域经济运行与金融稳定

2016年，各地区坚持稳中求进工作总基调，坚持新发展理念，继续贯彻落实积极的财政政策和稳健的货币政策，大力推进供给侧结构性改革，产业结构调整和区域协调发展取得积极进展，继续由工业主导向服务业主导加快转变，物价水平保持稳定，经济运行保持在合理区间。

（一）各地区经济发展平稳向好，区域间相对差距持续缩小

2016年，各地区经济发展总体平稳，经济增速维持在合理增长区间。东部、中部、西部和东北地区生产总值分别达到40.37万亿元、15.91万亿元、15.65万亿元和5.23万亿元，同比分别增长7.55%、7.95%、8.23%和2.51%[②]（见表1）。中部、西部地区经济发展速度继续高于东部地区，在地区生产总值增速超过8%的12个省区中，中部地区占4席、西部地区占6席、东部地区占2席（见图1）。其中，西部地区的重庆市、贵州省和西藏自治区的经济增速分别为10.7%、10.5%和10.0%，居全国前三位。中、西部地区与东部地区相对差距继续缩小，区域经济增长协调性进一步增强。

表1　　　　　　　　　　2016年各地区生产总值及增长率

项目	东部地区		中部地区		西部地区		东北地区	
	2016年	2015年	2016年	2015年	2016年	2015年	2016年	2015年
地区生产总值（亿元）	403 733.84	372 777.72	159 113.24	147 139.62	156 528.80	145 521.36	52 310.23	58 101.10

[①] 东部地区10个省市，包括北京、天津、河北、上海、江苏、浙江、福建、山东、广东和海南；中部地区6个省份，包括山西、安徽、江西、河南、湖南和湖北；西部地区12个省区，包括广西、重庆、四川、贵州、云南、西藏、陕西、甘肃、青海、宁夏、新疆和内蒙古；东北地区3个省份，包括黑龙江、吉林、辽宁。本报告不含港、澳、台地区。

[②] GDP增速计算剔除物价因素。

续表

项目	东部地区		中部地区		西部地区		东北地区	
	2016年	2015年	2016年	2015年	2016年	2015年	2016年	2015年
占全国GDP比例（%）	52.32	51.52	20.62	20.34	20.28	20.11	6.18	8.03
增长率（%）	7.55	7.98	7.95	8.15	8.23	8.09	2.51	4.54

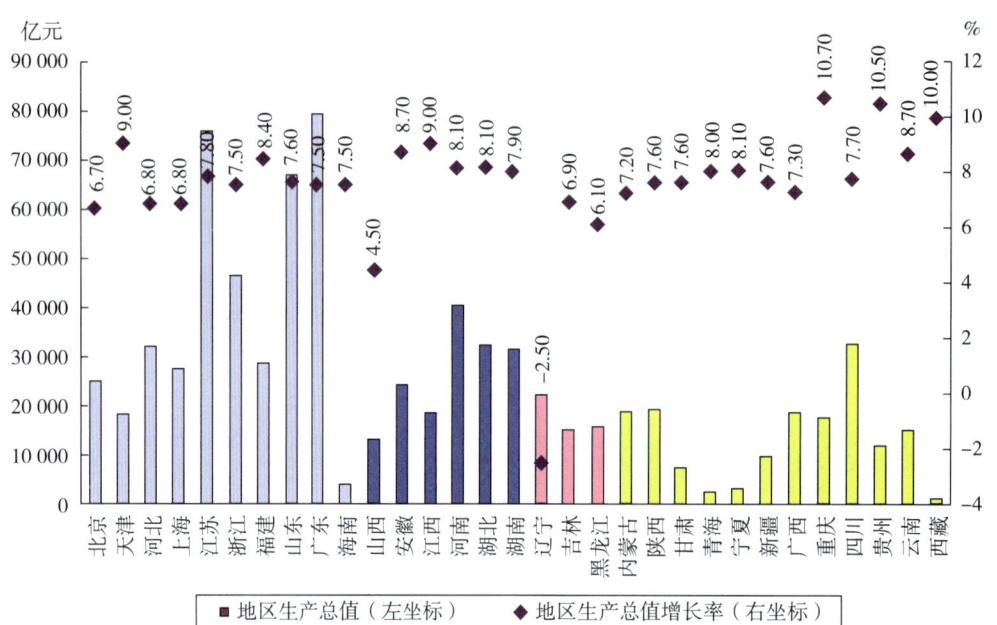

图1　2016年各省（自治区、直辖市）生产总值及增长率

（二）各地区三次产业结构持续调整，服务业发展继续领跑

2016年，东部、中部、西部和东北地区第一产业增加值分别为2.20万亿元、1.66万亿元、1.86万亿元和0.63万亿元，同比分别增长2.81%、3.61%、4.46%和1.35%，增速较上年分别小幅回落0.29个、0.38个、0.33个和3.22个百分点。农业生产再获丰收，各地区全年共生产粮食产量61 624万吨、谷物产量56 517万吨、猪牛羊禽肉类总产量8 540万吨、水产品产量6 900万吨。

东部、中部、西部和东北地区第二产业增加值分别为16.98万亿元、7.22万亿元、6.80万亿元和2.01万亿元。各地区增速有所分化，其中，西部地区同比增长8.10%，较上年提高1.85个百分点；东北地区由升转降，同比下降1.14%；东部和中部地区同比分别增长6.17%和7.21%，较上年分别回落0.56个和0.24个百分点。各地区第二产业占GDP比重继续回落，东部、中部、西部和东北地区第二产业占三次产业比重较上年分别回落1.51个、1.97个、2.08个和5.51个百分点。

东部、中部、西部和东北地区第三产业保持较快发展，全年实现增加值分别为21.20万亿元、7.03万亿元、6.99万亿元和2.59万亿元，同比分别增长9.22%、9.89%、9.37%和5.86%（见图2）。各地区第三产业占GDP比重持续上升，其中，东部地区第三产业占三次产业比重为52.50%，继续领先其他地区。

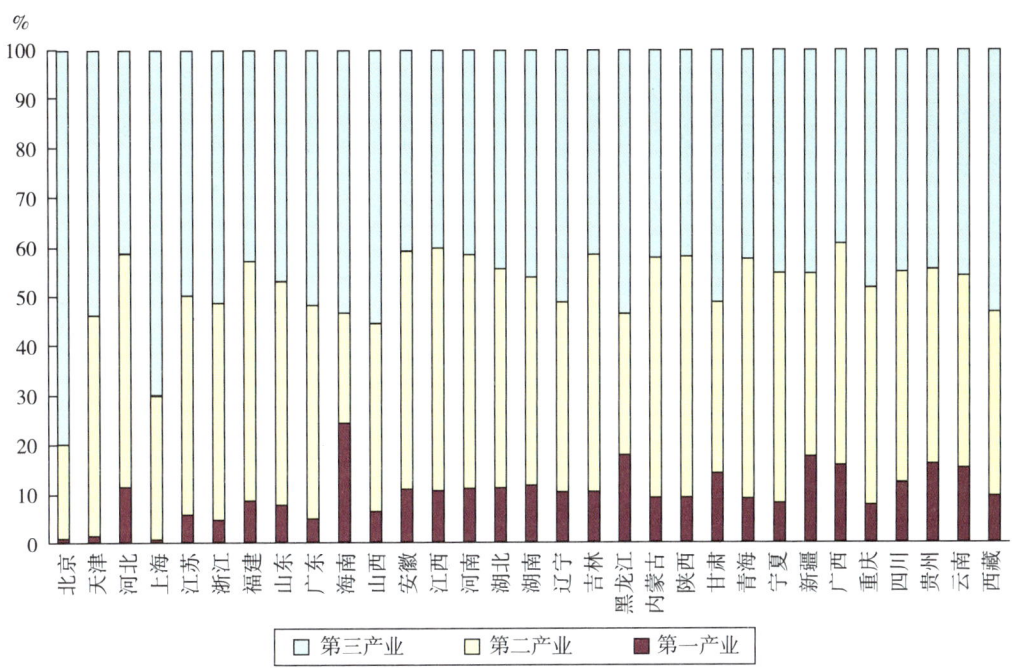

图2　2016年各省（自治区、直辖市）三次产业结构

（三）各地区消费保持较快增长，投资增速持续放缓，对外贸易下滑趋缓

各地区消费需求较快增长，新兴业态消费拉动作用明显增强。2016年，社会消费品零售总额为33.23万亿元，比上年增长10.4%，扣除价格因素，实际增长9.6%。分城乡看，城镇消费品零售额28.58万亿元，增长10.4%；乡村消费品零售额4.65万亿元，增长10.9%。分地区看，东部、中部、西部和东北地区社会消费品零售总额分别为17.11万亿元、6.98万亿元、6.13万亿元和2.91万亿元，同比分别增长10.05%、11.49%、11.24%和7.57%（见图3）。网络零售保持快速增长，全年网上零售额为5.16万亿元，比上年增长26.2%。

各地区固定资产投资增速持续放缓，中西部投资增速继续快于东部和东北地区。2016年，各地区固定资产投资（不含农户）59.65万亿元，增长8.1%，增速较上年回落3.4个百分点。其中，东部、中部和西部地区固定资产投资同比分别增长9.1%、12.0%、12.2%，东北地区固定资产投资同比下降23.5%（见图4）。分产业看，第一、第二产业投资增速放缓，同比分别增长21.1%、3.5%，增速较上年分别回落10.7个和4.5个百分点；第三产业投资增长10.9%，较上年提高0.3个百分点。投资结构继续优化调整，民间固定资产投资36.52万亿元，占固定资产投资（不含农户）的比重为61.2%；基础设施投资和高技术产业投资快速增长，同比分别增长17.4%和15.8%，占固定资产投资（不含农户）的比重分别达19.9%和6.3%。

各地区进出口下滑趋势有所趋缓，贸易方式和贸易结构进一步优化。2016年，各地区进出口总额3.77万亿美元，比上年下降5.92%，降幅较上年收窄1.96个百分点。其中，出口2.16万亿美元，同比下降6.98%；进口1.61万亿美元，同比下降4.02%；贸易顺差5 460.60亿美

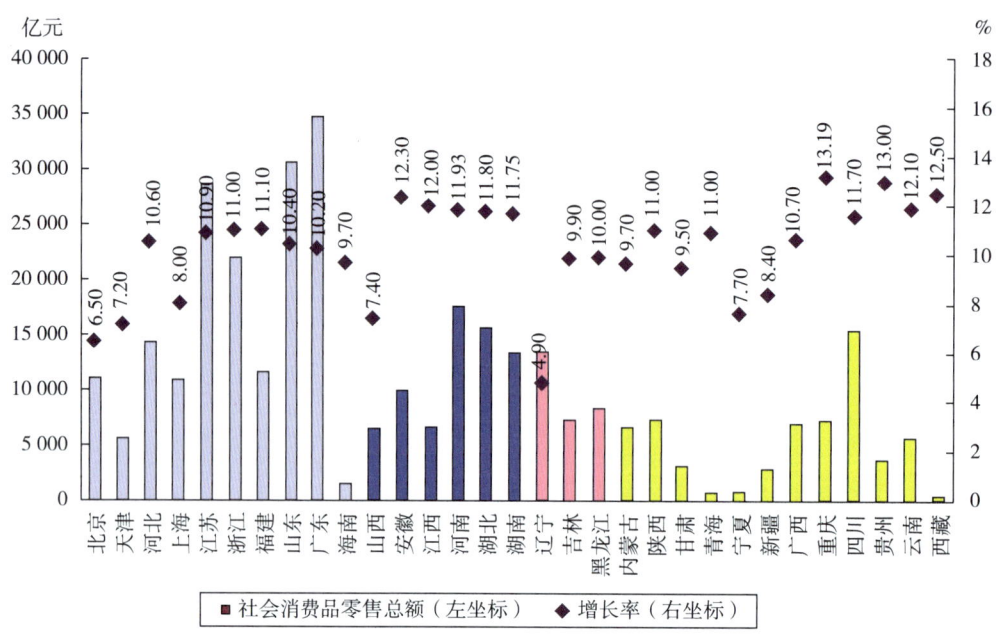

图3 2016年各省（自治区、直辖市）社会消费品零售总额及增长率

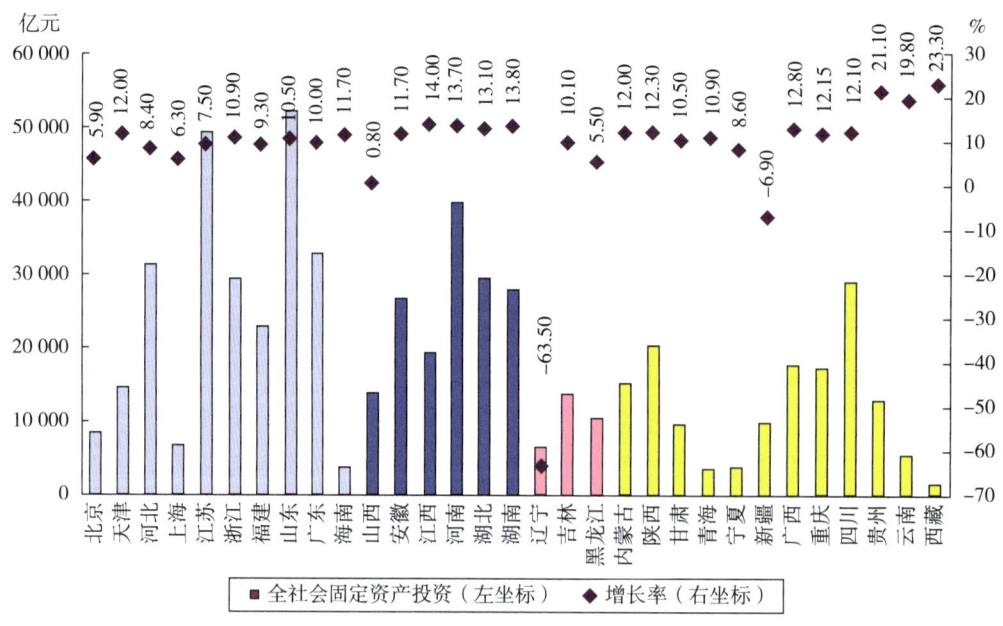

图4 2016年各省（自治区、直辖市）全社会固定资产投资及增长率

元，较上年有所缩窄。从贸易方式看，一般贸易比重持续提升，对外贸易自主发展能力不断增强。全年一般贸易进出口值占进出口总额的55.05%，占比较上年提升1.05个百分点。分地区看，东部、中部、西部和东北地区进出口贸易总额分别为65 895.78亿美元、8 348.67亿美元、3 929.16亿美元和1 214.72亿美元，同比分别下降2.96%、3.45%、12.66%和10.61%。其中，山西省外贸总额增长显著，同比增速由负转正，较上年增长13.4%，居全国第一位；贵州省、

黑龙江省、云南省等省份全年进出口总值明显回落，同比分别下降 53.40%、21.30% 和 18.80%（见图5）。

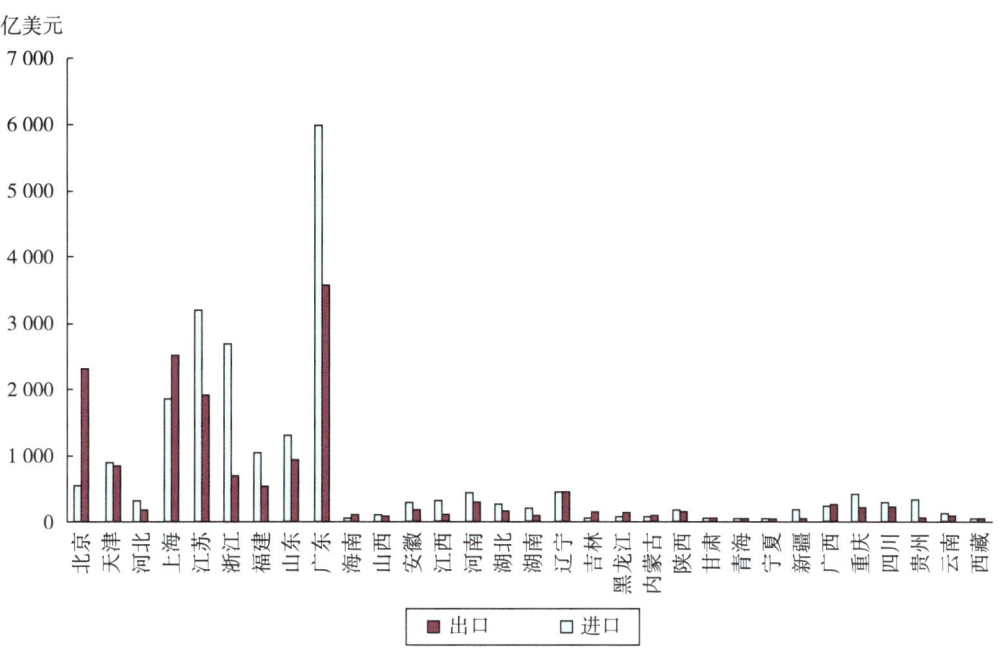

图5 2016年各省（自治区、直辖市）进出口情况

2016年，投资"引进来"和"走出去"齐头并进，"一带一路"战略效应逐步显现。全年各地区实际使用外商直接投资金额1 260亿美元，增长4.1%；其中"一带一路"沿线国家对华直接投资新设立企业2 905家，增长34.1%。全年对外直接投资额（不含银行、证券、保险）1 701亿美元，大幅增长44.1%，其中对"一带一路"沿线国家对外直接投资额达145亿美元。

（四）各地区消费价格涨幅总体稳定，工业生产价格降幅大幅收窄

各地区居民消费价格涨幅有所上升，2016年，CPI同比上涨2.0%，较上年回升0.6个百分点。八大类商品和服务价格保持"七涨一跌"，其中，食品烟酒、衣着、居住、生活用品及服务、教育文化和娱乐、医疗保健、其他用品和服务分别上涨3.8%、1.4%、1.6%、0.5%、1.6%、3.8%和2.8%，交通和通信价格下降1.3%。其中，上海市、海南省、西藏自治区CPI涨幅居全国前三位，同比分别上涨3.2%、2.8%和2.5%；山西省、内蒙古自治区和陕西省CPI涨幅居末三位，同比分别上涨1.1%、1.2%和1.3%。

工业生产价格降幅持续收窄。2016年，工业生产者出厂价格同比下降1.4%，降幅比上年缩小3.8个百分点；工业生产者购进价格同比下降2.0%，降幅比上年收窄4.1个百分点。受资源品价格上涨等因素影响，新疆维吾尔自治区、甘肃省、山西省等资源型省份工业品出厂价格降幅明显收窄，同比分别下降5.5%、5.1%和4.9%。农产品生产价格涨幅高于农业生产资料价格涨幅，2016年，农产品生产价格上涨3.4%，农业生产资料价格上涨0.6%。

(五) 各地区财政收入增长放缓，居民收入领先经济增长

2016年，各地区地方财政收入增长继续放缓，全年累计实现地方一般预算收入8.87万亿元，增长6.88%，增速较上年回落1.07个百分点。其中，东部、中部、西部和东北地区全年实现地方一般预算收入49 757.47亿元、16 888.93亿元、17 437.32亿元和4 611.49亿元，同比分别增长8.49%、5.00%、5.60%和1.99%（见图6）。各地区地方财政收入增幅继续回落，主要是受经济增长趋缓、企业盈利下降以及营改增试点全面推开导致政策性减收较多等因素影响。

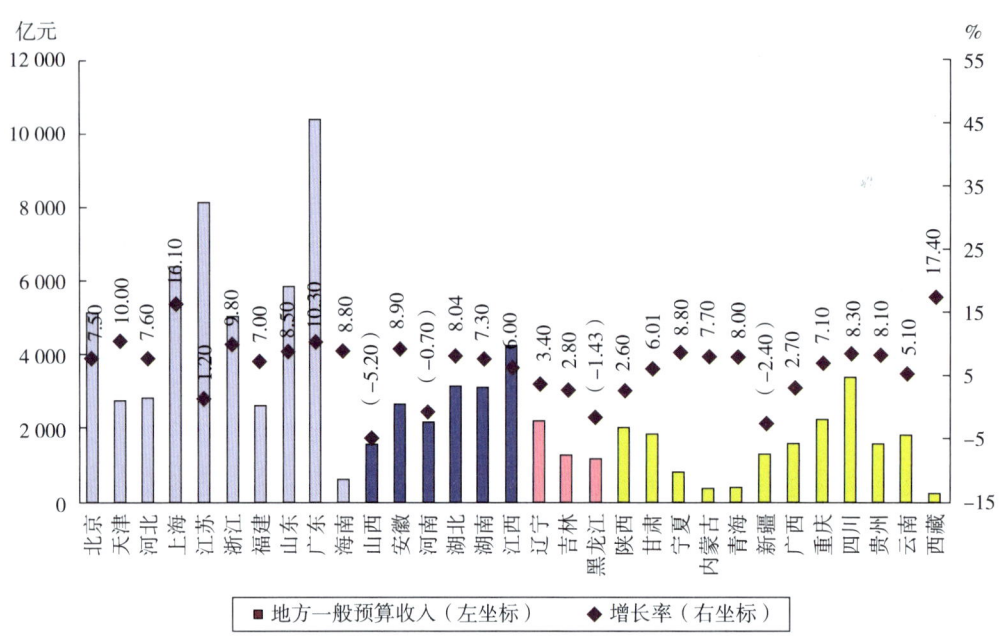

图6　2016年各省（自治区、直辖市）地方财政一般预算收入及增长率

各地区城乡居民收入保持较快增长。2016年，全国居民人均可支配收入23 821元，比上年增长8.4%，扣除价格因素，实际增长6.3%；按常住地分，城镇居民人均可支配收入33 616元，比上年增长7.8%，扣除价格因素，实际增长5.6%；农村居民人均可支配收入12 363元，比上年增长8.2%，扣除价格因素，实际增长6.2%。

(六) 各地区房地产开发投资有所加快，商品房销售持续改善

2016年，各地区完成房地产开发投资10.26万亿元，同比增长6.9%，增速较上年提高5.9个百分点。其中，东部、中部和西部地区房地产开发投资比上年分别增长8.96%、13.55%和6.14%；东北地区房地产开发投资同比下降27.34%。除东北地区外，其他地区房地产贷款增速和占比均持续上升。截至2016年末，东部、中部和西部地区房地产贷款余额分别为14.95万亿元、4.38万亿元和4.64万亿元，同比分别增长30.23%、38.61%和20.21%；房地产贷款余额占各项贷款余额的比重分别为24.94%、25.42%和21.00%，比上年末分别高3.49个、4.21个和1.28个百分点。东北地区房地产贷款余额1.38万亿元，同比增长3.76%，较上年回落15.93

个百分点；房地产贷款占各项贷款的比重为18.65%，较上年末下滑0.81个百分点。

各地区商品房销售持续改善。全年商品房销售面积15.73亿平方米，同比增长22.5%，增速较上年提高16.0个百分点；其中，住宅销售面积增长22.4%，办公楼销售面积增长31.4%，商业营业用房销售面积增长16.8%。商品房销售额11.73万亿元，同比增长34.8%，增速较上年提高20.4个百分点；其中，分地区看，东部、中部、西部和东北地区商品房销售面积分别达69 182.21万平方米、42 071.43万平方米、38 346.48万平方米和7 748.5万平方米，较上年分别增长36.15%、29.81%、17.97%和4.64%；商品房销售额分别为70 074.12亿元、23 099.82亿元、19 745.51亿元和4 407.49亿元，较上年分别增长92.08%、41.24%、20.29%和7.53%。

（七）"三去一降一补"五大任务全面展开，供给侧结构性改革取得初步成效

2016年既是"十三五"开局之年，也是供给侧结构性改革开局之年，各地区认真贯彻落实2015年中央经济工作会议提出的"要更加注重供给侧结构性改革"的有关要求，"去产能、去库存、去杠杆、降成本、补短板"五大任务取得初步成效。

去产能方面，按照企业主体、政府推动、市场引导、依法处置的办法，以企业兼并重组为主，积极稳妥化解产能过剩。在钢铁和煤炭这两个去产能的重点行业，钢铁行业4 500万吨和煤炭行业2.5亿吨的2016年度去产能目标，均已提前超额完成；去产能涉及的煤炭行业62万职工、钢铁行业18万职工，到2016年末已安排接近70万人。

去库存方面，主要措施包括：推动新型城镇化，推进棚改货币化安置，将存量房转化为租赁房，以及将存量房搞双创，发展健康、旅游、养老、教育等产业等。特别是2016年在降低首付比例、发放购房补贴、税收优惠等一系列政策影响下，各地区房地产去库存效果显著。商品住宅待售面积从2015年末的4.52亿平方米下降到2016年末的4.03亿平方米，减少4 991万平方米，降幅达11%。

去杠杆方面，2016年发布《关于积极稳妥降低企业杠杆率的意见》，并提出了去杠杆的7种主要途径，即积极推进企业兼并重组、完善现代企业制度强化自我约束、多措并举盘活企业存量资产、多方式优化企业债务结构、有序开展市场化银行债权转股权、积极发展股权融资等。各地区树立底线思维，高度警惕以高杠杆、泡沫化为主要特征的金融风险，积极稳妥降低企业杠杆率，2016年，规模以上工业企业资产负债率为55.8%，比上年下降0.4个百分点。

降成本方面，一方面实行减税降费。2016年"营改增"的全面实施，带来了5 000亿元以上的减税红利；此外，还采取了诸如阶段性降低社保公积金费率，清理规范政府性基金收费项目，扩大18项行政事业性收费的免征范围，下调电价等降费措施。另一方面，降低制度性交易成本。深入推进"放管服"，已先后取消或下放国务院部门审批事项618项，全面消除非行政许可审批事项，清理中央指定地方实施的审批事项230项，清理规范行政审批中介服务303项。

补短板方面，相较于去产能、去库存、去杠杆和降成本的做"减法"，补短板主要是做"加法"，即补足供给短板，扩大有效供给，改善供给质量。全年调整中央预算内投资近千亿元，加大对在创新驱动、软硬基础设施、脱贫攻坚、城乡统筹发展、民生建设、环保生态建设等尚存短板领域的投入力度，同时，通过PPP操作、促进民间投资健康发展等政策措施，鼓励社会资

本投入到补短板中去。

二、区域金融业与金融稳定

2016年以来,面对复杂多变的国内外经济金融形势,各地区金融机构继续深化改革,推进业务创新和转型发展,不断优化融资结构,更有力地支持各地区经济结构调整和转型升级,为供给侧结构性改革提供适宜的货币金融环境。

(一)银行业

2016年,各地区银行业总体运行平稳,资产负债规模持续增加,存贷款继续较快增长,资产和资本质量保持稳定,银行业改革进一步深化,支持和服务实体经济能力不断增强。

1. 各地区银行业资产负债规模持续增加

截至2016年末,东部、中部、西部和东北地区银行业总资产分别为120.35万亿元、31.22万亿元、37.92万亿元和14.41万亿元,同比分别增长12.64%、15.64%、12.11%和13.19%,占全国的比重分别为59.02%、15.31%、18.60%、7.07%;总负债分别为115.90万亿元、30.18万亿元、36.59万亿元和13.91万亿元,同比分别增长12.40%、15.64%、12.08%和13.20%,占全国的比重分别为58.96%、15.36%、18.61%和7.07%(见图7)。

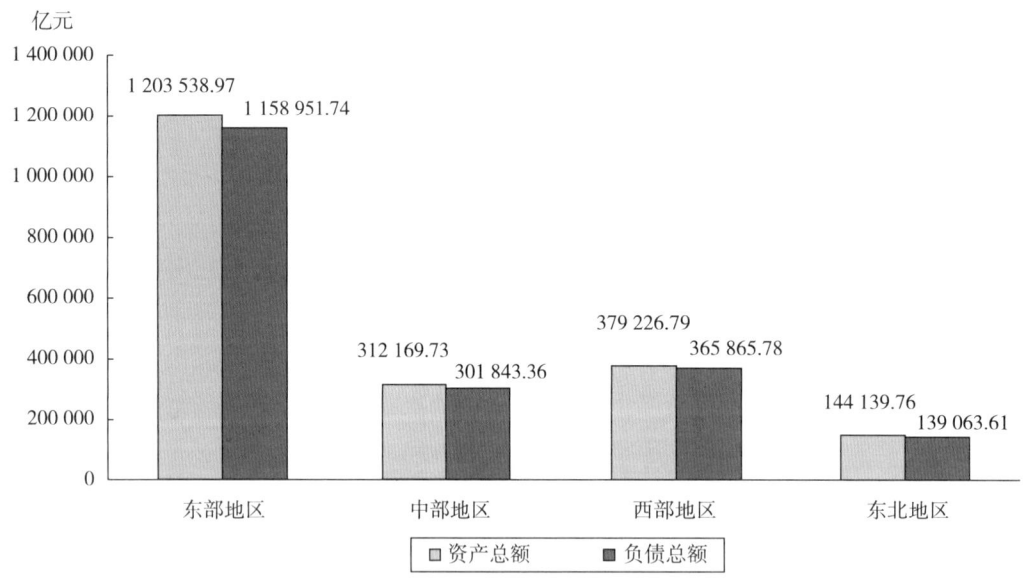

图7 2016年各地区银行业金融机构资产负债总额

2016年,各地区银行业资产增速有所分化,其中,中部地区银行业资产增速较上年提高1.26个百分点;东部、西部和东北地区银行业资产增速较上年分别回落3.46个、1.22个和4.22个百分点。全国有3个省(区)的银行业资产增速超过20%,分别是西藏自治区、海南省和贵州省,资产增速分别为29.20%、23.04%和23.00%(见图8)。

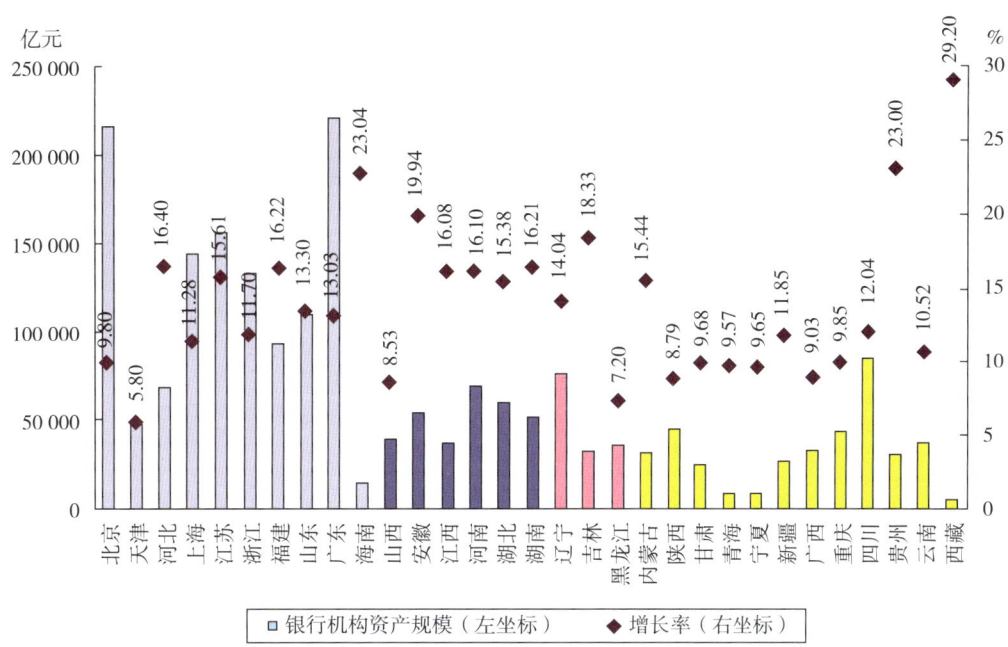

图 8 2016 年各省（自治区、直辖市）银行业金融机构资产规模及其增长率

2. 各地区银行业存贷款保持较快增长

截至 2016 年末，东部、中部、西部和东北地区金融机构本外币各项存款余额分别为 85.05 万亿元、24.11 万亿元、28.23 万亿元和 9.14 万亿元，同比分别增长 12.97%、13.19%、12.48% 和 4.00%，分别比上年回落 2.80 个、1.12 个、0.07 个和 8.65 个百分点。从人民币存款期限看，存款仍呈活期化态势，2016 年住户存款和非金融企业存款增量中活期占比为 56.4%，比上年提升 2.8 个百分点。从人民币存款部门分布看，非金融企业存款增速明显加快，非银行机构存款少增明显。年末非金融企业存款同比增长 16.7%，较上年提高 3 个百分点；住户存款和政府存款同比分别增长 9.5%、11.8%，非银行业金融机构存款同比少增 4.2 万亿元，其中证券及交易结算类存款和 SPV 存放分别少增 2.4 万亿元和 2.1 万亿元。

截至 2016 年末，东部、中部、西部和东北地区金融机构本外币各项贷款余额分别为 59.95 万亿元、17.23 万亿元、22.09 万亿元和 7.40 万亿元，同比分别增长 12.07%、15.79%、12.91% 和 8.49%（见图 9）。从人民币贷款部门分布看，个人住房贷款增加较多。个人住房贷款比年初增加 4.8 万亿元，同比多增 2.3 万亿元；非金融企业及机关团体贷款比年初增加 6.1 万亿元，同比少增 1.3 万亿元，主要受 2016 年以来地方政府债务置换较多、不良资产核销处置力度较大等因素影响，导致企业新增贷款明显低估，同时企业债券融资、股票融资等直接融资对企业贷款的替代性进一步增强。

从期限看，新增中长期贷款占比由降转升。截至 2016 年末，东部、中部、西部和东北地区中长期贷款余额分别为 34.04 万亿元、9.46 万亿元、14.71 万亿元和 3.91 万亿元，同比分别增长 19.02%、9.37%、15.97% 和 8.21%（见表 2）。东部、中部、西部和东北地区新增中长期贷款占全年新增本外币贷款的比例分别为 84.34%、69.74%、86.56% 和 47.53%，较上年分别提高 21.01 个、8.34 个、16.79 个和 28.08 个百分点。

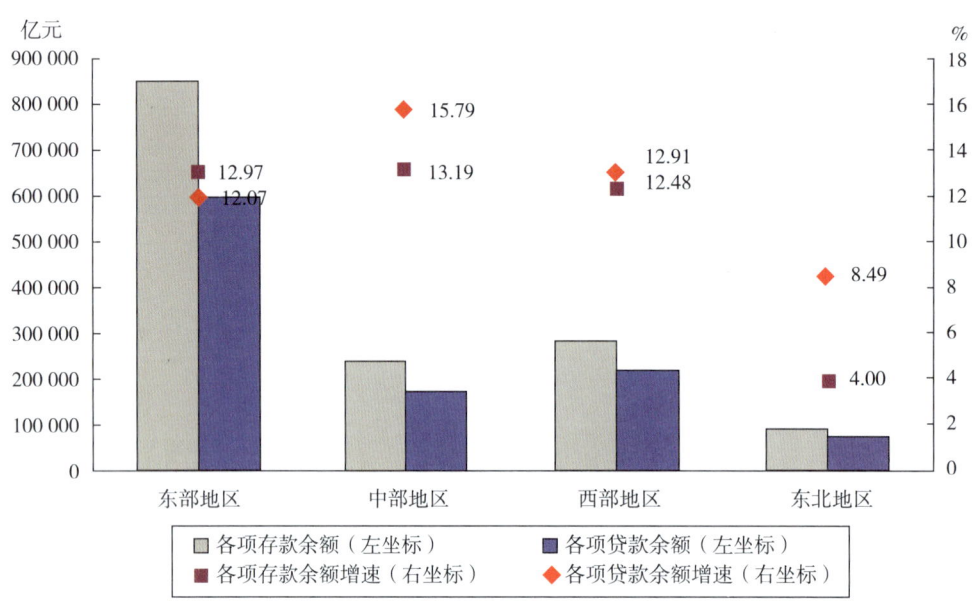

图9 2016年各地区银行业金融机构存贷款余额及其增长率

表2　　　　　　　　　　　　2016年各地区银行业金融机构中长期贷款情况

项目	东部地区		中部地区		西部地区		东北地区	
	2016年	2015年	2016年	2015年	2016年	2015年	2016年	2015年
中长期贷款余额（亿元）	340 412.72	286 005.58	94 597.27	86 490.49	147 119.78	126 862.32	39 115.87	36 147.18
增长率（%）	19.02	16.50	9.37	16.28	15.97	14.30	8.21	9.14

3. 各地区银行业风险总体可控

截至2016年末，东部、中部、西部和东北地区银行业不良贷款余额分别为9 384.65亿元、4 082.86亿元、5 039.13亿元和2 424.87亿元，较上年末分别增长7.53%、6.10%、21.98%和10.24%；不良贷款率分别为1.57%、2.37%、2.28%和3.28%，其中，东部和中部地区不良贷款率较年初分别略降0.07个和0.22个百分点，西部和东北地区不良贷款率则分别上升0.18个和0.05个百分点。至2016年末，全国商业银行（不含外国银行分行）核心一级资本充足率、一级资本充足率和资本充足率分别为10.75%、11.25%和13.28%，比年初分别小幅回落0.16个、0.06个和0.17个百分点；拨备覆盖率176.40%，比上年末下降4.78个百分点。

4. 各地区银行业改革深入推进

开发性、政策性金融机构改革加快推进。2016年11月24日国务院批准同意《国家开发银行章程》和《中国农业发展银行章程》，11月30日批准《中国进出口银行章程》。三家银行章程对其各自的功能定位、经营范围和业务、资金来源、治理结构、风险管控等方面作出了明确规定。

邮储银行H股发行上市和东方、长城资产管理公司转型发展。2016年9月28日，邮储银行H股成功挂牌上市，股份制改革取得重要进展。10月16日、12月11日，东方、长城资产管理股份有限公司成立大会顺利召开，两家资产管理公司转型发展取得阶段性成果。

《存款保险条例》实施各项工作稳步推进。2016年，人民银行总行及各地区分支机构首次对全国各类型投保机构开展存款保险评级工作，并在保持费率水平总体稳定的基础上，初步实施基于风险的差别费率，对投保机构的风险约束和正向激励作用逐步显现。

农村信用社金融服务水平明显提升，产权制度改革稳步推进。截至2016年末，全国农村信用社各项存贷款余额分别为21.4万亿元和13.4万亿元，占同期全部金融机构各项存贷款余额的比例分别为14.2%和12.6%，各项贷款比例比上年末提高0.5个百分点；涉农贷款余额和农户贷款余额分别为8.2万亿元和4.0万亿元，比上年末分别增长5.5%和7.4%。年末各地区共组建以县（市）为单位的统一法人农村信用社1 054家，农村商业银行1 114家，农村合作银行40家。

5. 各地区金融支持重点领域和薄弱环节力度加大

各地区人民银行分支机构积极贯彻总行工作部署，引导辖内金融机构落实稳健货币政策，合理增加支农、支小再贷款额度，并加大对小微企业、"三农"和棚改等国民经济重点领域和薄弱环节的支持力度，大力支持稳增长、调结构、惠民生。截至2016年末，全国支农、支小再贷款余额分别为2 089亿元、537亿元，再贴现余额1 165亿元。2016年3月中国人民银行正式开办扶贫再贷款业务，为脱贫攻坚提供有力金融支持，年末全国扶贫再贷款余额为1 127亿元。从政策实施效果看，信贷投放对小微企业、"三农"等重点领域的支持力度总体较强，年末涉农贷款（不含票据融资）余额28.2万亿元，同比增长7.1%；小微企业贷款余额26.7万亿元，同比增长13.8%，增速比同期各项贷款增速高1.0个百分点。

（二）证券期货业

2016年，各地区直接融资规模持续扩大，股票和债券融资规模快速增长，新三板和区域股权市场稳步发展，多层次资本市场建设持续推进，但股票交易活跃度有所下降，证券机构资产规模和盈利能力下滑明显。

1. 股票市场和期货市场成交额双双下滑，基金业保持平稳发展

2016年，沪、深股指总体波动下行（见图10）。年初股指下跌明显，之后保持平稳，年末有所下跌。截至2016年末，上证综合指数收于3 104点，比上年末下跌12.3%；深证成分指数收于10 177点，比上年末下跌19.6%；创业板指数收于1 962点，比上年末下跌27.7%。

股票市场成交量和股票总市值同比下降。2016年沪、深股市累计成交127.4万亿元，日均成交5 221亿元，同比下降50.1%；创业板累计成交21.7万亿元，同比下降24%。截至2016年末，沪深两市股票总市值50.82万亿元，同比下降4.35%。其中，沪、深股市流通市值39.3万亿元，同比下降5.9%；创业板流通市值3.1万亿元，同比下降4.8%。

各地区期货交易成交量较快增长，成交额大幅下滑。2016年，期货市场累计成交量41.38亿手，同比增长15.65%；累计成交额195.63万亿元，同比下降64.70%。其中，金融期货全年累计成交量1 833.59万手，累计成交额18.22万亿元，同比分别下降94.62%和95.64%；商品期货全年累计成交量41.19亿手，累计成交额177.41万亿元，同比分别增长27.26%和30%。2016年12月16日，证监会批准郑商所、大商所分别开展白糖、豆粕期权交易，标志着我国商品期货市场即将步入期权时代。

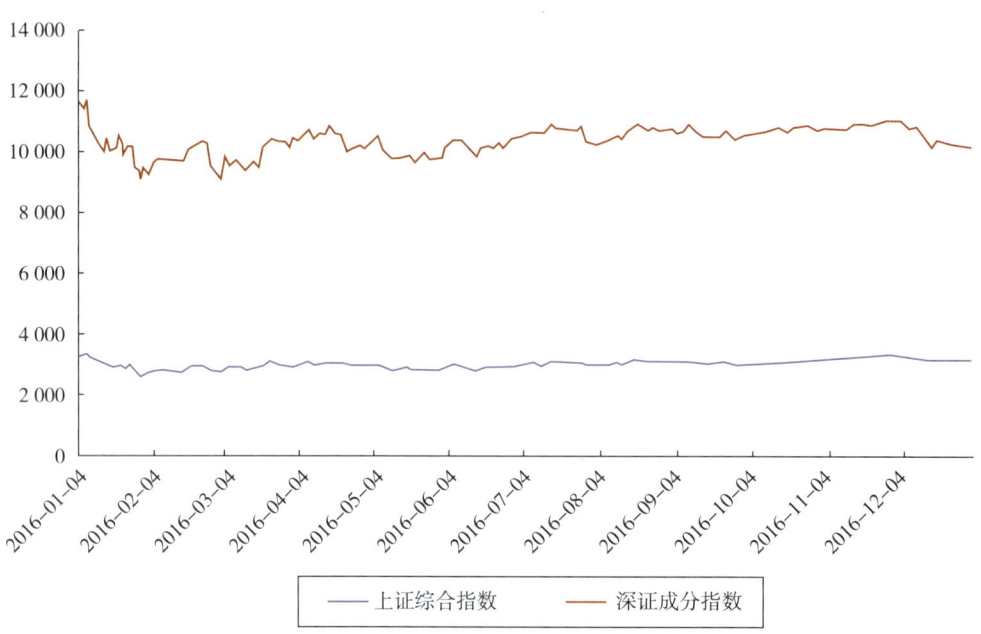

图10 2016年上证综合指数和深证成分指数走势

基金业总体发展平稳。截至2016年末，公募基金管理规模9.16万亿元，同比增长9.05%。其中，股票型基金净值7 059.02亿元，混合型基金20 090.29亿元，债券型基金14 239.10亿元，货币基金42 840.57亿元，QDII基金1 023.96亿元，封闭式基金6 340.11亿元。全年基金规模占比前三位分别是货币基金、混合基金和债券型基金，占比分别为46.72%、21.94%和15.5%。

2. 境内直接融资规模显著增加，股票和债券融资均保持快速增长

2016年，各地区直接融资规模达25.96万亿元[①]，同比增长38.16%。从地区分布来看，东部、中部、西部和东北地区直接融资规模分别为19.85万亿元、2.36万亿元、2.73万亿元和1.02万亿元，同比分别增长32.07%、71.01%、54.24%和67.21%。

从股票市场看，IPO家数和融资额创近5年来新高，再融资规模创历史新高。全年共有227家企业完成首发上市，其中，上交所103家、深交所主板及中小板47家、深交所创业板77家。股票市场筹资额稳步增长，全年各类企业和金融机构在境内外股票市场上通过发行、增发、配股、权证行权等方式累计筹资1.5万亿元，同比增长28.2%，其中A股筹资1.3万亿元，同比增长56.2%。从区域看，广东、江苏、浙江IPO企业数量位居前三名，而广西、海南、江西、辽宁、青海、重庆均仅有1家企业IPO。2016年9月，证监会公布资本市场支持扶贫攻坚新措施，对贫困地区企业IPO、新三板挂牌等开辟绿色通道。

从债券市场看，全年各地区在债券市场融资23.72万亿元，同比增长36.79%。其中，东部、中部、西部和东北地区分别在债券市场融资18.21万亿元、2.05万亿元、2.48万亿元和0.98万亿元，占比分别为76.79%、8.64%、10.44%和4.13%，东部地区占比优势明显。

3. 证券业机构资产和盈利下降明显，期货业资产和客户权益规模显著上升

2016年，各地区法人证券公司资产规模有所收缩，东部、中部、西部和东北地区法人证券

---

① 数据来源于Wind数据库。

公司资产总额分别为46 532.42亿元、5 123.47亿元、4 494.32亿元和11 554.35亿元，同比分别下降11.88%、0.18%、9.52%和0.37%（见图11）。各地区的129家法人证券公司中有124家实现盈利，但营业收入和利润水平双双下滑。四个地区的法人证券公司分别实现营业收入2582.02亿元、224.77亿元、279.76亿元和58.45亿元，同比分别下降44.10%、43.02%、44.58%和45.24%；分别实现净利润990.16亿元、54.02亿元、76.04亿元和17.19亿元，同比分别下降31.64%、68.24%、65.78%和55.99%。

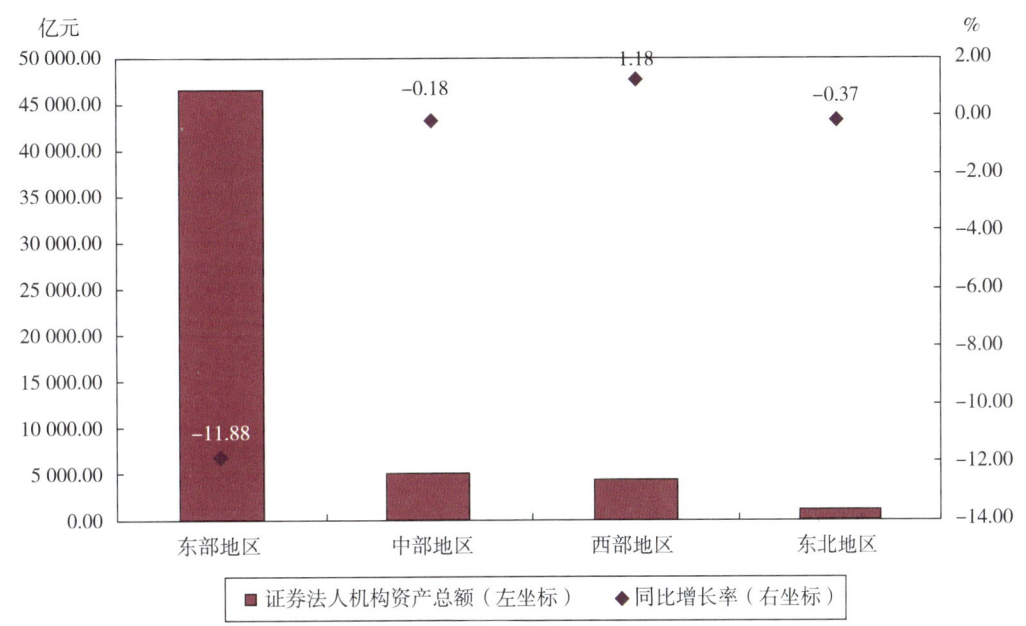

图11　2016年各地区法人证券公司资产规模变化情况

2016年，期货公司资产规模稳步增长，盈利能力有所增加，客户权益规模上升明显。至年末，全国期货公司总资产、净资产分别达到5 439.41亿元、911.53亿元，同比分别增长14.61%和16.42%。全年期货行业实现营业收入240.08亿元，较上年下降1.64%，净利润65.85亿元，较上年上升9.08%。全年期货市场累计成交额约195.63万亿元，累计成交量约41.38亿手，其中商品期货成交量连续7年位居世界第一。受商品期货市场交投活跃和股指期货交易限制性规定有所放松等因素影响，客户权益规模大幅上升，全年期货市场客户权益总额4 369.07亿元，较上年增加14.08%。

4. 新三板和区域性股权市场快速发展，多层次资本市场建设取得新进展

截至2016年末，各地区企业在新三板挂牌家数达10 162家，是2015年的2.86倍，其中，做市转让和协议转让家数分别为1 603家和8 559家；东部、中部、西部和东北地区新三板公司占比分别为72.80%、13.74%、9.79%和3.67%。年末新三板企业总股本达8 509亿股，同比增长2.87倍；资产和净资产合计分别为2.49万亿元和1.10万亿元。全年融资1 391亿元，同比增长14.39%；交易股份数量达2 969.76亿股。

截至2016年末，各地区40家区域性股权市场共有挂牌股份公司1.59万家，展示企业5.61万家，累计为企业实现各类融资6 896亿元。其中，挂牌企业注册资本在1亿元以下的家数占比

为 37.5%，注册资本在 1 亿~5 亿元的家数占比为 60%，注册资本在 5 亿元以上的家数占比为 2.5%。挂牌企业家数位居前五位的交易所分别为前海股权交易中心、上海股权托管交易中心、广州股权交易中心、齐鲁股权交易中心和浙江股权交易中心，挂牌企业家数分别达 13 230 家、9 646 家、5 641 家、4 885 家和 3 410 家。

（三）保险业

2016 年，各地区保费收入增长较快，保险深度和保险密度持续上升，保险业资产和保险资金运用规模稳步上升，改革积极效应逐步显现，服务能力不断提升，风险保障功能进一步发挥。

1. 各地区保费收入增长加快，保险密度和保险深度不断提升

2016 年，东部、中部、西部和东北地区保险业分别实现保费收入 17 041.68 亿元、5 678.73 亿元、5 807.56 亿元和 2 358.24 亿元，同比分别增长 30.99%、23.49%、25.48% 和 20.07%，在全国原保险保费收入中的占比分别为 55.18%、18.39%、18.80% 和 7.64%。东部地区保险业务发展增速和占比指标均好于其他三个地区，保费收入占比较上年提高 1.42 个百分点，中部、西部和东北地区保费收入占比较上年分别下降 0.62 个、0.32 个和 0.48 个百分点。

从保险密度来看，东部、中部、西部和东北地区保险密度分别为 3 316.21 元/人、1 466.78 元/人、1 677.85 元/人和 2 155.42 元/人，较上年分别增加 839.09 元/人、204.86 元/人、431.50 元/人和 350.49 元/人。从保险深度来看，东部、中部、西部和东北地区保险深度分别为 4.22%、3.57%、3.71% 和 4.51%，较上年分别提高 0.73 个、0.44 个、0.53 个和 1.13 个百分点（见图 12）。从业务渠道看，互联网保险占新增保单六成。全年各地区共 117 家保险机构开展互联网保险业务，实现签单保费 2 347.97 亿元。其中财产险公司 56 家，实现签单保费 403.02 亿元；人身险公司 61 家，实现签单保费 1 944.95 亿元。2016 年新增互联网保险保单 61.65 亿件，占全部新增保单件数的 64.59%。

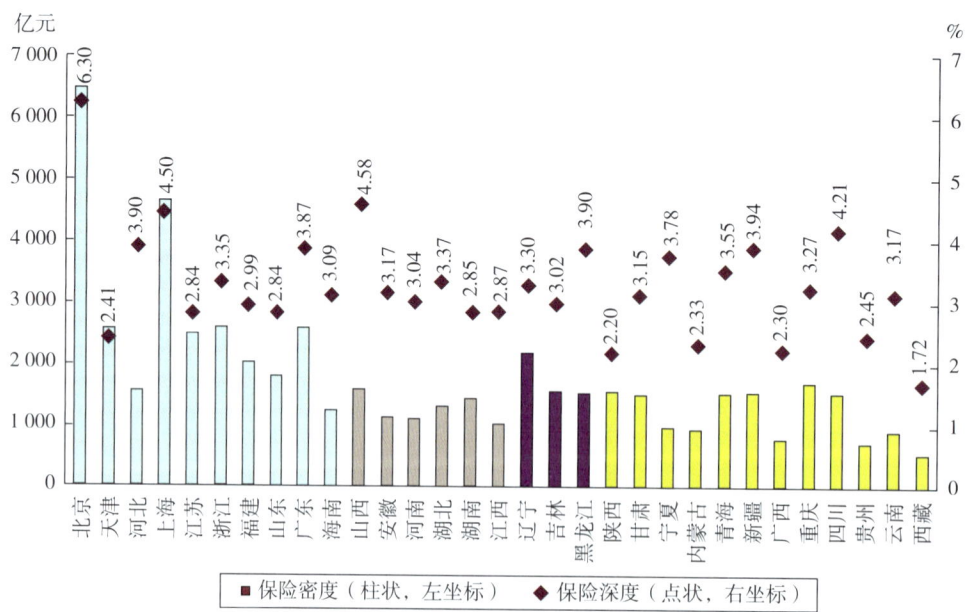

图 12　2016 年各地区保险密度和保险深度

2. 保险业资产和资金运用规模保持较快增长，盈利水平和投资收益有所下降

截至2016年末，东部、中部、西部和东北地区分公司以上保险机构总资产分别为48 905.67亿元、11 943.50亿元、12 045.87亿元和5 852.76亿元，同比分别增长27.07%、18.67%、21.33%和20.55%，占全国保险机构总资产的比重分别为62.10%、15.17%、15.30%和7.43%（见表3）。东部地区保险业资产规模占比有所提升，较上年提高1.34个百分点，中部、西部和东北地区资产规模占比较上年分别小幅回落0.72个、0.38个和0.23个百分点。

表3　　　　　　　　　　　　　　全国各地区保险公司资产情况

项目	东部地区		中部地区		西部地区		东北地区	
	2016年	2015年	2016年	2015年	2016年	2015年	2016年	2015年
保险业分公司以上资产总额（亿元）	48 905.67	38 487.33	11 943.50	10 064.07	12 045.87	9 928.16	5 852.76	4 855.05
增长率（%）	27.07	23.32	18.67	18.21	21.33	23.79	20.55	18.46

各地区继续推进资金运用市场化改革，推动保险资金积极服务供给侧结构性改革。年末各地区保险资金运用余额13.39万亿元，较上年末增长19.78%，其中，银行存款2.48万亿元，占比18.55%；债券4.31万亿元，占比32.15%；股票和证券投资基金1.78万亿元，占比13.28%；其他投资4.82万亿元，占比36.02%。一是助力振兴实体经济，2016年，首台（套）保险和科技保险分别为我国装备制造企业和科研机构、科技型自主创新企业提供风险保障486.62亿元和1.03万亿元，同比大幅增长196.72%和631.25%。二是促进外向型经济发展，出口信用保险累计为8.22万家出口企业提供风险保障4 167亿美元。三是支持国家重大战略项目，截至2016年末，累计发起设立债权、股权和项目支持计划659项；合计备案注册规模1.7万亿元，为"一带一路"、长江经济带、京津冀协同发展等国家战略项目提供资金支持。

2016年，保险行业实现投资收益7 071.13亿元，同比减少732.5亿元；全年投资收益率5.66%，较上年下降了1.9个百分点。全年实现净利润接近2 000亿元，较上年的2 800亿元大幅下降，为2013年以来首次出现负增长。盈利能力和投资收益下降的主要原因一方面是低利率环境导致固定收益类产品收益下降，另一方面是资本市场的震荡状态导致投资收益下降。

3. 各地区财产险业务有所放缓，人身险业务快速发展

2016年，东部、中部、西部和东北地区财产险分别实现保费收入4 719.23亿元、1 589.63亿元、1 872.03亿元和578.46亿元，同比分别增长8.38%、11.73%、7.74%和8.45%，增速较上年分别下降2.82个、1.90个、6.5个和0.64个百分点。东部、中部、西部和东北地区财产险市场份额均有所下降，其财产险保费收入占本地区保险业总保费收入的比重分别为27.69%、27.99%、32.23%和24.53%，分别较上年回落5.78个、2.94个、5.31个和2.63个百分点（见表4）。分险种看，除农业险和责任险保持较快增长外，车险业务增速趋缓，企财险、货运险业务增速出现负增长。其中，农业险方面，东部、中部、西部和东北地区分别实现保费收入102.22亿元、95.61亿元、153.78亿元和62.37亿元，同比分别增长7.48%、13.75%、7.85%和10.78%；责任险方面，除东北地区小幅下降外，东部、中部和西部地区责任险同比分别增长23.85%、15.65%和14.82%；车险方面，四个地区保费收入同比分别增长9.15%、14.27%、10.78%和9.19%，较上年分别回落2.59个、0.03个、2.28个和0.99个百分点。

表4　　　　　　　　　　　　全国各地区保险业分险种保费收入情况

项目	东部地区		中部地区		西部地区		东北地区	
	2016年	2015年	2016年	2015年	2016年	2015年	2016年	2015年
人身险保费收入（亿元）	12 322.34	8 671.15	4 089.10	3 175.92	3 913.66	2 672.06	1 779.91	1 431.04
同比增长（%）	42.11	23.06	28.75	27.12	46.47	15.74	24.38	29.49
占保险收入比例（%）	72.31	66.65	72.01	69.06	67.39	57.73	75.48	72.86
财产险保费收入（亿元）	4 719.23	4 354.44	1 589.63	1 422.72	1 872.03	1 737.56	578.46	533.40
同比增长（%）	8.38	11.20	11.73	13.63	7.74	14.24	8.45	9.09
占保险收入比例（%）	27.69	33.47	27.99	30.94	32.23	37.54	24.53	27.16

2016年，寿险费率市场化改革积极效应继续显现，人身险保费收入快速增长，尤其是东部和西部地区增长明显。东部、中部、西部和东北地区人身险分别实现保费收入12 322.34亿元、4 089.10亿元、3 913.66亿元和1 779.91亿元，同比分别增长42.11%、28.75%、46.47%和24.38%。分险种看，分红险业务收入增速加快，如东部、中部和西部地区分红险分别实现保费收入3 634.30亿元、1 390.27亿元和1 247.90亿元，同比分别增长13.64%、12.33%和7.14%，增速较上年分别提高24.99个、9.12个和6.63个百分点；受监管趋严等因素影响，万能险业务大幅放缓，比重下滑，如东部、中部和西部地区万能险保费收入同比分别仅增长8.21%、8.32%和10.57%。

4. 各地区保险业赔款给付支出保持较快增长，服务和补偿功能进一步发挥

从风险保障看，2016年，各地区保险业共提供风险保障金额2 372.78万亿元，同比增长38.09%，高于原保险保费收入增速10.59个百分点，保额增速明显快于业务增速。东部、中部、西部和东北地区保险业各项赔款和给付支出分别为5 588.87亿元、2 063.65亿元、2 021.95亿元和786.93亿元，同比分别增长19.89%、25.58%、19.08%和17.88%。分险种来看，财产险赔付支出稳步增加，人身险赔款和给付支出快速增长。2016年，除东北地区财产险赔款和给付支出小幅下降外，东部、中部和西部地区全年财产险赔款和给付支出分别为2 363.57亿元、831.78亿元和927.55亿元，同比分别增长11.36%、14.25%和3.70%。其中，各地区责任保险赔款支出同比分别增长9.07%、19.11%、22.45%和16.03%。东部、中部、西部和东北地区人身险赔款和给付支出分别为2 956.61亿元、1 231.86亿元、1 094.39亿元和450.99亿元，同比分别增长28.67%、34.60%、33.60%和23.18%（见表5）。

表5　　　　　　　　　　　　全国各地区保险业赔款和给付支出情况

项目	东部地区		中部地区		西部地区		东北地区	
	2016年	2015年	2016年	2015年	2016年	2015年	2016年	2015年
赔款和给付支出（亿元）	5 588.87	4 661.82	2 063.65	1 643.24	2 021.95	1 698.01	786.93	667.56
增长率（%）	19.89	21.34	25.58	22.64	19.08	19.22	17.88	19.71
占全国比例（%）	53.42	53.77	19.37	18.95	19.33	19.58	7.52	7.70
其中：人身险（亿元）	2 956.61	2 297.84	1 231.86	915.19	1 094.39	819.16	450.99	366.11
增长率（%）	28.67	31.82	34.60	31.47	33.60	30.68	23.18	24.00
占总赔款和给付支出比例（%）	52.90	49.29	59.69	55.69	54.13	48.24	57.31	54.84
财产险（亿元）	2 632.08	2 363.57	831.78	728.06	927.55	894.43	296.39	301.44
同比增长（%）	11.36	12.61	14.25	13.10	3.70	12.40	-1.67	14.89
占总赔款和给付支出比例（%）	47.10	50.70	40.31	44.31	45.87	52.68	37.66	45.16

三、区域金融市场与金融稳定

2016年，各地区金融机构积极参与区域金融市场活动，各市场交易活跃度均大幅提升；市场化利率形成机制进一步健全，市场利率总体平稳；债券发行规模持续扩大，债券市场改革稳步推进；外汇市场交易量和交易额大幅增长。金融市场在支持实体经济发展、满足企业融资需求、降低融资成本等方面发挥了重要作用。

（一）货币市场交易活跃，市场利率总体平稳

2016年，各地区金融机构同业拆借累计成交95.9万亿元，日均成交3 821亿元，日均成交同比增长48.2%，增速比上年低23个百分点；银行间市场债券回购累计成交601.3万亿元，日均成交2.4万亿元，日均成交同比增长30.3%，增速比上年低74.5个百分点。从期限结构看，市场交易更趋集中于隔夜品种，全年回购和拆借隔夜品种的成交量分别占各自总量的85.2%和87.6%，较上年分别上升0.1个和3.5个百分点。

货币市场利率稳中有升，2016年1—8月利率水平总体平稳，9月以来略有上升。截至2016年末，隔夜和1周Shibor分别为2.23%和2.54%，较上年末分别上升24个和19个基点；3个月和1年期Shibor为3.27%和3.37%，分别上升19个和2个基点。

利率互换交易增长较快，同业存单和大额存单发行交易量明显增加。2016年，人民币利率互换市场达成交易87 849笔，同比增长35.5%；名义本金总额9.92万亿元，同比增长19.9%。全年银行间市场陆续发行同业存单17 643只，发行总量为13.04万亿元，二级市场交易总量为70.12万亿元，同业存单发行交易全部参照Shibor定价。金融机构陆续发行大额存单16 896期，发行总量为5.3万亿元，同比增加3万亿元。

（二）银行间债券市场现券交易活跃，债券市场改革创新稳步推进

2016年，银行间债券市场现券交易127.1万亿元，日均成交5 063亿元，日均成交同比增长45.4%；交易所债券现券成交5.3万亿元，同比增长54.7%。从交易品种看，主要以金融债券和公司信用类债券交易为主，分别累计成交77.6万亿元和34.5万亿元，占比分别为61.1%和27.2%；政府债券现券交易累计成交14.6万亿元，占比为11.5%。

债券市场产品创新和机制创新不断推进。2016年，世界银行和渣打银行先后在银行间债券市场成功发行总计6亿元特别提款权（SDR）债券，有助于扩大SDR使用和促进人民币国际化；扶贫社会效应债券发行规模5亿元，发债募集资金专项用于山东沂南县扶贫工程，助推金融脱贫攻坚。与此同时，我国债券市场对外开放稳步推进，在"走出去"和"引进来"方面取得了显著进展。截至2016年末，我国债券市场境外发债主体已包括境外非金融企业、金融机构、国际开发机构以及外国政府等，累计发行631亿元人民币熊猫债。

（三）外汇市场交易主体进一步增加，外汇交易保持较快增长

截至2016年末，各地区共有即期市场会员582家，远期、外汇掉期、货币掉期和期权市场会员分别为154家、154家、127家和87家，即期市场做市商30家，远掉期市场做市商26家。

2016年，各地区人民币外汇即期成交5.9万亿美元，同比增长21.9%；人民币外汇掉期交易累计成交金额折合10万亿美元，同比增长19.8%；人民币外汇远期市场累计成交1 529亿美元，同比增长311%。全年"外币对"累计成交金额折合1 159亿美元，同比下降3.6%，其中成交最多的产品为欧元对美元，占市场份额比重为34.3%。

(四) 票据融资需求下滑明显，利率小幅震荡

2016年，企业累计签发商业汇票18.1万亿元，同比下降19.3%；期末商业汇票未到期金额为9.0万亿元，同比下降13.3%。从行业结构看，企业签发的银行承兑汇票余额仍集中在制造业、批发和零售业；从企业结构看，由中小型企业签发的银行承兑汇票约占三分之二。全年各地区金融机构累计贴现84.5万亿元，同比下降17.2%；年末贴现余额5.5万亿元，同比增长19.6%；票据融资余额占各项贷款的比重为5.1%，同比上升0.2个百分点。2016年，银行体系流动性合理充裕，票据市场利率小幅震荡，年初和年末受季节性因素影响有所走高。

四、区域金融改革与金融稳定

自2015年12月国务院在五大区域部署开展金融改革创新试点以来，各地区地方金融综合改革继续深入推进，改革力度不断加大。

东部地区仍然是全国区域金融改革的"试验田"和"排头兵"。一是自由贸易试验区各项试点任务全面铺开，市场活力不断释放，有助于下一步在全国推广复制经验。目前上海、天津、广东、福建四个自由贸易试验区总体方案实施率超过90%，如上海自贸区通过推进贸易发展方式转变，探索"负面清单"模式，深化金融领域开放，促进投融资便利化，发挥示范作用，拓展经济增长新空间；天津自贸区贯彻京津冀协同发展区域发展战略，以金融创新为先导，以产业提升为载体，以体制改革为保障，建立三位一体的产融融合体系，为先进制造业等实体经济服务；广东加快政府职能转变，构建开放型经济新体制，探索粤港澳经济合作新模式和建设国际化、市场化、法制化营商环境；福建自贸区定位于对台经贸合作、着力于对台经济一体化，重点打造高端服务业，探索全方位开放模式，并与台湾自由经济示范区形成联动发展、相互辐射带动的健康发展。二是温州、台州等金融改革实践成果丰硕，有力支持区域实体经济转型发展，截至2016年末，温州已累计办理质押融资727件，占全国同期总量的30%；台州小微企业贷款余额2 509.54亿元，占该市全部贷款余额比重达43.08%。

中部地区金融组织类型不断健全，区域金融改革深入推进。一是民营银行在中部地区破冰，湖北、安徽首家民营银行相继获批筹建。二是率先探索普惠金融改革，河南兰考普惠金融改革试验区成为全国首个普惠金融改革试验区，11家省级金融机构与兰考县签署中长期合作框架协议。三是农村金融服务和机构改革力度不断加大。继安徽省、湖北省之后，江西省77家农村商业银行全部开业，成为全国第五个完成农村信用社银行化改革的省份。

西部地区依托"一带一路"战略，全面深化区域金融改革。一是"一带一路"战略持续推进。如重庆市2016年初正式启动中新（重庆）战略性互联互通示范项目，该项目以"现代互联

互通和现代服务经济"为主题，是"一带一路"倡议的有机组成部分；广西充分利用钦州保税港区、凭祥综合保税区、南宁保税物流中心、北海出口加工区等开放合作平台，积极参与"一带一路"建设。二是四川全面创新改革试验正式进入实施阶段。2016年6月24日，国务院批复原则同意《四川省系统推进全面创新改革试验方案》，目前该省正依托"成德绵"三市系统推进全面创新改革试验，聚焦军民融合等领域开展先行先试，探索一批可复制、可推广的改革经验和重大政策。

东北地区以农村金融改革为突破口，深化重要领域和关键环节改革。如吉林省开始全面实施国家农村金融综合改革试验任务，在创建物权融资服务体系、深化农村信用社改革、提升金融机构服务覆盖面、加快农村金融产品和服务模式创新、提高金融精准扶贫能力、优化农村金融发展环境等六大方面下工夫，形成了96条改革措施和247项工作着力点的任务清单，改革试验顺利开局，成效初显。

五、区域金融基础设施与金融稳定

2016年，各地区金融基础设施建设不断加强，金融生态环境继续改善。一是互联网风险专项整治工作全面开展。2016年10月13日，中国人民银行等十七个部门联合发布《互联网金融风险专项整治工作实施方案》，开展互联网金融风险专项整治，对P2P网络借贷、股权众筹、互联网保险、第三方支付、通过互联网开展资产管理及跨界从事金融业务、互联网金融领域广告等重点领域进行整治，切实防范和化解互联网金融风险。二是票据业务发展逐步规范，全国统一的票据交易平台上线运行。2016年12月6日，中国人民银行印发《票据交易管理办法》；12月8日，全国统一的票据交易平台上线运行，上海票据交易所正式开业运营，标志着票据交易迈入电子化集中交易新阶段，有效提升了市场透明度和交易效率，降低了操作风险。三是各类支付系统保持安全稳定运行，账户管理进一步规范。中国人民银行在4月1日、7月1日相继发布规定分别建立个人银行账户分类管理机制和个人支付账户分类管理机制，账户分类管理制度安排逐步健全。四是社会信用体系建设有序稳步推进。各地区在社会信用体系建设的基础领域和关键环节重点发力，在统一社会信用代码、信用信息归集共享、守信联合激励和失信联合惩戒、信用服务和信用应用等四大方面取得了具有全局性意义的进展。五是反洗钱监管水平不断提升。各地区以《中华人民共和国反洗钱法》颁布十周年为契机，认真履行法律赋予的反洗钱职责，在完善反洗钱制度、应对金融行动特别工作组（FATF）第四轮互评估、强化反洗钱监管和调查、加强反洗钱监测分析、推动反洗钱国际合作等方面取得了明显成效，我国反洗钱工作取得了长足进步。六是金融消费者权益保护工作稳步推进。各地区根据《关于加强金融消费者权益保护工作的指导意见》要求，不断建立健全完善金融消费者权益保护工作体系，在金融知识普及宣传、完善金融消费者投诉处理机制等方面强化金融消费者权益保护工作，同时国际交流合作不断深入，2016年以担任G20普惠金融全球合作伙伴主席国为契机，重点推动数字普惠金融高级原则、普惠金融数据库建设和指标体系更新以及改进中小企业融资等工作。

第二部分 东部地区

2016年，东部地区积极适应经济发展新常态，深入推进供给侧结构性改革，经济结构持续优化调整，金融业保持稳健运行，各项业务创新进一步支持实体经济发展。但经济金融体系中潜在的风险隐患有所增多，区域经济金融运行仍面临不少困难和挑战。

一、产业转型升级取得新进展，经济复苏压力依然较大

2016年，东部地区生产总值40.37万亿元，同比增长7.55%。其中，第一产业增加值2.20万亿元，占地区生产总值的5.44%，同比下降0.20个百分点。第二产业增加值16.98万亿元，占地区生产总值的42.06%，同比下降1.51个百分点。第三产业增加值21.20万亿元，占地区生产总值的52.50%，同比上升1.71个百分点，服务业在东部地区的经济发展贡献度稳步提高，产业结构进一步优化。在全球经济环境不稳定因素持续增多的背景下，东部地区三大需求总体乏力，投资增速大幅回落，消费增速放缓，出口延续下滑态势，经济复苏压力依然较大。社会固定资产投资24.97万亿元，同比增长9.1%，较上年下降3.3个百分点；社会消费品零售总额17.11万亿元，同比增长10.05%，较上年下降0.05个百分点；进出口总额6.59万亿美元，同比减少2.96%。

二、房地产市场调控取得初步成效，但潜在风险仍需关注

2016年，东部地区房地产开发企业共完成开发投资5.42万亿元，同比增长8.96%，增幅比上年上升5.01个百分点；商品房销售面积和销售额分别为57 839.73万平方米和41 480.15亿元，分别同比上升13.83%和13.70%，商品房去化进程推进较快。东部地区部分重点城市出现了房价上涨过快的局面，为抑制房价过快上涨，多个重点城市重新启动了限购等调控政策，并收紧相关房贷政策，在一定程度上稳定了房地产市场价格和销售量。如深圳市12月一手房均价较6月份价格高点下降25.62%，房地产单月成交量由年初的月均超2万套降至年末的约1万套、购房贷款增长出现有序的回落；江苏省的南京、苏州、无锡等地商品房销售锐减，销售价格止涨企稳。

2016年东部地区房地产行业贷款总额和占比均出现快速上升。年末东部地区房地产行业贷款余额为14.95万亿元，占各项贷款的24.93%，较上年末上升了3.48个百分点；余额增长30.26%，高于各项贷款增速18.19个百分点。其中，个人住房贷款余额11.26万亿元，较

上年末增加 3.37 万亿元，增长 42.73%，个人住房贷款增量占银行业机构新增贷款的 53.41%。此外，部分资金通过信托和券商、保险公司、基金公司设立的资产管理计划绕道进入房地产市场，导致房地产领域杠杆进一步加大，房地产市场调整对金融机构信贷资产质量的影响应引起关注。

三、同业业务快速发展，交叉性金融风险有所积累

2016 年，银行业机构以应收款项类投资为代表的同业业务快速扩张。以理财产品、信托投资计划、证券投资基金、各类资产管理计划等为基础资产的同业投资产品不断丰富，为市场融资主体提供了多种新的融资途径和方法。截至 2016 年末，东部地区 1 147 家地方中小法人银行同业资产 7.84 万亿元①，占总资产的比重达 47.03%，其中 2015 年、2016 年两年同业资产平均增速达 37.27%；同业投资资产中，同业理财和类信贷资产分别为 1.58 万亿元、1.27 万亿元，共占同业投资规模的 28.05%。

随着金融产品交叉嵌套现象增多，跨机构、跨市场、跨区域的风险传染也有所加剧。银行同业业务通过对接特定目的载体，包括非保本理财产品、各类收（受）益权和资管计划等，主要业务链条涉及信托、证券、基金、资产管理公司等多类机构，产品结构复杂，风险链条较长，风险节点增多，加剧了风险交叉传染的可能性。部分同业投资通过产业基金、并购基金等形式，投向政府类公司、"两高一剩"等限制性行业，加大了去产能、降杠杆的难度。少数银行未能有效落实同业业务穿透原则，资本和拨备计提不足，致使账面资本充足率虚高、风险吸收能力下降。部分银行内部控制存在薄弱环节，操作风险突出，个别银行还出现职工利用表见代理制度开展虚假同业业务的重大违规经营事件，影响金融市场稳健运行。

此外，经济与金融风险的相互影响有所增强。银行机构委托贷款业务发展较快，但伴随企业经营效益持续下滑，委托贷款逾期情况明显增多，特别是资管类及投向房地产、中小企业等领域的委托贷款逾期风险不断上升。北京、广东、山东、浙江、福建、海南 6 省市委托贷款不良余额同比增长 29.40%②，逾期贷款余额同比增长 19.61%，显著高于银行表内外信贷不良及逾期平均增速，需引起关注。

> **专栏 1　委托贷款逾期风险上升值得关注**
>
> 近年来，委托贷款业务中，少数银行风险管控不到位，委托贷款业务逾期有所增多。截至 2016 年末，北京、广东、山东、浙江、福建、海南 6 省市样本银行委托贷款余额 1.79 万亿元，比上年末增加 1 720.06 亿元，增长 10.64%；逾期余额 762.61 亿元，比上年末增加 125.01 亿元，增长 19.61%；逾期率 4.26%，比上年末提高 0.32 个百分点。

---

① 本次监测数据不包括上海市、深圳市及江苏省，北京市不包括外资法人银行业金融机构。
② 本次监测包括北京、广东、山东、浙江、福建、海南 6 省市各银行业金融机构分支机构及法人银行业金融机构，下同。

一、主要风险特征

（一）委托贷款逾期风险较为集中

从行业上看，主要集中于房地产行业，年末6省市样本银行房地产委托贷款逾期余额306.68亿元，占全部逾期委托贷款的40.21%；逾期率为4.45%，比上年末提高1.09个百分点。从担保方式上看，信用类委托贷款逾期占比高，年末6省市样本银行机构信用类委托贷款逾期余额396.03亿元，占全部逾期委托贷款的51.93%。从借款企业规模看，中小企业逾期风险上升，年末6省市样本银行中小企业逾期委托贷款余额600.72亿元，占全部逾期委托贷款的78.77%；逾期率5.24%，比上年末提高0.46个百分点。

（二）资管类委托贷款风险暴露加快

部分银行借助资管及委托贷款将信贷资金投向高风险、限制性领域，导致资管类委托贷款逾期增多，一定程度上加剧了实体经济风险与金融风险的相互传染。通过与券商、信托、基金公司等合作设立定向资管计划，定向资管计划委托银行向房地产企业发放委托贷款等形式，银行实际承担了信用风险。如2014年8月6日，A银行通过发售理财产品募集资金3.3亿元，定向购买B证券设立的定向资管计划，B证券取得银行资金后又委托A银行向C公司发放3.3亿元委托贷款，但贷款发放后因借款人多个项目未能按期对外发售，该笔委托贷款于2016年5月27日出现逾期，致使A银行面临资金损失风险。截至2016年末，6省市样本银行机构资管类委托贷款余额合计5 337.73亿元，其中逾期余额96.92亿元，逾期率达1.82%，比上年末提高0.63个百分点。

二、政策建议

建立健全委托贷款管理制度，对委托贷款的准入条件、资金来源、资金运用、风险控制、利率管理等方面做出更为明确的规定，规范委托贷款业务发展；强化对委托贷款业务的监管，确保委托资金来源合法合规、防止资金变相投向国家限制性行业，督促银行业机构防范逾期违约风险。

资料来源：中国人民银行广州分行金融稳定处。

四、不良贷款增长势头有所放缓，信贷风险防控压力仍然较大

2016年，随着银行业机构加强信贷风险管理，不良贷款余额增幅显著下降，不良贷款率略有下降。截至2016年末，东部地区不良贷款余额9 384.65亿元，比上年末增加657.41亿元，增长7.53%，增速较上年下降27.94个百分点；不良贷款率1.57%，较上年末下降0.07个百分点。

从不良贷款先行指标看，关注类贷款余额2.70万亿元，比上年末增长11.17%，银行业机构资产质量下行压力仍然较大。从行业分布上看，制造业、批发和零售业等行业不良贷款新增较多，产能过剩行业因经营压力持续增加，信贷风险暴露加快。如天津市制造业及批发和零售业关注类贷款余额分别增加356.74亿元和210.62亿元，占该市全部关注类贷款增加额的比重分

别为 56.15% 和 33.15%，江苏省 2016 年煤炭、水泥、平板玻璃、钢铁、造船、纺织等产能过剩行业整体不良贷款率同比上升 1.61 个百分点。

专栏 2　东部地区金融机构创新化解不良资产模式

近年来，东部地区银行业金融机构积极加大不良资产处置化解力度，创新不良资产处置模式，提高了处置效率，取得了较好的效果。

一、政府主导的不良资产化解模式

（一）成立地方资产管理公司参与不良资产处置。初步统计，东部地区 10 省市共成立了 12 家地方资产管理公司，累计受让不良贷款 3 986.64 亿元，支付对价 1 151.35 亿元，累计处置不良资产 1 369.28 亿元。[①] 地方资产管理公司充分发挥地方政府资源整合的优势，推动企业间的联合重组。如山东省资产管理公司与淄博市政府及相关金融机构共同设立企业重整基金[②]，为收购企业债权、企业重组提供资金支持。

（二）设立应急转贷基金帮助企业走出财务困境。地方政府通过成立应急转贷基金的方式，避免商业银行对正常企业采取抽贷压贷引发"羊群效应"，为资金紧张的企业提供过桥资金周转，帮扶优质企业应对临时性财务危机。初步统计，至 2016 年末，江苏、浙江、广东、山东、福建等五省地方政府转贷基金累计提供资金 1.09 万亿元，化解问题资产金额 3 035.04 亿元。[③] 从转贷基金运行情况及发挥的效用来看，由于其不以盈利为目的，使用周期短，借款利率远低于民间过桥周转资金利率，抑制了民间高利贷发展，优化了地方金融生态。

（三）由地方政府牵头或协助企业开展债务重组。各省市在化解不良资产时灵活采用了多种债务重组模式，一是负债端减轻当前偿付压力。如债务减免和延期付款、划分留存债务和发行可转债相结合、以股抵债、置换担保方破解担保圈（链）风险等。二是资产端充分发掘企业资产价值，灵活创造现金流。如引入战略投资者恢复实际经营能力、资产分割处置等。

二、市场主导的不良资产化解模式

（一）创新基金模式。如中国银行淄博分行于 2015 年末至 2017 年初先后四次以创新基金资产包模式处置不良资产共计 13.38 亿元。具体模式为：信达资产管理公司受让中国银行的不良资产包，以该不良资产包收益权出资，中银投资有限公司与山东省资产管理公司共同成立一家有限责任公司，该有限责任公司以现金出资共同组建创新基金。创新基金将收益权结构化分层，信达资产管理公司保留全部优先档及部分次级档，剩余次级档由中银投资有限公司和外部投资者认购。

---

① 数据来源：东部地区各省市人民银行分支机构。
② 基金采用母子基金架构组建，母基金中，山东省资产管理公司与淄博市政府出资作为劣后级出资人，金融机构作为优先级出资人，发挥杠杆作用，扩大不良资产收购规模，提高处置效率；子基金中母基金出资作为优先级出资人，项目所在地区县级政府出资作为劣后级出资人，充分发挥地方政府在不良资产处置中的积极作用。
③ 数据来源：东部地区各省市人民银行分支机构。

（二）不良资产证券化。如中国银行广东省分行作为原始收益人，将抵押足值、现金回收可能性高的不良信贷资产建立资产池，以其收益权为基础，通过中信信托设立的信托计划发行证券。所募集资金扣除必要费用后的余额为该行资产证券化的净收入，相当于提前收回了不良贷款的授信本金。

（三）依托互联网平台。银行通过互联网平台发布不良资产处置信息，加大盘活不良资产的力度，有效压降不良资产。如建设银行上海市分行于2015年创建投资资产信息发布平台，累计发布资产信息27期，通过平台推介，促成资产成交13笔，累计成交金额2.37亿元。

资料来源：中国人民银行南京分行金融稳定处。

五、证券业创新业务发展迅速，但创新发展带来新的挑战

近年来，东部地区证券业各项创新业务呈较快发展态势，证券、基金、期货公司业务发展平稳，资产规模持续增长，风险控制能力保持稳定，收入来源也逐渐多元化；IPO、再融资、交易所债券以及新三板的融资方式全面发展，2016年东部地区企业在主板市场、新三板市场融资额分别为9 712.95亿元、1 040.90亿元，分别比上年增长14.82%、4.81%。场外市场建设深入推进。多层次资本市场的资源配置功能不断强化，进一步支持实体经济发展。如资产证券化产品涉足领域和行业不断拓展，基础资产涵盖民生保障、公共服务、实体融资等多个领域，有效盘活了存量资产，降低企业杠杆率。江苏省全年共28家上市公司完成重大并购重组，交易总价值近400亿元，提高了产业集中度和企业核心竞争力。符合条件的外商独资或合资私募证券基金管理机构在上海自贸区设立、开展中国境内的私募证券基金管理业务。

随着证券业务和产品模式越来越复杂，新的风险因素对行业合规管理与风险控制带来较大挑战。东部地区部分场外私募债业务借助互联网金融平台，对债券规模进行拆分，交易对象虚拟化、涉众化、交易时间缩短、交易频率加快，突破传统债券交易和风险管理模式。与此同时，证券公司资管产品投资于公司债券的比例有所上升，债券代持规模占比较高，当发生债券违约时，易引发兑付风险的连锁传染。如2016年场外交易场所借助互联网平台"蚂蚁金服"销售的"侨兴电信"、"侨兴电讯"私募债兑付风险暴露，引发深圳某基金子公司发行的资管计划出现兑付违约风险。

六、保险业服务经济社会能力增强，退保与满期给付压力较大

保险市场平稳运行，对社会经济生活的渗透率持续提高。截至2016年末，东部地区保险公司资产总额4.89万亿元，同比增长27.07%。保险深度4.22%，同比提高0.73个百分点；保险密度3 316.21元/人，同比提高839.09元/人。服务领域进一步拓宽，保险保障作用增强。如山东省财政补贴农业保险险种增加到17个、保费补贴比例提升至80%；福建省城乡大病保险业务参保人数达1 877万人，商业健康保险累计赔付支出33.4亿元，增长25.1%；广东省保险业共

提供82.2万亿元财产风险保障和24.5万亿元人身险风险保障，以科技保险、首台（套）重大技术装备保险等为科技创新驱动发展提供风险保障分别达711.7亿元、87.2亿元。

部分地区退保金与满期给付支出大幅增长加剧寿险公司流动性压力，退保风险防范压力不断增大。前两年热销的中短存续期产品仍处于退保的高位，负债成本较高的短期分红险相继到期，使得满期给付压力依旧明显、保险公司高风险领域投资意愿较强，寿险公司业务结构调整压力和资金运用风险值得关注。如2016年，东部地区9省市退保金合计1 786.44亿元，同比增长11.24%；广东省、青岛市、海南省满期给付金额分别为353.08亿元、29.9亿元、11.47亿元，同比增长25.77%、37.2%、21.49%。

七、定量评估

运用区域金融稳定定量评估模型，对东部地区的区域金融稳定状况进行评估。从定量评估结果来看，东部地区2016年金融稳定状况综合得分为72.7分，比上年下降1.2分，高于全国平均水平1.8分，处于较稳定区间[①]。其中，宏观经济、证券业和金融生态环境得分均高于全国平均水平，银行业和保险业得分略低于全国平均水平（见图13）。

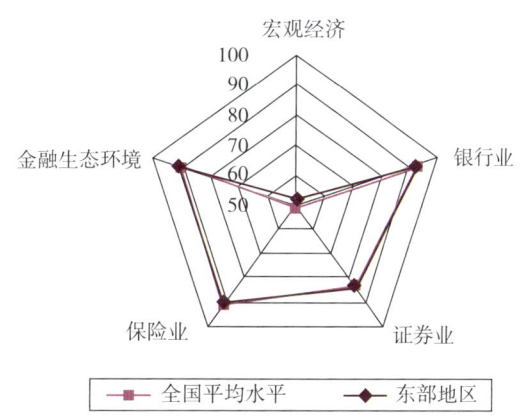

图13　2016年东部地区金融稳定状况和全国平均水平的比较

从具体指标变动情况来看（见表6），东部地区共有6项指标较上年有所改善，13项指标较上年有所下降，6项指标基本与上年持平。在宏观经济方面，地区生产总值增速放缓，第三产业增加值增长率、全社会固定资产投资，以及实际利用外资增长率、居民消费价格指数等主要指标得分均下降，所以宏观经济整体得分较上年有所降低。银行业资产质量、盈利能力等相关指标得分继续下降，导致银行业总得分较上年出现下滑。证券业盈利能力以及风控类指标得分较上年有所回落。金融生态环境有所恶化，主要是法治环境，以及地方财政收入占GDP比重等得分小幅下降所致。保险业各项指标得分较上年小幅提高，主要得益于资产总额和保费的上升，以及退保率的下降。

---

① 将定量评估结果进行五大区间的等级评估：非常稳定（95分及以上）、稳定（85~94分）、较稳定（70~84分）、较不稳定（60~69分）和不稳定（60分以下）。

表 6　　2016年东部地区评价指标及其变动情况

指标分类	变动方向	评价指标	变动情况		
			改善	稳定	下降
宏观经济	↓	地区生产总值增长率			√
		第三产业增加值增长率			√
		全社会固定资产投资增长率			√
		社会消费品零售总额增长率	√		
		实际利用外资增长率			√
		进出口总额增长率	√		
		城镇居民可支配收入增长率	√		
		农村人均纯收入增长率			√
		居民消费价格指数			√
		城镇登记失业率		√	
		典型城市房地产销售价格指数			√
金融机构	银行业 ↓	核心资本充足率		√	
		不良贷款率			√
		资产利润率			√
		流动比率		√	
	证券业 ↓	净资本充足率		√	
		净资本负债率		√	
		资产利润率			√
	保险业 ↑	应收保费率			√
		保费收入增长率	√		
		寿险公司退保率	√		
金融生态环境	↓	法治环境调查综合得分			√
		地方财政收入占GDP比重			√
		银行服务密度		√	
		征信数据库覆盖率	√		

注：表中"↑"代表改善，"↓"代表下降，"→"表示稳定。

综合历史数据考察区域金融稳定变动趋势（见图14），东部地区2016年金融稳定综合得分继续小幅下滑。分项来看（见图15），宏观经济得分处于历史最低位；银行业得分近年来维持在较高水平，但已连续两年回落；证券业2010年以来一直处于稳定区间，但受资本市场行情影响大，得分波动较大，2016年得分有所下降；保险业得分在2011年出现较大下滑，此后逐年好转，2016年得分继续上升。东部地区的金融生态环境是各区域中较好的，多年得分都处于稳定区间，但2016年有所回落。

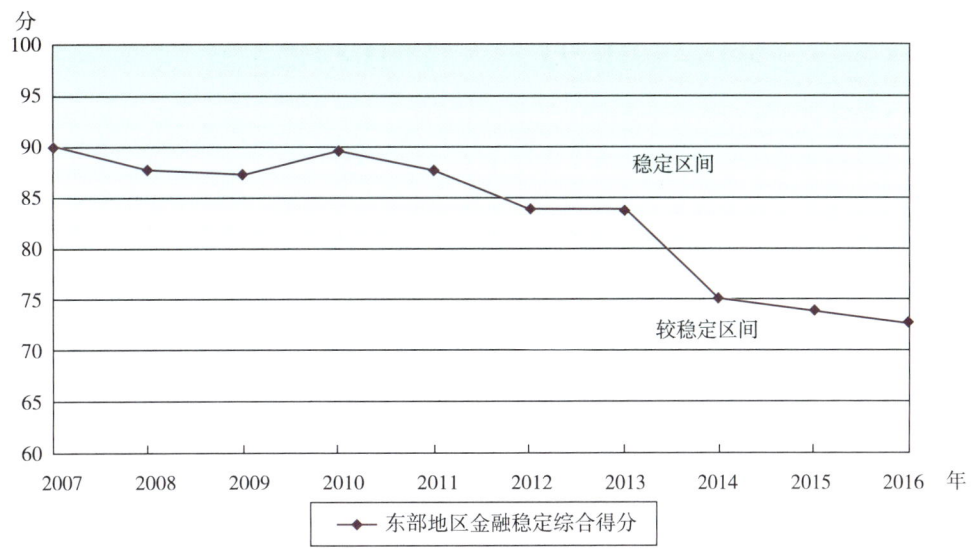

图14　2007—2016年东部地区金融稳定综合得分趋势图

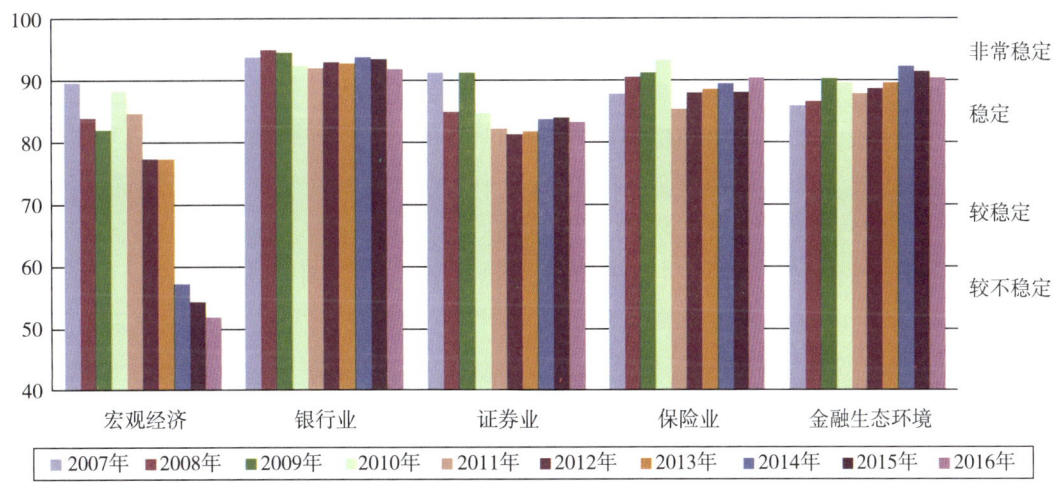

图15　2007—2016年东部地区金融稳定状况的比较

第三部分　中部地区

2016年，中部地区面对复杂严峻的国内外经济发展形势，主动适应新常态，坚持稳中求进、改革创新，统筹做好稳增长、促改革、调结构、惠民生和防风险的各项工作，经济实现平稳较快增长，金融运行整体稳健。但经济金融发展中的机遇与挑战并存，一些新老问题交错叠加，可能使潜在风险进一步暴露，防范区域性金融风险的压力有所增加。

一、经济结构总体改善，化解产能过剩的压力依然较大

2016年，中部地区经济总体实现平稳较快发展，经济结构逐渐改善。中部地区全年实现生产总值15.91万亿元，增长7.95%，GDP占全国比重上升至21.4%。除山西增长4.5%以外，其余5省增幅均高于全国平均水平。一是三次产业结构进一步优化。服务业贡献度继续提升，产业结构调整成效逐步显现。在工业化、信息化以及居民消费升级等多重因素推动下，第三产业增加值增长9.89%，比上年提高0.31个百分点，并分别高于第一、第二产业6.25个和2.68个百分点；三次产业结构由2015年的10.78∶47.37∶41.84调整为10.45∶45.40∶44.15。二是社会需求结构更趋于均衡协调，投资在经济发展中的拉动作用逐渐减弱。消费较快增长，投资稳中趋缓，对外贸易触底回暖。全年消费同比增长11.49%，增幅较上年提高了0.02个百分点；全社会固定资产投资同比增长12.03%，较上年回落3.84个百分点，对经济增长拉动作用明显下降；进出口总额2 385.8亿美元，同比下降3.45%，其中出口额1 553亿美元，分别下降5.9%和6%，降幅分别低于全国0.9个和1.7个百分点。

当前，中部地区经济面临的外部环境依然错综复杂，区域经济发展面临新挑战。一是消化产能过剩的压力仍然较大，煤炭钢铁行业去产能过程中的金融风险防范问题较为突出。近年来，中部地区钢铁、水泥、有色、化工、纺织、能源等传统优势产业出现不同程度"相对过剩"，对区域经济增长形成较大约束。同时，部分产能过剩行业信贷规模大、授信客户较为集中，化解过剩产能过程中的金融风险防范和化解难度较大。二是工业回升基础还不牢固。部分行业仍面临着生产经营成本高、销售不畅库存大、资金周转压力大、融资难融资贵等问题。部分领域投资回落明显，投资结构性问题突出。如湖南省非国有投资和民间投资持续回落，全年非国有投资和民间投资同比增速比上年分别回落8.4个和7.1个百分点；工业投资同比增速比上年回落9.3个百分点，低于全部投资增速6.3个百分点。三是投资增长仍面临诸多不利因素。新动能虽然发展势头良好，但在投资中的比重仍然偏低；传统产业由于价格上涨带来的投资回暖不具有持续性；另外房地产市场销售放缓使企业对开发投资趋于谨慎等。四是财政收支隐忧不容忽视。受"营改增"减税效应对地方税收影

响，建筑业、住宿餐饮业营业税减少，增加了财政增收难度。随着"三去一降一补"、民生工程、脱贫攻坚等工作力度进一步加大，财政刚性支出继续增加，可用财力更加紧张。中部地区全年实现地方财政收入16 888.93亿元，增长5.0%，较上年回落4.81个百分点；地方财政支出33 338.46亿元，增长7.01%。五是房地产市场去化周期结构差异凸显。房地产市场总体呈现"省会城市过热、其他地市冷热不均"，"住宅热、商铺冷"的格局。

专栏3　中部地区房地产去库存形势分析

2016年以来，在房地产去库存压力持续加大背景下，中部地区相继出台了包括金融、税收等在内的一系列稳定房地产市场、去库存的有关政策，按照供给侧结构性改革的要求，努力推进重点城市房地产去库存。

一、房地产去库存总体情况

房地产库存量总体回落。截至2016年末，湖南省、湖北省、河南省、安徽省、江西省待售面积同比分别下降12.3%、10.5%、5.9%、4.3%、4.1%。部分三四线城市商品房待售面积显著下降，如湖北省宜昌市商品房待售面积为45.76万平方米，已处于近5年来的最低点；襄阳市商品房库存量425.89万平方米（含开发企业自持商业物业），同比下降35.7%。部分地区商品房去化周期下降明显。如2016年末山西省商品房去化周期10.1个月，较上年底缩短3.6个月；湖北襄阳市区商品住房去化周期由上年末的21个月下降到8个月。

二、房地产去库存难点分析

一是部分城市房价上涨过快，导致房地产投资进一步加大，影响去库存效果。如安徽省合肥市2016年新建住宅价格指数同比上涨46.5%，上涨幅度居全国第1位。在房价上涨预期下，房地产投资冲动进一步加剧，该市全年住宅类房地产开发投资同比增长10.6%，商品房新开工面积同比增长8.6%，较上年上升12.2个百分点。

二是购房需求向热点城市集中，三四线城市房地产库存仍然高企。部分热点城市销售大幅增长，如湖南省长沙市全年商品房销售面积同比增长36.2%，高出全省平均增速9.1个百分点，市场供应出现短缺，但省内三四线高库存城市需求不足，去化进程偏慢，个别城市去化周期高达63个月，政策效果不理想。

三是库存结构性矛盾突出，非住宅类商品房去库存压力仍然较大。当前大型商业综合体的开发带动了大量写字楼、商铺等房地产项目，非住宅类商品房供应量较大，但受经济放缓、电商冲击等因素影响，这类商业地产需求不足，库存压力突出。如安徽省2016年末非住宅类商品房待售面积1 199万平方米，占库存总量的49.9%，同比增长16.9%，比商品住宅高35.9个百分点。

三、做好房地产去库存工作的对策建议

一是从源头控制增量。根据市场形势，有序供应土地，从源头上减少房地产库存，对未动工开发的房地产用地，依法调整土地用途。二是积极培育住房租赁市场。推动房屋租赁规模化，专业发展，建立开发与租赁一体化的经营模式。三是加快城镇化建设进程。进一步放宽进城落户和投资落户条件，支持现有非城镇居民进城购房落户。四是推进区域经济协调发展，减少中心城市虹吸效应，缓解去库存结构性矛盾。

二、金融改革力度持续增强，金融组织体系不断完善

区域金融改革创新亮点纷呈，政策引领效果进一步强化。科技金融改革创新迈出新步伐，东湖高新区和汉口银行列入全国首批投贷联动试点，全国首个科技金融指数——"武汉科技金融指数"正式发布。河南兰考普惠金融改革试验区为全国首个普惠金融改革试验区，11家省级金融机构与兰考县签署中长期合作框架协议，20家金融机构与当地企业签约57亿元。江西赣江新区绿色金融改革创新试验区创建稳步推进。

金融机构类型不断健全，金融业整体实力和活力不断提升。河南中原证券在A股挂牌上市，成为中部地区首家同时登陆内地和香港资本市场的金融企业。中部地区民营银行破冰，湖北武汉众邦银行、安徽合肥新安银行先后获中国银监会批筹。恒丰银行、渤海银行、中国进出口银行、浙商银行的省级分支机构于年内相继入驻河南省。

三、银行信用风险总体可控，重点领域风险防范压力上升

中部地区银行业金融机构信用风险总体可控。一是不良贷款率仍处于较低水平。截至年末，中部地区银行业金融机构不良贷款余额4 082.86亿元，增长6.10%；不良贷款率2.37%，同比下降了0.22个百分点。二是贷款损失准备计提审慎充足并保持较高水平，风险抵补能力继续增强。江西省中小法人银行机构贷款损失准备金比年初增长24.36%；河南省城市商业银行、农村中小金融机构贷款损失准备充足率分别为293.46%、391.68%。

但在经济下行压力增大，以及银行自身转型、内控内管有待完善等因素作用下，部分领域风险较高。一是房地产贷款占比持续上升，房地产金融风险逐步累积并开始显现。如安徽省2016年房地产贷款增量占各项贷款增量的50.4%，较上年同期提升11.8个百分点，加之部分房企多渠道高成本融资风险突出，房地产贷款质量明显下降。年末全省银行业房地产行业不良贷款余额较年初增长16.3%；房地产业和个人住房按揭关注类贷款余额合计接近100亿元。二是地方政府融资渠道多元化，或有债务风险继续累积。金融机构通过创新业务、名单外投放等方式实际投向融资平台的资金未减反增，大量债务通过非平台、政府购买服务、城镇化基金等方式实现。三是产能过剩行业存量信贷规模大、杠杆率较高，部分省份银行贷款高度集中于国有大型煤炭、钢铁、有色企业，信贷风险较为集中。四是表内外创新业务快速发展，交叉性金融风险防控难度加大，如湖南省2016年银行业投资业务余额同比增长56.49%。表内外创新业务导致资金在银行、证券、信托等多个行业间流转，加大了风险防控难度。

专栏4　中部地区去产能现状及金融风险防范

一、中部地区去产能总体情况
（一）多数地区超额完成全年淘汰落后产能目标
2016年，中部地区紧紧围绕供给侧结构性改革要求，稳妥推进钢铁、煤炭行业去产能

进程，取得了较好的工作成效。河南、山西、安徽、湖南、江西等中部五省均完成年度去产能目标，全年共化解钢铁过剩产能1 360万吨，淘汰落后和化解煤炭过剩产能8 534万吨，分别完成年度计划的100%和107.8%。

（二）地方政府帮扶政策保障去产能平稳推进

中部各省地方政府均出台了一系列配套扶持政策，保障去产能平稳推进。如河南、江西等地财政部门下发专项奖补资金，用于支持钢铁、煤炭行业化解过剩产能和职工安置等工作；湖南等地财政部门出资建立产业发展基金，对产能过剩行业企业机械化、信息化改造给予奖励；安徽等地成立"三煤一钢"企业融资工作指导小组和融资帮扶协调专项小组，帮助企业化解到期债务，避免违约风险。

（三）产能过剩行业主要融资渠道出现差异

截至2016年末，河南、安徽、湖南等三省钢铁和煤炭行业融资规模（包含银行贷款、表外和债券融资等）分别为1 112.3亿元和1 981.1亿元，分别较上年增加1.7亿元和138.6亿元。钢铁、煤炭行业主要融资渠道出现差异，钢铁行业主要依靠银行表外授信融资，煤炭行业则主要依靠银行传统信贷融资。2016年，河南、安徽、湖南等三省钢铁行业新增表外融资47.9亿元，煤炭行业新增贷款141.0亿元。

二、金融支持去产能过程中存在的问题

（一）部分金融机构在政策执行中存在"一刀切"现象

部分机构金融支持去产能过程中未有效执行"区别对待，有扶有控"的有关要求，在实际执行中"一刀切"现象较为普遍。如少数银行严格准入过剩行业贷款客户，要求贷款只减不增，个别机构还要求理财等类信贷业务只减不增。如2016年湖南省某大型钢铁集团的可用授信被压缩了24%，部分非钢子公司受此影响无法从银行融资，最终导致企业集团在现代物流、金融服务、战略性新兴产业等方面的融资需求难以得到满足。

（二）产能过剩行业企业存量信贷风险防范压力较大

截至2016年末，河南、安徽、湖南等三省钢铁行业不良均呈现双升，其中三省合计不良余额同比增长73%，不良率较年初上升0.6个百分点。湖南等部分区域煤炭行业不良也呈双升态势。同时，三省钢铁、煤炭行业关注类贷款同比分别增长36.1%和35.9%。一旦出现企业债务到期违约，尤其是出现少数银行机构保全资产等行为，可能引发"羊群效应"，将进一步加剧企业违约风险。

（三）金融机构在地方政府隐性干预和总行政策因素的影响下，面临进退两难的尴尬处境

各银行总行制定信贷指引和考核要求时往往注重全局性，对过剩行业信贷资产的收益率、不良率等考核要求更严，并不会针对特定区域、特定企业降低标准。但是，地方政府通过隐性干预等方式，要求金融机构对部分过剩行业企业加大信贷支持力度。

三、政策建议

实施区别对待、有扶有控的信贷政策，强化信贷运行环境动态监测分析，建立产能过剩行业重点区域、重点机构、重点企业风险监测预警机制，提高金融风险预警水平，协调建立银行债务集中处理机制，完善民间融资监测体系建设，保障去产能进程平稳推进。

四、区域多层次资本市场建设加快，地方各类交易所亟待规范

2016年，中部地区证券交易进一步活跃，证券产品和业务创新快速发展，直接融资规模持续扩大，区域多层次资本市场建设加快，服务实体经济能力显著提升。一是证券期货经营机构市场布局加快，法人机构、分公司和营业部齐头并进、协同发展。至年末，中部地区共有法人证券公司12家、法人期货公司14家。河南省中原证券在主板上市，成为全国第4家、省级证券公司中的首家在港上市券商。二是上市公司主体增多，并购重组加快。至年末，中部地区共有境内上市公司426家，同比增长5.97%。其中，湖北省新增境内外上市公司13家，境内上市公司总数96家，居全国第九、中部第一。河南省共有16家上市公司完成并购重组再融资。三是新三板挂牌交易企业增多。至年末，中部地区在"新三板"挂牌企业总数达1 396家，家数占全国的13.74%，其中，湖北省、河南省和安徽省分别为347家、342家和302家。各类区域性交易中心交易活跃，年末武汉股权托管交易中心"企业展示板"已展示各类企业2 473家，托管登记企业总数达2 991家；股权挂牌交易企业2 231家，挂牌公司总股本285.89亿股，总市值1 290.40亿元。四是私募基金产业快速发展，私募基金备案规范程度增加。如湖北省已完成登记备案的私募基金管理机构220家，共管理基金444只，管理规模达1 329.96亿元，业务和产品快速发展。

证券业快速发展的同时，其潜在风险也不容忽视。一是证券公司对外融资依赖程度加大，交叉性金融风险防范压力上升。证券公司通过银行间市场拆借、资产回购、股票质押贷款等多种方式进行主动融资，存在短借长贷现象，不利于防范跨行业、跨市场金融风险。二是债券市场违约风险需关注。2016年，债市违约事件频频发生，与此同时债券融资额大幅增长，防控风险压力明显加大。如武汉股权托管交易中心前期开展的部分私募债业务，发行方式为互联网金融机构合作模式，投资者对象遍及全国，发行方均为省外政府投资平台企业，这部分私募债在2017年、2018年将迎来兑付高峰，也存在一定违约风险隐患。三是地方各类交易场所违法违规问题仍时有发生。部分交易场所片面追求市场流动性，以类证券和期货交易方式开展业务，助长投机氛围，严重扰乱现货市场价格。同时，发展大量会员、代理商，通过互联网平台开展业务，存在虚假宣传、操纵市场等问题，投诉举报持续不断，风险隐患加大。四是上市企业亏损面较大，对外担保和资金运用风险需关注。中部地区上市公司全年实现净利润1 328.5亿元，同比增长58.15%，其中实现净亏损34家，占比7.98%。从湖南省已公布数据的上市企业看，18家上市企业每股盈余为负值，占全省上市企业的20.22%。亏损企业主要集中在制造业，占比达到77.78%。3家企业连续3年亏损，面临退市预警。部分上市公司将募集资金用于购买银行理财产品、保险公司高现金价值产品和证券公司的融资融券产品，或将募集资金投资到金融市场，资金运用存在"脱实向虚"倾向。

专栏5 中部地区上市公司对外担保风险分析

近年来，我国上市公司对外担保风险日益显现，主要涉及高额担保、关联担保、违规担保等问题，一旦担保链条中某个环节出现问题，就可能造成多米诺骨牌效应，不仅会造

成上市公司风险，还会对股东甚至整体资本市场的稳健发展产生不良影响。从中部地区上市公司看，2016年426家上市公司担保发生额合计为180.02亿元，较上年末增长15.08%；年末担保余额达265.20亿元，较上年末增长22.5%。

一、对外担保风险分析

（一）部分公司指标超出监管要求

以上市公司"对外担保金额/净资产"指标为例，证监会2003年8月发布的《关于规范上市公司与关联方资金往来及上市公司对外担保若干问题的通知》中规定：上市公司对外担保金额不得超过其净资产的50%。但截至2016年末，中部地区仍有16家上市公司对外担保超出监管规定。

（二）可能引发财务风险和法律风险

担保金额是上市公司对外提供信用能力的重要反映，担保金额越大，或有负债就越大，给公司来带的风险也越高。一是财务风险方面，根据财政部的相关规定，因担保损失的金额经法院确认后应列为预计负债，计入当期营业外支出。因此，担保成为影响公司业绩的重要因素。如河南"多氟多"由于为"郑州铝业"的银行借款提供担保，最终被法院判决承担连带还款责任，代偿1920万元，导致公司业绩同比下滑60%~90%。二是法律风险方面，一旦被担保的公司不能偿还债务，必然引发诉讼，而作为担保人的公司不可避免地被卷入诉讼之中，索偿过程要经过正式的法律程序，会耗费上市公司的人力财力。如山西"ST生化"对外担保2亿元，且被诉讼要求承担担保责任，均未进行信息披露，给投资者造成损失，2016年10月被89名股民起诉，要求赔偿损失843.6万元。

（三）担保链、担保圈风险

上市公司互相担保、各种形态的关联担保，导致众多的上市公司、非上市公司之间形成一系列的担保资金链条，多家企业形成捆绑融资的关系，一旦担保圈、担保链条上某一个节点出现资金断裂，必然形成连锁反应，如果资金缺口较大将可能造成整体担保圈、担保链的风险，并对区域经济金融的稳健发展造成严重影响。

（四）担保风险向银行体系传导

上市公司对外担保主要是为其他经济主体融资作担保，而借款人通常为银行机构，因此当贷款方、担保方发生信用风险，承贷主体及出具担保的上市公司如果不能正常履行偿还义务，则银行债权不可避免地成为呆账和坏账。上市公司对外担保规模越庞大，涉及银行债权越多，一旦出现风险则银行债权也相应地转化为损失，对银行体系的资产质量产生冲击。

二、相关建议

（一）健全法律法规，加强外部监管

应从立法的角度规范市场参与各方的行为，修订相应法律法规时应体现前瞻性和科学预见性，如提高上市公司"担保总额占净资产比例"的监管限制。此外，监管部门还应加大对上市公司对外担保行为的监督检查力度，加大对违规担保行为的惩处力度。

（二）完善公司治理，建立健全担保风险控制机制

建立有效的约束和制衡机制，对公司董事会的组织方式和运作模式进行规范，提高董事会成员的素质，使董事会成员在担保签审中发挥应有的作用，建立关于担保的风险控制程序和制度，规范担保业务，使担保风险得到事前、事中和事后全方位的有效控制。

（三）加强对外担保信息披露，建立担保数据库

加强上市公司对外担保信息披露的监管力度，加大对违规行为的惩处，遏制不当行为，并要求审计机构履行审核义务。建立上市公司对外担保数据库，监管部门应对上市公司的对外担保数据进行搜集、整合，建立相应的数据库，从而完整掌握上市公司对外担保、关联担保的变化情况，并采取针对性的监管措施。

（四）加强银行体系授信管理，完善信用体系建设

银行机构应对担保方资信情况、财务状况进行严格的调查审核，对于资产负债率过高、净资产为负的公司取消担保资格，从源头上遏制担保风险。完善社会信用体系建设，优化整合各类信用信息资源，增强信用信息的使用效率，切实提高各类社会主体的诚信意识。

五、各项保险业务稳步发展，偿付退保压力和市场秩序不规范等依然存在

2016年，中部地区保险业运行总体稳健，市场服务主体进一步增多，产品创新稳步推进，产险保费收入稳定较快增长，寿险保费收入和各项赔付支出增速加快，险企资金运用力度不断加大。全年中部地区实现保费收入5 678.73亿元，增长23.49%，同比提高1.25个百分点；各项赔付支出2 063.65亿元，增长25.58%，同比提高2.94个百分点；保险密度和保险深度分别为1 466.78元/人和3.57%，同比分别提升204.86元/人和0.44个百分点。一是市场发展环境不断改善，政保合作不断深化。各省先后发布保险业发展"十三五"专项行动计划，并在部分重点地区试点开展涵盖多方面保障内容的一揽子保险服务扶贫方案。二是法人机构新设加快，保险保障范围进一步拓宽。中部地区全年新增省级保险分公司（含法人）14家。保险业改革创新加快，安徽省首次引入扶贫资金支持发展特色农业保险，金寨县获批成为全国首家农村保险改革创新试点县；江西探索"政策性支持、商业化补充"相结合的农业保险新模式；河南省积极推进小麦、生猪等目标价格保险试点。三是农业保险保费收入和赔付支出稳步增长。农业保险实现保费收入95.61亿元，同比增长13.75%；赔付支出72.43亿元，同比增长60.41%。

但面对当前国内外错综复杂的经济金融形势和区域经济发展特征，寿险业务偿付压力持续加大、财产险市场结构失衡、保险市场秩序有待进一步规范等问题仍值得关注。一是各项保险业务偿付压力持续加大。如河南省财产险公司3个月以上的保证应收保费余额同比增长87.6%，逾期风险加大；全年退保和满期给付总量占全年规模保费的42.18%。安徽省全年人身险公司赔付总额182.4亿元，同比增长33.4%，增速较上年同比提高6.5个百分点。湖南省30家人身险公司中四成公司退保率高于5%。二是机动车辆保险集中度持续上升，险种结构发展不平衡问题仍较突出。2016年，中部地区机动车辆保险保费收入1 306.93亿元，同比增长14.27%；占全部财产险保费收入的82.22%，比上年同期提高1.83个百分点。三是保险市场秩序有待进一步

规范，违规经营行为仍时有发生。保险从业人员特别是营销人员流动频繁，整体素质有待提高，市场纠纷较多。安徽保险监管部门共接收咨询投诉总量达15 222件；山西保监部门有效投诉件数同比增长14.93%。

六、定量评估

从定量评估结果来看，2016年中部地区金融稳定状况综合得分为78.9分，较上年下降1.5分，比全国平均水平高6.8分，处于较稳定区间。其中宏观经济明显高于全国平均值，银行业、证券业和保险业得分比全国平均水平略高，金融生态环境得分略低于全国平均值（见图16）。

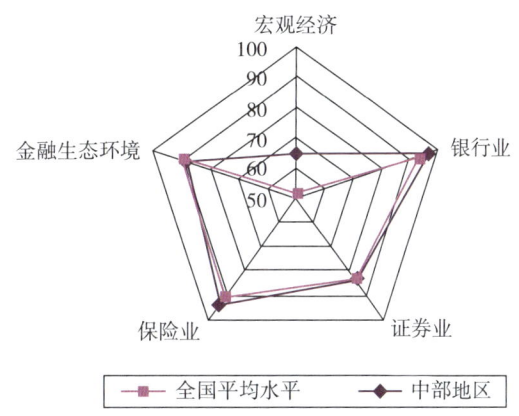

图16　2016年中部地区金融稳定状况和全国平均水平的比较

从具体指标变动情况来看（见表7），中部地区共有3项指标较上年有明显改善，11项指标较上年有所下降，11项指标基本与上年持平。在宏观经济方面，地区生产总值增速、第三产业增加值、投资及进出口增速、居民消费价格指数、典型城市房地产销售价格指数等多项指标得分均小幅回落，而消费、实际利用外资等少数指标有所改善，最终宏观经济得分较上年有所下降。受银行业不良贷款上升、证券业盈利能力下降，以及法治环境调查得分小幅下降影响，中部地区银行业、证券业和金融生态环境得分较上年均有所回落。保险业得分有所上升，主要得益于保险退保率指标改善。

表7　2016年中部地区评价指标及其变动情况

指标分类	变动方向	评价指标	变动情况		
			改善	稳定	下降
宏观经济	↓	地区生产总值增长率			√
		第三产业增加值增长率			√
		全社会固定资产投资增长率			√
		社会消费品零售总额增长率	√		
		实际利用外资增长率	√		
		进出口总额增长率			√
		城镇居民可支配收入增长率			√
		农村人均纯收入增长率			√
		居民消费价格指数			√
		城镇登记失业率		√	
		典型城市房地产销售价格指数			√

续表

指标分类		变动方向	评价指标	变动情况		
				改善	稳定	下降
金融机构	银行业	↓	核心资本充足率		√	
			不良贷款率			√
			资产利润率		√	
			流动比率		√	
	证券业	↓	净资本充足率		√	
			净资本负债率		√	
			资产利润率			√
	保险业	↑	应收保费率		√	
			保费收入增长率		√	
			寿险公司退保率	√		
金融生态环境		↓	法治环境调查综合得分			√
			地方财政收入占GDP比重		√	
			银行服务密度		√	
			征信数据库覆盖率		√	

注：表中"↑"代表改善，"↓"代表下降，"→"表示稳定。

从历年综合得分变动趋势看（见图17），中部地区金融稳定状况综合得分连续多年保持在较稳定区间以上。分项来看（见图18），中部地区宏观经济、银行业和金融生态环境得分连续下降；保险业得分持续上升；证券业得分小幅回落。

图17 2007—2016年中部地区金融稳定综合得分趋势图

第三部分 中部地区

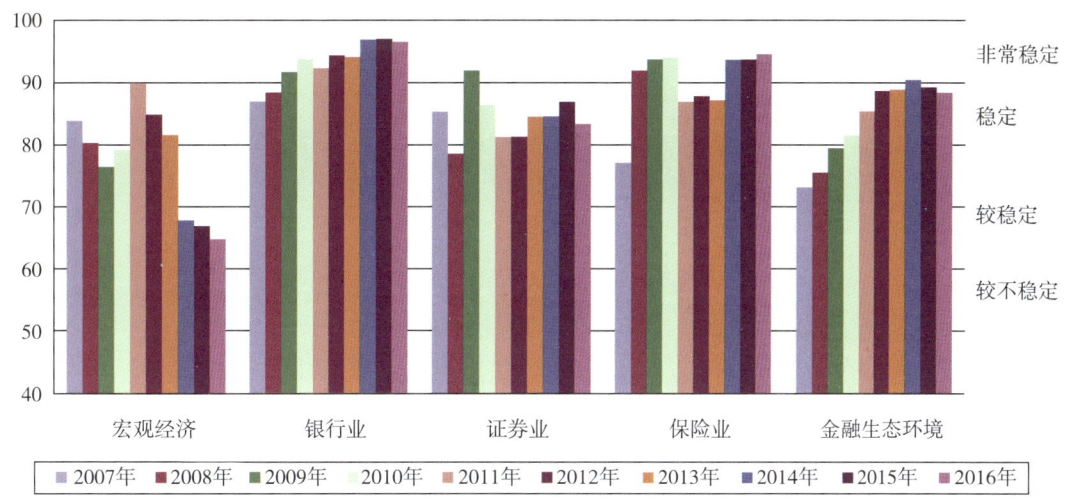

图18 2007—2016年中部地区金融稳定状况的比较

第四部分　西部地区

2016年，西部地区以新发展理念引领经济发展新常态，全力推进供给侧结构性改革，地区经济增长保持平稳，地方金融改革有序推进，金融基础设施持续完善。金融业运行总体稳健，部分领域风险有所显现，相关风险防控工作需进一步加强。

一、地区经济运行保持平稳，部分行业仍面临下行压力

西部地区经济运行保持平稳。2016年，实现地区生产总值15.65万亿元，同比增长8.23%。三次产业结构继续改善，由2015年的11.93:45.55:42.52调整为11.87:43.47:44.66，服务业的拉动作用持续增强。投资和消费保持稳步增长，全年实现全社会固定资产投资（不含农户）14.7万亿元，同比增长12.2%，社会消费品零售总额6.13万亿元，同比增长11.24%。进出口依然下滑，进出口总额3 929.16亿美元，同比减少12.66%。其中，出口总额2 262.97亿美元，同比减少24.44%。

部分行业生产经营仍面临下行压力。一是外贸形势依然严峻。2016年西部各省（区、市）外贸进出口增速均为负值，除陕西、四川、广西三省（区）高于全国平均水平外，其余均低于全国平均线。同时，有一半的省（区）进出口增速同比继续回落。二是部分地区重点行业增速持续放缓。2016年陕西省油气开采、石油加工、通用设备、电力热力等重点行业规模以上工业总产值同比均为负增长。新疆维吾尔自治区重点监测的十大产业中，装备制造、有色、电力、煤炭工业增加值同比增速分别较上年下降26.8个、16.5个、6.3个、3.7个百分点。三是部分地区房地产去库存压力较大。青海省商业地产去化周期43.4个月，供给严重过剩；云南省部分州市商品房销售低迷，去库存压力较大。丽江、临沧、红河、德宏、怒江5个州市商品房销售面积同比下降，迪庆、德宏、怒江、昭通4个州市去化周期超过12个月。

二、地方金融改革有序推进，农村金融服务能力持续提升

地方法人金融机构改革步伐不断加快，金融组织体系日益完善。一是城市商业银行不断优化资本结构，改革步伐持续加快。其中，西安银行获批上市，新疆银行正式开业，玉溪市商业银行增资扩股改名为云南红塔银行，四川银行筹建工作稳步推进。二是农村信用社改制工作有序推进。其中，云南、四川、陕西三省分别有20家、14家、12家农信社改制为农商行。三是非银行金融机构组建步伐加快，西藏自治区和宁夏回族自治区各新增1家法人保险公司，全国首

家非政策性专业信用保证保险公司落户重庆市。

普惠金融改革深入推进，农村金融服务水平有效提升。四川、陕西两省普惠金融改革取得显著成效。四川省成都市全面推进农村金融服务综合改革试点工作，已建立村级农村金融服务站1 100个，温江、崇州、郫县三地"两权"抵押贷款试点取得积极成效，年内累计发放"两权"抵押贷款12.13亿元。陕西省以改善农村支付环境为抓手积极推进普惠金融发展。至年末共建立助农取款+农村电商融合发展服务点1 362个，助农取款服务点46 957个，基本实现了支付服务村村通；铜川市宜君县深入推进农村普惠金融综合示范区试点工作，"三农"和小微贷款申请满足率达80%以上，金融服务可得性显著改善。

精准扶贫模式创新不断加快，但仍存在一定制约因素。甘肃省创新金融参与扶贫开发机制，探索出"财政资金撬动、政府责任联动、保险保障推动"的模式，有效破除了农民贷款"两难"的瓶颈制约。新疆维吾尔自治区积极打造金融扶贫标准化信贷产品，创新推出"村乡县三级审核+整县打包申请+金融机构放款"的扶贫小额信贷模式，地区精准扶贫成效显著，年内35个贫困县贷款增速达27.2%，17.3万户建档立卡贫困户获得贷款58.9亿元。虽然部分省份精准扶贫模式创新取得积极进展，但是从整个西部地区看，仍存在一定因素制约扶贫工作深入推进。

专栏6　西部地区金融精准扶贫发展中存在的问题和建议

一、基本情况

截至2016年末，西部地区金融精准扶贫贷款余额1.32万亿元，个人精准扶贫贷款余额1 696.53亿元，其中，建档立卡贫困人口贷款余额1 466.06亿元，直接支持贫困人口561.73万人。单位精准扶贫贷款余额1.15万亿元，其中，产业精准扶贫贷款余额3 153.19亿元，带动和服务贫困人口232.51万人；项目精准扶贫贷款余额8 322.73亿元，服务人口13 386.02万人。

二、存在问题

（一）金融政策与扶贫政策间配合度不高

集中表现在：财政扶贫政策分散在政府多个职能部门中，且扶贫贴息、补贴额度由上级对口部门逐级下拨。受行业壁垒及条块分割因素制约，金融机构获取政府扶贫项目资金与使用渠道的信息不畅，使用扶贫资金撬动信贷资金投入的覆盖机构范围较小，财政扶贫与银行信贷资金未能形成协作效应。

（二）地域特点及担保配套措施滞后导致金融扶贫难度较大

一是地区农牧业占比较高，具有天然的弱质性，加之缺乏规模较大的农业组织和优质项目，导致金融扶贫着力点较少，并难以形成规模效应。二是地区金融机构服务半径大、财政补助较低、惠农金融服务成本远高于中东部地区，降低了金融机构扶贫积极性。三是有效抵质押担保物不足且担保创新滞后，普遍缺乏农村产权交易平台，抵质押物缺乏处置渠道，加大金融扶贫的难度。

（三）扶贫信贷资金风险缓释机制尚不完善

一是西部地区经济基础薄弱，财政资金紧张，以地方财政自筹方式建立农牧业风险保证基金存在较大困难。二是扶贫信贷资金风险补偿基金难以足额及时到位。以广西为例，扶贫小额信贷的投放为198亿元，到位风险补偿资金为13.8亿元，按照当地要求的1∶10的比例计算，风险补偿金资金仍存在6亿元缺口。

三、政策建议

一是加强政府部门和银行机构之间的协调配合，充分发挥财政资金的撬动作用，引导信贷资金更深更广参与金融精准扶贫。二是加快建立贫困地区融资担保体系、风险补偿机制，支持农业保险发展。三是深化农村土地承包经营权流转、农房用地制度和集体林权制度等配套改革，建立农村产权交易平台，为贫困地区金融服务创新和扩大扶贫信贷投放创造必要条件。

资料来源：中国人民银行西宁中心支行金融稳定处。

三、银行业总体运行平稳，部分领域风险有所上升

银行业机构体系日趋健全，经营规模不断扩大，支持实体经济的能力稳步提升。截至2016年末，西部地区法人银行业金融机构合计1 341家，同比增加48家。银行业金融机构本外币资产总额37.92万亿元，同比增长12.11%；本外币贷款余额22.09万亿元，同比增长12.91%。信贷规模持续增加，信贷资源配置进一步向实体经济和民生领域倾斜。西藏自治区、重庆市小微企业贷款余额同比分别增长136.70%、25.88%，分别高于当地贷款增速93.2个、14.7个百分点；陕西省保障性安居工程贷款余额1 238.43亿元，同比增长61.32%，涉农贷款余额5 857.86亿元，同比增长7.36%。

经济下行压力下地区银行业相关领域风险不断积累。一是资产质量持续下滑。截至2016年末，西部地区银行业金融机构不良贷款余额同比增长21.98%，不良贷款率同比上升0.18个百分点，关注类贷款余额同比增长15.09%。同时，受经济增速放缓、产业结构调整等因素影响，未来银行不良贷款持续暴露的可能性依然较大。二是中小法人银行流动性管理压力加大。四川、贵州、广西、青海等地中小法人银行机构流动性比例较上年出现明显下降，部分机构核心负债依存度指标低于监管标准。从机构类型看，村镇银行受品牌认可度低、机构网点少等因素制约，对同业资金的依赖性较大，流动性管理压力更为突出。三是交叉性金融风险有所上升。在银行与信托、证券公司合作开展的投资业务中，监管套利甚至违规行为较为常见，由于资金较多流向限制性领域及行业，底层资产风险相对较大，容易导致风险在银行、信托、券商之间交叉传染。四是盈利能力面临多重因素制约。受经济环境复杂多变、利率市场化推进以及地方政府债务置换等多重因素影响，西部地区银行机构普遍面临利息收入降低、经营效益下滑等问题，转型发展需求较为迫切。2016年末，西部地区银行业机构利息净收入合计7 834.45亿元，同比下降3%，部分地区降幅在10%以上。

专栏 7 地方政府债务置换对银行业经营的影响

2015—2016 年，我国地方政府债务置换工作加速推进。通过对西部十一省（市）区① 89 家银行的调查发现：债务置换将导致银行短期面临收益损失、资产负债期限错配等负面冲击；长期看，债务置换在降低银行资本占用、倒逼业务转型等方面具有积极作用。

一、总体情况

2016 年末，参与调查的 89 家银行机构（以下简称样本银行）累计认购置换债金额 13 065.54 亿元，其中定向认购金额 3 816.29 亿元，公开认购金额 9 249.25 亿元。累计置换贷款金额 4 074.95 亿元，其中 2017 年底以前（含）到期贷款金额 2 344.74 亿元。

二、相关影响

（一）置换债与原有债务标的之间利差较大，进而影响银行经营效益

调查显示，2015—2016 年西部地区置换债平均利率在 3% 左右，仅是原贷款利率的 1/2、原非标和信托利率的 1/3。据测算，2016 年末样本银行平均因债务置换减少利息收入约为 1.62 亿元/年。其中，政策性银行、国有银行置换债认购额度普遍较高，受到影响更大。

（二）由于债务置换规模大、时间集中，导致部分地区银行出现贷款余额短期集中下降的情况

以陕西某银行为例，2015 年 8 月、2015 年 11 月和 2016 年 3 月因集中认购置换债导致贷款余额当月降幅分别达 5%、7% 和 15.66%。同时，由于银行在债务置换过程中处于被动地位，债务置换后普遍出现贷款规模闲置，加之受经济不景气等因素制约，银行资金利用率有所下降。

（三）置换债整体久期较长、流动性差，导致银行资产负债错配程度不断加大

2016 年末，样本银行累计置换贷款中 2017 年底以前（含）到期的贷款占比达 57.54%。相对于置换贷款较短的剩余期限，置换债的久期相对较长。以甘肃省为例，当地商业银行被置换的贷款剩余平均期限约为 1.96 年，而置换债平均期限为 6.91 年，贷款和置换债之间存在明显的期限错配。置换债流动性较差和期限较长的特征将进一步加剧银行资产负债期限错配问题。

（四）长期看债务置换有助于降低银行资本占用、倒逼业务转型

置换后，银行持有的政府债务的风险权重由 100% 降至 20%，大大降低了此类资产的资本占用，也变相提高了银行自身的资本充足率。同时，由于债务置换对银行具有一定"强制性"，为了缓解由此导致的经营冲击，银行也会加快业务转型，提升发展质量。

三、政策建议

优化债务置换制度流程，提升置换债流动性。改进置换债的认购流程，适当加大置换债的信息透明度。打破银行传统业务发展路径依赖，积极构建内生性增长盈利模式。

资料来源：中国人民银行西安分行金融稳定处。

---

① 本次调查中的西部十一省（市）区包括：陕西、甘肃、宁夏、青海、新疆、内蒙古、重庆、四川、贵州、云南和广西。

四、证券期货业平稳发展，部分市场主体稳健性有待提升

证券期货业平稳发展，资本市场融资功能不断提升。一是各类市场主体持续增加。2016年西部地区新增法人证券公司1家、基金管理公司1家，法人证券公司、基金公司、期货经纪公司合计数分别达到21家、3家和15家。证券业投资者账户数合计3 796.24万户，同比增长25%。境内上市公司数量合计432家，较上年增加28家。二是直接融资规模不断扩大。2016年西部地区直接融资规模达2.73万亿元，同比增长54.24%。其中，债券市场融资2.48万亿元，同比增长56.96%。三是区域性股权交易市场快速发展。其中，重庆股份转让中心累计实现股权交易223.27亿元，共为企业融资645.64亿元；广西股权交易中心新增挂牌企业1 337家，同比增长133.7%；内蒙古股权交易中心为中小微企业实现融资73.42亿元，同比增长37.4%。四是证券期货经营机构业务创新深入推进。其中，西南证券公司持续深化"全牌照"经营格局，获批"上市公司股权激励行权融资业务试点"等创新业务资格；华西证券与国开证券承销的30亿元"易地搬迁项目收益债"首期5亿元顺利发行，成为国内企业债券市场上首次"政策债"尝试。

市场主体经营业绩下滑，部分领域风险有所显现。一是法人证券机构利润水平显著下降。2016年末，西部地区法人证券机构实现净利润合计76.04亿元，同比下降65.78%。二是上司公司竞争力整体偏弱，个别公司面临退市风险。与中东部地区相比，西部地区上市公司体量偏小，且分布不均衡，5个省（区）上市公司数量不足30家，有2个省（区）仅为12家。同时，由于行业分布主要集中在钢铁、机械制造、煤炭等传统行业，受经济下行及去产能等因素影响，上市公司亏损面有所扩大，个别公司面临退市风险。三是资产管理等交叉性业务发展较为粗放，券商资管产品仍以通道类业务为主，产品资金流向、最终用途不审慎问题较为突出。四是部分地区非法从事证券期货投资咨询、非法销售证券期货资管产品等现象依然较为活跃，严重干扰了市场秩序。

五、保险业增长势头强劲，潜在风险仍需关注

保险业增长势头强劲，保障能力增强。2016年，西部地区保险业资产总量12 045.87亿元，同比增长21.33%。实现保费收入5 807.56亿元，同比增长25.48%。赔付支出2 021.95亿元，同比增长19.08%。同时，保险业助推脱贫攻坚和改善民生的能力也不断提高。从农业保险方面看，陕西省首次设立1 000万元农险创新基金，用于试点开办茶叶和花椒气象指数保险以及花椒、水果和肉牛价格指数保险等地方特色创新型农险产品；云南省农业保险品种增至30个，提供风险保障1 085.18亿元，累计赔付支出7.89亿元，同比增长221.52%。从大病保险方面看，宁夏全面实施城乡居民大病保险，覆盖473.7万城乡居民，累计报销金额4.9亿元；重庆市城乡居民大病保险和城镇职工大额医疗互助保险实现全覆盖；青海省大病保险报销金额占患者总医疗费用的16.41%，同比提高1.08个百分点。

行业发展中存在的潜在风险仍需关注。一是寿险业退保压力较大。2016年末退保率超过5%警戒线的省（区、市）有6个，部分地区退保率超过10%。过高的退保率对寿险公司现金流管

理带来较大压力。二是非理性竞争仍然存在，个别地区行业亏损加剧。非理性竞争引发保险业费用率居高不下。2016年，西部某地区手续费及佣金支出19.7亿元，同比增长71.8%，行业预计亏损达9.2亿元，同比增长24.9%。三是保险业风险来源更加复杂，防控难度不断加大。受市场利率低位徘徊等因素影响，保险业资金运用风险不断增加。在资产收益率下行的同时，行业保费规模却增长迅速，资产负债收益错配导致利差损风险加大。同时，随着保险业资金参与金融市场的广度和深度的不断提升，其资金运用的安全性还会受到其他行业的影响，风险管控难度不断加大。

六、金融基础设施持续完善，但部分领域风险因素依然存在

金融基础设施持续完善，运行平稳。一是支付系统建设持续深化，各类支付系统安全稳定运行。西部各省（区、市）持续加大支付系统推广应用力度，深入推进农村支付环境建设，资金清算效率逐步提高，支付服务能力显著增强。同时，不断完善支付体系风险管理模式，危机处置能力全面提升。二是金融法律法规不断健全，金融消费权益保护工作有序推进。西部各省（区、市）继续建立健全相关制度和政策，不断提升金融依法行政水平；全面推进金融法制宣传工作，畅通金融消费维权渠道；开展金融消费权益专项检查、互联网金融风险专项整治等工作，有效维护金融市场秩序。三是社会信用体系建设持续推进，地区征信服务水平大幅提升。西部各省（区、市）不断扩大征信系统覆盖面，充分发挥征信系统功能；不断创新信用体系建设模式，中小企业和农村信用体系建设成效显著；征信市场培育有序推进，社会化征信服务迈出实质性步伐，征信市场秩序有效规范。四是反洗钱执法力度不断加大，监管水平显著提升。西部各省（区、市）积极完善洗钱风险监测及评估机制，不断创新监管方式，持续加大检查力度，全面强化反洗钱评级结果运用，行政调查和执法合作成果突出，反洗钱监管履职效能显著提升。此外，部分领域风险因素依然存在，给区域金融基础设施稳健运行带来挑战。各类非法集资、P2P平台停业或跑路等现象时有发生，涉及人数众多、危害性大；部分地区信用环境持续恶化，民间借贷危机爆发导致地方信用体系陷入恶性循环，故意拖欠和逃废债行为明显增多。上述风险因素容易通过业务关联、市场预期等方面向正规金融体系传递，影响地区金融稳定。

七、定量评估

从定量评估结果来看，2016年西部地区金融稳定状况综合得分为70.8分，处于较稳定区间，较上年下降4.7分，比全国平均水平低1.6分。其中，保险业得分高于全国平均水平，宏观经济、银行业、证券业和金融生态环境得分低于全国平均水平（见图19）。

从具体指标变动情况来看（见表8），西部地区共有6项指标较上年有所改善，10项指标较上年有所下降，9项指标与上年持平。在宏观经济方面，消费、就业和房地产市场等相关指标有所改善，但第三产业增加值、投资、实际利用外资增速、城乡居民可支配收入和居民消费价格等相关指标得分有所下降，因此宏观经济得分较上年回落。保险业得分上升，得益于保险业保费收入增速和退保率等指标的改善。银行业、证券业和地方金融生态环境得分均有所下降，主

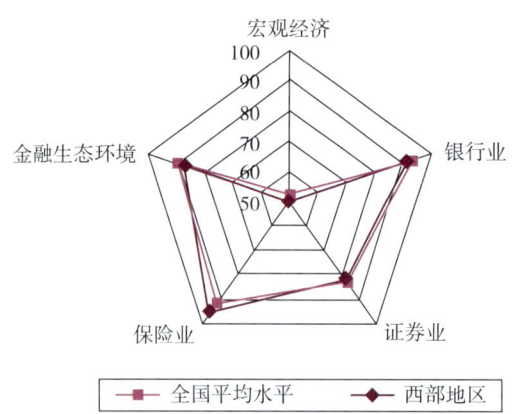

图 19　2016 年西部地区金融稳定状况和全国平均水平的比较

要在于银行、证券类金融机构盈利能力下降、企业逃废债务增多导致法治得分下滑等原因。

表 8　　　　　　　　2016 年西部地区评价指标及其变动情况

指标分类		变动方向	评价指标	变动情况		
				改善	稳定	下降
宏观经济		↓	地区生产总值增长率		√	
			第三产业增加值增长率			√
			全社会固定资产投资增长率			√
			社会消费品零售总额增长率	√		
			实际利用外资增长率			√
			进出口总额增长率	√		
			城镇居民可支配收入增长率			√
			农村人均纯收入增长率			√
			居民消费价格指数			√
			城镇登记失业率	√		
			典型城市房地产销售价格指数	√		
金融机构	银行业	↓	核心资本充足率		√	
			不良贷款率		√	
			资产利润率			√
			流动比率			√
	证券业	↓	净资本充足率		√	
			净资本负债率		√	
			资产利润率			√
	保险业	↑	应收保费率		√	
			保费收入增长率	√		
			寿险公司退保率	√		
金融生态环境		↓	法治环境调查综合得分			√
			地方财政收入占 GDP 比重		√	
			银行服务密度		√	
			征信数据库覆盖率		√	

注：表中"↑"代表改善，"↓"代表下降，"→"表示稳定。

第四部分　西部地区

从历年综合得分变动趋势看（见图20），2016年，西部地区金融稳定综合得分继续回落。分项来看（见图21），2016年西部地区宏观经济、银行业得分继续下跌；证券业得分由升转降；保险业得分连续两年持续上升；金融生态环境得分由升转降。

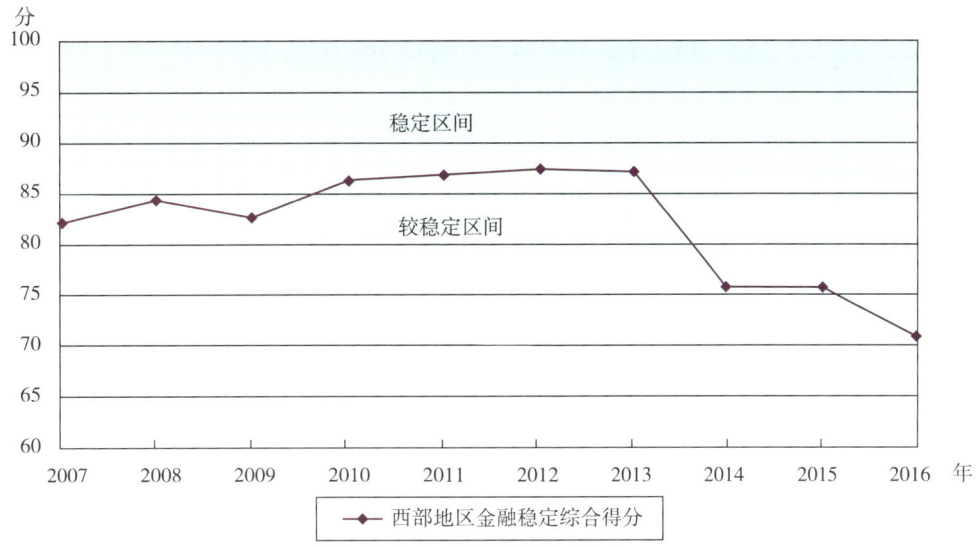

图20　2007—2016年西部地区金融稳定综合得分趋势图

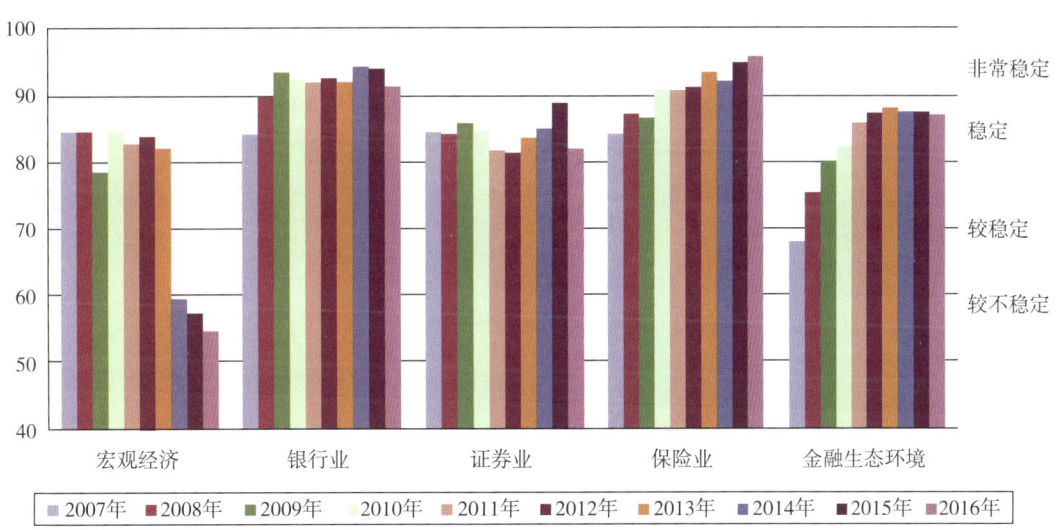

图21　2007—2016年西部地区金融稳定状况的比较

第五部分　东北地区

2016 年，面对区域经济增长总体放缓的不利局面，东北地区深入贯彻落实党中央、国务院关于东北振兴的决策部署，坚持稳中求进工作总基调，坚持以推进供给侧结构性改革为主线，落实"三去一降一补"政策要求，转换发展动能。银行业法人机构改革稳步推进，证券业平稳运行，保险业整体实力进一步增强。

一、经济增长总体放缓，内生动力有待增强

2016 年，东北地区生产总值 5.23 万亿元，同比增长 2.51%，较上年下降 2.03 个百分点。其中，辽宁、吉林、黑龙江地区地区生产总值分别为 2.2 万亿元、1.49 万亿元、1.54 万亿元，同比分别增长 -2.5%、6.9%、6.1%，其中，辽宁、黑龙江两省增速分别低于全国平均水平 9.2 个、0.6 个百分点，增速分列全国各省（区、市）第 31 位、第 25 位、第 29 位。

固定资产投资下滑明显。2016 年，受辽宁省固定资产投资大幅下降的影响，东北地区固定资产投资总额 30 642.07 亿元，同比下降 23.46%。辽宁省完成固定资产投资 6 436 亿元，同比下降 63.5%，低于全国平均水平 71.6 个百分点。第一、第二、第三产业固定资产投资分别同比下降 66.6%、70.4% 和 58.2%。吉林、黑龙江省固定资产投资增长平缓，吉林省完成固定资产投资 13 773.17 亿元，比上年增长 10.1%，第一、第二、第三产业固定资产投资分别同比增长 31.0%、2.4% 和 18.8%。黑龙江省完成固定资产投资 10 432.6 亿元，同比增长 5.5%，增速比上年同期提高 2.4 个百分点。第一、第二、第三产业固定资产投资分别同比增长 11.6%、2.4% 和 6.9%。

进出口下降趋势减缓。2016 年，东北地区进出口总额 1 214.72 亿美元，同比下降 10.61%，下降幅度减少 13.59 个百分点。辽宁、吉林、黑龙江地区进出口均出现逆差，合计 168.41 亿美元。辽宁省进出口首次出现 3.5 亿美元逆差，全年辽宁省进出口总额 864.9 亿美元，同比下降 9.8%，降幅较上年收窄 6 个百分点。其中，出口 430.7 亿美元，同比下降 15.1%；进口 434.2 亿美元，同比下降 3.9%，降幅较上年收窄 14.2 个百分点。吉林、黑龙江省分别实现外贸进出口总值 184.42 亿美元和 165.4 亿美元，分别同比下降 2.3% 和 21.3%；贸易逆差分别为 100.31 亿美元和 64.6 亿美元。

居民消费平稳增长，对经济增长发挥了一定的支撑作用。2016 年，东北地区社会消费品零售总额 29 127.02 亿元，同比增长 7.57%。辽宁、吉林和黑龙江省分别实现社会消费品零售总额 13 414 亿元、7310.42 亿元和 8 402.5 亿元，同比分别增长 4.9%、9.9% 和 10%。其中，辽宁省

增速比上年下降 2.8 个百分点，低于全国 5.5 个百分点；吉林和黑龙江省增速分别比上年提高 0.7 个和 1.1 个百分点。

二、去产能、去库存取得一定成效，但工业产业转型升级步伐偏缓

2016 年，东北地区积极落实"三去一降一补"政策要求，煤炭去产能 4 014 万吨，钢铁去产能 1 320 万吨。其中，辽宁省关闭产能低于 9 万吨的煤矿 179 个，化解煤炭产能 1 361 万吨，化解钢铁产能 602 万吨；商品房销售面积增长 10%，商品房待售面积下降 10.4%，省属国有企业资产负债率下降 5 个百分点。吉林省煤炭去产能 1 643 万吨，粗钢去产能 108 万吨；商品住房去库存完成三年任务的 68%；规模以上工业企业资产负债率下降 2 个百分点左右。黑龙江省煤炭去产能 1 010 万吨，封存炼钢产能 610 万吨。但由于在淘汰一大批落后产能的同时，市场供给减少，部分大宗商品价格回暖，一些优质的供应资源开始投产放量，去产能效果仍需持续关注。

长期以来，东北地区产业结构偏传统型、资源型、重化工型，体制机制不够灵活，导致新增长点、新动能对经济结构的支撑能力不足，高端制造业和具有高附加值、高科技含量的工业经济尚未成为工业的主体动力。2016 年东北地区工业发展减缓，第二产业对经济的贡献率下降，三次产业比重分别为 12.12:38.41:49.46，第二产业占比下降 5.51 个百分点。东北地区工业增加值 9 128.18 亿元，比上年下降 13.67%。其中，辽宁省规模以上工业增加值比上年下降 15.2%。2015 年以来，辽宁省工业增加值增速已连续 24 个月为负，其装备制造业、石化和冶金行业等主要产业仍未表现出明显的企稳复苏迹象。但吉林和黑龙江省工业呈现企稳回升态势，分别实现规模以上工业增加值 6 133.98 亿元和 2 994.2 亿元，同比分别增长 6.3% 和 2%，增速分别比上年提高 1 个和 1.6 个百分点。

三、银行业整体规模稳步增长，不良贷款防控形势严峻

2016 年，东北地区银行业整体规模保持稳步增长。截至 2016 年末，东北地区银行业金融机构资产总额 14.41 万亿元，同比增长 13.19%。东北地区银行业金融机构本外币存款余额 9.53 万亿元，同比增长 4.28%，增速下降 8.42 个百分点；本外币各项贷款余额 7.4 万亿元，同比增长 8.49%，增速较上年提高 1 个百分点。涉农贷款和小微贷款分别为 2.18 万亿元和 1.43 万亿元，分别同比增长 9.88% 和 17.69%；"两权"抵押贷款年末余额 70 多亿元。在资产规模和存贷款规模稳步增长的同时，利润水平却出现下滑。截至 2016 年末，东北地区银行业金融机构利润总额 1 015.42 亿元，同比下降 9.53%。其中，辽宁省和吉林省银行业金融机构全年实现利润总额分别同比下降 11.91% 和 23.19%。

专栏 8　东北地区积极推进"两权"抵押贷款配套设施建设

"两权"抵押贷款试点推广工作启动以来，东北地区积极落实主体责任，引导金融机构加大"两权"抵押贷款发放力度。辽宁、吉林、黑龙江省分别选定了 9 个、16 个、18 个农

村承包土地经营权抵押贷款和农民住房财产权抵押贷款试点县（市、区）。为有力夯实试点工作基础条件，各试点地区不断落实完善土地确权颁证、流转交易平台建设、抵押物处置和风险补偿机制建设等方面的配套支持措施。

一、推动土地确权颁证工作

截至2016年12月末，东北地区共有11个试点县（市）全面完成确权工作。其中，辽宁省试点地区累计完成农村承包土地确权登记669.4万亩，占集体耕地面积的56.3%；试点地区农房颁证率均在90%以上。试点地区土地经营权流转面积达到400.4万亩，占家庭承包面积的48.7%。吉林省16个试点县（市、区）在不同程度上进行了土地及住房确权工作，其中11个试点县（市）完成土地测量率超过80%。吉林省农房试点区九台区住房所有权确权和颁证率达65.6%，宅基地使用权确权率和颁证率达62.5%。

二、推进产权交易平台建设

辽宁省鞍山海城市设立了农村综合产权交易中心，昌图县建立了由县级土地流转中心、乡镇经营管理站和村级流转服务站组成的三级农村土地流转服务平台体系。吉林省共有9个试点县（市、区）成立了产权流转交易平台，公主岭市成立了农地金融交易中心，借助"互联网＋土地流转＋金融"模式，推动土地经营权规范高效流转，助力土地经营权抵押贷款开展。黑龙江省方正、克山等县建立了县、乡、村三级土地流转服务体系，并推动全省各试点县建立健全农村产权流转交易平台。

三、建立健全风险补偿机制

一方面，大力推动试点县政府充分整合各项财政涉农资金，建立政府支持的担保公司或财政风险补偿基金，加大对"两权"抵押贷款的风险补偿力度。另一方面，积极推动金融机构与融资担保公司、龙头企业合作，构建多元化风险分担机制。吉林省共有7个试点县（市）设立了风险补偿基金，九台区、龙井市贷款还享受一定政府贴息。其中九台区财政对不可抗力自然灾害造成的不良贷款，给予经办银行损失风险补偿；龙井市通过物权融资公司建立风险基金池。

四、探索建立贷款抵押物处置机制

积极推动试点地区对抵押物处置工作做出政策安排。目前，黑龙江省有10个试点地区建立了抵押物处置机制。吉林省3个试点县（市）的物权担保公司在提供融资增信服务的同时，还具有处置抵押物的相应职能。大力引导金融机构与农村物权服务公司、金融租赁公司、土地流转平台、农业产业龙头企业等各类主体合作，借助第三方主体的抵押物处置优势化解处置难题。

在上述配套措施的共同作用下，"两权"抵押贷款试点成效初显。截至2016年末，东北地区37个农村承包土地经营权抵押贷款试点县（市、区）年末农村承包土地经营权抵押贷款余额合计61.88亿元，年内新增7.4亿元，累计发放15.55万笔，累放金额98.48亿元；6个农民住房财产权抵押贷款试点县（市、区）年末农民住房财产权抵押贷款余额9.16亿元，年内新增3 367万元，累计发放6 166笔，累放金额6.43亿元。截至2016年末，累计为试点地区新型农业经营主体发放"两权"抵押贷款27.11亿元，有效支持带动了新型农业经营主体的生产经营发展。

不良贷款防控形势不容乐观。2016年，东北地区部分产能过剩行业中的大型企业如东北特钢、大连机床、吉恩镍业等相继发生债务违约。由于这些企业贷款金额大，造成相关银行不良资产短时间内大幅上升的压力。截至2016年末，东北地区不良贷款余额2424.87亿元，比上年末增加225.17亿元，同比增长10.24%；不良贷款率3.28%，同比上升0.05个百分点。同时，值得注意的是，2016年末，东北地区关注类贷款余额3340.05亿元，同比增长18.63%，防控信贷资产质量下迁压力仍然较大。

四、法人银行机构改革取得新进展，资本金补充机制有待健全

法人银行业金融机构改革继续深入推进。农村信用社改制为农村商业银行成果显著。2016年，东北地区共有30家农村信用社改制成为农村商业银行，其中，辽宁、吉林和黑龙江省分别有5家、7家和18家农信社完成改制。新型金融机构改革顺利推进。吉林省全年新设6家村镇银行，全省村镇银行数量达到61家，存款余额525.58亿元，贷款余额300.01亿元。民营银行设立工作取得积极进展，辽宁省和吉林省首家民营银行振兴银行、亿联银行分别获批筹建。辽宁省盛银消费金融公司获批，黑龙江省哈银消费金融公司顺利完成筹建开业工作。吉林省首家金融租赁公司——九银金融租赁公司获得监管部门批准。

随着资产规模不断扩张，不良资产上升压力加大，地方中小法人金融机构补充资本金的需求越来越强烈。当前地方中小法人金融机构补充资本金的渠道主要有利润留存、增资扩股、上市融资、发行资本债券等。但是在实际操作中，各类资本金补充渠道仍存在一定限制，主要表现为盈利增速逐年下降，自身利润积累较为缓慢；募股发行方式下有意向入股的大企业、优良企业较少；上市融资的条件较为严格，大部分机构在短时间内难以实现；发行的次级债券无法解决一级资本不足问题。

五、证券业运行平稳，直接融资进展缓慢

2016年，东北地区证券交易额16.4万亿元，同比下降11.3%；截至2016年末，投资者账户数1500.47万户，比上年增长10.98%。截至2016年末，东北地区共有法人证券公司6家，资产总额1154.35亿元，同比减少0.37%。受证券市场行情萎缩影响，法人证券机构营业收入大幅下降，当年实现营业收入58.45亿元，同比减少45.24%。截至2016年末，东北地区共有上市公司152家，其中，辽宁省76家、吉林省41家、黑龙江省35家。其中，辽宁省新增1家上市公司，吉林省有2家公司首发上市，辽宁省有1家上市公司被暂停上市，吉林省有1家上市公司迁出。东北地区全年上市公司股票市场累计融资额536.3亿元，同比增长33.7%，其中，首发筹集资金5.92亿元，占比1.1%。

当前，东北地区证券市场发展中面临一些问题：一是利用资本市场直接融资能力偏弱，2016年东北地区上市公司募集资金额仅占全国的1.79%，全年仅有3家新上市公司。二是上市公司质量有待提升。上市公司中传统行业占比较大，随着东北经济持续处于低谷，企业盈利能力持续减弱，有的企业处于亏损状态，个别公司发生了债券违约风险。三是区域优质企业储备

培育不足，在审和拟上市企业偏少。

> **专栏9　企业债市违约的外溢风险分析**
>
> 2016年，东北地区多家大型企业相继发生了债市违约事件，涉及金额较大，波及范围广，在对企业和投资者造成较大影响的同时，对地区相关经济主体、融资环境等方面也造成了一定冲击，外溢风险应引起高度关注。
>
> 一、违约风险向关联企业传导
>
> 与信贷市场违约对企业的冲击相比，债券市场违约信息公开程度较高，对企业内部经营、外部融资的影响往往更加严重，加剧企业的流动性困境，甚至造成企业经营中断或破产重整。目前发生债市违约的企业多数为地区产业龙头，风险将沿产业链向上下游企业传导。此外，这些企业往往还具有复杂的融资担保关系，也会造成担保、互保企业融资面临风险。
>
> 二、违约风险向金融体系传导
>
> 一是对银行信贷资产质量产生不利影响。目前，违约企业除债券融资外，还在地区多家银行有大量贷款，债市违约发生后，易引致地区银行不良贷款集中上升。随着风险由违约企业向其上下游企业及融资担保企业传递，地区银行机构信贷资产质量将面临持续下迁风险。
>
> 二是对以企业债券为投资标的的各类金融产品产生不利影响。长期以来，银行理财产品、信托投资计划、券商资管产品对具有刚性兑付优势的债券具有较强投资偏好，当债市违约的刚性兑付被打破后，上述金融产品会面临收益率下降甚至到期不能兑付的风险。
>
> 三、导致地区融资环境恶化
>
> 通常情况下，同一地区出现多家企业债券市场违约，市场对该地区企业的债券发行承销将更为审慎，加大了企业融资的难度，造成地区企业融资受限。同时受债市违约事件影响，投资者对该地区其他企业债券的购买意愿有所下降，推高了债券风险溢价，从长远看将加大企业财务负担。
>
> 综上所述，建议从以下几个方面防范企业债市违约造成的外溢风险。一是加快建立完善债务违约风险处置机制。借鉴国际经验并充分考虑地区实际，按市场化、法制化原则建立完善债务违约风险处置机制，防范和化解债券违约的外溢风险，防止跨市场风险传递。二是增强市场信息透明度，强化发债企业信息披露义务，细化信息披露内容，对关键信息要定量、定期披露。加强外部监督，对虚假信息披露的违规行为加大惩处力度。三是完善债券市场风险评级和定价机制，让债券市场利率定价有效反映高杠杆、高风险融资企业的风险溢价。

六、保险业整体实力增强，相关配套措施有待完善

2016年，东北地区保险业整体实力和服务经济社会发展的能力进一步增强，保费收入水平

不断提高。截至 2016 年末,东北地区保险业机构资产总额 5 852.76 亿元,同比增长 20.55%;当年实现保费收入 2 358.24 亿元,同比增长 20.07%;全年累计支付各类赔付 786.93 亿元,同比增长 17.88%;保险密度 2 155.42 元/人,保险深度 4.51‰。农业险保持较好的发展势头,保费收入 62.37 亿元,同比增长 10.78%。吉林省开展食用菌种植成本保险试点,首批共提供风险保障 667.81 万元。

在责任保险领域,东北地区责任保险尚面临覆盖面低、保障功能发挥不充分的问题。近年来,公众火灾、安全生产等领域的责任保险,虽经过多方努力,取得了一定成效,但由于相关法制政策环境仍处于逐步完善阶段,在尚未推行强制保险的领域,企业投保意识仍然不强。安全生产责任保险、火灾公众责任保险、医疗责任保险等保险覆盖面有待进一步提高。在农业保险领域,存在政策执行不到位的情况。虽然省级财政部门对协办费用的管理有明确规定,但费用分配及使用不合理,基层一线协办人员受益较少或没有受益,影响了农业保险相关业务的推广办理。

七、定量评估

从定量评估结果来看,2016 年东北地区金融稳定状况综合得分为 64.3 分,较上年下降 2.7 分,比全国平均水平低 8.4 分,连续三年处于较不稳定区间。其中宏观经济、银行业、证券业、保险业和金融生态环境得分均低于全国平均值(见图 22)。

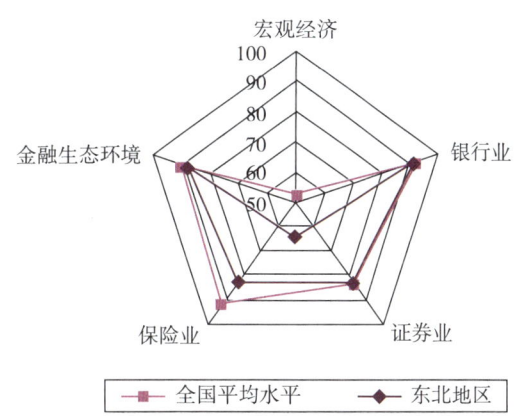

图 22　2016 年东北地区金融稳定状况和全国平均水平的比较

从具体指标变动情况来看(见表 9),东北地区仅有 4 项指标较上年有所改善,10 项指标较上年有所下降,11 项指标基本与上年持平。在宏观经济方面,消费、投资、第三产业增加值增长、城镇居民收入增速、消费价格指数等多项指标得分均比上年有所下降,因此宏观经济整体得分较上年明显下滑。而在金融领域,2016 年东北地区银行业、证券业、保险业和金融生态环境得分均有所下降,主要原因分别在于银行和证券业盈利能力下降、保险业退保风险上升,以及地方法治环境得分下降所致。

表9 2016年东北地区评价指标及其变动情况

指标分类	变动方向	评价指标	变动情况		
			改善	稳定	下降
宏观经济	↓	地区生产总值增长率		√	
		第三产业增加值增长率			√
		全社会固定资产投资增长率			√
		社会消费品零售总额增长率			√
		实际利用外资增长率		√	
		进出口总额增长率	√		
		城镇居民可支配收入增长率			√
		农村人均纯收入增长率	√		
		居民消费价格指数		√	
		城镇登记失业率		√	
		典型城市房地产销售价格指数	√		
金融机构	银行业 ↓	核心资本充足率		√	
		不良贷款率		√	
		资产利润率			√
		流动比率		√	
	证券业 ↓	净资本充足率		√	
		净资本负债率		√	
		资产利润率			√
	保险业 ↓	应收保费率	√		
		保费收入增长率		√	
		寿险公司退保率			√
金融生态环境	↓	法治环境调查综合得分			√
		地方财政收入占GDP比重		√	
		银行服务密度		√	
		征信数据库覆盖率		√	

注：表中"↑"代表改善，"↓"代表下降，"→"表示稳定。

从历年综合得分变动趋势来看（见图23），东北地区金融稳定得分2016年继续下降。分项来看（见图24），东北地区宏观经济得分连续五年持续下滑，银行业、保险业和金融生态环境得分连续三年下降，证券业得分也由升转降，宏观经济下行对金融稳定形成的压力不容忽视。

第五部分 东北地区

图23 2007—2016年东北地区金融稳定综合得分趋势图

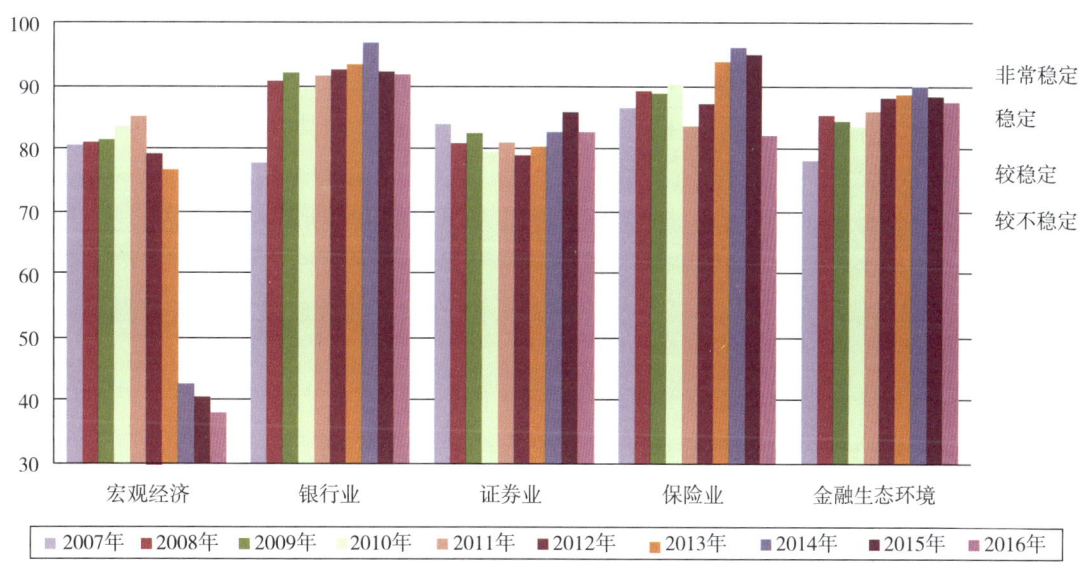

图24 2007—2016年东北地区金融稳定状况的比较

第六部分 总体评估

一、总体评估

2016年，各地区经济金融总体稳健运行，区域发展协调性增强。各地区经济发展缓中趋稳、稳中向好；农业生产稳中调优，工业生产平稳增长，服务业增加值继续领跑三大产业；消费价格涨幅基本稳定；经济结构调整成效初现。各地区金融业改革逐步深化，业务创新和转型发展稳步推进，金融支持和服务实体经济力度不断加大。银行业总体运行平稳，信贷保持稳定增长，银行体系风险总体可控，服务实体经济效率进一步提升。证券业直接融资规模扩大，证券公司创新业务保持较快发展；区域性股权市场加快发展，多层次资本市场建设进一步完善。保险业呈现良好发展态势，保险机构资产规模和保费收入稳步增长，整体实力持续增强，服务能力继续提升，风险保障功能进一步发挥。

面对世界经济走势复杂多变、国内经济下行压力加大的严峻形势，我国宏观经济发展面临多方面的压力，各地区都存在一些影响金融稳定的因素：经济增长内生动力有待增强，地区经济走势分化，"三去一降一补"改革任务仍然艰巨，财政收入增长放缓，经济金融风险隐患不容忽视。

分行业看，银行业金融机构不良贷款反弹压力上升，盈利能力有所下滑，操作风险事件时有发生。证券业经营机构风险控制指标下滑，地方性各类交易场所监管亟待加强。保险业满期给付和退保风险、资金运用风险需关注。

分地区看，区域经济总体协调发展，但各地区经济金融发展存在的不稳定因素有所差别。其中，东部地区经济复苏压力依然较大，投资、消费增速持续回落，进出口增速尚未回升；银行业不良资产风险仍在持续暴露，部分领域风险管控难度加大；证券业务创新带来新的风险因素，保险业资金运用管理能力有待进一步提高。中部地区化解产能过剩压力仍较大，煤炭钢铁行业去产能过程中的风险防范压力不容忽视；银行业信贷资产质量向下迁徙明显，交叉性金融风险防控难度加大；地方各类交易所违法违规问题时有发生，债券市场违约风险隐患加大；各项保险业务偿付压力持续加大，险种结构发展仍不平衡。西部地区进出口持续下滑、重点行业增速持续放缓；银行业资产质量和盈利能力下降问题依然存在，中小法人银行流动性风险不断上升；证券业市场主体经营业绩下滑，资管等交叉性金融产品风险有所显现；保险业资金运用风险不断增加，部分地区退保压力较大。东北地区经济增长持续放缓，工业产业升级转型任务艰巨；银行业盈利水平下降，信贷风险防控压力增大，证券市场直接融资能力偏弱，部分资源型传统行业上市公司出现资金链断裂风险;保险业保费收入稳步增长的同时,责任保险、农业保险的各项机制有待进一步健全完善。

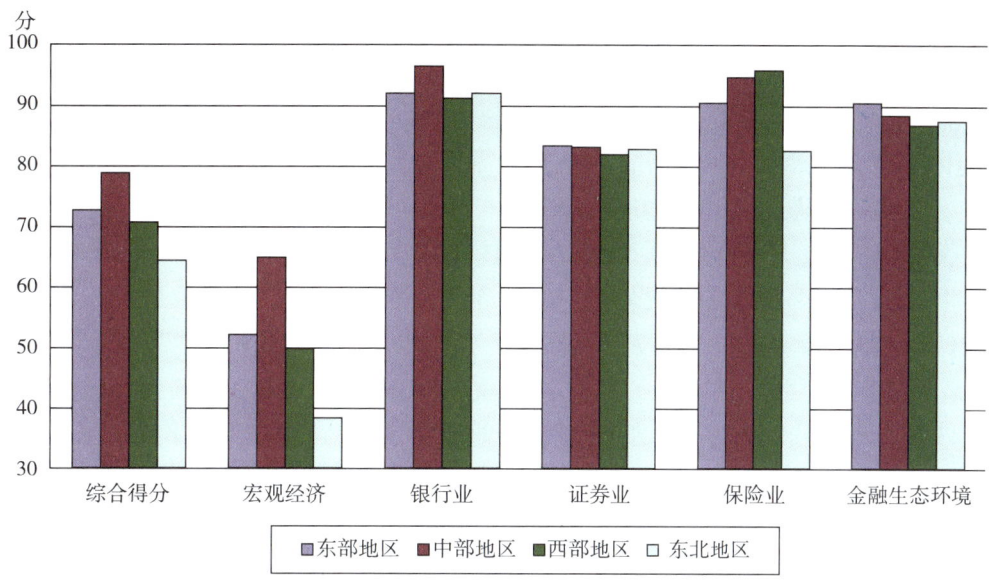

图25　2016年全国各地区金融稳定状况综合得分趋势图

从定量评估的结果来看(见图25),2016年区域金融稳定状况综合得分排序结果为:中部地区的得分列各区域之首,东部地区位列第二,西部和东北地区分列第三、第四。具体来说,各地区综合得分均受宏观经济分值偏低的影响,东北地区宏观经济得分与其他地区差距较大。各地区银行业得分均较高,其中中部地区得分高于其他三个地区;各地区的证券业得分非常接近,东部和中部略高,主要因为这两个地区证券公司资产利润率得分稍高;中部和西部地区的保险业得分较高于其他两个地区,主要受保费收入增长率和退保率两个指标影响;金融生态环境的得分,东部地区最高,中部其次,东北和西部地区稍低。

二、维护区域金融稳定需关注的方面

目前,世界经济增长低迷态势仍在延续,国际主要经济体政策走向及外溢效应变数较大,不稳定不确定因素明显增加。各地区进入落实"十三五"规划的关键时期。随着工业化、城镇化的持续推进,各地区经济发展都将迎来新机遇,但在金融改革和发展中也会面临一些新形势、新问题。应继续加强宏观审慎管理,重点关注系统性、区域性风险隐患,保证金融体系总体稳健,维护区域金融稳定。

(一) 区域经济运行中值得关注的方面

2016年,各地区经济发展呈现缓中向稳的态势,但经济稳定增长的基础尚需巩固,地区经济运行仍面临不少风险和挑战。经济增长的内生动力不足,各地区投资增速持续放缓、企业投资意愿不强;工业企业经营制约因素较多、回升基础还不稳固;地方财政收入增速持续放缓,收支平衡压力加大;去产能、降杠杆任务仍然较为艰巨。

1. 各地区经济增速继续放缓，经济增长的内生动力尚待增强

2016年，各地区经济增长保持在合理区间，除西部地区生产总值增速较上年小幅提高0.14个百分点以外，其他三个地区生产总值增速进一步放缓，东部、中部和东北地区增速较上年分别回落0.43个、0.20个和2.03个百分点。各地区普遍存在企业投资意愿不强，进出口总额下降，部分行业产能过剩等问题。

2. 各地区工业企业盈利有所回升，但基础仍需进一步巩固

2016年，各地区工业企业利润增速由降转升。各地区规模以上工业企业实现利润6.88万亿元，同比增长8.5%，较上年下降10.52%。但值得注意的是，各地区工业增长持续向好的基础仍需巩固，主要表现在：一是资金回款慢，制约企业生产经营，年末全国规模以上工业应收账款增长9.6%，高于主营业务收入4.7个百分点，应收账款平均回收期为36.5天，较上年增加1.5天。二是部分产能过剩行业企业亏损现象严重，个别行业和部分地区企业盈利能力下降较多。三是降杠杆压力仍然较大，年末规模以上工业企业资产负债率为55.8%，比上年末仅小幅回落0.4个百分点，特别是部分国有企业杠杆率高，对民营企业资金需求形成挤出效应。

3. 各地区财政收入增幅回落，地方财政收支平衡压力持续加大

2016年，各地区地方财政收入增长继续放缓，地方财政收支缺口进一步扩大。全年东部、中部、西部和东北地区财政支出分别大于财政收入18 136.08亿元、16 449.52亿元、28 962.46亿元和7 785.01亿元，东部、中部、西部和东北地区财政收支缺口分别比上年扩大1 604.86亿元、874.92亿元、2 732.28亿元和448.14亿元。在支出刚性增长、结构性减税等多重因素影响下，各地区地方财政收支平衡压力将持续加大。

（二）区域金融业发展中需关注的方面

2016年，各地区金融体系总体保持稳定，法人机构改革创新加速，市场化程度不断提升，各行业机构资产规模整体扩大，经营状况平稳，但部分领域风险隐患仍需关注。一是商业银行资产质量下行压力较大，盈利能力持续下滑，交叉性金融风险逐步累积。二是证券公司风控指标下滑，债市违约事件增多。三是各地区寿险公司退保风险增加，投资收益率下降，资金运用风险需关注。

1. 区域银行业方面

一是各地区商业银行资产质量下行趋势仍未见底。截至2016年末，东部、中部、西部和东北地区不良贷款余额分别比上年增长7.53%、6.10%、21.98%和10.24%。受结构性产能过剩矛盾突出、企业经营困难等多重因素影响，各地区银行业不良贷款保持较快增长态势。部分产能过剩行业如煤炭、钢铁、化工、有色等成为不良贷款增长的高发行业，房地产贷款不良上升较快。同时，信贷资产潜在风险暴露压力较大，关注类贷款增长较快。截至2016年末，东部、中部、西部和东北地区关注类贷款余额分别比上年增长11.17%、8.24%、15.09%和18.63%。

二是各地区银行业盈利能力继续下滑。2016年，各地区商业银行整体资产利润率和资本利润率分别为0.98%和13.38%，分别比上年下降0.12个和1.57个百分点。其中，东部、中部和西部地区银行业金融机构实现账面利润同比分别增长9.56%、3.62%和3.72%，东北地区银行业账面利润同比下降9.53%。截至2016年末，银行业金融机构净息差为2.22%，同比下降0.32

个百分点；成本收入比达 31.11%。在信贷资产质量下迁、拨备计提力度加大、净息差水平持续下降等因素影响下，银行业金融机构经营转型压力较大。

三是各地区银行业金融机构交叉性风险逐步累积。2016 年以来，各地区银行业金融机构同业投资、表外理财等业务继续保持快速发展，部分银行机构借助业务创新规避金融监管，导致资金在银行、证券、信托等多个行业间流转，加大了风险防控难度。部分业务会计核算不规范、透明度低，不利于风险监测和监管。同时，各类金融机构之间的关联程度进一步提高，一旦某个环节出现问题，易引发风险交叉传染。

四是操作风险事件仍时有发生，银行内控内管亟待加强。2016 年以来，全国各地区银行业金融机构操作风险事件持续增多，多个地区发生多起票据诈骗、银行"飞单"、同业理财纠纷等金融案件，银行内控管理制度和员工行为规范亟待完善。

2. 区域证券业方面

一是证券公司风险控制指标持续下滑。2016 年，证监会对《证券公司风险控制指标管理办法》及配套规则《证券公司风险控制指标计算标准的规定》进行了修订，新的管理办法从 10 月 1 日起正式实施。此次修订的主要变化包括改进净资本计算口径、优化风险资本准备计量方法、新增流动性风险监测指标等，初步建立起以风险覆盖率、资本杠杆率、流动性覆盖率和净稳定资金率为核心的风险控制指标体系。由于新办法下证券公司风险资本准备金计算将不再区分证券公司分类评级，统一系数，且大部分系数提高到以前 C 类（含 C 类）以下的水平，对于评级为 B 级及 B 级以上的证券公司其风险资本准备金额将大幅提高，法人证券机构风险覆盖率水平可能明显下降，资本金补充压力上升。受风控指标修订与经营指标下滑叠加影响，证券公司风险控制指标有所下滑。

二是上市公司亏损面较大，债务违约风险上升。2016 年，约 31.5% 的上市公司出现亏损，部分传统行业如机械设备、公用事业、化石能源等净利润负增长，个别上市公司生产经营困难，持续亏损，退市风险需密切关注。同时，盈利能力下滑也导致部分行业上市公司偿债压力加大，发生多起债券违约事件。如 2016 年公募债市场共有 28 个发行主体出现实质违约，涉及 65 只债券，债务总额达 400 多亿元。

三是地方性各类交易场所监管亟待加强。近年来，地方性各类交易场所快速发展，但部分交易场所交易标的类别重合，且在名称、母子公司运作、投资者门槛等方面缺乏统一的适当性标准，运营过程中存在非法期货交易活动、未经批准开展金融产品交易业务等多类违规违法行为，虚假交易、超范围经营等问题突出，给区域金融稳定带来较大风险隐患。

3. 区域保险业方面

一是防范满期给付和退保风险。2016 年，各地区退保率继续上升，如东部、中部和东北地区寿险公司退保额同比分别增长 11.24%、23.40% 和 17.62%。部分省市退保率较高，全国退保率排前三的省市中，西部地区、中部地区分别占两席和一席。全年人身险满期给付和退保金额较大，多来自银邮渠道。2016 年以来中短存续期保险产品逐步规范，但前两年热销的中短存续期产品仍处于退保高位，部分产品设计不合理给未来退保埋下了隐患，由此引发的退保行为对行业造成的现金流压力值得关注。

二是防范资金运用风险。近年来，保险资金在股票、证券投资基金和另类投资等高风险高收益类投资上的配置比例不断上升,投资收益与资本市场关联性加强。受资本市场震荡行情影响,2016年保险行业投资收益率同比下降1.9个百分点,净利润自2013年以来首次负增长。此外,部分寿险公司大幅举牌A股上市公司,可能存在战略整合及经营失败风险,且保险公司举牌资金来源多为中短期产品保费收入,"短钱长投"带来的资金运用风险需关注。

三是防范保险公司声誉风险。部分保险中介违规经营和代理不规范、一些不法分子冒充保险机构实施电信诈骗、部分机构借助保险公司名义,对外虚假宣传和夸大保险责任,给保险行业带来的声誉风险不容忽视。

专题　区域性股权市场发展成效及存在问题

"十三五"规划提出"发展多层次股权融资市场，规范发展区域性股权市场"，明确将发展区域性股权市场作为我国多层次资本市场建设的重要任务和国家战略，各地积极推动区域性股权市场的设立与发展，目前基本形成了一省一市场甚至一省多市场的格局。但现有区域性股权市场发展过程中，暴露出政策制度不够完善、定位不够明确、市场服务效率不高等问题，影响了区域性股权市场的健康发展，需要加强研究，总结经验，加以规范和完善。

一、发展情况

据不完全统计[①]，截至2016年末，全国已设立38家区域性股权市场，除云南未成立、四川西藏联合设立一家股权交易中心外，其他各省及直辖市均设立了区域性股权市场。

（一）规范和培育小微企业发展

各区域性股权市场通过建立适用于中小型企业的准入制度、信息披露制度和市场信用体系，为企业提供挂牌展示、融资、交易等服务，促进挂牌企业熟悉资本市场规则，完善公司治理结构，实现快速成长，前海股权交易中心、上海股权托管交易中心、广州股权交易中心展示企业数量位居前列。

（二）场内多层次板块体系初步成型

各区域性股权市场针对不同企业，按照相应的改制要求、存续期限、盈利能力、规范程度、信息披露内容，设置多种挂牌板块，场内多层次市场体系初步成型。如浙江、上海、齐鲁等股权交易中心将企业分为"创新板"、"成长板"、"精选板"等不同板块。广州、湖北、内蒙古等区域性股权市场为满足服务"大众创业、万众创新"政策要求设立了青创板，聚集了大量创业创新的"互联网+"项目和企业。

（三）有效拓展企业融资渠道

各区域股权市场积极探索新的融资机制，借助互联网手段，利用私募债券、中小企业集合贷款计划等多种债权融资方式，满足企业融资需求。浙江、广东、深圳前海、甘肃、青海、新疆、吉林等地股权市场分别推出多种债权类投资产品，通过发行固定收益产品募集资金。针对初创型企业信息不够完整、成长性不够确定、融资难度相对较高的难题，前海、齐鲁、浙江等股权市场以产业基金、种子基金、夹层融资等方式匹配资金，创新扶持中小企业模式。

---

① 数据来源：各省（市）人民银行报送及区域性股权市场官方网站。

（四）积极推动企业并购业务

上海、前海、武汉、浙江等区域性股权市场与上市公司合作，设立股权投资基金、并购基金、天使投资基金和股债联动基金，形成以上市公司为核心、以基金领投运作为主要形式的并购产业链，以并购方式实现挂牌企业资本的退出。

二、存在问题

（一）区域性股权市场的法律地位不明

"区域性股权市场"是否属于"证券交易所"或"证券交易场所"缺乏明确规定，直接影响到区域性股权市场的功能定位、发展方向和监管安排。一是在区域性股权市场从事中介服务的主要是不持有证券牌照的投资管理公司等机构。二是登记结算法规不明确，区域性股权市场内股份公司转让的股份登记有效性影响了股权交易的权益归属。三是监管政策不明确，市场发生的违规行为难以得到有效规制。

（二）股权融资功能未能充分发挥

在区域性股权市场挂牌的企业，其股东不能突破200人，只能通过协议方式转让股权，交投清淡，融资效率和股份流动性都很难得到提高。为了吸引企业，部分区域性股权市场通过发行私募债方式为企业融资，一定程度上偏离了推动企业直接融资的本意。

（三）区域性股权市场在多层次资本市场中的定位不清

主要表现在区域性股权市场与全国中小企业股份转让系统（新三板）的关系不明，并且转板难度较大，转板方式不够灵活。

（四）市场自律与监管不足

目前区域性股权市场仍以地方政府监督和自律监管为主，尚未形成统一的针对区域性股权市场的监管体系。

三、政策建议

（一）妥善处理多层次资本市场板块间的竞合关系

建议做好相关顶层设计，明确不同层次市场定位和功能，妥善处理板块间的竞合关系，建立区域性股权市场和主板、新三板市场的对接机制，引导各层级市场相互补充，有序发展，拓展资本市场服务实体经济的广度和深度。

(二) 加强制度设计，推动区域性股权市场完善

出台区域性股权市场监督管理办法，明确区域性股权市场"非公开发行证券场所"地位，明确地方政府的主体监管与证券监管部门的业务指导责任，坚持属地化运作，业务和品种以股权融资为重点，逐步带动企业规范发展。

(三) 逐步提升区域性股权市场流动性

规范区域性股权市场运营，探索开展做市商交易，进行双边报价，促使公司治理规范、发展前景较好、盈利能力较强的挂牌企业流动性不断增强，提升企业挂牌的吸引力。

(四) 加大对区域性股权市场的规范力度

坚持以规范促发展的理念，建立规范的日常监管流程，逐步形成市场化管理、动态管理和持续管理的体系，重点加强对交易制度、资金安全的管理力度。

我国区域要素金融市场发展特点、问题及建议

重庆营业管理部金融稳定处　张赶

近年来,我国各地方政府积极推动各类要素金融市场(以下简称要素市场)建设,支持实体经济发展,取得了一定成效。但要素市场影子银行特征较为明显、尚未形成可持续的商业模式和盈利能力、违规跨区域开展业务等问题日益凸显。本文对全国各地的要素市场发展及监管现状进行调研,分析要素市场发展的主要特点及问题,并提出规范发展要素市场的政策建议。

一、区域要素市场[①]发展概况

据统计,全国23个省市区共有各类要素市场合计349家[②],其中商品类交易市场160家,权益类交易市场189家。分地区看,东部地区要素市场227家,占调查样本总量的65%;西部地区要素市场94家,占调查样本总量的27%;中部和东北部地区要素市场相对较少。从成立时间看,349家样本要素市场中,2000年以前成立18家,2001—2009年成立83家,2010年以来成立248家,占被调查要素市场样本总数的71.0%。

二、主要发展特点

(一)交易品种日趋多样化

调查显示,目前各地要素市场已涵盖金属、大宗商品、农副产品、能源化工、酒类、碳排放、航运、金融资产、产权、股权、文化产业、公共资源等数百个交易品种,各地方交易品种既有重叠,也具有一定地方特色。例如,目前江苏省共有各类要素市场70家,交易品种50多个,以权益类产品为主;山东省辖内25家要素市场交易标的涉及39个交易品种,权益类产品占2/3;海南省要素市场交易品种30类,以大宗商品交易为主;新疆14家交易场所交易标的品种共有46种,以矿产和农副产品交易为主。

[①] 本调研涉及的要素市场主要指各类地方交易场所(如金交所、联合产权交易所及特种商品交易所),但不包括上海、北京、深圳、郑州、大连等地全国性的股票、债券、货币、外汇、商品期货、金融期货、黄金及电子票据交易所。
[②] 从已获取数据资料的地区看,东部地区省市包括北京、天津、山东、江苏、浙江、广东、海南7个省市,中部地区包括湖北、湖南、江西、安徽4省,西部地区包括重庆、四川、陕西、内蒙古、甘肃、青海、广西、新疆、宁夏、西藏10省(市、区),东北地区包括辽宁、黑龙江2省。

（二）资本实力地区差异明显

表1　　　　　　　　　　　　　各地要素市场注册资本情况

地区分布	1 000万元（不含）以下	1 000万元（含）~1亿元（不含）	1亿元（含）以上	合计
东部地区（家数）	38	87	44	169
中部地区（家数）	4	9	9	22
西部地区（家数）	3	35	20	58
东北地区（家数）	0	0	2	2
小计（家数）	45	131	75	251
平均规模（万元）	321	3 773	13 910	6 180

注：因部分地区要素市场无法提供注册资本数据，本表仅计算有数据的251家要素市场。

调查显示，目前各地要素市场的注册资本规模存在很大差异，注册资本超过1亿元的要素市场共有75家，占被调查样本总数（349家）的21.5%，其中东部地区占44家[①]，中部地区9家，西部地区20家，东北地区2家（见表1）。

（三）交易量快速增长

调查显示，349家样本要素市场2016年交易总额达到23.4万亿元，其中东部地区、中部地区、西部地区和东北地区交易量分别占全部样本要素市场交易总额的74.9%、6.5%、18.0%和0.6%，东部地区交易所交易最为活跃，如山东省25家要素市场2016年交易额合计2 155亿元，较上年增长243.6%。

三、各地要素金融市场监管及存在的问题

（一）监管现状

近年来，各地在加快发展要素市场发展的同时，不断探索完善监管制度体系，加强准入管理、现场和非现场监管，做好风险防范和处置工作，取得了一定成效。目前关于交易场所的主要依据是《国务院关于清理整顿各类交易场所切实防范金融风险的决定》（国发〔2011〕38号）和《国务院办公厅关于清理整顿各类交易场所的实施意见》（国办发〔2012〕37号），以及各地方政府制定的交易场所管理办法或实施细则。

据本次调查，18个省级地方政府总共出台了将近70份规范性文件，主要涉及交易场所的职能定位、市场准入、业务范围、业务规则、监督管理等相关政策。国务院38号文件下发后，清理整顿各类交易场所部际联席会议将交易所的监管权限下放到属地管理，在监管主体方面，主

---

① 规模最大的前海金融资产交易所注册资本为10亿元，上海陆金所注册资金8.37亿元人民币，北京金交所注册资本3.1亿元，中国水权交易所股份公司注册资本6亿元等都在东部省份。

要由当地金融办主导，部分地区也有国资委、证监、环保、财政等部门参与要素市场监管。

多个地区积极创新监管手段，探索建立要素市场集中登记结算平台。例如，江苏省在借鉴国内外交易场所发展的经验教训基础上，建立了"江苏模式"的全国首家交易场所统一登记结算平台。同时，各地加强清理整顿，落实行业自律。根据国务院有关文件精神及清理整顿各类交易场所部际联席会议通知要求，各地均成立清理整顿各类交易场所工作领导小组，做好清理整顿各类交易场所工作，取得阶段性成效。北京、重庆两地建立了要素市场协会，加强市场行业自律。

（二）存在的问题

一是要素市场行业覆盖面广，业务品种多，难以实现有效监管。从业务品种上看，除传统的实物现货交易外，还涉及股权、知识产权、特许经营权及资产证券化等；经营模式包括B2B、B2C、O2O、P2P等，互联网金融特征明显，线上、线下业务重叠，利益关系复杂，容易导致信息不对称和风险积聚，单一监管主体和监管模式难以实现有效监管。

二是要素市场普遍具有融资中介功能，影子银行特征较为明显。目前，多个金融资产交易所都在发展定位中列出了诸如提供融资配套服务、开展综合金融创新业务、供应链融资中介等服务功能。从地方金融资产交易场所的几种业务模式看，部分交易场所实质已从交易平台异化为融资中介或"泛资产管理机构"，与P2P平台极为相似，一旦发生兑付风险，可能存在群体性风险隐患。此外，部分要素交易市场与银行合作将表外理财资金开展"委托投资业务"，大量资金流向限制性行业，弱化了信贷政策有效性。

三是尚未形成可持续的商业模式和盈利能力。目前，大部分要素市场还在探索业务模式，定位不够清晰，且缺乏在行业和市场中具有资源和影响力的股东，难以支撑其拓展业务。在有盈利统计数据的147家样本要素市场中，107家盈利或盈亏平衡，平均盈利0.33亿元；40家处于亏损状态，平均亏损700万元。平均资产负债率为70.6%，平均资产利润率2.85%。例如，截至2015年末，重庆市14家交易场所税后利润仅1.04亿元，其中有9家实现盈利，5家仍处于亏损状态。

四是要素市场违规跨区域开展业务。国办发〔2012〕37号文件明确要求要素市场原则上不得跨区域开展业务。但在实践中，已有要素市场违规开展跨区业务，如北交所、天交所、上股所、前海所违规接受域外企业挂牌。

五是要素市场的结算体系存在制度性漏洞，缺少第三方独立的登记结算平台。在交易信息传递和资金结算环节，由各市场自行处理并直接与银行对接，客户资金存在风险隐患。

四、政策建议

一是加快完善顶层制度设计。推进要素市场发展顶层设计和总体规划，建议从国家层面研究出台要素市场监管法规，明确要素市场准入条件、监管措施、违法违规处置办法等，填补要素市场监管法律空白，规范行政审批、行政执法，为省级政府制定要素市场监管办法提供上位法支撑。

二是优化要素市场发展导向。从地方层面看,应按照"总量控制、合理布局、审慎审批"的原则,统筹规划各类交易场所的数量规模和区域分布,使交易场所的设立与监管能力及地区经济水平相协调,杜绝因盲目、批量设立交易场所导致的产品同质化、市场无序竞争现象。从交易场所自身看,应进一步加大产品创新力度,加快形成具有地区特色的交易平台,在助推实体经济发展的同时实现自身的可持续发展。

三是强化日常监管和合规引导。建立完善对地方交易所的交易规则、风险控制措施、交易品种和业务流程的事前审查制度,落实各项监管措施,重点加强对泛资管化要素市场的监管,落实对交易所业务范围、股东出资、资金投向的核准制管理,及时发现和查处各类违规行为,规范市场发展。

四是加快要素市场发展配套机制建设。推广建立要素市场集中登记结算平台,建立行业自律机制,完善投资者保护机制,加强信息披露和风险提示。

我国资产管理业务现状及存在问题

一、我国资管业务的发展及主要特点

(一) 我国资管业务的发展现状

截至2016年末,各类资管业务总规模达116.36万亿元,较2011年末增长544.44%(见表1)。分行业看,银行表内外理财产品资金余额约28.31万亿元;信托公司资管业务资金余额为17.45万亿元,其中,集合信托和单一信托资金余额分别为7.33万亿元和10.12万亿元;证券公司资管业务资金余额约17.82万亿元;公募基金余额9.16万亿元、基金公司及子公司专户产品主要投资于股权和"非标",资金余额16.89万亿元;私募基金主要投资于未上市股权或股票,资金余额10.24万亿元;保险行业管理资产15.12万亿元。随着"互联网+"新业态的出现,以互联网P2P为代表的资管业务细分领域发展迅猛。自2015年获得准入执照以来,互联网P2P规模也迅速扩张,2016年末已突破1万亿元。

表1   2013—2016年各类资管规模变化   单位:万亿元

类型	2011年	2012年	2013年	2014年	2015年	2016年
银行理财产品	4.59	7.10	10.21	15.02	23.50	28.31
信托公司信托计划	4.81	7.47	10.31	13.04	14.69	17.45
基金公司及子公司专户	0.58	0.75	0.94	4.96	12.73	16.89
保险公司	5.55	6.85	8.29	10.16	11.86	15.12
证券公司资管计划	0.28	1.89	5.20	7.97	11.84	17.82
基金公司公募基金	2.19	2.87	3.00	4.44	8.40	9.16
私募基金	—	—	—	2.13	5.07	10.24
期货公司资管计划	—	—	—	0.01	0.10	0.28
互联网P2P	—	—	—	—	0.45	1.09
合计	18.00	24.06	37.95	57.73	89.17	116.36

注:数据主要来源于各行业协会,其中2016年银行理财产品数据来源于普益标准,私募基金于2014年初实施备案管理,互联网P2P数据来自网贷之家。

(二) 我国资管业务的主要特点

1. 商业银行理财业务占据资管市场主体地位

自2004年首只光大理财产品问世,银行理财业务经过十多年快速发展已经成为国内资产管理市场上规模最大、影响最广的业务。信托、证券、保险、基金等资管业务相对活跃的金融机构，均与商业银行理财业务有密切联系。如果不考虑信托、证券、保险、基金等作为通道方与银行的合作类业务，年末银行理财占资管总额的24.33%；如果考虑"通道合作"业务，银行理财在整个资管市场中的占比更高。

2. 运作模式日趋复杂，服务方式创新不断

从资管业务发展历程来看，其运作模式随着不同政策背景体现出了典型的阶段性特征，主要经历了"一对一模式"、"资金池—资产池模式"、"投资组合模式"以及"通道类模式"等变化。在监管导向背景下各类资管产品的透明度逐步提高，资管业务开始向主动管理类靠拢，回归"代客理财"本源。同时，资管业务的服务方式不断创新丰富。电商企业、第三方支付等互联网企业向资管服务领域不断演进，带来了新的商业模式；金融机构借助互联网技术不断深化资管产品设计和服务模式创新，互联网与资管业务相互融合的步伐明显加快。

3. 多层嵌套产品大量涌现，层级复杂交易链条长

近年来，资管行业资金的跨市场流动性增强，机构间合作日益密切，银证信委托贷款业务、银信证基合作的委外业务、银信证的定向通道业务等嵌套型资管产品大量涌现。此类产品的委托方通常出于规避监管要求，通过证券、保险、基金、信托等通道将资金投向监管限制性领域，在此过程中，银行多为资金提供者，将资金投向高风险的房地产企业或政府融资平台类企业。典型的嵌套型产品，如银行理财资金以证券或基金公司的资产管理计划为通道，投资自身贷款收益权或票据收益权，实现信贷资产出表，或向地方政府融资平台、房地产等限制性领域或行业投资；银行理财资金通过投资证券或基金公司的资产管理计划中的优先级，最终投资于二级市场股票或参与定向增发等。

二、资管业务存在的风险与问题

（一）长期投资对接短期资金，期限错配潜藏流动性风险

资管业务通常募集短期低价资金，通过资金池滚动发行，对接长期高收益项目，多为非标准化产品。据初步统计，截至2016年末，91.6%的理财产品期限在1年以内，但配置资产剩余期限大多超过1年，"非标"期限以1至3年为主。一旦银行理财产品连续发行能力下降、金融市场发生波动，或项目融资方兑付困难，将引发银行的流动性危机，甚至通过交易链条传染至其他金融机构。

（二）业务管理滞后且经济下行压力加大，刚性兑付问题犹存

我国金融机构资管业务发展起步晚，在组织架构、内控管理、销售管理等各方面尚在不断探索过程当中，往往体现"业务先行、制度补上"特征。2014年以来，我国经济下行压力不断加大，企业违约风险事件频发，部分资管产品兑付困难引发的声誉风险、"飞单"事件、法律纠纷、金融消费者维权难等问题时有发生。如受山西联盛能源投资有限公司重组影响，2014年2月，山西信托与光大银行合作的"山西信托信裕15号集合资金信托计划"不

能按期兑付；因融资方式佳兆业涉嫌违法违规导致房地产项目和资金被冻结，2015年平安信托、华润信托、爱建信托、外贸信托等与佳兆业地产相关信托机构出现兑付危机。此外，尽管大部分银行理财产品采用预期收益率模式，不保证投资者的本金和收益，但倘若理财资金投资发生损失，为避免声誉受损和后续业务受到影响，银行多选择刚性兑付确保预期收益。

（三）层层嵌套拉长交易链条，交叉性金融风险和信息不透明问题较为突出

资管业务特别是通道类资管业务快速发展过程中各类机构、各种市场相互融合，导致金融机构间的风险敞口不断扩大，资金联动性增强并呈现跨市场、跨机构流动，其中产生的期限错配、信用转换以及杠杆层层叠加等问题，导致金融风险的传染性大幅上升。截至2016年末，证券公司以通道类为主的定向资管计划规模占证券公司资管业务总规模的85%以上；信托公司事务管理类（通道类）信托规模占信托资产总额的49.79%。上述资金来源主要以银行自有、理财或同业资金为主，特别是银行在整个资管业务链条中居于核心地位，往往提供显性或隐性担保和流动性支持，系统性风险更易集聚至银行体系。此外，各类资管业务分别由不同行业监管部门或行业协会进行统计分析，特别是通道类的嵌套业务重复统计，信息披露机制和业务统计规则亟待完善。

（四）互联网资管平台监管难度大，网络风险需警惕

随着网络技术的进步和"互联网+"概念的走热，近年来互联网资管平台设立加快，但平台准入门槛相对较低，发展初期存在诸多问题。一是互联网资管业务缺乏详细的监管条例，平台自律也尚未成型，多数平台未获得相关部门的资质审核和批准许可，缺乏具备专业资质的从业者，容易发生行业乱象。二是平台投资标的多为股权众筹、商业承兑汇票、保理、融资租赁等非标准化资产，信用违约风险较高。三是部分平台以虚假或夸大项目为幌子，以保本、高收益、低门槛为诱饵，向不特定对象募集资金，实质为"借新还旧"，资金链断裂风险较大。四是互联网资管平台依托于网络而建立，黑客、病毒等网络安全威胁因素可能导致平台客户的资金安全和信息泄露问题。

（五）监管规则不一致造成不平等竞争市场，监管套利风险明显

当前，具有跨行业、跨市场特征的资管业务规模迅速扩张，但分业监管体制下，各金融监管部门仅针对本领域的资管业务进行监管，监管规则不一致造成业务发展空间不同，监管套利风险突出。以投资非标准化资产为例，监管部门对银行理财产品投资非标准化资产做出严格要求，但证券、保险、基金等机构投资非标准化资产的限制相对较少，造成银行用理财资金委托信托公司、证券公司等通道来投资股权、为房地产等行业融资现象较为普遍。总的来说，尽管近年来逐步强化金融监管协调力度，但监管政策导向与标准不一致导致各行业资管业务波动加剧、不稳定性和风险增大（见表2）。

表2 银行、证券、保险资管业务监管主要规则对比

	银行	信托	证券	保险	基金
准入制度	报告制（少数创新产品需审批）	审批制和报告制	备案制	审批制	公募基金注册制 基金专户备案制
合格投资者门槛	5万元起；面向高净值客户的产品与信托相同、私人银行客户金融净资产≥600万元	100万元起、家庭金融资产≥1 000万元、近3年个人年收入≥20万元或夫妻年收入≥30万元	定向资管计划100万元起。集合资管计划不得超过200人，个人或家庭金融资产≥100万元，或公司、企业等机构净资产≥1 000万元	3万元起；定向产品≥3 000万元、集合产品单个投资者≥100万元，符合资金运用规定	私募基金要求投资者必须为达到规定资产规模或者收入水平。向特定对象募集资金不超过200人。基金专户100万元起
投资权限	债券、非标债权资产；无分散投资要求	债权、股权、物权及其他可行方式；证券投资应采用资产组合方式，其他不限	集合限定为流通证券、其他资管业务；有分散化投资要求、定向投资不限	投连险投资范围需符合保监会规定	股票、债券等二级市场流通证券；有分散化投资要求
投资规模	投资非标准化债权资金余额在任何时点均以理财产品余额的35%与商业银行上一年度审计报告披露总资产的4%之间孰低者为上限	无限制	定向计划资产净值不得低于100万元；集合计划募集资金不低于3 000万元，不高于50亿元	合计投资资管规模不高于公司上季度末总资产的30%。投资基础设施投资计划和不动产投资计划的账面余额，不超过公司上季度末总资产的20%	无限制
净资本要求	保本理财需计提风险资本；非保本理财不计提	自有资金投资其他公司的集合信托计划，净资本计提20%的风险资本；投资劣后级别的信托计划，从净资本中扣除100%	集合理财计划或其他客户资产管理计划无净资本要求，只有当以自有资金投资集合理财计划时才需计提5%~15%的风险资本	保险公司投资股权或不动产时，要求其偿付能力充足率不低于120%	无要求
信息披露要求	向理财产品投资人充分披露投资非标准化债权资产情况，包括融资客户和项目名称、剩余融资期限、到期收益分配、交易结构等，存续期内投资的非标化债权资产发生变更或风险状况发生实质性变化的，5日内向投资人披露	依照法律法规和信托计划文件约定按时披露信息；在信托财产可能遭受重大损失时，信托资金使用方的财务状况严重恶化，信托计划的担保方不能继续提供有效担保获知有关情况后三个工作日内向收益人披露	对资产证券化业务做了详细的信息披露指引，披露包括计划说明书、法律意见书、评级报告等文件	依照法律法规和产品合同约定按时披露信息	公募基金要求披露基金招募说明书、基金合同、基金托管协议、基金募集情况；基金份额上市交易公告书，基金资产净值，基金份额净值，基金份额申购、赎回价格；资产组合季度报告、财务会计报告及中期和年度基金报告

三、进一步强化我国资管业务监管的政策建议

（一）完善各类资管业务的监管规则，加强互联网平台和通道类业务监管

一是在现行分业监管体制下，进一步完善各类资管业务监管标准，弥补监管真空。二是针对互联网资管平台，明确监管责任，根据业务类型建立差别化的市场准入制度。三是规范"通道"类资管业务发展，落实实质重于形式的监管原则，将资金来源、中间环节与最终投向连接起来，分析业务运作及风险机理，督促机构严格执行会计核算、风险计量、拨备计提等规定。

（二）建立资管业务的综合统计体系，强化信息披露

一是加快建立各类资管业务和产品的综合统计体系，着力解决资管业务资金投向的统计薄弱问题，提高经济金融统计的准确性。二是强化金融机构对资管产品的信息披露和风险提示义务，从法律层面严格资管业务信息披露要求，制定信息披露指引，加大对不实披露信息的惩罚力度。

（三）强化金融消费者权益保护，有效发挥行业自律作用

一是强化金融消费者教育和权益保护，引导正确认识资管产品的业务属性和风险特征，切实树立"买者自负、卖者有责"的责任和风险意识。二是进一步发挥各行业协会自律作用，充分调动、依靠各方力量，健全有关激励约束等机制建设。

借鉴国际经验加强保险资金运用风险管理

随着我国保险业的快速发展，我国保险资金规模不断扩大，部分中小险企频繁举牌上市公司，积极开展二级市场和权益投资，引发社会关注。与我国相比，主要发达国家的保险资金运用风险管理较为成熟，可借鉴主要发达国家的经验做法，进一步完善我国保险资金运用的管理。

一、美、英、日保险资金运用情况及监管经验

（一）投资渠道广泛，风险管理水平较高

美、英、日三国的保险资金投资渠道普遍较为广泛，但又根据各国监管和风险管理情况有所区别。其中，美国保险业资金主要投向四个方面：政府和企业债券、股票、抵押贷款和不动产、保单贷款。以美国最大的人寿保险公司——美国大都会集团公司为例，该公司于2015年末配置于债券和股票的资产分别占比为48.50%和32.35%，二者合计共占80.85%。英国保险业资金则高度集中于证券，尤其是股票投资。数据显示，20世纪90年代英国保险业资金投向股票的比重曾达到50%，自2008年金融危机后占比才逐步下降。以2014年英国保险行业整体资金投资结构为例：股票投资占比为28%，公共部门债券18%，私人部门债券25%，不动产5%，单位信托基金14%，其他投资11%[①]。日本保险业大量资金投资于实体经济，至2012年，对贷款的投资比例为11.7%[②]，但近十年对贷款和不动产投资比重不断降低，对证券投资比重不断上升。

（二）制定以保障偿付能力为核心的风险管理规则

美国的保险业由各州设立的保险监管部门负责监管，州政府根据当地的实际情况制定保险法。总体上看，美国保险业监管部门通过计算实际资本与风险资本的比率，根据具体的指标值变动情况，决定选择不同的监管措施。其中，量化和测算风险资本时主要考虑资产风险、经营风险、定价风险、关联企业风险和利率风险等各类风险影响偿付能力的大小和类别，从而有针对性地灵活开展监管。日本的保险业由金融厅统一负责监管，实施行政审查制度。根据日本《保险业法》的规定，通过计算偿付能力总额与风险总额之比来控制保险企业的投资风险：当偿付能力比率在100%以下时，保险公司部分或全部业务就要按照监管当局的要求处理；当偿付能力比率超过100%但低于200%时，监管当局也会介入公司的运营，对保险公司的经营管理提出一定的改善建议并要求其实施。

---

① 数据来源：UK Insurance Key Facts 2013。
② 数据来源：The Life/General Insurance Association of Japan, Hoken Kenkyujo。

(三) 建立完善的行业行为自律机制

英国的保险业监管主要依靠以劳合社（Lioyd'）为主的保险业自律组织对英国保险市场、保险企业和行业组织进行自我监管。一是通过建立相关的委员会和严格的规章制度实现自我监管。如劳合社委员会、劳合社理事会、劳合社监管委员会和劳合社市场委员会以及《劳合社法案》等。二是强化与金融服务局的具体监管合作。在具体监管过程中，劳合社的监管部与英国金融服务局紧密合作，通过授权、监测、规范执行、承保能力监管和处罚这五个方面来行使监管职能。三是建立完善的信息披露、共享机制。自律组织还和英国政府、保险机构经过多年努力建立了完善的信息披露制度。如英国政府和保险机构共同建立了跨行业保险欺诈登记数据系统等一系列信息数据平台，可为保险分析提供数据支持。

二、我国保险资金运用、监管存在的问题

(一) 部分保险机构投资激进

调查显示，部分险企通过增加低信用等级债券、股票投资、不动产、基础设施、信托等投资方式以获取更高收益，但当投资受挫时可能出现大幅浮亏。如前海人寿保险股份有限公司（以下简称前海人寿）于2014年分别买入"南玻A"2.38亿股和"中炬高新"1.61亿股。2015年6月到2016年1月资本市场出现多次较大跌幅后，据估算，对两股的持股浮亏分别达到8.22亿元、6.66亿元，浮亏比例分别为26.76%、25.87%。另外，数据调查显示，2016年上半年亏损的财产险公司共24家，占整个行业近四成，利润总额同比下降43.5%。目前，保险机构的资金成本趋高，投资收益下滑，倒逼形成高风险激进投资，可能招致风险。

(二) 部分保险公司关联交易规模迅速增长加剧行业风险

随着保险公司资金运用渠道持续拓宽，保险公司关联交易种类和规模迅速增长。如前海人寿披露自2012年以来的15宗重大关联交易，通过股份转让、增资、借款等形式，全部投资于关联公司的地产项目，作为大股东融资平台现象明显，既加剧了行业风险，又背离了保险资金服务保险主业的根本方向。

(三) 成本收益错配和期限错配问题凸显

一是投资产品成本收益错配，存在利差损风险。调查显示，近年来万能险的年结算利率多分布在4%~6%，再加上手续费、佣金等费用，资金成本在8%左右。据此测算，保险公司的投资收益率只有超过10%，才能弥补支出成本，存在较大的利差损风险。二是投资项目期限错配严重，容易引发流动性风险。万能险等投资型险种一般设置了允许免费退保甚至强制退保条款，所吸收的大部分为短期资金，但保险公司投资项目期限多超过一年，保险资金"短钱长用"问题突出。

（四）行业风险交叉传染和叠加

随着保险资金参与金融市场和服务实体经济的广度、深度不断提升，保险资金运用风险日益复杂、与经济金融风险相互传染和叠加。一是金融产品由简变繁，通过银行、券商、保险等资管产品层层包装，跨领域、跨产品传递风险加大。二是交易环节由少变多，风险节点增多，大量非标准化的金融产品在场外交易，缺乏透明度，风险管控难度更大。三是投资链条延长，风险隐蔽性增加。一些跨领域的投资行为存在金融杠杆累积等问题，导致风险跨监管、跨行业叠加，风险防范难度加大。

三、有关建议

（一）适度加强对保险资金投资的约束

一是继续优化对保险资金运用的监管要求，如根据具体的产品类型、保险资金来源等限制资金的投资方式设置预期收益率红线，红线以上的产品不能投资于权益类市场等。二是构建投资期限以及成本收益合理匹配的模型，设立相关的预警指标，在一定的限度内容忍资产驱动负债的主动错配行为，严防相关风险，守住保险资金入市的风险底线。三是继续加强对关联交易的控制，发挥保险在风险管理方面的核心优势，减少保险公司的股权基金运作模式。

（二）继续完善保险监管体系

一是完善对保险资金跨业投资行为监管的法律法规，有效规范保险资金投资，充分保护和服务消费者。形成统一的金融产品和服务交易规范，避免出现监管盲区。二是进一步健全以偿付能力为核心的监管制度体系。完善定量资本监管，体现风险导向；完善定性监管，激励内部控制；完善信息披露制度，加强市场约束。三是推进保险行业自律机制建设，积极引导和鼓励保险行业协会组织发展壮大。

（三）建立信息披露、共享机制

政府、人民银行、保险监管部门和保险机构共同建立信息数据平台，如建立互联网保险数据系统、举牌上市公司股票数据系统、跨行业保险欺诈登记数据系统等，为保险分析提供数据支持，推动保险业建立规范化、常态化的信息披露、共享机制。

资料来源：中国人民银行广州分行金融稳定处。

中国各地区
金融稳定报告摘要
（2017）

北京市金融稳定报告摘要

2016年，北京市进一步适应经济发展新常态，围绕首都城市战略定位，大力推动功能疏解、京津冀协同发展，扎实推进供给侧结构性改革，经济社会保持平稳健康发展。经济增长保持平稳，经济结构进一步优化；银行业资产负债总额增长平稳，不良贷款实现"双降"，风险抵补能力充足；"新三板"挂牌公司数量增长迅速，多层次资本市场实现较快发展；保险市场实现较快发展，市场秩序继续好转，行业风险基本可控。

一、北京市经济运行情况

2016年，北京市紧紧围绕首都城市战略定位，扎实推进供给侧结构性改革，加快"疏功能、转方式、治环境、补短板、促协同"，经济增长保持平稳，经济结构进一步优化，居民收入稳步提高，消费驱动型经济继续健康发展，增长质量与效益继续提升，为全市金融平稳运行提供了良好的经济环境。

（一）经济增长稳中有升，"新经济"增长较快

2016年，北京市实现地区生产总值24 899.3亿元，按可比价格计算，同比增长6.7%（见图1），增幅同比下降0.2个百分点。分产业看，第一产业增加值129.6亿元，下降8.8%；第二产业增

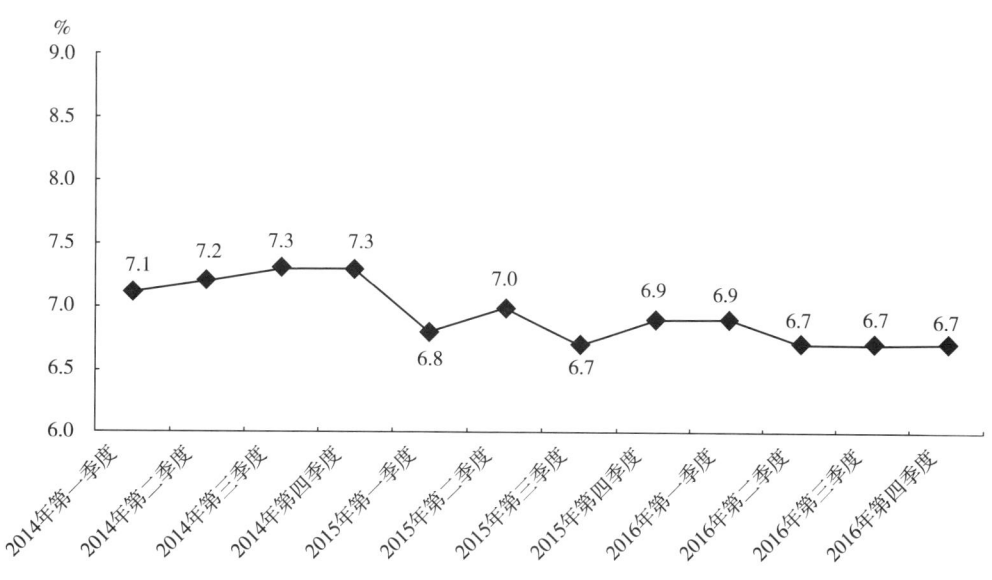

数据来源：北京市统计局。

图1　2014年以来北京市地区生产总值季度累计增速

加值 4 774.4 亿元，同比增长 5.6%；第三产业增加值 19 995.3 亿元，同比增长 7.1%。"新经济"实现增加值 8 132.4 亿元，按现价计算，同比增长 10.1%，占全市经济的比重为 32.7%。其中，高技术产业增加值 5 646.7 亿元，同比增长 9.1%；战略性新兴产业增加值 3 824.3 亿元，同比增长 10.7%。

（二）产业结构进一步优化，转型升级稳步推进

2016 年，北京市规模以上工业增加值按可比价格计算，同比增长 5.1%。重点行业中，汽车制造业，医药制造业，计算机、通信和其他电子设备制造业增加值分别增长 25.6%、8.5% 和 1%。符合消费升级需求的高端、智能、高技术产品产量高速增长，新能源汽车、运动型多用途乘用车（SUV）、液晶显示屏等分别增长 1.5 倍、73% 和 65.2%。规模以上工业企业实现销售产值 17 447.3 亿元，同比增长 2.7%，实现主营业务收入 19 413.6 亿元，同比增长 4.6%，实现利润 1 549.3 亿元，同比下降 0.7%。

第三产业增加值同比增长 7.1%，快于全市经济增速 0.4 个百分点。其中，金融、信息、科技服务业等优势行业继续发挥支撑作用。金融业实现增加值 4 266.8 亿元，增长 9.3%；信息传输、软件和信息技术服务业实现增加值 2 697.9 亿元，增长 11.3%；科学研究和技术服务业实现增加值 2 077.9 亿元，增长 10.2%。

为促进京津冀协同发展，北京市积极发展符合三地功能定位的相关产业，北京文化中心和科技创新中心建设稳步推进。2016 年文化创意产业实现增加值 3 570.5 亿元，按现价计算，同比增长 12.3%，占地区生产总值的比重达 14.3%，同比上升 0.5 个百分点；高技术产业增加值 5 646.7 亿元，按现价计算，同比增长 9.1%。中关村科技园区六大高新技术领域实现收入占园区总收入的七成以上。

（三）投资增势平稳，重点产业投资增速加快

2016 年，北京市完成全社会固定资产投资 8 461.7 亿元，比上年增长 5.9%。其中，完成基础设施投资 2 399.5 亿元，增长 10.3%，对投资增长的贡献率达 47.8%。重点产业投资增势良好，租赁和商务服务业、高技术制造业、文体娱乐业投资分别增长 99.9%、61.3% 和 55.2%（见图 2）。

分产业看，第一产业完成投资 99.8 亿元，同比下降 10.1%；第二产业完成投资 722.9 亿元，增长 6.8%；第三产业（含房地产开发）完成投资 7 639 亿元，增长 6.1%。

2016 年，全市完成房地产开发投资 4 045.4 亿元，同比下降 4.3%；其中，保障性住房投资 936.2 亿元，增长 13.6%。商品房本年新开工面积 2 813.7 万平方米，增长 0.8%；其中，商品住宅新开工面积 1 209.3 万平方米，增长 0.8%。

（四）网上销售增长强劲，消费结构继续升级

2016 年，北京市实现总消费 2 万亿元，同比增长 8.1%。其中，实现服务性消费 8 921.1 亿元，增长 10.1%；实现社会消费品零售总额 11 005.1 亿元，增长 6.5%。网上销售是零售额增长的主要带动力，限额以上批发零售业企业实现网上零售额 2 049 亿元，增长 20%，占社会消费品零售总额的比重达到 18.6%，拉动全市零售额增长 3.3 个百分点，新能源汽车类商品零售额增长 2.7 倍（见图 3）。

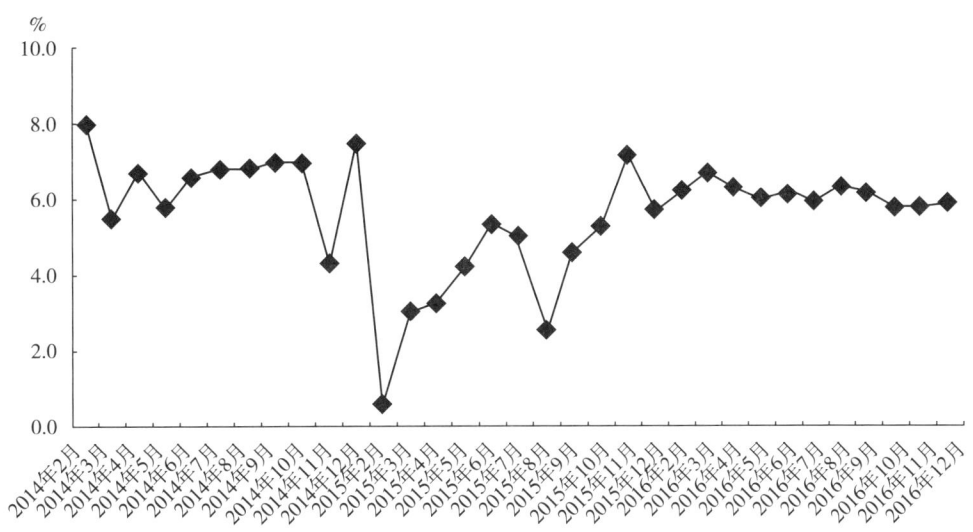

数据来源：北京市统计局。

图2　北京市全社会固定资产投资累计增速

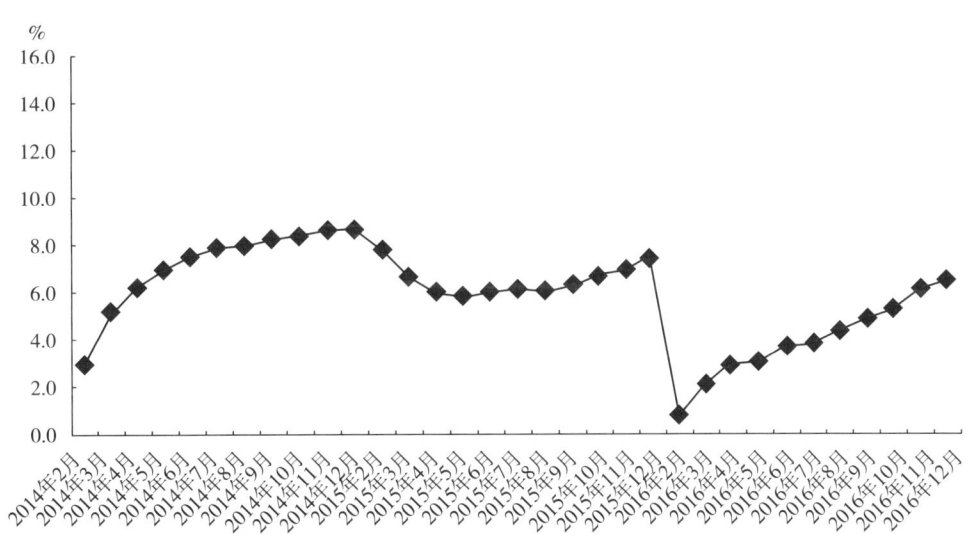

数据来源：北京市统计局。

图3　2014年以来北京市社会消费品零售总额月度累计增速

（五）进口降幅收窄、出口逆势增长

2016年，北京地区实现进出口总值18 625.2亿元，同比下降6.1%，降幅比上年收窄16.2个百分点。其中，进口总值15 207.1亿元，下降7.5%，降幅收窄16.7个百分点；出口总值3 418.1亿元，增速由负转正，增长0.7%，增速提高12个百分点。

随着北京市外贸转型升级不断加码，进出口产品从"大进大出"到"优进优出"转型取得良好进展，进口和优化进口结构的政策效应显现，部分先进技术、关键零部件和重要设备等高新技术产品进口有较快增长；在出口方面，传统优势产品出口继续增长。

（六）消费价格温和上涨，生产价格降幅收窄

2016年，全市居民消费价格同比上涨1.4%。其中，消费品价格上涨0.5%，服务项目价格上涨2.7%（见图4）。

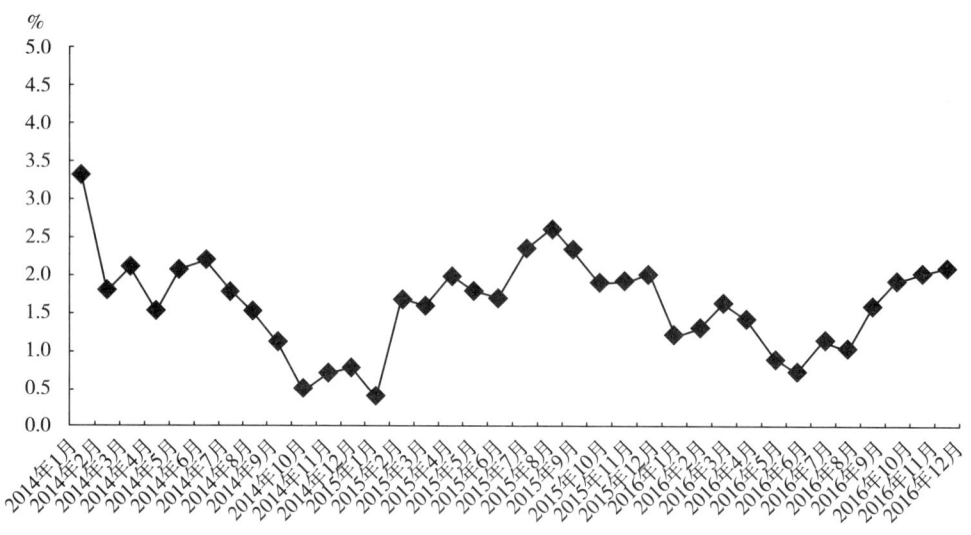

数据来源：北京市统计局。

图4　北京市月度同比 CPI 走势

2016年，全市工业生产者出厂和购进价格同比分别下降1.9%和1.5%，延续了3月以来的降幅收窄态势（见图5）。

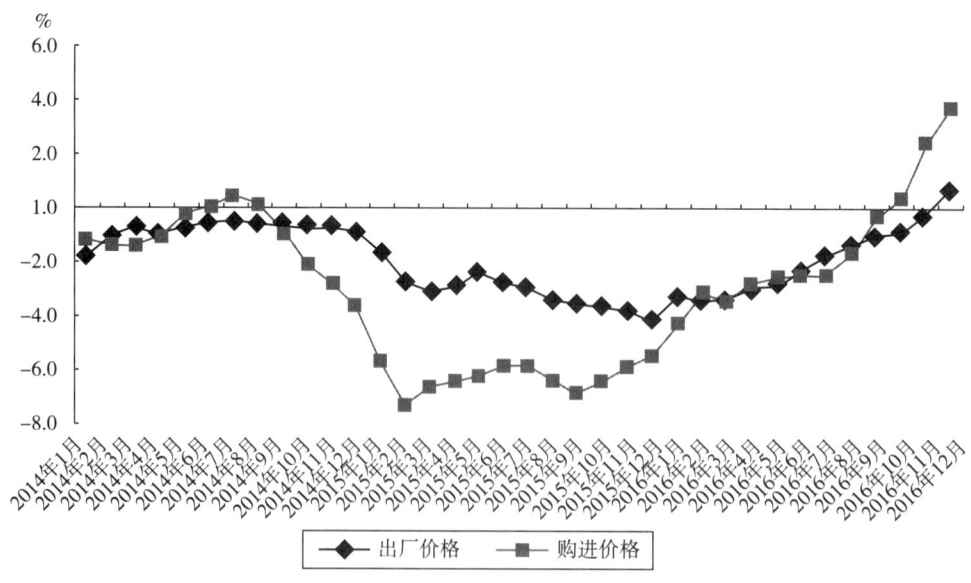

数据来源：北京市统计局。

图5　2014年以来北京市工业生产者出厂、购进价格当月同比涨跌幅度

（七）居民收入稳步增加，农村居民收入增长较快

2016年，北京市居民人均可支配收入52 530元，同比增长8.4%，扣除价格因素，实际增长6.9%。其中，城镇居民人均可支配收入57 275元，增长8.4%；农村居民人均可支配收入22 310元，增长8.5%；扣除价格因素，城乡居民收入分别实际增长6.9%和7%。农村居民收入增速连续8年超过城镇居民。

二、北京市金融业运行状况

（一）银行业运行情况

2016年，北京辖内银行业金融机构整体保持稳健运行。资产负债总额持续位居全国前列，贷款保持适度增长，存款增速有所放缓，不良贷款实现"双降"，风险抵御能力较强；非银行类金融机构资产负债规模持续增长。

1. 资产[①]负债增速有所放缓，总额位居全国前列

2016年末，辖内银行业金融机构资产总额21.60万亿元，同比增长9.82%，增速同比下降3.71个百分点；较年初增加1.93万亿元，同比少增0.41万亿元。负债总额20.71万亿元，同比增长9.44%，增速同比下降3.88个百分点；较年初增加1.79万亿元，同比少增0.43万亿元。辖内银行业金融机构资产总额和负债总额分别占全国银行业的9.54%和9.91%，均位居全国第二。

2. 贷款[②]保持适度增长，行业投向较为集中

2016年末，辖内银行业金融机构本外币各项贷款余额6.37万亿元，同比增长8.85%，增速同比下降0.3个百分点；较年初增加0.52万亿元，同比多增0.04万亿元。其中，人民币贷款余额5.66万亿元，同比增长11.86%，增速同比上升0.76个百分点；较年初增加0.61万亿元，同比多增0.1万亿元。

从行业投向来看，贷款余额前五位行业依次是：交通运输仓储和邮政业、制造业、电力热力燃气以及水的生产和供应业、房地产业，合计4.08万亿元，占各项贷款余额的56.47%；重点支持基础设施建设、高科技产业、个人住房按揭、个人汽车消费等领域。上述领域全年新增贷款5 214.65亿元，占全部新增贷款的84.85%，占比较上年同期上升16.53个百分点。其中，新增个人住房按揭贷款约占全部新增贷款的50%。[③]

从期限结构来看，辖内银行业金融机构本外币各项贷款长期化趋势明显。短期贷款余额1.87万亿元，同比增长4.39%，增速同比上升2.87个百分点；中长期贷款3.75万亿元，同比增长11.29%，增速同比上升2.26个百分点。

为满足京津冀一体化项目资金需求，北京辖内多家银行建立了"京津冀一体化项目清单"，并要求行内信贷额度优先支持清单内项目。2016年末，辖内银行业金融机构支持京津冀协同发展相关项目融资余额共计922.75亿元，较年初增加458.36亿元，增长近一倍。

[①] 本节数据除存、贷款指标外，均来源于北京银监局。
[②] 存、贷款数据除重点支持领域新增贷款数据外，其余均来源于人民银行营业管理部调查统计数据。
[③] 重点支持领域新增贷款数据来源于北京银监局。

3. 存款增速放缓，定期存款增幅明显

2016年末，辖内银行业金融机构本外币各项存款余额13.84万亿元，同比增长7.65%，增速同比大幅下降20.8个百分点；较年初增加0.98万亿元，同比少增0.63万亿元。其中，人民币各项存款余额13.28万亿元，同比增长7.29%，增速同比大幅下降22.49个百分点；较年初增加0.90万亿元，同比少增14.43万亿元。

从期限看，活期存款、定期及其他存款均保持较高增速。2016年末，全市人民币活期存款余额2.97万亿元，同比增长10.60%，增速同比下降10.3个百分点；人民币定期及其他存款余额4.94万亿元，同比增长12.70%，增速同比上升3.0个百分点，其中，单位定期及其他存款同比增长18.66%。

从主体看，非金融企业存款增长较快，非银行金融机构存款下降明显。2016年末，非金融企业存款余额5.10万亿元，同比增长16.3%；非银行金融机构存款2.34万亿元，同比下降10.4%。

4. 利润持续增长，中间业务收入增速有所放缓

2016年，辖内银行业金融机构累计实现利润2 217.74亿元，同比增长15.60%，增速同比上升5.97个百分点。受资本市场波动及收费政策调整等因素影响，辖内银行业金融机构投资收益和中间业务收入增速放缓。2016年，辖内银行业金融机构累计实现中间业务收入697.79亿元，同比增长5.09%，增速同比下降19.21个百分点。累计实现投资收益92.31亿元，较上年同期减少623.49亿元。

5. 不良贷款呈现"双降"，风险抵御能力较强

2016年末，辖内银行业金融机构不良贷款余额453.62亿元，较年初减少29.92亿元；不良贷款率0.59%，较年初下降0.09个百分点。对公不良贷款余额前三大行业分别为批发和零售业、制造业和房地产业，合计占全部不良贷款余额的65.49%，较年初下降11.59个百分点。受中钢集团债务重组影响，辖内银行业金融机构批发和零售业不良贷款余额为152.15亿元，较年初下降38.35%。但值得关注的是，制造业和房地产业不良贷款分别较年初增长8.33%和22.79%。

2016年，辖内银行业金融机构拨备覆盖率414.81%，同比上升42.89个百分点，远高于150%的监管标准。贷款损失准备充足率为576.88%，持续维持高位，信用风险抵补充分。

6. 辖内法人银行经营稳健，但盈利能力存在差异

2016年末，辖内法人银行资产总额3.14万亿元，同比增长14.92%；负债总额2.91万亿元，同比增长14.78%；存、贷款余额分别为1.87万亿元和1.24万亿元，同比分别增长13.93%和11.15%；不良贷款余额147.72亿元，不良贷款率1.19%，同比上升0.08个百分点。辖内法人银行贷款拨备覆盖率279.19%，同比下降10.70个百分点，但仍处于较高水平；贷款拨备率3.33%，同比上升0.09个百分点；资本充足率13.93%，较年初上升0.23个百分点。

2016年末，北京地区法人银行累计实现利润248.38亿元，同比增加13.32亿元。其中，辖内2家中资法人银行实现利润233.97亿元，北京银行累计实现利润178.83亿元，同比增加11.01亿元。北京农商银行累计实现利润55.14亿元，同比增加3.06亿元。外资法人银行及视同法人管理的外国银行分行盈利水平较低，其中，9家外资法人机构累计利润仅9.25亿元，同比减少4.77亿元。

7. 辖内非银行金融机构资产负债持续增长，总体经营稳健

2016年末，辖内非银行金融机构资产和负债总额分别为3.19万亿元和2.68万亿元，同比分别

增长14.97%和14.70%；存、贷款余额分别为2.19万亿元和1.53万亿元，同比分别增长14.93%和20.16%；累计实现利润490.94亿元，同比增长0.77%；不良贷款余额87.67亿元，不良贷款率0.57%，同比上升0.29个百分点。

（二）证券业经营情况

2016年，证券期货行业经营业绩普遍下滑。在京法人证券公司收入大幅下降，基金公司管理基金资产净值降低，期货公司利润同比减少。新三板挂牌公司数量增长迅速，融资额及成交量均实现增长。

1. 法人证券公司营业收入大幅下降，但整体经营稳健

截至2016年末，辖区共有法人证券公司18家，与上年持平；证券公司资产总额7 593.85亿元，同比下降9.50%；净资本2 108.47亿元，同比增长16.92%。平均流动性覆盖率217.68%，净稳定资金比率148.58%，风险覆盖率248.93%，资本杠杆率31.06%。2016年，辖区法人证券公司营业收入502.74亿元，同比下降38.38%。

2. 基金公司管理基金净值降低，新发基金募集额同比小幅增长

2016年末，总部设在辖区的基金管理公司共31家，较上年增加6家；法人基金管理公司19家，较上年增加2家。辖区法人基金公司管理基金514只，同比增长33.85%，管理基金年末资产净值1.55万亿元，同比下降8.04%。其中，封闭式基金资产净值1 529.65亿元，开放式基金资产净值1.40万亿元。2016年，北京辖区法人基金管理公司新发基金171只，同比增长27.62%；新发基金首次募集金额3 282.78亿元，同比增长4.63%。

3. 期货公司资产总额保持较快增长，代理交易额和利润下降幅度较大

截至2016年末，北京共有法人期货公司19家，同比减少1家；期货分支机构95家，同比增加1家。期货公司资产总额747亿元，同比增长20.68%；2016年期货代理交易额48万亿元，同比减少62.5%；利润总额11.18亿元，同比减少16.88%。

4. 上市公司数量增加，总市值及A股筹资额下降

截至2016年末，北京辖区共有上市公司281家，较上年增加17家。其中，主板公司147家、中小板公司48家、创业板公司86家。辖区上市公司总市值12.23万亿元，同比下降8.23%。2016年，辖区上市公司A股市场累计筹资额2 818.92亿元，同比下降17.81%；其中，IPO公司17家，共计募集资金130.32亿元；定向增发融资51家，共计募集资金1 859.26亿元；配股融资2家，共计募集资金49.35亿元；发行优先股融资4家，共计募集资金780亿元。另外，4家上市公司发行可转债，共计募集资金90.5亿元；42家发行公司债，共计募集资金1 559.25亿元。

5. "新三板"挂牌公司数量增长迅速，四板市场融资功能显著提高

2016年末，全国中小企业股份转让系统挂牌公司总数①达10 163家，较上年末增加5 034家，增长98.15%。总股本和总市值分别为5 851.55亿股和40 558.11亿元，同比分别增长97.72%和64.97%。2016年，挂牌公司共实现股票融资1 390.87亿元，同比增长14.36%；累计成交笔数308.83万笔，同比增长9.46%；成交金额1 912.3亿元，同比微幅增长0.09%。

截至2016年末，北京四板市场挂牌企业90家，较上年同期增加13家；2016年，四板市场实现

---

① 数据来源：全国中小企业股份转让系统官方网站。

股权融资78.5亿元，同比增长112.3%；债权融资45.08%，同比增长55.7%。四板市场小微企业融资功能显著提高。

（三）保险业经营情况

2016年，北京保险市场实现较快发展，行业实力稳步增强，市场秩序继续好转，行业风险基本可控。全年实现原保险保费收入（以下简称保费收入）1 839亿元，同比增长31%；累计赔付支出596.6亿元，同比增长17.8%；保险深度7.4%，同比上升1.1个百分点；保险密度8 467.8元/人，同比增加1 965.9元/人。

1. 财产险公司保费收入稳步增长，各项监管指标好转

截至2016年末，北京共有财产险总公司16家，与上年持平。全年实现保费收入391.8亿元，同比增长8.6%；累计赔款支出241.1亿元，同比增长11.8%；承保利润7.8亿元，同比增长5.4倍。主要监管指标方面，综合赔付率为61.9%，同比下降0.4个百分点；综合费用率为35.7%，同比下降1.6个百分点；承保利润率2.4%，同比上升2个百分点。

2. 人身险公司保费收入强劲增长，退保率总体稳定

截至2016年末，北京共有人身险总公司29家，与上年持平。受利率下行、费改产品集中涌现和代理人队伍快速扩张的影响，人身险公司保费收入强劲增长。2016年，全市人身险公司实现保费收入1 447.2亿元，同比增长38.7%；非保险合同业务本年新增交费1 693.5亿元，同比增长68.7%。其中，银邮渠道保费收入占比55.9%，同比上升3.75个百分点。退保率为5.4%，同比上升0.05个百分点。

3. 外资公司市场份额保持稳定，财产险公司亏损率较高

截至2016年底，在京外资财产险公司14家，与上年持平；实现保费收入16.6亿元，同比增长7.3%；市场份额4.2%，同比下降0.1个百分点。在京外资人身险公司共24家，与上年持平；实现保费收入250.3亿元，同比增长38.8%；市场份额17.3%，与上年基本持平。部分外资财产险公司仍定位于服务母国企业，业务量不足，费用难以摊薄且风险分散效应也不明显，在全球经济不景气大环境下，盈利能力较差。2016年，外资财产险公司亏损率达78.6%。

4. 保险资金运用收益率下降，寿险公司期限错配明显

2016年，辖内保险公司资金运用收益率5.24%，同比下降1.73个百分点。其中，债券投资占比最高，为35.48%；其他类投资和金融机构资管计划投资占比分别提升3.17个和1.5个百分点，占比提升最多。寿险公司平均负债久期7.1年，平均资产久期3.73年；但同时，4家寿险公司由于发展中短存续期产品等因素，负债久期小于资产久期。

5. 保险行业社会服务功能进一步增强

2016年末，全市政策性农业保险实现保费收入5.9亿元，同比增长4.4%；赔款支出5.7亿元，同比增长26.2%。财产险方面，安全生产责任险、医疗责任保险的社会服务功能显著。截至2016年末，安全生产责任险已覆盖31个行业，累计投保企业2.1万家；保险公司聘请专业第三方机构进行风险排查，向企业提示风险隐患超1 000余次。截至2016年末，医疗责任保险投保医疗机构1 288家次，对快速化解医患纠纷起到重要作用。人身险方面，新农合"共保联办"项目、养老保险等保障作用进一步增强。

(四)需要关注的问题

1. 银行业信贷资产质量有所好转,但信用风险防控压力仍需关注

总体来看,2016年北京辖内银行业金融机构表内信贷资产质量有所好转,实现"双降",但信用风险防控压力仍需高度关注。一是非信贷资产质量影响不良贷款真实性。辖内个别银行存在将表内不良贷款以代持或转让方式出表,再以同业投资购回或理财资金对接,以此掩盖资产质量真实性的现象。二是关注类贷款年尾反弹。2016年12月末,北京市银行业金融机构关注类贷款余额4 642.62亿元,环比上月增加885.13亿元,同比增长18.22%;北京市法人银行类金融机构关注类贷款迁徙率为52.03%,同比提高12.52个百分点,资产质量仍存在劣变压力。

2. 商业银行同业投资类信贷业务增长过快,相关风险值得关注

2016年,商业银行同业投资业务快速增长,相关问题风险值得关注。一是部分同业投资业务资本及拨备计提不足。二是部分银行通过同业投资形式向"两高一剩"行业、房地产、地方政府融资平台等限制性领域提供融资,规避贷款规模限制和投向管控,增加潜在风险。三是同业业务多属于批发业务,客户集中度较高,易引发流动性冲击。四是同业业务涉及银行、信托、证券、保险等机构,容易加剧跨机构、跨市场风险传染。

3. 房价快速上涨态势初步遏制,但房地产金融风险仍需关注

"9·30"新政出台后,北京地区房价过快上涨势头得到初步遏制,但社会资金大量流向房地产业,相关风险仍需关注。一是密切关注个人房贷资产质量。近年来全市个人房贷平均期限呈逐年上升态势,借款人整体还贷压力逐步加大。二是新政出台后,房地产市场成交量萎缩,将直接影响房地产开发企业现金流,可能会对房地产开发类信贷资产质量产生影响。

4. 债券违约事件频发,市场波动性加剧

2016年全国债券违约事件高达65起,较2015年增加43起,涉及发行主体33家,总规模398.94亿元,同比增长232%。年末债券市场代持风险集中暴露,投资者避险情绪高度敏感,债券市场一度剧烈波动。

5. 寿险公司资金运用风险及流动性风险值得关注

近年来,中短存续期保险产品是人身险业务快速增长的重要贡献者。中短存续期产品负债成本较高,相应保险公司高风险领域投资意愿较强,资金运用风险值得关注。当前仍然是寿险业满期给付和退保的高峰期。随着监管政策完善,人身险公司业务结构调整压力加大。

三、政策建议

(一)加快推进经济转型升级,积极推动京津冀协同发展

一是进一步适应经济发展新常态,确立以高端制造业、现代服务业及文化创意产业为核心的"高精尖"产业战略地位,通过供给侧改革构建"高精尖"经济结构,助力北京市经济转型升级。二是积极落实政策要求,大力推进非首都功能疏解工作,在加快相关产业转移至津冀同时尽快完善相应的配套扶持政策。三是依托《京津冀协同发展人民银行三地协调机制》,进一步加大金融对重点领域、特色产业、薄弱环节的支持力度,推动京津冀协同发展。

（二）引导银行建立以信用风险为核心的全面风险管理体系，加强风险监测

一是银行业金融机构应加强对经济结构转型和非首都功能疏解等形势的跟踪分析，制定科学合理的授信政策；关注产能过剩行业、房地产行业和商圈贷款领域可能的风险暴露，动态调整信用风险防控和业务发展之间的平衡。二是强化穿透式监管要求，严禁利用同业投资等资产管理通道掩盖真实风险状况，规避贷款投向管制。三是加强对商业银行资产管理业务的风险监测、现场评估和现场检查，摸清资金真实流向和底层资产；加强监管协作，对商业银行资产管理业务开展跨部门、跨区域监管，实现风险的链条式管控。四是针对加快疏解非首都核心功能导致部分产业转移至津冀情况，关注商业银行在资产管理模式上的转变。

（三）加强债券违约风险监测，关注债券市场波动性

银行、证券、保险等金融机构应根据经济金融形势，对债券违约高发行业、地区等进行判断，分析债券投资的信用风险，做好相关的风险应对工作。监管部门应完善对银行理财、保险资金、信托产品等资金运用的监管及信息披露制度，加强对债券市场杠杆资金的监测；各金融机构应密切监测债券市场杠杆情况，理性投资，高度关注债券市场波动性风险。

（四）回归保险业风险保障本位，重视资金运用风险

保险公司应立足主业，大力开发保障功能强的保险产品，逐步压缩中短存续期保险产品规模，充分发挥保险分担风险和补偿损失的功能。在资金运用方面，保险公司应重视资产负债的匹配性管理；做好经济下行期资金运用的信用风险管控工作；提高收益率扩大投资范围的同时，应注重股市、海外投资等相关领域的风险管理能力建设。

总　　纂：刘玉苓
统　　稿：史丙栋　项银涛　夏　楠
执　　笔：刘文权　张素敏　孙伊展　李艳丽

天津市金融稳定报告摘要

2016年,面对错综复杂的国内外经济形势,天津市主动适应经济发展新常态,积极推进京津冀协同发展和供给侧结构性改革,经济保持平稳增长,"十三五"实现良好开局,金融体系平稳运行、改革持续推进,服务社会经济的作用进一步显现,社会金融活动已形成对传统金融的有力补充。

一、经济与金融稳定

(一)经济转型升级效果持续显现

2016年,天津市实现生产总值17 885.39亿元,同比增长9.0%,增速较上年回落0.3个百分点,但仍高于全国平均增速2.3个百分点。分三次产业看,第一产业增加值220.22亿元,同比增长3.0%;第二产业增加值8 003.87亿元,同比增长8.0%;第三产业增加值9 661.30亿元,同比增长10.0%。

1. 产业转型升级不断推进

工业转型升级稳步推进,装备制造业和消费品制造业增势良好。全年装备制造业增加值占规模以上工业的36.1%,拉动工业增长3.7个百分点,同比上升1.6个百分点;消费品制造业增加值占规模以上工业的20.8%,拉动工业增长2.5个百分点,同比上升0.9个百分点。优势产业发展向好,优势产业增加值占规模以上工业的91.0%。服务业支撑作用增强,全年服务业增加值占全市生产总值的比重达54.0%,同比上升1.9个百分点。信息消费快速增长,智能手机普及和"互联网+"迅猛发展带动信息消费提速,电信业务总量增长52.4%,同比上升26.3个百分点。

2. 内需结构进一步优化升级

投资结构持续优化,全年全社会固定资产投资14 629.22亿元,同比增长12.0%。服务业投资贡献突出,第三产业投资在固定资产投资中比重达到71.0%,同比上升1.3个百分点,对全市投资增长的贡献率达81.6%。"三新"产业投资增势迅猛,高技术制造业投资和高技术服务业投资同比分别增长34.8%和39.8%。消费升级趋势明显,全年社会消费品零售总额5 635.81亿元,同比增长7.2%。文化、体育娱乐等商品旺销,限额以上体育娱乐用品零售额增长29.4%。旅游市场活跃,刺激消费增长,邮轮母港接待邮轮总数创历史新高。全年全市外贸进出口总额1 026.5亿美元,同比下降10.2%,降幅较上年收窄4.4个百分点。其中,外贸进口583.6亿美元,同比下降7.6%;出口442.9亿美元,同比下降13.4%。

3. "三去一降一补"取得积极进展

"去产能"进展明显,压减粗钢产能370万吨,产能过剩产品持续减产,生铁、粗钢产量同比分别下降15.0%、11.5%。房地产"去库存"效果显现,商品房待售面积同比下降16.6%,其中,住宅待售面积下降32.5%,累计盘活空置楼宇440万平方米。"去杠杆"稳步推进,年末规模以上工业企业资产负债率为61.9%,与上年基本持平。企业成本持续下降,推出两批40项降成本措施,减轻企业负担近600亿元。投资领域"补短板"力度加大,科技服务、租赁和商务服务、农林牧渔和文化体育娱乐方面投资同比分别增长1.1倍、58.5%、22.4%和25.1%。

4. 社会融资规模结构持续改善

2016年,天津市社会融资规模增量为3 594亿元,受表外贷款融资萎缩和地方政府债务置换影响,同比减少880亿元。从占全国的比重上看,全市社会融资规模占全国的2.02%,同比下降0.9个百分点,比全市生产总值占全国GDP的比重低0.38个百分点。从社会融资规模的结构上看,全市银行业金融机构表内贷款和表外委托贷款占比明显上升,分别为72.5%和31.2%,同比分别上升15.7个和13.7个百分点,但由于未贴现银行承兑汇票的大幅下滑,带动总体表外融资出现负增长;与全国社会融资规模的结构相比,表内贷款占比高于全国5.8个百分点,表外融资占比低于全国8.3个百分点。

(二)需要关注的问题

1. 工业生产下行压力较大,效益有待进一步提高

一是传统产业拉动减弱。2016年,石油化工和冶金产业合计增加值占全市工业的27.8%,拉动全市工业增长1.1个百分点,同比回落3.4个百分点;轻纺工业增加值占全市工业的15.9%,拉动全市工业增长2.0个百分点,同比回落0.7个百分点。二是工业发展后劲不足。从投资看,工业固定资产投资增速仅为5.0%,低于全市平均水平6.9个百分点。从新增企业看,全年新增482户,同比减少42户;拉动全市工业增长1.5个百分点,同比回落0.3个百分点。三是工业利润同比下降。全年规模以上工业利润同比下降0.8%。

2. 国际经济金融形势仍较复杂,外贸出口形势不容乐观

一是出口增速延续负增长态势。2016年,天津市外贸出口始终低迷,在政府出台一系列政策措施的引导促进下,全年外贸出口下降13.4%,较上年扩大10.7个百分点。二是外资企业出口降幅扩大。外资企业在全市外贸出口中占比高、影响大,全年外商及港澳台商企业出口下降17.3%,降幅较上年扩大12.7个百分点,占全市出口的比重为60.0%,同比回落2.8个百分点。三是出口市场走势分化。传统市场中,对欧盟、美国、韩国、日本出口同比分别下降14.3%、12.8%、17.1%、10.3%。新兴市场中,对东盟、巴西出口同比分别下降23.6%和29.9%,对俄罗斯出口增长1.5倍。

3. 房地产市场快速发展,调控压力依然较大

2016年,天津市房地产开发实现投资2 300.01亿元,同比增长22.9%,增幅较上年扩大12.8个百分点;商品住宅销售面积为2 521.87万平方米,同比增长51.2%,增幅较上年扩大38.3个百分点。在房地产市场繁荣景象背后,应高度关注以下几方面问题:一是受电商冲击、宏观经济环境疲软及供需矛盾突出等因素影响,天津市商业地产库存高企、去化周期长、资产泡沫大等风险日渐凸显。二是土地价格大幅上涨背后,中小房地产公司的核心竞争力正在快速减弱,市场挤出效应显著。三是目前社会资金通过多种渠道流入房地产开发建设领域,在助推泡沫的同时,也易形成房地产风险向经济金融体系的广泛传导。

二、银行业与金融稳定

（一）银行业运行总体平稳

截至2016年末，天津市共有银行业金融机构101家，其中，包括中资银行49家、外资银行25家、信托投资公司2家、财务公司7家、金融租赁公司9家、汽车金融公司2家、消费金融公司1家、货币经纪公司1家以及兴农贷款公司5家。

1. 资产负债规模持续增长，但增速明显回落

截至2016年末，天津市银行业金融机构资产总额47 508.66亿元，比年初增长5.80%，增速较上年回落8.98个百分点；负债总额45 366.50亿元，比年初增长5.50%，增速较上年回落9.24个百分点。

2. 存贷款增幅有所收窄，住户中长期贷款增速大幅提升

截至2016年末，天津市银行业金融机构各项存款余额30 067.03亿元，比年初增长6.81%，增速较上年回落5.11个百分点。各项贷款余额28 754.04亿元，比年初增长10.62%，增速较上年回落1.19个百分点。其中，境内住户中长期贷款年内增加1 553.32亿元，同比多增1 051.52亿元，增速达54.74%，同比上升33.22个百分点。

3. 资产质量持续下降，但劣变速度逐步趋缓

截至2016年末，天津市银行业金融机构不良贷款余额537.68亿元，比年初增加125.65亿元，同比少增50.64亿元；不良贷款率1.75%，比年初增加0.26个百分点，增幅较上年下降0.27个百分点。

4. 经营压力不断增大，盈利水平持续下降

2016年，天津市银行业金融机构共实现净利润453.60亿元，同比减少26.25亿元。究其原因，主要是受不良高企、资产减值损失计提大幅增加所致，全年共计提资产减值损失327.27亿元，同比增加72.24亿元。

5. 资本充足水平良好，流动性管理有所欠缺

截至2016年末，天津市法人银行核心一级资本充足率、资本充足率和杠杆率均满足监管要求。但在流动性管理方面，部分法人银行核心负债依存度未能达到不低于60%的监管要求，主要法人银行中部分流动性缺口率较低，村镇银行中存贷比超标问题相对突出。

（二）需要关注的问题

1. 资产质量仍存在向下迁徙的压力

2016年，天津市银行业金融机构关注类贷款余额出现大幅增加。截至2016年末，关注类贷款余额1 424.56亿元，比年初增加635.29亿元，同比多增430.30亿元；关注贷款率达4.64%，较年初上升1.79个百分点。关注类贷款在一定程度上反映出银行业金融机构的潜在风险水平，其快速上升表明未来资产质量仍存在下行的压力。分行业看，境内制造业及批发和零售业年内关注类贷款余额分别增加356.74亿元和210.62亿元，占全部关注类贷款增加额的比重分别为56.15%和33.15%，应重点加强对这两个行业信用风险的监测与分析。

2. 风险跨行业、跨市场传导问题需引起关注

《关于规范金融机构同业业务的通知》颁布之后，天津市银行业金融机构同业业务发展得到规范，同业业务在营业收入中的贡献度较高。据对部分银行的调查发现，同业投资余额占总资产的比例已反超各项贷款余额。然而借助信托、证券、基金、资产管理公司等发生的同业业务，一方面是通过表外委托贷款模式实现贷款规模表外化，风险传导跨越多个市场，涉及机构类型多，涉及市场广泛，风险链条较长、隐藏较深；另一方面是通过信贷资产受益权转让或签订"抽屉协议"互相承接表内不良贷款的方式隐藏已发生的风险，再加上多个市场监管交叉和监管空白的并存，风险难以及时被发现。

3. 商业银行授信管理不到位问题较为突出

在此轮经济结构调整过程中，部分商业银行因前期信贷投放较快，授信管理能力无法匹配集聚的风险，面临较大的经营压力。一是存在过度授信问题。尽管内控制度中明确要求商业银行在进行授信审批时应审慎判断企业经营情况，但实际操作中部分机构对资产负债率较高的企业集团还在增加新的授信额度。二是对资金用途管理不到位。部分企业集团将短期借贷资金用于长期基础项目建设，期限错配严重，但商业银行在贷后管理中明知此类问题却并未采取任何措施加以制止。三是对担保方式重视程度不够。目前部分商业银行对大型企业集团授信多采用集团内担保方式，从执行效果看对于利益一体化的集团整体而言，集团内担保在一定程度上与信用担保并无本质区别，造成担保方式流于形式。

三、证券业与金融稳定

（一）证券业保持较好的发展势头

1. 证券公司业务发展平稳，风险控制能力保持稳定

截至 2016 年末，渤海证券资产总额 515.04 亿元，比年初增长 14.02%；负债总额 311.02 亿元，比年初增长 3.28%。净资产 204.02 亿元，比年初增长 35.49%。风险覆盖率 338.78%，资本杠杆率 37.92%，流动性覆盖率 2 532.57%，净稳定资金率 203.66%。自营权益类证券及其衍生品占净资本比例 15.55%，自营非权益类证券及其衍生品占净资本比例 196.37%，符合监管标准。

2. 基金管理公司规模进一步扩大，管理的基金数量有所增加

截至 2016 年末，天弘基金资产总额 57.35 亿元，净资产 39.92 亿元，比年初分别增长 36.55% 和 22.08%。全年实现营业收入 58.05 亿元，同比增长 1.95%；净利润 15.52 亿元，同比增长 24.86%。管理基金总数 52 只，同比增加 6 只；开放式基金份额 8 453.12 亿份，比年初增加 1 721.12 亿份；开放式基金资产净值 8 449.67 亿元，比年初增长 31.33%。

3. 期货公司资产规模稳步增长，业务发展稳定

截至 2016 年末，天津市法人期货公司资产总额 67.19 亿元，比年初增长 10.15%；净资产 21.36 亿元，比年初增长 4.4%；客户保证金 42.07 亿元，比年初增长 5.57%。全年代理交易量 9 079.69 万手，同比增长 27.01%；实现利润总额 1.03 亿元，同比增长 221.88%。

（二）需要关注的问题

创新业务发展对风险管理能力提出挑战。近年来，证券业资产管理业务发展较为迅速，业务和

产品模式越来越复杂，银证、银期、银基合作越来越深入。证券业原有的风险边界被打破，新的风险因素对行业合规管理与风险控制带来较大挑战。

四、保险业与金融稳定

（一）保险业服务社会和经济作用进一步增强

1. 行业发展稳中有进，经济补偿功能得到彰显

截至 2016 年末，天津市共有省级总、分保险公司 61 家，保险从业人员 7.66 万人，资产总额 1 677.66 亿元，比年初增长 7.76%。全年共实现保费收入 529.49 亿元，同比增长 32.92%；保险业赔款和给付支出 177.67 亿元，同比增长 27.33%。

2. 财产险公司业务险种发展平稳，企财险赔付显著提高

全年财产险公司共实现保费收入 127.56 亿元，同比增长 6.05%。其中，车险保费收入 100.39 亿元，同比增长 11.13%；农业保险保费收入 2.93 亿元，同比增长 14.14%；责任保险保费收入 4.35 亿元，同比增长 10.37%；保证保险保费收入 4.61 亿元，同比增长 15.13%。受"7·21"暴雨、"8·12"事故等理赔服务的影响，全年赔款和给付支出 94.41 亿元，同比增长 42.06%，增速较上年上升 31.02 个百分点，其中，企财险赔款支出同比增长 329.24%，增速较上年上升 192.04 个百分点。

3. 人身险公司产品结构调整效果显著，公司直销渠道保费收入增速明显提高

全年人身险公司共实现保费收入 401.93 亿元，同比增长 44.55%。从产品结构看，传统寿险业务继续有效发挥保险保障功效，普通寿险实现保费收入 227.8 亿元，占人身险公司保费收入的 56.68%，同比上升 10.78 个百分点；分红保险实现保费收入 119.01 亿元，占人身险公司保费收入的 29.61%，同比下降 9.59 个百分点。从渠道结构看，银邮代理渠道实现保费收入 201.57 亿元，同比增长 65.14%，增速与上年基本持平；个人代理 162.12 亿元，同比增长 29.52%，增速较上年上升 10.68 个百分点；公司直销 28.85 亿元，同比增长 19.95%，增速较上年大幅上升 19.77 个百分点。

（二）需要关注的问题

1. 保险资金运用风险因素增多

随着监管进一步放开保险资金运用的渠道和比例限制，保险资金的投资更加多元化，资产配置更加广泛。受优质资产短缺、信用环境恶化、利率下行、股市低迷、产品多层嵌套等诸多因素的影响，保险资金运用的风险不断加大，预期损失可能会增加。

2. 财产险部分业务发展压力增大

受经济增速换挡减速的影响，财产险公司发展中，船舶保险和货物运输保险出现较大幅度的负增长。2016 年，船舶保险签单保费 1.75 亿元，同比下降 20.52%；货物运输保险签单保费 1.99 亿元，同比下降 12.1%，特殊风险保险 1.78 亿元，同比下降 43.52%。

五、金融改革与金融稳定

（一）京津冀金融协同发展高效推动落实

《京津冀协同发展规划纲要》出台以来，金融机构开始打破传统的"属地经营"理念，加快打造内部协同发展机制，支持区域发展。一是制定出台相关政策制度，对金融协同进行规划和指引。在国家和地方政府政策引导下，工商银行、渤海银行、华夏银行等金融机构以信贷业务为主线，制定出台相关制度措施，形成体系完备的金融服务京津冀协同发展工作机制，提升服务效率。二是打造跨区域金融合作平台，推进金融机构间深入合作。渤海银行与京津冀周边的多家法人银行建立金融同业协作生态平台，开展业务交流与合作；天津农商银行与北京农商银行、河北省农信联社共同签署《京津冀金融服务一体化战略合作协议》，构建覆盖三地的全面、立体化金融服务网络。三是降低跨地区交易成本，提升金融服务效率。交通银行对于符合标准的京津冀区域内企业采用与本地企业相同的收费标准，降低企业融资和交易成本；中信银行借记卡在京津冀三地中信柜台办理业务可以享受存款、取款免费；河北银行在京津冀地区实行金融IC卡"十全十免"优惠。四是推进账户服务同城化发展，提升客户服务便利化水平。工商银行研发"单位结算账户异地见证开户"模式，浦发银行制定异地鉴证单位客户身份证明文件业务运营操作规程，解决跨地域经营的集团客户、上下游供应链客户异地开户难题。

（二）天津自贸试验区金融改革创新取得积极进展

坚持以先行先试为引领、创新案例作示范、特色政策促带动，大力推动自贸试验区"金改30条"落地实施，截至2016年末，"金改30条"具有核心内容的政策措施，已推动落实的超过70%，金融创新森林绿地效应初步形成。一是扩大人民币跨境使用取得新进展，跨境人民币外债签约总额超过了200亿元，发放境外人民币贷款超过130亿元，有效融通了境内外两个市场的融资渠道。二是外汇管理改革不断深入，指导金融机构累计为区内企业办理外商直接投资和境外投资项下外汇登记551笔、金额441.5亿美元；为区内A类企业办理货物贸易收汇122.9亿美元，均未经过待核查账户；为区内企业办理外商投资企业外汇资本金意愿结汇4.1亿美元、外债资金意愿结汇6.5亿美元；为境外机构办理外汇衍生品交易金额8.2亿美元。三是大力支持租赁业发展，支持区内符合条件的72家融资租赁类公司收取外币租金9.2亿美元，帮助企业减少汇兑损失最高达2%；支持区内企业办理售后回租项下境内支付外币设备价款业务8笔、金额2.1亿美元。四是金融服务功能进一步完善，积极探索建立与自贸试验区相适应的账户管理体系，为符合条件的区内主体办理跨境经常项下结算业务、政策允许的资本项下结算业务；以创建金融集成电路IC卡"一卡通"示范区为重要抓手，进一步完善了区内金融集成电路卡应用环境、拓宽应用领域，为区内主体更加灵活、便利、安全地开展贸易和投融资活动创造了良好条件。

（三）金融改革创新项目稳妥有序推进

一是推动全口径跨境融资宏观审慎管理改革政策的实施，2016年，办理全口径跨境融资宏观审慎管理项下借用外债超过4亿美元，进一步扩大境内机构跨境融资空间，降低实体经济融资成本。

二是积极推广应收账款融资服务平台应用，召开平台推广应用工作会议，举办平台应用培训班，加大宣传推介力度，探索推动应收账款融资服务平台开发提供存货仓单质押融资服务模式。新增平台注册用户133家，业务成交金额273.18亿元。三是积极推动跨国企业集团开展跨境双向人民币资金池业务，2016年，累计办理跨境双向人民币资金池47.3亿元，为企业架通国内外资金桥梁。

六、社会金融活动与金融稳定

（一）社会金融活动对传统金融发展形成补充

1. 小额贷款公司整体发展规范有序

截至2016年末，天津市共有小额贷款公司175家，注册资本182.16亿元，资产总额234.73亿元，净资产217.56亿元。年末，贷款余额228.61亿元，共涉及客户4.68万户。个别机构经营风险有所显现，但未发现系统性、行业性风险。

2. 融资性担保公司国有背景机构占主导地位

截至2016年末，天津市共有融资性担保公司42家，注册资本118.04亿元，资产总额129.69亿元，净资产120.85亿元。其中，财政出资、国有企业控股或参股机构共计31家，注册资本106.23亿元，占比分别为74%和90%，已居主导地位。融资性在保余额99.38亿元，在保户数2 939户，放大倍数0.82倍。

3. 典当业务发展速度放缓

截至2016年末，天津市共有典当行169家，分支机构14家，注册资本48.15亿元，资产总额52.35亿元，从业人员1 100多人。全年实现典当总额106.44亿元，同比下降27.6%；年末典当余额28.49亿元，同比下降6.89%。典当总额中，动产质押、财产权利质押和房地产抵押分别占比24.46%、20.33%和55.21%。全年纳税总额2 285.03万元，同比下降56.99%；实现净利润0.17亿元，同比减少0.59亿元。

4. 融资租赁行业在全国确立了较为明显的优势地位

截至2016年末，天津市共有各类融资租赁公司1 193家。其中，金融租赁公司9家；内资融资租赁试点企业30家，同比增加12家；外商投资融资租赁企业1 154家，同比增加519家。年末，融资租赁公司注册资本合计5 019亿元，同比增长87.06%；资产总额近10 000亿元，全国占比近三成。年末，全市共完成1 144架飞机租赁业务，发动机90台，国际航运船舶103艘，海上石油钻井平台10座。飞机、船舶、海工设备租赁资产累计超过600亿美元。

（二）需要关注的问题

1. "顺周期性"特征导致总体信用风险上升

小额贷款公司和融资性担保公司的客户群体主要为经营规模小、资本积累不多、抵御风险能力较弱的中小微企业，在宏观经济转型和结构深度调整周期，中小微企业与生俱来的特点造成其偿债能力大大降低，融资主体的信用风险上升。

2. 行业法制建设相对滞后

以小额贷款公司为例，目前全国小额贷款公司试点工作缺乏上位法支撑，其开展的依据主要是

2008年人民银行、中国银监会联合印发的《关于小额贷款公司试点的指导意见》，监管部门依法履职存在一定的制度障碍，难以开展有效的事中事后监管并采取相应措施对违规机构进行处置。

七、总体评估结果

2016年，天津市牢牢把握发展的历史性窗口期，积极应对错综复杂的发展形势和各种风险挑战，经济发展质量进一步提高，产业转型升级不断推进，内需结构进一步优化，"三去一降一补"取得积极进展，基本保持了经济稳中向好的发展态势。金融体系在坚持稳健合规经营的基础上，支持实体经济发展的精准度和有效性不断增强。金融业改革稳妥有序推进，京津冀金融协同发展高效推动落实，天津自贸试验区改革的广度和深度不断拓展。银行业审慎经营理念不断增强，服务能力有效提升。证券业规模稳步扩张，保持较好的发展态势。保险业服务领域持续拓宽，保障功能作用进一步增强。社会金融活动已形成对传统金融的有效补充，融资租赁行业在全国确立了较为明显的优势地位。但同时也需注意到，在区域经济运行外部环境复杂多变的情况下，经济结构调整中新老问题交错叠加，风险传导显性化和隐性化交织，潜在问题和风险仍在逐步暴露。工业生产效益有待提高，外贸出口形势不容乐观，房地产市场调控压力依然较大，银行业信贷风险持续显现，证券经营机构创新发展对风险管理能力提出挑战，保险资金运用风险因素增多。但总体而言，天津市经济金融正按照预期方向稳定发展。

总　　纂：李文茂
统　　稿：吴　超　宁　悦　李晓迟　杨彩丽
执　　笔：李晓迟　杨彩丽
其他参与写作人员：侯玉玲　周中明　张成祥　李西江　高　磊
　　　　　　　　　寇霭婷　孔　蕊　陈　晶　马庆强　李　磊
　　　　　　　　　李　蓉　金　艳　李晓阳　于源升　徐凤成

河北省金融稳定报告摘要

2016年,河北省深入贯彻新发展理念,全面落实"四个加快""六个扎实"总体要求,坚持稳中求进工作总基调,主动适应经济发展新常态,强力推进供给侧结构性改革,全省经济呈现缓中趋稳、稳中向好的态势。金融业积极应对复杂严峻的经济形势,继续加大对实体经济的支持力度,总体保持稳健运行。但经济运行中的不稳定、不确定因素依然很多,突出矛盾和问题依然存在,金融长期可持续发展面临新挑战,金融体系中潜在的风险进一步显现。

一、河北省经济金融体系平稳运行

(一)经济运行稳中向好,转型升级实现新突破

2016年,面对经济下行的严峻形势,河北省强力推进供给侧结构性改革,加大结构调整力度,推动经济提质增效升级,综合实力保持持续增长。实现地区生产总值跃上3万亿元新台阶,增速6.8%,超过全国增速0.1个百分点,扭转了2014年以来持续低于全国平均水平的局面。三次产业结构继续优化,第三产业增加值增速分别高于第一产业、第二产业6.6个和5.0个百分点;第三产业对全省经济增长贡献率高于第二产业24.2个百分点,成为引领河北省经济增长的第一支撑产业。工业结构实现历史性突破,装备制造业规模、速度、比重、贡献均超过钢铁业,成为七大主要工业行业之首。消费需求成为经济增长的第一拉动力,对经济增长的贡献率60.5%,拉动经济增长4.1个百分点,高于投资需求拉动0.7个百分点。财政收入较快增长,增速8.0%,同比加快0.5个百分点;企业效益明显提升,规模以上工业企业实现利润2 610.0亿元,增长18.9%,扭转下降趋势;居民生活水平稳步提高,城镇居民人均可支配收入同比增长8.0%;农村居民人均可支配收入同比增长7.9%。价格水平稳定运行,居民消费价格同比上涨1.5%,各月累计涨幅稳定在1.3%~1.8%。在经济形势非常严峻的情况下,河北省经济社会整体运行呈现总体平稳、稳中向好、动力增强的态势。

(二)金融业运行稳健,支持实体的力度加大

2016年,河北省银行业主动服务供给侧结构性改革,大力支持实体经济发展,存款增幅实现突破,贷款总量保持合理增长,资产负债规模双超6万亿元。资产总额68 345.7亿元,同比增长16.4%,其中贷款余额37 745.9亿元,增长15.8%;负债总额66 117.7亿元,同比增长16.5%,其中存款余额55 928.9亿元,增长14.3%;全年新增本外币各项存款7 001.3亿元,同比多增1 893亿元,受宏观经济波动、定活存息差收窄等多重因素影响,持有活期存款的机会成本降低,存款活

期化趋势明显，新增活期存款 3 118.3 亿元，多于新增定期存款 434.4 亿元；新增本外币各项贷款 5 137.4 亿元，同比多增 581.2 亿元，贷款投放地区相对集中，对环京津地区廊坊、张家口和保定三市新增贷款占全省贷款增量的 45.2%。累计实现净利润 561.4 亿元，受利差收窄及经济下行双重影响，同比少盈利 108.4 亿元。货币市场整体平稳，继续保持稳健运行。全年累计签发商业汇票 7 021 亿元，受企业需求减弱，同比减少 1 974.7 亿元；票据贴现余额 2 408.8 亿元，同比增加 489.5 亿元，增长 25.5%；同业拆借市场交易活跃，交易笔数和交易金额同比分别增加 1.19 倍和 1.7 倍；非金融企业发行短期融资券笔数和募集金额均创历史新高，累计发行 55 笔，募集资金 604 亿元，同比增长 52.1%。法人银行业金融机构拨备覆盖率和资本充足率为近几年最好水平，其中，拨备覆盖率 163.4%，同比提高 41.1 个百分点；资本充足率 12.3%，同比提高 1.4 个百分点。法人银行业金融机构总体流动性比例 64.7%，超额备付金率 6.8%，存贷比 57.3%。

2016 年，河北省证券期货业运行平稳，融资功能进一步显现。证券期货市场总体平稳，但受市场低迷和期货市场监管趋严影响，证券期货市场交易趋弱。证券交易额和期货代理交易额同比分别下降 43.2% 和 59.7%。唯一一家法人证券公司财达证券综合竞争力和风险管控水平进一步提升。上市公司直接融资额再创历史新高，首次突破千亿元，达 1 349.73 亿元，"新三板"挂牌公司成倍增长，达到 195 家，多层次资本市场建设取得积极进展，融资功能得到有效发挥，为河北省经济转型和产业结构调整提供强大支撑。

2016 年，河北省保险业整体实力不断增强，服务经济社会发展作用进一步发挥。截至 2016 年末，河北省保险市场规模持续扩大，总资产和保费收入均居全国第 9 位，同比分别增长 20.0% 和 28.6%；保险机构数量不断增多，年内新增省级分公司 4 家，分支机构 293 家，保险领域覆盖面进一步扩大；行业市场集中度进一步下降，市场竞争更加充分。保费前 4 家财产险公司市场份额同比下降 5.1 个百分点，保费前 4 家人身险公司市场份额同比下降 6.5 个百分点；业务结构有所优化。人身险中保障型业务占比同比提高 8.1 个百分点，财产险中工程险、家财险和责任保险等重点险种增长较快，分别增长 115.7%、41.3% 和 26.4%；保险保障能力得到有效发挥。累计承担风险总额同比增长 29.5%，累计赔付支出同比增长 18.7%。

（三）社会金融活动有所放缓，盈利水平进一步减弱

2016 年，河北省各类社会融资机构一定程度上满足了小微企业和农村地区的融资需求，加大了有效金融供给，支持了河北省实体经济发展。但受经济下行影响，各类社会融资机构经营规模萎缩、盈利水平有所下降，民间融资活跃度持续走低。河北省拥有小额贷款公司 620 家，累计发放贷款 232.7 亿元，同比下降 27.82%，实现净利润 5 亿元，同比下降 48.80%；融资性担保机构 350 家，减少 135 家，融资性担保责任余额 796.2 亿元，同比下降 3.4%，净利润 2.5 亿元，同比下降 73.7%；典当机构达到 350 家，年内发放资金 224.4 亿元，同比下降 25.3%；民间借贷平均加权利率 14.2%，维持历史低位，民间融资市场交易低迷，资金活跃度指数呈连续下降态势。

（四）金融生态环境持续改善

2016 年，河北省委、省政府不断加大对金融生态环境建设的支持力度，行政环境和金融消费环境建设进一步优化；农村支付服务环境建设进一步完善；支付清算体系在维护金融稳定工作中的作用日益提高；社会信用体系建设持续推进，金融信用信息基础数据库日益完善，对经济的信息支撑

作用不断显现；外汇管理重点领域改革有序推进，外汇检查和监管力度不断增强；跨境人民币业务各项工作有序推进，业务保持健康发展；反洗钱工作有效性逐步提高；货币流通环境进一步优化；存款保险制度实施各项工作有序推进，为进一步防范区域金融风险、维护金融稳定奠定了基础；金融监管环境建设不断完善，金融生态环境得到持续改善。

二、维护河北省金融稳定需关注的问题

当前，河北省正处在经济增长换挡期、结构调整阵痛期、前期刺激政策消化期叠加的特殊阶段，经济运行中的不稳定、不确定因素依然很多，经济存在的突出矛盾和问题对金融业的稳健运行影响较大，金融体系中潜在的风险不容忽视，金融稳定任务依然严峻。

（一）经济回升向好势头尚不牢固

河北省经济运行中仍然存在诸多薄弱环节，实体经济面临困难仍旧较多，经济下行压力依然较大。产能过剩和需求结构升级矛盾突出，"调旧难"和"育新难"并存；工业生产基本面没有发生根本性改善，工业运行仍面临较大压力。12月份规模以上工业企业增加值增速为-6.2%，为十几年来最低增速。大气污染防治和过剩产能压降任务艰巨，四成以上规模企业减产停产，制造业生产经营困难，增产扩能意愿不足，新兴产业有待培育。市场预期不稳定，固定资产投资低位运行，民间投资低迷。全年完成固定资产投资同比增长8.4%，同比下降2.0个百分点，为"十二五"以来最低水平；民间投资同比增长5.6%，低于全省投资增速2.8个百分点。进出口持续回落，延续"衰退型"顺差。进出口总值同比下降3.7%。其中，出口同比下降1.3%，进口同比下降8.0%；贸易顺差954.3亿元，扩大7.0%。非金融企业杠杆率仍高达140%以上，传统行业和国有企业转型升级和去杠杆压力尤为突出。

（二）金融业稳健发展面临挑战

银行业经营压力进一步加大，金融风险防控形势严峻。河北省银行业盈利水平持续下滑，同比少盈利108.4亿元；居民家庭债务杠杆率明显攀升，全年新增个人住房贷款近2 600亿元，占全部新增贷款一半以上。河北省银行业不良贷款新增154亿元，连续三年反弹；不良贷款率2.2%，较年初上升0.1个百分点，连续两年呈上升态势，同时关注类贷款大幅增加，较上年增长34.3%，贷款质量劣变的可能性增大；同业投资业务和表外业务等新型业务快速发展，跨行业、跨市场的交叉金融业务导致交易链条过长，且不透明，加剧了风险跨行业、跨市场传导和扩散；部分法人金融机构资本严重不足，拨备不能覆盖全部风险，存在较大风险隐患；部分银行业金融机构仍存在内控机制不健全，激励机制不当等问题，金融案件时有发生，极易引发银行业机构声誉风险，处置不当可能扩散为区域性金融风险。

证券期货保险业发展缓慢，均只有一家法人机构，且均存在资本实力偏弱，盈利模式单一的问题。超过三分之一证券经营机构和近八成期货经营机构亏损，证券期货经营机构经营管理水平需进一步提升；资本市场发展滞后，上市公司数量较少，2016年，无A股市场首发上市融资，现有上市公司主要集中于传统行业，部分公司面临化解过剩产能的压力，经营困难，债券违约风险加大；全国股转系统挂牌公司及私募基金需进一步规范发展；部分交易所违规行为依然存在且违法违规手段

不断翻新，风险隐患突出。保险市场仍需规范，损害保险消费者合法权益的违法违规行为，特别是销售误导、理赔难等问题仍然存在；保险公司的科学管理水平还存在较大差距，有些公司仍然依靠设机构、铺摊子，通过高成本、高投入、高消耗谋求外延式扩张；受货运市场持续低迷，传统保源不断流失影响，财产险经营效益大幅下滑。

（三）社会融资活动潜在风险较大

2016年，河北省融资性非金融机构各项经营指标普遍出现不同程度的下滑，业务规模收缩、优质客户数量减少、经营成本加大，不良贷款增加，经营风险加大；部分机构内控把控不严，在高额利润的驱使下，超规模担保、超范围委贷业务、超比例动用资本金、占用客户资金，个别机构甚至非法集资、高息吸储，严重干扰了区域经济金融秩序，潜在风险极大，而且，社会融资主体大多与金融机构和金融市场联系紧密，部分业务存在交叉，这些机构一旦从事非法金融活动，风险暴露后会向正规金融体系传导，严重威胁区域经济金融秩序安全稳定。

（四）金融生态环境尚需优化

信用体系和监管体系尚需完善，企业恶意逃废银行债务现象有所增加；部分农民专业合作社、投资公司等组织非法吸收公众存款，因资金链断裂，老板"跑路"使投资者蒙受较大财产损失，进一步恶化了当地金融生态环境，造成区域金融风险的燃点极低，河北省部分农村金融机构发生的多次集中取款事件多是因为谣言"破产、倒闭"引发的；民间融资风险，互联网金融风险等正在不断累积，风险发生的概率在进一步增大；企业信用违约增多，担保公司代偿违约也在增多同样对金融生态环境造成不良影响；农村经济基础薄弱，金融市场不健全，居民的金融、法律知识匮乏，对金融风险判断能力较弱，成为金融生态环境中最薄弱的环节。

三、维护金融业健康稳定发展的建议

（一）大力发展实体经济，巩固经济向好势头

一是"调旧"和"育新"协同发力，深化结构调整，转变经济发展方式。改造提升传统动能，加快发展高端装备制造业，推动传统产业迈向中高端；大力发展战略性新兴产业，加速培育发展新动能；加快培育壮大创新载体，提高经济增长质量和效益。二是优化投资结构，激发民间投资活力。完善相关价格、税费等促进民间的政策措施，深化政府和社会资本合作，大力推广PPP、股权投资、融资租赁等模式，促进民间投资稳步回升；出台各项扶持鼓励政策，引导资金更多投向补短板、调结构、促创新、惠民生的领域，优化投资结构。三是适应消费需求变化，完善相关政策措施，改善消费环境，促进消费稳定增长。加快发展服务消费，增加高品质消费产品供给，满足多元化消费需求。四是制定出台招商引资优惠政策，推动外贸回稳向好。

（二）加大金融支持实体经济的力度，大力推进供给侧结构性改革

金融是经济发展的核心，金融体系的发展与完善对经济发展具有重大意义。在当前宏观经济

形势下，更要充分发挥金融在助推经济发展、促进经济发展方式转变中的核心作用。一是金融业要积极支持党中央提出的京津冀一体化发展战略和对接河北的各项重大发展战略，加大对重点项目、重点工程的资金支持力度；深化对普惠金融理念和创新驱动战略的认识，积极补齐薄弱领域服务短板，提升普惠金融服务水平；盘活存量资金、优化增量投向，有保有压、区别对待，积极支持过剩产能化解和关键领域去库存；持续加大对不合法、不合理、不合情的收费行为的治理力度，降低企业融资负担。二是加快多层次资本市场建设，积极提升多层次资本市场服务实体经济的能力。加大资本市场培育力度，加快企业上市挂牌进程，推动更多创新型、创业型、成长型中小微企业到全国股转系统挂牌融资，为企业降杠杆、培育动能提供多种渠道。三是充分利用保险业风险保障功能，为实体经济保驾护航，充分发挥保险业在支持长期投资、拉动和促进消费、服务企业"走出去"、保障农业生产的作用；在严守风险底线的基础上，拓宽保险资金支农和参与基础设施建设渠道。

（三）大力发展金融业组织体系，提升服务经济的能力

一是通过改革、重组、合并等方式，加快区域性商业银行组建步伐，进一步完善、优化河北省银行业组织体系，做大做强金融主体，壮大金融业整体规模。二是探索引入存款保险基金，引进战略投资者，加大地方财政资金的扶持力度，增强高风险法人金融机构资本实力，提升其整体抗风险能力。三是积极支持财达证券筹建投资银行，进一步拓宽业务范围，加快其上市进程；鼓励支持恒银期货引进战略投资者，扩大资本实力，提升竞争力。四是引进和鼓励各种资本通过控股、参股等多种方式在河北投资设立寿险法人机构，加大辖内法人机构建设速度完善保险业组织体系。

（四）加强风险研判，严格把控各类金融风险

密切监测经济金融运行指标趋势和结构变化，加强对出现的新情况、新问题的分析，做好新常态下经济金融运行形势分析和判断，提高金融风险的研判和预警能力。重点关注银行业资产质量、创新业务、交叉性金融业务以及互联网金融等领域风险，积极防范产能过剩、房地产、地方政府融资平台、非法集资等风险向金融体系的传导；强化金融监管，加强监管协调，提高交叉性金融业务资金链条监管的延续性，强化资产管理业务的功能化、穿透式监管。提高金融风险防范的针对性，加强银行业金融机构内控管理，严密监测不良贷款率、流动性缺口率等指标的变化，防范操作风险、信用风险和流动性风险发生；提高上市公司质量和管理水平，严惩各种违法违规行为；积极调整保险业务结构，坚持"保险业姓保"，规范保险市场秩序，解决保险业销售误导和理赔难等突出问题。

（五）构建良好金融生态环境

加快地方金融立法，明确监管主体，落实监管责任，不但要强化主体监管，还要明确行为监管，做到社会融资活动的监管全覆盖；继续推动存款保险制度实施，结合存款保险标识发放，开展存款保险知识的宣传，充分发挥存款保险制度的金融安全网支柱作用，进一步提升公众信心，维护正常的金融秩序；充分利用各种新闻媒体，加强法制宣传，引导和教育广大群众认识非法金融活动的风险和危害，增强风险意识和自我保护意识；加强社会信用体系建设，加强部门间协调配合，综合运用经济、法律、行政等手段营造良好的信用环境，适时公布诚实守信企业的"红名单"和逃废银行债务企业"黑名单",严厉打击逃废债行为;优化司法环境,加快金融诉讼案件审理,加大案件执行力度,构建良好生态环境。

总　纂:王彦青
统　稿:李　伟　张军辉　杨辉平　王丽英
执　笔:靳凤菊　刘石涵　李　鹏　王聿孜　高　远　梁雅楠
　　　　林红家　黄　倩
其他参与写作人员:薛秀丽　尚　楠　李婕琼　杜彦尊　王　超
　　　　　　　　　韩　冷　李任飞　门　超　李建令　孙刚强
　　　　　　　　　马　兵　王治宇　唐拥军

山西省金融稳定报告摘要

2016年，面对错综复杂形势和艰巨繁重任务，山西省坚定不移地推进供给侧结构性改革，坚定不移地实施创新驱动、转型升级战略，经济增长低位企稳回升，质量和效益得到改善。全省金融业总体运行平稳，改革创新不断推进，金融业服务实体经济的能力进一步提升；社会金融活动保持平稳；互联网金融和第三方支付机构有序发展。金融基础设施建设持续加强。但经济企稳回升的基础还不牢固，金融风险显性化，区域金融风险防控压力加大。

一、区域经济运行

（一）经济企稳回升

1. 经济增速企稳回升，产业结构持续优化

2016年，山西省地区生产总值完成12 928.34亿元，较上年同期增长4.5%（按可比价格计算），增速较2015年加快1.5个百分点，低于全国平均水平2.2个百分点，排全国第30位。第一、第二、第三产业增加值分别完成784.57亿元、4 926.4亿元和7 217.37亿元，分别增长2.9%、1.5%和7%。三次产业结构由上年的6.2:40.8:53变为6.1:38.1:55.8（见图1）。

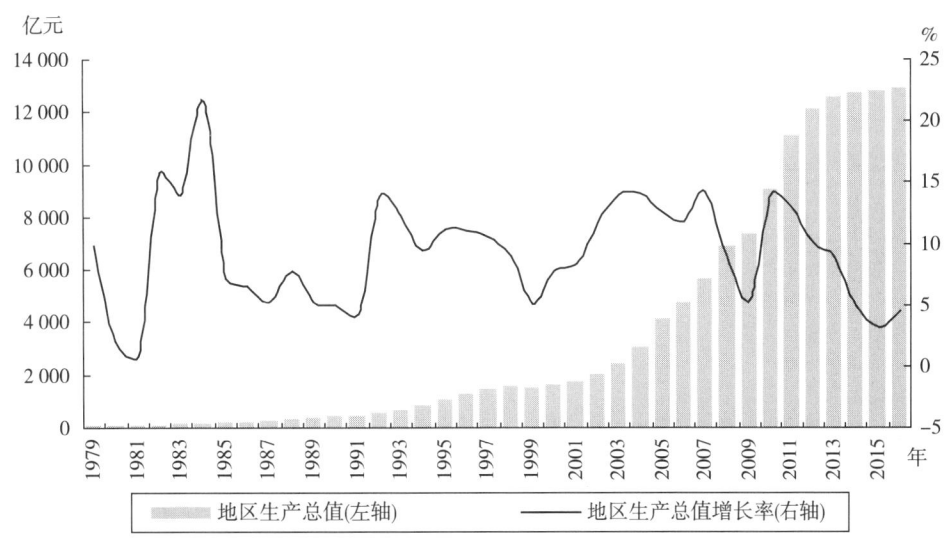

数据来源：山西省统计局。

图1 山西省生产总值及其增长率

2. 农业稳定发展，工业增速回升、结构优化

2016年，山西省粮食总产量为131.85亿公斤，比上年增加5.89亿公斤，增长4.7%，为历史第二高产年。全省规模以上工业增加值增长1.1%，扭转了自2015年2月以来的下降态势，工业增加值连续八个月呈现回升态势。非煤产业增加值占比56.2%，较上年提升3个百分点。

3. 投资增速大幅回落，消费和出口稳步回升

2016年，山西省固定资产投资（不含跨省、农户）完成13 859.4亿元，比上年增长0.8%，低于上年同期14个百分点，低于全国平均水平7.3个百分点。全年全省社会消费品零售总额6 480.5亿元，较上年增长7.4%，低于全国平均水平3个百分点。全年全省进出口完成1 099亿元，增长20.5%，较上年同期高28.9个百分点，高于全国平均水平21.4个百分点（见图2）。

4. 财政收支矛盾显现，价格指数保持低位

2016年，山西省一般公共预算收入1 557.0亿元，同比下降5.2%，一般公共预算支出3 441.7亿元，与上年持平，财政收支"减收增支"矛盾显现。全年全省居民消费价格上涨1.1%，低于全国平均水平0.9个百分点。全省工业生产者出厂价格同比下降3.2%，降幅较上年同期收窄9.1个百分点，低于全国平均水平1.8个百分点；购进价格同比下降1.9%，降幅较上年同期收窄5个百分点。

数据来源：山西省统计局。

图2　山西省居民消费价格和生产者价格变动趋势

（二）经济运行中需关注的问题

1. 投资对经济的拉动作用减弱

一是投资增速大幅下降。2016年，山西省固定资产投资（不含跨省、农户）增长0.8%，增速下滑至10年来最低点。其中，全省工业固定资产投资下降6.1%，增速低于上年同期10.7个百分点。二是大型投资项目储备不足，项目到位资金增长缓慢。2016年，山西省5 000万元以上施工项目数3 715个，较上年同期下降50.3%；5 000万元以上项目投资额下降36.5%；固定资产投资到位资金同比下降1.9%，其中项目自筹资金下降4.7%。

2. 煤炭钢铁行业去产能过程中的金融风险防范问题突出

一是金融支持存在分歧。去产能过程中，金融机构对去产能行业的信贷政策存在分歧，落实118号文件①要求不够坚决，对产能过剩行业中优质企业的先进产能支持力度不够。实地调研发现部分金融机构对先进产能存在抽贷、压贷情况，过度关注自身风险，观望情绪严重。二是风险防范和化解难度大。银行对产能过剩行业实施限制性信贷政策，企业贷款困难，债市融资也很艰难，即使是省属七大煤炭企业也面临资金链断裂风险，这些企业负债率高，资金缺口大，社会负担重，债务如不能正常兑付，将对辖区经济社会稳定造成极大影响。

二、金融业运行

（一）银行业

2016年，山西省银行业经营规模稳步增长，各项存款平稳增长，各项贷款同比少增，贷款利率明显下降，盈利能力大幅下滑，贷款质量持续恶化，农村中小金融机构信用风险突出，市场风险有所显现，流动性外部依赖加大，部分机构违规经营，风险事件增多。

1. 银行业运行和发展情况

（1）资产负债规模稳步增长。截至2016年末，山西省银行业资产总额、负债总额和所有者权益较年初分别增长8.53%、8.44%和11%。分机构类型看，政策性银行、国有商业银行、股份制商业银行、城市商业银行和农村金融机构资产总额分别占总资产的7.48%、37.07%、11.92%、10.06%和25.18%。

（2）各项贷款同比少增，贷款利率下行。截至2016年末，山西省本外币各项贷款余额同比增长9.6%，低于上年同期2.6个百分点。人民币各项贷款余额同比增长9.6%，低于上年同期2.7个百分点。2016年，全省金融机构人民币贷款加权平均利率同比降低了0.844个百分点；企业贷款执行上浮利率的占比为61.71%，同比降低了4.52个百分点。

（3）各项存款平稳增长。截至2016年末，山西省本外币各项存款余额同比增长7.8%，高于上年同期2.1个百分点。人民币各项存款余额同比增长7.1%，在全国排名27位，增速低于全国3.8个百分点。

（4）表外业务略有萎缩。截至2016年末，山西省银行业表外融资业务（委托贷款、委托投资、承兑汇票、保函及跟单信用证）总量较年初减少420亿元，下降6.4%。其中，委托贷款、委托投资分别减少897亿元和211亿元，承兑汇票减少1 806亿元，保函增加2 436亿元，跟单信用证增加58亿元。

（5）盈利能力持续下滑。2016年，山西省银行业税后净利润同比减少36.47亿元，分行际看，国有商业银行、股份制商业银行和城市商业银行盈利均出现下滑，同比分别减少13.72亿元、40.55亿元和0.69亿元，股份制商业银行下滑最为严重。从单个机构看，有5家机构出现亏损，其中，有1家机构连续两年亏损。

---

① 《关于支持钢铁煤炭行业化解过剩产能实现脱困发展的意见》（银发〔2016〕118号）。

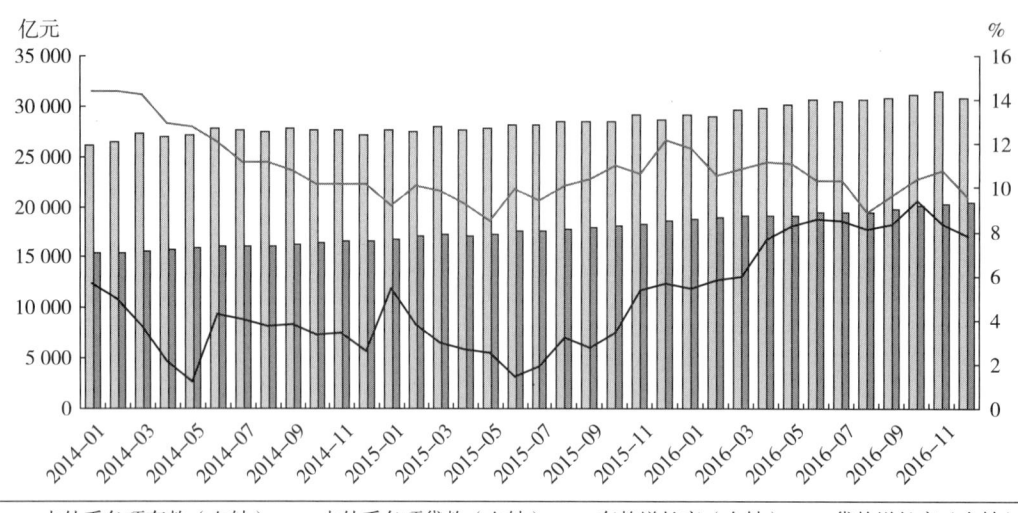

数据来源：人民银行太原中心支行。

图 3　山西省银行业近三年本外币存贷款余额及其增长率

2. 银行业稳健性评估

（1）贷款质量持续恶化，农村中小金融机构信用风险突出。截至 2016 年末，山西省银行业不良贷款余额比年初增加 34.8 亿元，不良贷款率比年初下降 0.25 个百分点。2016 年 7—11 月不良贷款率连续 5 个月突破 5% 的监管警戒线，12 月不良贷款率突降，主要原因是农信社 12 月集中处置了不良贷款。农信社系统信用风险更为严重，考虑正常贷款中逾期 90 天以上贷款，实际不良贷款率较账面不良贷款率高出 8.77 个百分点，加之不同程度地存在延迟下调分类、借新还旧等优化资产质量的行为，真实的不良贷款较上述数据更为严峻。

（2）贷款集中度风险突出。一是主导行业贷款集中度居高不下。2016 年，全省煤炭、焦化、冶金、电力和交通五大主导行业贷款余额占各项贷款余额的 48.7%。二是企业多头授信风险依旧。多头授信企业新增贷款占全年新增贷款的 32%。

（3）担保圈潜在风险不断积聚。一些大型民营企业信贷违约风险持续发酵，并通过担保链、资金链、供应链等路径进一步放大和扩散，呈现出行业较为集中、融资总量大、风险传递快、波及面广等特点，成为引发区域性风险的重大隐患。

（4）法人机构投资业务市场风险有所显现。2016 年，法人机构投资业务收益大幅下滑、个别机构出现亏损，市场风险开始显现。全年全省法人机构投资业务收益同比下降 45.21%。分机构看，城市商业银行、农村中小金融机构投资收益同比分别减少 53.44 亿元、33.38 亿元。

（5）法人机构流动性风险形势严峻。一是资产质量差侵蚀流动性，流动性指标失真。在当前形势下，辖内银行业不良贷款持续上升、资产质量恶化，普遍通过续贷对贷款进行展期，导致短期流动性贷款长期化，流动性监管指标失真，仅从数据看，地方法人银行流动性状况良好，但真实情况不容乐观，特别是个别农信社不良贷款率较高，资产变现能力极差或没有，流动性状况堪忧。二是批发性融资占比过高，流动性外部依赖加大。2016 年，全省共有 26 家地方法人金融机构成功发行同业存单 413 期，募集近千亿元。同时，部分法人金融机构同业负债占比过高，资金对金融市场及同业的依赖度高，存在潜在的流动性风险。

（6）法人机构操作风险事件多发。2016年，辖内法人机构先后发生了多起风险事件，暴露出山西省银行业特别是农信社系统、村镇银行等中小金融机构公司治理不健全，内部控制薄弱，风险管理不力，违法违规经营问题突出，相关风险需引起关注。

（二）证券期货业

1. 证券期货业运行和发展情况

（1）上市公司平稳发展，新三板公司数量有所增加。截至2016年末，山西省共有A股上市公司38家，无新增家数，其中，主板31家，中小板4家，创业板3家；新三板挂牌公司65家，新增33家；上市公司总股本743.22亿股，流通股本614.60亿股；总市值5 629.70亿元，流通市值4 568.50亿元，总市值在全国排第19位，在中部六省排第5位。

（2）上市公司再融资和并购重组有序推进。全年辖区上市公司共通过定向增发股份和发行公司债实现再融资较上年下降21.02%。截至2016年末，振东制药、英洛华、永泰能源和大秦铁路4家上市公司并购重组累计实现金额较上年下降33.91%。

（3）证券经营机构稳步增加，交易量和利润大幅下滑。截至2016年末，山西省共有山西证券、大同证券两家证券公司、28家证券分公司和164家证券营业部，比上年新增5家分公司、14家营业部。辖区投资者资金账户开户总数同比增长29.73%；累计代理证券交易总额同比下降42.04%。

（4）期货经营机构稳步发展，服务实体经济的深度进一步提升。截至2016年末，山西省共有3家期货公司、1家分公司和26家期货营业部，比上年增加1家分公司、减少1家营业部。辖区期货市场累计成交额占全国市场份额0.49%，较上年提升0.13个百分点；期货市场全年仍保持亏损，同比减亏300.49万元。期货经营机构积极开展企业套期保值业务。2016年，太钢不锈、山西天鹏等9家公司开展套期保值业务，累计成交金额9.6亿元。

（5）基金经营机构平稳发展。截至2016年末，山西省没有具有独立法人资格的公募基金管理公司。辖区在中国证券投资基金业协会完成登记的私募投资基金管理人37家，备案的私募基金52只，管理规模58.23亿元。其中，私募股权投资基金管理人18家，私募证券投资基金管理人12家，创业投资基金管理人7家。

（6）直接融资规模小幅下降，融资渠道保持多样化。2016年，山西省直接融资规模达2 553.18亿元，同比下降2.32%。银行间市场融资1 607.2亿元，同比下降8.04%。资本市场直接融资945.98亿元，同比增长9.21%。

2. 证券期货业稳健性评估

（1）证券公司抗风险能力较强，盈利结构有待改善。辖内2家证券公司注册资本、资产总额同比分别增长9.54%、8.54%，资本实力不断增强，资产规模稳步扩大。证券公司各种风险控制指标均远高于监管标准，流动性良好，净资本充足，抵御风险能力较强。同时，证券公司经纪业务收入占营业收入的比重为45.67%，较上年下降19.78个百分点，但占比仍较高。

（2）上市公司资源不足，国有上市公司资本运作能力不强。截至2016年末，山西省仅有38家上市公司，数量在中部六省中排第五，比排在第四的河南少36家；在中国证监会待审的拟上市企业只有壶化集团和紫林醋业2家，在山西证监局备案的拟上市企业也只有7家；全国股转系统山西省挂牌公司数量为65家，挂牌数量排在全国第23位。38家上市公司中有18家为省属国有企业，上市国有企业对资本市场平台利用效率不高，与其占据的先天政策优势不匹配，优势发挥不足。

（三）保险业

1. 保险业运行和发展情况

（1）主体建设有序推进。截至2016年末，山西省有法人保险公司1家；省级分公司48家，其中财产保险公司25家、较上年新增1家，人寿保险公司20家，养老保险公司2家，健康保险公司1家。基层机构建设步伐加快：中心支公司311家，较年初增加18家；支公司1 105家，较年初增加95家。保险专业中介机构1 021家。此外，辖区法人财产险公司实现增资1亿元、法人人身险公司设立工作已实质启动，市场体系更趋健全。

（2）业务规模持续增长。2016年，山西省保险业累计实现原保险保费收入同比增长19.40%，增速较上年同期下降6.68个百分点，低于全国增速8.10个百分点，位居第29。其中，财产险公司实现保费收入同比增长9.91%；人身险公司实现保费收入同比增长23.19%。保险密度为1 902.84元/人，较上年高301.51元/人；保险深度5.42%，较上年高0.84个百分点。

（3）风险保障与赔款给付快速增长。2016年，全省保险业为全社会提供风险保障金额同比增长36.53%，增速较上年同期提高23.63个百分点；赔款与给付支出同比增长19.38%，增速较上年同期提高1.9个百分点，保险业经济助推器和社会稳定器的作用进一步凸显。

2. 保险业稳健性评估

（1）法人保险公司偿付能力充足性下降、盈利压力较大。截至2016年末，山西省唯一一家法人保险公司中煤财险偿付能力充足率同比下降211.16个百分点，低于150%的监管要求。经营仍未摆脱亏损局面，2016年经营仍然亏损，同比增亏0.65亿元。亏损原因为年末未到期准备金提取较多、投资收益下滑和综合成本率过高。

（2）保险市场不规范运作依然存在，消费者保护有待加强。一是投诉保持高位。2016年，山西保监局共接收有效投诉件数同比增长14.93%，与全国同比下降的情况形成反差；投诉以合同纠纷类为主，占比达99.02%，亿元保费投诉量为0.72件。二是销售误导消费者现象依然存在，尤其是在银保产品销售中，营销人员大量套用银行产品概念，极易使客户混淆。三是个别中小保险机构无序展业，扰乱市场。个别中小保险机构为了拓展业务私自在县域设置分支机构，开业初期往往只有两三个人，无固定办公场所，如展业失败则悄然离去，严重影响了保险行业的声誉。四是辖区个别机构出现负责人挪用保费涉刑事件，暴露出机构内控及风控管理仍有漏洞。

三、社会金融活动

（一）小额贷款公司

截至2016年末，山西省小额贷款公司共574家，较上年减少16家；注册资本金376亿元，较上年减少20亿元；贷款余额298亿元，较上年减少12亿元，其中，涉农贷款115亿元；贷款期限以短期为主，1年以内的贷款占比97%。

小额贷款公司发展面临的问题：一是业务萎缩，亏损面扩大，信用风险加大。抽样调查显示，截至2016年末，样本小额贷款公司总资产同比增长仅0.86%，贷款余额同比下降0.3%；资本回报率0.06%，同比下降0.86个百分点，持续低于存款利率；2011年以来抽样机构亏损数量逐年增多，至2016年末占比高达70.13%；样本小额贷款公司不良贷款率由2008年的0.04%上升至2016年的15.78%。二是经营管理不规范。全省小额贷款公司多为民营性质，经营受实际控制人影响较大，公司治理缺失，贷款三查流于形式，法人治理和内控制度执行流于形式。三是风险控制机制不健全。小额贷款公司服务对象有效担保品不足，导致保证类贷款占比较大，风险有效缓释不足。同时，未建立审慎规范的风险覆盖制度，未充分计提呆账准备金。

（二）融资性担保公司

截至2016年末，山西省融资性担保机构共有234家，注册资本金合计237亿元，户均资本突破1亿元。按可比口径计算，全行业担保业务规模较年初增长10.41%。融资担保放大倍数为1.13倍。小微企业担保业务在担保业务总量中占比80.5%，"三农"担保业务占比34%。全年融资担保业务实现净利润2.44亿元，较上年同期下降25.24%。

融资性担保公司运行中存在的问题：一是融资担保代偿额持续上升，风险应对能力持续下降。受全省经济下行影响，2014—2016年全省融资担保代偿总额持续上升，而提取的风险准备金则持续下滑。二是担保倍数较低，杠杆作用发挥有限。2014—2016年，全省融资性担保机构放大倍数呈逐年下降趋势，与全国两倍以上的平均水平存在一定差距。三是政策性担保公司增资难度大。全省各级政策性融资担保机构因财政紧张，增资存在难度，政策性担保功能发挥受限。四是银担合作地位不对等。担保机构多数情况下单方承担连带责任。

（三）典当行

截至2016年末，山西省共有333家典当经营网点，从业人员1 905人。已开业典当企业注册资本金40.08亿元，同比增长3%，资产总额同比增长8.09%。典当余额同比下降4.31%，典当总额（当年累计）同比增长4.14%。

典当行发展面临的问题：一是全行业连续两年亏损。在内外竞争压力下，盈利能力不断下降。截至2016年末，全省典当各项经营指标，除典当总额保持增长外，其余均呈下降态势，2016年，全省典当行业整体亏损，亏损企业数量占全部典当企业的49.8%。二是地区发展不平衡。从网点规划上看，典当企业过于向省会及中心城市集中，各市主城区典当企业集中。

四、金融基础设施

（一）金融法治环境持续改善

法治建设及宣传工作进一步加强，2016年，山西省政府取消和下放行政审批事项，严格控制新设行政许可，职能转变取得新成效；全年全省金融机构在人民银行太原中心支行的牵头组织下，采取多种形式面向社会开展金融法治宣传活动，社会公众办理金融业务时遵守金融法律的自觉性和依法维权意识明显提高。对金融违法行为的查处力度加大，2016年，全省各级人民银行依法查处金融违法行为，共作出行政处罚决定89件，有效维护了辖区金融秩序。

（二）金融消费权益保护工作进一步深化

2016年，全省人民银行系统认真贯彻落实《中国人民银行金融消费者权益保护工作管理办法（试行）》，采取直接处理、转办、调解等多种方式化解金融消费纠纷。全年全省人民银行系统共受理金融消费者投诉件数同比下降26.11%；受理金融消费者咨询件数同比增长3.76%。已办结投诉件数办结率99.05%，消费者满意度98.65%。

（三）支付结算体系平稳高效运行

支付结算业务系统平稳运行，2016年，山西省加入现代化支付系统的家数不断增多，现代化支付系统①业务笔数和交易金额同比分别增长42.57%，5.27%。非现金支付工具投放持续上升，使用量较上年大幅下降，银行卡受理环境进一步改善。农村支付环境建设稳步推进，截至2016年末，山西省在农村地区服务点覆盖率和受理终端覆盖率均达到100%。支付结算监管持续深入，合规开展行政许可事项，全面开展支付结算综合执法检查和各类专项检查，治理电信网络新型违法犯罪和整治非法买卖银行卡信息成效显著。

（四）社会信用体系建设稳步推进

征信系统运行平稳，截至2016年末，金融信用信息基础数据库分别为山西省23.7万户企业和1 755.5万自然人建立了信用档案；全年累计提供企业征信系统查询30.78万次，个人征信系统查询481万次。社会信用环境逐步优化，全省共为5.9万户小微企业、410万农户建立了信用档案；积极推动行政许可和行政处罚等信用信息"双公示"工作；诚信文化教育长效机制全面铺开，全省共有7所大专、中专院校开设了征信专业课或选修课，在太谷设立了山西省首个诚信教育基地。

信用评级和机构信用代码工作平稳运行，截至2016年末，全省共推荐参加资信评级的借款企业评级138户、担保机构信用评级12户、小额贷款公司评级14户；全年共完成10.55万户新开立机构的信息采集和代码证发放工作。全面开展征信管理综合执法检查、专项执法检查和征信信息泄露风险防范排查工作，有效规范金融信用信息基础数据库接入机构的征信业务行为，征信市场秩序规范有效。

（五）反洗钱监管持续深入

监管力度持续加大，全年全省共完成了对80家机构的现场检查，共查出7大类，24小类，714个违法违规问题；约见被查机构高级管理人员谈话46次，提出316条监管意见，并对反洗钱工作中存在问题较为严重的9家被查机构和9名高管人员进行了行政处罚。差别化监管效果显著，一是完成全省金融机构的年度考核评级工作。全省省市两级人民银行共对辖内727家金融机构反洗钱工作进行了评级。二是落实差别化监管措施，做好对重点机构的督导走访。三是完善反洗钱义务主体监管档案。四是上下联动监管，提升监管合力。

---

① 包括大额实时支付系统、小额批量支付系统、支票影像交换系统和网上支付跨行清算系统。

（六）反假货币和现金管理进一步加强

2016年，全省人民银行全面推进人民币整洁度和反假货币综合治理，加大反假货币工作力度，辖内没有发生假人民币大量集中出现的情形，全省假币形势可控。现金投放保持平稳，2016年，全省现金累计净投放114.46亿元，较上年下降16.01%。

五、总体评估与政策建议

（一）总体评估

参照人民银行上海总部定量评估方案，采用专家调查法、层次分析法等技术方法，对山西省金融稳定状况进行了综合评估。结合山西省经济金融发展对部分指标阈值及标准值计算方法进行修正，在纵向比较中为排除指标权重变化对评价结果的影响，全部采用2016年专家调查法的权重进行计算。评估结果表明，2016年山西省综合得分较低，首次下降至金融稳定等级评估D类欠佳区间。纵向对比评估结果，宏观经济和金融机构得分均大幅下滑，金融生态环境得分保持平稳。宏观经济中投资增速大幅下滑、金融机构中银行业资本充足率下降是评估结果偏低的主因。

（二）政策建议

1. 深化供给侧结构性改革，提升经济发展质量和效益

一是重点做好煤炭产业去产能工作。推动煤炭企业兼并重组，坚持淘汰落后产能和发展先进产能相结合，实施减量置换、减量重组、提高单产、减人增效，提高先进产能占比，有序释放先进产能，促进煤炭市场供需关系继续改善。二是着力优化经济结构。加快发展装备制造业、新兴潜力产业，改造提升传统产业，形成经济增长的多业支撑，为区域金融平稳运行奠定坚实基础。

2. 加强金融改革和创新，提升金融服务实体经济的能力

支持政策性、开发性、大型商业性金融机构在晋分支机构深化改革。完善地方金融体系，推动晋商银行启动上市，推进农信社改制，加快省联社改革，组建晋商人寿保险公司，推动组建民营银行。培育壮大创投基金和私募股权基金，大力发展债务融资工具。完善多层次资本市场，创新融资工具和手段，加大企业股份制改制力度，实施企业上市培育工程，鼓励中小企业登陆"新三板"、挂牌地方股权交易中心。健全金融中介体系，规范发展互联网金融。

3. 强化风险防范和化解工作，守住不发生区域金融风险的底线

一是加大对煤炭行业的监测力度，构建区域性煤炭产业监测体系，重点加强对煤炭价格、企业资金及资产负债率的监测，有效降低风险。二是加快农信社风险处置。建议提升农村信用社风险处置工作的规格，由省级政府负总责，从省级层面统筹规划、顶层设计防范化解方案，综合运用多种手段，提升处置农信社不良资产的能力。建议再成立一家地方金融资产管理公司，专门负责处置农村信用社系统的不良资产。

4. 加强金融基础设施建设，优化金融生态环境

推动金融相关基础法规的建设，推进金融消费者权益保护工作；进一步完善支付结算体系；全面加强信用体系建设，优化信用环境；加强反洗钱监管，加大现场检查力度；扎实推进反假货币和

现金管理工作,优化货币流通环境;严厉打击逃废债行为,依法清欠、曝光不诚信行为;严厉打击非法集资、非法理财等违法金融活动,创造良好的金融环境。

总　纂:李文森　邢　毅
统　稿:卓小岩　任桂花
执　笔:吴晋科　张晓红　李坚强
其他参与写作人员:武　洋　孙树恩　曲　红　刘　璐　薄利华　郭立平
　　　　　　　　　马　丽　宋晓瑞　马儒静　刘　飞　王　军　祝丽君

内蒙古自治区金融稳定报告摘要

2016年，内蒙古自治区积极适应经济金融发展新常态，着力推进供给侧结构性改革，经济运行总体平稳，金融业健康发展，支持实体经济的力度不断增强。但经济金融发展中的不利因素增多，保持稳健运行的挑战加大。

一、宏观经济环境

（一）经济总量持续扩大，产业结构优化升级

初步核算，全区2016年实现生产总值18 632.6亿元，增长7.2%，同比下降0.5个百分点，但高于全国平均增速0.5个百分点。人均生产总值达到74 069元。从产业结构看，第一产业增加值1 628.7亿元，增长3.0%；第二产业增加值9 078.9亿元，增长6.9%；第三产业增加值7 925.0亿元，增长8.3%。三次产业结构呈现明显变化，第三产业发展迅速，增加值占生产总值的比重为42.5%，比上年提高2.1个百分点，对经济增长的贡献率达到47.2%，拉动GDP增长3.4个百分点。

（二）工业生产保持稳定，企业效益回暖

2016年，全区规模以上工业增加值按可比价格计算比上年增长7.2%，比全国平均增速高1.2个百分点。全年规模以上工业企业产销率达到96.4%。工业企业效益回暖，1—11月规模以上工业企业实现利润总额1 059.1亿元，同比增长23.4%，增速居全国各省区市第3位，高于全国平均水平14个百分点。

（三）供给侧结构性改革成效明显，"三去一降一补"措施有效推行

去产能方面，2016年，全区原煤产量比上年下降8.1%，焦炭下降7.4%，电解铝下降4.3%，平板玻璃下降1.1%。去库存方面，2016年，规模以上工业企业产成品资金占用额持续下降，截至11月末下降10.2%。全年商品房待售面积为1 385.0万平方米，同比减少98.4万平方米，下降6.6%。降成本方面，2016年1—11月，规模以上工业企业每百元主营业务收入中的成本为84.1元，低于全国平均水平1.7元。补短板方面，实施9大类45项重点工程，薄弱领域得到加强。

（四）投资消费稳中有升，对外贸易增速继续下降

2016年，全区500万元以上项目实现固定资产投资15 283.4亿元，增长12.0%，高于全国平均增速3.9个百分点。全年实现社会消费品零售总额6 700.8亿元，增长9.7%。全区进出口总值

772.8亿元，下降2.1%，降幅同比回落9.5个百分点。

二、金融业发展情况

（一）银行业

2016年末，全区共有银行业金融机构198家，其中，全国性银行分支机构18家，地方法人银行业金融机构180家。年内中国进出口银行内蒙古分行在我区挂牌成立，新设立1家消费金融公司，1家农村信用社改制为农村商业银行，16家农村信用社进入改制农村商业银行程序，新设立6家村镇银行。仅有的1家贷款公司正在改制为村镇银行。

1. 资产负债规模稳步扩大

2016年末，全区银行业金融机构资产总额31 618.84亿元，增长15.44%，同比提高1.53个百分点。负债总额30 465.81亿元，增长15.10%，同比提高0.17个百分点。其中，地方法人银行业机构资产总额13 149.16亿元，增长23.72%，同比提高5.29个百分点，增速比全区平均水平高8.28个百分点，占比41.59%；负债总额12 043.0亿元，增长24.28%，同比提高14.8个百分点。

2. 存款增速提高，理财产品和同业存单快速增长

2016年末，全区金融机构人民币各项存款余额21 165.62亿元，增长17.08%，同比提高6.11个百分点，增速高于全国6.11个百分点。理财产品规模持续增长，成为分流存款的主要因素。2016年末，法人银行业金融机构理财产品余额1 389.84亿元，增长41.75%，同比下降5.79个百分点。年内12家法人机构成功发行同业存单1 434.2亿元，同比增长311.22%。

3. 贷款增长有所放缓，信贷投放重点突出

2016年末，全区银行业金融机构人民币各项贷款余额19 361.01亿元，增长12.95%，同比回落1.70个百分点，增速低于全国0.51个百分点。从行业投向看，新增贷款主要投向水利环境公共设施管理业、交通运输仓储邮政业和租赁商务服务业，三大行业分别新增贷款638.40亿元、294.19亿元和291.29亿元，合计占全部新增贷款的54.87%。

4. 盈利状况明显改善

2016年，全区银行业金融机构实现净利润202.35亿元，增长127.13%，增幅同比提高194.7个百分点。资产利润率0.69%，同比提高0.34个百分点，银行业机构盈利压力整体有所缓解。中间业务收入比率11.40%，同比上升0.68个百分点，盈利结构持续改善。

（二）证券业

2016年末，全区共有法人证券公司2家，区外证券公司设立的分公司10家，证券营业部88家，其中，法人证券公司营业部42家。期货营业部11家。全区共有上市公司26家，其中，上交所16家，深交所5家，中小板2家，创业板3家。"新三板"挂牌企业60家。区域性股权交易中心1家。各类证券机构运行总体健康平稳，多层次资本市场逐步完善，支持实体经济的力度不断增强。

1. 法人证券公司资产规模持续增长，部分交易指标增速大幅回落

2016年末，两家法人证券公司总资产467.24亿元，净资产130.25亿元，净资本101.49亿元，分别增长9.78%、16.73%和30.67%。受资本市场运行低迷的影响，部分交易指标增速下降。托管

股票市值、实现证券交易额和代理买卖证券款分别增长15.22%、3.12%和-18.11%，增速分别回落75.72个、181.65个和114.36个百分点。

2. 法人证券公司收入下滑，盈利水平明显下降

2016年，受资本市场持续震荡和国内外金融市场系统性风险加剧的影响，证券公司各项业务呈现下降态势，盈利能力下降明显。两家证券公司实现营业收入21.59亿元，下降57.59%，同比下降194.17个百分点。其中，手续费及佣金收入、投资收益分别下降33.39%和59.98%。两家公司全年盈利3.83亿元，同比减少17.47亿元，下降82.02%，同比下降231.36个百分点。

3. 上市公司融资能力下降，多层次资本市场体系不断完善

2016年，区内上市公司共募集资金171.24亿元，同比下降48.78%，主要是主板融资额下降，降幅为49.66%。区域股权融资体系不断完善，内蒙古股权交易中心是区内唯一的区域性股权市场，主要服务于全区广大中小微企业，2016年底累计挂牌企业1 453家，同比增长97%，通过股权、债权等方式为中小微企业实现融资73.42亿元，同比增长37.4%。

（三）保险业

2016年末，全区共有保险公司省级分公司39家，其中财险公司22家，寿险公司17家；下设分支机构2 730家，较上年增加307家；保险中介法人及分支机构334家；保险兼业代理机构3 884家；保险营销员27.62万人，同比增长65%。全区保险市场整体保持平稳发展态势，综合服务功能稳步提升，保险保障功能不断凸显。

1. 行业实力不断增强，实现良好开局

2016年末，全区保险公司资产总额968.49亿元，增长24.81%，同比提高7.67个百分点，行业实力进一步增强。2016年，全区累计实现原保险保费收入486.87亿元，增长23.11%，增速同比下降2.85个百分点，较"十二五"年均增速提高10个百分点，实现了"十三五"开门红。

2. 财产险业务缓慢回升，人身险持续快速增长

2016年，全区财险公司实现保费收入162.73亿元，增长9.01%，同比提高0.63个百分点。人身险公司实现保费收入324.14亿元，增长31.66%，增速回落9.31个百分点，但仍高于财险公司增速22.65个百分点。

3. 赔付支出回落，产寿险表现不一致

2016年，全区保险业赔付支出137.78亿元，增长10.63%，增速回落2.13个百分点。其中财险公司赔付支出78.91亿元，增长4.44%，同比回落7.99个百分点。人身险公司赔付支出58.87亿元，增长20.17%。

（四）准金融机构[①]

2016年末，全区共有准金融机构893家，同比减少101家。其中，融资性担保法人机构136家，同比减少61家；小额贷款公司法人机构498家，同比减少40家；典当行259家，同比保持不变。2016年，全区融资性担保机构业务发展缓慢，小额贷款公司业务量出现不同程度下滑，典当行盈利能力有所下降。

---

① 本报告中准金融机构包括融资性担保公司、小额贷款公司和典当行。

1. 融资性担保机构业务发展放缓

2016年末,全区融资性担保法人机构注册资金170.3亿元,同比减少35.9亿元,累计为5.6万户中小企业融资担保2 004.5亿元;在保责任余额272.6亿元,下降13.82%。主要以支持小微和涉农企业为主,年末小微企业、涉农担保贷款余额分别为116.7亿元和66.6亿元,占比分别为42.81%和24.43%。新增担保额186.5亿元,下降5.14%。

2. 小额贷款公司业务量下滑

2016年末,全区小额贷款公司注册资本金340.1亿元,同比减少31.6亿元;贷款余额为325.12亿元,下降6.57%;存量贷款户数为10.82万户。小额贷款公司发放的贷款80%以上投向"三农"和小微企业,其中涉农贷款30.6亿元,占比35.8%;小微企业贷款43.4亿元,占比50.8%。

3. 典当行盈利能力下滑

2016年末,全区典当总额22.22亿元,同比减少7.5亿元;典当余额16.6亿元,同比减少2.04亿元;累计绝当金额0.61亿元。利息及综合服务费收入0.67亿元,全年亏损0.36亿元。

三、金融风险状况分析

(一)银行业

1. 资产质量有所改善,不良贷款5年来首次实现"双降"

2016年,内蒙古银行业金融机构不良贷款整体呈现稳中有降的态势。截至12月末,全区银行业金融机构不良贷款余额757.65亿元,同比减少7.39亿元,下降0.97%,不良贷款率3.81%,同比下降0.54个百分点。地方法人银行业金融机构不良贷款余额268.27亿元,同比减少25.32亿元,下降8.62%,不良贷款率为5.03%,同比下降1.43个百分点(见图1)。

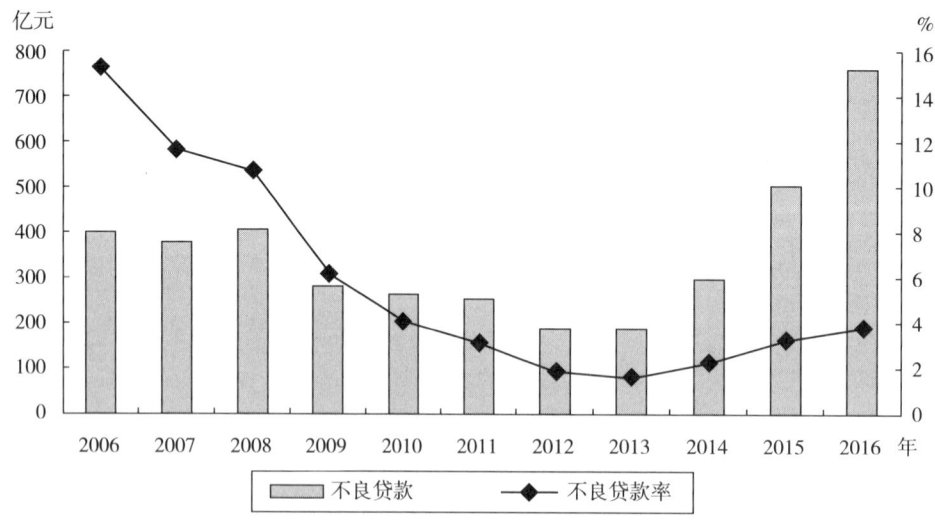

数据来源:内蒙古银监局。

图1 全区银行业金融机构不良贷款变化情况图

2. 贷款损失准备有所提高，风险抵补水平仍然不足

2016 年，全区银行业金融机构贷款损失准备提取明显增加，整体拨备水平呈现上升态势（见图 2）。年末全区银行业金融机构贷款损失准备余额 778.22 亿元，增长 13.44%；拨备覆盖率 102.71%，上升了 13.04 个百分点，但仍低于监管要求 47.29 个百分点。地方法人机构中，除城市商业银行外，其他各类机构拨备水平均低于监管要求。

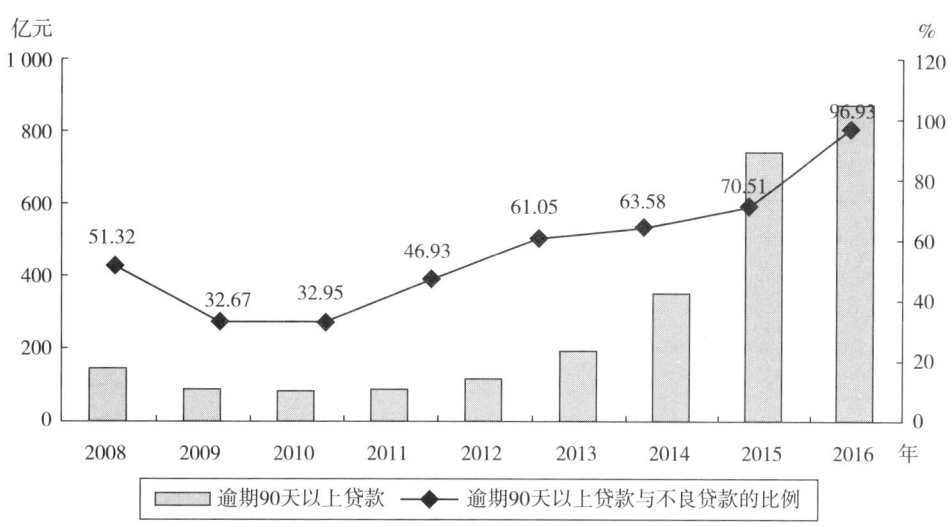

数据来源：内蒙古银监局。

图 2　全区银行业金融机构风险抵补情况图

3. 地方法人机构资本充足水平有所上升

个别机构资本严重不足。2016 年，全区地方法人金融机构平均核心一级资本充足率 9.21%，上升 0.02 个百分点，平均资本充足率 10.80%，上升 0.06 个百分点，主要是农村金融机构资本充足水平有所上升。年末全区农村金融机构资本充足率 10.27%，上升 1.35 个百分点。全区有 28 家机构资本充足率不符合监管要求，13 家机构甚至为负值。农村金融机构中有 27 家机构不同程度地存在贷款损失准备缺口。

4. 地方法人机构盈利能力有所改善，但亏损面扩大

2016 年，内蒙古地方法人银行业金融机构实现税后利润 112 亿元，增长 22.54%，同比上升 27.6 个百分点，整体盈利状况明显改善，但机构亏损面继续扩大（见图 3）。2016 年末，全区地方法人银行业金融机构亏损机构数量由 2015 年的 15 家增加至 23 家（其中包括 2016 年新设的 6 家村镇银行）。

5. 短期流动性风险可控，但不稳定性因素增多

地方法人银行业金融机构流动性比例为 60.03%，上升 2.87 个百分点；核心负债依存度 47.29%，下降 3.66 个百分点，存贷款比例为 65.98%，上升 0.11 个百分点，表明银行短期流动性状况较好，但负债的稳定性有所减弱，并且被贷款资产占用的存款增加，会对银行流动性造成不利影响。一是银行负债结构发生变化，流动性风险管理难度加大。年末，全区银行业金融机构各项存款占负债的比重为 68.12%，较 2010 年下降了 10.73 个百分点。与此同时，稳定性较差的同业负债快速增长，年末，全区地方法人银行业金融机构同业存放款项同比增长 27.35%，由于同业负债相比

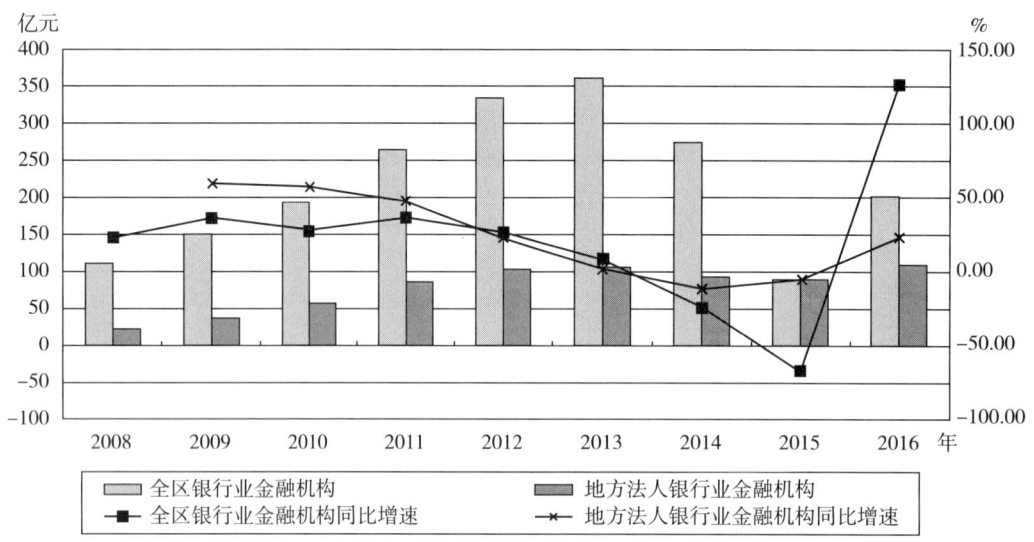

数据来源：内蒙古银监局。

图3 银行业金融机构盈利状况变化图

于一般公司存款和储蓄存款更加不稳定，这对于部分资产负债错配严重的中小银行，流动性风险管理难度将有所加大。二是贷款长期化趋势明显，期限错配现象严重。2016年，全区非金融企业新增中长期贷款1 677.1亿元，占企业贷款增量的91.6%，同比提高46.7个百分点；新增短期贷款157.9亿元，同比少增504亿元，占企业新增贷款的8.6%，较上年同期下降26个百分点，中长期贷款的持续提升可能导致银行短期流动性支持能力不足。

6. 不良贷款偏离度上升，不良贷款继续上升的压力依然较大

2016年末，全区银行业金融机构逾期贷款余额1 193.79亿元，增加57.09亿元。逾期90天以上贷款与不良贷款比例为115.60%，上升18.66个百分点，该比例是自2010年以来最高的一年（见图4）。通过对部分机构不良贷款真实性进行调查，我区金融机构不良贷款反映不实的问题较为普遍。

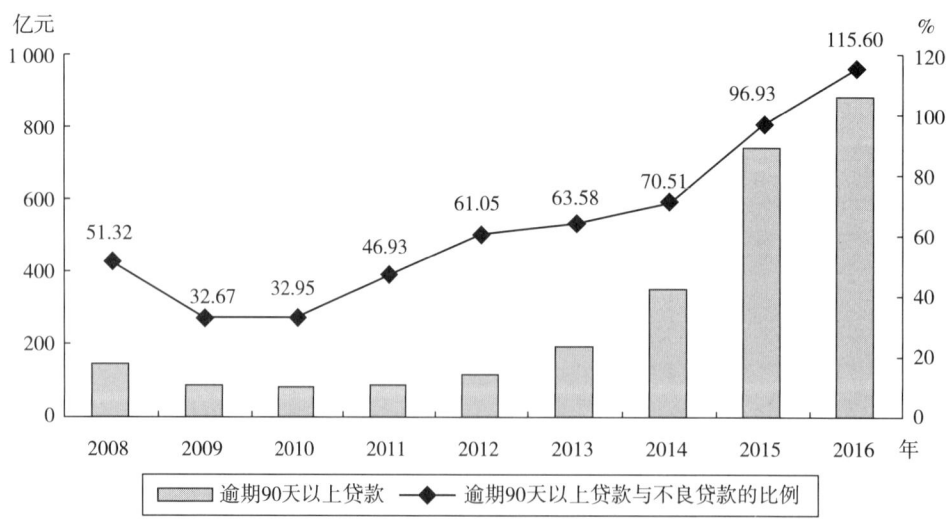

数据来源：内蒙古银监局。

图4 全区逾期90天以上贷款年度变化情况图

信贷资产分类不准确，不仅掩盖了风险，还将导致贷款损失专项准备的计提不足，进而影响资本充足率、净利润的准确性和真实性。

（二）证券业

1. 证券公司整体稳步发展，但经营中存在风险隐患

2016年，我区各证券机构风险控制指标均符合监管要求，且保持在监管标准的预警阈值之上，总体风险可控，但证券公司经营中存在的风险隐患不容忽视，如管理能力与迅速扩张的业务规模不匹配，容易诱发经营风险；信息管理系统受开发技术、成本等因素影响，缺乏金融工具的估值和风险计量模型，无法实现业务操作和风险管理的对接，可能导致经营、流动性和信用等各类风险。

2. 以融资融券为代表的创新业务缩水明显，跨行业、跨市场的系统性风险隐患增加

2016年，受资本市场震荡影响，两家证券公司融资融券余额59.08亿元，下降17.32%，同比多降了近50个百分点，融资融券业务出现大幅度缩水。以融资融券为代表的创新业务，在优化公司盈利结构、促进业务转型等方面发挥积极作用的同时，其资金来源、资金投向等方面具有跨行业、跨机构和跨市场特征，在资本市场出现较大波动时，需防范其风险向其他行业和市场传染。

3. 上市公司退市风险值得关注

受经济下行和"三去一降一补"等政策的影响，我区个别上市公司的业绩可能持续下滑，退市风险值得关注。同时，新兴产业上市公司少，绝大部分上市公司集中在能源、电力、化工和钢铁等传统行业，且能源钢铁行业受政策冲击明显，近期个别能源上市公司已经出现债券兑付违约事件。

（三）保险业

2016年，在宏观经济下行压力持续加大的情况下，保险行业发展面临较大挑战。恶意拖欠保费事件时有发生，保险公司违规造假行为值得关注。

1. 应收保费风险压力较大

2016年末，全区保险公司应收保费金额20.96亿元，增长72.07%，增速同比上升42.73个百分点，应收保费率为7.17%，同比下降0.12个百分点，但仍接近8%的预警指标值，2017年应警惕应收保费再次攀升。

2. 寿险业退保金额依然较高

2016年末，全区保险公司退保金额总计55.06亿元，增长27.67%，增速同比下降18.61个百分点，但退保金额持续高位运行，将对保险公司的流动性造成不利影响。年末退保率为5.23%，同比上升0.08个百分点。

3. 风险防控压力增大

随着保险行业对实体经济渗透度的提高，来自宏观经济运行、其他金融市场的风险因素，可能通过多种形式和渠道对保险行业产生交叉传染和风险传递。保险业务发展不平衡的问题更为突出，险种结构不合理，财险领域部分险种保费增速持续低迷、人身险盈利压力持续增大、偿付能力风险和流动性风险可能长期存在。

四、影响金融稳定的因素分析

(一) 宏观经济环境因素

1. 经济下行压力仍然较大，经济增长回稳基础还需稳固

在国家调整经济和产业结构、化解过剩产能、治理环境、节能减排等一系列举措实施的大环境中，我区经济增速整体下滑，2016年地区生产总值增速同比下降0.5个百分点，作为地区稳增长"第一拉动力"的投资增速下降2.5个百分点，重点行业如采矿业和制造业投资分别下降4.9%和4.0%，民间资本投资也出现了下滑态势，全年下降6.5%。进出口总值下降2.1%。

2. 重点行业和领域资产质量恶化，信贷风险加大

随着供给侧结构性改革的不断推进，我区煤炭、钢铁等产能过剩行业的银行信贷风险不断积聚并暴露。2016年，全区煤炭和钢铁行业不良贷款余额分别为104.18亿元和3.17亿元，分别增长22.28%和81.12%。不良贷款率分别为7.28%和1.08%，分别上升1.35个百分点和0.91个百分点。

3. 大型企业的潜在风险显现，风险传染性增大

2016年全区信用风险呈现由中小微企业向大型企业尤其是国有控股企业集中、从单体企业向担保链和担保圈传染的特点。2016年，全区规模以上工业企业经济效益整体回暖，利润总额增长31%，但国有控股企业利润下降418.8%，降幅扩大318.8个百分点。全区大型企业不良贷款达121.51亿元，增长42.62%，不良贷款率同比上升0.5个百分点，大型企业的信用风险开始逐渐显现。

(二) 金融创新发展因素

1. 交叉性金融业务快速发展，风险的复杂性、隐蔽性和传染性增强

近年来，我区跨市场交叉性金融产品发展迅猛，部分银行业金融机构为规避监管，不断推出各种花样翻新的"创新"业务，将信贷类业务借助信托、证券、保险、基金等通道或通过银行理财、同业等业务发展。2016年，根据对我区8家银行机构同业业务的调查显示，实质为发放贷款和减少表内贴现规模的同业业务金额占同期同业投资非标准化业务总额的63.05%，并且同业投资非标准化业务中有26.89%的资金投向房地产行业和政府融资平台公司等限制性行业或领域。在规避宏观信贷调控政策以及资金投向限制政策的同时，也使风险的复杂性、隐蔽性和传染性增强。

2. 影子银行发展缓慢，运营风险凸显

受宏观经济增长放缓、融资渠道单一等因素的影响，我区影子银行经营出现困难，持续发展动力不足。2016年末，全区融资担保行业担保代偿余额28.9亿元，增长52.91%，增速提高7.53个百分点，担保代偿明显上升，代偿风险进一步暴露。全区小额贷款公司不良贷款余额48.58亿元，增长28.52%；不良贷款率14.94%，同比增长4.08个百分点，信用风险不断累积。典当行业资本回报率为-0.86%，连续两年为负，经营状况不佳，风险不容忽视。

3. 网贷平台收益率高企，互联网金融风险不容忽视

受P2P网贷行业的整改及平台经营压力高居不下等原因影响，大量平台退出行业，2016年末，

我区正常运营网贷平台 10 家，较上年减少 1 家，由于我区平台交易活跃度不高，平台纷纷通过提高收益的方式来吸引投资者，2016 年，我区网贷综合收益率 18.48%，同比下降 9.28%，仍较全国平均水平高 8.03 个百分点，位居全国第一，是一年期定期存款利率的 12.3 倍，应关注高收益背后的潜在风险。随着互联网支付、网络借贷（P2P）和网络金融产品销售的快速发展，应警惕网络犯罪、票据诈骗等风险事件的发生。

（三）金融生态环境因素

1. 金融机构信用环境不佳，经营风险未真实反映

2016 年末，全区银行业金融机构账面不良贷款出现"双降"，但关注类贷款、逾期贷款、逾期 90 天以上贷款以及不良贷款偏离度（逾期 90 天以上贷款与不良贷款比例）均呈上升态势，分别增加 91.96 亿元、57.40 亿元、74.23 亿元和 10.74 个百分点，且不良贷款偏离度为 2010 年以来最高。据对部分银行机构资产质量和全区不良贷款投向真实性的核查，不良贷款反映不实的问题普遍存在，且全区 21 个贷款行业中有 12 个行业不良贷款投向反映不实，房地产业账面不良贷款额较真实值低 22.35 亿元，农林牧渔业账面不良贷款额较真实值高 15.68 亿元。

2. 政府债务风险后移，但风险实质未降低

政府融资平台贷款置换为政府债券在短期内使地方政府偿债压力有所缓解，政府债务平均偿还期限明显增加，置换后我区地方政府债务还款期限延长三至十年。但目前，为防止对债券市场形成冲击，采用定向承销方式发行的地方债暂时不可流通，只能由银行持有，且地方债作为质押物在银行间市场尚未被完全接受，抵质押受限情况普遍，因此债务置换之后的风险实质上并未下降。

3. 民间金融良性生态环境遭到破坏，部分领域信用体系恶化

在民间借贷相对活跃时期，全区整体信用环境较好。随着民间借贷危机爆发，部分领域的信用体系陷入恶性循环，相互拖欠、赖账甚至逃废债行为明显增多。2016 年末全区个人信用卡不良贷款额同比增长 51.23%，不良贷款率同比上升 0.65 个百分点。全年重大事项报告显示，银行业金融风险案件 11 起，涉案金额 5.6 亿元，虽然较上年有所下降，但仍呈现高发态势。

五、金融稳定总体评估

从宏观经济、金融机构和金融生态环境三方面选取 27 项指标，运用层次分析法和专家调查法对全区金融稳定状况进行定量评估[①]，评估结果显示，2016 年全区金融稳定综合评估值为 58 分，同比上升 8.9%，是 2012 年以来连续三年下降后的首次回升，经济金融运行中的不稳定因素和风险暴露到一定程度后逐步得到有效化解。对全区 11 个盟市的金融稳定状况进行定量评估，结果显示，有 5

---

① 按照人民银行上海总部的定量评估方案，定量评估模型中，宏观经济指标包括：国内生产总值增长率、第三产业增加值增长率、全社会固定资产投资增长率、社会消费品零售总额增长率、实际利用外资增长率、城镇居民可支配收入增长率、农村人均纯收入增长率、居民消费价格指数、城镇登记失业率、典型城市房地产销售价格指数。银行业指标包括：资本充足率、不良贷款率、资产利润率、流动比率、银行业金融机构资产总额。证券业指标包括：净资本充足率、净资本负债率、资产利润率、证券法人机构资产总额。保险业指标包括：应收保费率、保费收入增长率、寿险公司退保率、保险公司资产总额。金融生态环境指标包括：法制环境调查综合得分、地方财政收入占地区生产总值比重、银行服务密度、征信数据库覆盖率。权重确定方法为层次分析法和专家调查法。

个盟市的金融稳定总体状况有所改善，6个盟市的稳定状况有所下降（见图5）。

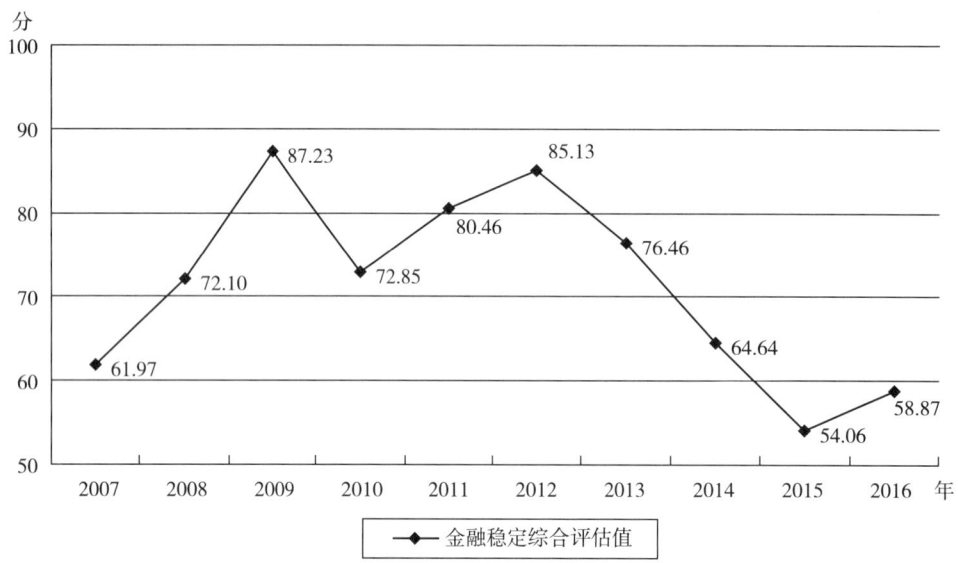

数据来源：根据内蒙古统计局、内蒙古银、证、保监管局数据计算。

图5　2007—2016年全区金融稳定综合评估值变化情况图

从宏观经济层面看，11项指标中有5项指标较上年有所改善，5项指标有所下降，1项指标基本持平，导致宏观经济得分同比下降3.03%。具体看，地区生产总值增速较上年下降0.5个百分点，降幅同比扩大0.4个百分点，增速进一步放缓。作为拉动经济增长的主要动力之一的固定资产投资增速也持续下滑，降幅同比扩大1.3个百分点，城镇和农村居民收入增速也连续三年下降，平均降幅分别为0.77%和1.73%。但全区经济运行整体处于合理区间，大部分指标增速高于全国平均水平，产业结构调整力度较大，第三产业增加值增速连续两年提高，对生产总值的贡献率达到47.2%，消费需求的增长动力不断增强，利用外资程度进一步加大。

从金融机构运行情况看，金融机构总体得分同比上升16.05%，稳健性有所提高。分行业看，全区银行业金融机构资产规模持续增长，增速同比提高1.53个百分点，不良贷款五年来首现"双降"，资产质量有所改善，银行业整体盈利情况明显改善，资产利润率同比提高0.34个百分点，整体流动性更加充足，这些指标的改善导致银行业得分上升16.78%。证券业由于收入增长与资本市场行情相关性较高且盈利模式单一，2016年盈利水平下降明显，导致得分下降13.08%。保险业受资产规模扩张较快、应收保费率同比下降的因素影响，得分上升1.24%，但保费收入增速放缓，需继续关注（见图6）。

从金融生态环境看，2016年银行服务密度继续加大，地方财政收入占GDP比重同比下降0.07个百分点，征信数据库覆盖率较上年无变化，法制环境调查得分上升，所以整体得分较上年提高1.34%，未来仍需继续加强金融生态环境建设，努力改善区域金融发展的外部环境。

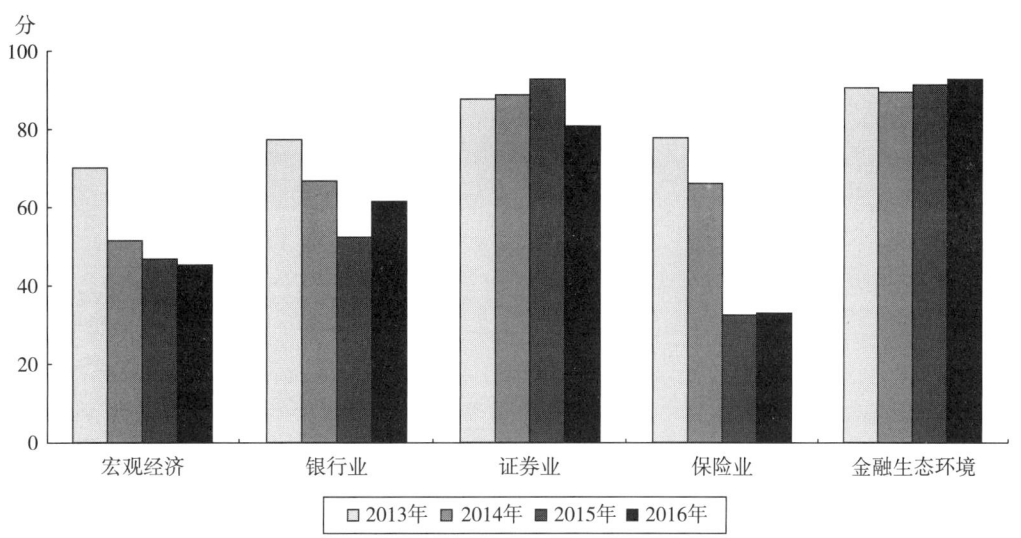

数据来源：根据内蒙古统计局、内蒙古银、证、保监管局数据计算。

图6 2013—2016年全区分模块金融稳定综合评估值图

总　纂：牧　人
统　稿：尹志成　舒　婷　高晓芬
执　笔：郭　研　高　菲　王　璐　闵德明　吕明旭　道日娜

辽宁省金融稳定报告摘要

2016年,辽宁经济持续下行,形势不容乐观。面对区域经济总体放缓的局面,辽宁省金融业平稳运行,风险总体可控。银行业资产负债规模平稳增长,业务经营状况良好。证券业运行稳健,期货市场交易规模稳步增长。保险业发展速度较快,有效发挥了风险保障和经济补偿的功能。非金融机构稳步发展,在支持中小企业发展方面起到了积极作用。金融基础设施建设有序推进,金融服务水平明显提升。

一、辽宁经济运行与金融稳定

(一)经济运行状况

1. GDP增速持续负值,经济增长动力不足

2016年,辽宁省地区生产总值22 038亿元,同比下降2.5%,低于全国9.2个百分点,增速较2015年下降5.5个百分点。其中,三大产业增速分别为-4.6%、-7.9%和2.4%,第一产业较为稳定,第二产业对经济的贡献率持续下降,第三产业由于第二产业大幅下滑导致对经济的贡献率被动上升。

2. 固定资产投资跌幅扩大,但"L"形底部初现

2016年,辽宁省固定资产投资完成6 436亿元,同比下降63.5%,低于全国平均水平71.6个百分点,降幅与前三季度持平,降幅持续扩大的趋势有所缓解,"L"形底部初现。三大产业固定资产投资同比下降幅度分别为66.6%、70.4%和58.2%。

3. 消费出现明显回落,居民收入增速放缓

2016年,社会消费品零售总额实现13 414亿元,同比增长4.9%,较2015年回落2.8个百分点,低于全国5.5个百分点;限额以上单位消费品零售额4 165亿元,同比下降6.5%。消费增速主要受收入增速放缓制约。2016年,城镇常住居民人均可支配收入32 860元,同比增长仅为5.6%,增幅较2015年下降1.4个百分点;农村常住居民人均可支配收入12 881元,同比增长6.8%,增幅较2015年下降0.9个百分点。

4. 居民消费价格水平稳步上涨,工业生产者出厂价格指数企稳回升

2016年,辽宁省居民消费价格指数(CPI)同比上涨1.6%,低于全国0.4个百分点,涨幅较2015年同期提高0.2个百分点。工业生产者出厂价格指数(PPI)同比下降1.2%,12月工业生产者出厂价格指数同比上升6.2%,已连续15个月保持上升趋势。

5. 进出口持续下行,跨境收支总量38年以来首现逆差

2016年,辽宁省进出口总额865亿美元,同比下降9.8%,降幅较2015年收窄6个百分点,比

全国水平多降3个百分点。其中，出口431亿美元，同比下降15.1%，降幅较2015年扩大1.4个百分点；进口435亿美元，同比下降3.9%，降幅较2015年收窄14.2个百分点。2016年贸易差额小幅逆差4亿美元，是改革开放38年以来首次逆差。

2016年，辽宁省跨境收支总额1 170亿美元，同比下降9.5%。其中，跨境收入549亿美元，同比下降17.6%，比2015年多降5.7个百分点；跨境支出621亿美元，同比下降0.8%，比2015年少降9.5个百分点。2016年，全省跨境收支差额由2015年顺差41亿美元转为逆差72亿美元。

2016年，辽宁省跨境人民币收付金额合计1 500亿元，同比下降10.2%，结算量占本外币跨境收付总额的18.6%。截至2016年末，全省已有69家银行的644家分支机构开办了跨境人民币结算业务，涉及企业5 565家，涉及境外国家和地区137个。

6. 财政收入增速快速回升，财政支出降幅持续收窄

2016年，辽宁省一般公共预算收入2 199亿元，同比增长3.4%，比上年同期上升36.8个百分点，但同比增幅低于全国水平1.1个百分点。其中，税收收入1 687亿元，增长2.2%；非税收收入512亿元，增长7.3%。

2016年，辽宁省一般公共预算支出4 582亿元，同比增长2.2%，增速较上年回升11.3个百分点，但低于全国水平4.2个百分点。其中，社会保障和就业支出1 141亿元，占比14.7%，同比增加19%；住房保障支出159亿元，同比增加16.2%。

7. 房地产开发投资规模下降，房价增速放缓

2016年辽宁省房地产开发投资2 094.85亿元，同比下降41.1%，增速同比下降了8.2个百分点，比全国平均水平低48个百分点。新开工面积3 733.61万平方米，同比下降20.6%，降幅同比收窄22.1个百分点。

从全国70个大中城市房价上涨幅度来看，辽宁的沈阳、大连、丹东、锦州四城市房价上涨幅度落后于全国同类城市水平。

（二）需要关注的问题

1. 产业结构矛盾突出

长期以来辽宁经济竞争力较低，企业和产品技术升级缓慢，低端产能过剩，这是造成辽宁当前经济困境的深层次原因所在。2013年以来，钢材需求趋势性下滑，全行业产能严重过剩，效益严重下滑。而东北振兴以来，高端制造业和具有高附加值、高科技含量的工业经济并未成为辽宁工业的主体，无法成为带动整个辽宁工业经济走出低谷的新兴动力。

2. 工业经济持续低迷

受到产业结构和工业发展水平的制约，辽宁省工业增加值增速已连续24个月为负，四大支柱产业仍未表现出明显的企稳复苏迹象。装备制造业普遍面临因投资需求紧缩导致市场订单不足的困难；石化和冶金行业受价格和市场双重影响严重，产能过剩矛盾相对突出；电子信息制造业规模与发达省份差距较大；轻工、纺织、医药等消费品多处于产品链和价值链低端，市场认知度低。

3. 投资大幅下滑

在产能过剩、企业困难、市场前景不明的情况下，社会整体需求下降，企业普遍采取维持或收缩策略，投资意愿低迷，而且民营企业在一些领域仍存在准入制约，导致企业投资意愿不强和能力不足。地产投资下滑难以填补。随着限购政策的出台，房地产投资增速或重回零增长或者负增长。

辽宁现有市场库存消化仍需时日，地产投资更为谨慎。目前，辽宁房地产和基建投资增速都将继续回落，这也将带动固定资产投资增速出现回落。

4. 去产能压力较大

2016年，辽宁省关闭产能低于9万吨的煤矿179个，化解煤炭产能1 361万吨；化解钢铁产能602万吨；商品房销售面积增长10%，待售面积下降10.4%；省属国有企业资产负债率下降5个百分点；结构性减税、普遍性降费政策减少涉企各项税费850亿元，降低企业用电成本37亿元。行业集中度得到一定提升，但从产能增势来讲对产能控制并不明显，供给侧结构性改革需进一步深化。

二、金融业与金融稳定

（一）银行业稳健性评估

1. 运行状况

资产负债规模稳健增长，各机构资产规模增速出现分化。截至2016年末，辽宁省银行业金融机构资产总额76 180.82亿元，同比增长13.98%，负债总额73 245.92亿元，同比增长14%。国有银行实现增速6.18%。股份制银行资产规模基本与上年持平。城商行资产规模增速保持在30%以上，农商行资产增速达到41.41%。

存贷款增速继续回落，低于全国平均水平。截至2016年末，辽宁省金融机构本外币各项存款余额51 692亿元，同比增长8.2%，比上年同期低2.3个百分点。各项贷款余额38 686亿元，比年初增加2 403亿元，同比增长6.6%，比上年同期回落3.2个百分点。

银行业盈利水平持续下滑，但部分机构利润增长较快。2016年末，辽宁省银行业金融机构净利润520.09亿元，同比下降11.91%。城商行累计实现利润203.98亿元，同比增长30.47%。农商行实现净利润25.43亿元，同比增长28.49%。农信社盈利能力不足，全省农信社净利润为负。

银行业不良贷款和不良率持续"双升"，资产质量仍呈下行趋势。2016年末，辽宁省银行业不良贷款1 144.61亿元，较年初增加128.09亿元，不良贷款率2.96%，较年初增加0.15个百分点。

2. 法人银行机构经营状况

截至2016年末，辽宁省地方法人银行业金融机构共142家，其中，城市商业银行15家、农村商业银行22家、农村信用社40家、财务公司3家、村镇银行62家。

城商行扩张较快，部分城商行资产质量控制压力较大。城商行的资产规模增长较快，占辽宁省银行业金融机构资产规模的35.17%，对辽宁经济发展和金融市场稳定具有重要的影响。经济下行背景下，辽宁城商行总体表现较好，但在资产规模快速扩张的同时，资产质量控制的压力显现。城商行新增不良贷款占全省的比重达21.31%。

农商行整体实力逐渐增强，但经营管理水平有待提高。截至2016年末，辽宁省内农村商业银行资产总额3 810.39亿元，同比增长41.41%，负债总额3 520.96亿元，同比增长42.79%。不良贷款余额55.85亿元，较年初增加2.57亿元，不良贷款率2.84%，较年初下降0.27个百分点。当年实现利润25.43亿元，同比增长28.49%。

农信社改革任务艰巨，实现全面改制还需时日。截至2016年末，辽宁省内农村信用社资产总额2 315.86亿元，同比下降2.12%，负债总额2 247.83亿元，同比下降0.35%。不良贷款余额291.05

亿元，较年初下降 49.38 亿元。截至 2016 年末，7 家农信社成功转制，40 家未转制。

村镇银行稳步增长，部分银行面临经营困境。截至 2016 年末，辽宁省内村镇银行资产总额 756.4 亿元，同比增长 16.66%，负债总额 678.94 亿元，同比增长 17.71%。不良贷款余额 10.71 亿元，较年初增加 5.02 亿元，不良贷款率 2.33%，较年初增加 0.91 个百分点。村镇银行受业务范围、地域限制等因素影响，在经济下行时面临着较大的经营压力。一是村镇银行利润大幅下降。二是村镇银行不良贷款大量暴露。三是个别村镇银行出现流动性风险隐患。

3. 需要关注的问题

2016 年，辽宁地区相继发生东北特钢、大连机床债务违约、欣泰电气退市等事件，地区融资环境受到严重负面影响，企业融资成本上升，部分企业遭遇发债困难。此外，一些腐败案件在一定程度上恶化了金融生态环境。

不良贷款防控形势严峻，信贷质量下迁压力较大。截至 2016 年末，银行业金融机构新增不良贷款 128.08 亿元，较上年同期多增 96.19 亿元。尤其要警惕的是，关注类贷款 1 758.07 亿元，比年初增加 325.51 亿元，较上年同期多增 252.32 亿元。

部分地区产能过剩行业贷款集中度高，区域潜在风险不容忽视。辽宁产能过剩行业存在行业集中、地域集中的特点。由于这些企业是拉动该地区经济发展的主导产业，其生产经营状况对该地区的经济发展有着举足轻重的影响，因此是当地金融机构贷款的主要对象，导致当地金融机构对这些企业贷款占比过大，潜在风险集中。

同业投资业务快速发展，跨市场、跨行业交叉性金融风险隐患需密切关注。辽宁地区同业投资业务发展迅速，已发展成跨市场、跨行业，具有综合性、交叉性的金融业务。其中的非标准化投资通过证券、信托、资管公司等第三方通道向房地产、地方政府融资平台和产能过剩项目融资，这种业务链条长、参与机构多、环节复杂，一旦某一机构或是某一环节出现问题，可能会产生系统性风险。

（二）证券业稳健性评估

1. 运行状况

并购重组活跃，多层次资本市场发展尚不均衡。截至 2016 年末，辽宁省共有境内上市公司 76 家，与上年同期持平，其中主板上市公司 51 家，同比减少 1 家；中小板 13 家，与上年数量保持一致；创业板 12 家，较上年增加 1 家。辽宁上市公司在 A 股的总股本 1 083.59 亿股，较上年增长 22.73%，总市值 8 869.25 亿元，同比减少 1.26%。辽宁省（不含大连）上市公司本年完成首发融资 1.032 亿元，同比下降 93.02%；上市公司实现再融资 15.86 亿元，同比下降 87.44%。2016 年，辽宁省 5 家公司完成了并购重组，涉及交易金额 97.4 亿元，募集配套资金 40.6 亿元；3 家上市公司并购重组有不同程度进展，涉及交易金额 32.5 亿元，拟募集配套资金 11.11 亿元；26 家挂牌公司定向增发募集资金 7.14 亿元。15 家债券发行人发行公司债券 24 只，募集资金 259.1 亿元。新三板挂牌公司 118 家，比上年增加 64 家，成交额 31.18 亿元，同比增加 1.86%。

证券市场交易规模大幅下降，期货市场稳步增长。截至 2016 年末，辽宁省共有法人证券公司 3 家，证券咨询公司 2 家，证券分公司 20 家，证券营业部 342 家，比上年增加 32 家。2016 年证券公司整体运行基本平稳，证券开户数增加，但证券、股票、基金交易规模大幅减少。截至 2016 年末，辽宁省（不含大连）在沪深开户数 634 万户，同比增长 15.9%；证券全年累计成交金额 5.96 万亿元，同比减少36.4%；股票累计成交金额3.84万亿元，同比减少48.7%；基金累计成交金额1 029亿元，同比减少78%。2016年，期货开户数、交易量保持稳定增长态势。截至2016年末，辽宁省共有期货公司3家，期货行业开户数（不含大连）3.4万户，同比增长9.8%，全年累计成交量4 223万手，同比增长28.1%，手续费收入0.74亿元，同比增长12.2%。

法人证券业务范围拓展，但盈利水平有所下降。2016年，省内法人证券公司通过增资扩股，显著增强了资本实力，并取得了各类业务牌照，为丰富产品结构，实现业务转型奠定了基础。截至2016年末，辽宁省3家法人证券公司资产总额213.06亿元，同比下降14.95%，负债总额114.22亿元，同比下降32.97%。实现营业收入12.16亿元，同比下降52.0%，净利润2.13亿元，同比下降79.9%。

2. 需要关注的问题

经济下行加剧上市公司经营困难，市场融资能力仍需强化。2016年，辽宁省经济下探，"三期叠加"影响效应明显，要素投入疲软，尤其是资本形成率下降，部分上市公司盈利能力持续减弱，有的企业处于亏损状态。一是上市公司利用资本市场的投融资和资源配置的能力较弱。与全国发达地区相比，辽宁地区资本市场发展相对滞后，金融产品种类少、融资方式比较单一，形成了间接融资所占比例很高、债券融资和股权融资数额极小的融资格局。2016年，辽宁省表内外间接融资总额3 988.64亿元，直接融资总额528.60亿元，直接融资和间接融资比为1∶7.54。二是区域优质企业储备培育不足。2016年末，主板上市公司不增反降，中小板毫无建树，创业板仅新增1家，拟上市公司5家，占同期全国拟上市公司676家的0.7%。三是个别上市公司被交易所警示或实施退市。2016年，辽宁省2家公司因连续两年业绩亏损或净资产为负被实施退市风险警示，1家公司因年度报告被出具无法表示意见被实施退市风险警示，丹东欣泰电气股份有限公司因欺诈发行受到中国证监会行政处罚，公司股票被深圳证交所暂停上市，存在退市风险。

期货市场功能尚未得到充分发挥，服务经济能力仍待提高。截至2016年12月末，辽宁仅有3家法人期货经纪公司，比上年末减少2家，作为大连商品交易所所在省，法人期货经纪机构不但逐年较少，而且整体实力较弱，经营模式相对单一，业务创新力度与同业存在一定差距。另外，大量市场经济主体还未参与到期货市场中，期货市场风险管理、价格发现的功能尚未得到充分发挥。如大连商品交易所铁矿石期货于2013年10月上市，但由于尚未向境外投资者开放，在国际期货市场的影响力有限。

（三）保险业稳健性评估

1. 运行状况

行业平稳发展，规模不断增大。截至2016年末，辽宁省共有保险公司法人机构4家，省级分公司115家，共有保险从业人员38.6万人。2016年，共实现原保费收入1 115.7亿元，同比增长18.5%。赔付支出388.0亿元，同比增长4.3%。全省保险业总资产2 764.3亿元，同比增长18.3%，其中财产险公司258.1亿元，同比增长15.6%，人身险公司2 506.2亿元，同比增长18.6%。2016年辽宁省保险深度5.06%，高出全国4.16%的平均水平0.9个百分点，保险密度2 546元，高出全国2 258元的平均水平12.75%。

人身险收入高速增长，业务结构日趋优化。2016年，辽宁省人身险实现保费收入819.4亿元，同比增长23.8%，赔款和给付支出219.9亿元，同比增长8.5%。其中银行邮政代理和个人销售渠道的人身险保费收入占全部人身险保费收入的47.6%，较上年下降0.9个百分点。2016年，监管部门规范中短期存续业务的政策出台，各险企相继调整业务结构。全省人身险公司寿险业务实现新单保费收入375.6亿元，其中新单期交保费98.1亿元，期趸比例有所上升，以往靠中短期存续业务拉动高速增长从而导致的新单期趸比例持续下滑的局面有所改变。

财产险保费平稳增长，效益水平有所好转。2016年，辽宁省财产险实现原保费收入296.3亿元，同比增长6.1%，其中车险保费收入230.3亿元，同比增长5.8%，非车险保费收入66.1亿元，同比增长5.1%。全省财产险共实现承保利润7.6亿元，同比增长1572%。原因：一是车险承保利润率有所回升。6月，辽宁省加入商车费改试点，随着监管力度的加大以及财险公司内部管控的加强，赔付成本有所降低，导致辽宁省车险承保利润率高于全国及上年同期。二是非车险业务盈利好转。辽宁省（不含大连）责任险、健康险尽管仍然亏损，但效益略好于上年，农业保险实现盈利。大连非车险承保利润率达到7.66%（不含出口信保）。

助力实体经济发展，保障功能有效发挥。2016年，辽宁省保险业服务领域不断拓宽，全年累计为社会提供风险保障29.7万亿元，在助力实体经济发展、保障改善民生等方面发挥了积极的作用。其中，责任保险保费（以下不含大连）收入7.7亿元，同比增长16.6%，责任险赔付支出4.8亿元，同比增长35.6%，全年提供风险保障1.75万亿元，同比增长1.8%。农业保险保费收入15.7亿元，同比增长11.1%，赔款支出8.6亿元，同比减少45.4%，全年提供保障437.5亿元，同比增长4.1%。信用险保费收入2024.0万元，同比下降57.5%，赔付支出306.9万元，同比下降91.2%，全年提供保障金额32.2亿元，同比下降7.6%。

2. 需要关注的问题

行业退保金额继续上升，部分险企风险管理能力亟待提高。一是2016年辽宁省（不含大连）寿险公司退保总金额162.55亿元，同比增长45%。二是2016年，保监会开展了基于"偿二代"偿付能力风险管理能力评估（SARMRA）。全国72家寿险公司和77家财产险公司参与评估。辽宁省有3家寿险公司和1家财险公司参与评估，得分均未超过80分，均将被要求提高控制风险最低资本。

个别寿险企业投资策略稳健，收益有待提升。与2016年国内个别寿险公司相对激进的险资利用策略不同，辽宁省3家寿险公司中的2家由于经营状况、投资能力等方面的限制，保险资金主要投资于低风险和流动性强的固定收益类产品，虽然偿付能力较高，具备较强的流动性和偿债能力，但受利率下行的影响，整体收益水平不高，调查显示，这2家寿险公司资金收益率连续两年低于全国行业平均水平。

三、非金融机构与金融稳定

（一）融资性担保机构

1. 基本情况

2016年，辽宁省融资担保行业保持了平稳运行态势。截至2016年末，辽宁省共有法人融资担保机构375家，比上年减少8家；注册资本总额517亿元，比上年增加5.23%；累计实现融资担保额813.1亿元；在保责任余额1458.7亿元；在保企业7604户；累计担保收入9.8亿元；行业平均保费率1.2%，与上年持平。

2. 风险状况分析

受近几年经济持续下行等因素影响，银行机构普遍收紧与融资担保机构特别是民营机构的业务合作，实体企业经营困难，导致融资担保公司代偿余额上升，经营业绩下滑。截至2016年末，辽宁省融资性担保公司代偿余额45.21亿元，较上年末增加39.38%；净利润总额1.5亿元，较上年减少54.55%。

（二）小额贷款公司

1. 基本情况

截至2016年末，全省共有法人小额贷款公司685家，资本金481亿元，贷款余额422亿元，贷款笔数11.98万笔。

2. 风险状况分析

随着经济下行压力增大，小额贷款公司面临经营环境恶化，经营业绩下滑较多，不良贷款快速增加。2016年，辽宁省小额贷款公司不良贷款比例为4.18%，比上年末高出了3.43个百分点；实现盈利4.62亿元，比上年下降了17.53%。

（三）典当行

1. 基本情况

截至2016年末，辽宁省共有典当行545家，比上年增加39家；资产总额61.16亿元，比上年增长4.69%；负债3.2亿元，比上年下降25.75%；资产负债率5.23%，比上年下降2.15个百分点；典当余额29.01亿元，比上年下降1.26%。

2. 风险状况分析

2016年，典当行业整体经营较为困难。一是经营业绩下滑明显。全年实现净利润0.23亿元，同比下降43.9%。二是业务创新不足，银行、小额贷款公司、寄卖行等机构在房产、汽车、古董等传统典当业务领域竞争日趋激烈。同时，典当物品处置渠道有限，变现难度加大。

（四）非法集资

1. 基本情况

2016年，全省各市共上报各类涉嫌非法集资案件及线索25起，涉案金额2.7亿元，参与集资人数1 574人；与2015年相比，新发案件数量减少40起，发案量、涉案金额、涉案人数分别同比下降61.5%、88.2%和67.8%。

2. 风险状况分析

一是投资理财类涉嫌非法集资案件风险不容忽视。2016年投资理财领域发案数量约占辽宁省全年发案量的一半。二是沈阳市涉嫌非法集资案件高发频发，仍是辽宁省涉嫌非法集资案件的重灾区。据统计，2016年辽宁省新发案件25起中沈阳12起，占全省案件比例48%。三是省外涉及全国范围内的三起非法集资大案在省内涉案金额高达17.15亿元，涉及参与者3.5万人，处置、善后工作艰巨。

（五）金融权益类交易场所

1. 基本情况

截至2016年末，辽宁省共有4家金融权益类交易场所：辽宁股权交易中心、辽宁金融资产交易中心、辽宁北方金融资产交易中心和大连股权交易中心。辽宁股权交易中心注册资本1亿元，挂牌企业1 297家，2013—2016年累计实现综合融资250亿元。辽宁金融资产交易中心注册资本1 000万元，挂牌金融资产918.3亿元，2014—2016年累计成交额46.4亿元。辽宁北方金融资产交易中心注册资本3亿元，2015—2016年累计完成金融资产交易1 204笔，交易额1 804.3亿元。大连股权交易中心注册资本5 000万元，目前挂牌企业已经达到153家。

2. 风险状况分析

目前，金融权益类交易机构设置、审批与管理均无全国统一明确规范，潜在一定风险，股权交易中心在运作过程中缺乏法律保障。目前区域股权交易中心的市场定位、服务范围仍不明确。

四、金融基础设施与金融稳定

（一）支付结算体系

2016年，辽宁省支付结算体系建设不断推进，大、小额支付系统和网上支付跨行清算系统运行安全平稳，业务量保持稳定增长。

1. 支付环境与体系状况

支付系统业务量稳步增长。2016年，辽宁省大额支付系统共处理业务4 043.23万笔，金额135.91万亿元，同比增长4.26%和16.27%，日均处理业务16.10万笔，金额5 415亿元；小额支付系统共处理业务11 423.86万笔，金额11 866.79亿元，同比增长37.28%和31.00%，日均处理业务31.47万笔，金额32.69亿元；网上支付跨行清算系统共处理业务1 721.35万笔，金额1 515.64亿元，同比增长73.76%和62.36%，日均处理业务4.74万笔，金额4.18亿元。

支付系统现代化服务水平不断提升。一是盛京银行加入网上支付跨行清算系统，辽宁省农村信用社联合社、丹东银行、辽阳银行和营口沿海银行加入网上支付跨行清算系统前期准备工作顺利完成。二是ACS相关子系统的上线实施工作已经完成，盛京银行、大连银行和锦州银行3家地方法人银行机构依托ACS实现备付金的归集管理。

农村支付环境进一步改善。截至2016年末，全省农村地区共建立银行卡助农取款点24 321个，同比增长7.1%，14个地市全部实现助农取款服务终端机具"村村通"。2016年末，全省共实现助农取款业务交易笔数1 349.2万笔、交易金额15.2亿元，同比分别增长9.3%和8.6%。助农取款服务点升级改造为"金融服务站"工作不断推进。截至2016年末，全省农村地区人均持卡量2.51张，同比增长42.62%。

支付市场秩序得到有效治理。全年完成对13家收单机构分公司的执法检查，并对3家违规机构进行了行政处罚。加大对省内无证经营支付业务、电信网络新型违法犯罪、支付结算重大违法犯罪、非法买卖银行卡信息等违法违规行为打击力度，辽宁省支付环境得到进一步净化。

2. 需要关注的问题

一是现有相关政策文件法律地位较低，以部门规章和规范性文件为主，在与其他法律相冲突时，执行力受到制约，不能有效满足监管需要；二是由于支付业务创新较快，原有部分法规无法适应新业务的监管，如对二维码支付的相关管理制度尚未出台，导致二维码支付的监管无章可循，存在一定的风险隐患。

（二）法律环境

2016年，辽宁省法律制度逐步得到完善，依法行政工作取得显著成效；金融消费权益保护机制不断健全，金融消费环境得到了显著改善。

1. 法律环境状况

辽宁省法制工作取得新成效。全年提请辽宁省人大常委会审议地方性法规草案8件。全省法院共受理各类案件940 587件，同比上升16.1%，审执结案件776 677件，同比上升13.3%。加强对金融债权的司法保护，妥善审理民间借贷、金融借款、涉互联网金融等案件63 116件。批准逮捕走私、内幕交易、集资诈骗、贷款诈骗、信用卡诈骗等破坏市场经济秩序犯罪嫌疑人1 616人，起诉3 033人；批准逮捕电信网络新型违法犯罪嫌疑人499人，起诉151人。

金融消费权益保护机制不断健全。一是金融知识普及继续推进，基本形成以日常宣传教育为基础，"3·15金融消费者权益日"和"金融知识普及月"宣传为重点的多层次、全覆盖的宣传格局；二是多元化纠纷解决渠道逐步建立。"12363"投诉电话在辽宁省开通以来，经过初期投诉高峰到趋于平稳，全省基本实现了投诉处理零异议。2016年，全省共受理有效投诉139件，办结121件，受理咨询2 962件，涉及征信、人民币类等，满意度100%。

2. 需要关注的问题

一是金融消费者自我保护意识有待提高；二是金融机构金融消费权益保护制度建设亟待进一步完善。

（三）反洗钱

2016年，辽宁省反洗钱总体工作稳步推进，基层金融机构反洗钱履职意识显著提高，涉嫌洗钱的可疑交易资金监测及线索移送取得明显进展，地方法人机构反洗钱风险防控效果进一步提升。

1. 反洗钱工作状况

可疑交易资金监测工作稳步推进。全年共接收重点可疑交易报告333份，涉及金额1 388亿元，可疑交易报告数量同比增长16%，但涉及金额同比回落34%。可疑交易报告主要集中在网银业务，占全部可疑交易报告的88.26%。

案件调查成果取得明显成效。全年共协助公安机关调查涉嫌洗钱的可疑交易线索26个，向公安机关移送可疑交易线索4个，涉及金额6.8亿元。移送的4个线索中有两起被公安机关成功立案，有力提高了辽宁省打击涉恐、逃税以及地下钱庄等犯罪工作的精准度。

反洗钱意识显著提升。2016年是《中华人民共和国反洗钱法》颁布十周年，辽宁省加大反洗钱知识的宣传力度，累计5.9万人参加反洗钱知识宣传活动，深入机关、高校、社区、商户近2.6万个，解答咨询43万人次，宣传受众达1 800多万人次。

反洗钱监管效率进一步提升。反洗钱义务机构落实风险为本和法人监管总体原则得到强化，其中，考核评级 92 家，约见谈话 21 次，监管走访 85 次，质询 30 次，开展风险评估 11 家。全年共对 72 家金融机构及其分支机构进行了反洗钱专项现场检查。

2. 需要关注的问题

一是小型机构可疑交易自主监测的能力有限，其自定义监测指标能否有效防控洗钱风险需要重点关注；二是金融机构缺乏有效的反洗钱约束激励机制，从业人员专业性较差、流动性较大，人员的频繁交替易造成工作环节的失误或传导不畅；三是随着网银业务、网络支付业务、跨境业务的不断发展，洗钱犯罪的隐蔽性逐渐增强，洗钱犯罪活动跨区域、跨省特征明显，跨区域洗钱犯罪的调查存在一定难度。

（四）征信体系

2016 年，辽宁省征信体系建设取得积极进展，社会信用体系建设进一步深化，金融信用信息基础数据库平稳运行，征信服务水平进一步提升，征信宣传教育活动广泛开展。

1. 征信体系状况

金融信用信息基础数据库平稳运行。截至 2016 年末，企业征信系统共征集辽宁省企业及其他组织的信用信息 40 万户，开通查询用户 4 504 个，月均查询量 9.18 万次；个人征信系统共收录辽宁省 3 236 万自然人、6 169 万个信贷账户信息，开通查询用户 2.4 万个，月均查询量 63 万次。村镇银行、小额贷款公司和融资性担保公司接入征信系统数量不断增加，已有 46 家村镇银行和 20 家小贷公司成功接入。中征应收账款融资服务平台得到推广，全省新开通平台用户 200 户，通过平台累计成交 325 亿元。

中小企业和农村信用体系建设取得新成效。截至 2016 年末，全省累计建立小微企业信用档案 83 718 户。探索建立了农户信息征集、信用评价和信息应用三位一体的农村信用体系建设的新模式，帮助信用良好的农户获得融资便利，降低融资成本。截至 2016 年末，辽宁省农村信用社和邮政储蓄银行共征集农户信用档案 444 万户，对其中的 340 万农户进行了初步信用评价，对已进行信用评价的 315 万农户累计发放贷款 4 908 亿元，贷款余额 666 亿元。

社会信用体系建设取得明显成效。初步实现了省信用数据交换平台横向与省直 30 个数据源单位、纵向与 14 个市征信平台网络连接、数据传输和信息共享，同时，18 个县（区）级征信平台建设稳步推进中，开辟了全国唯一省、市、县三级联合征信建设模式的先河，有效解决了信息孤岛问题。

征信服务水平进一步提高。全省人民银行系统年内累计提供查询服务 143 万次，比上年增加 11%。省内个人信用报告互联网查询试点工作稳步推进，全年有 285 万人通过查询验证。4 家商业银行代理网点累计提供查询服务 8 969 次，查询量稳步增加。在沈阳、大连等地市引入自助查询终端提供信用报告查询服务，累计提供个人信用报告查询服务 92 万次，有效满足了社会公众的征信需求。

征信文化建设深入开展。采取召开新闻发布会、依托大型体育赛事等方式开展征信宣传活动，实现诚信教育进高校，辽宁科技大学和辽东学院等 7 所大专院校将《现代征信学》作为选修课；东北大学、东北财经大学等 10 所大学设立"银团金融服务站"。

2. 需要关注的问题

一是信息泄露给信息主体权益造成损害，如何严格规范各类征信业务，切实保护信息主体权益成为征信监管面临的重大课题；二是信用信息应用有待进一步扩展；三是多层次的信用法律法规建设有待进一步加强。

总　纂：薛　静　于大鹏　金庆鹏
统　稿：谭福梅
执　笔：刘　涛　由　华　高　鹏　姜　林　张继仁
其他参与写作人员：陈宁波　邓吉宁　安英俭　李璐媚　李士涛
　　　　　　　　　张次兰　陈庆海　别　曼　阿　荣　郭宝华

吉林省金融稳定报告摘要

2016 年吉林省经济运行平稳有序、稳中向好，基础设施投资持续快速增长，消费需求有所释放，进出口企稳回升。金融系统运行整体稳健，农村综合金融改革深入推进，证券市场直接融资较快增长，保险业保持良好发展势头，金融市场对实体经济支持作用进一步加强，金融基础设施建设不断完善。同时也应注意到，当前经济金融形势复杂多变，吉林省金融行业发展相对较慢，历史性、结构性问题仍然存在，各方面冲击仍可能对金融稳定造成一定影响。

一、区域经济运行与金融稳定

2016 年，吉林省地区生产总值实现 14 886.23 亿元，同比增长 6.9%，增速比上年加快 0.6 个百分点，高于当期全国平均增速 0.2 个百分点。经济发展平稳有序、稳中向好，实现了"十三五"的良好开局。分产业看，第一产业增加值 1 498.52 亿元，比上年增长 3.8%；第二产业增加值 7 147.18 亿元，增长 6.1%；第三产业增加值 6 240.53 亿元，增长 8.9%（见图 1）。

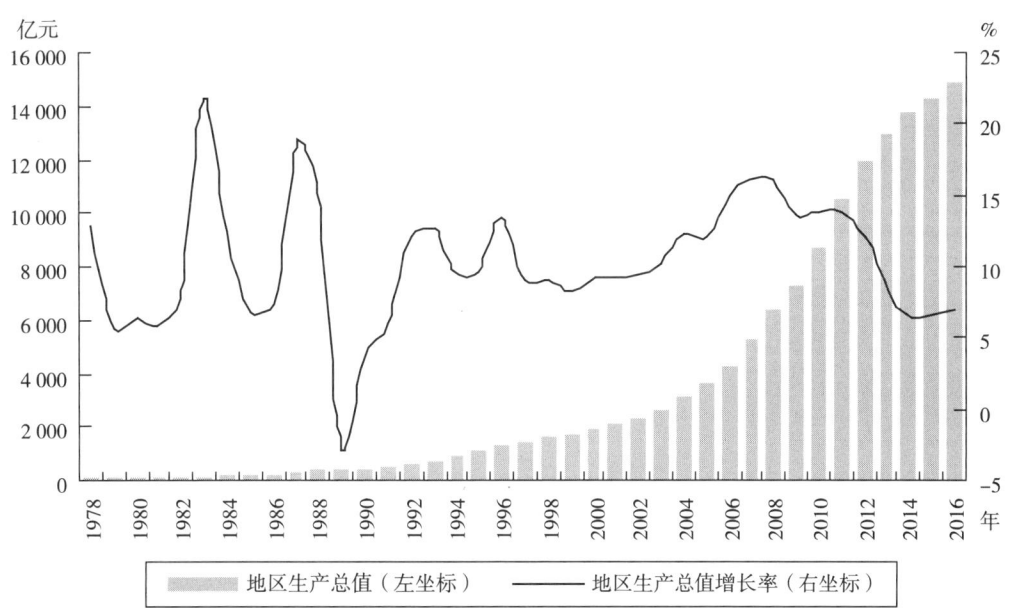

数据来源：吉林省统计局。

图 1　1978—2016 年吉林省地区生产总值及其增长率

（一）农业生产保持稳定

2016年，吉林省实现农林牧渔增加值1 549.26亿元，按可比价格计算，同比增长3.8%，其中，实现农业增加值812.60亿元，增长5.1%；牧业增加值594.13亿元，增长2.3%。全年全省粮食总产量743.44亿斤，同比增长1.9%。粮食单位面积产量7 402.4公斤/公顷，增长3.1%，单产水平稳居全国第一位。

（二）工业生产稳中有进

全年全省实现规模以上工业增加值6 133.98亿元，按可比价格计算，比上年增长6.3%，增速比上年加快1个百分点，高于当期全国平均增速0.3个百分点。汽车产业实现快速增长，全年实现增加值1 644.45亿元，同比增长10.0%，对全省规模以上工业增长的贡献率达到40.6%。医药健康产业实现增加值572.15亿元，同比增长11.8%，占规模以上工业的比重达到9.3%。装备制造业实现增加值655.99亿元，同比增长7.9%，占规模以上工业的比重达到10.7%，比上年提升0.3个百分点。

企业效益水平企稳回升。2016年，全省规模以上工业企业实现利润总额1 241.76亿元，同比增长5.2%；实现主营业务收入23 268.31亿元，同比增长5.7%；规模以上工业企业亏损面7.3%，比上年下降1.3个百分点。

（三）固定资产投资高位趋稳

2016年吉林省完成固定资产投资13 773.17亿元，比上年增长10.1%，高于当期全国平均增速2.0个百分点。分产业看，第一、第二、第三产业分别完成投资708.50亿元、7 186.49亿元和5 878.18亿元，同比分别增长31.0%、2.4%和18.8%。全年固定资产投资实际到位资金13 818.38亿元，比上年增长6.9%（见图2）。

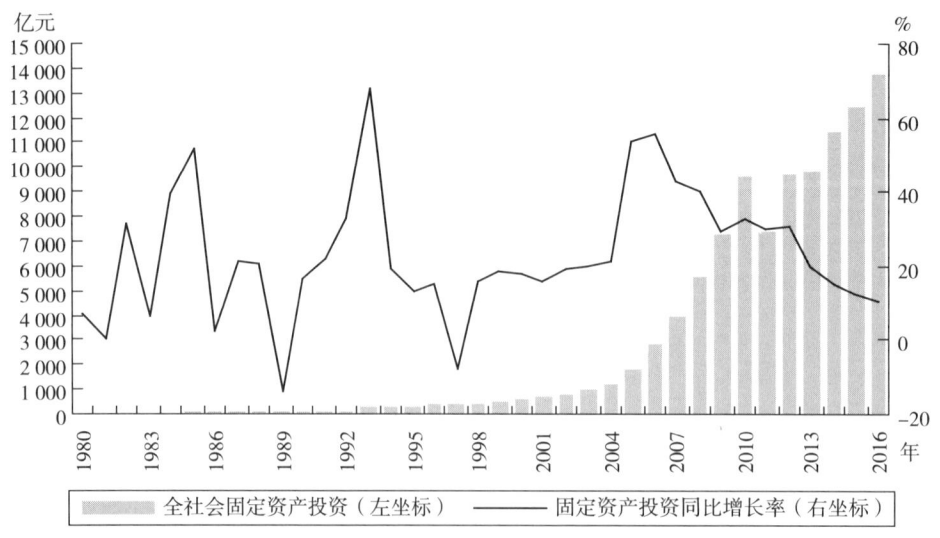

数据来源：吉林省统计局。

图2　1980—2016年吉林省全社会固定资产投资总额及其增长率

基础设施投资持续快速增长，全年完成基础设施投资 2 087.10 亿元，同比增长 28.9%，增速比上年加快 14.8 个百分点，占固定资产投资的比重为 15.2%，比上年提升 2.5 个百分点。民间投资突破万亿元，全年完成民间投资 10 200.05 亿元，同比增长 12.0%，占固定资产投资的比重为 74.1%，比上年提升 1.3 个百分点。投资结构不断优化升级，高耗能行业投资占固定资产投资的比重比上年下降 1.1 个百分点。

（四）消费需求有所释放

2016 年，吉林省实现社会消费品零售总额 7 310.42 亿元，比上年增长 9.9%，增速与前三季度持平，比上年提高 0.6 个百分点。其中，限额以上企业实现社会消费品零售总额 2769.38 亿元，同比增长 7.2%，增速比前三季度加快 0.7 个百分点，比上年提高 2 个百分点（见图 3）。城镇消费品零售额 6 554.51 亿元，同比增长 9.5%，乡村消费品零售额 755.91 亿元，增长 13.2%。

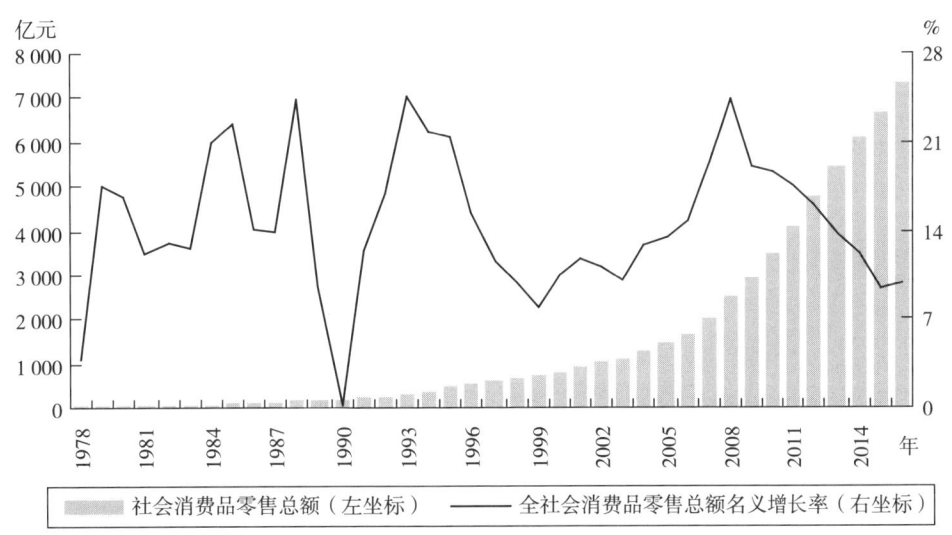

数据来源：吉林省统计局。

图 3　1978—2016 年吉林省社会消费品零售总额及其增长率

（五）外贸进出口企稳回升

2016 年，吉林省实现进出口总值 1 216.91 亿元，同比增长 3.8%，高于当期全国平均水平 4.7 个百分点。其中，实现出口总值 277.40 亿元，同比下降 3.0%；实现进口总值 939.51 亿元，同比增长 6.0%。全年全省实际利用外资 94.31 亿美元，同比增长 10.0%。其中，外商直接投资额 22.74 亿美元，同比增长 6.9%（见图 4）。

（六）财政收支稳步增长

2016 年，吉林省累计完成财政支出 3 586.09 亿元，同比增长 11.5%。全年累计完成公共预算全口径财政收入 2 225.6 亿元，同比增长 3.8%。累计完成公共预算地方级财政收入 1 263.76 亿元，同比增长 2.8%。其中，完成税收收入 872.95 亿元，同比增长 0.7%，"营改增"效果显现，增值税 267.88 亿元，同比增长 99.3%，营业税 111.44 亿元，同比下降 54%（见图 5）。

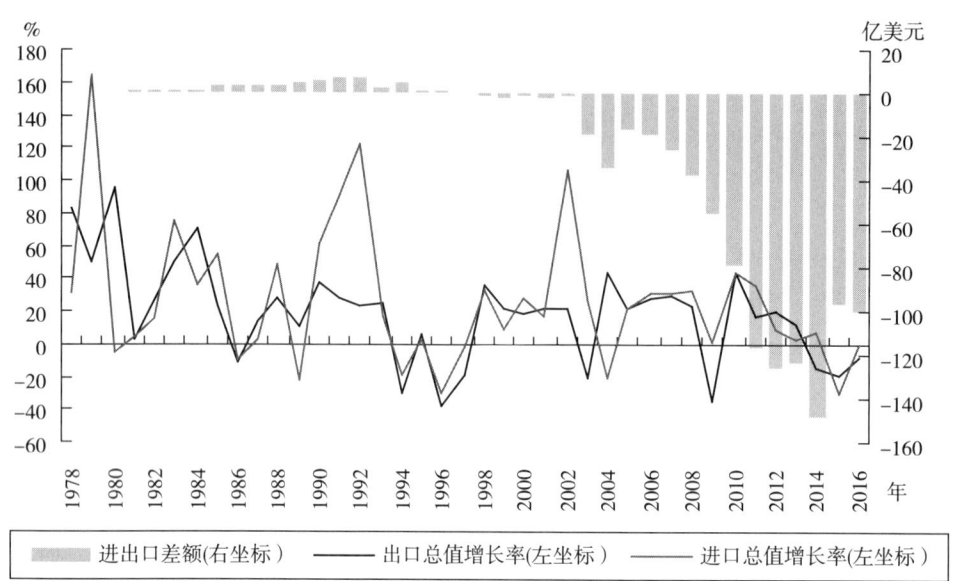

数据来源：吉林省统计局。

图4　1978—2016年吉林省外贸进出口变动情况

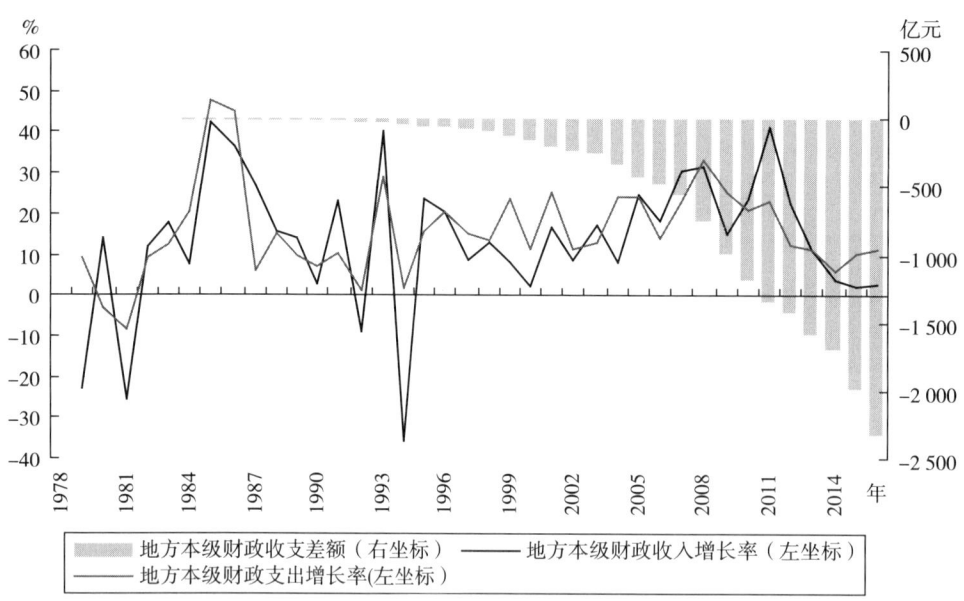

数据来源：吉林省统计局。

图5　1978—2016年吉林省财政收支状况

（七）城乡居民收入稳步增长

2016年，吉林省城镇常住居民人均可支配收入26 530元，增长6.5%；农村常住居民人均可支配收入12 123元，增长7.0%。城乡居民人均收入倍差2.19，比上年缩小0.01，低于全国平均水平0.53。

（八）物价水平稳定适度

2016年，吉林省全年居民消费价格比上年上涨1.6%，低于当期全国平均水平0.4个百分点。其中，城市上涨1.5%，农村上涨1.9%。分类别看，涨幅较大的价格有医疗保健上涨6.1%，食品烟酒价格上涨3.2%。全年工业生产者出厂价格比上年下降1.6%，降幅比前三季度收窄1.1个百分点。全年工业生产者购进价格比上年下降2.2%，降幅比前三季度收窄0.8个百分点（见图6）。

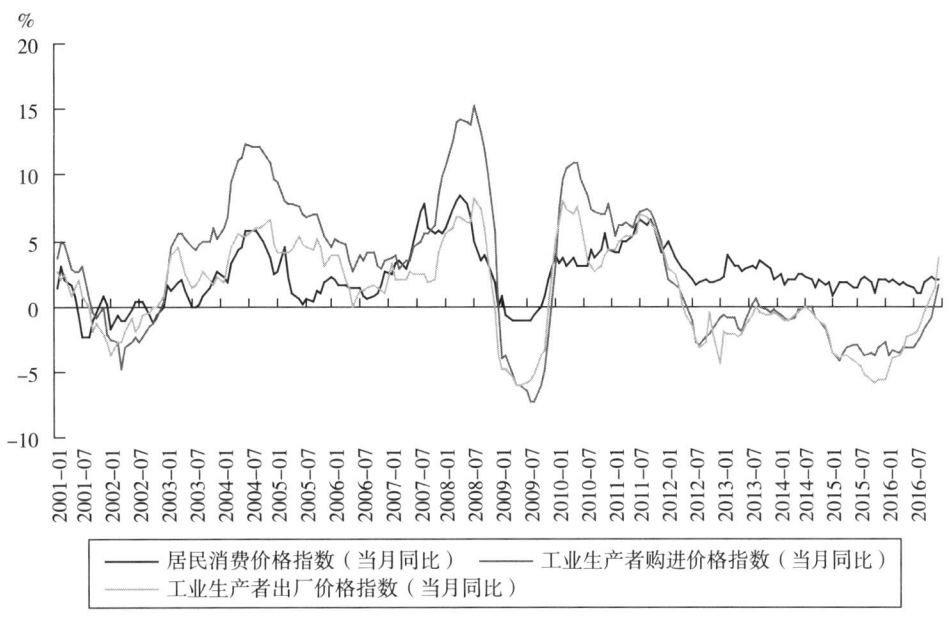

数据来源：吉林省统计局。

图6　2001—2016年吉林省物价指数变动情况

二、金融业与金融稳定

（一）银行业分析

1. 存贷款稳步增长，信贷投向优化

截至2016年末，吉林省银行业金融机构资产总额32 130.34亿元，同比增长18.33%；负债总额31 155.28亿元，同比增长18.48%。本外币存款余额21 154.72亿元，增长13.2%，本外币贷款余额17 210.47亿元，同比增长12.4%。其中，各类企业贷款余额10 846.9亿元，同比增长18.6%；高新技术和新兴产业贷款呈现较快增长，信息传输、软件和信息技术服务业贷款余额为20.5亿元，同比增长27.4%，增速同比提高55.7个百分点，且高于全部贷款平均增速15个百分点；小微企业和涉农贷款余额分别为2 985.5亿元和6 110亿元，同比分别增长14.3%和14.6%，分别高于全部贷款平均增速1.9个和2.2个百分点。

2. 涉农金融机构改革持续推进

2016年，农业银行"三农"金融事业部经营成效显著，涉农贷款333.6亿元，吉林省邮储银行组建"三农"金融事业部，涉农贷款余额140.8亿元。全年吉林省有7家农村信用联社改制成为农商行，全省农商行数量达到35家，资本充足率14.11%，抗风性能力进一步增强。全年新设6家村镇银行，全省村镇银行数量达到61家，存款余额525.58亿元，贷款余额300.01亿元。九银金融租赁公司、民营银行获得监管部门批准。

3. 资产质量和经营效益有所下降

随着一些风险问题逐步暴露，银行业资产质量和盈利水平受到影响。截至2016年末，吉林省银行业金融机构不良贷款余额同比增长17.77%；不良贷款率3.85%，比年初上升0.18个百分点。2016年，吉林省银行业金融机构累计实现净利润212.2亿元，同比下降23.19%。

2016年吉林省银行业总体保持稳健运行，但不良贷款增加明显，关注类贷款持续上升，大型有问题企业信贷风险凸显，部分农村信用社资产质量处置难度较大，同业投资业务风险上升等问题仍需密切关注。

（二）证券业分析

2016年，吉林省证券业总体保持稳定，证券交易规模有所回落，多层次资本市场体系不断完善，资本市场融资工作持续推进，市场运行总体健康平稳。

1. 证券机构经营总体稳健，投资者数量稳步增长

截至2016年末，吉林省法人证券公司2家；证券公司营业部136家，当年新增2家分公司、9家证券营业部。吉林省辖内法人期货公司2家，境外期货业务持证企业1家，期货公司营业部9家。截至年末，吉林省证券营业部资金账户246.95万户，同比增加20.16万户；A股证券账户398.57万户，同比增加39.13万户；期货投资者13 404户，同比增长8.99%。

2. 交易规模有所回落，融资融券业务平缓发展

2016年吉林省证券市场交易总额39 509.57亿元，同比减少23.47%。其中，股票交易额19 376.37亿元，债券交易额18 289.17亿元，基金1 954.32亿元。截至年末，吉林省共有109家证券营业部开展融资融券业务，开立融资融券信用资金账户5.1万户，已获批可使用授信额度2 216.68亿元，同比增长0.99%。

3. 直接融资业务实现较快增长

2016年，吉林省境内上市公司累计募集资金206.61亿元，比上年增长66.66%。其中，首发筹集资金4.96亿元，通过定向增发和配股募集177.15亿元，发行公司债券24.5亿元。此外，9家公司发行公司债募集102.8亿元，同比增长71.33%；22家公司在全国中小企业股份转让系统（新三板）定向增发募集4.46亿元，同比增长37.23%。

4. 上市公司运行平稳，"新三板"挂牌公司较快增长

2016年，吉林省上市公司中有1家迁址，2家首发上市，年末总数41家，占全国上市公司总量的1.34%，在31个省区中位列第19位，与上年持平。截至年末，吉林省A股上市公司总股本399.44亿股，总市值4347.16亿元。全年新增37家公司在新三板挂牌，年末新三板挂牌公司总数78家，占全国挂牌公司总数的0.77%，在31个省区中位列第22位。

5. 私募基金市场进一步进行整顿规范

2016年，基金业协会依规对私募基金管理人进行了清理整顿，对于未按期完成整改和未按规定完成备案的首只私募基金产品的机构予以注销，清理了大批无展业能力的空壳机构，净化了私募行

业，改善了行业构成。截至2016年末，吉林省在基金业协会登记的私募基金管理人64家，已备案私募基金98只，实缴规模255亿元，基金数量和基金规模分别比上年大幅增长113%和275%。

（三）保险业分析

2014年，吉林省保险业资产实力稳步增强，保费收入规模快速增长，法人保险公司偿付能力保持稳定，保险综合服务功能稳步提升，市场整体保持平稳发展态势。

1. 资产实力稳步增强，市场组织体系不断完善。截至2016年末，吉林省保险业平稳发展，资产实力稳步增强，全行业分公司以上资产总额达到1 324.23亿元，同比增长25.94%。吉林省法人保险公司仍为3家，分别为安华农业保险公司、都邦财产保险公司以及鑫安汽车保险公司。省级保险分公司34家，按业务性质划分，财产险公司17家，人身险公司17家。

2. 保费收入快速增长，保险保障功能有效发挥。2016年吉林省保险业实现保费收入557.12亿元，同比增长29.17%，保费规模全国排名第21位，增速排名全国第9位。其中，财产险公司保费收入137.71亿元，同比增长8.70%；人身险公司保费收入419.41亿元，同比增长37.68%。保险保障功能进一步发挥，全年保险赔款给付支出161.23亿元，同比增长27.58%。其中财产险公司赔款支出76.70亿元，同比增长17.63%，人身险公司赔付支出84.53亿元，同比增长38.19%。

3. 各类医疗保险逐步推广，对社会保障体系建设不断补充完善。继续推进大病保险业务发展，人保财险吉林省分公司、中国人寿吉林省分公司与吉林省卫计委续签2016年至2018年新农合大病保险合同，2016年的协议保费3.84亿元，保障人数为1 280万人，截至2016年末，已赔付金额为2.88亿元，赔付5.82万人次。2016年，各人身险公司补充医疗保险业务共实现保费收入1.10亿元，委托管理资金5 808万元，保障人数162.87万人。2016年，我省小额人身保险共实现保费收入5 245.61万元，为260.81万人提供了近432亿元的保险保障服务。

4. 积极发挥社会综合保障作用，为实体经济发展提供风险保障。支持进出口贸易方面，截至2016年末，吉林省出口信用保险服务企业达到295家，支持企业出口5.71亿美元，承保保费270万美元，支付赔款526万美元。6家财险公司共为230家企业提供进出口货运险保障163亿元，保费收入863万元，赔款支出399万元。服务小微企业方面，截至2016年末，吉林省保险业共为3.18万家小微企业提供包括企业财产保险、意外伤害保险、责任保险、货运险等类型的风险保障，承保标的总额2 253亿元，累计保费收入1.56亿元，赔付支出2 487万元。

5. 支持公共服务和民生领域建设。截至2016年末，保险资金通过债权、股权等方式，投入基础设施、养老社区建设等领域，累计投资额57.58亿元。截至2016年末，保险公司共为吉林省内城建、交通、民生领域多项重大项目提供风险保障336亿元，保费收入7 098万元，赔款支出997万元。

三、金融市场与金融稳定

（一）社会融资情况

2016年，吉林省金融业积极发挥金融服务职能，大力加强对实体经济的融资供给，降低融资成本。截至12月末，吉林省社会融资规模存量20 984.5亿元，同比增长14.5%。全年累计新增2 789.7亿元，为历史第二高水平，同比多增79.9亿元。其中，金融机构表内融资新增1 897.6亿元，占社会融资规模的68%；表外业务融资累计新增550.2亿元，同比多增853.2亿元，占总量比重的19.7%。直接融资发展相对缓慢，全年省内企业直接融资累计新增184.9亿元，占比仅为6.6%，同比少增102.7亿元。其他融资62.7亿元，占比2.25%。金融机构贷款利率总体下行。其中，12月吉林省一般贷款加权平均利率5.67%，较上年同期下降0.11个百分点。法人金融机构自主定价能力进一步增强。2016年，吉林省共有16家银行业法人金融机构通过合格审慎评估，推动长春发展农商银行等4家金融机构成为全国自律机制基础成员，安图农商行等9家金融机构成为观察成员，吉林银行等3家金融机构通过年检，继续作为全国自律机制基础成员。

（二）货币市场情况

2016年，金融市场继续平稳运行，各市场交易量活跃，交易额稳步攀升。全省拥有全国银行间同业拆借市场会员机构47家；场外融资电子备案系统备案的会员机构为78家；全国银行间债券市场会员机构59家。

1. 同业拆借市场流动性紧张状况有所减缓，融资意愿依然较强。全年38家机构累计成交9 687.59亿元，同比增长25.93%。全年场内市场同业拆入加权利率2.44%，同比上升0.11个百分点；同业拆出加权利率2.79%，同比下降了0.87个百分点。

2. 现券市场交易活跃，成交量保持高位，现券平均收益率保持高位。2016年现券市场累计交易金额8.43万亿元，同比增长32.34%，净变现债券2 225.01亿元。2016年现券买入加权收益率3.23%，卖出加权收益率3.27%。在基础资产价格下行的形势下，债券投资成为金融机构增加闲置资金使用效率，调整资产负债结构，合理匹配资金运用期限的重要手段。

3. 回购市场成交额迅速增加，再创历年新高，回购利率水平保持低位。2016年，吉林省银行间回购市场累计成交金额20.83万亿元，同比增长27.24%，交易笔数和累计成交金额双双再创历年新高。金融机构通过债券回购业务，累计净融入资金14.42万亿元，净融入资金日均余额394.97亿元。债券回购业务以债券作为质押，安全性较高，融资价格相对较低，目前已取代场内拆借市场成为吉林省资金融通主渠道。2016年质押式正回购加权利率2.16%，上升0.19个百分点，质押式逆回购加权利率2.32%，下降0.2个百分点；买断式正回购加权利率2.62%，上升0.09个百分点，买断式逆回购加权利率2.62%，下降1.33个百分点。

（三）跨境收付及结售汇

1. 跨境收支流出压力减缓。2016年，吉林省经常项目跨境收付232.3亿美元，同比下降10.1%，跨境收付逆差133.2亿美元，同比下降4.9%。其中，经常账户、资本与金融账户跨境收支逆差分别为131.7亿美元和1.4亿美元，同比分别下降3.2%和63.8%。

2. 银行结售汇逆差总体收窄。2016年吉林省银行结售汇总额189.9亿美元，同比下降5.9%；结售汇逆差105.9亿美元，同比下降4.7%。居民个人售汇规模增势迅猛，持汇意愿受人民币汇率变化影响较为明显，2016年全省居民个人购汇26.4亿美元，同比增长12.3%。

3. 跨境人民币结算业务平稳发展。2016年全省金融机构办理办理跨境人民币结算业务329.9亿元，占全口径国际收支的比重为22%。其中，货物贸易人民币结算额占全部结算额的比重超过六成，占同期海关货物进出口总额的23%，与上年同期占比基本持平。资本项目跨境收付额占全省本外币资本项目跨境收付额的34.4%，与上年同期占比基本持平。

四、金融基础设施与金融稳定

（一）征信体系建设

2016年，吉林省征信体系建设稳步推进，社会信用环境不断改善，对维护金融稳定发挥积极作用。征信系统服务功能有效发挥，截至2016年末，金融信用信息基础数据库收录吉林省16.9万户企业，1 877万自然人信用信息，全年向省内金融机构提供查询服务390余万次，为金融机构防范金融风险提供了有力信息支持。信用体系建设稳步推进，省政府制定出台《吉林省建立完善守信联合激励和失信联合惩戒制度加快推进社会诚信建设实施方案》等多项制度，信用奖惩机制不断完善，助推社会经济稳定健康发展。中小微企业与农村信用体系建设全面推进，累计为全省4.8万中小微企业与346万农户建立信用档案，广泛开展信用企业、农村青年信用示范户等评定工作。信用宣传教育力度不断加大，全省组织开展信用宣传培训活动20余次，覆盖公众30余万，全年81.8万个人主动查询本人信用报告，同比提高近三成。

（二）支付体系建设

2016年吉林省支付体系持续稳定运行，对提高资金往来效率、服务实体经济发展、满足公众日益增长的支付需求发挥积极作用。全省各支付系统全年共处理支付业务5.85亿笔、金额53.41万亿元，笔数同比增长30.34%，金额同比下降0.80%。

全年共发生票据、银行卡等非现金支付业务19.24亿笔，同比增长44.12%；金额48.98万亿元，同比下降5.82%。其中，票据业务425.57万笔、金额2.17万亿元，同比分别下降9.87%和2.59%；银行卡业务18.40亿笔、金额10.15万亿元，同比分别增长46.16%和15.09%。

银行卡受理环境持续优化，银行卡消费稳步增长。截至2016年末，银行卡跨行清算系统联网商户29.31万户、联网POS机具37.31万台、ATM 1.61万台，同比分别增长18.35%、15.77%、8.70%。累计发行银行卡9 702万张，同比增长14.04%，人均持有银行卡3.52张。全年银行卡消费7 292.13亿元，同比增长27.18%。

银行卡信贷规模稳步增长，授信使用率持续提升。截至2016年末，银行卡授信总额1 116.57亿元，同比增长42.88%；应偿信贷余额487.84亿元，同比增长59.68%。授信使用率达43.69%，较上年提高4.60个百分点。逾期半年透支余额7.30亿元，同比增长246.60%，占应偿信贷余额的1.50%，占比较上年提高0.81个百分点。

（三）反洗钱体系建设

2016年，吉林省辖区反洗钱工作紧紧围绕增强反洗钱工作有效性的总体目标，始终将法人监管和风险为本的理念贯穿于各项工作之中，不断优化监管方式方法，完善协调机制，"打击利用离岸公司和地下钱庄转移赃款专项行动"成果突出。立足风险为本原则，加强反洗钱现场检查，检查范围实现了机构类型的全覆盖。全年协助省纪委、公、检、法等单位开展反洗钱案件协查29起，协查账户数量2 000余户，累计交易金额329 492万元。在"打击利用离岸公司和地下钱庄转移赃款专项行动"中，协助公安机关破获地下钱庄案件5起，其中一起为全国第二例、吉林省首例涉及地下钱庄案件，涉案资金近 300 亿元人民币。

（四）金融消费者权益保护

2016 年，人民银行长春中心支行以提升消费者金融素养为主旨，以切实保护金融消费者合法权益为核心，扎实推进辖区金融消费权益保护工作。全年办理新设银行业金融机构金融消费权益保护工作开业审核事项 41 笔，对辖区 100 家金融机构金融消费权益保护工作进行综合量化考评。

强化辖区金融机构金融消保工作监督管理力度。继续加强"12363"金融消费权益保护咨询投诉电话及"金融消费权益保护信息管理系统"的管理及使用工作，做好相关咨询投诉的受理、转办、督察及回访工作。全年共受理处置消费者投诉 80 笔、咨询 52 笔。在 2016 年 3 月和 9 月分别组织开展"3·15"金融消费者权益日活动和"金融知识普及月"活动。全省共组织宣传 5 000 余场，发放宣传资料 130 万余份，媒体报道 344 次，受众人数 300 万余人，进一步提升了广大金融消费者对金融业和金融产品的整体认知度，增强了金融消费者维护自身合法权益的意识。

反假币工作力度进一步加大。持续推进打击整治假币犯罪活动，破获吉林省近年来首例特大制售假币案，案件侦破工作取得重大成果；加大了银行业金融机构监管力度，按照"双随机"原则，本着"发现问题，规范操作"的原则，依法对银行业金融机构开展了检查，使各家金融机构的反假业务得到进一步规范；在 2 个民航机场、28 个铁路火车站、55 个公路、轻轨客运站、168 个城市公交线路、297 个乡镇村屯、231 所学校、1 034 个商超、1 312 个农贸市场开展公众反假知识宣传，公众识假防假能力得到提升；在报纸、电视和互联网共报道 45 次，微信传播达 3.7 万次；全面推进了金融机构临柜人员、社会特殊人群、企事业单位的反假培训工作。

五、评估和政策建议

1. 合理优化金融资源配置，积极推动经济转型升级

坚持稳中求进工作总基调，坚持以推进供给侧结构性改革为主线，贯彻落实稳健的货币政策，结合"去产能、去库存、去杠杆、降成本、补短板"的总体任务，抓住东北老工业基地振兴战略机遇，有效发挥金融服务实体经济作用，促进经济发展模式转型升级，做好农村金融综合改革试点。助推经济实现稳增长、促改革、调结构、惠民生、防风险，形成经济与金融良性互动。

2. 深入推进金融体制改革，不断提升抗风险能力

促进各类法人金融机构进一步充实资本金，加强和完善公司法人治理结构建设，健全内控机制。做强中小法人金融机构，提升经营质量和效益，积极适应利率市场化背景下的市场转变，继续大力推进农村信用社向农村商业银行转制工作。加强资本市场直接融资工作，加快构建多层次资本市场体系；充分发挥保险业保障功能，加强对保险市场营销活动的监督和规范。

3. 加强重点领域和高风险金融机构的风险监测排查

加强对"去产能、去杠杆"过程中产能过剩行业、"僵尸企业"、大型有问题企业以及房地产行业等领域的风险监测；密切关注地方高风险中小法人金融机构的风险状态，做好信用风险和流动性风险防范工作；进一步完善对金融机构同业业务和交叉性理财产品的风险监督机制。加强各监管部门与地方政府之间的协调配合，健全和充分发挥金融稳定监管协调机制的作用，及时发现风险隐患，预警风险。

4. 推进金融生态环境建设，完善金融安全网建设

进一步健全金融监管法律法规制度建设，强化信用卡风险管理，完善支付结算服务网络建设；加强全方位的反洗钱工作体系，严厉打击洗钱犯罪；不断完善和加强全社会信用环境建设；提高社会各部门对保护金融消费者合法权益的重视程度。打造健康、高效、稳定的金融生态环境，形成区域金融业稳健运行的良好基础。

主　　任：张文汇
副 主 任：裴绍军
总　　纂：梁　伟　刘晓鑫
统　　稿：刘　健
执　　笔：王景瑞　王春萍　白云峰　冯　叶　安立环
　　　　　毕　聪　刘　镇　李志刚　邵　洋　佟训舟
　　　　　唐　珂　任建春　金　珊　孟繁博　杨　珩
　　　　　荀雨杰　赵雨丝　赵　锋　赵新欣　柴文梁
　　　　　郭佩颖　曹　楠　董凯军　景祥云

黑龙江省金融稳定报告摘要

2016年，黑龙江省认真学习贯彻习近平总书记系列重要讲话特别是对黑龙江省两次重要讲话精神，深入贯彻落实党中央、国务院关于东北振兴的决策部署，创新实施"五大规划"，大力发展十大重点产业，加快建设"龙江丝路带"。注重激发内生动力，注重发展动能转换，注重新增长领域培育，全省经济在预期中运行，民生持续改善，实现"十三五"平稳开局。农业综合生产能力进一步提升；主导产业工业呈现回暖迹象；第三产业保持较快发展速度。积极财政政策有效精准；固定资产投资增速回升，居民消费价格水平总体稳定；外贸进出口复苏乏力。金融业运行总体稳健。银行信贷规模增速放缓，信贷结构更趋优化；资本市场稳健运行，上市公司融资取得新突破；保险业整体实力进一步增强，服务经济发展能力继续提高；具有融资功能的非金融机构发挥自身特点，对传统金融业形成良好补充。

一、经济运行与金融稳定

（一）经济运行基本情况

1. 贯彻落实国家决策，经济运行稳中有进

2016年，黑龙江省深入贯彻习近平总书记系列重要讲话特别是对我省两次重要讲话精神，创新

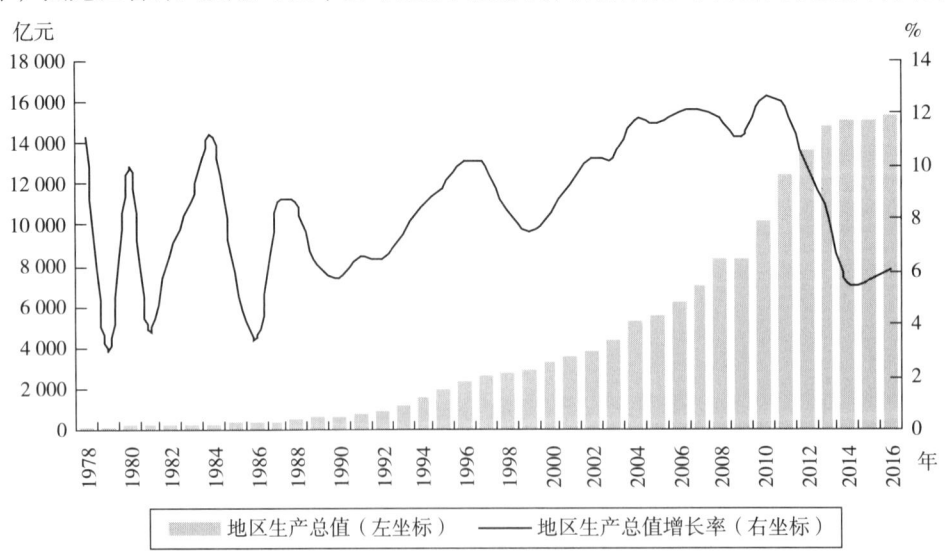

数据来源：《黑龙江统计年鉴》，《黑龙江统计月报》。

图1　1978—2016年黑龙江省地区生产总值及其增长率

实施"五大规划",大力发展"十大重点产业",加快建设"龙江丝路带"。初步核算,全年实现地区生产总值15 386.1亿元,同比增长6.1%,增速比上年提高0.4个百分点,低于全国平均水平0.6个百分点。

2. 三次产业协调发展,产业结构持续优化

2016年,黑龙江省第一、第二、第三产业分别实现增加值2 670.5亿元、4 441.4亿元和8 274.2亿元。三次产业构成比由2015年的17.5:31.8:50.7调整为17.3:28.9:53.8,总体呈现第一产业平稳发展,第二产业平稳回升,第三产业态势良好。农业综合生产能力持续提升。2016年,黑龙江深入推进"两大平原"现代农业综合配套改革,着力提升农业综合生产能力。生态高产标准农田新增665.4万亩,绿色有机食品认证面积达7 400万亩,新建水稻标准化育苗大棚6.2万栋。主导产业工业有所回暖。2016年,黑龙江省规模以上工业企业实现增加值2 994.2亿元,同比增长2%,增速比上年提高1.6个百分点,工业保持平稳回升态势。装备、石化、能源、食品四大主导行业实现增加值2 406.5亿元,同比增长1.2%,增速比上年提高1.8个百分点。第三产业持续较快发展。2016年,黑龙江省第三产业产值同比增长8.6%,增速比上年回落1.8个百分点,但仍然保持相对较高的增长速度。传统服务业保持平稳增长,物流、信息等现代服务业呈现良好发展势头,尤其是旅游业得到进一步提升。

3. 财政收支出现分化,结构性减税政策效果显现

2016年,受全省经济触底回升后持续低位运行影响,公共预算收入先升后降,全年实现公共预算收入1 148.4亿元,同比下降1.4%。全省税收收入降幅继续扩大,全年税收收入入库827.8亿元,同比下降6.0%,占公共预算收入比重的72.1%,较上年下降3.4个百分点。全省完成公共财政预算支出4 228亿元,同比增长5.2%,完成年初计划的131.6%。其中,市(地)级、县(区)级支出占总支出比重分别为30.2%、48.4%,较同期分别提高1.7个、0.1个百分点。全面落实"营改增"试点工作,全省共有"营改增"试点纳税人31万户,"营改增"实施以来共为我省企业减税52亿元;暂免征收部分小微企业增值税和营业税,全年减税降负107亿元。

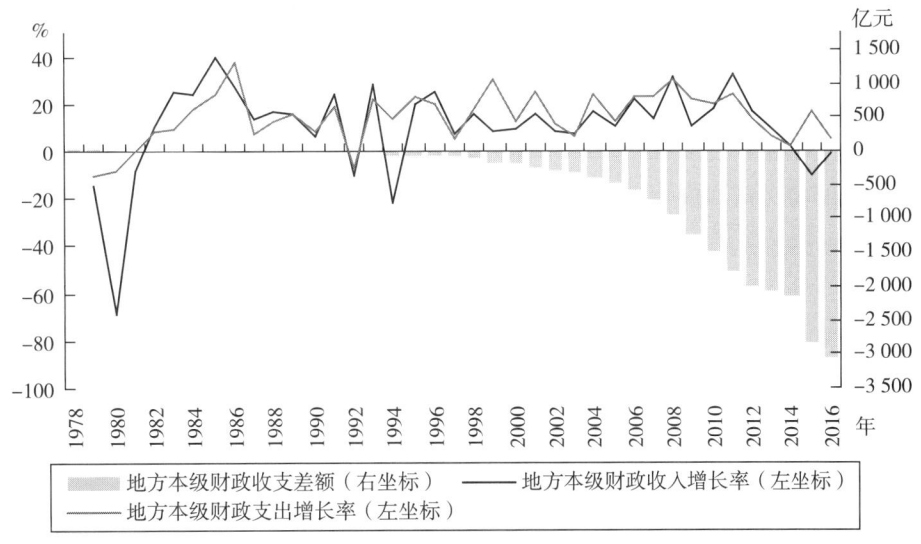

数据来源:《黑龙江统计年鉴》,《黑龙江统计月报》。

图2 1978—2016年黑龙江省财政收支状况

4. 固定资产投资增速回升，社会消费规模有所扩大

2016 年，黑龙江省推进水利、交通等重大基础设施项目、制造业等产业项目建设，加快基础设施改造步伐，促进制造业等产业优化升级，全省完成固定资产投资 10 432.6 亿元，同比增长 5.5%，增速比上年同期提高 2.4 个百分点。其中，第一产业完成固定资产投资 1 008.6 亿元，在 2015 年增长 32.6% 的基础上，又增长 11.6%；第二产业完成固定资产投资 3 970 亿元，同比增长 2.4%，增速比上年同期提高 2.5 个百分点；第三产业完成固定资产投资 5 453.9 亿元，同比增长 6.9%，增速比上年同期提高 5.3 个百分点。

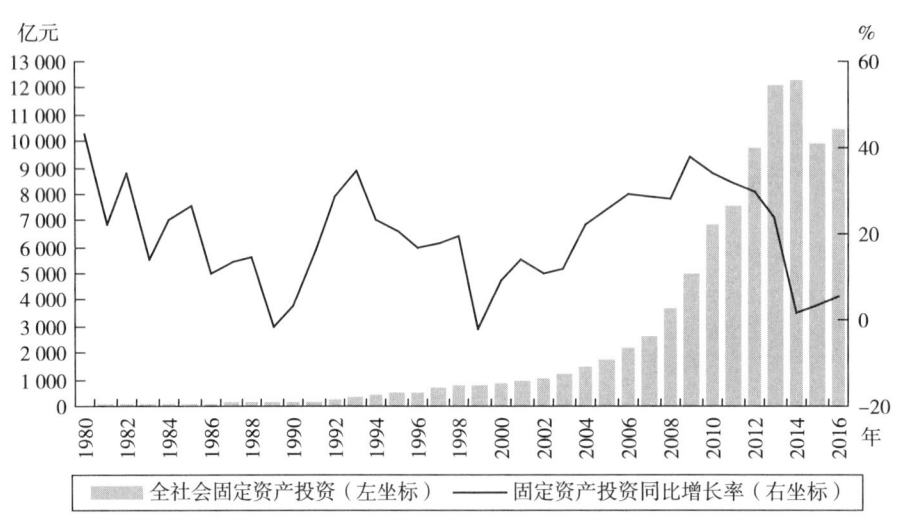

数据来源：《黑龙江统计年鉴》，《黑龙江统计月报》。

图 3 1980—2016 年黑龙江省全社会固定资产投资状况

5. 居民消费价格总体稳定，工业生产者价格指数降幅收窄

2016 年，黑龙江省 CPI 同比上涨 1.5%，涨幅比上年同期提升 0.4 个百分点，低于全国平均水平 0.5 个百分点，自 2014 年 1 月以来已连续 36 个月处于 2% 以下。2016 年，黑龙江省工业生产者出厂价格指数同比下降 4.9%，降幅比上年收窄 9.1 个百分点，降幅收窄幅度高于全国平均水平 5.3 个百分点。

6. 外贸进出口持续疲软，贸易逆差规模继续扩大

2016 年，全省实现外贸进出口总值 165.4 亿美元，同比下降 21.3%，高于全国降幅 14.4 个百分点。其中，出口 50.4 亿美元，同比下降 37.2%，高于全国降幅 29.3 个百分点；进口 115 亿美元，同比下降 11.4%，高于全国降幅 5.8 个百分点。贸易逆差 64.6 亿美元，比上年同期扩大 15.4 亿美元。

（二）宏观经济运行中影响金融稳定的风险因素

1. 产业结构尚需继续调整，经济增长新动力较弱

目前，黑龙江省正处于传统产业集中负向拉动与培育新动能、新增长领域相互交织的阶段，且长期以来黑龙江省产业结构偏传统型、偏资源型、偏重化工型，体制机制不够灵活，国有企业活力不足，民营经济发展不够充分，导致新增长点、新动能对经济结构的支撑能力不足。

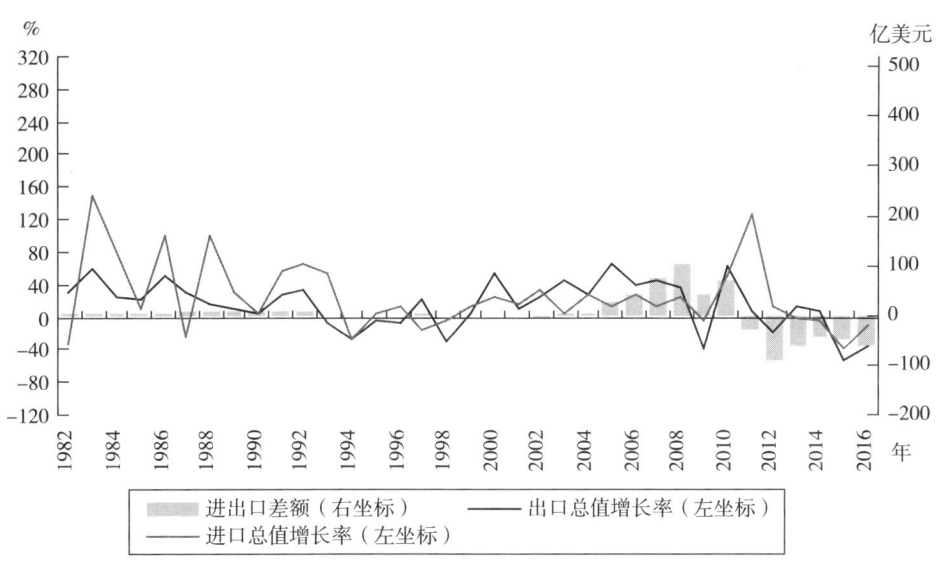

数据来源：《黑龙江统计年鉴》、《黑龙江统计月报》。

图4　1982—2016年黑龙江省外贸进出口变动情况

2. 主导产业经营形势仍较为严峻，资源型城市增长压力大

2016年，黑龙江省装备、石化、能源、食品四大主导产业主营业务收入表现为"三降一升"，除食品工业外，其余主营业务收入全部负增长。从能源工业看，全省能源工业2012年占经济总量约20%，2016年下降到不足10%；2016年全省经济总量比2012年增加1 400多亿元，但能源工业已比2012年减少1 600亿元左右。能源工业不景气，直接导致黑龙江省多个资源型城市工业经济发展出现下滑。2016年，全省13个市（地）中有5个市（地）工业增加值同比出现负增长，其中4个为资源型城市，资源型城市经济发展仍面临较大压力。

3. 农民收入水平较低，增收压力加大

从纵向看，黑龙江省农村常住居民收入保持稳定增长态势，但从横向看，黑龙江省农村居民平均收入水平较低。2016年，全省农村人均可支配收入比全国平均水平低531元。同时，农民抵御市场、自然等风险因素的能力不强，在非农产业方面的增收渠道不宽，增收难度较大。

二、金融业与金融稳定

（一）银行业

1. 银行业基本情况

2016年，黑龙江省银行业金融机构积极贯彻国家宏观调控政策，认真执行稳健中性的货币政策，努力提升金融支持实体经济的能力，优化信贷结构，加强风险管控，运行态势总体良好。

（1）银行业整体规模稳步扩大，非利息收入或成利润新增点。截至2016年末，全省银行业资产总额3.6万亿元，同比增长7.2%；负债总额3.5万亿元，同比增长7.1%；全年实现净利润283.1亿元，同比上升10.5%，较上年同期回升21.2个百分点，利润回升主要是由于贷款核销和债务置换使得部分拨备回归所致。其中，全省非利息收入占比19.4%，非利息收入对传统息差的依赖较小，

是银行优化收入结构的重要途径。伴随着利率市场化的进一步推进，以中间业务收入为主的非利息收入或将成为银行业利润未来新的增长点。

（2）存贷款余额保持增长态势，服务业成为信贷投向重点。截至2016年末，全省金融机构本外币各项存款余额2.24万亿元，同比增长4.5%，增速比同期低4.0个百分点；金融机构本外币各项贷款余额1.81万亿元，同比增长8.7%，增速比同期回落11.9个百分点。从贷款投向看，全省贷款重点支持"批发和零售业"、"租赁和商务服务业"、"交通运输、仓储和邮政业"以及"房地产业"发展，个人购房贷款新增311.4亿元成为全省信贷增长的亮点。

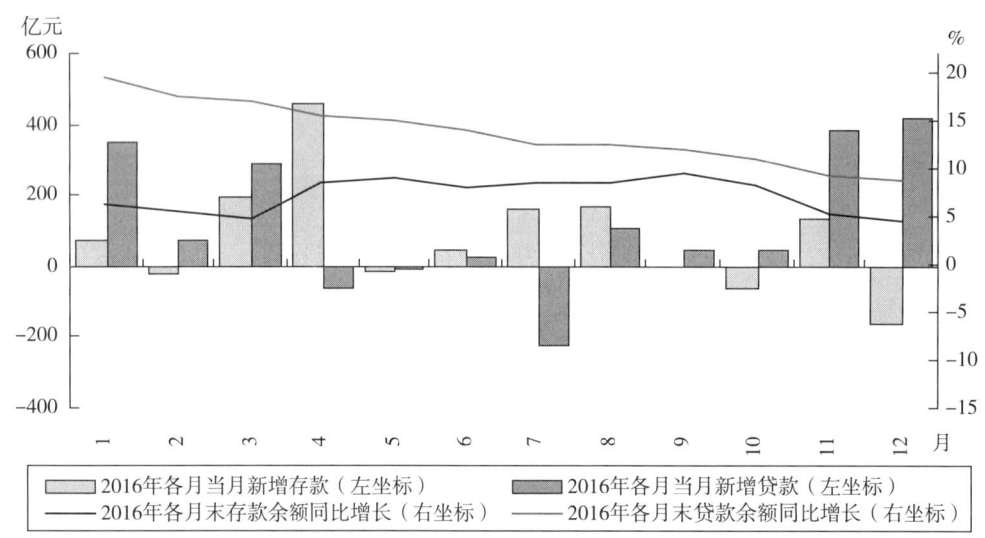

数据来源：中国人民银行哈尔滨中心支行。

图5 2016年黑龙江省金融机构存贷款变化情况

（3）积极支持"农业供给侧改革"，农业综合生产力持续释放。黑龙江省依托"两大平原"现代农业金融改革试点，积极探索金融支持"农业供给侧改革"有效方式，促进我省农业发展方式转变和农业结构战略性调整。推进"两权"抵押贷款快速发展。2016年，黑龙江省建立完善了"两权"抵押贷款信贷管理制度及实施细则，引导金融机构大力开展"两权"抵押贷款相关金融产品和服务方式创新，尤其是针对土地规模。加大新型农业经营主体信贷投放力度。全省金融机构强化政策引导，将新型农业经营主体信贷投放情况纳入信贷政策导向效果评估，搭建银企（农）对接平台，建立帮扶对子。截至2016年末，全省新型农业经营主体贷款余额700.6亿元，累计支持农业产业化龙头企业570个、农民合作社2.51万个、家庭农场（大户）10.83万个。积极支持粮食作物种植结构调整。2016年，全省金融机构持续加大信贷投放力度，积极支持农作物种植结构调整、玉米去库存。据统计，我省农村区域网点布局较多的农信社、农业银行全年累计投放农户贷款超过900亿元，保证了农户生产资金供给。

（4）不良贷款持续增长，不良率略有下降。截至2016年末，全省金融机构不良贷款率为3.4%，比年初下降0.1个百分点。从形成原因看，中型企业和小微型企业仍是企业不良贷款的主要来源，其不良贷款余额分别占企业不良贷款总额的43.7%和40.2%，不良贷款率分别为1.4%和3.3%。

2. 银行业面临的主要问题

（1）战略转型规划尚不到位。面对当前复杂多变的经济环境和调控政策颁布频度、密度和力度明显增强的实际，我省部分商业银行对宏观政策、审慎监管要求的解读和落实不敏感，主动适应经济转型的战略规划不到位。在发展思路上，仍停留在旧思维、老传统上，既没有充分体现支持产业结构转型升级要求，也没有顺应金融市场的变革对自身的发展战略做出相应调整。

（2）银行业利差呈缓慢下降趋势。截至2016年末，全省金融机构利息净收入601.6亿元，同比减少40.7亿元。在未来一段时间内，息差收窄、拨备压力加大、营业成本增加将成为影响商业银行净利润增长的主要负面因素。

（3）案防形势依然严峻。2016年，全省银行业金融机构案件呈多发趋势。从案件类型看，既有票据诈骗、代理理财产品兑付风险等外部案件，也有职务侵吞、银保合作业务人员挪用客户资金的内部案件；从案件性质看，既有企业与银行间因贷款偿还产生的案件，也有银行业同业之间因业务纠纷而产生案件。总体来看，我省银行业案件防控形势依然较为严峻。

（二）证券期货业

1. 证券期货业基本情况

2016年，黑龙江省证券期货业严控业务风险，运行总体平稳，未发生影响区域金融稳定的事件。

（1）上市公司

截至2016年12月末，黑龙江省共有A股上市公司35家，数量与上年持平。其中，主板公司30家（沪市主板25家、深市主板5家），中小板公司3家（誉衡药业、博实股份、葵花药业），创业板公司2家（九洲电气、中飞股份）。A股上市公司总市值4 481.36亿元。上市公司主要呈现以下特点：一是地区集中度较高。目前，黑龙江省上市公司主要分布在哈尔滨、齐齐哈尔和牡丹江。上述三地的上市公司数量共达到31家，在全部辖区上市公司中合计占比超过90%。其中，仅哈尔滨市就有上市公司26家，占辖区上市公司总数的74.3%。二是行业集中度较高。全省35家上市公司分布于制造业、农业、零售业、电力及水的生产和供应业等9个行业。其中，22家公司集中于制造业，占辖区上市公司总数的62.9%。三是控股集中度较高。目前，黑龙江省上市公司中，民营控股上市公司数量自2010年的9家增长至目前的15家，但以哈飞系、哈药系、农垦系为代表的中央和地方国有控股公司仍然占主导地位。

（2）证券期货经营机构

截至2016年底，我省有法人证券期货公司3家（其中证券公司1家、期货公司2家），证券从业人员3 500人，期货从业人员144人；投资者股票账户数565.08万户，比上年增加88.89万户；全年证券市场交易额3.64万亿元，比上年减少2.7万亿元。

2016年，辖区法人证券机构——江海证券盈利情况明显回落，实现营业收入11.99亿元，同比下降40.33%；利润总额5.29亿元，同比下降53.66%；净利润4.01亿元，同比下降52.94%。在业务规模降低的背景下，江海证券主动加强合规风险管理，严守监管底线。同时，2016年7月，江海证券成功完成资产重组，成为上市公司哈投股份（600864）的全资控股子公司。

截至2016年末，我省两家期货公司总资产2.77亿元，比上年增加0.5亿元；营业收入1 255.72万元，比上年增加318.16万元；净利润-33.7万元，比上年减亏335.22万元。

2. 证券期货业面临的主要问题

（1）市场份额占比偏低。从总量分布看，2016年，黑龙江省GDP约占全国总量的2.07%，而全省上市公司总市值仅占全国总量的约0.89%，占比持续下降。全省A股上市公司总市值与招商银行（600036）基本相当，不足中国石油（601857）总市值的1/3，资本市场发展水平与经济社会总体发展水平严重失衡。从机构分布看，截至2016年末，全国上市公司3 047家，我省只有35家，仅占全国总数的1.14%，远远低于全国平均95家的水平；全国证券公司129家，而我省仅1家，低于全国平均4家的水平；全国期货公司150家，我省仅2家，低于全国平均4.7家的水平；基金公司尚处空白，没有具备证券期货业务资格的法人类会计师事务所和资产评估事务所。

（2）风险防控能力有待进一步提高。目前，部分证券机构重规模不重质量，重效益轻风控，热衷开拓创新业务，合规意识薄弱，行业风控能力落后于业务发展。创新业务存在未知的经营风险。

（三）保险业

1. 保险业基本情况

2016年，黑龙江保险业积极应对宏观经济下行等不利因素影响，不断完善市场体系和保障功能，服务经济社会发展的能力进一步增强。

市场体系不断完善，整体实力有所增强。截至2016年末，全省共有保险市场主体47家，当年新增保险市场主体3家。其中，财产险公司21家（含1家法人机构），人身险公司26家。保险专业中介法人机构53家，保险专业中介分支机构1 231家。全省执业登记保险销售从业人员265 789人，较上年增加81 334人。截至2016年末，保险公司总资产1 764.26亿元，较年初增长20.2%。保户储金与投资款675.68亿元，同比增长79.33%。

表1　　　　　　　　　　　2016年黑龙江省保险业基本情况表

项目	数量
总部设在辖内的保险公司数（家）	1
其中：财产险经营主体（家）	1
寿险经营主体（家）	0
保险公司分支机构（家）	46
其中：财产险公司分支机构（家）	20
人身险公司分支机构（家）	26
保费收入（中外资，亿元）	685.52
其中：财产险保费收入（中外资，亿元）	153.4
人身险保费收入（中外资，亿元）	532.12
各类赔款给付（中外资，亿元）	237.75
保险密度（元/人）	1 798.33
保险深度（%）	4.46

数据来源：黑龙江保监局。

保费收入增长平稳，服务经济发展能力继续提升。2016年，全省保险业机构累计实现原保险保费收入685.52亿元，较上年增加93.75亿元，同比增长15.84%，规模列全国第18位。其中，财产险公司实现原保险保费收入153.4亿元，较上年增加16.24亿元，同比增长11.85%；人身险公司累计实现原保险保费收入532.12亿元，较上年增加77.51亿元，同比增长17.05%。全年为全社会提供风险保障10.34万亿元，较上年增加2.81万亿元，同比增长37.27%。保险业赔款与给付237.75亿元，较上年增加68.51亿元，同比增长40.47%。

2. 保险业面临的主要问题

(1) 利差空间逐步缩小。2016年,我省保费规模的较快增长伴随着资产收益率的下行。部分万能险结算利率达到6%,加上佣金、手续费等费用,资金成本在8%左右,有的甚至超过10%,资金成本已远超债券等固定收益类资产收益水平。从国际经验看,在低利率背景下,负债成本调整速度相对于资产收益具有明显的滞后性。银行业滞后周期为1~2年,保险业为2~5年。利差空间收窄导致行业潜在的利差损风险较大。

(2) 公司治理存在隐患。个别公司股权结构复杂且不透明,往往通过股权代持等形式,形成"一股独大",缺少行之有效的制衡机制。造成激进的产品、激进的销售、激进的投资和虚假的偿付能力,最终可能导致投资失败、流动性风险等深层次问题。

(四) 具有融资功能的非金融机构

1. 充分发挥融资特点,积极支持实体经济

截至2016年末,黑龙江省共获批开办小额贷款公司390家,融资担保法人机构175家,区域性股权市场3家,地方资产管理公司1家,典当法人企业247家,融资租赁企业6家,民间借贷登记服务中心试点单位19家,目前正式营业的有9家。其中,小额贷款公司总资产259亿元,总负债16.1亿元,融资性担保公司总资产443亿元,总负债78亿元,典当行总资产35.07亿元,总负债0.26亿元,融资租赁企业总资产15.6亿元,融资额6.3亿元,融资租赁业务收入0.69亿元。

2. 监管依据不足,行业发展存疑

具有融资功能的非金融机构发展过程中,行业内部存在的一些问题和风险隐患也不应忽视:一是行业立法缺失,经营和监管缺乏有力的制度依据。现有法律效力不足以设定行政许可、行政强制措施和必要的行政处罚手段,行业经营和监管缺少有力的制度依据,影响监管工作的开展和监管责任的落实。二是资产处置困难、成本高。以小贷行业为例,小贷公司在通过司法程序清收不良贷款时,抵押担保物变现困难。不仅诉讼周期长,履行完司法程序一般需要1~2年,导致小贷公司资金长期占用,而且抵押担保物产权过户、拍卖等环节收费较高,增加了小贷公司的财务成本。三是典当行业潜藏风险隐患。我省典当行业受经济下行压力、同质化竞争加剧的影响,近两年行业增速放缓,企业亏损面增加,风险暴露压力加大。四是外部市场环境有待进一步规范。目前以财富公司、投资公司、财务公司、贷款咨询公司等多种名义进行非法集融资活动机构众多,这些公司没有准入门槛,登记注册手续简单,不受专门监管,逃避税收,扰乱市场环境。

三、金融市场与金融稳定

(一) 金融市场平稳健康运行

2016年,黑龙江省金融市场运行总体平稳,各市场发展出现分化,金融市场对促进经济结构调整和转型升级发挥了积极作用。

1. 同业拆借市场保持活跃

2016年,黑龙江省累计进行信用拆借交易710笔,较上年同期增加258笔,同比增长57.1%;成交金额1784.4亿元,较上年同期增加798.0亿元,同比增长80.9%;占同期全国交易总量的比重

为 0.2%。其中，拆入金额 1 154.5 亿元，同比增长 97.9%；拆出金额 629.9 亿元，同比增长 56.3%。净融入资金额 524.6 亿元，与上年同期净融入的状况一致。

2. 银行间债券市场流动性合理充裕

2016 年，全年黑龙江省银行间债券市场累计成交 51 603 笔，同比增加 4 841 笔，同比增长 10.4%；金额 12.85 万亿元，同比增加 4.48 万亿元，同比增长 53.5%。其中，融入资金额 8.19 万亿元，同比增长 53.9%；融出资金额 4.66 万亿元，同比增长 52.8%；净融入资金额 3.53 万亿元。

3. 票据市场交易量萎缩

截至 2016 年末，全省金融机构签发的商业汇票余额 516.4 亿元，同比下降 4.5%，当年累计签发 1 042.1 亿元，同比下降 16.6%；贴现余额 665.4 亿元，同比下降 16.3%；人民银行再贴现余额 28.3 亿元，同比下降 58.6%，当年累计投放 124.8 亿元，同比下降 26.7%。

(二) 黑龙江省金融市场发展需关注的问题

1. 直接融资发展仍低于全国平均程度

从我省社会融资结构来看，企业债券融资和股票融资合计占全省社会融资总量的 12.5%，低于全国平均水平 11.3 个百分点；贷款融资占比高于全国平均水平 3.9 个百分点。2016 年全省股票融资发展较好，主要是银行间市场投资者避险情绪加剧，全省银行间市场直接债务融资存续余额和发行规模双降。

2. 债务融资发行主体单一

目前我省发债企业仍然局限于省内已在公开市场发行过信用债的传统大型企业，其他更多类型的企业尚未纳入发债储备库及发债，例如，内控规范管理、披露机制健全、经济增长点较突出的高新技术企业、小微企业、绿色食品企业等有待挖掘发债潜力。

四、金融基础设施与金融稳定

(一) 金融基础设施建设情况

1. 支付清算体系建设取得显著成效，支付系统平稳运行

截至 2016 年末，黑龙江省共有商业银行支付系统直接参与者 3 家、间接参与者 3 257 家。大小额支付系统共处理业务 7 660.84 万笔，金额 47.48 万亿元，同比分别增长 48.29% 和 8.01%。同城票据清算系统共处理业务 322.83 万笔，金额 8 493.32 亿元，同比分别下降 17.46% 和 8.12%。电子支付及银行卡业务稳步增长。2016 年，全省共发生电子支付业务 15.42 亿笔，同比增长 25.50%；金额 16.66 万亿元，同比下降 3.71%。全省银行卡发卡总量达到 14 404.08 万张，布放 POS 机 37 万台、ATM 15 096 台，同比分别增长 17.13%、18.10%、5.94%。全省人均持卡量达到 3.78 张。非金融机构支付服务管理加强。全省共有 3 家法人支付机构获得人民银行总行颁发的支付业务许可证，31 家支付机构分公司进行了备案。截至 2016 年末，全省法人支付机构客户备付金总额为 2 969.36 万元；预付卡发行总量为 0.19 万张、金额 186 万元，互联网支付业务 0.0325 万笔、金额 32 500 万元。

2. 征信系统平稳运行，"诚信龙江"建设扎实推进

截至 2016 年末，企业征信系统已收录全省企业及其他组织 18.06 万户，同比增长 1.6%，提供

企业信用报告查询 19.1 万份；个人征信系统共收录 2 484.9 万自然人信息，同比增长 3.3%，全年提供个人信用报告查询 699.5 万份。大力推广应收账款融资平台。盘活应收账款存量，扩大应收账款融资业务规模，促进金融与实体经济良性互动发展，截至 2016 年末，在平台注册用户的省内各类型机构共有 1 183 家，成交信贷业务 462 笔，融资金额 372.83 亿元。

3. 反洗钱工作稳步推进，监管效果显著提升

加大反洗钱监管与处罚。2016 年，全省各级人民银行共对 243 家义务机构进行了反洗钱现场检查，其中参加总行专项检查 1 家，独立开展反洗钱检查 169 家，综合执法检查 74 家。在反洗钱独立现场检查中，对 2 家义务机构进行反洗钱行政处罚；在综合执法检查中，对 2 家义务机构进行反洗钱行政处罚。加大可疑资金监测分析。督促辖内义务机构积极监测反洗钱可疑线索，全年共接收金融机构报送的异常交易报告 19 份，涉嫌非法集资、电信诈骗和网络赌博等异常交易行为。积极开展反洗钱案件协查。全年共配合公安等有关部门开展对 13 起案件进行协查，下发反洗钱调查通知书 181 份。其中协助省公安厅调查的"（黑龙江省）2016 - 17"毒品目标案件已成功破获。

4. 加强制度与工作机制建设，金融法治环境有效改善

2016 年，中国人民银行哈尔滨中心支行细化量化裁量权标准，规范行政行为，严格执法责任，推进公平公正执法。进一步加强对金融机构综合评价台账日常管理，对辖区 29 家银行业金融机构、7 家证券业金融机构、9 家保险业金融机构上一年度执行人民银行政策和管理规定的情况进行了综合评价。制定出台《中国人民银行哈尔滨中心支行金融消费者权益保护监督管理办法》，进一步规范金融机构行为，切实保障金融消费者合法权益，维护公平、公正的市场环境，促进金融市场健康稳健运行。全年共受理金融投诉 77 起，解答金融消费者咨询 738 人次，没有发生群体性投诉事件。

（二）金融基础设施建设的薄弱环节

1. 新型违法犯罪多发，支付安全防线应筑牢

近年来，电信网络诈骗呈现诈骗手段翻新快、诈骗团伙反侦查能力强、诈骗资金取现从境外向境内转移、诈骗资金境内套现流向新渠道等特点，严重侵害人民群众财产安全和合法权益，打击电信诈骗犯罪势在必行。

2. 信用意识培育仍需加强，信用信息管理亟待规范

目前征信系统信用信息应用范围逐步扩大，但在信用信息管理等方面仍存在一些薄弱环节，如查询用户盗用、个人信用信息泄露等。因此，应加大征信宣传力度，引导公众关心自身的信用记录，培养公众提高风险意识，防止个人信息被盗用而损害自身的信用权益，提高自我防范能力；加快研究开发企业和个人征信产品，提供多元化的征信信息服务。

3. 反洗钱法律体系尚需完善，部门间沟通协作有待加强

随着金融业务种类不断创新，业务规模不断扩大，新兴金融业务反洗钱客户身份识别、等级划分以及相关工作需要以规章、制度、文件等形式予以明确，提高监管工作有效性。此外，反洗钱工作涉及人民银行、公安、海关、纪检等多部门的沟通协作，目前，反洗钱案件侦办工作情况并未在上述部门间形成信息共享，不利于对洗钱风险及相关案例的分析评估。

五、2017 年展望

2017 年是"十三五"规划全面实施之年，黑龙江省将认真学习领会习近平总书记对我省两次重

要讲话中提出的总体要求和具体路径，深入贯彻落实好"激发内生动力"，统筹推进"五位一体"总体布局和协调推进"四个全面"战略布局，牢固树立新发展理念，适应把握引领经济发展新常态，坚持稳中求进工作总基调，扎实做好"三篇大文章"，创新实施"五大规划"，加快发展十大重点产业，深入推进"龙江丝路带"建设，做好稳增长、促改革、调结构、惠民生、防风险各项工作，促进经济平稳健康发展和社会和谐稳定。

综合考虑，今年经济增长预期目标为6%~6.5%，居民消费价格涨幅控制在3%以内，城镇登记失业率控制在4.5%以内，城乡居民收入增长与经济增长基本同步，单位地区生产总值能耗下降3.2%以上。全省银行业机构将遵循"三去一降一补"总体原则，着力调整信贷投放结构，进一步加大对"两大平原"建设、装备制造以及高新技术、现代服务业信贷投放力度，以满足的资金需求。

总　　纂：黄丽新
统　　稿：亢　玉
执　　笔：梁　蒙　董　磊　李卓南　谢　镭
参与写作人员：包艳龙　那　颂　刘　帆　刘晓依　刘　爽
　　　　　　　李　丹　李思媛　杨　捷　别丹丹　林金龙
　　　　　　　金明慧　高　磊　徐　扬　鲁　荣　窦凌蛟

上海市金融稳定报告摘要

2016年,上海市继续推进供给侧结构性改革,推动落实"三去一降一补"重点任务,创新转型积极效应进一步显现,经济运行总体平稳、稳中有进,实现了"十三五"规划的良好开局。上海市金融业改革创新不断推进,总体保持稳健运行。人民银行上海总部大力推动自贸试验区金融改革,支持上海科创中心建设,当好风险监测管理的前哨,坚决守住不发生系统性和区域性金融风险底线。

一、经济与金融环境

(一) 上海经济金融运行总体平稳有序

2016年,上海市实现生产总值27 466.15亿元,同比增长6.8%;比全国生产总值增速高0.1个百分点,2008年以来首次超过全国增速。

1. 固定资产投资平稳增长

2016年,上海市完成固定资产投资总额6 755.88亿元,同比增长6.3%。从三大投资领域看,城市基础设施投资增长8.9%;房地产开发投资增长6.9%;工业投资实现正增长,扭转了此前连续三年负增长的局面。

2. 消费保持稳定增长

2016年,上海市社会消费品零售总额10 946.57亿元,同比增长8%。消费有力推动了经济结构调整和动力转换,最终消费支出占上海地区生产总值的60%左右,发挥了稳定经济增长的作用。

3. 外贸结构继续改善

2016年,上海市全年货物进出口总额28 664.37亿元,同比增长2.7%。其中,进口总额16 558.92亿元,同比增长5.2%;出口总额12 105.45亿元,同比下降0.5%;贸易逆差4 453.47亿元。对外经济合作优化发展。2016年,上海市对外直接投资为251.3亿美元,居各省区市对外投资第一位,同比增长40%左右。利用外资结构持续优化。2016年,上海市外商直接投资实际到位金额185.14亿美元,同比增长0.3%。

4. 财政收入较快增长

2016年,上海市完成一般公共预算收入6 406.13亿元,同比增长16.1%;完成一般公共预算支出6 918.94亿元,同比增长11.7%。

5. 工业企业经济效益有所好转

2016年,上海市规模以上工业企业实现利润总额2 898.52亿元,同比增长8.1%;主营业务收入同比增长0.4%。分行业看，主要重点行业利润多数有所增长，其中，钢材制造业、石化行业、电子信息、生物医药和汽车制造业利润分别增长5倍、50.3%、11.1%、16%和0.5%，成套设备制造业利润下降8%。

6. 居民收入稳步提高

2016年，上海市城镇和农村居民人均可支配收入分别为57 692元和25 520元，同比分别增长8.9%和10%；扣除价格因素，实际增长分别为5.5%和6.6%。就业形势总体稳定，截至2016年末，城镇登记失业人数24.3万人，全年新增就业岗位59.9万个。

7. 金融业稳步发展

2016年，上海市实现金融业增加值4 762.5亿元，同比增长12.8%。银行间市场总成交金额960.15万亿元，同比增长36.3%。上海黄金交易所总成交金额17.44万亿元，同比增长61.7%。上海证券交易所总成交金额283.87万亿元，同比增长6.6%；其中股票成交金额49.79万亿元，同比减少62.4%，债券成交金额224.72万亿元，同比增长82.9%。上海期货交易所总成交金额84.98万亿元，同比增长33.7%。中国金融期货交易所总成交金额18.22万亿元，同比减少95.6%。上海市原保险保费收入1 529.26亿元，同比增长35.9%；保险赔付支出528.77亿元，同比增长11.7%。

（二）促进经济增长和金融稳定的重要举措

1. 服务业支撑作用进一步增强，供给侧结构性改革初显成效

服务业支撑作用进一步增强。上海市不断完善以现代服务业为主、战略性新兴产业引领、先进制造业支撑的新型产业体系，2016年，上海市第三产业增加值占全市生产总值比重达到70.5%，比2015年提高2.7个百分点。房地产政策调控效应初步显现。全年上海市新建商品住宅成交面积1 298.3万平方米，同比下降6.3%；存量房成交面积3 160.4万平方米，同比增长4.1%。供给侧结构性改革初显成效。2016年，全市规模以上工业总产值同比增长0.8%，扭转了2015年下降的态势。战略性新兴产业动能增强，产业竞争力和创新能力不断提升，全市战略性新兴产业制造业总产值同比增长1.5%。

2. 金融开放创新深入推进，国际金融中心建设取得新进展

一是推动"金改40条"尽快落地实施。进一步完善上海自贸区金融改革的政策框架，制定一系列实施细则，探索研究拟定首张金融服务业开放负面清单。二是继续有序推进外汇管理重点领域改革。积极推动跨境电商服务平台、航运企业国际运费结算平台、国际贸易"单一窗口""两平台、一窗口"建设。继续深化跨国公司总部外汇资金集中运营管理，开展外债比例自律管理试点。三是服务实体经济，全力支持上海科创中心建设。截至2016年末，已有51家上海市金融机构提供自由贸易账户相关金融服务；自由贸易账户累计办理跨境结算折合人民币10.5万亿元，涉及110个国家和地区，以及2.7万家境内外企业；企业通过自由贸易账户获得的本外币融资总额折合人民币8 289亿元。四是不断深化金融产品服务创新。在自贸区成功发行首单上海市政债30亿元。组织商业银行发行自贸区跨境同业存单，面向国内外推出以人民币计价、交易和结算的黄金集中定价交易业务的"上海金"，支持上海清算所推出中国信用债指数体系并开展指数相关产品创新，推动上海航运保险协会推出航运保险产品注册制改革，推出全球首个航运保险指数。五是金融市场机构持续集聚。上海保险交易所、上海票据交易所、中国信托登记公司正式成立。推动中国互联网金融协会、国家开

发银行上海业务总部在沪成立。六是优化金融发展环境,全力维护金融系统安全稳定。建立完善金融综合监测分析平台,并进一步完善监管体制。建立"反洗钱、反恐怖融资、反逃税"监测系统;建立跨境金融综合监测室。扎实开展互联网金融风险专项整治。

3. 继续实施稳健的货币政策,保持政策灵活适度

人民银行上海总部按照总理指示和总行工作会议精神,抓好各项重点难点金融改革任务,大力推动自贸试验区金融改革,支持上海科创中心建设;继续完善宏观审慎管理手段,引导货币信贷平稳适度增长。保持流动性合理适度;加强定向调控与信贷政策的配合,切实优化信贷结构,支持上海经济转型发展;当好风险监测管理的前哨,坚决守住不发生系统性和区域性金融风险底线。

(三)经济金融运行中需要关注的方面

1. 关注国际经济政治形势对上海经济发展的影响

2016年,上海市货物出口总额继续下降,对欧盟、韩国、日本出口额同比分别减少10.9%、8.1%和3.5%。全年外商直接投资项目数和合同金额同比分别下降14.2%和13.5%;实际到位金额仅增长0.3%,增速持续下降。展望2017年,美国政府的经贸政策存在诸多不确定性,欧洲银行业风险犹存,地缘政治冲突多点爆发,风险因素进一步积累。面对不利的外部环境,如何在传统产业比较优势减弱的情况下,加快创新驱动转型,培育新兴经济增长点,成为上海"十三五"期间需要解决的问题。

2. 关注实体经济下行压力较大对经济稳定增长的影响

实体经济下行压力较大是当前经济运行面临的主要困难,稳定经济增长的基础仍有待夯实。近年来,长三角地区资金、土地、劳动力等要素成本持续上升,不仅严重削弱了传统制造业的竞争力,也大大制约了高技术产业的发展后劲。工业回升基础不牢、增长动力不足;新兴产业仍处于培育壮大期,先进制造业发展势头仍不稳固,产业发展能力和核心竞争力有待提升。

二、银行业

(一)上海银行业发展运行情况

1. 资产负债规模增长趋缓,负债结构回归理性

贷款与投资带动资产规模螺旋式上升。截至2016年末,上海市银行业金融机构资产总额14.42万亿元,同比增长11.28%;本外币各项贷款余额5.95万亿元,同比增长12.83%。从资产结构来看,各项贷款受个人住房按揭贷款和境外贷款强劲增长推动,基本保持增长趋势;投资业务余额为1.70万亿元,比上年同期增长26.73%;表外业务余额26.28万亿元,增幅22.43%。

负债总额增长平稳,负债结构回归理性,批发性融资占比下降,一般存款占比回升。截至2016年末,上海市银行业金融机构负债总额13.86万亿元,同比增长11.11%;本外币各项存款余额8.92万亿元,同比增长14.98%。从负债结构上看,辖内银行业各项存款占总负债比重为64.38%,比年初上升2.16个百分点;而同业负债占比降至25.35%,比年初下降3.83个百分点。

2. 改革不断深化,金融业持续开放创新

上海市银行业向更广领域开放,集聚能力进一步增强。截至2016年末,上海自贸区内银行业营

业性机构数量为476家。区内银行业机构总资产、各项存款和各项贷款余额分别为11.4万亿元、6.9万亿元和4.5万亿元,占全辖银行业机构的比重分别为78.9%、77.2%和75.7%,接近八成;不良贷款率为0.68%,与全辖不良率持平。中国信托登记有限责任公司、民营银行业金融机构、金融租赁专业子公司等一批创新型机构落户上海,上海银行业纠纷调解中心成立。跨境结算、资金集中运营、投向境外贷款等业务迅速发展,2016年,辖内累计新增境外贷款1 767.92亿元,为2015年同期的4.9倍。

上海市银行业新兴业务持续较快发展,金融改革内容不断深化。截至2016年末,上海市银行理财业务余额2.54万亿元,同比增长30.89%。理财产品募集量16.35万亿元,同比增长32.72%。投贷联动试点支持科创中心建设,上海市3家法人银行入围"投贷联动"试点银行范围。

3. 银行参与金融市场的广度和深度大幅提升

上海市辖内机构参与资本市场融资活动,进一步发挥金融支持实体经济作用。参与资本市场融资的机构主要有2家,一是上海银行IPO,二是上海农商银行发型二级资本债券。

上海市银行业衍生产品业务保持稳健增长,2013年以来的年平均增长率为26.6%。截至2016年末,在沪商业银行持有的衍生产品交易头寸名义本金余额为15.24万亿元,同比增长12.6%。2016年全年辖内衍生交易业务交易发生量为71.19万亿元,同比增长11.9%。上海市银行业持有的衍生产品名义本金余额占全国银行业的27.8%;尤其是外资银行衍生产品余额为8.60万亿元,占全国外资银行中的87.8%。

跨境业务、资金管理业务和国际市场业务发展活跃。2016年,上海市银行业跨境资金集中运营的跨境结算量超过5 500亿元;跨境并购贷款余额近600亿元、同比增长近3倍;中资商业银行从境外金融机构拆入的资金占比达45%;自由贸易账户项下投资余额333亿元,同比增长110倍;自由贸易账户项下金融衍生品余额近7 000亿元,同比增长88%。

(二) 上海银行业机构稳健性评估

1. 风险抵补能力保持较高水平

上海市银行业机构资本充足率同比略有下降。截至2016年末,上海市法人银行资本充足率为15.09%,较2015年同期下降0.3个百分点。上海市银行业整体拨备水平较高,远超监管要求,风险抵补能力仍保持在较高水平。截至年末,上海市法人银行业机构拨备覆盖率为295.14%,较2015年同期增加21.91个百分点,增幅高于2015年同期33.16个百分点。

2. 资产质量总体可控

2016年,上海市银行业继续加大不良资产处置力度,银行业资产质量向好,不良贷款余额和不良贷款率总体双降。截至2016年末,不良资产余额为404.06亿元,比年初减少76.06亿元;不良贷款率0.68%,比年初下降0.23个百分点,创近四年来新低。

3. 金融机构盈利能力略有下降

2016年,上海辖内银行业金融机构实现净利润1 506.16亿元,同比增长8.97%。利息净收入虽仍为盈利主要来源,但其在营业净收入中的比重逐步下降,从2015年的73%下降至2016年的68%。与之相比,非息收入同比增长16.83%,高于净利润同期增速,其对盈利增长的贡献度明显上升。

(三) 上海银行业发展中需要关注的方面

1. 房地产领域风险隐患上升

当前，上海市出现"贷房地产多"的典型现象，导致信贷集中度持续上升，要警惕背后的加杠杆行为。一方面，房企举债扩张愈演愈烈，房企资金链断裂风险加重，企业自有资金比例仅14.5%，为2001年以来新低。另一方面，家庭债务负担越来越重，2016年，全市一手商品住房成交中，通过贷款置业的比例约为95%，远高于2014年的67%和2015年的66%。单笔一手房贷款平均金额为254万元，分别比2014年和2015年单笔平均金额上升66%和17%，购房者对贷款的依赖性明显加大，需警惕"假按揭"、"假首付"、"假收入"等违法违规风险。

2. 部分产能过剩或顺周期行业风险上升

目前，汽车贷款违约已经成为零售不良贷款率上升的主要原因，年末不良余额和不良率分别比年初增加6.56亿元、增长0.16个百分点。同时，租赁公司资金多投向煤炭、钢铁、航运等产能过剩行业，在民营租赁公司中表现较为突出，特别是在当前经济环境下，产能过剩行业的应收租金可能集中出现坏账，波及银行信贷质量。此外，余额占比较大的商务服务类贷款中，存在投向受限制领域，甚至不乏贷款资金变相投资的情况，需要高度关注。

3. 民营集团风险暴露明显

据统计，2016年上海辖内新增不良超过1 000万元的166户企业中，民营企业152户，占比为92%。同期，在新增逾期超过1 000万元的310户企业中，民营企业281户，占比为91%。辖内民营集团多集中于制造业、租赁和商务服务业、批发和零售业、房地产等行业，银行信贷资产劣变大多是借款民营企业经营不善造成的资金链断裂引起。同时，民营集团除本地银行债务外，还有企业债、异地银行债务等其他融资，债权人之间协调难度非常大。

4. 政府债务风险不容忽视

一方面，政府债务隐性风险增加。特别是银行自营或理财资金以"名股实债"的方式，投资异地政府性建设项目资本金，后端再针对项目，以银行名义发起中长期项目贷款。此类模式一方面放大了项目建设方的投资杠杆比例，在去政府担保的情况下，一旦资金偿还出现问题，银行资金将面临较大风险。另一方面，异地平台贷款持续增加，随着部分区域、行业去产能力度加大，存在异地风险传染的可能。

5. 关注互联网+金融创新合作的相关风险

互联网机构和金融机构的合作存在规避监管的风险。从互联网平台的公司名称上看，注册时往往使用"信息服务"、"投资"、"科技"等相对模糊的字眼来弱化其从事金融活动的特征，存在"去金融化"特征。"去金融化"的互联网平台往往游离于金融监管之外，而非金融监管又未能覆盖其全部风险，应予以关注。

互联网平台存在违法违规经营的风险。部分互联网平台冒用银行名义销售理财产品，或借助银行的声誉进行虚假宣传，涉嫌非法集资，甚至停业、"跑路"。破坏了互联网平台的正面形象，也损害了投资人的合法利益，同时也给互联网+金融创新蒙上阴影。

6. 关注跨行业跨市场风险

随着全球化、信息化和金融业综合经营发展，银行与证券、保险公司、基金等领域的交叉性日益增强，跨市场、跨区域、跨行业风险不断交织传递。资金来源、交易结构横跨银行业、证券业、保险业，层层嵌套，加大了监管部门监测统计和预测研判整体风险的难度，难以及时有效处置相关风险。应重点关注跨行业跨市场的风险，制定交叉性金融工具监管标准，加大对交叉性金融工具产品的监管力度。

三、证券业

（一）上海证券业发展运行情况

截至 2016 年末，上海市共有证券公司 25 家，总资产 13 118.94 亿元、净资产 3 858.68 亿元、净资本 3 607.43 亿元，总资产同比下降 12.60%，净资产与净资本同比分别增长 11.37% 和 15.71%。共有基金公司 46 家，管理公募基金 1 405 只，基金总净值 27 929 亿元，同比分别增长 34.71% 和 6.98%。共有期货公司 33 家，总资产（含客户权益）1 578.92 亿元、净资产 207.72 亿元、净资本 176.77 亿元，同比分别增长 13.36%、19.18% 和 23.03%。

1. 行业规范

2016 年，上海市证券公司进一步完善公司治理结构，加强内部控制，提高合规管理水平。2016 年分类评价中，上海市共 12 家证券公司参评，其中 4 家公司被评为 A 类 AA 级，占全国 8 家 AA 级证券公司的 50%。强化全面风险管理。上海证监局根据新的风控办法要求，及时督促公司通过补充净资本、缩减业务规模等方式整改达标。基金公司不断加强内部管控，强化专户子公司风险管理，逐步规范资产证券化等业务，进一步完善创新业务风控措施，对公司发展起到较好支持作用。期货公司进一步建立健全内生性约束机制，稳步提升合规管理水平。2016 年分类评价中，上海市共 32 家期货公司参评，共 5 家公司被评为 A 类，其中 AA 级 2 家，占全国 AA 级公司数量的 30%。

2. 行业创新

2016 年，上海市证券公司支持 160 余家小微及科技企业上市或在"新三板"挂牌，融资金额达到 60 余亿元。资产证券化产品涉足领域和行业不断拓展，基础资产涵盖民生保障、公共服务、实体融资等多个领域。期货公司持续探索服务"三农"、服务实体经济的做法，向业务多元化、差异化、专业化方向发展。积极参与上海自贸区建设，符合条件的外商独资或合资私募证券基金管理机构在上海自贸区设立。

3. 国际化

截至 2016 年末，上海市共有合资证券公司 6 家，合资基金公司 25 家，外资代表处 61 家。2016 年，上海市证券经营机构积极拓展海外业务。有 3 家证券公司在香港上市，5 家证券公司、8 家基金公司已在香港设立子公司并取得相关业务牌照。证券公司沪港通业务开户数量、参与交易客户数量、成交金额和持仓余额等各项指标均持续稳定增长，市场规模逐步扩大。

4. 证券市场融资

2016 年，上海市上市公司境内资本市场直接融资 2 631.37 亿元，其中，IPO 融资 180.88 亿元，同比减少 63.44%；股票再融资（含发行股份购买资产）2 450.49 亿元，同比增长 25.89%。65 家企业共计发行公司债券 131 只，合计金额 2 969 亿元，同比增长 35.05%。42 家"新三板"挂牌公司共计实施 279 次股票增发，募集资金总额约为 127.76 亿元。

（二）上海证券机构稳健性评估

1. 总资产、总负债下降，净资产规模小幅增长

截至2016年末，上海市证券公司资产总额13 118.94亿元，同比减少12.60%；总负债9 260.27亿元，同比减少19.8%；净资产3 858.68亿元，同比增长11.37%；净资本3 607.43亿元，同比增长15.71%。

2. 风险管理水平持续提升

2016年，上海市证券公司守住了风险底线，核心风控指标均符合监管标准，流动性监管指标较2015年末有较大幅度提升。从财务杠杆来看，截至2016年末，上海市证券公司杠杆率从年初的3.05倍进一步下降至2.6倍，财务结构更加稳健。

3. 盈利水平有所下降

2016年，市场交易量较2015年下降幅度较大，受此影响，上海市证券公司营业收入及净利润较2015年降幅明显。上海市证券公司营业收入717.15亿元，同比下降43.19%，除投行业务收入、资管业务收入上涨外，经纪、自营、融资类业务收入同比分别下降60.55%、67.64%和29.61%。

4. 收入结构优化，创新业务收入占比进一步提高

受市场行情影响，虽然证券公司收入和盈利水平较2015年有所下降，但创新业务收入的占比有所提升，以融资融券、股票质押回购业务为主的融资类业务利息收入占比达到了32.93%，已超过传统的经纪业务，成为证券公司最主要的收入来源。

（三）上海证券业发展中需要关注的方面

1. 关注宏观和监管环境的变化

随着经济、金融、监管形势的变化，证券业发展也面临一系列挑战：一是宏观环境方面，汇率风险的提高、利率市场化及货币政策由"稳健"转为"稳健中性"等，会对证券业的生态环境造成影响；二是监管环境方面，监管思路由"创新发展"转为"依法、全面、从严监管"，对证券公司的合规管理和风险管理水平提出了更高的要求。

2. 关注外部风险传导与叠加

证券公司正逐步向全能型投资银行转型，不同业务间渗透增加，金融行业间综合经营和业务交叉的趋势日渐明显，风险因素传递和叠加的可能性加大。各类债券兑付风险，已逐步打破"刚性兑付"的传统，可能直接引发债券基金、货币市场基金等资管产品运作风险，发生兑付危机。此外，2016年末，全国货币基金规模扩张至4万亿元，且银行、保险等机构投资者占绝对多数，流动性风险敞口较大。在经济增速结构调整时期，证券期货经营机构难以独善其身、置身事外。

3. 关注内部风险敞口与杠杆率提升

近年来，机构的业务结构和风险特征主要发生了三个变化：一是表内到表外，部分表外业务隐含表内业务，边际风险增高；二是场内到场外、标准到非标，资金、账户复杂化提升，透明度降低；三是低杠杆到高杠杆，既包括公司本身的资产杠杆，又包括为客户提供的杠杆。在"依法、全面、从严监管"的思路指导下，证券行业总体杠杆水平有所下降，但部分客户及产品的杠杆率仍处于较高的状态。总体而言，经营结构较几年前的同质化模式发生了较大改变，业务本身的交叉化、复杂

化、杠杆化、程序化都使风险隐患增强。

四、保险业

（一）上海保险业发展运行情况

1. 保险要素市场创新建立，保险机构体系不断完善

一是2016年6月12日上海保险交易所正式运营。二是中国保险投资基金立足上海，已募集资金超过1 500亿元，有力服务"一带一路"国家战略、上海自贸区和上海科创中心建设。三是保险机构在沪持续聚集。截至2016年末，上海市共有55家法人保险机构，99家省级保险分支机构，216家保险专业中介法人机构，151家保险专业中介分支机构。

2. 保险发展质量和效益进一步凸显，行业实现又好又快发展

一是保险业务高速增长。2016年，上海市共实现保费收入1 529.26亿元，同比增长35.91%。二是车险与非车险均衡发展，非车险保费收入占财产险业务比例达37.90%，责任险保费规模首次超过企财险，成为上海市场第二大财产险险种。三是保障属性强的普通寿险产品受到市场追捧，保费同比增长90.82%，占寿险公司全部业务的64.13%。

3. 支持上海市经济社会发展的力度持续加大，服务范围日益拓宽

一是为上海市经济社会提供风险保障力度明显。2016年，保险业为上海市经济社会发展共提供风险保障308.66万亿元，同比增长39.89%。保险业赔款与给付共计528.77亿元，同比增长11.65%。二是支持上海市经济转型升级。全年出口信用保险共承保256亿美元，对上海市一般贸易出口渗透率为36.2%；累计承保"一带一路"相关7个国家出口和投资75.8亿美元，同比增长2.8%。三是着力服务民生保障和社会治理。全面实行大病保险制度，创新试点民生救助保险项目，针对残疾人家庭设计涵盖9项内容的保险组合，推进火灾公众责任保险模式创新。

（二）上海保险业改革推进情况

1. 先行先试，支持重点领域改革试点

一是以航运保险制度创新为突破，发布全球首个航运保险专业指数"上海航运保险指数"（SMII）。二是医保账户余额购买商业医疗保险试点突破，产品保障涵盖住院自费医疗费用及42种重大疾病。三是全国首创工程质量潜在缺陷保险制度（IDI），在全市保障性住房以及浦东新区商品住宅工程中全面实施。四是推出"快处易赔"交通事故微信处理客户端，极大降低了公安交警部门事故处理压力。

2. 以上海自贸区与国际金融中心建设为契机，推动保险改革不断深化

一是发挥"金改40条"政策优势，围绕完善保险市场体系、建设区域性再保险中心、加快建设航运保险中心、推动建立保险资金运用中心、促进监管现代化等五个方面，研究确定20余项重点工作任务。二是大力推进保险机构和高管备案改革，备案管理由自贸区复制扩大至全市，许可完成时限由20个工作日缩短为3个工作日。三是保险机构在沪持续集聚。截至2016年末，上海自贸区内共有保险集团公司1家，法人机构41家和省级分公司52家。四是深化航运保险中心建设，目前全国11家航保中心全部设在上海；推动航运保险产品注册制实施范围向全国扩展。

3. 全面促进保险业务创新,推动保险业服务能力再上新台阶

一是加快保险与科创融合,有力支持实体经济发展,累计为1 000家科技型中小微企业35.46亿元银行贷款提供增信服务。二是落实民生保险工程,构筑保险民生保障安全网。首批落实个人税优健康保险试点,推动老年长期商业护理保险试点,实现城乡居民大病保险与疾病应急救助制度无缝衔接。三是创新保险公共服务,推动提升社会治理水平。

(三) 上海保险机构稳健性评估

1. 整体实力稳步增强,保费收入持续增长

截至2016年末,上海市法人保险机构①总资产共计14 600.38亿元,同比增长27.70%。实现原保费收入3 606.80亿元,同比增长30.27%。

2. 财产险业务均衡发展,人身险业务结构明显优化

截至2016年末,上海市法人财产险公司车险保费收入为487.84亿元,同比增长9.64%,占财产险公司业务收入比重为70.52%,同比下降0.77个百分点。法人人身险公司保障功能最强的普通寿险保费收入达1 334.37亿元,同比继续大幅增长68.14%,占人身险保费收入的比例也同比上升8.77个百分点,达45.77%。

3. 偿付能力充足率总体良好,风险整体可控

截至2016年末,上海市39家保险公司②偿付能力充足率情况整体良好,有34家保险公司偿付能力充足率高于150%,仅有5家保险公司偿付能力充足率低于150%,且介于125%~150%。上海市法人保险公司偿付能力充足率总体良好,风险整体可控,没有出现系统性和区域性风险。

4. 保险资金运用余额稳步增长,投资收益率明显下降

截至2016年末,上海市法人保险机构保险资金运用余额达13 148.41亿元,同比增长29.08%;实现投资收益722.00亿元,同比下降30.46%;投资收益率达5.49%,同比下降1.74个百分点。

(四) 上海保险业发展中需要关注的方面

1. 宏观经济下行压力的影响

宏观经济下行压力在保险业传导,与国民经济密切相关的险种发展受到不同程度的影响。上海航运保险业务集聚,受全球航运业运力长期过剩、我国货物贸易进出口持续下降、新船市场依旧低迷等严峻形势影响,出现保费充足度下降,潜在坏账风险上升,承保利润波动较大等情况。

2. 资金运用压力加大,风险管控面临挑战

一方面,保费收入增长迅猛,公司负债规模扩大导致资金运用压力增大,低利率环境下利差损风险敞口过大。一旦进入加息周期,利差损风险不容忽视。另一方面,较高负债成本促使部分保险公司采取激进的投资策略,这在一定程度上增加了投资收益波动风险。此外,保险资金进入一些新的投资领域,可能面临较大投资风险。

---

① 包括法人注册地在上海的40家保险公司和6家保险资产管理公司全国分支机构的汇总数据,未包括太保集团、太保寿险、太保产险、永诚保险(上市公司,2016年年报未披露)、东方人寿(2004年起停业整顿至今)、泰康资产管理有限责任公司和3家再保险公司。下同。

② 包括财产保险公司17家(不包括未公布年报的太保财险和永诚保险),人寿保险公司17家(不包括未公布年报的太保寿险、已停业整顿的东方人寿),养老保险公司2家(由于长江养老保险公司经营信托型企业年金管理业务和养老保障委托管理业务,故不适用偿付能力信息披露要求),健康保险公司3家。

3. 关注风险跨市场交叉传递

上海市保险业与银行、基金、信托等金融领域互相融合，在为客户提供一站式金融服务、提高金融体系效率的同时，也存在较大的风险。部分第三方理财网站存在不规范经营、涉嫌非法集资等问题，可能向保险业直接传递风险。部分第三方互联网平台凭借垄断地位，推高渠道费用，操纵产品价格，控制客户信息，侵害保险消费者合法权益。部分互联网保险业务自传统网站向移动互联网快速发展，使不法分子利用互联网实施涉保电信诈骗风险日益上升。

4. 法人保险公司盈利能力明显下降

2016年上海法人保险机构净利润出现了明显下滑，共实现净利润146.41亿元，同比下降23.78%。财产险公司中，有5家公司出现不同程度亏损，同比持平。人身险公司中，有6家公司出现不同程度亏损，同比持平。法人保险公司盈利能力明显下降，值得重点关注。

五、金融基础设施建设

（一）健全支付体系，加强监督管理

2016年，人民银行上海总部不断完善支付清算基础设施及其配套制度建设。做好非现金支付工具的推广应用与管理，与市府部门建立了银行卡网上非法买卖专项整治行动信息沟通机制，对上海市推广电子商业汇票业务进行统一部署。深入推进自贸区支付结算创新，支持支付机构开展跨境人民币支付业务。加强支付机构监管，督促支付机构进一步加强Ⅱ类、Ⅲ类支付账户实名制认证、审核力度。开展无证经营支付业务专项整治，做好对无证机构支付接口和资金结算通道的清理工作。从支付渠道入手打击电信网络新型违法犯罪交易。适应新变化做好账户基础管理工作，切实做好统一社会信用代码在银行账户业务的应用。

（二）完善征信体系建设

2016年，人民银行上海总部积极拓展征信查询渠道，全年全市受理个人信用报告本人查询31.09万笔，企业信用报告查询1.15万笔。大力推广应收账款融资服务平台，全年全市通过平台促成应收账款融资业务736笔，达成融资金额749.64亿元。完善评级机构考核机制，不断加强事中、事后监测，充分利用信息化手段全面掌握区域评级市场情况。积极推动征信文化教育宣传工作，全面开展征信宣传进社区、进街道、进企业等宣传活动。

（三）推进反洗钱工作深入开展

2016年，人民银行上海总部加强对上海自贸试验区业务的反洗钱监管，推动完善洗钱风险防控机制。开展支付机构业务续展和分类评级反洗钱措施审查，对于反洗钱审查中发现的问题，要求各机构严格按照反洗钱法律法规规定和监管要求积极整改并上报整改报告。依法开展反洗钱执法检查，通过执法检查，以点带面，努力推动行业反洗钱工作水平的提升。指导义务机构做好重点可疑交易报告和处置工作，2016年，共接收金融机构和支付机构报送的130份重点可疑交易报告。深化反洗

钱跨部门协作，推动可疑线索转化成案，实现 2 件线索成功破案。

总　　纂：杜要忠
统　　稿：王新东　谢　斌　张雅楠　苗冬骁　黄雪莹
执　　笔：王新东　谢　斌　张雅楠　苗冬骁　黄雪莹　张国文　郭　芳
参与写作人员：李冀申　张　昀　董宝茹　万阿俊　方　卉　钱国根
　　　　　　　雷宗怀　李　倩　孙　慧　刘　婷　何彬彬

江苏省金融稳定报告摘要

2016年,面对复杂多变的宏观环境,江苏省践行新的发展理念,坚持稳中求进工作总基调,以供给侧结构性改革为主线,有效推进各项工作。全省经济运行总体平稳,金融业改革有序推进,金融机构实力不断增强,金融基础设施建设不断完善,金融体系总体稳健。

一、江苏经济运行情况

2016年江苏经济运行总体平稳,主要经济指标保持在合理区间。全年全省GDP增长7.8%,增速较上年回落0.7个百分点。从经济运行的特点看:一是工业生产总体企稳。全年全省规模以上工业增加值同比增长7.7%,增速虽然较上年同期回落0.6个百分点,但与前三季度基本持平。二是固定资产投资增势回落。全省固定资产投资同比增长7.5%,增速比上年同期回落3个百分点,自7月起已连续6个月回落。三是消费需求平稳增长。全省社会消费品零售额同比增长10.9%,增速比上年同期提高0.6个百分点。四是出口需求处于负增长区间。全年全省美元计价出口额同比下降5.7%,降幅比上年同期扩大4.8个百分点。五是价格水平温和上涨。全年全省CPI同比上涨2.3%,涨幅同比上升0.5个百分点。

当前经济运行中值得关注的问题主要有以下几个方面。

(一)经济增长低位企稳的基础仍不牢固,未来可持续性有待观察

受上游原材料价格上涨和去产能持续推进影响,部分传统产业触底反弹,工业生产总体企稳。但市场需求没有明显改善,投资和出口仍未摆脱波动下行通道,消费相对平稳增长难以支撑总需求改善,且随着第四季度以来商品房销售的大幅下滑以及小排量汽车购置税优惠政策即将到期,下阶段全省消费增长形势不容乐观。在终端需求并未明显改善的情况下,原材料价格上涨以及由此引发的企业补库存缺乏后续支撑,第四季度以来工业生产短期企稳的基础并不牢固,可持续性仍有待观察。

近年来,江苏服务业产业结构不断优化,在传统服务业增长持续低迷的情况下,新兴服务业实现快速发展,占服务业增加值比重明显提升,对全省GDP增长的支撑作用显著。2016年,其他服务业同比增长10.3%,其他服务业中的营利性服务业(简称营利性服务业,下同)增加值同比增速高达14.8%,超出同期全省GDP增速7个百分点,拉动GDP增长1.4个百分点,贡献度高达17.8%。值得注意的是,营利性服务业中规模最大的商务服务业主要集中于各类地方政府融资平台。近年来江苏省内政府平台债务规模持续膨胀,营业收入也相应增加,这是江苏商务服务业营业收入增速明显高出广东和浙江的最主要原因。但从2016年第四季度财政部再次摸底地方政府债务情况看,下阶

段政府债务管理可能趋严①，融资平台发展将受到限制，商务服务业未来增长面临不确定性，预计将对全省服务业增长形成一定制约。

（二）产能过剩问题依然严峻，去产能受到多重因素制约

在我国经济发展步入新常态背景下，江苏制造业产能过剩矛盾日益突出。根据人民银行南京分行上半年针对江苏省706家工业企业开展的问卷调查结果测算，目前全省工业企业产能利用率为73.72%，明显低于81.45%的合理水平，并且近年来仍处于持续下降的态势。

为贯彻落实中央"去产能"决策部署，2016年江苏省政府研究出台了《关于供给侧结构性改革去产能的实施意见》（苏政发〔2016〕50号），明确了"十三五"期间以及当年去产能的目标任务。从实施效果看，2016年江苏省煤炭、钢铁、水泥、平板玻璃、船舶行业已全面完成当年产能化解任务。

但由于本轮产能过剩是在经济增长速度显著放缓以及工业化进入中后期阶段的背景下发生的，具有范围广、程度深、延续时间长和化解难度大等特点。目前来看，江苏化解过剩产能仍面临诸多制约因素：一是基于GDP、税收、就业以及社会稳定等利益考量，地方政府扩产能冲动较强而去产能动力不足。二是受多重因素影响，企业去产能积极性普遍不高，过剩产能"一边在减、一边在扩"的情况仍较为突出。三是需求端频繁刺激干扰，加大了化解过剩产能的难度。四是市场竞争机制不健全，难以充分发挥优胜劣汰作用。

（三）重点城市房地产调控效果显现，但长效机制建设缺失可能引发新一轮房地产市场波动

2016年下半年尤其是第四季度以来，面对部分重点城市房价上涨过快局面，相关部门重新启动了限购政策，并收紧相关房贷政策。在本轮房地产市场调控政策强力实施的背景下，省内南京、苏州、无锡等重点地区房地产市场迅速降温，商品房销售锐减，开发商推盘节奏明显放缓，销售价格止涨企稳。

回顾本轮重点城市房地产价格大幅上涨，重要的推动因素在于优质医疗、教育资源长期积聚于中心城市导致人口吸附能力较强，外来人口流入较多，刚性和改善性需求一直较大，而前几年这些城市土地供应普遍偏少，供求矛盾比较突出；而上轮房地产调控政策实施中受到压制的市场需求在政策放松后的集中释放也起到推波助澜的作用。虽然第四季度以来重点城市利用"限购"、"限贷"、"限价"等行政性手段调控房地产市场在短期内取得了明显成效，但从中长期来看，考虑到推动本轮重点城市房地产价格上涨的因素并未消除，房地产市场平稳发展的长效机制没有建立，在主要依靠行政手段强行抑制市场需求的情况下，一旦重点城市调控政策放松，容易引发新一轮市场波动，并对经济平稳增长和金融稳定产生不利影响。

二、金融业

（一）银行业

2016年江苏省银行业经营总体稳健。一是资产负债规模不断扩大。至2016年末，全省银行业金

---

① 2017年1月，财政部分别致函内蒙古、河南、重庆、四川等地政府及商务部、中国银监会两部委，依法问责部分县市违法违规举债、担保的行为，并依法处理个别企业和金融机构违法违规行为。

融机构资产总额15.62万亿元，比年初增加1.97万亿元，负债总额15.12万亿元，比年初增加1.90万亿元。二是存贷款余额保持平稳增长。至2016年末，全省银行业金融机构人民币存款余额12.11万亿元，比年初增加1.32万亿元，同比多增1 467亿元；贷款余额9.11万亿元，比年初增加1.22万亿元，同比多增2 953亿元。三是盈利水平有所上升。2016年，全省银行业金融机构共实现净利润1 561.43亿元，同比增加110.33亿元。其中，法人银行机构共实现净利润427.41亿元，同比增加38.67亿元。

银行业存在的问题主要表现在以下几个方面。

1. 全省银行业资产质量劣变态势虽有所放缓，但潜在不良规模仍然较大

目前不良贷款账面数字有所改善主要是商业银行加大清收处置力度后的结果。据了解，部分金融机构为应对年底考核要求，采用大力清收、打包出售、以贷还贷等方式削减问题资产，问题资产余额均大幅减少，下一阶段能否保持如此大规模的处置核销力度尚待观察；同时，部分银行业金融机构资产质量考核趋严，出于绩效考核隐藏不良的动机减弱，全省银行业金融机构账面不良贷款能否延续企稳态势存在不确定性。

2. 产能过剩行业经营压力持续增加，信贷风险逐步暴露

在国内经济增速放缓背景下，部分产能过剩行业供过于求矛盾突出，相关行业及企业信贷风险持续暴露。据统计，截至2016年末，全省煤炭、水泥、平板玻璃、钢铁、造船、纺织等产能过剩行业整体不良贷款率同比上升1.61个百分点。对省内传统高风险行业的监测显示：一是钢贸行业信贷风险基本见底。二是光伏行业整体好转尚待时日。三是建筑业贷款逐步收缩，风险仍较为集中。

3. 地方政府平台类融资余额持续高企，杠杆率持续上升，风险仍在积聚

一是省内部分地区偿债能力下降。二是债务新规落地，银行收紧信贷资金供给。三是政府置换债券收益低，大幅削减银行利润。四是政府项目通过城市发展基金实现融资，增加了政府隐性债务负担。

（二）证券业

2016年，江苏证券业在保持平稳健康发展的同时，积极把握住了发展机遇，有效防范了市场风险。一是直接融资和企业上市取得历史性突破。全年全省新增上市公司41家，首发融资超过250亿元。全年融资总额超过5 000亿元，约占过去20年江苏资本市场直接融资总额的40%。二是法人机构资本实力不断提高，抗风险能力进一步增强。截至2016年末，江苏辖内法人证券公司和期货公司净资本总额分别达882.7亿元和35亿元，营业收入分别达174.7亿元和10.96亿元。

证券业存在的问题主要表现在以下几个方面。

1. 债券违约风险持续上升

2016年以来，债券违约事件增加，违约覆盖面扩大。12月，国海证券债券代持违约事件引起市场广泛关注。代持业务存在放大杠杆、对手方违约、信息不透明、规避金融监管等风险，一旦债券价格下跌或波动，容易引起债券市场动荡，进而传染至股票、外汇、期货等金融市场，是一个涉及系统性金融稳定的大问题。

2. 证券公司类信贷业务风险亟待关注

2016年省内法人证券公司类信贷业务杠杆率可控，但存在以下问题：一是业务模式同质化，行业竞争加剧，利差空间收窄。二是资金来源与投向蕴藏期限错配的流动性风险。三是杠杆效应助涨

市场的投机气氛,加剧市场波动风险。四是证券行业信用评估系统不健全,证券公司仅掌握客户证券保证金余额、投资经验及风险偏好,潜藏信用风险。五是股票质押回购和约定式购回业务的资金用途较广,证券公司难以对资金的实际用途进行有效监控,容易造成金融监管空白,资金投向限制性行业、甚至高风险领域,削弱宏观调控效果。

(三) 保险业

2016 年,江苏省保险业运行稳健,保费收入大幅提高。全省全年实现保费收入 2 690.25 亿元,同比增长 35.19%,其中财产险保费收入 733.43 亿元,同比增长 9.11%,人身险保费收入 1 956.81 亿元,同比增长 48.5%。

保险业存在的问题主要表现在以下几个方面。

1. 财险经营压力增大

一是经营效益下降。因投资收益明显下滑及自然灾害导致财险赔付较多,全省财产险公司赔付支出同比增长 8.59%。二是偿二代规则下非车险的资本要求明显高于车险业务,财险公司选择非车险业务更为审慎,非车险经营困局难破。

2. 寿险资产负债匹配难度加大

当前寿险公司面临的主要风险包括:一是随着银保与网销渠道竞争日趋激烈,业务获取成本不断攀升,费差压力持续增加。二是资产负债匹配难度不断加大。寿险产品负债端成本刚性与资产端投资收益中枢持续走低,导致收益错配风险加大,"短钱长配"隐含期限错配的流动性风险。

(四) 具有融资功能的非金融机构和民间融资

具有融资功能的非金融机构和民间融资风险持续暴露,风险传染和维稳压力不容忽视。一是小额贷款公司不良贷款率居高不下。二是融资性担保公司的代偿金额与代偿率仍然较高。三是农民资金互助合作组织风险隐患不容忽视。四是非法民间金融活动仍处历史高位。省内非法集资案件持续高发,风险向实体经济蔓延,同时,网络借贷平台风险隐患积聚,维稳压力较大。

三、金融改革与创新

(一) 银行业

1. 开发性、政策性金融机构改革继续推进

国家开发银行江苏省分行和苏州分行积极优化贷款定价体系和资本管控机制,加快业务发展,发挥开发性金融在重点领域、薄弱环节、关键时期的支持作用。一是积极优化信贷投放结构,服务供给侧改革战略。信贷投向有保有控,有效支持了江苏省稳增长、调结构和"三去一降一补"工作,贷款利率不断下浮。二是深耕重点特色领域,深化开发性金融实践。积极支持江苏省推进国家新型城镇化综合试点工作,统筹推动重大与重点项目实施,支持城乡一体化与产业转型升级,服务国家"走出去"战略,有效运行国开发展基金。

农业发展银行江苏省分行通过加强产品创新、流程创新和管理创新,积极发挥农发行在全面服务"三农"领域中的骨干和支柱作用。一是强化产品创新,加大重点领域建设项目的信贷支持。

2016 年，省分行设计了"迁村腾地、农民集中居住、高标准农田建设、城乡土地置换、扶贫帮困"五位一体扶贫模式，在全省推广支持土地流转的"沛县模式"和支持高标准农田建设的"泰州模式"，经济和社会效益明显。二是强化流程创新，加强信贷业务和资金支付管控。三是强化管理创新，加速现代化银行建设步伐。2016 年，省分行整合了前台客户部门、完善了中台评审功能，对各部门的职能进行了调整，以加快推进流程银行的建设步伐。

进出口银行江苏省分行坚持政策性职能定位，不断加大政策性信贷投放力度，聚焦于支持外贸发展。一是对接国家战略，支持江苏省增创开放型经济新优势。先后支持了江苏省内仅有的两个申报国家级境外投资园区建设项目、新时代造船船舶出口项目等一批重点项目。二是支持省内重大基础项目，积极扶持战略性新兴产业。将国家、省级重点项目的交通、旅游文化、节能环保等项目作为支持的重点，大力发展新能源、新材料等战略性新兴产业。三是持续深化银政合作，助力业务发展。目前已实现了与江苏十三个设区市开展战略合作的全覆盖，并与江苏省内 25 个县区签署了战略合作协议，进一步拓宽了银政合作的深度和广度。

2. 国有大型商业银行改革进一步深化

一是组织架构日趋完善，部门职责分工更加合理。如农业银行进一步深化"三农"金融事业部改革，省、市分行分别成立"三农"金融分部和管理委员会，省分行设立"两部六中心"，市分行设立"一部六中心"，编制、业务、职能和人员均已到位。二是公司治理日益完善，风险内控体系不断健全。如交通银行建立了由一个全面风险管理委员会、六个专业风险管理委员会和四类业务审查委员会组成的"1+6+4"风险管理体系，为全行风险统筹管理和整体运作搭建平台。三是合理定位，探索差异化发展道路。如中国银行充分发挥集团专业化、多元化、国际化经营优势，为省内企业提供包括汇兑、信用证、票据、现金管理等一揽子支付结算服务方案，帮助企业提升资金清算效率、规避汇率风险并获得增值收益。四是市场主体作用发挥充分，服务实体经济效能提升。如建设银行不断加大对省内铁路项目、城市轨道交通项目、高速公路项目以及政府购买服务贷款和 PPP 项目的支持力度。农业银行创新推广"金农贷"产品，缓解专业大户、家庭农场等新型农业经营主体贷款"担保难"的困境。

（二）证券业

1. 多层次资本市场建设迈上新的台阶

2016 年，江苏省多层次资本市场的功能作用进一步体现，首发融资、再融资、交易所债券以及新三板和四板市场的融资齐头并进。2016 年，全省实施定向增发等再融资的公司达 99 家，金额超过 1 450 亿元；通过交易所发行债券超过 3 100 亿元；新三板挂牌公司新增 605 家，累计达 1 245 家，实现定向增发融资约 90 亿元；区域股权市场也稳步发展，目前超过 1 000 家公司挂牌，股权交易中心成立以来已通过私募股权、私募债券累计融资近 240 亿元。

2. 资本市场资源配置功能进一步发挥

2016 年，江苏省并购重组和发行股份购买资产的金额连创新高。全年共 28 家上市公司完成重大并购重组，交易总价值约 400 亿元，提高了产业集中度和企业核心竞争力，培育了发展新功能，在支持江苏供给侧结构性改革和产业转型升级方面显现了巨大作用。

3. 私募基金保持发展支持实体经济发展

截至 2016 年底，江苏省登记备案的私募基金管理人 798 家，管理基金 1 804 只，管理基金认缴规模4 119亿元。其中创投基金和私募股权投资基金516家，占比约65%，为支持创业创新提供有效的投融资服务，一定程度上补齐了中心微企业融资困难的短板。

（三）保险业

1. 责任保险实现新发展

一是医疗责任保险化解医患纠纷成效凸显。保监会副主席陈文辉在全国会议上对江苏医责险"启东模式"给予了肯定和宣导。医责险为3 969家次医疗机构提供了39.38亿元风险保障。二是环境污染责任保险承保家数居全国首位。环责险为4 436家次化工、危化品、重金属、造纸等环境污染高发企业提供了55.04亿元风险保障。

2. 保险服务农业现代化的能力进一步提升

江苏省各地创新开办了内塘螃蟹、条斑紫菜、茶叶等气象或水文指数保险，生猪、绿叶菜、苗鸡、翠冠梨等价格指数保险。苏州市申请获批承担全国农村改革试验区新增试点任务，即将开展水稻收入保险和生猪收入保险试点工作。涉农贷款保证保险的试点范围不断扩大，2016年，共为335家涉农企业提供贷款风险支持1.44亿元，业务已覆盖全省13个地市。

3. 创新服务医保改革试点

2016年，江苏保险业共受托经办32个统筹区新农合业务，受托管理参合人数1 981万人。江苏国寿、江苏人保财险等公司勇担社会责任，创新大病保险报销新机制，提高困难群众获得感，通过大病保险参保群众医疗费用实际报销比例提高9.3个百分点。南通市在全国首创基本照护保险，由平安养老、太平养老、太平洋寿险和中国人寿4家保险机构经办，已筹集保费1.12亿元，参保人数共计120万人。

四、金融基础设施

（一）支付体系

1. 做好中央银行会计核算数据集中系统（ACS）相关子系统推广上线工作。组织完成ACS综合前置子系统在江苏省81家金融机构的上线工作，同时完成ACS信息管理子系统和档案管理子系统在省内地市中支的上线工作，实现了ACS档案存储和共享。

2. 优化非现金支付工具支付渠道。一是部署和推动全省银行卡刷卡手续费率调整工作，确保银行卡刷卡手续费率新政顺利实施。二是在全省各市县推广试行单位公务卡。三是积极推进电子商业汇票业务发展。2016年，人民银行南京分行共批复363个银行机构、1家财务公司加入电子商业汇票系统。

3. 促进农村支付环境进一步优化。继续探寻适合农村金融综合服务站自身的"互联网+"道路，打造特色综合服务站。通过与新型农村社会服务载体相结合、配备移动终端平台、自助机具等方式，提供多元化农村金融服务。省内多地开办"农村综合金融服务站+益农信息社"，引入农村电商，在满足农民消费、小额提现、转账、代理公用事业缴费和查询的基础上，增加了农业生产信息发布、金融知识宣传等功能，同时提供小额农贷、农业保险受理服务，并与社保卡实现了有效对接。

（二）信用环境

1. 与省各级政府和相关部门通力合作，共同营造良好的市场信用环境

一是加强与省信用办的沟通交流，协助省政府出台了多个领域诚信建设和失信惩戒机制的规章制度。二是支持和参与省直单位信用评价、省质量考核以及信用激励与约束案例收集等工作，逐步建立跨部门协同合作和联合惩戒机制。三是指导和推动中心支行积极参与地方社会信用体系建设工作，建立切实可行的协作共建机制和模式，推进政务信息公开，探索培育和发展地方征信市场。

2. 稳步推进中小企业信用体系建设

继续强化江苏省企业综合信息管理系统应用，全省人民银行分支机构依托该系统建立了中小企业批量优选、向金融机构定期推荐机制，大力开展以政策扶持、信用评价、融资对接、定期监测为主要内容的中小企业融资培育工作。无锡、苏州、徐州等市结合当地实际建立了功能各异的中小企业融资服务平台。

3. 因地制宜推进农村信用体系建设

继续以江苏省农户及农村合作经济组织信用信息系统为依托，不断推进农户、新型农业经营主体的档案建设工作，逐步构建"征信＋评价＋信贷＋社会管理"的农村信用体系建设机制。通过组织开展农户信用评价，"信用乡镇"、"信用村"、"信用户"和"农村青年信用示范户"评选等活动，推进信用评价结果在普惠金融和农村社会管理中的应用。

（三）反洗钱

1. 围绕风险为本创新监管措施，实施差别化分类监管

一是首次全面使用人民银行南京分行自主开发的反洗钱考核评级系统开展考核评级工作，共对1 988家机构2015年反洗钱工作情况进行分析评价，并分行业进行了通报。二是组织全辖198家法人机构开展洗钱风险自评估，并对其中18家机构进行洗钱风险评估，验证自评估工作的质量，并为运用其他反洗钱监管措施提供依据。三是结合评级、评估结果，对义务主体实施差别化分类监管。

2. 推广使用重点可疑交易报送系统

江苏省反洗钱重点可疑交易报送系统于2016年年初立项，并完成整体测试，在全省推广使用。系统有效地规范了辖内银行业重点可疑交易报告报送、接收、分析处置工作流程，提高了重点可疑交易报告质量，加强了可疑线索的比对分析，并形成可疑线索数据库。在近一年的运行过程中，系统功能不断完善，数据安全进一步加强，反洗钱调查和协查效率显著提升。

（四）金融生态环境建设

2016年，人民银行南京分行继续促推县域金融生态环境建设。一是制定实施新时期全省县域金融生态环境建设规划。出台《2016—2020年江苏省县域金融生态环境建设规划》，修订完善了《江苏省金融生态县创建考核办法》。在以往的经验基础上，紧扣新形势、新特点，完善激励与约束机制，推动全省金融生态环境提质升级。二是重点督导未开展创建申报的县（市、区）主动做好金融生态建设工作。2016年消除了5家从未申报过金融生态县的地区"空白"，全省金融生态县创建工作实现"大满贯"。三是组织做好2016年度金融生态县考核与评估工作。通过开展金融生态县省级非现场审核和县域金融生态环境综合评估，共评定出3个金融生态达标县，11个金融生态优秀县，

13 个金融生态县创建工作先进单位,并对 9 个金融生态环境存在突出问题和 2 个综合排名大幅下降的县(市、区)提出风险警示。

总　　纂:李湘宁
统　　稿:李　军
执　　笔:马军伟　杨　洋　郝雨时　周　韵
其他写作人员:王宗林　高道远　王　凡　王云艺

浙江省金融稳定报告摘要

2016年，浙江省经济保持平稳发展势头，主要经济指标处于中高速增长合理区间，"三去一降一补"扎实推进，结构、效益持续向好，为区域金融稳健运行创造了良好的环境。银行业存贷款规模保持较好上升势头，信贷、业务结构持续优化，不良贷款实现"双降"，法人银行机构经营稳健，总体运行情况良好。证券业保持平稳发展，资本市场功能有效发挥，上市公司并购重组迅速发展，多层次资本市场建设持续推进。保险业积极推进改革创新，行业格局日益完善，资产规模稳步增长，服务领域进一步拓宽，有效发挥了现代保险经济补偿和风险保障功能。小额贷款公司、融资性担保公司、典当行等具有融资功能的非金融机构继续发挥补充作用，温州、丽水、台州、义乌等区域金融改革稳步推进，金融基础设施持续完善。总体来看，2016年浙江金融稳定状况良好，但未来面临的形势仍然不容乐观。

一、浙江省经济运行情况

（一）经济运行概况

1. 经济增长保持稳定，产业结构优化调整

2016年，浙江省实现地区生产总值46 485亿元，同比增长7.5%，增幅下降0.5个百分点；人均生产总值83 538元，同比增长6.7%。三大产业比例为4.2:44.2:51.6，第三产业在三产业中占比首次突破50%，比上年提高1.8个百分点。工业平稳增长，规模以上工业增加值14 009亿元，同比增长6.2%，增幅提高1.8个百分点；工业用电量2 761亿千瓦时，同比增长6.9%，增速提高7.3个百分点，累计增速从2月的4.1%上升至7月的6.9%，再下降至全年的6.2%，呈现倒"V"形。

2. 内需保持平稳增长，出口增速领先全国

2016年，浙江省全社会固定资产投资29 571亿元，同比增长10.9%，增幅下降2.3个百分点。基础设施投资、制造业投资和房地产投资分别增长26.3%、3.2%和5%，民间投资16 441亿元，比2015年增长2.1%，占全部固定资产投资总额的55.6%。社会消费品零售总额21 971亿元，同比增长11.0%，增速提高0.1个百分点。进出口总额22 202亿元，比上年增长3.1%，其中出口17 666亿元，增长3.0%，增幅比全国高5.0个百分点，占全国份额的12.8%，同比提高0.7个百分点；进口4 536亿元，增速从前三季度的下降0.9%转为增长3.7%，自11月开始结束了2014年7月以来连续27个月的下降态势。

3. CPI总体稳定，PPI降幅明显收窄

2016年，浙江省居民消费价格同比上涨1.9%，涨幅比上年回升0.5个百分点。其中，食品烟

酒、教育文化和娱乐、其他用品和服务、衣着、医疗保健、居住、生活用品及服务类价格分别上涨4.4%、2.7%、2.5%、1.5%、1.3%、1.0%和0.2%，交通和通信类价格下降1.3%。工业品出厂价格和原材料购进价格同比降幅明显收窄，分别比2015年下降1.7%和2.2%，降幅分别比上年收窄1.9个和3.3个百分点。

4. "三去一降一补"扎实推进，新产业、新业态蓬勃发展

"三去一降一补"工作扎实推进。去产能方面，全年淘汰落后和严重过剩产能企业2 000余家，整治"脏乱差"和"低小散"企业（作坊）3万家以上，处置僵尸企业555家。去库存方面，浙江省商品房销售面积和销售额分别增长44.3%和52.5%，商品房去化周期从上年的22.2个月回落至11.7个月，总体已回落至合理区间。去杠杆方面，年末规模以上工业企业资产负债率为55.4%，为年内最低，同比下降1.8个百分点，低于全国平均0.4个百分点。降成本方面，规模以上工业每百元主营业务收入的成本为84.1元，比全国低1.4元，比上年下降0.6元。补短板方面，浙江省围绕科技创新、交通基础设施、生态环境、公共服务有效供给、低收入农户增收致富、改革落地等六大领域制定实施行动方案。同时，新产业、新业态蓬勃发展。浙江省高新技术、装备制造、战略性新兴产业增加值占规上工业的40.1%、38.8%和22.9%，比重比上年提高2.0个、2.0个和0.5个百分点；规上工业新产品产值同比增长11.6%，新产品产值率34.3%，比上年提高2.3个百分点，对规模以上工业总产值的增长贡献率达90.2%；省内居民网络消费增长30.9%，网络购物带动快递业务量增长56.3%，移动互联网流量增长93.2%。

（二）经济运行中需要关注的问题

一是经济主体杠杆率总体较高。年末，浙江省（不含宁波）总杠杆率为215.8%[1]，比2011年上升9.6个百分点，浙江省总杠杆率略高于全国平均水平[2]，也高于与浙江省经济发展程度相当的中等收入国家，但低于发达经济体杠杆率[3]。二是民间投资增长总体乏力。近年来浙江民营经济活跃度有所下降，2016年民间投资同比仅增长2.1%，较上年回落7.1个百分点，处于历史最低位[4]；民间投资占全部投资的55.6%，较上年回落4.8个百分点，为近7年来的最低值。2016年浙江民间投资增速和占比均低于全国，尤其是下半年浙江民间投资增速持续下行与全国民间投资增速稳步回升形成明显反差。

二、银行业

2016年，浙江省银行业金融机构存贷款增长平稳，不良贷款五年来首次"双降"，总体运行情况较为稳健。但信用风险防控压力大、同业业务风控薄弱、声誉风险及流动性风险，可能影响银行业稳健运行。

---

① 总杠杆率 =（企业部门债务 + 政府部门债务 + 居民部门债务）/GDP，由于宁波市政府部门债务数据不可得，因此浙江省杠杆率的测算不含宁波。

② 根据人民银行总行调查统计司测算，2015年我国杠杆率为234.1%。由于国家层面的杠杆率包含了中央政府债务，不能体现全国各地的平均水平，扣除这一因素后全国杠杆率为218.5%，而我省2015年杠杆率为219.2%，略高于全国水平。

③ 按照BIS和世界银行统计，处于中等收入国家水平的泰国、南非和墨西哥2015年杠杆率分别为156.1%、125.5%和76.3%，均低于我国和我省；而发达经济体平均杠杆率为268.3%，总体高于我国和我省。

④ 统计局网站公布的民间投资数据始于2003年。

（一）银行业稳健性评估

1. 存款保持较高增速，各部门存款均多增

年末，浙江省银行业金融机构本外币各项存款余额99 530.3亿元，同比增长10.2%。全年新增存款9 228.7亿元，同比多增524亿元，其中，住户存款、企业存款、政府存款分别新增3 967.7亿元、3 239.2亿元、2 173.2亿元，分别同比多增1 510.3亿元、1 212.9亿元、968.8亿元；非银行金融机构存款较年初减少206.4亿元。

2. 贷款增速较为平稳，住户贷款增长迅猛

年末，浙江省银行业金融机构本外币贷款余额81 804.5亿元，同比增长7%。全年贷款新增5 338.2亿元，同比多增380.7亿元，还原地方政府债务置换和不良贷款处置，全年贷款实际新增11 193亿元，实际同比多增1 794亿元。其中，住户贷款新增4 302.7亿元，占全部贷款新增额的80.6%，同比多增1 547.6亿元。

3. 不良贷款实现"双降"，信用风险初步企稳

年末，浙江省不良贷款余额1 776.9亿元，比年初减少31.59亿元；不良贷款率2.17%，比年初下降0.19个百分点，不良贷款实现"双降"。究其原因，一方面是不良贷款处置力度加大，全年累计处置不良贷款2 283.42亿元，同比增加315.25亿元；另一方面是新增风险减少，全年共监测到新出险企业2 334家，同比减少21.7%，涉及银行贷款1 442.29亿元，同比减少27.8%。

4. 利润水平恢复性增长，中间业务收入占比提升

2016年，浙江省银行业金融机构利润水平出现恢复性增长，全年实现净利润711.52亿元，比上年增加109.21亿元，增幅为18.13%。中间业务收入占比提升，年末浙江银行业金融机构中间业务收入率18.61%，比年初上升1.34个百分点。

5. 中小法人银行机构经营依旧稳健

年末，浙江省法人银行机构各项存款同比增长19.49%；各项贷款同比增长12.8%。不良贷款余额376.01亿元，比年初增加46.76亿元；不良贷款率1.6%，比年初上升0.2个百分点，虽然小幅"双升"但仍低于浙江省平均水平。核心一级资本充足率11.65%，资本充足率13.22%，拨备覆盖率262.42%，各项指标均高于监管要求，抗风险能力较强。

（二）银行业运行中需要关注的问题

1. 信用风险仍需重点关注

一是部分未真实反映的不良贷款隐藏在关注类、正常类贷款甚至已转让贷款中，存在暴露的压力。二是企业逃废债现象未得到有效遏制。三是担保圈风险尚未有效化解。浙江省仍有超过三分之一的企业贷款为保证贷款，因担保而出险的企业占比仍有35%左右。

2. 同业业务风险防控较为薄弱

金融机构同业业务管理跟不上发展步伐，多数机构尚不能做到同业业务账户集中核算、记账集中处理和票据权限统一于总行，业务系统建设滞后于业务发展，制度体系的系统性、完整性有待进一步提高，操作性风险较大。

3. 银行机构声誉风险上升

据公安部门统计，2016年，浙江省银行业涉嫌犯罪的涉案金额超过100亿元，尤其是银行员工以高息为诱饵，向不特定对象非法吸收公众存款，一旦资金无法偿还，易导致银行营业场所发生群众聚集，对银行机构的正常经营和声誉造成严重影响。

4. 期限过度错配的流动性风险

主要体现为近年发展较快的同业业务流动性风险：一是同业投资主要依赖于同业存放、发行同业存单等获取的资金，资金来源短期化。二是资金运用长期化，地方融资平台、房地产等项目资金运用期限多在3～5年甚至更长，尤其是表外投资更是以地方平台企业为主，更加导致其依赖产品发行募集"资金池"来保证兑付。

三、证券业

2016年，受股灾后上证指数持续震荡回落的影响，浙江省内证券经营机构业务量与利润大幅下降；法人证券公司盈利能力有所下降，资本充足性与流动性保持良好；期货经营机构发展形势平稳。

（一）证券期货机构稳健性评估

1. 证券行业业务规模有所下降

2016年，浙江省证券经营机构累计代理交易额38.09万亿元，同比下降39.44%；实现手续费收入123.28亿元，同比下降55.73%；利润总额58.44亿元，同比下降69.36%。

2. 期货行业业务规模下降

期货经营机构代理交易额42.14万亿元，同比下降67.89%；但受商品期货交易费率提高影响，实现手续费收入21.07亿元，同比增长11.72%；利润总额13.40亿元，同比增长15.42%。12家期货公司代理交易额40.21万亿元，同比下降65.98%；实现营业收入32.38亿元，同比增长1.82%；利润12.84亿元，同比增长14.85%。

3. 证券公司发展稳健

2016年，浙江省法人证券公司适度压缩部分风险相对较高业务、缩减向银行借入资金，不断夯实业务扩张基础。年末，证券公司总资产下降12.72%，总负债下降16.73%。年末净资产增长7.9%，净资本增长12.8%。证券公司相关指标均高于监管标准，自身持有的资本对负债的覆盖能力较强，中长期资金配置较为合理，流动性期限结构保持良好。

4. 证券公司盈利下降

2016年，法人证券公司营业收入57.23亿元，同比下降44.02%；净利润20.55亿元，同比下降48.26%。借助营销网络与互联网技术，证券公司代销资产管理计划、基金、银行理财、信托计划、保险产品等收入大幅增长，全年代理销售金融产品收入2.07亿元，同比增长30.36%。受浙江省内上市公司增发规模大幅上升影响，证券承销业务收入大幅上升，全年达6.32亿元，同比增长39.02%。

5. 资本市场支持实体经济力度不减

资本市场功能持续发挥，2016年，浙江省境内上市公司累计融资2 302.64亿元，同比增长56.05%。其中，首发融资183.79亿元，同比增长25.52%；增发融资1 877.85亿元，同比增长65.33%；公司债融资241亿元，同比增长66.45%。多层次资本市场建设稳步推进，年末，浙江股权交易中心挂牌企业3 859家，比上年增加697家；"新三板"挂牌企业903家，比上年增加492家。

(二) 证券业运行中需要关注的问题

1. 资本市场结构性矛盾依然突出

一方面，在宏观经济持续下行压力下，企业去杠杆压力大，直接融资占比较低已经成为经济结构转型升级的死结。另一方面，上证指数的持续下跌，导致拟上市企业数量堆积，企业融资需求不能有效缓解，再加上市场投机氛围浓厚，资本市场结构性矛盾未得到有效改善，服务实体经济的能力有待提升。

2. 证券公司创新业务层次仍需提升

浙江省三家证券公司大部分创新业务和产品还停留在对银行理财和信托计划的模仿阶段，自主创新能力不高；通道型券商资管计划的风险敞口较高，收益远远不能覆盖风险。

3. 场外私募债风险有所显现

在互联网金融飞速发展的背景下，部分场外私募债业务借助互联网开展，交易对象虚拟化、涉众化、交易时间缩短、交易频率加快，在"侨兴电信"、"侨兴电讯"私募债违约后，场外交易场所借助互联网平台销售私募债业务风险浮出水面。

四、保险业

2016年，浙江省保险业积极推进改革创新，市场体系日益完善，资产规模稳步增长，服务领域持续拓宽，保险深度达到3.83%，保险密度达3 193元/人，现代保险经济补偿和风险保障功能有效发挥。

(一) 保险业稳健性评估

1. 行业格局日益完善，资产规模稳步增长

年末，浙江省共有各类保险机构3 811家，较上年末增加56家，保险业总分机构、中介机构、行业社团共同繁荣的市场格局日益完善。浙江省保险公司资产总额4 548.7亿元，比年初增加1 477.7亿元。

2. 业务规模平稳增长，保险补偿功能有效发挥

2016年，浙江省保险业共实现原保险保费收入1 784.9亿元，排名全国第5位，收入同比增长24.4%，低于全国平均水平3.1个百分点；保险业赔付支出633.2亿元，同比增长13.3%，增速比上年下降4.4个百分点。

3. 财产险公司增长明显放缓，车险增速大幅下降

2016年，浙江省财产险公司实现保费收入726.2亿元，同比增长8.5%，增速较上年回落2.7个百分点，增速为2004年以来最低，低于全国平均水平1.5个百分点，并首次落入个位数区间。财产险公司车险增速大幅下降，车险保费收入553.2亿元，同比增长5.9%，增幅比上年回落5.3个百分点。

4. 人身险公司增速创近年新高，业务结构保持良好

2016年，浙江省人身险公司实现保费收入1 058.7亿元，增速创新高，同比增长38.2%，增速同比上升21.1个百分点，高于全国平均1.7个百分点。普通寿险产品保费占比显著提高，险种占比

39.5%，较上年上升6.3个百分点；分红险占比为37.8%，较上年下降11个百分点；投连险、万能险、健康险、意外险等业务结构保持良好。

5. 财产险公司经营效益良好，人身险公司退保风险安全可控

2016年，浙江省财产险公司实现利润总额33.7亿元，同比增加3.7亿元；实现承保利润32.2亿元，同比增加3.4亿元。浙江省人身险公司累计发生退保159.5亿元，同比下降6.1%；退保率3.9%，处于安全区间，低于全国平均水平1.7个百分点，比上年同期回落1.3个百分点。

（二）保险业运行中需要关注的问题

1. 传统财产险增长滞缓，小型财产险公司陷入经营困境

由于车险市场增长动能持续趋缓，企财险受制于实体经济增长放缓以及低费率竞争等因素，传统车险、企财险等财产险主要险种增长乏力。部分小型财产险公司未能适应市场变化，受制于行业增速下降和自身经营管理水平低下等因素，经营困难。

2. 理财类产品爆发性增长，部分人身险公司投资依赖度大

2016年浙江省（不含宁波）人身险公司加大了理财产品的投放力度，保户储金及投资款余额增长194.1%，增速全国排名第一位。由于理财类产品对投资收益依赖性大，而投资收益不反映在分公司报表中，人身险公司利润总额同比下滑显著。

3. 利率下行，资产负债匹配难度不断加大

当前市场利率下行压缩盈利空间，资产匹配难度加大。从收益匹配角度看，资产端高收益优质资产难寻，投资收益中枢持续走低，而负债端对资金回报有着刚性需求，两者错配可能增大利差损风险。从期限匹配角度看，"短钱长配"和"长钱短用"并存，带来期限错配，增大了流动性风险。

4. 互联网平台保证保险业务风险凸显

传统险种信用保证保险和P2P合作的风险逐步暴露。部分知名互联网金融平台相继被曝涉嫌巨额诈骗，部分保险公司已逐步暂停了相关新业务的开展。部分P2P平台打着保险公司旗号虚假宣传。

五、社会融资活动

2016年，浙江省小额贷款公司与典当行经营规模、效益持续萎缩；融资性担保公司盈利能力上升，代偿及损失风险有所缓和。

（一）小额贷款公司稳健性评估

1. 机构数量和业务量持续减少

年末，浙江省小额贷款公司数量较2014年末减少8家，全年累计发放贷款1 313.94亿元，同比下降31.41%，年末贷款余额697.59亿元，同比下降11.85%，全年实现净利润3.42亿元，同比下降83.29%。

2. 担保贷款和第二产业贷款占比下降

年末，抵押、质押和保证等非信用贷款余额合计697.59亿元，占全部贷款余额的94.25%，占比同比下降1.95个百分点。投向第二产业的贷款占比为48.11%，同比下降0.9个百分点。

3. 机构营业收入和盈利大幅下滑

2016年，浙江省小额贷款公司实现营业收入57.1亿元，同比下降35.45%，降幅较上年扩大

4.73个百分点。全年实现净利润3.42亿元,同比下降83.29%,降幅同比增加18.37个百分点。

(二)典当行稳健性评估

1. 典当业务规模大幅萎缩

年末,浙江省典当企业共计467家,同比减少26家;资产总额90.09亿元,同比下降12.52%;贷款余额57.25亿元,同比下降14.7%,创近5年新低;全年累计发放典当贷款265.96亿元,同比下降24.01%。

2. 各类业务笔数降幅明显

2016年,浙江省典当企业共发生业务212 189笔,比上年减少33 550笔;同比下降13.65%。三大类典当业务笔数全面下滑,其中,动产、房地产、财产权利业务分别为196 102笔、13 457笔、2 630笔,同比分别下降12.31%、29.52%、12.33%。

3. 经营效益下滑趋势不减

2016年,浙江省典当企业利润总额0.98亿元,同比下降32.17%,实现税后利润0.59亿元,同比下降37.45%,资本利润率为1.11%,同比下降0.44个百分点。亏损企业198家,亏损面为48.41%,亏损总额0.69亿元,同比增长11.37%。

(三)融资性担保公司

1. 机构数量收缩,担保责任余额与发生额"一升一降"

年末,浙江省融资性担保机构共计401家,同比减少38家,为2011年以来最低值。浙江省融资性担保机构担保责任余额854.82亿元,同比增长4.03%,较上年提高12.19个百分点。业务发生量减少,担保责任发生额、解除的担保责任额分别为831.82亿元、783.83亿元,同比分别下降6.82%、15.48%。

2. 盈利能力大幅提高,代偿及损失风险有所缓和

2016年,浙江省融资性担保机构担保业务收入18.66亿元,同比增长49.55%,实现净利润4.34亿元,同比增长115.8%。从代偿情况看,全年累计新增担保代偿额22.16亿元,同比下降27.44%;担保代偿率2.83%,同比下降0.46个百分点。从担保损失看,全年累计损失1.98亿元,同比下降26.44%;担保损失率0.25%,同比下降0.04个百分点。

(四)值得关注的问题

1. 小额贷款公司经营状况持续恶化,经营风险不断凸显

一是业务规模持续萎缩,盈利大幅下降,部分机构倒闭或退出。二是资产质量下降,部分小额贷款公司不良、逾期贷款大幅攀升,不良贷款处置难。三是税负增加,随着"营改增"政策的实施,经营成本上升。

2. 典当行业经营环境严峻,业务风险增大

一是逾期贷款余额大幅增加,部分老客户纷纷出现还贷信用危机,诉讼案件屡屡不断,业务风险上升。二是息费空间压缩,使典当企业的竞争优势减弱。三是典当企业发展不断分化,除个别企业发展较好,部分典当企业经营情况严峻。

3. 担保机构杠杆率过低,银担合作门槛持续抬高

一是担保杠杆率持续下降,杠杆水平过低,担保机构业务发展受到一定束缚。二是担保准备金、

担保代偿额两者缺口大，拨备不足，难以覆盖全部代偿损失。三是银担合作门槛持续抬高，担保业务尤其是中小企业贷款担保业务大幅萎缩。

六、金融改革与创新

（一）温州金融综合改革

1. 开展农房抵押贷款业务试点

年末，温州市农房抵押贷款余额达101.12亿元，比年初新增18.29亿元，余额和增量均位居全国第一。

2. 探索本外币一体化协同监管试点

积极探索本外币协同监管实现方式，初步构建跨境资金本外币政策框架，落实全口径跨境融资宏观审慎管理政策。

3. 推进企业破产重整工作

积极推进与支持破产重整的有效机制，2013—2016年9月，温州市法院共受理破产案件885件、审结616件，分别占浙江省的43.19%和52.07%。

4. 深化社会信用环境建设

深化"三信"创建工作，推动应收账款融资服务平台运用工作纵深化发展，做好社会信用体系建设示范城市创建工作。开发建设温州市授信担保分析预警系统，全年累计采集企业授信信息17 046条、贷款被担保信息8 727条。

5. 改革与创新农村支付环境

完成浙江省银行卡助农服务点管理系统的二期开发，浙江省首创财政资金直补银行卡助农服务点，温州市40%的助农服务点建成普惠金融服务站。

（二）丽水农村金融改革

1. 坚持重点突破，推进"两权"抵押贷款试点实现新开局

年末，全市农村土地承包经营权确权率达98%。农房抵押贷款累计发放79.96亿元，余额37.79亿元，不良率仅为0.24%；土地经营权抵押贷款累计发放5.22亿元，余额3.24亿元，不良率为零。

2. 坚持创新驱动，推进"三大工程"建设呈现新亮点

年末，全市林权抵押贷款累计发放量达176.07亿元，余额54.73亿元，居浙江省第一。加载了电子商务功能的农村金融服务站达760家，行政村覆盖面达到1/4以上。全市"政银保"扶贫贷款累计发放量达8 083笔、3.92亿元。

3. 坚持巩固深化，推进"四大体系"建设实现新提升

年末，已评定信用农户41.4万户，分别创建信用村、乡、县962个、39个、2个。建成示范性农村金融服务站204家；建立村级外币兑换点9个，社区兑换便利店4个、货币兑换公司1家；全市首单银行间市场债券20亿元获准发行，新增"新三板"挂牌公司9家；特色农业保险产品试点进一步扩大，林木火灾、政策性农村住房等五个主要涉农险种全覆盖，小额贷款保证保险业务贷款余额突破7亿元。

(三) 台州小微金融专项改革

1. 多方聚力，有效形成金融业良好发展态势

2016年，实现金融业增加值294.16亿元，占GDP比重为7.65%，占第三产业增加值比重为15.14%；金融业上缴税费57.96亿元，同比增长13.51%，明显高于同期财政收入增速。

2. 多轮驱动，有效提升小微企业融资获得率

年末，小微企业贷款余额2 509.54亿元，占全部贷款余额比重为43.08%，全面完成小微企业贷款"三个不低于"要求；小微企业户均贷款为94.32万元，较年初减少2.56万元，户数达27.35万户，较年初增加3.36万户；银行业人民币贷款加权平均年利率7.1167%，比年初下降0.46个百分点。

3. 多措并举，有效提升小微金融服务精准化水平

2016年，台州市新增市场主体4.07万户，同比增长34.18%，其中，新增小微企业17 912家。引导和支持1 961家个体工商户转型升级为企业，其中新转公司制企业1 750家，占比89.24%；新增七大产业小微企业8 061家，新增"科技型"小微企业727家。

(四) 义乌国际贸易综合改革

1. 先行先试个人贸易外汇管理改革

年末，累计办理个人贸易结汇173亿美元，累计为449户个人办理互联网个人贸易结汇业务1.18亿美元。

2. 深化个人跨境人民币结算试点

年末，金融机构累计办理个人跨境业务268亿元，境外客户覆盖全球90余个国家和地区。

3. 推动贸易金融产品创新

全年累计探索推出30余个适合市场需求的供应链融资金融产品与服务，累计融资金额约50亿元。

4. 构建电商金融服务新样本

年末，10家金融机构与"云贷365"、"一袋金币"、"元宝铺"等平台开展"数据质押"电商贷款业务，累计为2 400余户电商发放"数据质押"纯电商贷款2.45亿元。

5. 推进市场采购贸易信用体系建设

建立"义乌市公共联合征信平台"和境外采购商信用信息平台，形成"市场采购"贸易信用评级体系。

七、金融基础设施

(一) 支付体系稳健性评估

2016年，浙江省各类支付清算系统、ACS平稳运行，共处理业务7.63亿笔、金额349.09万亿元，同比分别增长26.65%和7.89%。实现98家法人银行机构分四批上线中央银行会计核算数据集中系统（ACS）综合前置系统上线，上线运行ACS信息管理子系统、档案管理子系统。破获电信网

络新型犯罪案件2.79万起，追回赃款2.71亿元；浙江省银行机构协助公安机关查询涉案账户9.44万户，冻结资金近4.74亿元。发现无证经营支付业务的机构17家，完成对16家无证经营支付业务机构的整治。向公安机关移送线索1 401条，已破案15起。办理电子商业汇票承兑业务18.19万笔，金额6 994.45亿元，同比分别增长91.06%和37.41%。完成各类银行卡助农服务业务交易金额310.27亿元，同比增长76.62%。实现农村地区网银支付业务交易金额50.7万亿元，手机支付业务交易金额5.77万亿元。

（二）征信体系稳健性评估

年末，浙江省共收录3 704万自然人和142万户企业及其他经济组织的信用信息，全年累计查询4 614万次。各机构合计采集52.2亿条自然人信用信息和1.15亿条企业信用信息，为1 600余家市场主体提供了73.85亿次征信服务；全年完成4 639笔借款企业、150余笔债项和56家小贷公司、154家担保机构的信用评级。对49家金融机构的174个网点、6家企业征信机构以及13家评级机构进行了现场检查，妥善处理信息主体异议、投诉309起。累计为23.1万户尚未与银行发生信贷关系的小微企业建立信用档案，其中6.32万户企业获得银行授信意向；通过浙江省企业信用信息服务平台采集197.1万户企业的1.4亿条信息；通过应收账款融资服务平台累计为浙江省1 640家企业和1 254户农户解决了7 350笔融资需求，共促成融资2 512亿元。采集入库农户档案251万户，评定信用户197万户，创建信用村6 264个、信用乡233个，共对4 317个信用村办理了"整村批发、集中授信"业务，有82.9万农户获得授信近942亿元。推动税务、质监、法院等多部门联合惩戒信息的应用，共同构建"守信激励、失信惩戒"的信用约束机制。

（三）反洗钱体系稳健性评估

2016年，浙江省反洗钱反恐怖融资工作持续推进。一是健全反洗钱监管框架。浙江省（不含宁波）共对55家机构开展了现场检查，完成对30家机构的行政处罚；开展现场走访127次，高管约谈24次，下发监管质询书31份。二是严厉打击各类洗钱及恐怖融资犯罪。浙江省共开展案情会商、账户查冻协调会等各类协调会160余次，共收到上报的可疑交易线索875起，向侦查机关移送线索225起，立案69起，最终破获58起，向公安、国安机关移送涉恐融资线索34起；成功推动4起以《刑法》第一百九十一条洗钱罪宣判，5起以《刑法》第三百一十二条掩饰、隐瞒犯罪所得案件宣判，另有9起以《刑法》第一百九十一条洗钱罪立案（移送起诉）。三是着力健全风险监测评估体系。浙江省共对104家机构开展了洗钱风险评估，对201家机构开展了风险自评估；发布风险提示23期。

八、金融稳定总体评估

2016年，浙江省经济增长平稳，金融业总量合理增长，金融改革与创新不断推进，金融结构相对合理，社会金融活动补充功能有效发挥，金融基础设施较为完善，整体金融稳定状况较好。人民银行杭州中心支行运用区域金融稳定定量评估模型对浙江省2016年区域金融稳定状况进行定量评估，结果显示，总分较2015年减少10分，均为宏观经济得分减少，主要是国内生产总值增长率、第三产业增加值增长率和实际利用外资增长率下降较多；金融机构中银行、保险部分指标略有下降，但仍大幅好于最低监管标准，证券业指标则明显优化，因此得分继续保持满分，金融总体运行质量和效益保持平稳；金融生态环境得分与2015年持平，金融活动发展基础仍然稳固，区域金融稳定状况总体较好。

总　纂：蒋仲山
统　稿：胡卫华　吴　翔
执　笔：巴洪涛　王　甲　吴　翔　陈一稀　金　骏
　　　　胡虎肇　骆帅韬　楼拥勤　熊　漪　潘晓斌

安徽省金融稳定报告摘要

2016年，面对复杂多变的国内外发展环境和经济下行压力，安徽省主动适应经济发展新常态，大力推进供给侧结构性改革，统筹做好稳增长、促改革、调结构、惠民生、防风险各项工作。全省经济运行呈现出结构调整优化、发展活力增强的积极变化，财政收入较快增长，政府性债务风险总体可控，非金融企业效益水平和居民收入保持稳定。金融业方面，金融服务实体经济能力不断提升，金融风险管控逐步加强，金融基础建设稳步加大，金融消费者权益保护有效开展，金融生态环境有所优化，金融业运行整体稳健。但经济金融运行中的机遇与挑战并存，新老问题交错叠加，可能使潜在风险进一步暴露，防范区域金融风险压力不断上升。

一、区域经济运行与金融稳定

2016年，安徽省经济继续保持平稳较快发展态势，初步核算，全年实现地区生产总值（GDP）24 117.9亿元，按可比价格计算，同比增长8.7%，增速高于全国2个百分点，GDP增幅居全国第6位、中部第2位。其中，第一产业增加值2 567.7亿元，增长2.7%，增幅比上年回落1.5个百分点、比全国低0.6个百分点；第二产业增加值11 666.6亿元，增长8.3%，增幅比上年回落0.2个百分点、比全国高2.2个百分点；第三产业增加值9 883.6亿元，增长10.9%，增幅比上年提高0.3个百分点、比全国高3.1个百分点。

（一）区域经济运行情况

1. 经济运行总体平稳，发展活力不断增强

按常住人口计算，全年全省人均GDP为39 092元，比上年增加3 095元；人均GDP折合5 885美元，比上年增加106美元。全社会劳动生产率55 420元/人，比上年增加4 558元/人。

2. 结构调整成效明显，"去降补"成效初显

一、二、三次产业比例由上年的11.2∶51.5∶37.3调整为10.6∶48.4∶41。规模以上工业中装备制造业、高新技术产业增加值占比分别由上年的35.7%、36.9%提高至37.2%和39.8%。六大高能耗产业占比由26.2%下降至25.9%。全年原煤、生铁、钢材产量分别下降8.7%、1.3%、3.8%，商品房去化周期由上年19个月下降至16个月，工业企业负债率和主营业务成本占收入比重均有所下降。

3. 三大需求平稳增长，结构持续改善

一是消费较快增长，消费结构优化。全年社会消费品零售总额达10 000.2亿元，去除价格因素，比上年实际增长12.3%，增幅比全国高1.9个百分点，位列全国第四位、中部第一位。二是投资稳

中趋缓，投资结构改善。全年固定资产投资 26 758.1 亿元，增长 11.7%，增幅同比回落 1 个百分点，但比全国高 3.6 个百分点。三是对外贸易有所下降，质量效益不断改善。全年进出口总额 443.8 亿美元，比上年下降 7.2%。其中，出口总额 284.8 亿美元，下降 11.7%，进口总额 159 亿美元，增长 2.1%；进出口总额、进口额居中部地区第二位，出口额居第三位。

4. 消费价格水平保持稳定，生产价格水平持续回落

全年居民消费价格上涨 1.8%，比全国低 0.3 个百分点。农业生产资料价格下降 0.6%，固定资产投资价格下降 0.8%；工业生产者出厂价格、购进价格连续 57 个月同比下降，全年两项指标分别下降 1.5% 和 1.6%，降幅明显收窄。

（二）需要关注的问题

1. 外部经济复苏依然脆弱，外部贸易环境较为复杂

2016 年，世界经济缓慢复苏，主要经济体增长态势和货币政策持续分化，美联储货币政策溢出效应日渐显现，欧洲一体化面临一系列挑战地缘政治不确定性上升，逆全球化和国际贸易、投资保护主义抬头。从省内发展后劲看，利用外部资金发展后劲仍显不足。全年实际利用外商直接投资增速持续放缓，同比增长 8.4%，较上年下降 2 个百分点；新批外商投资企业 267 家，较上年下降 7.6%。

2. 内需增长动力有待提升，经济仍面临结构继续调整压力

全年固定资产投资增速发展快，对经济增长贡献度和拉动力高，但后续投资稳定增长的压力较大，工业投资增长放慢，民间投资增速大幅回落，区域投资增速落差较大，经济面临结构继续调整的压力。同时，消费短期难以出现明显提振，市场消费需求回升缓慢，有效需求不足状况仍未根本改变。

3. 房地产市场发展不均衡，结构性矛盾凸显

全年商品房销量激增，去库存成效明显，但部分地区房价上涨过快，土地供应量增价涨，市场呈现"合肥热、地市冷"，"住宅热、商铺冷"的格局。库存结构性矛盾突出，特别是非住宅类商品房去库存压力仍然较大。至年末，全省非住宅类商品房待售面积 1 199 万平方米，占库存总量的 49.9%。

4. 人口红利呈削弱态势，就业结构矛盾仍较突出

全省老年人口比重持续提高，人口老龄化程度不断加深。至年末，全省老年系数（65 岁及以上老年人口占总人口比重）为 12%，比上年提高 0.3 个百分点；16～59 岁劳动年龄人口 3 897 万人，占总人口比重为 62.9%。

二、非金融部门与金融稳定

（一）非金融部门财务收支情况

1. 政府部门财政收入稳定增长，财政支出同比下滑

全年财政收入 4 373 亿元，增长 9%，增幅同比回落 0.5 个百分点。其中，地方财政收入 2 673 亿元，增长 8.9%，增幅回落 1.7 个百分点。财政支出 5 530 亿元，增长 5.6%，增幅同比回落 6.5

个百分点。

2. 非金融企业部门发展加快，经营效益有所改善

全年规模以上工业企业实现增加值10 081.2亿元，增长8.8%，增幅比全国高2.8个百分点，居全国第五、中部第二位。规模以上工业企业实现主营业务收入41 661.3亿元，增长8.3%，较上年提高3.6个百分点；实现利润2 078.9亿元，增长12.3%，较上年提升8.1个百分点，居全国第七、中部第一位。

3. 住户部门居民收入继续增长，消费性支出增速加快

全年城镇居民人均可支配收入29 156元，增长8.2%；农村居民人均纯收入11 720元，增长8.3%。城镇居民人均消费性支出19 606元，增长13.8%，同比提高6.8个百分点。

（二）需关注的问题

1. 财政收入增收制约因素较多，部分行业税收波动大

一是"营改增"实施后，原作为地方重要财源的营业税不复存在，改为中央和地方五五分成，对地方财力影响不容忽视。二是受控烟形势趋紧、消费市场不振、"去产能"政策等因素影响，全省卷烟、石化大修、白酒市场、钢铁、煤炭等行业的税收产生影响。三是受房地产调控政策影响，未来房地产市场走势不明朗，房地产税收易产生较大波动。

2. 非金融企业生产成本占比高，部分企业发展面临资金制约压力

1—11月，规模以上工业企业主营业务成本占收入比重为88%，比全国高2.2个百分点，居全国第三位；规模以上服务业企业营业成本增长20.6%，占营业收入比重为71.7%，同比提高2.8个百分点。同时，企业"两金"占比上升加快，发展面临的资金制约压力有所增加。

3. 住户部门内部收入分配不均衡，债务负担水平持续增加

1985—2016年，城乡居民收入差距总体呈波浪式扩大特征。城乡居民绝对收入差距由1985年的265元扩大到2016年的17 436元。同时，债务负担水平持续增加，至年末，全省个人消费贷款余额同比增长37.3%，比常住居民人均可支配收入增速高28.4个百分点。

三、金融业与金融稳定

（一）银行业

1. 银行业发展基本情况

（1）资产负债增速加快，投资类资产大幅增长。至2016年末，安徽省银行业金融机构资产总额5.4万亿元，同比增长19.9%，同比提高7.1个百分点；负债余额5.2万亿元，同比增长20%。同比提高7个百分点。从资产结构看，投资类资产规模同比增长45.3%，占资产总额的12.04%。

（2）存款增速和增量均创近年新高，机关团体存款大幅增长。至年末，全省本外币合计各项存款余额41 324.3亿元，同比增长18.7%，同比提升4.4个百分点。全年新增6 373.3亿元，同比多增1 981.2亿元。受土地出让收入和相关非税收入增长带动，机关团体存款明显增加，全年新增1 624.3亿元，同比多增833.4亿元。

（3）各项贷款保持较快增长，住户贷款增加明显。至年末，全省本外币合计各项贷款余额

30 774.5 亿元，同比增长 17.7%，同比提高 2.8 个百分点。全年新增 4 630.2 亿元，同比多增 1 240.5 亿元。其中，人民币住户贷款余额 10 482.9 亿元，同比增长 29.2%；全年新增 2 369.3 亿元，同比多增 1 273.7 亿元。

（4）盈利水平保持增长，各类型机构有所分化。2016 年，全省实现利润 542 亿元，增长 14.4%，同比提高 14.1 个百分点，高于全国 10.4 个百分点，增速位列中部第一、全国第七。净息差和净利差分别为 2.6% 和 2.5%，资产利润率 1.8%。分机构看，政策性银行、国有商业银行和股份制银行利润规模增速较快，外资银行、农村中小金融机构盈利负增长。

2. 需要关注的问题

（1）不良贷款账面"双降"但隐性不良上升压力仍然存在，重点行业和重点领域信用风险需高度关注。至年末，全省银行业账面不良贷款余额较年初下降 1.8 亿元，不良贷款率较年初下降 0.3 个百分点。受经济下行压力增大等因素影响，企业潜在违约风险暴露压力仍然存在，关注类贷款大幅增加，关注类贷款余额占各项贷款余额的 3.1%；逾期贷款较年初增加较多。此外，房地产贷款占比持续上升，房地产金融风险逐步累积并开始显现；地方政府融资渠道多元化，或有债务风险继续累积；产能过剩行业存量信贷规模大，风险防控压力大。

（2）地方法人银行流动性水平下降，同业投资业务加剧期限错配风险。至年末，全省银行业法人机构流动性比例较年初下降 4.3 个百分点。其中农商行、村镇银行流动性比例较年初分别下降 7.7 个和 3.8 个百分点。同时，全省银行业投资业务同比增长 45.3%，普遍存在滚动发行同业理财产品并拉长资产配置久期的现象，流动性风险不断放大。

（3）资本充足水平有所下降。至年末，全省银行业法人机构资本充足率为 13.5%。较年初下降 0.4 个百分点。其中城商行、农商行、村镇银行核心一级资本充足率较年初分别下降 1 个、0.8 个和 2.5 个百分点；资本充足率较年初分别下降 0.3 个、0.5 个和 2.5 个百分点。

（4）金融机构风险事件时有发生，内控管理亟待加强。2016 年，金融业案件与金融机构操作风险有抬头现象，涉案金额及案发频率都明显上升，一些金融机构员工非法集资、非法挪用客户资金、违规放贷、违规售卖理财产品等案件增多，并给金融机构声誉造成了极大的负面影响。

（5）银担合作类贷款出险增多。截至年末，全省银行业金融机构与融资性担保公司合作贷款余额占各项贷款余额的 3.8%，不良率为 2.2%。国有和民营担保公司担保贷款不良率分别为 1.4% 和 8.4%；应代偿而未代偿的担保贷款余额分别为 23.1 亿元和 13.5 亿元，其中已形成不良额分别为 9.8 亿元和 10.2 亿元。

（二）证券业

1. 证券业发展基本情况

（1）证券期货交投活跃度有所下降，市场交易额增速大幅回落。至 2016 年末，安徽省共有 2 家法人证券公司、24 家证券分公司、284 家证券营业部；3 家法人期货公司、44 家期货公司营业部。全年证券累计交易量 5 万亿元，同比下降 38.8%；期货经营机构累计代理交易额 25.9 万亿元，同比增长 72%，上年同期为下降 18.7%。

（2）证券期货机构资产规模大幅扩张，盈利水平大幅提升。至年末，全省证券经营机构总资产 4 252 亿元，同比下降 12.4%；实现营业收入和利润总额分别为 29.8 亿元和 14.6 亿元，同比分别下降 56.3% 和 64%。

（3）证券机构创新业务延续快速发展势头。至年末，法人证券公司融资融券业务实现营业收入14.3亿元，占营业收入总额的31%，同比提高11.1个百分点，融资类等创新业务已成为仅次于经纪、自营、投行的重要业务。

（4）区域多层次资本市场体系建设稳步推进，场内场外市场发展齐头并进。至年末，全省境内上市公司总数达93家，上市公司总股本1039亿股、总市值1.1万亿元；"新三板"挂牌公司达302家，家数占全国挂牌公司的3%，居全国第十位；总股本225.2亿股，居全国第七位；省股权托管交易中心挂牌企业已达1182家，位列全国第一方阵。

（5）直接融资规模持续扩大，融资形式多样化。全年通过股债并举、公募与私募并重、境内与境外两市并用，着力扩大直接融资规模，累计实现直接融资4386.2亿元，居中部第二位，同比增长48.4%。其中，股票融资654.6亿元、债券融资3713.5亿元。

（6）私募基金发展加快，组织形式和类型多样。至年末，全省共有140家私募基金管理人完成备案登记，备案私募基金产品592只，实缴规模2104.1亿元。

2. 需要关注的问题

（1）资本市场持续疲软，投资者账户数和交易量大幅下滑。2015年下半年以来持续震荡下跌的行情，市场波动率和活跃度显著下降，全年全省投资者账户数同比增长15.2%，较上年同期回落46.9个百分点；证券累计交易量同比大幅下降38.8%。

（2）证券公司资产负债规模由升转降，风险控制指标有所下滑。至年末，法人证券公司合计的资产和负债总额分别为833.1亿元和516.8亿元，同比分别下降10.3%和23.8%。同时，受风控指标监管规则修订与经营指标下滑叠加影响，年末法人证券公司合并计算的净资本/净资产为67.2%，较年初下降59.7个百分点；净资本/各项风险准备之和为243.9%，较年初大幅下降733.3个百分点。

（3）期货公司盈利能力持续增强，但风控指标继续恶化。全年法人期货公司分别实现营业收入和净利润分别为8.8亿元和1.4亿元，同比分别增长92.2%和151.9%。年末法人期货公司净资本/净资产、净资本/客户权益指标分别为83.6%、20.9%，同比分别回落8.3个和4.8个百分点。

（4）债务融资"借新还旧"，部分行业企业兑付压力上升。分季度看，部分非金融企业债券融资呈现"发债—还债—发债"的阶段性特征，尤其是以煤矿、钢铁等产能过剩行业资金面压力较大，导致债券违约风险增大。例如，至年末，全省"三煤一钢"债务融资工具余额530亿元，其中2017年需兑付284亿元，在短期融资工具陆续到期以及全国煤钢企业债券违约案例增多背景下，融资接续难度进一步加大，部分企业借助银行贷款还旧债，兑付压力依然存在。

（三）保险业

1. 保险业发展基本情况

至2016年末，安徽省共有保险法人机构1家，省级分支机构62家（外资保险公司7家），专业保险中介机构56家，保险从业人员近28万人。保险业资产总额1595.4亿元，同比增长3.7%。保险深度和保险密度分别为3.6%和1426元/人，同比分别提高0.5个百分点和280.3元/人，保险业服务实体经济能力显著增强。

（1）保费收入增长加快，增速创2008年以来新高。全年实现原保费收入876.1亿元，同比增长

25.4%，同比提高 3.2 个百分点；保费规模居全国第 12 位。其中，财产险、人身险业务分别实现保费收入 312.8 亿元、563.3 亿元，同比分别增长 14.4%、32.4%，同比分别提高 1.2 个和 3.7 个百分点。

（2）各项赔付支出保持较快增速，风险保障能力持续增强。全年累计赔款与给付 357.5 亿元，同比增长 29.1%，同比提高 11 个百分点。其中，财产险和人身险业务赔付支出分别为 175.1 亿元、182.4 亿元，同比分别增长 24.9%、33.4%。累计提供风险保障超过 30.81 万亿元，如积极应对夏季特大暴雨洪涝灾害，累计赔款 16.72 亿元；农险累计赔付 26.12 亿元，为农业生产提供风险保障 644.19 亿元。

（3）保险产品结构优化调整，市场集中度进一步下降。财产险方面，与国计民生密切相关的农业保险、责任保险保持良好发展势头，原保险保费收入分别达 417.1 亿元和 362.4 亿元，同比分别增长 11.4% 和 20%。人身险方面，普通寿险业务原保险保费收入同比增长 55.3%，占人身险公司全部业务的 48.2%，同比上升 5.8 个百分点；健康险业务占人身险业务的 18.18%，同比上升 3.38 个百分点。财产险和人身险保费收入排名前 10 位的市场份额分别为 85.5%、72.3%，同比分别下降 0.7 个和 3.6 个百分点。

2. 需要关注的问题

（1）人身险业务偿付压力持续加大，退保率维持较高水平。全年人身险公司赔付总额达 182.4 亿元，同比增长 33.4%，同比提高 6.5 个百分点。全年退保额 130.1 亿元，退保率 6.3%。

（2）机动车辆保险集中度持续上升，区域发展不平衡问题仍较突出。全年机动车辆保险保费收入 260.5 亿元，同比增长 17.1%；占全部财产险保费收入的 83.3%，同比提高 1.9 个百分点。保费收入与人口相关性较高，保费收入规模前五名的地区分别为合肥市、阜阳市、安庆市、宿州市、六安市，合计占全省保费收入的 55.6%。

（3）保险市场秩序有待进一步规范，骗保等违规经营行为仍有发生。保险从业人员特别是营销人员流动频繁，整体素质有待提高，市场纠纷较多。据统计，全年保险监管部门共接收咨询投诉总量达 15 222 件。

四、金融市场与金融稳定

（一）货币市场发挥短期头寸调节作用的重要性持续增强

1. 同业拆借市场交易保持较快增长，拆借交易机构家数和类型明显增多

2016 年，安徽省银行间市场累计进行信用拆借 2 073 笔，成交金额 4 125.2 亿元，同比增长 20.7%，累计净融入资金 2 354.1 亿元。从拆借交易机构看，全省共有 46 家机构参与同业拆借交易，较上年增加 14 家，并涵盖各类型机构。

2. 债券回购交易快速增长，质押式回购以短期交易为主

全年共有 51 家机构参与债券回购交易，累计成交 15.6 万亿元，同比增长 27.5%。回购市场维持短期化势头，全年隔夜品种成交量占质押式回购的 89.9%。

3. 票据融资增速大幅放缓，融资利率持续下行

受国内票据大案频发以及监管趋严影响，年末票据融资余额 1 582.5 亿元，同比增长 23.6%，

比上年末回落 36 个百分点。全年票据直贴、买断转贴、回购转贴加权平均利率分别为 3.3%、2.9%、3.1%，同比分别下降 0.5 个、0.6 个、0.3 个百分点。

(二) 债务融资规模和工具创新取得新突破

1. 银行间债券交易保持较快增长，交易机构和品种相对集中

2016 年，全省共有 47 家金融机构参与了现券买卖交易，累计成交 32 976 笔，成交金额 37 999.8 万亿元，同比增长 57.8%。其中，交易量前两名的机构年度成交量均超过 1 万亿元，合计成交量占全省的 96.1%。

2. 债务融资规模大幅增长，融资结构持续改善

全年发行人民银行管理的债券（含债务融资工具、金融债、同业存单等）2 644.9 亿元，较上年多发行 253.9 亿元。地方法人金融机构积极运用银行间债券市场拓宽资金来源渠道，全年发行同业存单 1 472.4 亿元、金融债 148.5 亿元。同时，信贷资产证券化取得重要突破。

(三) 外汇市场业务总体稳健发展

1. 银行间外汇市场交易增速由降转升，美元呈净售汇

2016 年，全省即期结售汇交易笔数 1 434 笔，平盘量 80.4 亿美元，同比增长 44.1%，其中美元即期买入和卖出金额分别为 37.3 亿美元和 40.3 亿美元；以美元结算交易量占比达 96.6%，较上年上升 2.3 个百分点。

2. 跨境收支规模增速由升转降，顺差持续减少

全年银行代客跨境收支总额 663.3 亿美元，同比增速由上年的 6.5% 降至 -7.7%，其中收入和支出分别为 341.1 亿美元和 322.2 亿美元，同比分别下降 9.4% 和 6.2%；净顺差持续缩小，由上年的 32.5 亿美元降至 18.9 亿美元，同比下降 42.7%。

3. 美元升值背景下结售汇逆差规模有所扩大，结汇率、售汇率呈双降势头

全年银行代客结售汇分别为 160.7 亿美元、202.3 亿美元，同比分别下降 15.8%、9.2%；净售汇 41.6 亿美元，上年同期为净售汇 31.89 亿美元。从结、售汇率看，全年结汇率基本稳定在 60% 左右，12 月降至 43.8%，售汇率从年初的 144.7% 降至 12 月的 72.9%。

4. 企业外债规模持续下滑，个人企业持汇意愿增强

至年末，全省登记外债余额 48.5 亿美元，同比下降 10.96%。其中，中长期外债余额 39.8 亿美元、短期外债余额 8.7 亿美元。全省外汇存款余额 67.5 亿美元，较年初增加 14.6 亿美元，同比增长 27.6%；外汇贷款余额 85.6 亿美元，较年初下降 15.3 亿美元，同比下降 15.2%，外汇贷存比降至 1.3。

5. 跨境人民币占比下降，流出压力较大

全年跨境人民币收支总额 99.8 亿美元，占全部跨境收支总额的比重为 15.1%，下降 1.6%；人民币净流出 2.4 亿美元。

(四) 黄金市场各类业务平稳发展

1. 黄金交易所会员成交量大幅提升

2016 年，全省共成交 382 679.8 千克，同比大幅增长 316.3%。从交易类型看，代理业务累计成

交 354 079.8 千克，占全部交易量的 92.5%。

2. 商业银行黄金代理业务增速放缓，代理个人黄金延期交易占比较高

全年金融机构代理上海黄金交易所产品业务累计成交 50 752.9 千克、金额 137.2 亿元，同比分别增长 117.6% 和 150.9%。从交易品种来看，以代理个人黄金延期为主，占全省上海黄金交易所代理业务的 92.5%。

3. 黄金交易持续活跃，账户金业务交易量明显上升

全年商业银行境内其他黄金业务累计成交 138 921.6 千克、金额 190.4 亿元，同比增长 37.4%。其中，账户金业务（包括纸黄金）成交 97 283.1 千克、金额 78.9 亿元，同比分别大幅增长 148.3% 和 82.1%。

（五）民间借贷活跃度有所下降

1. 企业民间融资规模由降转升，民间融资成本上升明显

2016 年，对安徽省 222 户企业和 67 家中介机构的民间融资监测显示，企业民间借贷发生额和余额持续增长，企业民间融资加权平均年利率呈现"先降后升"走势，第一季度利率为 17.7%，第二季度略有降低为 17.1%，第四季度上升至 20.5%，创下自调查以来的新高。

2. 融资中介机构经营困难，融出资金总量持续下行

受到企业投资意愿下降、直接融资快速发展、业务风险大幅上升和自身管理水平不足的共同影响，中介机构经营状况恶化，民间融资市场活跃程度不高，民间融资需求指数创有调查以来的新低。第四季度融出资金总量为 10.9 亿元，较第一季度减少 3.6 亿元。

（六）利率市场化改革稳步推进

1. 贷款利率水平下降明显，利率变动呈前高后低走势

2016 年，全省金融机构人民币贷款加权平均利率为 6.1%，比上年下降 67 个基点。分月度看，全省金融机构贷款利率水平低位平稳运行。其中，2 月利率水平全年最高，达 6.3%，12 月利率最低，为 5.9%，较上年同期下降 79 个基点。

2. 利率市场化改革深入推进，基本形成分层有序、差异化的存款定价格局

其中，第一阵营为国有大型银行，存款利率总体上浮比例最低；第二阵营为股份制银行，存款利率上浮比例居中；第三阵营为法人金融机构，存款利率上浮比例最高。

3. 持续发挥货币政策工具的价格导向作用，引导实体经济利率下行

2016 年，全省人民银行系统积极运用再贷款工具累计分别发放支农、扶贫再贷款 8.8 亿元和 27.8 亿元。从利率看，全年运用再贷款资金发放的扶贫地区再贷款均为一年期基准利率，运用支农再贷款发放的涉农贷款加权平均利率为 4.9%，低于同期同档次涉农贷款利率 2.9 个百分点。

五、地方金融改革与金融稳定

（一）银行业改革稳步推进，服务地方经济发展能力增强

至 2016 年末，安徽省共有银行业法人金融机构 163 家，其中，城市商业银行 1 家、农村商业银

行 83 家、村镇银行 66 家、资金互助社 1 家、信托投资公司 2 家、财务公司 6 家、汽车金融公司 2 家、金融租赁公司 2 家。银行业法人金融机构资产总额、存款、贷款余额分别为 19 299.4 亿元、13 618 亿元和 9 260.2 亿元，占同期全省银行业机构相应指标的比重分别为 35.6%、34% 和 30%，较上年分别提高 0.2 个、3 个和 0.1 个百分点。

（二）证券期货机构创新加快，区域多层次资本市场建设逐渐形成

至年末，安徽省共有 2 家证券法人公司、3 家期货法人公司和 2 家证券投资咨询机构。证券法人机构不断加强业务创新，创新业务收入占比持续上升。同时，多层次资本市场体系发展不断推进，沪深交易所市场、新三板市场、区域性股权市场规模逐步壮大，"金字塔"格局初步形成。

（三）政策性农业保险服务网络逐步完善，服务"三农"能力增强

2016 年，国元农业保险股份有限公司实现保费收入 35.3 亿元，同比增长 18.8%；保费收入占全省产险市场份额的 10.5%。

（四）具有融资功能的非金融机构规范发展

至 2016 年末，全省共有小额贷款公司 424 家，较上年减少 15 家，贷款余额 393.6 亿元，同比增长 0.5%。融资性担保机构 354 家，较上年末减少 6 家，融资性担保责任余额 1 838.7 亿元，放大倍数 2.3 倍，代偿率 7.1%。典当行 353 家，较上年增加 16 家；典当余额 93.4 亿元，同比小幅下降 8.6%；全年实现净利润 2.4 亿元，同比下降 8.9%。

六、金融基础设施与金融稳定

（一）支付系统运行安全稳健

1. 各类支付系统安全稳定运行，交易金额保持较快增长

大、小额支付系统安全、平稳运行，交易金额保持较快增长态势；支票影像交换系统业务继续保持平稳增长；同城票据交换系统业务量萎缩。

2. 非现金支付工具业务量持续增长，对加速社会资金流通，提高资金使用效率发挥了积极作用

全年全省共办理非现金支付业务 342 631.5 万笔，同比增长 41.5%；金额 65.1 万亿元，同比下降 8.7%。

（二）征信体系建设不断完善

1. 征信系统服务应用水平显著增强

2016 年，在夯实征信系统基础建设的同时，加大企业征信系统、个人征信系统和动产融资登记公示系统的推广应用，全面保证系统安全、平稳、高效运行，系统数据质量水平稳步提高，应用成效不断显现。

2. 中小企业和农村信用体系建设取得积极进展

2016 年，人民银行合肥中心支行确定将中小企业和农村信用体系建设作为重点工作之一，提出

了三年实现全省各市、县覆盖的工作目标，因地制宜地探索人民银行参与、推动征信体系建设的新模式。

3. 两类机构信用评级管理进一步规范

2016 年，全省人民银行系统加强与小额贷款公司、融资性担保公司等两类机构的主管部门合作，全年共开展两类机构评级 89 户，其中融资性担保公司 88 户，小额贷款公司 1 户。

（三）反洗钱工作成效显著

1. 创新非现场监管方式方法，灵活构建差别化监管梯度

积极探索研究反洗钱负面清单监管模式，指导金融机构针对负面清单采取强化的风险控制措施；积极摸索洗钱风险评估工作；灵活运用考核评级、约见谈话、监管走访等非现场监管措施；是强化对法人及非银行机构的反洗钱监管。

2. 深化反洗钱部门合作，合力打击洗钱及其上游犯罪

强化金融机构重点可疑交易报告质量管理，加大对重点类型案件的协查力度。

（四）反假货币工作扎实推进

1. 依托联席会议机制、强化社会综合治理

安徽省反假货币工作联席会议成员单位由 35 个增加至 41 个，全年全省银行业金融机构收缴假币总面额较上年增长逾 24%，公安机关收缴假币总面额达到上年的 3.7 倍。

2. 全面搭建宣传网络，努力实现长效宣传

开展多种反假币宣传活动，主要有公交移动电视播放宣传短片、反假授课比赛、自行车骑行宣传、编发知识读本等。

（五）金融消费权益工作顺利展开

1. 金融消费权益保护系统运转顺畅

依法合规处理金融消费者投诉，联合相关部门开展金融消费权益保护活动，有力维护了金融消费者合法权益。

2. 金融消费者教育成效明显

组织开展"3·15"，"9 月金融知识"期间金融知识普及活动，通过网络、媒体报道 280 余次，开展金融知识进学校、进社区、进工厂、进市场、进乡村等活动 3 600 余次，受众金融消费者约 432 万人次。

3. 农村金融消费权益保护得力

2016 年，安徽实现了惠农金融服务室村级全覆盖，完善了功能，为农民学习金融知识、办理基础金融业务、反馈金融维权诉求提供方便。

4. 监督检查职能有效发挥

2016 年，人民银行对全省银行业机构和支付机构实施了金融消费权益保护监督检查，取得预期成效。

七、总体评估与政策建议

（一）总体评估

2016年，安徽省经济持续健康发展，金融体系整体稳健。但在区域经济运行的外部环境复杂多变的情况下，经济结构调整过程中新老问题交错叠加，未来一段时间内金融运行中的潜在风险可能继续暴露，维护区域金融稳健运行面临新的压力和挑战。

1. 宏观经济方面

经济下行压力依然存在，结构调整和动能转换任务艰巨，投资和出口增速继续回落，外部贸易环境更趋复杂，人口红利呈削弱态势；去产能行业债务风险大，房地产市场结构发展不平衡，财政收入增收制约因素较多、仍需防范实体经济风险和财政风险向金融体系的传导；非金融企业生产成本占比高，部分企业发展面临资金制约压力；住户部门内部收入分配不均衡，债务负担水平不断上升。

2. 金融业方面

银行业方面，不良贷款账面"双降"但隐性不良上升压力仍然存在，重点行业和重点领域信用风险需高度关注；地方法人银行流动性水平、资本充足水平和盈利能力下降明显；金融机构风险事件时有发生，内控管理亟待加强；同业业务和资管业务较快增长，跨市场、跨机构的交叉性金融风险关联性加大，业务发展需进一步规范；融资性担保贷款出险情况增多，类金融机构风险向银行体系的传导需关注。证券业方面，资本市场持续疲软，投资者账户数和交易量大幅下滑；证券期货公司风险控制指标均持续下滑；债务融资"借新还旧"，部分行业企业债务融资工具兑付压力上升。保险业方面，人身险业务偿付压力持续加大，退保率维持高位；保险业务结构和区域发展不平衡问题仍较突出；保险市场秩序有待进一步规范，骗保等违规经营行为仍有发生。

（二）相关政策建议

2017年应积极主动适应经济新常态，着力提升金融服务水平，大力推进区域改革创新，强化基础设施建设，切实保护金融消费者权益，将防范金融风险放在更加重要的位置，坚决守住不发生系统性区域性金融风险的底线，维护金融体系健康稳定运行。

1. 加快经济发展方式转变，为金融业稳健运行创造良好环境

一是深入推进重要领域改革，以简政放权为突破口，继续深化行政体制改革、财税体制改革、国企改革和金融综合改革，注重发挥经济体制改革的牵引作用，加快释放改革红利。二是全力推动产业结构优化升级，促进信息化与工业化深度融合，推动企业加快技术改造、提升精准管理水平，增强传统产业竞争力。三是大力实施创新驱动发展战略，继续推进创新试点省和合芜蚌自主创新试验区建设，促进科技和经济紧密结合，发挥科技创新对产业升级的核心作用。四是大力发展民营经济，从体制障碍、政策落实等方面，解决民营经济发展面临的突出问题，激发民间投资潜力，促进民营经济快速发展。

2. 推动金融机构持续深化改革，强化风险管控能力

一是巩固和深化金融改革成果，着力加强银行业金融机构公司治理，推进现代金融企业制度建

设，强化资本配置和资产损失拨备制度，提高金融机构的稳健性和金融体系的抗风险能力。二是推动证券期货业机构加快业务转型，规范有序开展资产管理、股指期货、融资融券、直投等业务创新，不断提升风险管控能力。三是继续推动保险业机构开展产品与服务创新，推进保险业发展方式转变和结构调整；完善保险业基础设施建设，建立健全保险发展长效机制。四是持续推动融资性担保公司、小额贷款公司、典当行等具有融资功能机构规范发展。

3. 加强金融风险监测分析，建立健全风险评估预警机制

一是完善各类金融风险监测、评估和预警体系，尤其是加强对跨区域、跨行业、跨市场、跨机构金融风险的监测分析。二是加大风险排查力度，着重加强对重点地区、重点机构、重点领域的风险排查，及时掌握潜在风险点和风险因素。三是强化金融监管合作机制建设，探索不同类型合作方式，完善监管合作内容，推进金融风险监测信息共享。四是切实加强金融风险预警和提示，重点针对金融机构的信用风险、市场风险、操作风险等及时提示，加强风险防范。

总　　纂：刘兴亚　陶　诚
统　　稿：管玉贵　梁　斌　季　军
执　　笔：王　亮　张　媛　居　姗
其他参与写作人员：孙　韦　鲁玉祥　石少功　陶　峰　王妍婷
　　　　　　　　　许平洋　毛瑞丰　徐　惬　陈海波　张　瑜
　　　　　　　　　李飞燕　周　浩　刘瑛娜　陆秉炜　徐继英
　　　　　　　　　王　彬　王　娅　王祥峰

福建省金融稳定报告摘要

2016年，面对错综复杂的国际形势以及国内经济周期性和结构性问题相互叠加的复杂环境，福建省积极推进供给侧结构性改革，加快培育发展新动能，经济发展稳中有进，多项主要经济指标高于全国平均水平，产业结构调整与转型升级取得新的进展。金融业总体稳定，银行业规模稳步增长，证券业保持多元化发展，保险业助推经济功能日益增强，金融促进全省经济继续保持良好的发展势头。

一、区域经济运行与金融稳定

（一）区域经济运行总体情况

2016年，全省经济运行总体平稳。初步核算，全省实现地区生产总值28 519.15亿元，增长8.4%，高于全国平均水平1.7个百分点。产业结构不断优化，第一产业增加值2 364.14亿元，增长3.6%；第二产业增加值13 912.73亿元，增长7.3%；第三产业增加值12 242.28亿元，增长10.7%，第三产业对经济增长的贡献率为52.8%；三次产业增加值结构由上年的8.2:50.3:41.5调整为8.3:48.8:42.9。固定资产投资增幅回落，全省完成社会固定资产投资22 927.99亿元，增长9.3%，增幅比上年回落7.9个百分点。消费品市场平稳发展，全省社会消费品零售总额11 674.54亿元，增长11.1%，增幅比上年回落1.3个百分点。进出口降幅收窄，全省进出口总额10 351.56亿元，下降1.2%，降幅收窄2.6个百分点。其中，出口6 838.87亿元，下降2.2%；进口3 512.69亿元，增长0.7%。财政收支增速剪刀差缩小，全省公共财政总收入4 295.22亿元，增长3.7%，增幅回落4.5个百分点。全省公共财政支出4 287.41亿元，增长7.1%，增幅回落13.7个百分点。城乡居民收入继续增加，全省居民人均可支配收入27 608元，实际增长6.9%；农村居民人均可支配收入14 999元，实际增长7.1%。居民消费价格温和上涨，全年居民消费价格上涨1.7%，涨幅与上年持平，比全国低0.3个百分点；工业生产者出厂价格下降0.9%，生产资料出厂价格下降2.1%，工业生产者购进价格下降2.0%，降幅分别收窄2.1个、2.9个和1.9个百分点。

（二）区域经济运行中值得关注的方面

2016年，福建省经济增长整体呈"缓中趋稳、稳中有进、进中提质"的特点，主要经济指标高于同期全国平均水平。但同时应该看到，与经济发展有关的外部环境依然错综复杂，不稳定不确定因素较多，经济增长的内生动力仍然不足，民间投资意愿不高，实体经济仍然面临较多困难。全省GDP增速自2010年以来连续6年回落，全年全省投资和消费增幅回落，出口延续下滑态势，三大需求总体乏力。在经济仍面临下行压力的情况下，部分企业进一步扩大投资意愿不足。民间投资增速较上年下滑了12.5个百分点，降幅比全省固定资产投资增速降幅高4.4个百分点。受市场需求疲弱和经营成本较高双重挤压，企业经营仍然面临较大压力。同时，房地产市场分化明显，个别热点城市房价上涨较快，资金向房地产领域集聚，加剧部分实体企业经营困难。

二、金融业与金融稳定

（一）银行业稳定评估

1. 银行业运行评估

截至2016年末，全省银行业机构资产总额92 970.95亿元，增长16.22%，其中，各项贷款余额37 787.26亿元，增长12.1%；负债总额88 199.11亿元，增长16.06%，其中，各项存款余额40 487.03亿元，增长9.9%。全省存款保险投保机构（不含兴业银行）整体运行稳健，资产和负债总额稳步增长，年末资产和负债总额分别为16 070.26亿元和14 853.39亿元，分别增长19.04%和35.75%；实现净利润122.9亿元，增长14.82%。引进外资银行取得积极进展，3家外资银行正式开业。金融支持"三农"和小微企业融资需求的力度继续增强，全年全省中资金融机构涉农贷款余额11 700.17亿元，增长3.31%；小微企业贷款7 112.14亿元，增长15.27%。农业银行福建省分行"三农"金融事业部改革不断深化，"三农"信贷投放持续增加，年末全省县域"三农"事业部各项贷款余额1 621.31亿元，增长11.85%。银行业积极创新金融产品，通过"无间贷"等金融创新产品切实解决一批实体企业担保难、融资难问题，年末全省无还本续贷余额785.72亿元，增长86.42%，支持中小企业2.39万户，增长88.03%。

2. 银行业运行中需要关注的问题

一是不良贷款增长势头有所放缓，信贷风险防控压力仍然较大。截至年末，全省银行业机构不良贷款余额957.63亿元，较上年少增162.03亿元，增速较上年下降37.72个百分点，不良贷款率2.53%，较年初上升0.06个百分点，不良贷款"双升"势头有所放缓。但从不良贷款先行指标看，年末全省银行业机构关注类贷款余额2 135.89亿元，增长5.89%；银行业机构资产质量下行压力仍然较大。二是房地产贷款增长较快，潜在风险值得关注。截至年末，全省房地产行业贷款余额同比增长29.68%，占各项贷款的29.02%，较年初上升了4.05个百分点。其中，全省个人住房贷款余额8 590.39亿元，较年初增加1 954.87亿元，增长29.46%，个人住房贷款增量占银行业机构新增贷款的47.76%。此外，部分资金通过信托和券商、保险公司、基金公司设立的资产管理计划绕道进入房地产市场，导致房地产领域杠杆进一步加大，房地产市场调整对金融机构资产质量的影响应引起关注。三是同业业务发展迅速，业务发展的规范性有待进一步加强。近年来，金融机构同业业务发展迅速，特别是非标同业投资业务快速扩张。2016年末，全省地方法人银行机构非标同业投资余额同比增长45.66%。但部分金融机构存在业务发展不规范、规避金融监管和宏观调控等问题。如同业业务期限错配明显，加大金融体系流动性风险；产品交叉嵌套现象增多，交易链条和结构复杂，加剧跨机构、跨市场、跨区域的风险传染；同业投资违规担保行为仍层出不穷，资本与拨备计提不足问题较为突出；部分非标投资对接类信贷项目，主要投向房地产、政府融资平台和产能过剩行业，弱化了信贷政策和产业政策实施效果。

(二) 证券业稳定评估

1. 证券业运行评估

截至年末,福建省共有3家法人证券公司、5家法人期货公司,3家基金管理公司。法人证券公司总资产1 523.32亿元,净资产414.63亿元,分别增长12.15%和73.62%,实现营业收入80.8亿元,净利润25.31亿元。新增注册资本42.47亿元,资本实力和抗风险能力显著增强。全省法人期货经营机构客户保证金规模186.02亿元,累计代理成交金额13.59万亿元,实现净利润3.84亿元。上市公司质量有所提升,截至年末,全省共有境内上市公司107家,总市值14 592.42亿元,全省上市公司平均每股收益和平均净资产收益率分别约为全国平均水平的1.5倍和1.3倍。全省境内上市公司、挂牌企业累计实现直接融资3 367.79亿元,融资额连续3年创新高。并购重组有序活跃,全年公告并购重组金额225.77亿元。场外市场建设深入推进,全年新增"新三板"挂牌企业193家。全省已备案私募基金(含投资顾问管理型)675只,管理规模达1 572.05亿元,备案数和管理规模分别增长61.48%和115.27%。

2. 证券业运行中需要关注的问题

一是市场主体质量有待提升。上市公司行业经营状况分化明显,银行业净利润保持稳定,而证券、钢铁、水泥、房地产等行业业绩波动较大,部分上市公司亏损且亏损金额较大。新三板挂牌公司持续经营能力较弱,3只中小企业私募债出现本金及利息违约。二是上市公司并购重组效益发挥受到制约。个别上市公司热衷于跨行业、多元化并购,并购重组资产与公司自身战略定位不匹配,并购重组的整合与协同效应未明显体现,限制了资本市场资源优化配置功能和资本聚集效应在我省的充分发挥。三是证券期货业转型发展任重道远。随着金融混业经营格局持续深化,业务、产品的跨行业特征日趋明显,证券公司承销的个别私募债、公司债、发行的通道类资管产品等出现兑付风险,风险跨市场、跨行业传导特征越发突出。个别证券公司风控基础薄弱,风险管理能力滞后,违法违规行为时有发生,全面风险管理体系有待进一步建立,依法合规经营水平有待提高。全省法人证券公司资产管理业务规模合计6 664.52亿元、融资融券余额295.78亿元,资本消耗型业务的快速发展对证券公司流动性风险管理提出了更高要求。四是非法证券活动仍时有发生。涉非活动更趋小型化、分散化、网络化,具有更强的欺骗性与隐蔽性。不法分子通过非法投资咨询、非法经纪期货业务、非法发行股票等手段从事非法活动,对区域金融稳定造成一定的影响。

(三) 保险业稳定评估

1. 保险业运行评估

截至年末,全省保险业实现保费收入(指原保险保费收入,下同)917.6亿元,增长18%。其中,财产险保费274.3亿元,人身险保费643.3亿元,分别增长5.3%和24.4%。资产规模逐步壮大,保险业总资产2 175.7亿元,较年初增长20.6%。保险服务实体经济的能力不断增强,建设工程保证保险为全省在建重点项目提供1 890亿元的工程险风险保障。出口信用保险为全省224亿美元的出口贸易提供收汇保障,通过保单融资业务协助出口企业获得银行贷款15.6亿美元。政策性农险实现保费收入5.7亿元,累计赔款支出8.2亿元。民生保障水平稳步提升。全省保险密度2 368.61元/人,增长16.45%,保险深度3.22%,上升0.23个百分点。全省保险业累计承担风险总额37.7万亿元,增长45.3%,累计赔付支出317.6亿元,增长29.6%。寿险责任准备金累计达1 868亿元,持有寿险保单的人次达到 1 650 万人。城乡大病保险业务参保人数达 1 877 万人。商业健康保险累计赔付支出 33.4 亿元，增长 25.1%。"新农合"业务为 737 万农民提供了健康保障。全省共提供责任保险风险保障 3.6 万亿元。区域特色与服务持续推进，自贸区内注册企业海峡金桥产险获批开业，海峡人寿、国祥人寿的筹建工作有序推进。福建自贸试验区（不含厦门片区）内保险机构网点数 33 家，实现保费收入 11.4 亿元。

2. 保险业运行中需要关注的问题

一是退保和满期给付持续高位运行。前两年热销的中短存续期产品仍处于退保的高位，进而加大退保压力。同时，随着前几年销售的短期分红险相继到期，满期给付压力依旧明显。2016 年人身险公司综合退保率同比基本持平，满期给付增长较快，相关风险仍需关注。二是业务较快增长压力较大。宏观经济下行压力下，新业务领域尚待挖掘，银邮等传统渠道增长缺乏有力支撑。商车费改后车均保费下降，与宏观经济关联较紧的财产险险种如工程险、保证保险、船舶险、货运险等发展低迷，中小财产险公司盈利承压。

三、金融市场运行与金融稳定

（一）金融市场运行状况

1. 货币市场交易快速增长

全年全省同业拆借、债券回购、现券交易累计成交 480 571.59 亿元，增长 93.75%，其中，拆借市场成交 46 751.29 亿元，增长 114.21%。债券回购成交 315 988.4 亿元，现券交易成交 117 831.9 亿元，分别增长 97.09% 和 78.85%。全省企业在银行间市场发债融资 1 875.1 亿元，增长 29.32%。受票据承兑业务量的影响，全省票据融资总量 5 169.79 亿元，创下历史新高。票据贴现加权平均利率 3.3058%，转贴现加权平均利率 3.2109%，分别下降 76 个和 74 个基点，整体利率低位运行。

2. 黄金市场交易稳中趋降

全年省内开办黄金业务的银行业机构（不含兴业银行）代理上海黄金交易所黄金交易 1 008.23 亿元，下降 25.82%。省内上海黄金交易所的 4 家会员单位[1]全年成交总量 2 521 345.69 公斤，增长 48.45%。

3. 区域股权市场平稳发展

截至年末，全省区域股权市场累计挂牌企业 1 802 家，托管企业 55 家，托管总股本 57.94 亿股。全年实现企业融资 24.18 亿元。合计会员单位总数达 150 家。全年福建海峡金融资产交易中心完成各项业务 83 项，涉及金额 229.72 亿元。

4. 民间融资市场保持活跃

全年全省监测样本[2]共发生民间融资 72.71 亿元，增长 3.37%，其中，农户类融资 26.44 亿元，企业、个体等样本融资 46.27 亿元，分别增长 2.16% 和 4.07%。全年加权平均利率在 19% 左右波动，呈逐季下降趋势。1 年期内民间融资 66.22 亿元，占比 91.07%。

---

[1] 分别是兴业银行、紫金矿业集团股份有限公司、福州福辉珠宝有限公司、厦门银行。
[2] 福建省每个县（市）选择民间借贷较为活跃的 3 个乡镇为监测点，每个监测点选取 10 户监测对象（包括企业和个人）。目前全省已建立 217 个监测点，共有 2 170 户监测对象。

(二)金融市场运行中应关注的问题

1. 批发性融资期限错配易诱发流动性风险

2016年以来,银行业机构在银行间市场的交易活跃度持续上升,部分法人机构通过滚动借还的方式,利用批发性融资对接同业理财、应收款项类投资,期限错配明显,杠杆倍数较高,易引发流动性风险。

2. 民间融资风险交叉渗透

银行业机构信贷资产质量下降与民间融资相互影响加剧信用风险。房地产行业民间融资活跃度显著提升,民间融资成为房企补充流动性、购房者首付配资的重要渠道。互联网民间融资辐射范围广、传播速度快、专业化程度不断提高,欺骗性和隐蔽性更强,风险防控难度大。

四、金融基础设施与金融稳定

(一)外汇监管

2016年,福建省有针对性地加强对重点主体和重点业务的监管,严打外汇领域违法违规行为,保障外汇市场健康稳定运行。一是外汇检查转型继续稳步推进。全省共查处案件73起,处以罚款510.29万元人民币,收缴罚款487.22万元,并向法院申请强制执行2起案件的罚金计1 211.72万元人民币。二是大数据运用水平进一步提升。加强对系统内数据的深挖钻取,探索与系统外监管部门的信息数据互换共享机制,做好执法互助,加强相关案件协查工作,提高办案效率。全省通过非现场分析共发现异常与可疑线索75条,涉及业务998笔、金额10.22亿美元,查实违规线索42条,成案率达56%;此外,还向公安部门移送了12起涉嫌刑事犯罪线索,其中某公司涉嫌地下钱庄线索被列为省级专案。

(二)支付体系

2016年,福建省支付服务环境不断优化。一是商业汇票电子化率大幅提高。全年全省金融机构共办理电子商业汇票承兑137 199笔,金额3 550.67亿元,电子化率达73%,比上年末提高31个百分点。二是助农支付环境不断优化。制定《优化助农支付环境 提升金融扶贫实效工作的指导意见》,丰富服务点支付业务功能,将服务点打造成农村地区"普惠金融服务站"、"农村电商服务站"和金融精准扶贫的支撑点。全年共办理助农取款、现金汇款等各类助农取款业务4 274.75万笔,金额173.33亿元。三是非银行支付机构快速发展。全省共有法人支付机构9家,备案展业的支付机构分公司33家。全年线下支付业务累计清算笔数2.32亿笔、金额8 398.55亿元,同比分别增长40.11%、28.68%。四是支付服务市场环境得到优化。完成17家无证机构和25家相关持牌责任机构的整改和清理处置。全力推进防范电信网络新型违法犯罪,建立涉案账户止付冻结和倒查管控机制,加大整治非法买卖银行卡信息违法犯罪力度,为客户资金筑牢安全防线。五是支付系统继续保持高效稳定运行。2016年,福建省大额支付系统、小额支付系统业务量分别居全国第七位和第八位,网上支付跨行清算系统业务量居全国第四位,全年支付清算系统可用率达到100%。

（三）信用环境

2016年，福建省社会信用体系建设不断推进，促进了金融生态环境的优化。一是金融信用信息基础数据库应用进一步拓展。截至年末，金融信用信息基础数据库收录全省各类企业及其他组织42.63万户，涉及人民币贷款余额2.38万亿元，同比增长9.67%；收录全省自然人2 534.55万人，同比增长2.89%。福建自贸试验区福州和平潭片区开通区内台企台胞征信查询业务，截至年末，累计发放台企和台胞贷款4 173.2万元。积极推动小微机构接入征信系统，福能集团财务有限公司、兴业消费金融公司和4家村镇银行正式接入征信系统。53家小额贷款公司和融资性担保公司接入省级服务平台。应收账款融资服务平台进一步推广，截至年末，全省完成平台融资1 610笔，融资金额591.69亿元。二是社会信用体系建设稳步推进。推动福州、厦门、莆田开展国家信用示范城市创建。在全国率先上线省级征信业务综合平台，已汇集工商、税务等约10万条公共信用信息为全省金融机构提供一站式查询，有效推动金融领域守信激励失信联合惩戒机制不断深化。完善省、市公共信用信息平台，福建省公共信用信息平台（一期）已汇集41家成员单位的471类法人信用信息。创新开展中小企业和农户信用信息统一服务平台建设，年末累计建立小微企业信用档案113 490户，建立农户信用档案544万户，占全省农户总数的80.50%。三是信用评级业务稳步发展。截至年末，省内已备案企业征信机构2家。共完成信贷市场信用评级企业732家。

（四）反洗钱

2016年，福建省围绕预防和打击洗钱与恐怖融资犯罪目标，坚持"规范与创新"并举，不断提升反洗钱和反恐怖融资机制有效性。建立全省2 104家报告机构监管档案，组织50项对义务机构的现场检查。重点领域反洗钱案件协作成效凸显。与有关部门密切协作，对涉恐类案件调查11项48次，报案12起，侦查机关据此立案1起；深入涉麻涉毒重点地区，推动建立区域性禁毒反洗钱协作机制，协助破获涉毒案件2起，推动涉毒洗钱案立案4起。在全国率先实现保险领域反洗钱调查突破，深挖某"百名红色通缉令"人员利用保险机构寿险保单大量实施洗钱，跨境转移赃款的重大线索并报案。全年共收集重点可疑交易线索579条，反洗钱调查立项52项，开展调查387次，向侦查机关报案160条，侦查机关立案46起，协助破案22起。累计推动以"洗钱罪"立案8起，起诉3起，判决4起。线索收集数、报案数、立案数、洗钱罪案件宣判数同比分别增长82.1%、36.8%、39.4%、33.3%。

（五）司法环境

福建省金融司法环境进一步改善。一是不断推进立法建设，确保重大改革于法有据。福建省人大常委会制定平潭综合试验区条例和福建自由贸易试验区条例，为先行先试提供重要法治保障。二是加强金融案件专业化审判。设立金融案件审判庭和专门合议庭，审结金融借款、民间借贷案件150 260件、标的总额1 342.96亿元，审结走私、非法集资等经济犯罪案件3 744件，审结公司诉讼、股权转让、建设工程、房地产等案件37 135件。三是积极引导金融主体运用公证手段防范金融风险。福建省司法厅、人民银行福州中心支行等五个部门共同制定《关于为我省金融改革创新防范金融风险提供公证法律服务的指导意见》，重点加强各类金融合同公证，规范金融市场行为。四是持续畅通金融消费权益维权渠道。福建省人民银行系统全年共受理投诉368笔，咨询1 209笔，办结率

97.8%，已办结的投诉群众满意率达98.4%。

（六）金融宣传

2016年，福建省金融系统结合地域特色，拓渠道、广覆盖，全面开展金融知识宣传教育活动，不断推动社会公众金融素养的提升。全年共开展金融知识普及宣传活动3 901次，发放宣传资料161万份，媒体报道436次，受众累计238万人次。一是以福建经济金融发展、金融支持实体经济、福建自贸试验区建设等区域金融改革为主线，积极宣传解读稳健货币政策内涵，引导社会公众形成正确预期。二是举办防范电信网络新型违法犯罪、"信用记录 你我共铸"、《反洗钱法》颁布实施十周年等一系列专题宣传活动，提升公众金融安全意识。三是积极开展农村"两权"抵押贷款试点政策专题宣传月活动。宣传月活动期间，晋江农村"两权"抵押贷款试点接受中国人民广播电台等10家中央媒体的专题采访报道。四是加强金融普法宣传。深入开展反洗钱、金融消费权益保护等方面的普法教育，持续深化金融教育工作，逐步建立金融普法长效机制。

五、政策建议

（一）加快推动经济结构调整和转型升级，促进经济平稳较快发展

加快发展先进制造业，提升主导产业竞争力，增强产业集群竞争优势。推动重点产业提质增效，推动企业智能化改造，促进融合创新、跨界创新，培育"互联网＋"新业态。加快发展现代服务业，推动服务业模式创新、业态创新，引导制造业主辅分离，加快发展新型服务业。坚持创新驱动发展，进一步扶持民营经济、小微企业发展，营造宽松便捷的准入环境和公平有序的竞争环境。进一步优化产业组织，支持行业龙头骨干企业开展兼并重组，促进大中小企业协同发展。

（二）实施好稳健的货币政策，推进供给侧结构性改革

综合运用多种货币政策工具，促进货币信贷和社会融资规模合理增长，为结构性改革营造中性适度的货币金融环境，促进全省经济社会又好又快发展。继续用好扶贫再贷款、支农再贷款、支小再贷款、再贴现等货币政策工具，引导金融机构盘活存量，用好增量，加大对经济重点领域与薄弱环节的金融支持。鼓励金融机构加大金融创新，提高金融服务，积极支持全省重点项目建设、继续加大对新兴产业、中小微企业和"三农"发展的支持力度。同时，推动金融机构紧扣供给侧结构性改革和产业转型升级的需要，加大有效信贷投放，推动经济提质增效和转型升级，坚持在发展中化解风险。

（三）深入推进金融改革，在金融重点领域和关键环节实现新突破

一是推动金融市场改革创新，统筹协调直接融资与间接融资发展，深化发展区域金融市场，推动多层次资本市场建设，支持全省实体经济发展。二是进一步推动农业银行福建省分行深化"三农金融事业部"改革，不断促进其提升其服务县域经济的能力和水平。三是推进区域金融改革开放，深化泉州金融服务实体经济改革，探索形成并及时推广试点经验；跟踪推进沙县农村金融制度改革，改进和完善农业金融服务。四是支持福建自贸试验区和21世纪"海上丝绸之路"核心区的金融创

新。五是深化闽台金融交流合作。坚持两岸金融合作先行先试，推进厦门两岸区域性金融服务中心、福州现代金融中心和平潭综合试验区建设。

（四）加强宏观审慎管理，有效防范和化解系统性金融风险

完善宏观审慎评估，通过实施预调微调，继续引导商业银行加强流动性和资产负债管理，合理安排资产负债总量和期限结构，提高流动性风险管理水平。进一步强化重点领域风险排查，加强对企业债务风险、银行资产质量、保险资金运用、资产管理业务、互联网金融等领域的风险监测。继续做好金融机构压力测试，及时提示风险，完善应对预案，运用多种措施和手段及时化解和妥善处置金融风险。继续推动完善存款保险制度功能，稳步推进风险差别费率等核心机制发挥作用，充分发挥存款保险市场化风险化解机制的作用。充分发挥金融监管协调机制作用，推动各类金融风险点的妥善处置，牢牢守住不发生系统性金融风险的底线。

（五）完善金融服务体系，优化金融生态环境

进一步完善支付结算基础设施，推广应用非现金支付工具，规范支付结算市场秩序，提升支付结算服务水平。完善社会信用体系建设，加强金融领域外的行业间信息互联互通、共享和应用，建立完善守信激励和失信惩戒机制；提升征信管理水平，坚决打击征信信息被泄露、滥用等行为，维护信息主体权益；加强宣传，提升社会公众信息安全保护信息；培育征信机构，拓展信用服务市场，提高信用服务水平。严厉打击洗钱行为，加强反洗钱监管，加大现场检查力度，创新非现场监测手段。扎实推进反假货币和现金管理工作，进一步优化货币流通环境。严厉打击逃废债行为，保护金融机构合法权益。加大金融知识普及教育和舆论引导力度，增强社会公众金融素养和风险识别能力，坚决打击非法集资、非法证券期货活动等行为，优化全省金融生态环境。

金融稳定分析小组组长：单　强
副组长：杨长岩
执　笔：赖永文　杨　敏　沈理明　林　晖　郑境辉
　　　　江　颖　陈江宁　宋　娟　林　涵

江西省金融稳定报告摘要

2016年是"十三五"的开局之年,也是全面建成小康社会进入决胜阶段的第一年。面对复杂严峻的国内外发展环境和艰巨繁重的改革发展稳定任务,江西坚持以新发展理念为引领,主动适应改革发展新常态,加快供给侧结构性改革步伐,统筹做好稳增长、促改革、调结构、优生态、惠民生等各项工作,经济金融继续保持平稳健康发展的良好态势,但相关金融风险隐患需要密切关注。

一、区域经济运行与金融稳定

2016年,全省经济运行稳中有进、稳中提质、稳中向好,供给侧结构性改革深入推进,实现了经济总量进位赶超、发展质量持续提升。但民间投资增速回落、财政收支平衡难度较大等问题需要关注。

经济运行保持平稳,产业结构更趋协调。全省实现生产总值18 364.4亿元,增长9.0%。规模以上工业增加值7 803.6亿元,增长9.0%,高于全国平均水平3.0个百分点。城镇、农村居民人均可支配收入分别为28 673元和12 138元,增长8.2%和9.0%。PPI由负转正,CPI上涨2.0%,保持在调控目标以内。新增城镇就业55.2万人,城镇登记失业率3.4%,低于4.5%的控制目标。第一、第二、第三产业增加值分别增长4.1%、8.5%和11.0%,第三产业增加值占GDP比重突破40.0%。三次产业结构由上年的10.6:50.3:39.1调整为10.4:49.2:40.4。

需求结构有所改善,民间投资增速回落。全省固定资产投资总额19 378.7亿元,增长14.0%,回落2.0个百分点。消费对经济的贡献率进一步提高,社会消费品零售总额6 634.6亿元,增长12.0%,上升0.6个百分点;消费升级趋势明显,汽车类零售额增长17.4%,对零售额增长的贡献率达39.5%;体育及娱乐用品类、中西药品类、家用电器及音像器材类零售额分别增长24.6%、23.5%和21.0%。进出口总额401.1亿美元,下降5.4%。实际利用外资增长10.2%,对外投资增长15.0%。投资下行压力仍然较大,其中民间投资13 830.2亿元,增长9.8%,回落7.7个百分点。

供给侧结构性改革成效明显,去库存任务仍然较重。全省着力打好"三去一降一补"攻坚战,积极化解过剩产能,提前完成煤炭、钢铁行业去产能年度任务。大力帮扶实体经济,开展降成本、优环境专项行动,出台降成本、优环境80条,为企业减负500亿元以上。落实房地产去库存20条,商品住宅库存平均去化时间减少8.1个月。但房地产市场结构出现分化。南昌、赣州和九江市新建住宅价格上涨较快,而新余、宜春市商品住宅去化时间均超过14个月。全省非住宅商品房库存仍然较高,房地产市场面临结构性高房价、高库存的双重影响。

创新动能加速集聚,转型升级仍存压力。全省创新驱动能力进一步增强,高新技术产业增加值增长10.8%,占规模以上工业增加值比重达30%。搭建创业孵化基地等平台221个,新增国家级创新平台和载体19个、高新技术企业376家；专利申请总量增幅全国第一，专利授权量增幅为全国平均水平近3倍。但实体领域还面临多重困难，部分传统行业和企业由于产品结构单一，转型升级仍存一定压力。部分大型企业出现不同程度亏损，有色、采矿行业国税收入分别下降11.2%和15.5%。企业运行成本面临新的上升因素，特别是煤炭和钢材价格大幅上涨推动企业经营成本较快上升。此外，企业创新研发投入仍有较大空间。全省研发投入占比仅1.1%，低于全国平均水平1.0个百分点。企业创新主体地位尚未完全确立，研发投入占销售收入比重过低。

财政收入增速回落，收支平衡难度加大。受经济增长下行压力加大，以及"营改增"减税效应影响，财政增收难度上升，增速出现大幅回落。财政总收入3 143亿元，增长4.0%，回落8.7个百分点。其中，税收收入增速回落5.1个百分点，占财政总收入的比重下降0.1个百分点，财政收入质量下降。随着"三去一降一补"、民生工程、脱贫攻坚等工作力度进一步加大，财政刚性支出继续增加，可用财力更加紧张。

二、金融业发展与稳定状况

2016年，全省金融业着力服务实体经济，全面强化风险管控，各项工作取得显著成效，有力促进了全省经济的平稳较快发展。但银行资产质量有所下行、非法证券活动显现等问题对金融稳健运行造成较大影响。

（一）银行业

存款增长速度加快，投资资金有所回流。年末全省金融机构本外币各项存款余额29 105.23亿元，比年初增加4 062.25亿元，同比多增1 008.32亿元，存款余额同比增长16.22%。存款比年初增速在全国排名第6位、中部第2位。全年存款增长波动较大，存款增长主要集中在四个季度末，4月、7月、10月存款出现负增长（见图1）。受股票、债券、基金等资本市场收益率下降、风险上升

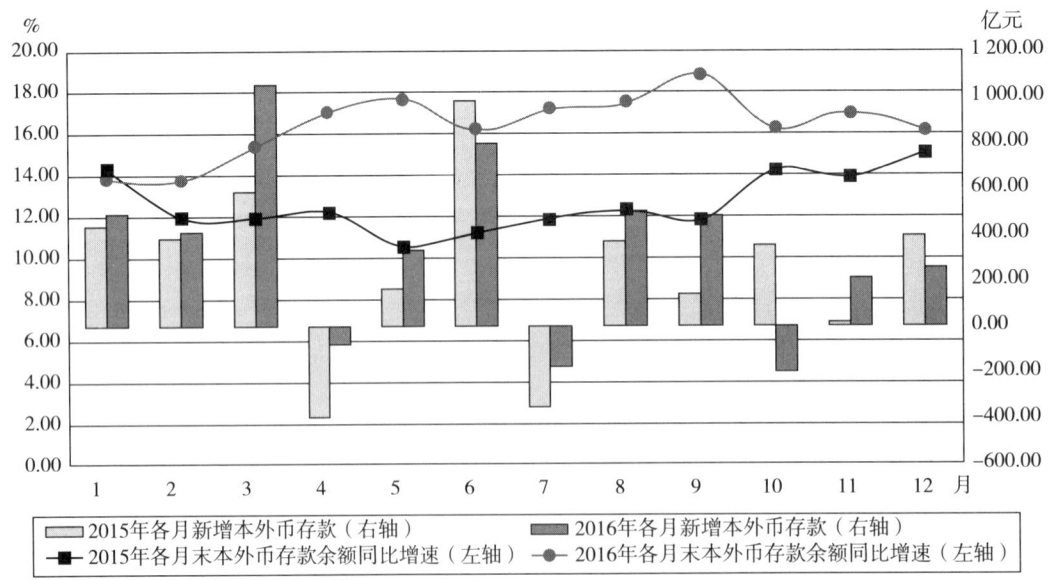

数据来源：人民银行南昌中心支行。

图1 2016年江西省本外币各项存款余额及增量情况变化

及企业投资意愿减弱等因素影响,市场投资资金回流存款的趋势有所显现,全年住户存款新增1 625.19亿元,同比多增266.52亿元,非金融企业存款余额8 466.17亿元,同比增长22.82%。

信贷支持成效显著,信贷结构仍待优化。年末全省金融机构本外币各项贷款余额21 847.43亿元,比年初增加3 286.34亿元,同比多增423.01亿元;贷款余额同比增长17.71%。贷款增速在全国排名第4位、中部第2位(见图2)。信贷助力供给侧结构性改革取得成效,去产能行业贷款增速显著下滑,房地产开发贷款和购房贷款一减一增。涉农、小微企业继续实现"三个不低于目标"。"一带一路"建设贷款、绿色信贷和赣南等原中央苏区各项贷款余额分别增长73.40%、21.40%和14.60%。扶贫贷款、"两权"抵押贷款投入力度加大。但受"早投放、早受益"心态和有效信贷需求增长缓慢等影响,全年季度信贷投放节奏大体呈现"4:3:1:2"的格局。银行信贷储备项目持续减少,信贷项目储备转化为实际投放的比率不足三分之一,信贷资金投向房地产、国有企业等行业比重仍然较高,制造业和农业贷款占全部贷款比重分别下降1.86个和0.30个百分点。

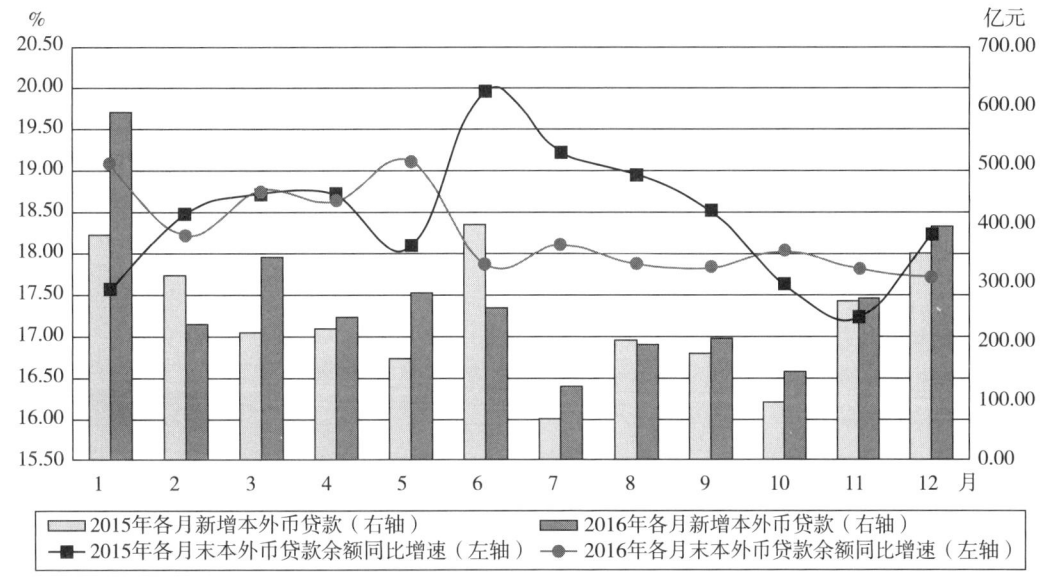

数据来源:人民银行南昌中心支行。

图2　2016年江西省本外币各项贷款余额及增量情况变化

银行改革继续深入,创新力度不断提升。全省银行业改革步伐加快,市场服务体系进一步完善。东亚银行、广发银行南昌分行先后开业,平安银行南昌分行获批筹建。农村信用社全部改制成农村商业银行,江西率先成为全国第五个完成农村信用社银行化改革的省份。村镇银行新设27家,县域覆盖率达87%。银行业债权人委员会在全国率先组建,赣江新区绿色金融改革创新试验区创建稳步推进。全年推出转贷通、接力宝等无还本续贷产品,为小微企业续贷200多亿元。"财园信贷通、惠农信贷通"贷款助力2.70万户小微企业和6.40万户新型农业经营主体融资1 300多亿元。倒贷基金规模62亿元,为6 500家企业倒贷近600亿元。

资产质量有所下行,潜在风险不断积聚。全省银行业金融机构信贷风险较快暴露,年末不良贷款余额488.86亿元,同比增长7.35%;不良贷款率2.24%。部分机构、行业和区域信用风险仍然较高。农村商业银行不良贷款率处在3.42%的高位,制造业和批发零售业贷款不良贷款率分别达7.44%和5.72%,新余地区不良贷款率仍高达10.72%。逾期、展期及关注类贷款增速加快,部分银行通过借新还旧、绕道同业等渠道隐匿不良资产,延缓信用风险暴露。此外,担保圈业务链条相互交织,风险正逐步显现。部分银行企业委托贷款质量出现下降,加剧了银行经营风险。跨市场业务、同业投融资业务规模日益扩大,个别银行存在"走通道"、"假代持"等现象。房地产及关联业务贷款规模仍然较高,受房地产走势影响较大。政府债务风险受地方财政收支压力加大等因素影响也在积累。部分银行资产负债期限错配,内部风险案件仍有发生,对自身稳健经营带来不利影响。

经营效益出现企稳,发展模式尚待改善。受银行不良贷款增速放缓、资产规模扩大等影响,全省银行业金融机构利润增长回稳,全年实现税后净利润354.87亿元,同比增长3.37%,同比提高7.87个百分点。贷款利息收入仍为银行利润主要来源,分别为手续费收入、投资收益的7.06倍、7.71倍,省内部分银行做大规模赚存贷利差以及"垒大户"的传统发展模式较为普遍。当前互联网金融发展迅速,非银行金融机构及其他同业混业经营与竞争日渐激烈,客户理财渠道与需求日益多元化,对银行传统经营模式带来冲击,对银行加快业务发展转型提出了全新要求。

(二)证券期货业

市场活跃程度下降,总体规模仍然偏小。受资本市场整体运行逐渐趋稳等因素影响,全省股票市场和期货市场交投活跃程度下降,分别累计成交53 442.93亿元、19 865.68亿元,同比减少38.92%、78.25%。在经纪手续费收入仍占主导的盈利结构下,全省证券期货机构经营效益同步出现下降,全年分别实现营业收入26.03亿元、1.07亿元,同比下降58.85%、6.89%。此外全省证券市场规模偏小、发展不足的矛盾仍未改变。证券交易额占全国比重为1.44%,同比下降0.12个百分点。境内上市公司数量在中部最少,发展相对缓慢,其年末总市值占全国上市公司市值比例偏低,与全省GDP占全国2.47%的比重极不相符(见表1)。

表1　　　　　　　　　　2016年江西省证券业主要指标情况　　　　　　单位:万户,%,亿元

	指标	绝对数	增加(增长)
股票市场	投资者资金账户数	468.72	34.19
	证券市场交易额	52 207.24	-40.08
	证券机构营业收入	26.03	-58.6
期货市场	投资者账户数	3.85	1.58
	累计交易金额	19 865.68	-78.25
	累计实现营业收入	1.07	-6.88

数据来源:江西证监局。

法人机构实力增强,业务转移管理难度加大。国盛证券和瑞奇期货顺利实现增资扩股,注册资本分别达38.03亿元、3.46亿元,同比分别增长86.88%、440.63%,资本实力进一步增强。国盛证券取得交易所第一批深港通业务资格,中航证券分类评级上升为BBB级。近年来,国盛证券和中航证券资产管理、股权投资等部分核心业务逐步向发达地区转移或外设子公司直营,拉伸了风险管理链条,增加了风险管理难度。

公司融资较快增长,市场层次逐步完善。辖区上市公司、新三板公司、债券发行人共在资本市场融资414.23亿元,同比增长216.62亿元,其中股权融资201.28亿元,同比增长123.62%;公司债融资203.7亿元,同比增长113.3%;资产支持证券融资9.25亿元。境内上市公司36家,新增1家。"新三板"挂牌企业135家,新增73家;全省企业在"新三板"融资35家,融资金额9.72亿

元,同比增长13.68%。金属、文化、金融资产、投资品等区域要素市场相继设立,进一步畅通企业融资渠道。江西联合股权交易中心挂牌展示企业1 043家,挂牌企业总股本262.80亿元,累计为企业融资57亿元。

非法证券活动显现,监管力度不断强化。省内少数私募机构以互联网金融之名,通过互联网公开宣传、销售或以代客操盘、推荐股票形式从事非法证券投资咨询活动,对市场发展形成不利影响。为营造良好发展环境,监管部门依法从严加强监管,不断强化上市公司信息披露,先后开展股权众筹风险整治、私募基金管理人非法集资风险排查和私募基金投资者权益保护教育宣传等专项活动;严厉查处违法违规行为,对2起非法经营期货业务案件进行性质认定,完成举报事项核查18件。

(三) 保险业

整体运行保持平稳,市场规模持续扩大。年末全省法人公司1家,省级产险公司20家,省级人身险公司22家。资产总额1 113.17亿元,同比增长22.70%。保费收入608.71亿元,同比增长19.70%。其中,产险公司实现保费收入195.17亿元,同比增长14%,增速排名全国第8位。保险密度和保险深度分别达1 333.13元/人和3.31%,与全国平均水平差距进一步缩小。法人公司恒邦财险顺利实现增资扩股,并加速全省网点布局,实现保费收入4.66亿元,省内市场份额2.39%。"险资入赣"规模不断扩大,新增引进资金151.6亿元,到位69.10亿元。

表2　　　　　　　　　　　　2016年江西省保险业主要指标情况　　　　　　　　　单位:亿元,元/人,%

指标	绝对数	增加(增长)
资产总额	1 113.17	22.70
保费规模	608.71	19.70
保险密度	1 333.13	219.52
保险深度	3.31	0.27

数据来源:江西保监局。

业务结构稳步向好,产品创新力度加大。全省个险、期交、健康险等业务增速、占比均有所上升,推动保险业务结构持续优化。从渠道看,个险渠道保费收入占比44.70%,同比提高了5.40个百分点。从缴费方式看,新单期交保费收入占比29.40%,同比提高10.40个百分点。从险种看,人身险中健康险保费收入占比同比提高3.60个百分点,财产险中责任险保费收入占比同比提高0.20个百分点。同时,保险产品创新力度不断加大,见义勇为保险首次获赔,"小贷银保通"融资平台试点启动,城乡医保整合、精准扶贫补充医疗保险分别在南昌和赣州开展,大病保险"新余模式"得到国务院领导肯定,上饶长期护理保险制度纳入国家试点。

服务保障力度加大,稳定功能有效发挥。全省保险业累计赔付206.96亿元,同比增长16.20%;累计提供25.50万亿元的风险保障,同比增长117.80%,在服务防灾减灾、民生保障和实体经济发展方面发挥了重要作用。其中,责任险累计赔款2.59亿元,同比增长30.60%;大病保险实现全覆盖,城乡居民大病保险覆盖参保群众4 104.66万人,共向6.86万人次支付大病保险补偿金6.34亿元;重大技术装备保险为5台(套)重大技术装备提供3.12亿元风险保障。

退保风险比较平稳,部分险种展业困难。全年退保金额97.80亿元,同比增长8.70%,增速低于全国平均水平11.70个百分点;退保率达6.70%,但剔除中短期高现金价值产品的影响,全省退保率低于监管标准,退保风险相对平稳。另外,部分险种受行业精算、风险管理等行业优势发挥不足影响,业务发展相对滞后。健康意外险未达到全国平均水平,农业保险产品设计不完全契合实际需求,保证保险仍存在债务人信用风险以及操作管理风险。

三、融资性准金融机构发展与稳定状况

2016年,江西省地方融资性准金融机构继续保持平稳的发展态势,但受内外部多种因素影响,融资性准金融机构发展放缓、风险防控压力上升等问题值得关注。

小额贷款公司规模萎缩,经营困难逐步显现。年末小额贷款公司211家,同比减少11家;注册资本216.9亿元,同比下降9.02%;其中新设网络小额贷款公司4家,注册资本8亿元。全年累计发放贷款173.7亿元,同比减少31.96%;利息收入9.5亿元,同比下降46.33%。受经济下行压力及部分行业企业经营效益下滑等因素影响,小额贷款公司经营效益不断下行,经营风险逐渐暴露。全年无小额贷款公司获得新增银行融资,仅通过贷款转让获得融资6.87亿元,同比下降35.8%。年末不良贷款余额13.7亿元,同比增加0.6亿元;不良贷款率6%,同比上升1.03个百分点。

融资性担保业发展不足,风险覆盖水平偏低。年末融资性担保机构135家,再担保机构1家,累计注册资本163.52亿元;在保责任余额314.3亿元,同比减少6.48%;担保放大倍数1.92倍,同比减少0.58倍。全年新设17家融资担保机构,16家民营资本或民营控股机构市场退出。47家担保公司发生代偿,代偿金额6.62亿元。累计计提各项准备金12.1亿元,拨备覆盖率78.5%,风险覆盖能力偏弱。

典当行业[①]规模偏小,业务结构有待完善。年末典当行212家,单家平均注册资本1 289万元,仅为全国水平的63%,其中67户注册资本不超过1 000万元,占典当行总数的31.6%。全年典当总额35.2亿元,同比下降26.1%。典当行盈利出现分化,盈利超过100万元的典当行仅5家,50家典当行发生经营亏损。全省典当行管理模式大都简单粗放,管理体系不完善;典当动产、房地产、财产权利三大业务结构不平衡现象相对明显,房地产业务比重达56%。

其他融资性准金融机构有所发展,风险隐患需要关注。年末融资租赁企业[②]13家,其中内资3家,外资10家,企业数量占全国总数的0.2%;注册资本23.2亿元,单家平均注册资本1.78亿元,仅为全国平均注册资本的52%。运作融资租赁项目62个,投放金额76亿元,同比增长120%。230只私募基金在中国证券投资基金业协会备案,基金规模645.21亿元,其中股权投资基金规模占比达91.48%;民间资本管理机构2家,吸纳民间资本2亿元;民间融资登记服务机构15家,对接资金逾10亿元。受传统周期性行业产能过剩、相关政策法规建设滞后等因素影响,其他准金融机构发展相对不足,整体风险逐步上升,特别是少数机构参与非法集资、信用诈骗、违规经营等现象时有出现,相关风险仍需关注。

四、金融市场与金融稳定

2016年,江西省金融市场总体保持平稳健康发展,但债券高杠杆易引发风险、少数发债企业违

---

① 典当行业数据未经年审。
② 另有3家内资融资租赁企业由于未获"内资融资租赁试点企业"称号未纳入统计范围。

约风险上升等问题需要关注。

债务融资稳步发展，潜在风险有所积聚。28家企业发行45只债务融资工具，发行量524.5亿元；年末债务融资工具余额1 282.3亿元，同比增长39.41%。全国首单DFI超短期融资券、首单永续中票和全省首只绿色金融债成功发行，江西银行、九江银行成为新晋债务融资工具承销商，债务融资模式实现设区市、品种、承销机构"三个全覆盖"。但个别机构参与债券代持交易，由于其业务约束性较弱，容易产生违约风险。少数发债企业净利润亏损，加大了债务违约风险。

同业拆借市场活跃，融资成本大幅下降。受银行间同业拆借行政许可取消和市场准入流程简化影响，全省同业拆借市场机构数大幅增加，同业拆借活跃度显著提升，全年实现交易量1 041.89亿元，同比增长413.38%；拆借加权平均利率2.14%，同比下降0.52个百分点。

债券市场迅速发展，质押式回购交易频繁。全省债券成交额15.81万亿元，同比增长26.57%。其中质押式回购占比74.52%，成交11.81万亿元，同比增长29.35%，加权平均利率上升0.17个百分点（见图3）。

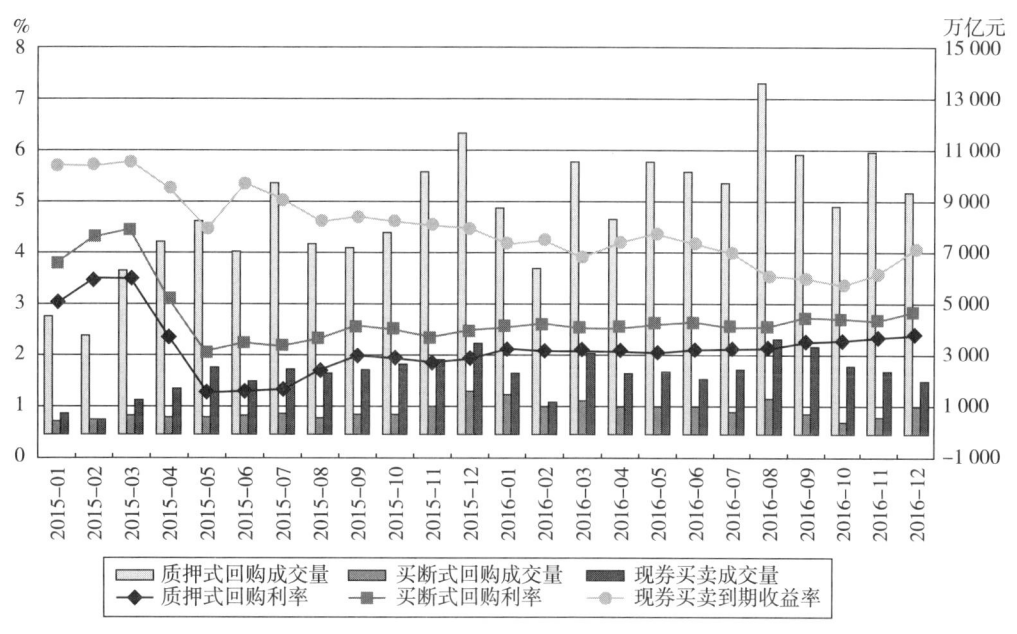

数据来源：人民银行南昌中心支行。

图3 2015—2016年债券市场成交量及利率走势

票据交易量出现下降，贴现利率持续下行。全省票据市场利率持续下行。票据直贴和转贴加权利率水平分别为3.15%和2.99%，同比下降0.82个和0.3个百分点。票据业务盈利空间缩减，票据市场交易量下降，全省银行业金融机构累计签发银行承兑汇票2 724.52亿元，同比减少23.74%，其中城商行份额占比35.74%。累计办理票据贴现业务11 481.02亿元，同比下降46.03%，其中股份制银行份额占比45.93%。

黄金交易量额齐跌，交易价格持续回升。全省金融机构累计各类黄金业务成交77.74吨和212.31亿元，同比分别下降19.27%和8.35%。黄金交易价格有所回升，黄金交易均价273.1元/克，同比上涨13.75%，其中黄金代理价格涨幅最大，同比上涨18.64%。

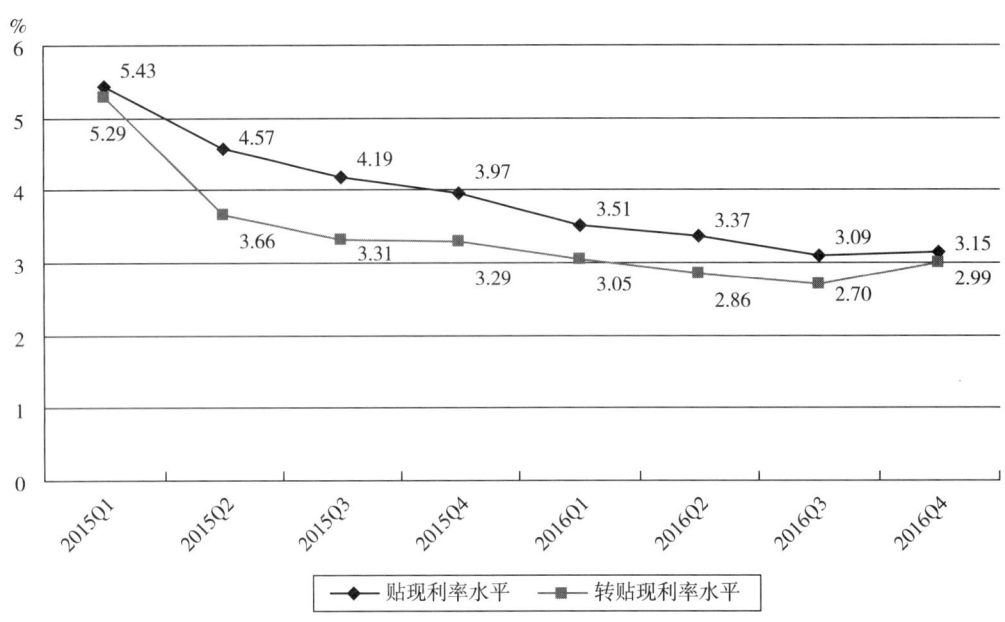

数据来源：人民银行南昌中心支行。

图4 2015—2016年票据贴现利率走势

跨境收支有所下降，流出形势总体趋稳。全省跨境收支和结售汇总额分别为376.79亿美元和220.52亿美元，同比下降1.8和12.6个百分点。在全国跨境资金流出压力持续存在的背景下，全省跨境收支和结售汇仍然实现双顺差，地区跨境资金流出形势总体趋稳，但贸易收支偏离度加大、对外直接投资和个人购汇过快增长问题值得关注。

五、金融基础设施建设与金融稳定

2016年，全省金融基础设施进一步完善，为金融稳健运行提供了有力保障，但针对基础设施建设的不法金融活动增多等问题需要关注。

基础设施建设成效明显，部分问题仍待破解。金融消费权益保护投诉受理处理机制不断健全，全省人民银行系统办结投诉案件222笔，结案率98.2%；县域普惠金融示范点工作启动，县（市）、乡、村三级普惠金融服务体系不断完善。个人账户分类管理有序推进，中央银行会计核算数据集中系统三大子系统上线运行。支付市场监管和打击违法犯罪活动进一步加强，对169家银行机构、4家支付机构开展支付业务现场检查，牵头开展非银行支付机构风险专项整治工作，查实7家无证机构。反洗钱监管持续加强，对8家金融机构开展考核评级，现场检查3家；反洗钱和反恐怖融资工作进一步推进，开展行政调查44起，协助3起洗钱二类案件告破、4起洗钱一类案件立案。银行业重要信息系统等级防护措施更趋完善，法人银行灾备中心建设取得重要进展。赣南反假货币示范区建设深入推进，全省历史上单笔金额最大的假币案成功告破。财税库银横向联网系统覆盖范围不断扩大，全省国税、地税系统电子缴税金额占比分别达82.85%和94.78%，关库银横联系统、国库监管系统上线运行。金融信用信息基础数据库接入金融机构54家，完成

134家小微机构接入工作，应收账款融资服务平台促成应收账款融资成交金额920亿元。基础设施建设成效进一步显现，但小面额制贩假币案件出现增多趋势、部分银行新数据中心双路供电需求有待落实等问题仍有待解决。

金融稳定长效机制进一步健全，非稳定因素仍需关注。存款保险制度深入实施，金融安全网进一步完善。重点企业金融风险早期识别试点范围扩大。全省应急处置基础进一步夯实，应对金融突发事件和不法活动的部门联动机制更加完善，江西赛维LDK公司破产重整风险、九江银行吉水支行集中取款突发事件妥善处置。但当前经济下行压力较大，金融风险燃点和触发点降低，特别是非法金融活动依旧多发，隐蔽性强、危害性大。部分P2P网络借贷机构存在关联交易、自融、承诺保本付息甚至发放假标等违规行为。全年非法集资公安立案160件，涉案金额37.94亿元，涉案人数18 550人，行业覆盖投资理财、P2P网络借贷、零售业、房地产等领域，对区域金融稳定带来不利影响。

六、政策建议

深化供给侧结构性改革，促进经济转型升级。围绕深化供给侧结构性改革工作主线，深入推进"三去一降一补"各项政策落地实施。主动融入"一带一路"、长江经济带等国家战略，加强区域开放合作，深入推进赣江新区加快发展，全力支持赣南等原中央苏区发展振兴。强化创新引领，加快新旧动能接续转换，促进全省经济结构转型升级。

实施稳健中性货币政策，逐步优化信贷结构。进一步完善宏观审慎政策框架，不断增强货币政策调控的针对性和有效性。加大对信息消费、战略性新兴产业、绿色金融等领域的金融支持，改进和完善对"三农"和小微企业的金融服务，进一步健全金融精准扶贫和"两权"抵押贷款工作机制。

加快资本市场发展，完善市场服务体系。继续推动证券期货机构稳健规范经营，扶持法人证券期货机构做大做强。支持辖区上市公司利用增发、配股等多种方式实现再融资和并购重组。推进区域要素市场规范发展，大力发展创业投资和股权投资，逐步建成功能完备、协调发展、规范有序的多层次市场体系。

加大保险行业支持，落实相关风险管控。加快经营模式转变，积极发展工程险、企财险等非车险业务，加快保障型、长期储蓄型险种销售，建立完善包括费用补贴、风险补偿等政策支持体系。进一步推动"险资入赣"步伐，建立健全保险业风险监测预警和应急处置机制，严防满期给付、退保等风险，提升风险管理能力。

发挥金融监管合力，提升风险应对能力。将防控金融风险放到更加重要的位置。强化监管协调，建立健全金融监管信息共享和协调合作机制。进一步发挥存款保险制度风险分析预警和处置功能，适时推动全省重点企业金融风险早期识别工作。开展不良资产风险、互联网金融风险等"八大风险"调研排查，加强相关风险研判和联合应对，不断健全区域金融风险综合防控体系，切实维护区域金融稳定。

健全金融服务体系，营造良好生态环境。进一步加强支付、反洗钱、科技、征信等基础设施建设，完善各类新兴金融业态管理规范。大力发展普惠金融，加强金融知识普及教育和舆论引导，增强社会公众金融素养和风险识别防范能力，坚决打击非法集资、非法证券期货活动等行为，优化全省金融生态环境。

组　　长：张智富
总　　纂：陈　锋
统　　稿：杨文悦　刘向东
执　　笔：乐林平　魏斯怡　李效聪　黄　芬
参与写作人员：胡　锐　朱合洪　周积云　夏春雷　熊晓宇
　　　　　　　花象清　吴云峰　熊卫东　汪逸群　贾　健
　　　　　　　黎　坚　王晓峰　赖永良　周　蕾　李慧瑶
　　　　　　　谢云峰　黄　昕　欧阳坚　冷　平　周陈曦
　　　　　　　胡　颖　黄　倩　黄春华　徐展峰

山东省金融稳定报告摘要

2016年，山东省金融业运行总体平稳，金融机构总体实力和运行稳健性不断提高。全省社会融资规模增加8 308.5亿元，存、贷款增量分别列全国第五、第四位，直接融资规模居全国第六位；地方金融改革深入推进，成为第四个完成农村信用社银行化改革的省份，全省首家民营银行筹建。受经济下行压力较大、结构调整阵痛凸显等影响，银行不良贷款持续增长，金融生态环境有所恶化，全省金融风险防范与化解形势依然严峻。

一、宏观经济与金融稳定

（一）经济运行基本情况

1. 经济运行稳中有进，产业结构继续优化

2016年，全省实现地区生产总值6.7万亿元，增长7.6%，回落0.4个百分点（见图1）。三次产业比例进一步优化。

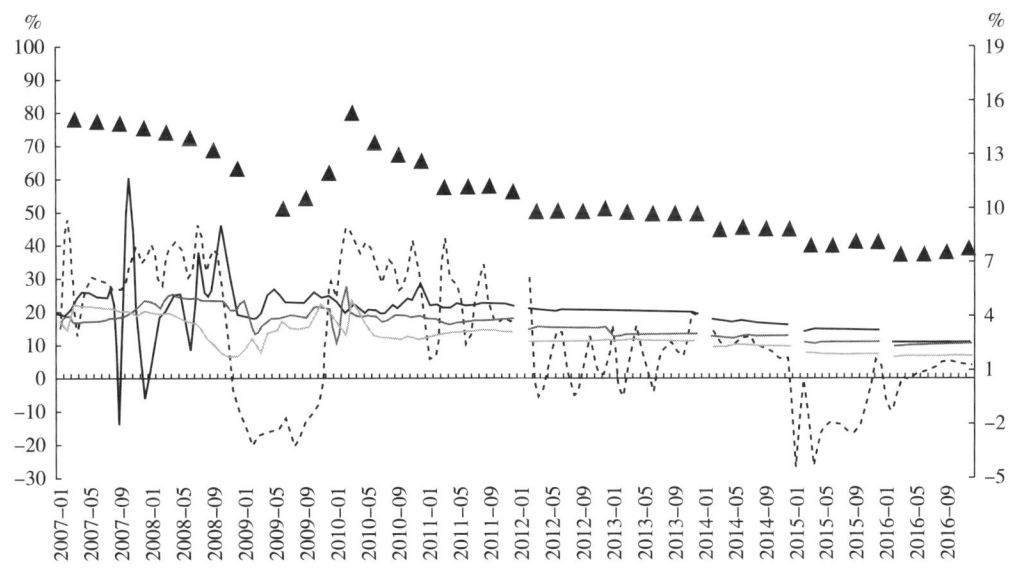

数据来源：山东省统计局。

图1　2007—2016年主要经济指标月度增速变动图

2. 三大需求增长平稳，外需改善较为明显

固定资产投资52 364.5亿元，增长10.5%，高于全国2.4个百分点；社会消费品零售总额30 645.8亿元，增长10.4%；进出口总额15 466.5亿元，增长3.5%，高于全国4.4个百分点。

3. 工业生产企稳向好，效益有所好转

全省规模以上工业增加值增长6.8%，高于全国0.8个百分点，全年实现主营业务收入150 034.9亿元，增长3.7%。利润、利税增长由负转正。

4. 供给侧结构改革取得成效

完成270万吨生铁、270万吨粗钢去产能任务，淘汰煤炭产能1 960万吨；商品房销售面积增长21.2%，待售面积下降2.3%，规模以上工业产品销售率98.8%，高于全国1.0个百分点；规模以上工业企业资产负债率54%，低于全国1.8个百分点；基础设施投资增长25.8%，工业技改投资增长8.1%。

5. 财政收支平稳增长，就业形势基本稳定

全省地方一般公共预算收入5 860.2亿元，增长8.5%。地方一般公共预算支出8 749.6亿元，增长6.1%。城镇新增就业121.0万人，城镇登记失业率为3.46%，低于4%的全年调控目标。

6. 消费价格温和上涨，居民收入稳定增长

全省居民消费价格上涨2.1%，上升0.9个百分点。全省居民人均可支配收入24 685元，增长8.7%。其中，城镇居民人均可支配收入34 012元，增长7.8%；农村居民人均可支配收入13 954元，增长7.9%。

（二）经济运行中存在的突出问题

1. 经济下行压力仍然较大

受总体需求不足、消化过剩产能等因素影响，企业投资意愿不强。全年投资项目到位资金增长7.6%，低于投资增速2.9个百分点。基础设施投资继续保持高速增长面临较大压力。受居民收入增速放缓、网络消费净流出等因素影响，消费持续增长基础不牢。

2. 部分企业经营依然困难

企业成本费用总体呈上升趋势。工业生产价格"剪刀差"相对较小，挤压了企业的利润空间。全省有2 866家规模以上工业企业处于亏损状况。部分过剩行业集中的地区潜在短期就业压力。企业整体创新能力不强。

3. 供给侧结构性改革任务依然艰巨

部分行业存在行政化去产能现象。非住宅和部分县域房地产去库存压力较大。宏观杠杆率仍在上升，特别是国有企业资产负债率偏高，部分地方政府负债率逐步攀升且不透明。

4. 外贸形势不容乐观

山东省大部分外贸产品的最终消费国面临贸易政策和经济复苏前景等方面的不确定性。全省产品共遭受来自19个国家或地区发起的贸易救济调查85起，涉案金额39.3亿美元。外贸企业盈利处于较低水平。人民币汇率大幅波动增加了企业规避汇率风险的成本。

（三）经济运行对金融稳定的影响

金融风险呈易发高发态势，防控形势严峻，部分领域和地区风险较为突出。部分领域化解债务

压力较大,全省亏损企业治理任务十分艰巨。工业企业投资意愿普遍下滑、有效信贷需求不足。重点领域和地区风险突出,资产劣变压力较大,金融机构不良资产处置渠道有待拓宽。受信用风险上升等因素影响,金融机构信贷审批趋严。

二、金融业与金融稳定

(一)银行业

1. 总体运行状况

(1)资产负债规模平稳增长。截至2016年末,全省银行业机构资产总额109 923.6亿元,增长13.3%;负债总额106 255.5亿元,增长13.4%,增速均上升1.5个百分点。各项存款余额85 683.5亿元,增长11.57%;各项贷款余额65 243.5亿元,增长10.5%。

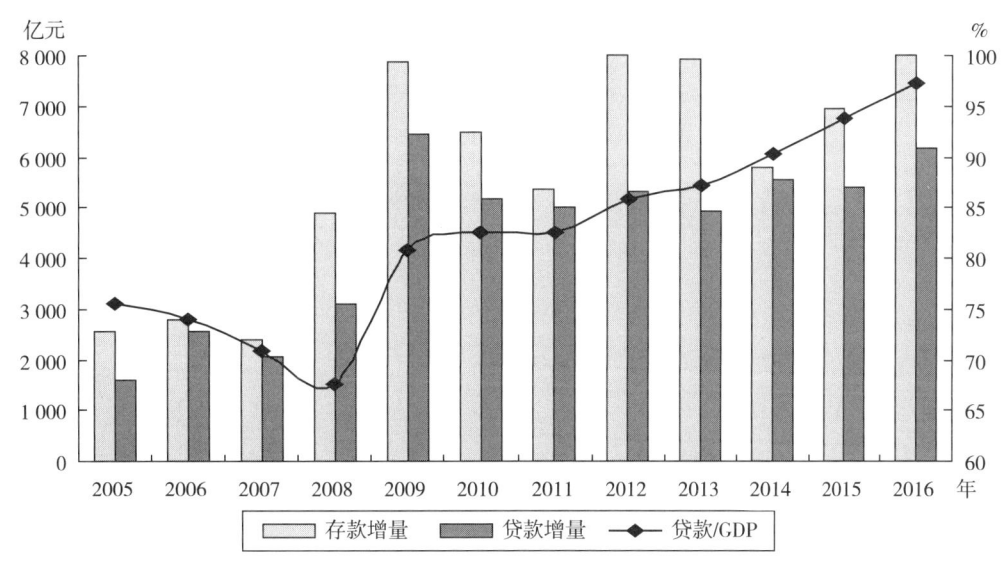

数据来源:中国人民银行济南分行。

图2 2005—2016年山东省存贷款增长状况

(2)地方法人银行机构市场份额保持稳定。资产、负债占比分别为31.79%和30.22%,新增存款和新增贷款市场份额分别为46.58%和33.11%。

(3)金融机构组织体系更加健全。全省国有、政策性、股份制、外资银行二级分行以上机构269家。法人银行业机构275家,其中新设村镇银行24家、财务公司2家。银行业从业人员24.9万人。

(4)支持实体经济的力度进一步增强。全省各项贷款余额65 243.5亿元,增长10.5%,制造业、批发零售业贷款占比37.06%,电力热力燃气及水的生产和供应业、水利环境、公共设施管理业、保障性安居工程贷款同比多增。

(5)改革取得新成效。农业银行山东省分行持续完善"三农金融事业部"管理体制和运行机制,服务"三农"工作取得新成效。山东省农信社全部完成银行化改革工作。改制后的农商行各项业务稳步发展,涉农贷款持续增长。

2. 需关注的问题

（1）信用风险管控形势依然严峻，实际不良率高企。全省不良贷款余额 1 397.06 亿元，增加 177.24 亿元；不良贷款率 2.14%，上升 0.08 个百分点。全年贷款质量向下迁徙率高于向上迁徙率 2.69 个百分点，未来信用风险管控形势仍然严峻。10 家法人银行机构不良贷款率超过 5%（见图 3）。

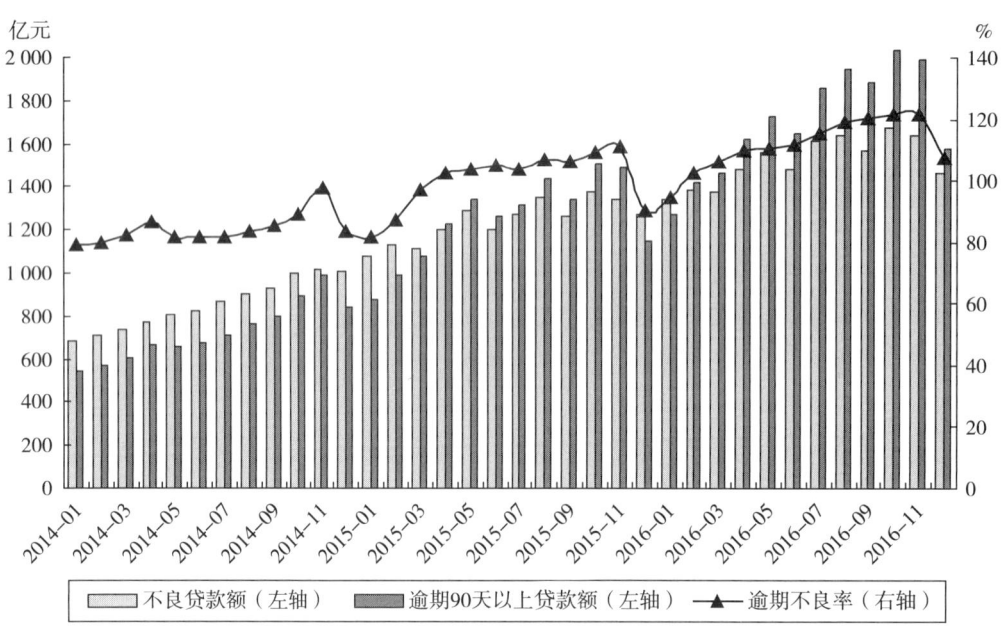

数据来源：中国人民银行济南分行。

图 3　2014—2016 年山东省银行业逾期及不良情况图

（2）资本充足水平有所下降，个别农村金融机构风险抵补能力较差。全省法人银行业机构资本净额 4 326.12 亿元，增加 557.09 亿元。统算的核心一级资本充足率和一级资本充足率分别为 10.81% 和 10.87%，分别下降 0.49 个和 0.43 个百分点，资本充足率为 13.08%，下降 0.6 个百分点。拨备覆盖率 149.15%，下降 6.34 个百分点。6 家农村金融机构资本充足率低于 9.7%，7 家农村金融机构拨备覆盖率低于 100%。

（3）法人机构流动性状况有所趋紧。全省法人银行业机构统算流动性比例为 60%，下降 9.02 个百分点；核心负债依存度 57.9%，下降 0.3 个百分点；人民币超额备付率 3.41%，下降 0.69 个百分点。57 家法人机构备付率不足 1%。28 家法人机构核心负债依存度低于 40%。

（4）金融机构盈利水平持续下滑。山东省银行业机构净利润较上年减少 45.77 亿元，资产利润率 0.7%，降低 0.14 个百分点，成本收入比率 34.37%，上升 1.54 个百分点。2017 年全省银行业机构资产质量进一步劣变的压力仍然较大，通过核销化解不良贷款的能力进一步受限。

（5）部分区域信贷风险持续暴露。13 个市不良贷款余额较年初增加，其中增量最高的 5 个市新增合计占全省的 80.6%。

（二）证券期货业

1. 总体发展状况

（1）证券市场运行平稳，法人机构风险控制得当。2016 年，全省证券期货业总资产 2 139.6 亿元，证券期货分公司和营业部861家，新增90家。2家法人证券公司各项风控指标均远高于预警和监管标准；代理证券交易11.7万亿元，下降39.53%；管理客户资产8 399.3亿元，减少482.82亿元。中泰证券公司新三板推荐挂牌企业196家，累计挂牌456家，行业排名第3位。

（2）上市公司融资规模扩大，多层次资本市场保持强劲发展。全省实现直接融资5 794.67亿元，增长26.2%，居全国第6位。上市公司新增17家，总数达268家。"新三板"挂牌企业新增234家，总量达570家。全省已登记私募投资基金管理人286家，管理私募基金539只，基金实缴规模945亿元。

（3）期货市场建设步伐加快，服务实体经济功能逐步提升。全省共有期货公司3家，期货分公司2家，期货营业部105家。3家法人期货公司资产总额98.2亿元，增长11.7%；客户保证金余额71.82亿元，增加9.19亿元。国内三大商品期货交易所累计在全省设立23个期货品种的80家交割库，其中玉米淀粉期货交割库数量占全国一半以上。

（4）区域股权市场不断壮大，证券业改革创新力度加大。齐鲁股权交易中心公司制改造顺利完成，累计帮助企业实现各类融资303.5亿元。蓝海股权交易中心快速发展，年末市场挂牌企业570家，推动企业累计实现融资37.41亿元。

2. 需关注的问题

（1）上市公司经营效益低位徘徊。截至2016年第三季度末，上市公司营业收入5 017亿元，下降12.01%，75家企业净利润业绩同比下降，27家上市公司出现亏损，其中制造业、房地产、采掘等行业的上市公司业绩下降幅度较大。

（2）法人券商业务发展不均衡，业务竞争力需进一步提升。2家法人券商经纪业务佣金收入占总收入的比重分别为58%和53%，较全国平均水平分别高26个和21个百分点。投行业务发展仍然滞后。

（3）产品销售总体下滑，"两融"信用大幅降低。法人证券公司A股股票业务托管市值、成交金额分别为7 601.03亿元和76 313.01亿元，分别较年初下降10.4%和50.1%。全年融资融券业务累计对客户授信337.25万笔，减少549.87万笔，累计授信金额3 432.56亿元，减少5 982.84亿元。

（4）私募和债券市场风险显现，证券市场环境亟待净化。根据沪深交易所通报，全省共有8只私募债券发生违约，涉及5家企业。年内证券监管部门对7家私募基金采取监管措施。

（三）保险业

1. 总体发展状况

（1）保险机构实力逐步增强，市场规模不断扩大。2016年，全省共有法人保险公司4家，第5家保险法人机构——和泰人寿保险获批筹建。驻鲁保险公司达92家，各级分支机构7 068家，居全国首位。保险业总资产4 747.9亿元，增长24.7%。

（2）各项业务平稳较快发展，业务结构有所改善。全年实现保费收入2 302亿元，居全国第3位。财产险公司信用保险、健康保险、责任保险等非车险快速增长，业务结构更加均衡。人身险公司业务结构不断优化，保障属性强的健康险、普通寿险增速较高。

（3）保险改革创新不断推进，改革红利持续释放。省委、省政府组织编制、发布了《山东省保险业发展第十三个五年规划纲要》，引导行业健康发展。在全国率先建立保险资金对接信息平台，有效扩大了投资资产池，创新了保险资金支持实体经济的途径。山东保险资金运用规模875亿元，增加 278 亿元，全国排名第 7 位。

（4）服务领域进一步拓展，保险保障作用增强。支农惠农力度不断加大，财政补贴农业保险险种增加到 17 个，保费补贴比例提升至 80%；服务和保障民生不断增强，大病保险成效显著；参与社会管理不断深入，安全生产、环境污染等责任险在减轻政府社会管理压力方面发挥了日益重要的作用，全年责任保险实现保费收入 17.4 亿元，保障金额 2.91 万亿元。

2. 需关注的问题

（1）经济下行和政策调整对保险行业产生深层次影响。商车改革对市场的影响逐步显现，车险"地板价"承保，保费充足度可能下降，盈利空间将受到压缩。与经济关联度较高的企财险、货运险增长乏力，其中企财险同比下降 6.22%。

（2）赔付支出增长较快，退保金持续增长。2016 年，全省保险业赔付支出 786.85 亿元，增长 26.5%。

（3）部分公司总部经营持续性问题对分公司产生影响。部分投资驱动型公司通过权益类投资、另类投资单轮驱动盈利，发展不具可持续性。

（四）金融业综合经营

1. 金融控股公司

（1）总体发展状况

2016 年，全省有山东省国际信托有限公司（以下简称山东信托）和莱芜钢铁集团有限公司（以下简称莱钢集团）2 家由总行认定的金融控股公司。山东信托、莱钢集团参股其他金融机构的金额及持股比例均未发生变化。2 家公司总体运行平稳。山东信托管理的信托规模增长 5.48%，净利润增长 17.25%。莱钢集团钢铁实际产量增加，净利润下降 63.39%。

（2）需关注的问题

山东信托经营管理面临改革转型的挑战，实收资本低于行业平均水平，一定程度上影响了其规模拓展和业务创新；信托业务通道特征明显，回归本源的转型路径仍需进一步明晰。莱钢集团市场经营风险仍然较为突出，主业亏损额度仍然较大，营运能力各项指标均较上年同期下降，且低于行业平均值。

2. 交叉性金融业务

（1）整体发展情况

2016 年，金融机构理财产品销售、同业投资、代理类业务持续增长。一是银行理财产品销售增长。全省银行机构发行及代销理财产品累计募集资金增长 21.97%，手续费收入增长 59.24%。二是地方法人银行同业业务规模持续扩大。同业资产、同业负债同比分别增长 32.54%、43.59%；同业投资增长 55.44%。三是代理类业务持续增长，其中信托产品和资产管理类产品增长迅速，增幅分别达 159.46% 和 114.17%。四是金融机构委托贷款增长 51.51%，委托方以金融资产管理公司和证券公司为主，占比分别为 39.8% 和 28.11%。

（2）需关注的问题

一是地方法人机构同业业务占比持续上升，风险开始显现。个别机构同业资产占总资产的比重超过 50%，部分机构同业负债超过了其总负债的 30%。已有个别机构投资的理财产品和债券出现违约。二是个别机构开展同业业务存在违规行为。三是理财产品短期化使得潜在流动性风险加大。全省银行机构发行的理财产品以6个月以内和滚动型产品为主,而资金投向多为债券及非标准化债权等期限较长的资产,潜在流动性风险较大。四是部分交叉性业务跨区域销售增加了风险管理难度。辖内银行机构面向金融机构定向发行的理财产品中有55.03%为跨区域销售。辖内个别银行机构购买的辖外金融机构发行理财产品到期后未能按期兑付,后续维权因跨区域和管辖权异议面临一定困难。

(五)融资性非金融机构及非正规金融活动

2016年,全省共有小额贷款公司427家,累计发放贷款743.54亿元;融资担保机构405家,累计为5.6万户中小微企业提供融资担保561.31亿元;民间融资机构512家,累计投放资金315.4亿元;全省(不含青岛)典当企业数量410家,增长8.5%。山东省金融资产管理公司全年收购金融机构不良资产203.35亿元,处置189.27亿元。

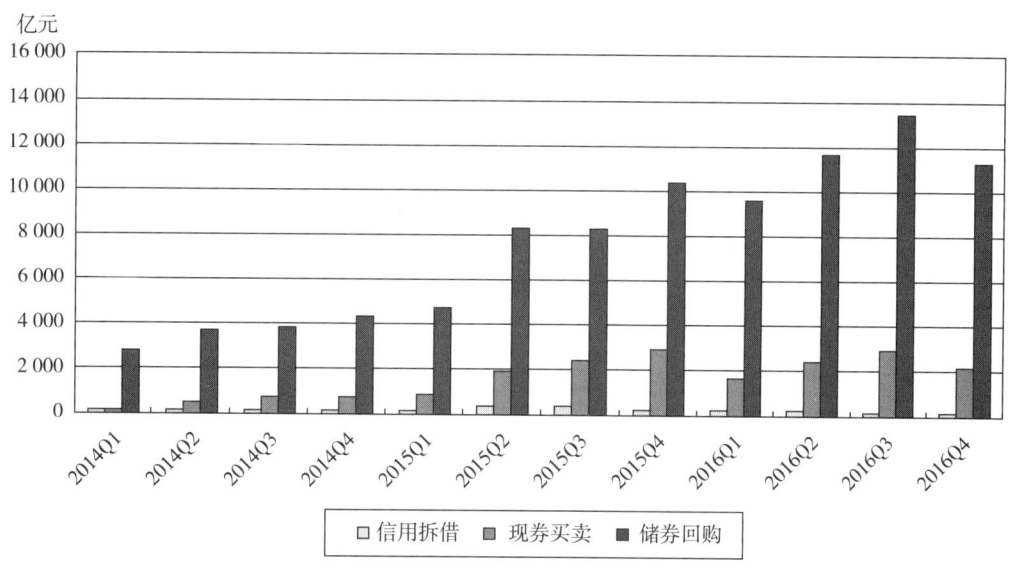

数据来源:中国人民银行济南分行。

图4 山东省银行间市场交易量季度变化图

2016年,全省非法集资案件高发态势得到一定程度控制,公安机关立案440起,涉案金额49.26亿元,分别下降39.4%、55.7%,防范和处置非法集资工作初见成效。

三、金融市场与金融稳定

一是货币市场与债券市场运行平稳。2016年,全省共有166家市场成员和非法人投资主体参与货币市场和债券市场交易,成交总量达55.9万亿元,同比增长34.7%。全年日均净融入资金669.9亿元,同比增加99.6亿元,增长17.5%。全年市场利率总体平稳,交易量较快增长。

二是票据融资规模稳步增长。2016年末山东省金融机构票据融资余额3 609亿元,增加829亿元,增长29.8%,同比多增238亿元。其中银行承兑汇票融资余额3 301亿元,增加853亿元,增长34.8%。票据贴现利率逐步回落,年末利率同比下降1.88个百分点。

三是债务融资工具融资规模有所减少。2016年,全省共发行债务融资工具326单,同比持平;

实现融资 3 120.8 亿元,下降 9.3%,融资额居全国第五。年末存续期内的债务融资工具余额 4 704 亿元。企业债和公司债的快速增长对债务融资工具产生替代作用,全年公司债发行 1 564.3 亿元,增加 1 149.4 亿元,增长 177%。

四是成品金产量和利润大幅增加。2016 年,监测的 8 家重点企业开采金矿 16 178 吨,同比增加 5 260 吨;成品金产量 150.8 吨,同比增加 40.8 吨;8 家企业成品金销售实现净利润 41.2 亿元,同比增加 35.2 亿元。黄金交易量继续快速增长,省内 13 家上海黄金交易所会员企业累计成交量 4 456 吨,同比增加 2 179.5 吨,增长 95.7%。

四、金融服务与金融稳定

2016 年,山东省金融基础设施不断健全和完善,在营造安全有序的金融环境、促进金融业稳健运行等方面发挥了重要作用。

(一) 金融法制环境进一步优化

金融管理部门新制定或修订了多部与金融业和金融基础设施相关的重要制度性文件,规范了金融消费者权益保护、证券投资者保护基金管理、保险资金投资等方面的业务活动。人民银行济南分行推进了全省非诉第三方调解机制建设。全省建立农村金融消费维权联络点 9 452 家,完善投诉受理处理机制,共受理投诉 1 273 笔,咨询 4 570 笔,纠纷调解 141 笔,相关工作得到社会各界好评。

(二) 有效促进存款保险履职工作

2016 年末,山东省共有地方法人投保机构 249 家,投保机构家数位列全国第一位。人民银行济南分行扎实做好存款保险现场评级工作,稳步推进风险差别费率管理,顺利完成全省投保机构的保费归集,认真做好投保机构的风险监测、风险预警、早期纠正、风险处置等工作,推动投保机构特别是高风险投保机构风险早发现早处置,充分发挥了存款保险维护金融稳定的平台作用。

(三) 支付体系建设稳步推进

人民银行济南分行出台多部规章制度,规范了助农取款业务,提升了支付系统、电子商业汇票系统参与者管理水平,明确了支付风险评估程序和评估结果应用方式。全省县及县以下 ATM 农民金融自助服务终端、普通 POS 机布放量分别为 2.4 万台、2.2 万台和 36.8 万台,分别增长 7.79%、3.10% 和 9.01%;农村地区每万人拥有 108 台金融基础设施,增长 0.93%;共设立助农取款服务点 14.3 万个。全省共有各类支付机构 51 家,累计布放 POS 机具 7.66 万台,签约商户 5.79 万户。

(四) 信用体系建设持续深入

企业征信系统分别为 70.5 万户企业、其他组织建立了信用档案,个人征信系统为 5 916.48 万自然人建立了信用档案。中小微企业、农村征信数据库率先实现了全省联网运行,累计采集小微企业信息 122.8 万户、农户信息 254.5 万户。年内有 112 家中小机构接入征信系统,累计为获得查询权限的中小机构提供查询 19.87 万笔。全年窗口查询个人信用报告 264 万次、互联网查询个人信用报告 275.5 万份,分别增长 36.2%、126.9%。依法为公安、检察、法院等部门提供查询 6 278 笔,为上年的 3.45 倍。

（五）反洗钱工作高效开展

创新实施地方法人机构派驻反洗钱监管员制度，共对 89 家县级以上机构开展现场检查，对 2 627 家县级以上义务机构开展考核评级，对 41 家机构开展风险评估，开展监管走访 186 次、约见谈话 82 次。以预防和打击洗钱犯罪为工作重心，指导金融机构加强可疑交易的分析，提高报告质量。开展行政调查 36 个，移交线索 101 个，立案 15 个，协助破获多起具有一定社会影响力的案件。开展跨区域协查项目 2 个，申请中国反洗钱监测分析中心协助调查项目 2 个，发布风险提示 55 期。

（六）货币流通管理工作不断加强

强化"新票、旧票、假票、残票"管理为主线，以畅通现金流通渠道为重点，以改善现金服务为中心，以加强农村地区现金管理为突破口，不断优化现金流通环境，流通中人民币整洁度和各券别需求满意度平均水平持续提高，分别达 94.96% 和 97.9%。人民银行济南分行深化城乡反假网络建设，强化反假货币联动机制建设，会同公安部门违法犯罪专项行动，加大了反假货币风险防控的整治力度。

（七）金融知识宣传培训和投资者风险教育深入开展

全年开展反洗钱、反假币、征信宣传逾 5 300 次，受众 1 220 余万人次，发放宣传资料 460 余万份。积极参与"维护金融稳定 山东在行动"等广播专题节目，正面引导社会认知，受到社会各界的广泛关注和积极响应。

五、总体评估与政策建议

按照统一的层次分析模型和权重，对山东省金融稳定状况定量评估显示：2016 年综合评分 74.97，比上年下降 0.29。其中，受经济下行，投资增速放缓，居民收入增长率下降，房地产价格上涨等因素影响，宏观经济得分较上年下降 0.47；银行业机构资本充足水平下降，资产质量持续劣变，资产利润率下滑等因素，使银行业得分下降 0.76；证券业经营状况保持稳定，证券类机构盈利状况继续改善，行业得分上升 0.42；保险业退保率降至 5% 以下，保费收入保持快速增长，行业得分上升 0.47；受金融司法状况改善，金融服务密度提高等因素影响，区域金融生态环境得分略有提高，分值较上年提高 0.05。

2017 年，全省金融业面临的风险防范与化解形势依然严峻。全省金融业应继续牢牢把握稳中求进的工作总基调，以中央金融工作方针为指引，按照中央及省委、省政府决策部署和全省经济工作会议精神，贯彻"三去一降一补"工作要求，全力推进金融领域供给侧结构性改革，切实维护金融稳定，确保不发生系统性金融风险，促进金融与经济社会协调发展。

（一）认真贯彻执行稳健中性的货币政策，保持社会融资规模合理增长

综合运用多种货币政策工具，加强宏观审慎管理，引导金融机构贯彻各项稳增长措施。扩大股票、债券、私募股权、资产证券化、保险资金运用等非信贷融资渠道。灵活运用货币政策工具，加

大对"三农"、小微企业的信贷投入。强化信贷政策结构性导向功能，引导加大对钢铁煤炭去产能、重点行业转型调整的金融支持力度，支持工业稳增长调结构增效益，在发展中化解各类风险。

（二）把防范化解风险放在更加重要的位置，推动金融风险有序处置

坚持金融风险监测全覆盖，继续密切关注信贷资产质量、大企业担保圈、产能过剩行业、企业债券违约、地方政府债务、交叉性金融业务及非法集资等领域风险。推动完善金融稳定协调机制建设，加强各类型风险排查。深入研究风险处置措施，完善风险处置预案。扎实开展互联网金融风险专项整治工作，严厉打击非法集资、金融诈骗等违法犯罪活动。

（三）把优化金融生态环境作为控制金融风险、促进经济金融良性互动发展的治本之策

加快金融案件审理进度，切实降低不良贷款处置过程中的税费和诉讼成本。加强不良资产处置市场体系建设，拓宽银行不良贷款处置渠道，提高市场流动性和不良资产价格发现能力。进一步加大对抽逃资金、转移或隐匿资产等恶意逃废债务行为的打击力度，维护良好区域金融生态环境。

（四）深入推进金融机构公司治理和内控建设，切实提高稳健经营水平

督促各金融机构强化内部控制和风险防范，牢固树立在发展中化解风险的理念，在有效支持实体经济发展中化解金融风险。强化资本约束，实施审慎集约经营。加强对分支机构、营业网点和重要岗位的风险排查，堵塞风险漏洞，切实提高稳健经营水平。

总　　纂：董龙训
统　　稿：苑治亭　郑宇明
执　　笔：于明星　孔　哲　居　立　林　毅　王　冠　张　宁
　　　　　孙　毅　凌　云　孙艳云　袁　征　吴天飞

河南省金融稳定报告摘要

2016年，河南省主动适应经济发展新常态，扎实推进供给侧结构性改革，全省经济平稳运行、稳中有进，经济转型升级加快，新动能发展势头强劲，为全省金融运行创造了良好的外部环境。金融运行稳中向好，银行体系更加健全，信用风险整体可控；多层次资本市场建设稳步推进，风险管理功能得到进一步发挥；保险业快速发展，整体实力持续增强，市场运行平稳有序；金融市场稳健发展，金融基础设施建设进一步健全。河南省金融体系运行总体保持平稳，金融稳定性进一步增强。

全省经济金融运行中仍然存在一些影响金融稳定的不利因素：经济稳增长的基础尚不牢固，下行压力依然较大，企业杠杆率高企，房地产市场分化明显；银行信用风险压力加大，社会风险输入加剧，风险防范亟须加强；上市公司中个别机构存在退市风险，证券期货机构合规水平仍需提高；保险业市场行业发展存在诸多短板，潜在风险不断集聚。

一、经济运行与金融稳定

（一）基本情况

1. 经济整体素质提升，转型升级持续加快

2016年，河南省生产总值增长8.1%。经济增长动力向第三产业拉动转变，第三产业对GDP增长的贡献率达到49.3%。城镇化率48.5%，同比提高1.65个百分点。部分行业过剩产能有效化解，单位生产总值能耗、二氧化碳排放量分别下降7.5%和6%。

2. 工业质量稳步提高，农业生产形势稳定

2016年，河南省规模以上工业增加值同比增长8%，高于全国平均水平2个百分点；规模以上工业企业利润总额同比增长6.4%。制造业结构持续优化，高成长性制造业、高技术产业增长较快；全年产业集聚区规模以上工业增加值同比增长11.9%，占全省规模以上工业增加值的63.4%。高标准粮田建设继续推进，粮食生产能力保持稳定，粮食总产量达1 189.3亿斤；畜牧业生产加快发展，农产品加工业营业收入突破2万亿元。

3. 投资结构不断优化，新型消费业态不断壮大

2016年，河南省固定资产投资同比增长13.7%。服务业投资同比增长17.1%，增速高于第二产业8.1个百分点；产业集聚区固定资产投资同比增长13.5%。全年全省社会消费品零售总额同比增长11.9%。以"互联网+"为核心特征的新型消费业态不断壮大，全年网络零售额增长43.3%；区域消费结构不断优化，全省城镇、乡村消费品零售额分别增长11.7%和12.8%。

4. 外贸逐渐回暖向好，开放水平持续提升

2016年，河南省进出口总值同比增长2.6%，高出全国增速3.5个百分点。外贸进出口规模创历史新高，首次跨入全国前十。全省实际吸收外资、引进省外资金分别增长18.7%和7.9%。

5. 财政改革稳步推进，民生领域有效保障

2016年，河南省一般公共预算收入增长8.0%，其中，税收收入增长8.9%，增速同比提高1.2个百分点。财政涉企资金基金化改革稳步推进，营改增试点全面推开，税收征管体制改革综合试点顺利进行。全省一般公共预算支出增长9.4%，财政民生支出占比达77.6%。全年发放城镇和农村居民最低生活保障资金分别为28.38亿元和57.46亿元。全年投入各级财政专项扶贫资金同比增长36%。

6. 居民收入保持增长，市场物价温和上涨

2016年，河南省居民人均可支配收入同比增长7.7%。其中，农村居民人均可支配收入增长7.8%；城镇居民人均可支配收入增长6.5%。全省居民消费价格指数同比上涨1.9%，全年工业生产者出厂价格指数和购进价格指数同比分别下降1%和0.8%，固定资产投资价格指数下降0.8%，农业生产资料价格指数上涨0.8%。

7. 房地产拉动作用明显，去化周期整体缩短

1—12月，河南省房地产开发投资同比增长28.2%，增速同比加快18.1个百分点，对全省固定资产投资贡献率同比提高17.3个百分点。2016年末，全省商品房去化周期同比缩短10个月。全省房地产贷款余额同比增长38.49%，个人住房贷款余额同比增长47.83%。

8. 新动能发展势头强劲，创新驱动更加坚实

2016年，河南省信息传输、软件和信息技术服务业投资增长47.8%；电子商务交易额增长30%，快递业务量增长60%以上。郑洛新国家自主创新示范区、国家大数据综合试验区、知识产权强省试点省相继获批建设。

（二）需要关注的问题

1. 经济稳增长的基础尚不牢固，下行压力依然较大

一是河南省传统产业和资源性产业占比大，能源原材料行业占工业比重近四成，高新技术产业占比不到10%，产能过剩和供给不足的结构性问题突出，工业质量效益整体不高。二是制造业、民间投资增长乏力，投资增长后劲不足。2016年，河南省制造业、民间投资同比分别回落2.9个和10.7个百分点。三是环保治理对多个领域产生较大影响，全省部分钢铁、水泥、化肥、金属矿等企业停产、限产，对部分企业生产经营产生了较大影响。

2. 企业杠杆率高企，供给侧结构性改革任务艰巨

近年来，河南省债务规模逐步上升，实体经济杠杆率也处于较高水平。调查发现，2007—2015年样本企业负债总额与企业增加值的比值从2007年的315%扩大到2015年的824%，总体比值年均增长率为56%。2011年以来企业投资效率却逐年下降。企业存在"高债务、高杠杆、低效率"现象，供给侧结构性改革任务艰巨。

3. 房地产市场分化加大，潜在风险隐患不容忽视

河南省商品房去化周期进一步下降，但结构性矛盾凸显，商业用房及县域商品房库存高企，县级去库存压力明显大于各市区，部分县库存量不降反增。12月末，全省办公楼待售面积增加9.02万

平方米，商业营业用房待售面积增加41.45万平方米，商业用房去库存任务严峻。部分房企杠杆配资拿地等行为，加重房企债务负担，加之违约风险增多，影响银行业金融机构的资产安全。

二、银行业与金融稳定

（一）基本情况

1. 资产规模持续增长，机构体系更加健全

截至2016年末，河南省银行业资产总额69 601.97亿元，增长16.10%；负债总额67 096.92亿元，增长16.10%。全年新引进政策性银行1家、股份制银行2家；新设财务公司、金融租赁公司各1家；改制组建农村商业银行21家，河南中原消费金融股份有限公司开业运营。目前，全省银行业各类机构基本齐全，政策性开发性银行、大型商业银行、股份制商业银行等分支机构30家、地方法人银行机构236家，全省银行业机构网点12 982个，金融服务体系更趋完善。

2. 存款增长稳中加快，同业融资快速增长

截至2016年末，河南省本外币各项存款余额54 979.7亿元，增长13.9%，增速同比提高0.3个百分点，高于全国平均水平2.6个百分点。同业存款、大额存单快速增长。全年地方法人金融机构累计发行同业存单2 811.2亿元、大额存单229.3亿元，同比分别多增2 389亿元和228.8亿元。

3. 金融助推作用增强，精准扶贫力度加大

截至2016年末，河南省本外币各项贷款余额37 139.6亿元，增长16.8%，增速同比提高1.5个百分点，高于全国平均水平4个百分点。全年新增贷款5 341亿元，重点投向了基础设施领域、房地产、大中型企业贷款需求，有力推动去库存、去产能等供给侧结构性改革。推出"百亿扶贫再贷款计划"，在全省53个贫困县安排100亿元扶贫再贷款限额，构建了"五位一体"的金融扶贫新模式，精准扶贫贷款余额791亿元，带动159.6万建档立卡贫困人口，占全省建档立卡贫困人口的37.2%。

4. 信用风险整体可控，盈利水平持续下滑

截至2016年末，河南省银行业不良贷款余额较年初增加107.46亿元；不良贷款率较年初下降0.15个百分点，信用风险整体可控；全年银行业机构盈利668.57亿元，同比下降1.86%。分机构看，除恒丰银行、渤海银行等新引进机构外，其余9家股份制银行中，7家机构盈利均出现下降，其中个别机构亏损较多；大型银行利润降幅达8.87个百分点，盈利增速落至近年来最低水平。

5. 法人机构流动性整体较好，风险抵补能力有所提高

2016年末，河南省地方法人银行机构流动性比例59.62%，资金面整体相对宽松，特别是城市商业银行流动性比例较年初提高4.56个百分点。全省地方法人银行机构资本充足率12%，较年初上升0.37个百分点，拨备覆盖率为119.07%，同比上升30.97个百分点；超额备付水平较高，城市商业银行、农村合作金融机构、村镇银行超额备付率分别为6.55%、8.75%、4.96%。

6. 农村信用社改革取得阶段性成果，普惠金融改革创新成效突出

2016年，全省农村商业银行新开业17家、批筹16家，总数达到75家，还有14家达到组建标准，已改制和已达标机构占全省农信机构总数的64%。城区机构组建市级农村商业银行工作取得突破性进展，洛阳、驻马店两家市级农村商业银行挂牌开业，许昌已获筹建批复。全国首个普惠金融改革试验区——兰考普惠金融改革试验区获国务院批准，推动11家省级金融机构与兰考县签署中长期合作框架协议，20家金融机构与当地企业签约57亿元。普惠金融发展程度全面提升，尤其是金融基础设施建设、金融支持"三农"等方面成效明显，对全省普惠金融发展起到了良好示范效应。

7. 存款保险工作实现"三个首次"，取得了突破性进展

2016年，河南省围绕"集中宣传、风险监测、风险警示、审慎评级、保费交纳、试点核查"等核心内容扎实开展存款保险工作。全省存款保险工作实现"三个首次"：首次完成投保机构存款保险评级，促使投保机构审慎经营，提高风险管理水平；首次实施投保机构风险差别费率，促使投保机构公平竞争，强化市场约束；首次开展存款保险数据现场核查工作，摸清了投保机构的业务情况和风险底数。全年全省投保机构未发生风险事件。

（二）需要关注的问题

1. 信贷供需矛盾突出，贷款需求降至低点

当前，河南经济依靠基础设施和房地产投资拉动特征明显，而传统产业、小微企业经营困难，信贷需求下降，造成信贷供求结构性矛盾突出。2016年七成以上新增贷款投向了基础设施和房地产领域，而小微企业贷款增速同比回落17.6个百分点，工业贷款全年减少7.9亿元。人行郑州中心支行开展的银行家问卷调查显示，第四季度银行总体贷款需求指数降至59.8%，创下2004年调查以来新低，其中企业固定资产、经营周转贷款需求指数均创调查以来新低。

2. 不良贷款持续增加，信用风险压力加大

在主要银行机构处置不良贷款720.80亿元的情况下，2016年，全省银行业不良贷款余额仍呈上升趋势，新增107.46亿元。全省银行业信贷资产质量整体下迁势头尚未得到有效遏制，且存在金融机构贷款下迁调整不及时、五级分类标准执行不严格、地方政府干预银行下迁企业贷款等现象。不良贷款打包出售流拍、不良贷款附回购权对接资管计划、不良贷款高价转让给社会投资者等现象需引起关注。

3. 社会风险输入加剧，银行风险防范亟须加强

产能过剩行业企业债券到期兑付风险压力较大，企业后续发债较为困难；部分地区担保圈、担保链、民间借贷风险仍有进一步爆发可能。人行郑州中心支行调查的第四季度民间借贷市场违约风险指数高达63.1%，民间借贷风险仍处在高发期。融资性担保公司担保代偿率居高不下，全年代偿金额较年初增加42.15亿元，随着企业贷款质量下降和信用状况的恶化，加上企业互保、担保链风险隐患的蔓延，代偿仍会增加，风险可能传染至银行体系。

4. 同业业务快速发展，潜在风险亟须关注

2016年，河南省银行业金融机构同业资产规模增长较快，人行郑州中心支行在同业业务督察中发现不少银行机构存在期限错配风险；多数机构未对同业融资资产计提减值准备或计提不够充足；个别机构违规开展同业投资非标业务，通过同业投资业务承接表内不良资产；同业投资资金较多投向"两高一剩"、地方政府融资平台、房地产等限制性行业或领域；投前、投后管理不到位，内部管理存在漏洞，个别机构出现资金通过同业渠道挪用案件，风险隐患不容忽视。

三、证券期货业与金融稳定

（一）基本情况

1. 市场主体持续增多，多层次资本市场建设稳步推进

截至2016年末，河南辖区证券期货基金机构共446家，新增63家。"新三板"挂牌公司342家，新增147家。中原股权交易中心交易板挂牌企业44家、展示板企业997家。境外上市公司34家，新增2家。境内上市公司74家，新增1家，其中主板公司39家，中小板公司24家，创业板公司11家。另有11家企业IPO在审，20家企业在辅导。

2. 融资功能日益增强，服务实体经济能力不断提升

2016年，河南省各类企业通过资本市场直接融资1035.47亿元，75家新三板挂牌公司通过定向增发实现融资29.56亿元，非上市挂牌企业发行公司债65只、融资560.44亿元；中原股权交易中心33家企业累计实现融资3.06亿元；22家上市公司完成并购重组再融资436.73亿元。

3. 市场竞争力提高，规范运作意识和创新能力继续增强

截至2016年末，河南辖区备案私募基金管理人71家，备案私募基金91只，较年初增加45只；实缴资金133.64亿元，较年初增加94.68亿元。中原证券完成A股发行，华信万达期货完成增资扩股，中原期货完成股份制改造，九鼎德盛咨询公司持续推进业务转型，证券期货法人机构综合竞争力明显增强。全年新设4家铝交割库，实现有色金属品种交割库零突破。

4. 市场秩序不断规范，化解市场风险能力得到加强

2016年，为推动交易场所规范发展，监管部门出台了《河南省商品现货交易场所监督管理办法（试行）》。为进一步促进市场规范运行，针对违规问题下发26项行政监管措施，对虚假信息披露、内幕交易、市场操纵和"老鼠仓"等各类违法违规行为保持严打高压态势，全年完成调查案件19件，作出行政处罚2项，对6人给予警告，没收违法所得44万元，罚没款总计95万元。严厉打击非法证券期货活动，全年完成涉非案件线索调查30起，移送公安、工商等部门15件，出具书面认证意见16份。

（二）需要关注的问题

1. 上市公司风险增加，个别机构存在退市风险

部分上市公司并购重组或控制权变动可能存在公司治理风险；钢铁、煤炭、电解铝等行业的上市公司偿债压力大，存在较大财务风险；个别公司由于违法违规被行政处罚，或者由于持续经营困难，可能存在退市风险；部分新三板挂牌公司持续经营能力和规范运作意识不强。

2. 证券期货机构合规水平仍需提高，内部管理亟须强化

证券期货基金经营机构的客户适当性管理不到位，保护投资者权益的责任意识需强化；证券期货分支机构负责人流动性较大，合规运作水平不高，内部控制不规范；私募基金整体实力偏弱，合规意识淡薄，内部管理弱化。

四、保险业与金融稳定

(一) 基本情况

1. 行业保持快速发展,整体实力持续增强

截至2016年末,河南省共有省级分公司以上保险公司77家,较年初增加5家;保险资产总额3 248.42亿元,增长21.56%。保费收入1 555.15亿元,增长24.54%。赔付支出547.98亿元,增长22.4%。全年累计提供风险保障51.95万亿元,为人民群众未来养老和健康积累准备金3 727.39亿元,缴纳税费32.18亿元,代缴车船税28.4亿元。保险从业人员达到63万人,为社会提供新增就业岗位7.7万个。

2. 结构调整不断深化,发展质量继续改善

2016年,非车险业务发展迅速,占比不断提高,非车险保费收入增长32.74%,同比提高11.79个百分点,占比提高2.29个百分点。其中,农业保险保费收入同比增长60.36%,高于全国平均水平48.94个百分点,占比提高1.96个百分点。人身险新单保费收入增长31.3%,对人身险保费增长贡献度达67.63%。新单期缴率同比提高7.59个百分点,10年期及以上占比高于全国平均水平5.13个百分点。银邮渠道业务价值转型特征显现,10年期及以上新单期缴业务增长45.98%,同比提高8.50个百分点,"短期调结构、长期提内涵"的趋势更为明显。

3. 行业风险总体可控,市场运行平稳有序

2016年,河南人身险公司退保率同比下降0.69个百分点;满期给付增幅持续收窄,已回落至25.64%。互联网保险风险得到整治,借保险名义进行的非法集资活动得到有效遏制,开展了农业保险领域专项清理整顿,强化了行业风险排查预警和应急处置能力,全年全行业未发生群体性事件等重大风险。

4. 助力实体保障民生,创新参与社会治理

2016年,河南省大力发展与实体经济密切相关保险业务,出口信用保险累计服务外贸企业1 014家、规模近42亿美元,提供信保项下融资便利超过2.52亿美元;首台(套)重大技术装备保险为42项装备制造业科技创新提供风险保障9.39亿元;保证保险累计为企业和个人提供融资支持118.23亿元。大力推进产业扶持脱贫,为脱贫攻坚投资项目提供保险支持。河南省保险公司经办基本医保覆盖区域扩展至6省辖市62个县区,服务人群1 837万人,城乡居民大病保险实施省内跨区域即时结报,全年累计向30.35万人次支付赔款9.93亿元。食品安全责任保险试点覆盖15个省辖市,累计为食品产业链的746家单位提供风险保障21.57亿元;治安保险在70个县区推广,试点地区发案率、破案率"一降一升"。

(二) 需要关注的问题

1. 潜在风险不断积聚,行业发展形势较为严峻

部分机构中短存续期业务占比高、保户投资款占比高,满期给付和退保风险在最近两年仍将延续高位。一些保险机构仍在沿袭铺摊子、上规模的粗放发展方式,机构人员数量多、内控管理跟不上,侵占保险资金、以保险名义非法集资等司法案件多发,盲目参与互联网金融活动、销售非保

类金融产品等风险增多。部分机构风险意识差、排查预警机制不完善、防控措施不健全，个体纠纷、个案风险处置不当演变成群体性事件、区域性风险的可能性客观存在，风险防控形势严峻。

2. "三不"问题较为突出，行业发展存在诸多短板

结构不合理、竞争不理性、能力跟不上的"三不"问题较为突出。一是供给结构不合理，整体结构中财产险规模偏小，财产险中近80%是车险，车险中近80%是中介业务，人身险中理财型业务占比大，商业健康、养老保险覆盖面仍然较低。二是市场竞争不理性，由于产品服务同质化严重，导致市场竞争不断加剧，"五虚"问题屡禁不止，拼费用、"买业务"情况突出。三是服务能力跟不上，"重销售、轻服务"现象普遍存在，对展业承保环节资源投入多，对业务保全、查勘理赔、客户服务投入少，服务队伍人力紧张，理赔难问题仍时有发生，保险消费投诉和涉保诉讼居高不下，消费者对保险服务的获得感整体还有差距。

五、金融市场与金融稳定

（一）基本情况

1. 货币市场交易量稳步增长，资金流向以净融入为主

2016年，河南省货币市场业务累计成交24.9万亿元，同比增长27.2%。其中，银行间市场债券回购累计成交17.15万亿元，同比增长43.7%；同业拆借累计成交9 136.28亿元，同比增长59%。货币市场交易类型以质押式回购为主，资金净融入金额达到11.63万亿元，其中质押式回购净融入金额占88.56%。

2. 债券市场交易活跃，同业存单同比多增

2016年，河南省企业和地方法人金融机构累计在银行间债券市场融资779.5亿元，其中，短期融资券170亿元，超短期融资券234亿元，中期票据123亿元，非公开债务融资工具252.5亿元；金融债券发行金额为30亿元。银行间债券市场交易活跃，全年现券成交笔数41 139笔，累计成交金额同比增长11%。全省地方法人金融机构发行同业存单同比多增2 389亿元，定期同业存款利率大幅提高，活期同业存款利率止降略升。

3. 票据市场平稳发展，利率走势整体稳中趋降

受经济增速放缓、风险事件频发、监管趋严以及金融行业"去杠杆"等因素影响，2016年末，河南省金融机构票据承兑余额较年初新增66.19亿元，增幅仅1.49%；累计发生额同比减少468.96亿元，降幅5.40%。银行承兑保证金存款余额较年初新增49.17亿元，增幅2.17%。全省金融机构贴现余额较年初增加356.57亿元，增幅50.58%；累计发生额同比增加200.20亿元，增幅2.90%。票据利率自年初高点一路走低，票据资金化趋势越来越显著。

4. 黄金投资需求强劲，期货交易整体疲软

随着公众对美联储未来加息预期提升，利用黄金资产避险趋向提升，2016年，河南省共有20家银行业金融机构开办了黄金市场业务，全年黄金交易总量达248 051千克，成交金额622.82亿元，同比均呈增长趋势。2016年，郑州商品交易所所有期货产品累计成交量同比下降15.79%，累计成交额同比仅上升0.16%。白糖SR、菜籽粕RM、一号棉CF、PTA是最主要的交易品种，成交占比分别为22.46%、18.6%、17.74%和13.48%。

5. 涉外收支总规模大幅下降，银行结售汇持续逆差

2016年，河南省涉外收支总规模同比下降14.20%。其中，收入同比下降16.94%；支出同比下降11.32%；净流入同比下降47.91%。占全省跨境收付比例43.37%的进料加工跨境收支总规模同比下降28.7%。2016年1—12月，河南省银行结汇同比下降15.04%，银行售汇同比下降46.09%。结售汇逆差同比下降84.13%。

（二）需要关注的问题

1. 货币市场成员自我风险防控能力较弱

一是风险控制主要通过业务部门前后台岗位和业务主管人员完成，缺乏跨部门监督和约束。二是由于当前货币市场业务类型简单，从业人员缺少探索研究和运用估值等技术手段的内在动力，制约了业务拓展。

2. 人民币汇率波幅扩大后，企业规避汇率风险的能力不足

自"8·11"汇改后，人民币汇率波动幅度进一步扩大。河南省涉外收支近80%是以美元结账，但由于地处内陆，企业对外汇衍生品认知有限，对汇率工具运用不足。经调查发现，辖内近90%的企业只能被动接受贬值。即使使用外汇衍生产品，也主要是以远期及掉期为主。

六、金融基础设施与金融稳定

（一）"一行三局"加大金融知识宣传力度，有力维护金融消费者权益

2016年，河南省"一行三局"采取多种形式开展金融知识宣传活动，人民银行将金融知识宣传教育与普惠金融和精准扶贫有效结合，开展金融知识进农村活动。河南银监局开展消费者满意度问卷调查和"金融知识进校园"特色主题宣教活动；河南证监局加强与省高级法院和郑州中级法院沟通协调，将证券期货业社会法庭（巡回）、投服中心河南调解室纳入证券期货纠纷多元化解机制试点名单，全年完成调解纠纷5起，为投资者争取补偿5.5万元。河南保监局进一步完善保险消费者权益保护中心建设，持续提升保险纠纷"诉调对接"工作水平。

（二）支付服务普惠程度上升，农村支付服务环境进一步改善

2016年，人民银行郑州中心支行建设推广"普惠金融一网通"移动金融服务平台，为全省居民提供以支付服务为基础的3大类、41项金融服务。顺利完成济源市中心支行ACS跨核算主体机构变更工作，有效填补全国工作空白；配合公安部门成功处置一例特大电子商业汇票案，联合公安厅、工商局等部门开展非银行支付机构风险专项整治、银行卡信息非法买卖清理整治专项行动。农村支付服务环境进一步改善，2016年河南省助农取款业务交易量全国第一，农民工银行卡特色服务交易量连续9年稳居全国第一。

（三）征信系统持续有效运行，社会信用体系建设取得积极进展

截至2016年末，企业征信系统收录全省企业和其他组织50.8万户，个人征信系统收录自然人5 170.98万个，137家村镇银行、小额贷款公司和融资性担保机构等接入金融信用信息基础数据库。

全年全省通过应收账款融资服务平台成交应收账款融资业务 2 620 笔，成交金额 562.12 亿元。河南省公共信用信息平台和"信用河南"网站建成并投入运营，诚信建设"红黑榜"发布制度取得初步成效；兰考县信用信息中心如期建成，初步形成了县域信用信息共享机制；"河南省中小企业信用体系建设专项工程示范区"和"河南省农村信用体系建设专项工程示范区"创建持续深入推进。

（四）提高反洗钱监管有效性，配合开展反洗钱专项行动

2016 年，河南省对 2 847 家金融机构进行反洗钱工作考核评级工作，据此实施分类监管。全年对 253 家机构开展现场检查，对 73 家机构进行监管走访，对 87 家机构高管约见谈话，对 21 家机构进行质询。协助公安机关侦破公安部、人民银行总行督办的"9·23"地下钱庄案，涉案金额 249 亿元。开展"打击骗取出口退税和虚开增值税发票专项工作"涉税协查 1 次，研判涉税线索 1 份。积极配合中纪委等部署的重大案件协查 4 次。

（五）积极推行河南省货币发行体系改革，继续加大假币整治力度

2016 年，河南省开展硬币自循环工作，通过构建硬币调剂平台，开辟大额硬币预约兑换绿色通道。积极推行河南省货币发行体系改革，有力推动"三位一体"和"四个分中心"建设。已恢复运行的县支行发行库有序开展发行基金投放、回笼工作，为县域经济提供有力的现金保障。全年全省收缴假币 2 005.87 万元，同比减少 26.23%，其中，公安机关破案没收假币 424.24 万元，同比下降了 71.3%；银行业金融机构发现收缴假币 1 561.56 万元，同比增加 29.39%。

七、总体评估与政策建议

（一）总体评估

从定量评估的结果看，2016 年河南省金融稳定综合评价分值对应评估表中所属类别仍为"B 类地区较好+"，但分值较去年有所降低。整体来看，河南省金融稳定状况保持良好。从指标权重来看，"就业情况"、"资产质量"、"净资本负债率"、"应收保费率"、"信用环境"依次分别为对"宏观经济"、"银行业"、"证券业"、"保险业"、"金融生态环境"等项影响最大的因素。

（二）政策建议

1. 贯彻落实稳健中性货币政策，加强法人机构的流动性管理

一是按照"有保有压，有扶有控"的信贷政策，引导金融机构加大对全省国家战略规划中重点项目和企业的信贷支持，加大对薄弱环节和社会事业的信贷投放，扎实做好钢铁、煤炭去产能金融服务工作，鼓励金融机构积极对重点国有企业开展贷款重组、市场化债转股业务。二是密切监测全省银行业金融机构流动性状况，引导和督促提高自身资金来源的稳定性；加强对地方法人银行业金融机构的流动性管理，及时运用常备借贷便利满足其短期流动性需求；做好地方法人银行业金融机构的 MPA 评估，引导加强自我约束。

2. 强化分类调控、因城施策，促进房地产市场平稳发展

强化分类调控，因城施策，落实好差别化住房信贷政策。做好与各级政府、银行业金融机构的

沟通，多措并举引导住房贷款合理增长，防范住房信贷风险；认真落实限购限贷等调控政策，加快土地和住房供应，抑制房价过快上涨。继续推动三、四线城市房地产去库存，将去库存与新型城镇化、农民工市民化有机结合起来，加大对农民工进城购房的政策支持力度。

3. 强化风险监测、摸清风险底数，及时化解处置各类风险隐患

进一步完善金融风险监测、评估和预警体系，加强重点领域风险排查，开展对互联网金融、影子银行等风险专项整治，摸清潜在风险底数，开展风险压力测试，对各类风险做到早发现、早提示，做好风险应对和处置预案。落实存款保险的风险识别、早期纠正和风险处置功能，充分发挥存款保险市场化风险处置机制的作用。

4. 加快建立金融监管协调机制，形成监管合力

一是探索有效的监管协调方式，加大监管协调工作力度，避免监管空白。二是按照地方特点因地制宜地完善地方金融管理模式，充分发挥地方金融监管部门和地方政府的相应作用。三是强化金融监管部门间信息交流和协同行动，与政府部门合力打造金融诚信社会。

5. 强化证券监管，加强风险预判，牢守风险底线

一是对上市公司坚持风险分类监管，强监测重研判，综合运用各类监管手段，加强对高风险公司的监管。二是推动上市公司通过并购重组、整体上市等方式履行解决同业竞争问题的承诺，实现产业转型，化解经营风险。三是对新三板挂牌公司和公开发行公司债券的发行人分类监管，建立风险台账，持续关注风险隐患，及时采取监管措施。四是督促证券期货基金经营机构增强合规风控水平，加强重点业务现场检查，从严追究机构违规责任。五是完善多元化纠纷调解机制，督促证券期货经营机构落实投资者适当性管理工作，有效保护投资者合法权益。

6. 业务发展与风险防范并重，确保保险市场安全稳健运行

一是搭建交流平台，全力支持河南省保险法人机构建设，持续做好保险资金入豫投资引进工作，推动保险资金与省内项目精准对接。二是推动重点领域发展，服务全省脱贫攻坚战略，大病扶贫、农险扶贫、产业扶贫协同发力；服务实体经济发展，大力发展出口信用保险，不断丰富科技保险产品，加快推广"政府＋银行＋保险"小微企业贷款保证保险共保体；服务社会治理，推动医疗责任保险、环境污染责任险、安全生产责任险、食品安全责任险、科技保险等险种扩大覆盖面。三是筑牢从严监管和防范风险防线，加强非法集资案件预警、排查；加大对市场违法违规行为的监管力度，切实维护良好的市场秩序。

7. 完善金融基础设施建设，提高金融应急管理水平

一是充实、完善金融信用信息基础数据库，加强票据市场基础设施建设和制度建设，建立金融生态监测评价系统，健全反假货币网络体系，加大反洗钱工作力度，维护正常经济金融秩序。二是积极构建金融突发事件应急管理长效机制。不断完善应急体系和应急预案，健全应急管理机制；加强金融监管部门和政府相关部门的联系和沟通，努力形成金融应急工作合力，提升应急工作水平，增强金融业对突发事件的应急处置能力。

总　纂：周　波
统　稿：戚兴如　张明辉
执　笔：琚亚利　朱永海
其他参与写作人员：王　莎　王　晗　石彦杰　李　孜　许尚超
　　　　　　　　　李　琨　刘　磊　宋　杨　苗晓艳　袁彦娟　韩保恒

湖北省金融稳定报告摘要

2016年，湖北省面对经济下行压力和特大洪涝灾害双重考验，在党中央、国务院和省委省政府坚强领导下，湖北省上下认真贯彻习近平总书记系列重要讲话精神和治国理政新理念新思想新战略，坚持稳中求进工作总基调，化压力为动力，视大灾如大考，苦干实干，砥砺前行，实现了"十三五"良好开局。

一、经济与金融稳定

（一）运行状况

经济总量稳中有进，产业结构持续优化。2016年，全省生产总值32 297.91亿元，成为全国GDP总量超过3万亿元的9个省份之一，增长8.1%，高出全国平均水平1.4个百分点。其中，第一产业实现增加值3 499.3亿元，增长3.9%；第二产业实现增加值14 375.13亿元，增长7.8%，全部工业实现增加值12 255.46亿元，增长7.8%；第三产业实现增加值14 423.48亿元，增长9.5%。

消费增速回升。湖北省实现社会消费品零售总额15 649.22亿元，增长11.8%，比上年低0.5个百分点，全年消费呈现"上半年下滑、下半年回升"变化态势。从区域结构看，乡村市场增长快于城镇。

固定资产投资增速继续下滑。湖北省固定资产投资累计完成29 503.88亿元，增长13.1%，比上年下滑3.1个百分点，创近年来最低水平。其中：第一产业完成投资889.94亿元，增长41.8%；第二产业完成投资12 224.54亿元，增长10.1%；第三产业完成投资16 389.40亿元，增长14.2%。

进出口增长回落。湖北省完成人民币计价进出口总额2 600.1亿元，下降8.3%。其中，出口总额1 720.1亿元，下降5.3%，进口总额880.0亿元，下降13.6%。湖北省实际利用外资101.29亿美元，增长13.2%。

民生相关指标相对健康。居民消费价格指数同比上涨2.2%，较上年提高0.7个百分点。其中，农村上涨2.2%，城市上涨2.1%。湖北省新增就业人数90.64万人，完成全年目标的129.49%，年末城镇登记失业率为2.41%，低于去年同期的2.64%。居民收入保持稳定增长，与经济增长基本同步。城镇常住居民人均可支配收入29 386元，增长8.6%。农村常住居民人均可支配收入12 725元，增长7.4%。

财政收入增长趋缓。全年湖北省完成财政总收入4 974亿元，增长5.7%，其中地方一般公共预算收入3 102.02亿元，增长7.3%。在地方一般公共预算收入中，税收收入2 122.89亿元，增长7.7%。全年财政支出6 453.07亿元，增长5.0%。

金融业规模增长较快。2016年末，湖北省金融机构本外币各项存款余额47 284.95亿元，比年初增加5 939.07亿元。其中，住户存款22 065.17亿元，增加2 385.03亿元。金融机构各项贷款余额34 530.72亿元，比年初增加5 016.16亿元。其中，住户贷款9 339.51亿元，增加1 975.52亿元。

（二）经济运行稳健性分析

信贷资源向基建领域集中。一是过度融资和投资现象严重。金融机构对平台和基建项目存在明显多头授信、过度授信的现象。部分政府投融资公司同时得到10多家金融机构授信，累计规模达到100亿元，但实际用信规模不到三成。二是挤出效应明显。由于存在预算软约束和刚兑预期，过高的基建融资需求抬高了资金价格，挤占了民营企业、小微企业信贷空间。三是降低"去产能"的内在动力。过快的基础设施投资带动了钢铁、水泥等行业的市场需求回升，相关企业压降产能和产量的内在动力下滑。

部分城市房价上涨过快，调控政策落实仍存在阻力。2016年末，武汉等地房地产市场量价齐升，交易活跃，去库存进度加快，但省内其他大部分地区房地产去库存压力依然很大。人民银行总行自2016年11月起对包括武汉市在内的16个重点城市先后四次进行窗口指导，加强房地产信贷调控。从短期看，湖北省2017年1月的调控效果较为平稳，只有个别银行房贷增量超过要求标准。

金融风险来源变化明显，隐性不良问题趋于严重。截至2016年末，湖北省金融机构不良贷款余额579亿元，比年初增加79亿元，不良贷款率1.67%，比年初降低0.02个百分点。在不良贷款率下降的同时，湖北省金融风险源出现新的变化，呈现出一些新的特征：一是小微和个人经营性贷款的信用风险加大。二是关注类贷款呈上升势头，逾期贷款期限拉长。三是不良贷款处置面临的现实障碍仍然较多，处置方法和手段还不丰富，清收难、执行难、处置难等问题依然存在。

委外业务杠杆加大，相关风险逐步暴露。一是存量非标业务仍有较大违约风险。二是强化金融资金体内循环。三是流动性风险压力加大。由于金融机构委外资金来源主要是不稳定的短期同业业务，一旦市场流动性出现波动，相关金融机构面临的流动性风险会大幅上升。

二、银行业与金融稳定

（一）运行状况

业务基础发展稳健。2016年末，湖北省银行业金融机构资产余额5.9万亿元，同比增长15.38%，其中，各项贷款余额3.46万亿元，同比增长17.14%。湖北省银行业负债总额5.8万亿元，同比增长15.63%，其中各项存款余额达到4.56万亿元，同比增长15.29%。

信贷增长再创新高，连续六年实现"四个高于"目标2016年。湖北省金融机构新增本外币贷款5 016亿元，再创历史新高，同比多增799亿元，新增贷款居全国第九、中部第二。截至2016年末，湖北省本外币贷款余额34 531亿元，同比增长17%，较上年同期高0.32个百分点，增速居全国第五、中部第三，高于全国和中部六省贷款平均增速4.2个、1.6个百分点。

信贷结构更趋优化，薄弱环节金融支持力度加大。一是信贷投放向重点项目和区域集中。2016年，湖北省住户和企业中长期贷款分别增加2 080亿元和2 262亿元，占全部新增贷款的86.6%，分别同比多增886亿元和685亿元。二是薄弱环节金融支持力度持续加大。截至2016年12月末，湖北省小微和涉农贷款增幅分别为25.1%和17.2%，分别高于湖北省各项贷款增幅8.1个和0.2个百分点。三是融资结构失衡的情况有所缓解。2016年前11个月，湖北省社会融资规模5 533亿元，同比多增1 938亿元。

金融机构贷款利率持续下行，"降成本"工作初见成效。2月末，湖北省企业存量贷款利率为4.84%，比上年末下降0.25个百分点。此外，为降低融资成本，金融机构积极配合财政部门的地方债务置换工作，圆满完成了全年2 088亿元的置换债发行规模，其中，定向置换870亿元，公开发行1 218亿元。置换后相关债务利率下降了3个百分点。

资产质量持续承压，隐性不良问题趋于严重。截至2016年末，湖北省金融机构不良贷款余额579亿元，比年初增加79亿元，不良贷款率1.67%，比年初降低0.02个百分点。在不良贷款率下降的同时，湖北省金融风险源出现新的变化，呈现出一些新的特征：一是小微和个人经营性贷款的信用风险加大；二是关注类贷款呈上升势头，逾期贷款期限拉长；三是不良贷款处置面临的现实障碍仍然较多，处置方法和手段还不丰富，清收难、执行难、处置难等问题依然存在。

金融市场运行平稳。2016年，湖北省共有83家金融机构和非法人投资产品参与银行间债券市场现券交易，合计成交金额1.16万亿元，同比增长16.8%。共有80家金融机构和非法人投资产品参与债券质押式回购交易，合计成交金额12.2万亿元，同比增长3.8%。

债务融资工具市场稳步增长。2016年，企业累计发行债务融资工具126只，金额985.46亿元，同比增加17.46亿元，增幅1.8%。在中部六省排名第二，仅次于山西省（1 604亿元）。分品种来看，债务融资工具发行主要集中于中期票据、超短期融资券和定向工具，发行金额分别为365.4亿元、287亿元和157亿元，发行量占比分别为37%、29%和16%。

互联网金融风险总体可控。2016年，湖北省共确定P2P网贷机构154家，其中法人机构84家，分支机构54家。2016年1—6月末省内平台累计线上交易15.5万笔，交易总额73.2亿元，累计借款人数72 336人，累计出借人数91 472人；平均借款额度63.27万元，平均借款期限3.99个月，平均借款成本10.99%。平均投资额度5.02万元，平均投资期限3.97个月。

（二）改革进展与成效

金融改革力度持续增强，金融组织体系不断完善。首家民营银行获批筹建。武汉众邦银行股份有限公司获中国银监会批准筹建，湖北省首家民营银行破冰。恒丰银行武汉分行获批筹建、开业。多层次资本市场发展提速。湖北省直接融资总额3 698.1亿元，比2015年增长68.92%。新增境内外上市公司13家，境内上市公司总数96家，居全国第九、中部第一。

区域金融改革创新亮点纷呈，政策引领效果进一步强化。科技金融改革创新迈出新步伐，东湖高新区和汉口银行列入全国首批投贷联动试点，全国首个科技金融指数——"武汉科技金融指数"正式发布；长江产业基金对外投资全面启动，截至目前，拟合作发起基金37只，其中通过立项审查35只，总规模2 045亿元，基金管委会核准17只，总规模925亿元；灾后重建金融支持扎实有力，银行业支持灾后重建项目2.7万个，授信527.7亿元，减免贷款费用3 551万元。

农行"三农"事业部改革试点工作持续推进，服务"三农"效力进一步提升。截至2016年末，湖北省农行"三农"事业部县域存款余额2 813.62亿元，比年初净增268.46亿元；县域贷款余额1 045.40亿元，比年初净增164.40亿元；涉农贷款余额985.82亿元，比年初净增135.67亿元。2016年，湖北省农行县域存款增量、县域贷款增量、涉农贷款增量居全国系统第十位、第九位、第七位。

境外投资大幅增长，外汇收支流出压力依然较大。2016年，湖北省实际利用外资101.3亿美元，同比增长13.2%，增速比上年提高0.3个百分点。2016年，外商直接投资流入11.1亿美元、同比下降68%。湖北省境外直接投资汇出11.3亿美元，同比增长176.9%。2016年，湖北省进出口总额394亿美元，同比下降13.5%，其中，出口260.7亿美元，下降10.7%，进口133.2亿美元，下降18.5%。实现贸易顺差126.8亿美元，同比下降1.2%。

（三）银行业稳健性分析

2016年，湖北省银行业整体运行平稳，但部分领域潜在风险不容忽视。

银行业务结构调整面临困境。一方面，当前传统行业依然面临生存难、转型难的困境，而新兴经济在经济中所占份额较小，尚未形成有力的经济增长点，银行受此影响，也面临业务结构转型困难的问题。另一方面，当前信贷有向政府主导的大型项目、国有企业和房地产业集中的趋势，银行自身已意识到潜在风险，但受大环境影响，业务转型仍面临较大的困难。

信用风险防控压力加大。2016年12月末，湖北省银行业不良贷款余额579亿元，比年初增加79亿元；不良贷款率1.67%，比年初下降0.02个百分点。银行机构不断加大不良资产处置核销力度，仅2016年前三季度就处置不良资产113亿元。同时，关注类贷款仍然呈快速增长态势，12月末，湖北省关注类贷款达2 697亿元，同比增长24%，信贷资产质量劣变压力持续增大。

房地产信贷风险需持续关注。2016年新一轮调控后，武汉房产价格未得到有效控制，为此，12月22日武汉市再度升级限购政策，将部分远城区热点区域也纳入限购。12月第四周，武汉新建商品住房成交套数环比下降26.3%，成交面积环比下降27.1%，预计房地产投资或降温明显，后续房价或保持横盘整理态势，但商业地产和三四线城市仍不乐观。截至2016年10月底，湖北省仍有部分县（市、区）消化周期超过6个月，其中少数县（市、区）超过36个月。从银行信贷看，房地产开发贷款已有所收缩，但新增不良开始增大。

地方法人金融机构经营状况不容乐观。截至2016年12月末，湖北省各类地方法人银行机构不良贷款余额总额为145.28亿元，环比增长4.25亿元，上涨3.01%；不良贷款率为2.23%，环比增长0.16%。村镇银行不良贷款余额2.53亿元，同比上升0.25亿元，不良贷款率1.79%，同比下降0.09个百分点；湖北省城商行不良贷款余额35.72亿元，同比增长4.42亿元，同比上涨14.12%，不良率1.96%；农商行不良贷款余额99.70亿元，同比增长31.86%，不良贷款率2.37%，同比上涨0.23%。

政府性融资债务出现新型非常规风险。截至2016年9月末，湖北省平台家数326家，贷款余额4 733亿元，比年初增长7.6%。平台不良贷款1.2亿元，比年初下降0.5亿元。当前，融资平台转型后，政府性融资呈现一些新特点：一是银行业信用敞口持续扩大。银行机构向地方政府融资平台提供的贷款、直接持有债券、理财投资、信托融资的总量仍有增加。二是出现了多种规避监管的新型融资模式。有的地方绕过融资平台，借助不规范的PPP操作，以及政府购买服务、政府投资基金等方式，以"名股实债"和"股权回购"等方式向银行融资。

三、证券业与金融稳定

（一）运行情况

截至2016年12月底，辖区上市公司96家，位居全国第十，赶超安徽，重新跃居中部第一位，上市公司总股本754.79亿股，流通股本668.92亿股；总市值11 092.03亿元，流通市值9 241.22亿元，分别较2014年底提高了48.49%和47.83%；全年累计新增147家新三板挂牌企业，总数达347家，位列中部第一位，全国排名第七位；武汉股交中心托管登记企业数量达到2 991家，托管总股本1 290.40亿股，挂牌交易企业总数达到2 231家，其中，股份公司1 329家，"科技板"企业845家。

证券期货业基本总体发展平稳。湖北省共有证券公司2家，证券分支机构346家（分公司38家、营业部208家），较2015年同期增加47家；期货公司2家，期货分支机构54家（分公司5家、营业部49家），较2015年同期增加4家。

私募基金备案规范程度增加。截至2016年12月底，湖北省已完成登记备案的私募基金管理机构220家，共管理基金444只，管理规模达1 329.96亿元；业务和产品快速发展。资产管理产品涵盖债券、股票、期货、股权等多种基础资产，既有国内市场的投资，也有面向全球的资产配置，有力支持了实体经济发展，也促进了湖北金融市场多元多维发展。

上市公司经营转好。2016年，9家上市公司实施并购重组，涉及金额124.45亿元。截至2016年第三季度末，湖北省上市公司资产总额12 016.9亿元，比上年年末增长20.9%。湖北省上市公司克服经济下行压力，整体经营状况向好，保持稳步增长态势，实现营业总收入4 151.55亿元，同比增长14.5%；实现净利润204.77亿元，同比增长13.8%。

直接融资上新台阶。湖北省资本市场直接融资规模达1 252.01亿元，较2015年同期增长126%。其中，首发融资34.54亿元，上市公司再融资733.77亿元，非上市公司债券融资206.3亿元，"新三板"增发融资22.99亿元，区域性股权市场实现股权直接融资254.41亿元。

区域股权市场发展迅速。截至2016年12月底，武汉股权托管交易中心"企业展示板"已展示各类企业2 473家；托管登记企业总数达2 991家。股权挂牌交易企业2 231家，其中"股份公司"1 329家，"科技板"企业845家，"青年创新创业板"企业57家。挂牌公司总股本285.89亿股，总市值1 290.40亿元。

（二）证券业风险分析

新三板企业风险因素增多。一是企业退市摘牌风险加大。由于市场融资功能不畅、做市后劲不足，企业估值难以体现，合规压力不断增大，导致部分企业对新三板市场失去信心。二是信息披露违规情形增加。部分业绩不佳、公司治理不规范的公司恐难以适应挂牌公司信息披露新规则。三是企业实际控制人"跑路"风险值得关注。

债券市场急剧去杠杆或引发系统性风险。2016年，债市违约事件频频发生，而去年湖北省债券融资额大幅增长，高达539.8亿元，防控风险压力明显加大。武汉股权托管交易中心前期开展的部分私募债业务，发行方式为互联网金融机构合作模式，投资者对象遍及全国，发行方均为省外政府投资平台企业，这部分私募债在2017年、2018年将迎来兑付高峰，也存在一定违约风险隐患。

交易场所违法违规问题仍存在。部分交易场所片面追求市场流动性，以类证券和期货交易方式开展业务，助长投机氛围，价格暴涨暴跌，严重偏离扰乱现货市场价格。同时，发展大量会员、代理商、居间商，通过互联网平台开展业务，采取虚假误导性宣传方式，诱导大量自然人参与，甚至通过操控系统、修改数据、频繁刷单、限制盈利出金等方式操纵市场，致使大批自然人严重亏损，投诉举报持续不断，风险隐患加大。

私募基金运营风险加大。私募基金发展迅速，对推动创新创业、增加融资渠道、促进经济发展做出了突出贡献。但在私募行业迅速发展过程中，问题也日益凸显。目前，私募领域违规问题集中表现为登记备案信息失真、资金募集行为违规、投资运作行为违规、公司管理失范、涉嫌违法犯罪等五个方面。

四、保险业与金融稳定

（一）运行情况

2016年，湖北保险业牢牢把握提质增效的总基调，行业内在发展动力和市场自我调节能力不断增强，湖北省保险市场总体平稳、稳中有进、稳中向好。

行业总体实力站上新台阶。湖北省保费收入第一次突破千亿元大关，达1 051.7亿元，全国排名第10位，中部六省第2位；保费收入同比增长24.67%（略低于全国27.5%），中部六省第2位（低于安徽的25.35%）。2016年底，湖北省保险业总资产2 457.19亿元，较上年末增加455.83亿元。

服务大局的力度明显加大。湖北省保险业累计赔付372.36亿元，同比增长31.42%，高于保费增幅6.75个百分点。

保障经济社会的能力显著增强。2016年，湖北省保险业提供风险保障71.15万亿元，同比增长91.59%；有效承保1.56亿人次，同比增长8.78%。初步估算，2016年湖北省保险深度达3.29%，较上年上升0.44个百分点；保险密度1 752.8元/人，较上年提高311元。

发展质量保持平稳。在保证足额及时赔付特大暴雨洪涝灾害损失的情况下，湖北省财产险公司仍实现承保利润4.31亿元。

（二）保险业风险分析

产险市场惯有风险依然存在。一是市场恶性竞争的风险。车险市场仍然停留在依靠拼费用的低层次竞争上，容易引发无序竞争。反映在费用的增幅高出保费的增幅。二是公司内控不到位引发风险。保险公司内部管控、内部审计运行中仍存在欠缺。反映在运营中引发操作风险、案件风险。有的公司出现内外勾结骗保等案件。三是保险服务不到位引发风险。

寿险市场部分风险依然比较突出。一是满期给付与退保风险。据测算，未来两年，湖北省人身保险公司满期给付与退保仍然保持高位运行，都在500亿元左右。主要集中在银邮代理渠道，以分红型两全保险为主。二是业务合规风险。个别人身保险公司仍然存在未按规定对人身保险新型产品进行信息披露、未按规定对投保人进行回访、客户信息不真实、财务数据不真实等违法违规行为。三是案件风险。比如发生涉及保险诈骗、挪用保费等违法行为的司法案件。

小额人身保险基本情况及可能存在的风险。截至2016年底，湖北省有四家公司开展小额人身保险业务，分别为中国人寿、人保产险、太保寿险、新华人寿。涉及的险种包括定期寿险、意外伤害保险、意外医疗保险、特定疾病保险、借款人意外险等。2016年，湖北省小额人身保险承保2 186.84万人，保费收入2.8亿元，同比增长7%；赔付6.1万人次，赔付支出1.42亿元，同比分别增长21%和20%。

五、金融基础设施与金融稳定

(一) 金融基础设施建设与运转情况

1. 支付体系

支付服务基础支撑力度持续增强。2016年，湖北省支付清算系统、会计核算系统安全稳定运行。其中，各银行机构通过大小额支付系统共处理支付业务2.28亿笔，金额82.28万亿元，是同年湖北省GDP的27.8倍；ACS系统共办理各类业务11.7万笔，业务成功率达99.5%以上。

支付服务普惠程度显著提高。截至2016年末，湖北省共建成村级惠农金融服务联系点4.81万个，行政村覆盖率100%，其中，1万个联系点与农村电商小站实现融合；4 394个农村地区银行网点中，共4 111个接入支付系统办理清算，覆盖率达93.56%；农村居民人均持卡2.3张，布放ATM机、转账电话等银行卡受理终端27.3台；累计发展手机银行用户1 089.01万户，2016年发生交易1.06亿笔，平均每人9笔。

支付服务市场秩序明显改善。2016年，湖北省立足业务风险防范和金融消费者合法权益保护，狠抓支付机构风险专项整治，配合严打电信网络新型违法犯罪，持续强化日常监督，稳步推进新政策实施落地，推动湖北省支付服务市场持续稳健发展。

2. 法律环境

持续出台制度和政策，为金融业自身创新发展和金融业支持实体经济发展创造了良好的金融法制环境。2016年，湖北省政府出台了《湖北省金融发展"十三五"规划》，人民银行武汉分行制定出台了《湖北省支付结算违法违规行为举报奖励办法》等制度，为湖北省金融发展奠定制度基础。

多方合力，提升金融债权执行率，维护金融安全和社会稳定。2016年，湖北省共查处经济犯罪案件515起，涉案金额近6亿元，起诉传销、合同诈骗等破坏市场经济秩序犯罪2 467人，起诉破坏金融秩序和金融诈骗犯罪847人，起诉非法吸收公众存款、集资诈骗犯罪261人，依法办理华氏集团、湖北奥信等重大非法集资案件，在打击犯罪的同时，竭力挽回群众损失，降低社会稳定风险。

金融消费权益保护工作开展"两站"建设和农村消保工作，提升辖区普惠金融水平。2016年，人民银行武汉分行围绕发展普惠金融的国家战略，积极推动地方政府出台发展规划和实施方案，推行了"两站"建设——贫困村金融精准扶贫工作站和非贫困村惠农金融服务站建设，引导农村金融服务平台由基础服务向融资、保险等更高层级的金融服务升级。

3. 金融生态环境和征信体系建设

持续深化四大信用工程创建。推动信用乡镇、信用社区、信用企业、信用区域四大信用工程建设不断向纵深发展。有机整合信用乡镇创建与"两站"建设；推广武汉市"标杆社区"建设模板，引导湖北省信用社区创建向高质量标准方向迈进；全面推广"审批+培植"信贷模式，加快企业信用提级及信用意识增进。经过申报评审，2016年湖北省共创建信用乡镇1 021个，占比98.6%；信用社区2 742个，占比62%。

全面推进农村信用体系建设。2016年，湖北省印发了《关于全面推进湖北省农村信用体系建设的指导意见》，明确以县市为区域搭建以"数据库+网络"为核心的信用信息平台，全面深化农村信用体系建设。目前已有24个县市区启动了平台建设，其中13个完成了"数据库+网络"为核心的农村经济主体信用信息平台搭建。宜昌枝江市以农民专业合作社联合社为纽带，搭建征信平台，开展农村信用体系建设，取得了较好的成效。

动产融资等金融基础设施日益完善。截至2016年末，动产融资统一登记平台湖北省累计登记笔数达到75 357笔，其中，应收账款质押/转让登记笔数达到67 436笔，有2 324个质权人为11 384户中小微企业提供了应收账款质押/转让融资服务；融资租赁登记笔数达到7 520笔，累计为2 360户中小微企业融资租赁业务提供了登记服务。中征应收账款融资服务平台（以下简称平台）推广应用取得成效。

4. 反洗钱、反假货币工作

反洗钱工作方法得到进一步提高。人民银行武汉分行制定了《金融机构反洗钱监督管理办法实施细则》，规范监管工作程序；建立反洗钱市场主体名录库和反洗钱检查人员库，落实湖北辖内反洗钱"双随机"抽查机制。

打击洗钱犯罪合力不断增强。人民银行武汉分行积极与有关部门开展情报会商，强化案件分析、跟踪和研判，推动洗钱罪立案、起诉和审判。全年累计发现和接收案件线索149起，申请跨省协查2起，向司法机关移送可疑交易线索40起，涉及金额近50亿元。协助司法部门破获案件16起。

人民币市场流通环境不断净化。创建"电影下乡"宣传平台，破解农村反假货币宣传难题。深入开发地铁资源，编排地铁反假货币宣传片，陆续在地铁播放，使反假货币知识广泛普及，社会公众反假货币意识和识假辨假能力显著提升。发放相关宣传资料350余万册，提供反假服务咨询10余万人次；利用互联网宣传工具，通过各金融机构官方微信公众号，向其庞大的客户群体持续推送本次宣传月的重点内容和微信扫码答题活动，进一步扩大了反假宣传的覆盖面，取得了良好的社会宣传效果。

（二）金融基础设施稳健性分析

创新支付业务发展可能损害金融消费者权益。近年来，支付创新业务依托计算机和现代通信技术，突破时空限制，让支付服务无处不在、无时不有，大大优化客户体验。但是，提供创新支付服务多为支付机构，与银行机构相比，支付机构存在"重市场、轻规范，重发展、轻安全"的倾向。

县域及"三农"金融服务仍是短板。2016年，湖北省全面推进县域金融工程和"十三五"全覆盖工作，"一行三局"等金融管理部门与金融机构协同发力，引导金融资源持续向县域、"三农"等弱势群体倾斜，但湖北省涉农贷款和县域贷款占全部贷款比重仍维持低位，短板现状仍较为明显。

维系金融资产质量的压力增大。金融资产质量整体承压与集团关联群不良贷款爆发相互交织。继前几年"三峡全通"系关联企业出现大额不良贷款后，洪湖市"德炎水产"系等关联企业大额不良贷款也逐步暴露，对区域金融资产质量，以及对正常信贷投放均产生较大影响。

六、区域金融定量评估与对策建议

（一）湖北省金融稳定性量化评估

1. 总体评估

2016年，证券业金融稳定性得分也出现反弹。银行业、证券业、保险业呈现不均衡的趋势（银行业得分高达 88.18 分，证券业、保险业得分仅 59.45 分和 15.66 分）。2016 年，受宏观经济形势下行趋势影响，湖北省金融稳定性得分继续下降。

2. 分项评估

2016 年，证券业方面主要受市场交易量萎缩、佣金率下降影响，证券业收入同比下降，资产利润率也相应下降，但流动性指标同比好转，证券业总体得分由上年的 43.25 回升到 59.45。保险业方面，由于湖北省保险密度增长率低于全国平均水平，得分从上年的 40.88 下降至 15.66。金融生态环境方面，2016 年，虽然财政收支增速比得分增加，但湖北省银行服务密度增长率低于全国平均水平，得分从上年的 69.40 下降至 59.66。

（二）湖北省城市商业银行压力测试

截至 2016 年 12 月末，湖北城商行不良贷款率 1.96%，比年初上升 0.01 个百分点；不良贷款余额 35.72 亿元，相比年初增加 4.42 亿元，继续出现不良贷款率和不良贷款余额双升的现象。假如未来一年内，不良贷款率继续上升造成一定规模的新增不良贷款，通过准备金计提将压力传导至资本，进而影响资本充足率的下降。

情景设置：

新增不良贷款上升，假设轻度、中度、重度三种情景。

参数设置：

（1）全部新增不良贷款按照 50% 的比例扣减资本；

（2）轻度、中度、重度情景新增不良贷款上升比率分别为 100%、150%、200%。

在轻度、中度、重度的情景下，未来湖北城商行整体的资本充足率为 12.08%、11.81%、11.54%，相比目前 12.61% 下降 0.53 个、0.80 个、1.07 个百分点。测试结果显示，不良贷款的增长会对湖北城商行的信用风险产生一定影响，但总体风险可控。

总的来说，随着宏观经济增速放缓，湖北城商行风险指标下滑幅度较大，对资本补充形成一定压力。当前宏观经济形势更趋复杂，发展方向存在不确定性，这将对各银行机构资本充足情况形成一定冲击，对城商行加强信贷资产质量的能力提出了更高要求。因此，城商行应积极拓展资本补充渠道，不断提高信贷资产的管理能力，确保经营的稳健。

（三）进一步提高湖北省区域金融稳定性的相关建议

落实金融宏观调控政策，加大对实体经济的支持力度。平衡好稳增长与信贷结构调整的关系，继续加大对重点领域和薄弱环节的金融支持；加大对先进制造业、新经济等领域的金融支持，主动对接长江经济带等重大发展战略，积极支持湖北经济转型升级。优化消费供给，促进消费结构升级；加大对实体经济的支持力度，开展降本增效专项行动；加大中小企业培育力度，全面放宽民间资本市场准入。

贯彻落实稳健型货币政策，加强信贷结构调整。组织实施宏观审慎评估的激励约束措施，正式实施 MPA 评估结果的正向激励和逆向惩戒；引导金融机构信贷增长总量适度、节奏平稳，督导辖内地方法人金融机构合理安排信贷投放节奏；充分发挥市场利率定价机制作用，推动地方政府综合使用金融、土地、财税、限购等一揽子调控政策措施，严格督导金融机构贯彻落实差别化住房信贷政策。

兼顾监管与发展两项原则，健全多层次资本市场体系。大力推动重点企业上市、鼓励上市公司再融资；积极拓展债券融资，大力培育发债主体，建立债券融资后备资源库；充分利用银行间、交易所、场外和境外市场，灵活运用各种债券融资工具筹措资金。约谈企业高管，提高决策层法律意识，督促企业依法履行信息披露义务。

加强保险市场风险治理，促进保险业健康发展。加强信息披露，运用市场机制督促公司提高经营管理水平；加强保险公司内审指导，严格保险公司内部审计工作规范；加强风险监测和处置，密切关注市场动态和舆情热点，切实做好风险排查。

加强金融基础设施建设，不断优化区域金融环境。巩固完善支付结算基础设施，进一步落实反洗钱监督管理制度，持续开展湖北省金融信用市州县等信用考评工作，推动村级惠农金融服务站在非贫困村的覆盖率稳步提升，继续深化农村贫困户信用档案建设，加强对企业征信机构的备案管理，开展应收账款融资服务平台推广应用工作，加强社会信用宣传教育，完善应急管理体系，提高防范、化解、处置风险能力。

总　　纂：谢崇礼
统　　稿：刘威林　汪智汉　计惠龄　瞿森垓
执　　笔：方爱国　王鹏程　陈亮　陈娟　陈楠
　　　　　刘鸿伟　彭慧　陈阳　方敏
其他参与写作人员：丁逸宁　王春元　李作峰　何英艳　李政为
　　　　　　　　　张琨　陈波　杨亮　周永胜　周远慧
　　　　　　　　　贺杰　聂文斌　徐晓莉　徐媛

湖南省金融稳定报告摘要

2016年,湖南省经济金融发展总体平稳。经济保持稳中有进态势,实现了"十三五"良好开局。银行业资产负债首次突破五万亿元,利润增速回升,风险抵补能力增强。半数证券公司实现盈利,期货交易规模成倍增长。保险市场日趋成熟,持续发挥社会保障功能。金融消费权益保护全面普及,支付系统运行有序高效,征信体系建设纵深推进,反洗钱、反假币工作成效显著,金融生态环境进一步改善。

一、区域经济运行与金融稳定

(一)区域经济运行状况

经济运行稳中有进,产业结构进一步优化。2016年,湖南省实现地区生产总值(GDP)31 244.7亿元,同比增长7.9%,增速比上年回落0.7个百分点,但快于全国平均水平1.2个百分点。三次产业结构比例为11.5:42.2:46.4,第三产业比重同比提高2.4个百分点,产业结构进一步优化。

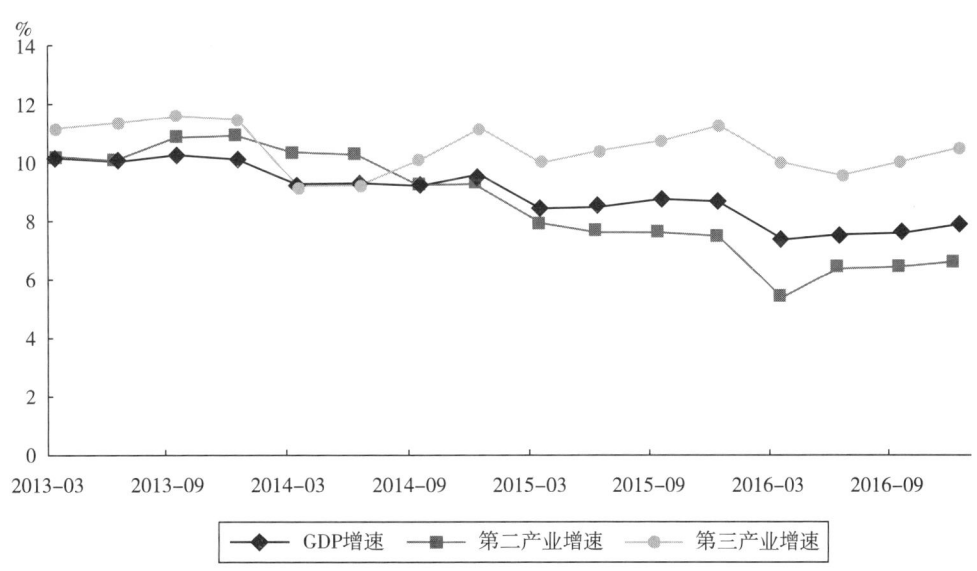

数据来源:湖南省统计局。

图1 湖南省GDP增速走势图

投资增速下滑势头减弱,房地产投资、国有投资和基建投资支撑作用增强。2016年,湖南省固定资产投资完成额同比增长13.8%,比上年回落4.4个百分点,但较前三季度回升0.4个百分点。

其中,全省房地产开发投资同比增长 13.1%,较上年上升 22.5 个百分点;国有投资、基础设施建设投资同比分别增长 23.9% 和 26.2%,高于全部投资增速 10.1 个和 12.4 个百分点。

消费增长平稳,升级型消费、新业态消费提升较快。2016 年,湖南省累计实现社会消费品零售总额 13 436.5 亿元,同比增长 11.7%,增速低于上年 0.4 个百分点。受改善型购房需求释放、小排量汽车购置税减半等因素影响,全省建筑及装潢材料类销售额同比增长 40.5%,汽车消费同比增长 15.1%。新业态消费来势较好,全省全年通过公共网络实现的商品零售额同比增长 17.3%。

进出口降幅收窄,外贸仍处下行区间。2016 年,湖南省进出口总额 1 782.2 亿元,同比下降 2.1%,降幅较上年收窄 1.6 个百分点。其中,全年完成出口 1 205.2 亿元,同比增长 1.5%,较上年提高 4.4 个百分点;全年实现进口 577.0 亿元,同比下降 8.9%,较上年多降 3.8 个百分点。

财政收支矛盾加剧,居民收入增速小幅回落。2016 年,湖南省一般公共预算收入 4 252.1 亿元,同比增长 6.0%,增速低于上年 4.3 个百分点。全省一般公共预算支出 6 337.0 亿元,同比增长 10.6%,快于收入增速 4.6 个百分点。全省居民人均可支配收入 21 115 元,同比增长 9.3%,增速较上年回落 0.3 个百分点。

CPI 小幅回升,PPI 当月涨幅首次超过 CPI。2016 年,湖南省 CPI 累计同比上涨 1.9%,较上年回升 0.5 个百分点。其中,食品类价格累计上涨 4.3%,成为拉动 CPI 上涨的主要力量。全省 PPI 累计同比下降 1.1%,比上年收窄 2.6 个百分点。PPI 当月值连续 4 个月走出负值区间,当月涨幅连续 2 个月超过当月 CPI,上游价格上涨态势较为明显。

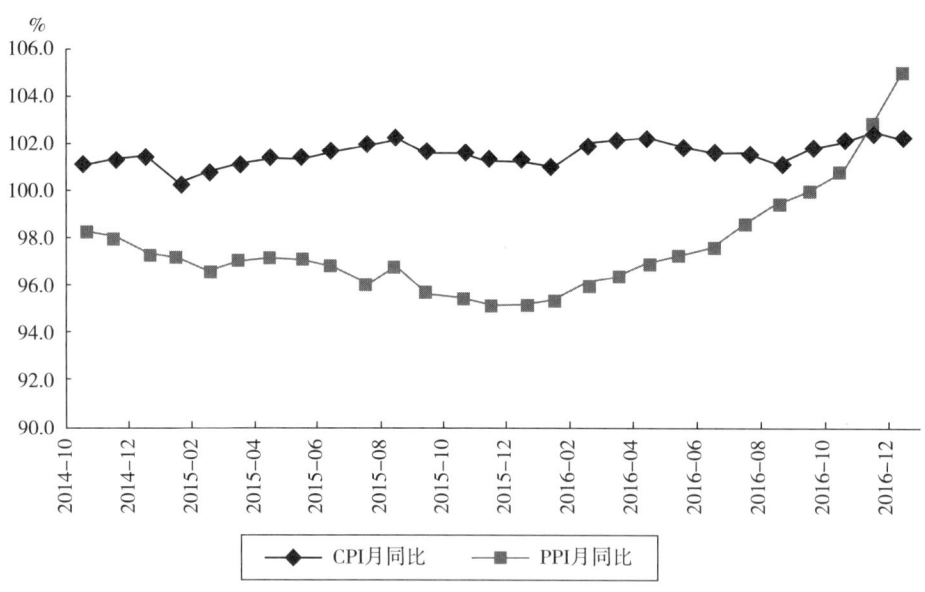

数据来源:国家统计局湖南调查总队。

图 2　湖南省 CPI 及 PPI 当月同比变动

(二)区域经济运行需要关注的问题

部分领域投资回落明显,投资结构性问题突出。2016 年,湖南省非国有投资同比增长 9.4%,比上年回落 8.4 个百分点,低于全部投资增速 4.4 个百分点。民间投资同比增长 3.0%,比上年下滑 7.1 个百分点,未来回升的难度较高。技改投资同比下降 0.1%,较上年回落 18.5 个百分点,影响企业转型升级进程。

税收增速回落较快，财政收支缺口扩大。2016年，湖南省税收收入3 175.02亿元，同比增长3.7%，较上年回落2.5个百分点；土地出让收入811.45亿元，同比下降10.9%。全省财政支出增速快于收入增速4.6个百分点，收支增速剪刀差较上年扩大0.7个百分点。全省财政收支缺口2 084.9亿元，较上年增加367.2亿元。

房地产市场回暖，去化周期结构差异凸显。2016年，湖南省商品房销售面积和销售均价同比分别增长27.1%和7.8%，商品房待售面积连续6个月同比下降，去库存压力整体上有所缓解，但去化周期结构差异凸显。长沙市全年商品房销售面积同比增长36.2%，高出全省平均增速9.1个百分点；而三四线城市需求不足，去化进程偏慢，库存仍然较大。全省新建商品房住宅库存已低于10个月，但非住宅积压十分严重，去化周期近期一直徘徊在50个月左右。

外商投资收益汇出规模创历史新高，资金流出压力较大。2016年，湖南省外商投资收益项下资金汇出8.58亿美元，创历史新高，同比增长1.3倍。由于外商投资利润汇出比例仅为22%，加之企业贸易项下付汇意愿明显高于收汇意愿，境外并购和境外放款需求较大，未来外商投资收益资金汇出规模较高，加重了资本流出压力。

二、银行业与金融稳定

（一）银行业运行状况

资产负债首次突破五万亿元，存贷款增速高于全国水平。2016年末，湖南省银行业总资产和总负债分别为5.19万亿元和5.04万亿元，首次突破五万亿元大关，同比增长16.21%和15.93%。各项存款余额和各项贷款余额分别为4.20万亿元和2.75万亿元，同比增长15.95%和13.67%，高于全国水平4.69个和0.88个百分点，居全国第7位和第13位。

信贷投向不断优化，积极支持供给侧结构性改革。2016年末，湖南省"两高一剩"行业中长期贷款同比增速低于全省贷款水平9个百分点，其中去产能行业中长期贷款全年净下降18.1亿元，比上年多降9亿元。涉农贷款、小微企业贷款同比增速分别高出全省贷款水平1.1个和10.9个百分点。

银行利润增速回升，风险抵补能力增强。2016年末，湖南省银行业利润547.98亿元，同比增长13.91%，增速较上年提高5.71个百分点。全省银行业拨备覆盖率135.17%，较上年上升19.78个百分点；地方法人银行机构资本充足率13.37%，较上年上升1.67个百分点。

表外业务增长分化，股份制银行表外资产超过表内资产。2016年末，湖南省银行业机构表外业务余额15 722.47亿元，同比增长16.97%。其中，股份制银行表外资产余额6 177.24亿元，是其表内资产余额的100.45%。分业务品种看，担保类业务同比下降20.97%，金融资产服务类业务及承诺类业务同比分别增长26.97%和46.25%。

表1　　　　　　　　　2016年末湖南省银行机构表外业务发展情况　　　　　　　　单位：亿元,%

机构	表外业务余额	比年初增长	表外资产余额	比年初增长	与表内资产余额的比例
政策性银行	1 631.08	382.31	407.54	115.12	6.57
国有商业银行	4 438.57	566.59	2 215.11	353.94	11.94
股份制商业银行	7 143.33	874.14	6 177.24	1 235.29	100.45

续表

机构	表外业务余额	比年初增长	表外资产余额	比年初增长	与表内资产余额的比例
邮政储蓄银行	462.71	-14.03	0.74	0.06	0.02
城市商业银行	1 245.70	286.89	229.65	84.34	3.68
外省在湘城商行	324.13	-3.89	92.10	25.20	11.38
外省在湘农商行	6.69	-5.97	0	-0.52	0
农村合作金融机构	212.07	72.09	39.79	24.07	0.44
村镇银行	12.72	-1.77	11.75	-1.48	2.58
外资银行	68.85	5.89	1.21	0.47	1.74
地方法人银行机构合计	1 470.49	357.21	281.19	106.93	1.79
全金融机构合计	15 722.47	2 280.90	9 253.47	1 882.13	17.83

注：本表地方法人银行机构包括城市商业银行、农村合作金融机构、村镇银行。
数据来源：湖南银监局。

不良贷款同比双降，信贷资产质量持续下迁。2016年末，湖南省银行业机构不良贷款529.35亿元，较上年减少18.55亿元；不良率1.92%，较上年下降0.34个百分点。全省银行业逾期贷款与不良贷款剪刀差74.64亿元，相当于不良贷款的14.10%；关注类贷款余额922.12亿元，较上年增加105.10亿元，向下迁徙率17.40%，较上年上升3.43个百分点，信贷资产质量下迁压力较大。

存款保险首次实施差别费率，奖优惩劣机制促进投保机构稳健经营。2016年末，湖南省辖内147家投保机构平均年化费率为万分之1.84，其中63.6%的机构适用费率高于万分之1.6。全省应交保费2.11亿元，较万分之1.6计算增加0.28亿元；应交保费占其经营利润的0.7%，较万分之1.6计算高0.1个百分点。存款保险奖优惩劣机制不断发挥，对投保机构形成正向激励，督促投保机构全面提升经营管理和风险管控水平。

（二）银行业需要关注的问题

信贷集中投向政府信用类项目，挤压新兴产业投资。2016年，湖南省交通、水利等基础设施和金融业、租赁服务业等类平台贷款新增1 425.8亿元，占全部新增对公贷款的91.8%。信贷资源过度集中于政府信用类项目，对新兴行业投资产生挤出效应。2016年末，全省战略新兴贷款余额856.6亿元，同比下降7.89%。

资产质量时点性改善，部分机构隐瞒不良延缓风险暴露。2016年1—11月，湖南省银行业不良双升，而12月当月不良余额、不良率分别较上月下降15.26%和0.36个百分点。考核时点过后，全省银行业不良贷款修复性反弹。2017年1月，全省银行业不良余额、不良率较年初增长6.83%和0.48个百分点。部分银行受经济形势下行、上级行绩效考核、监管压力等多重因素影响采取借新还旧、展期、贷款重组、以同业投资承接表内外不良等多种方式隐瞒不良。

表内外创新业务快速发展，交叉性金融风险防控难度加大。2016年末，湖南省银行业投资余额5 238.34亿元，同比增长56.49%；表表外[①]业务余额1 937.12亿元，同比增长9.16%。表内外创新业务导致资金在银行、证券、信托等多个行业间流转，加大了风险防控难度。一是分业监管格局下，

---

① 表表外业务既不在资产负债表反映，也不属于传统的表外业务（如担保、承诺、委托贷款等），主要包括各类代销、撮合、非保本理财及金融资产受益权转让业务等。

信息共享机制不健全导致跨市场交易风险底数不清,风险在多个行业间极具传染性,易诱发系统性风险。二是表内外投资加大了交易主体关联度,单一机构出现非计划内大额资金流出、融入资金渠道不畅、交易对手资金未及时到账等资金供需异常状况,流动性压力会沿交易链传递,易引发市场流动性风险。

地方法人机构流动性结构性紧张,城商行负债稳定性较差。2016年末,湖南省法人银行机构流动性比率较上年下降6.88个百分点,连续四个季度下降;流动性缺口率则较上年上升4.61个百分点。法人银行机构流动性比率和流动性缺口率趋势背离凸显流动性结构性紧张,30天以内的流动性资产不足,整体流动性宽松。2016年末,全省城商行核心负债依存度53.27%,连续七个季度低于监管标准,负债稳定性较差。

三、证券业与金融稳定

(一)证券业运行状况

券商经营效益下滑,半数机构盈利。2016年末,湖南省证券公司股票基金交易总额61 743.93亿元,股票基金手续费净收入36.00亿元,净利润15.46亿元,较上年分别下降50.40%、61.51%和76.65%。全省194家机构盈利,盈利面57.74%,较上年下降18.56个百分点。亏损的证券经营机构中,七成为2015年至2016年间新设机构。

法人券商资产负债缩减,各项业务发展分化。2016年末,湖南省法人证券公司总资产和总负债分别为1 703.59亿元和1 231.65亿元,同比下降10.36%和15.94%。经纪业务萎缩,资管业务增长。2016年末,全省法人证券公司客户交易结算资金余额和托管证券市值分别为377.26亿元和5 765.52亿元,同比分别下降30.93%和8.36%;受托管理资金本金总额2 530.81亿元,同比增长167.50%。

期货公司资产增长超五成,交易规模翻番。2016年末,湖南省法人期货公司3家,总资产和总负债分别为38.91亿元和29.44亿元,同比分别增长52.47%和69.59%;全年期货交易4 350万手,同比增长259.12%;期货交易额20 777亿元,同比增长245.07%。

上市公司持续增加,募资及市值大幅下降。2016年末,湖南省境内上市公司89家,较上年增加7家;境内上市公司累计募集资金568.05亿元,同比下降20.93%;上市公司总市值8 988.76亿元,同比下降11.37%。

(二)证券业需要关注的问题

法人券商盈利降幅较大,行业周期性风险上升。2016年,湖南省法人证券公司营业收入79.12亿元,利润28.9亿元,同比分别下降45.80%和54.11%。其中信用业务流动性及增信措施有效性偏弱、自营固定收益类业务过剩行业债券持仓比例偏高、权益类投资收益受市场行情变化影响明显等问题值得关注。

经营合规管理欠缺,评级下调推高经营成本。2016年,湖南省3家法人证券公司评级全部下调。其中,方正证券受违规接入场外配资信息系统、股东挪用资金等因素影响,评级连降6级,由2015年的A级下调至最低级别C级,下调幅度最大。监管评级下调:一是对新加业务、新设营业网点及创新业务试点的申请形成负面影响,二是要求风控指标标准、风险资本准备及证券投资者保护基金缴纳比例上调,一定程度上推高其经营成本。

券商资管业务交易链条复杂,易引发风险跨市场传递。一是投向房地产、政府融资平台等重点调控行业占比较高,在当前经济下行压力下,融资主体信用违约风险可能导致风险传染。二是为规避监管约束,部分产品从实际的出资方到融资人之间绕道银行、证券等多个通道,产品涉及的金融机构和产品嵌套层次较复杂,实际融资人融资成本近10%,远超银行直接贷款成本。三是产品各参与主体权利义务关系不清晰,一旦发生风险可能出现各参与方互相推诿责任的情况。

上市企业亏损面较大,资金运用出现"脱实向虚"倾向。从已公布数据的上市企业看,湖南省18家上市企业每股盈余为负值,占全省上市企业的20.22%。其中制造业亏损企业占比77.78%。3家企业连续3年亏损,面临退市预警。部分上市公司将股市募集资金用于购买银行理财产品或投资到金融市场,赚取央行利差,资金运用存在"脱实向虚"倾向。

四、保险业与金融稳定

(一)保险业运行状况

市场服务主体增多,保险密度上升。2016年末,湖南省法人保险公司1家,省级保险分公司52家,较上年增加1家。保险专业中介法人机构36家,较上年增加2家。2016年,全省保险深度2.84%,较上年下降0.03个百分点;保险密度1 309.78元/人,同比增长24.74%。

保费收入增长较快,区域业务发展差异明显。2016年末,湖南省原保险保费收入886.46亿元,同比增长24.47%,保费规模列全国第11位。全省14个市州保费收入均呈正增长。长沙、常德和衡阳保费收入规模列全省前三位;张家界、湘潭和长沙增速列全省前三位。

赔付及费用支出大幅提高,经营利润下滑。2016年,湖南省保险公司赔付支出、业务及管理费和手续费及佣金支出分别为339.85亿元、106.65亿元和100.72亿元,同比分别增长32.24%、72.52%和14.63%。全省保险公司预计税前利润亏损3.03亿元,利润同比下降65.72%。

(二)保险业需要关注的问题

与经济周期密切相关的部分产险业务下滑较快。一是由于金融市场波动加剧,违约现象增多,信用风险在内的各种风险因素上升,与贷款相关的信用保证保险快速下滑。2016年末,湖南省信用险实现保费收入1.65亿元,同比下降17.53%;保证险实现保费收入3.80亿元,同比下降2.59%。二是对外贸易相关保险业务量下降。2016年末,全省货运险实现保费收入1.18亿元,同比下降5.83%。

满期给付压力持续增长。2016年末,湖南省人身险公司满期给付金额130.88亿元,占赔付支出的71.38%,同比增长59.54%,较上年高56.41个百分点。全省满期给付规模连续14个月增长,且呈逐月加速态势。

部分人身险公司退保率偏高。2016年,湖南省退保金额120.44亿元,同比增长1.87%,较上年下降24.47个百分点。但全省30家人身险公司中,四成公司退保率高于5%。退保率前三位的公司分别高达30.52%、21.09%和21.01%,远超5%的正常范围。

五、金融基础设施与金融稳定

（一）金融消费权益保护全面普及

完善金融消费权益保护环境评估指标体系，全面发布湖南区域金融消费权益保护环境评估报告。对24家金融机构、5家法人支付机构开展消费者权益保护现场检查，规范金融产品和服务行为，积极应对"星卡"群体性投诉事件，督促整改农商行冒名贷款违规行为。组织召开湖南省普惠金融工作推进会议，积极对接有序推进世界银行（平江）普惠金融综合试点项目。优化金融法治环境，停止实施"经营流通人民币审批"等3项行政许可，废除支付清算、反洗钱、国库等领域涉嫌变相行政审批的相关规定，组织开展涉企保证金清理规范工作，杜绝自行创设向企业收取保证金行为。

（二）支付系统运行有序高效

支付基础设施建设持续升级。2016年，湖南省通过现代化支付系统净流入资金1596亿元，支付系统查询查复率99.93%，退回申请应答率99.15%，安全运行率100%。全年新增电子商业汇票系统参与者158家，基本覆盖全部新增银行网点；全年签发电子商业汇票50726笔，金额1086.86亿元，同比分别增长206.75%和230%。累计发行金融IC卡8128万张，同比增长48.84%。二维码、云闪付等新型支付方式逐步普及，第三方支付机构全省全年处理互联网支付、银行卡收单和预付卡发行受理等支付业务量17.17亿笔，金额7822亿元，同比分别增长34%和49.7%。

互联网金融风险专项整治有序推进。排查违规经营非银行支付机构、通过互联网从事资产管理及跨界经营金融业务的企业1241家（含线上和线下）、风险企业32家，将异常经营、轻微违规和停止经营的企业纳入工商异常经营名录，对违规经营的14家非银行支付机构、11家互联网资产管理和跨界金融企业进行风险警示，将2家非银行支付机构、5家互联网资产管理和跨界金融企业作为重点机构进行重点核查，建立快速查询、精准打击和防范堵截电信诈骗的处置机制。2016年，成功止付银行卡1338张、金额2194万元，返还涉案资金94万元。

（三）征信体系建设纵深推进

2016年，湖南省通过金融信用信息基础数据库查询个人信用报告808万次，查询企业信用报告44.5万次，其中配合省委组织，查询6万名党代表、人大代表和政协委员推荐人选个人信用报告。全省证券、融资租赁、小额贷款公司、融资性担保公司等接入金融信用信息基础数据库的中小机构较上年增加6家。依法依规处理征信异议298笔、投诉37笔，维护了信息主体的合法权益。创新征信宣传教育，完善"三湘征信"微信公众号功能和机制，举办百姓征信知识微信竞答，组织开展"6·14信用记录关爱日"专题宣传，新建诚信文化教育基地32个。

（四）反洗钱能力进一步提高

金融机构及时完善客户身份识别、可疑交易报告等方面的制度规定，及时发现洗钱犯罪线索。2016年，全省金融机构共报送可疑交易报告3.9万多份，其中重点可疑交易报告231份；公安机关据此对多起犯罪活动立案侦查。人民银行长沙中心支行对长沙辖内191家义务机构考核评级，依据评级结果将排名靠后的机构作为监管重点;指导新设法人机构做好大额和可疑交易报送工作,建立反洗钱风险自评估机制;"一对一"跟踪指导支付机构建立健全反洗钱内控机制;对银行客户开卡后在境外ATM上频繁取现的可疑现象、银行客户被冒名批量开卡问题及时摸排情况,发布风险提示。

(五)反假币工作成效显著

一是建立跨区域的反假协作机制,开展闽浙赣粤湘五省联合反假货币工作,建立了粤湘川皖豫715工作组,持续开展打击整治假币违法犯罪专项行动。2016年,全省共收缴假币4 866万元,同比增长143.36%。二是开展人民币收付及反假货币业务执法检查、对外支付现金清分工作检察,完成4万余名现金收付业务人员反假货币培训与考试,银行机构市州以上城市营业网点实现对外支付现金全额清分,有效提高了防范假币能力。2016年,全省银行机构临柜收缴假币2 365.41万元,同比增长33.3%。

(六)金融生态建设稳步推进

2016年,人民银行长沙中支新增"扶贫小额信用贷款覆盖率"精准扶贫指标,连续九年开展金融生态评估。长沙市、湘潭市、湘西州、株洲市、岳阳市等地区位列全省金融生态评估综合排名前5位。积极组织和推动永州蓝山、怀化洪江、湘西凤凰和泸溪等地申报省级金融安全区达标单位。对已达标的县市进行金融创安工作督查,进一步巩固金融创安成果。2016年末,全省省级金融安全区共计28个。

(七)金融基础设施建设需要关注的问题

商品现货违规交易增多,社会维稳压力加大。由于缺乏具体的监管规则,部分机构监管阻力较大,湖南省商品现货违规交易增多。据不完全统计,2016年,我省商品现货交易市场成交资金近万亿元,涉及客户数量百万人次。调查显示,我省商品现货交易场所主要采取分散式柜台交易、发售模式以及微盘交易等方式,违规使用连续交易("T+0")、电子撮合、集合竞价、做市商、匿名交易以及标准化合约交易等,给投资者造成巨大的经济损失,社会维稳压力加大。2016年1—10月,湖南省商务厅共受理现货交易市场相关信访、投诉3 001起。

非法集资案件高频高发,风险防范难度加大。2016年,湖南省涉嫌非法集资新发案件227件,集资金额115.58亿元。其中,以互联网金融为旗号的非法集资活动增多,欺骗性和隐蔽性较强,加大了风险防控难度。一是网络借贷公司、投资担保公司等以"国家战略"、"新能源开发"为宣传噱头,发布项目融资计划,进行非法集资。二是以"电子商务"、"投资理财"、"债权转让"等名号,以购买微商产品或虚拟物品的方式发展会员,实施网络传销和非法集资。据不完全统计,全省涉嫌网络传销并有非法集资行为的公司共1 000多家。

六、总体评估与政策建议

(一)总体评估

2016年,湖南省适应把握经济发展新常态,经济呈现总体平稳、稳中有升、稳中向好的态势,实现了"十三五"良好开局。金融机构稳健经营，银行积极支持金融供给侧改革，半数证券公司实现盈利，保险持续发挥社会保障功能，金融基础设施建设稳步推进。但是，受复杂严峻的国内外经济金融环境影响，我省金融运行也面临不少困难和问题。如信贷集中投向政府信用类项目，挤压新兴产业投资；券商资管业务交易链条复杂，易引发风险跨市场传递；与经济周期密切相关的部分产险业务下滑较快，满期给付压力持续增长；商品现货违规交易增多，非法集资形势严峻复杂等。总体来看，虽然部分领域存在一些风险隐患，但区域性系统性风险平稳可控。

（二）政策建议

一是深入推进供给侧结构性改革。建立实施产能过剩企业市场化退出机制，稳妥化解钢铁、煤炭、水泥等行业过剩产能；坚持分城施策，重点解决三四线城市、县城商业地产库存过多的问题。

二是大力推动产业升级。全面提升传统产业，鼓励企业实施创新能力建设与智能建设，加快培育特色突出、机制灵活、承载性好的创新性企业，培育经济发展新动能，顺利转换新旧产能。

三是构建非法集资大数据监测预警体系。建立打击非法集资监测预警和非法集资线索举报平台，利用大数据手段，建立一企一档企业风险管理档案，建立互联网金融发现、预警、化解和移送的预警处置机制，强化监测手段早发现早处置。

四是加强重点领域风险防控。着力加强两高一剩行业、房地产等重点领域监测分析，防范跨行业的交叉性金融风险蔓延，密切关注发展中的苗头性、倾向性问题，及时采取防控措施，牢牢守住不发生系统性金融风险的底线。

总　　纂：徐　涌
统　　稿：魏祖元　许均平
执　　笔：常　皓　陈　帆
其他参与写作人员：胡丕吉　刘　阳　胡　朋　李远航　高一铭
　　　　　　　　　李孟来　陈倩怡　殷南明　任中红　彭于彪
　　　　　　　　　梁宏梅　刘孟飞　肖灯峰　魏思龙　晋阳秋

广东省金融稳定报告摘要

2016年,广东经济保持平稳运行,经济结构持续优化调整,经济稳中有进的态势更加凸显。金融业持续快速发展,金融改革创新取得积极进展,金融稳定工作机制建设持续强化,区域金融体系总体保持稳定。与此同时,受国内外复杂经济金融环境影响,广东金融运行中仍面临诸多挑战,需引起关注。

一、金融业发展环境

2016年,广东经济呈现稳健运行特征,产业转型升级取得新进展,经济结构进一步优化,经济内外生动力增强,物价水平温和可控,房地产调控政策效果初显,经济发展协调性、稳定性有所提升。

(一)宏观经济呈企稳态势

2016年,广东实现地区生产总值79 512.05亿元,比上年增长7.5%,增幅比上年降低0.5个百分点。从年度增速看,近年来经济增速从2011年的10.0%下滑至近几年的7.5%上下,经济增速从高速增长转为中高速增长。从各季度情况看,四个季度增速分别为7.3%、7.4%、7.3%、7.5%,经济增速较为平稳(见图1)。

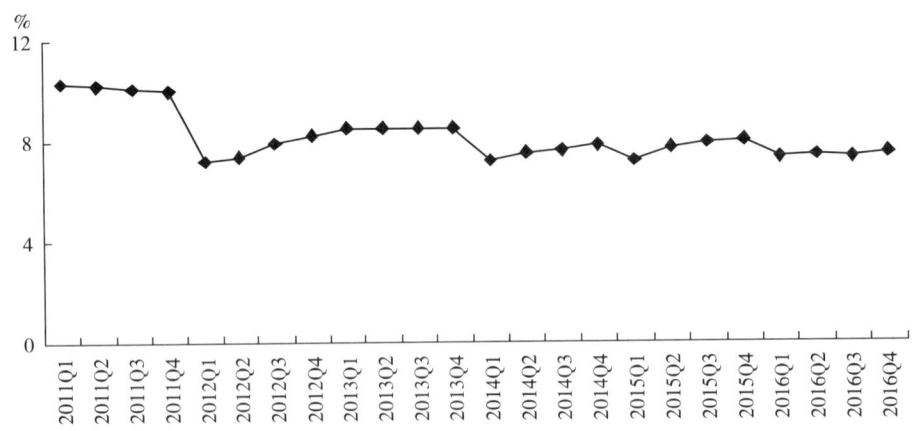

数据来源:广东省统计局。

图1 2011—2016年各季度广东GDP累计增速

(二)产业转型升级取得新进展

2016年,广东第一、第二、第三产业增加值分别为3 693.58亿元、34 372.46亿元和41 446.01亿元,分别比上年增长10.4%、5.7%和12.1%。三次产业结构为4.6:43.2:52.1。第三产业的比重比上年提高1.37个百分点,对经济稳定增长的贡献加大。支柱产业、高端产业发展较快,高技术制造业和先进制造业增加值分别增长11.7%和9.5%,占规模以上工业增加值的比重分别提升0.6个、0.8个百分点。计算机、通信和其他电子设备制造业增加值增长11.4%,同比提高0.9个百分点(见图2)。

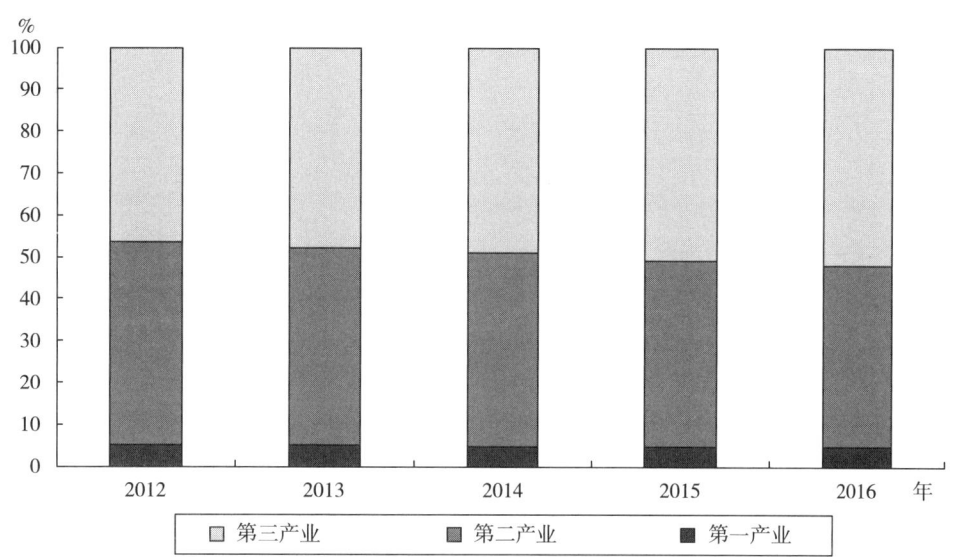

数据来源:广东省统计局。

图2 2012—2016年广东三次产业比重

(三)内需平稳增长,外需动力持续疲弱

2016年,广东实现社会消费品零售总额34 739.0亿元,比上年增长10.2%,增幅比上年上升0.1个百分点。完成固定资产投资33 008.9亿元,比上年增长10%,增幅比上年下降5.8个百分点。实现进出口总额63 029.5亿元,比上年下降0.8%。其中,出口总额39 455.1亿元,下降1.3%;进口总额23 574.4亿元,增长0.01%,实现贸易顺差15 880.7亿元,下降3.2%(见图3)。

(四)通胀水平温和可控,PPI企稳回升

2016年,广东居民消费价格指数全年累计上涨2.3%,涨幅比上年上升0.8个百分点,消费端通胀水平温和可控。工业生产者出厂价格指数和工业生产者购进价格指数持续回升,12月当月同比分别上涨3.0%和3.6%,全年累计分别下降0.6%和2.0%,均继续呈现收窄态势(见图4)。

(五)房地产市场高位运行,房地产调控效果初显

2016年,广东房地产开发企业共完成开发投资10 307.8亿元,同比增长20.7%,增幅比上年上

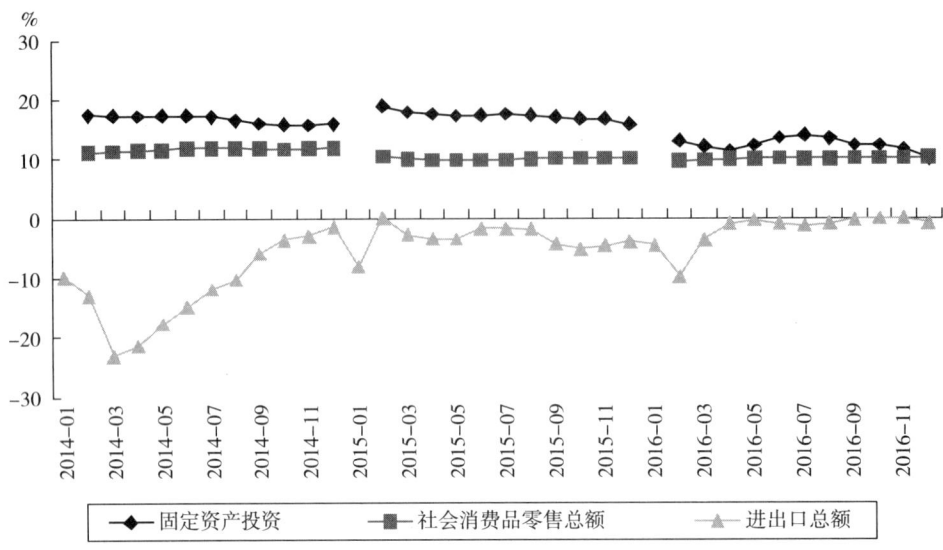

数据来源：广东省统计局。

图3　2014—2016年各月广东投资、消费和进出口同比增速

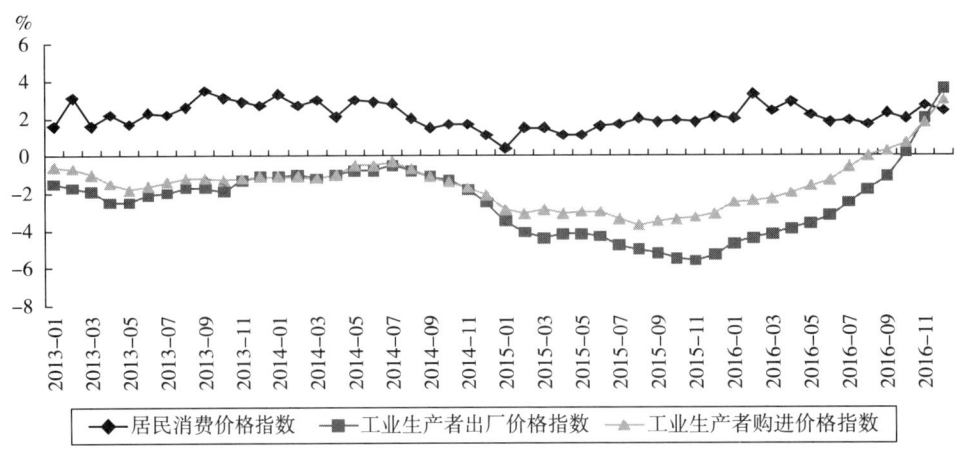

数据来源：广东省统计局。

图4　2013—2016年各月广东各类价格指数同比增幅

升8.9个百分点。商品房销售面积和销售额分别为14 611.6万平方米和16 214.6亿元，分别同比上升25.1%和41.7%。第四季度，广东省多个地市陆续出台了房地产调控政策。整体来看，各地房地产调控政策效果初显，第四季度新建住房稳中有降，住房成交面积有所回落。

二、银行业

2016年，广东银行业机构认真贯彻执行稳健货币政策以及各项金融宏观调控措施，不断加强对实体经济和薄弱环节的金融支持力度，努力提高经营管理水平，扎实推进体制机制改革，着力提升金融服务水平。总体来看，各项业务继续保持稳健发展的良好态势。

（一）改革发展情况

业务发展保持稳健。2016 年末，全省银行业机构总资产余额 221 128.3 亿元，比年初增长 13.0%，增速较上年上升 1.4 个百分点；本外币各项存款余额 179 829.2 亿元，比年初增长 12.1%，增速较上年回落 13.3 个百分点；本外币各项贷款余额 110 928.4 亿元，比年初增长 16.0%，增速较上年上升 3.3 个百分点（见图 5）。

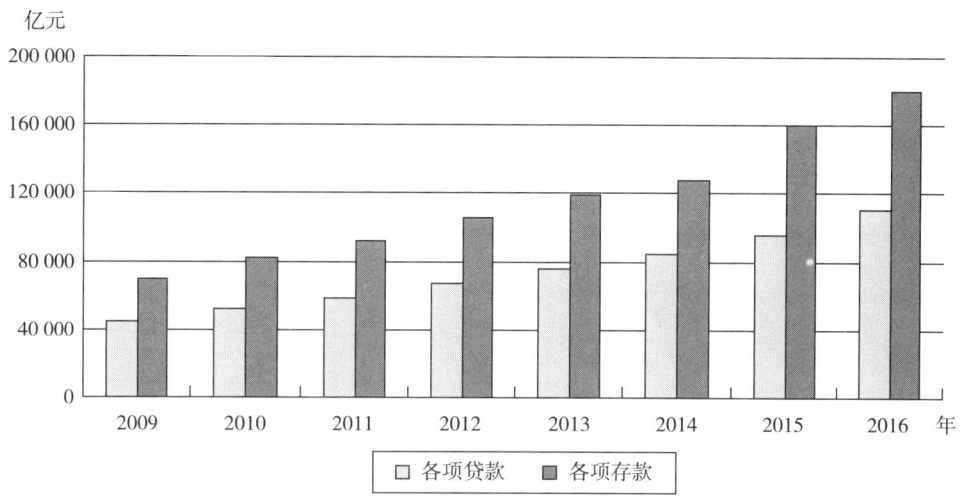

数据来源：人民银行广州分行。

图 5 2009—2016 年广东银行业机构存贷款情况

不良贷款余额继续增长，但不良率有所下降。受经济下行压力加大影响，广东省银行业机构的不良贷款余额持续增长，但不良贷款率有所下降。按五级分类口径，2016 年末广东银行业机构不良贷款余额为 1 660.0 亿元，比上年末增加 165.6 亿元，比上年末增长 11.1%；不良贷款率为 1.5%，比上年末减少 0.05 个百分点（见图 6）。

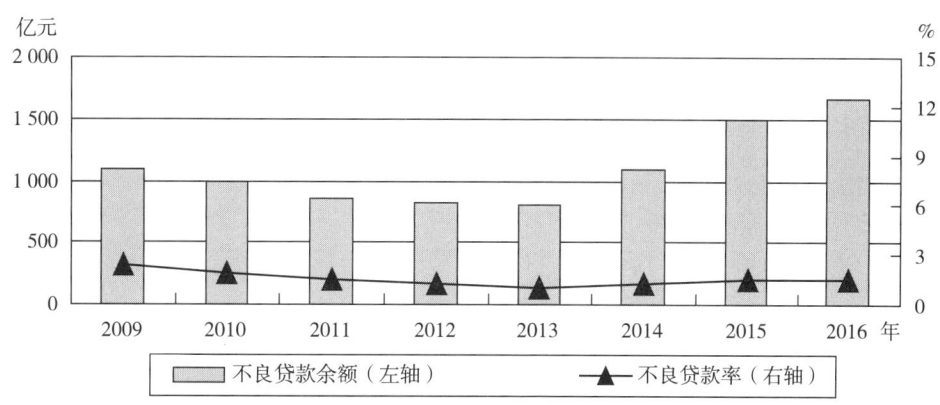

数据来源：广东银监局、深圳银监局。

图 6 2009—2016 年广东银行业机构资产质量情况

拨备水平小幅下降。2016 年末，广东银行业机构各项贷款损失准备余额为 2 536.8 亿元，拨备覆盖率达到152.8%，拨备贷款比为2.3%（见图7）。

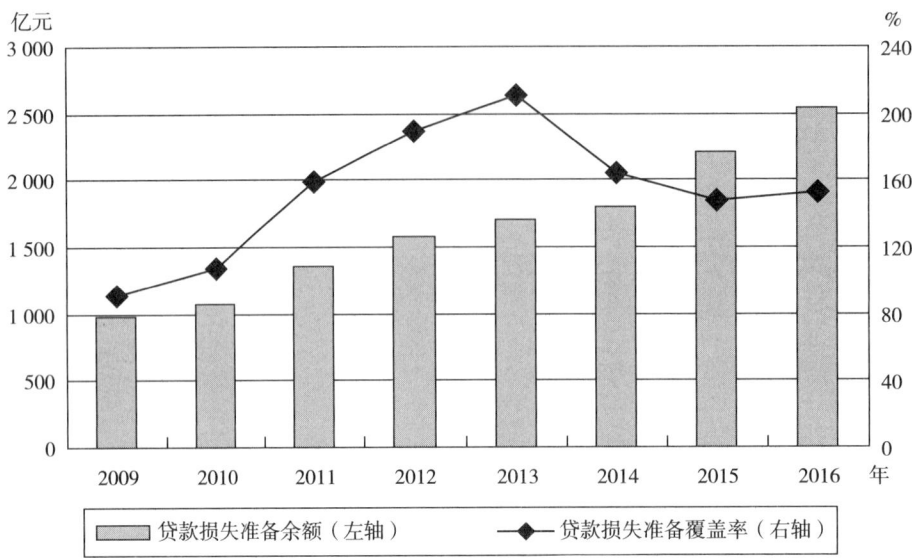

数据来源：广东银监局、深圳银监局。

图7 2009—2016年广东银行业机构贷款损失准备情况

银行业利润总额大幅增长，但利润率有所下降。2016年，广东银行业机构实现税前利润2 772.4亿元，比上年增加281.1亿元，同比多增300.3亿元。资产利润率为1.08%，比上年降低0.06个百分点（见图8）。

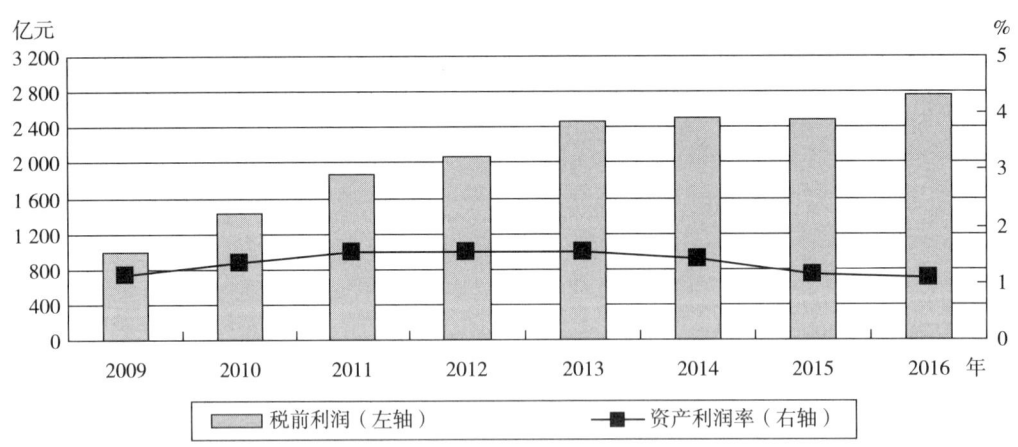

数据来源：广东银监局、深圳银监局。

图8 2009—2016年广东银行业机构盈利情况

流动性趋势向紧。2016年末，广东银行业机构存贷比为61.7%，比上年增加2.05个百分点。新增贷款与新增存款之比78.5%，比上年增加45.49个百分点，流动性趋紧（见图9）。

银行业改革稳步推进，组织体系不断完善。2016年，广东省政策性、开发性金融机构落实机构改革，加大政策性资金运用力度；国有商业银行分支行经营管理机制改革继续深化。农村信用社改

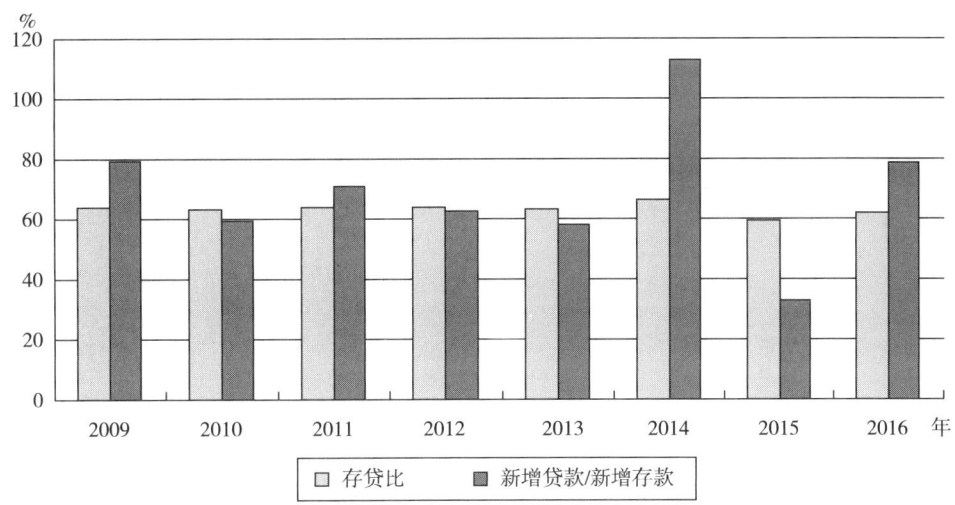

数据来源：人民银行广州分行。

图 9 2009—2016 年广东银行业机构存贷比情况

制进展顺利，全年共有 5 家农村信用社启动组建农商行工作，新设村镇银行 4 家，新设集团财务公司 2 家，民营银行、金融租赁公司、消费金融公司各 1 家。

（二）主要风险特征

农合机构资产质量较差。截至 2016 年末，全省农合机构不良贷款余额 409 亿元，不良率 3.6%，是辖内银行业平均水平的两倍。全省农合机构拨备覆盖率 113.89%，距离监管达标（150%）落后 36.11 个百分点。

银行机构同业业务逾期事件频发。受基础资产质量下行、银行风险把控不严以及投资链条过长等因素影响，银行机构同业业务逾期违约风险上升，逾期事件频发。据统计，2015—2016 年，广东省共有 10 笔同业业务出现逾期违约，违约金额 48.47 亿元。其中买入返售业务违约 4 笔，金额 29.28 亿元；同业投资业务违约 4 笔，金额 15.09 亿元；存放同业违约 2 笔，金额 4.1 亿元。

资金链断裂及非法集资事件风险需高度关注。据统计，2016 年，广东省共发生各类金融风险事件 187 起，涉及金额 206.82 亿元。从发生事件涉及标的金额比例来看，珠三角、粤东、西、北地区比例依次为 81.40%、4.92%、12.54% 和 1.14%，珠三角地区仍是高危事件密集区。从风险事件类型来看，2016 年共发生企业资金链断裂事件 178 起，非法集资案件 7 起，分别占各类金融风险事件总数的 71.66% 和 3.74%。

三、证券业

（一）改革发展情况

2016 年，我国股票市场出现较大波动，年初股市出现两次熔断。总体来看，广东证券期货业机构经营状况较为平稳，综合实力和持续发展能力维持在稳健水平，但受市场波动影响，各项经营指标有所下降，抗风险能力有待提升。

证券公司各项经营指标有所下降,但综合实力保持平稳。2016年,全省26家证券公司全年共实现营业收入960.7亿元,同比下降43.4%,实现税后净利润366.3亿元,同比下降48.3%。截至2016年末,全省证券公司总资产16 848.4亿元,比上年末下降13.4%,净资产4 362.7亿元,同比增长5.4%。总体来看,证券公司收入和利润有所下降,但综合实力和抗风险能力保持平稳(见图10和图11)。

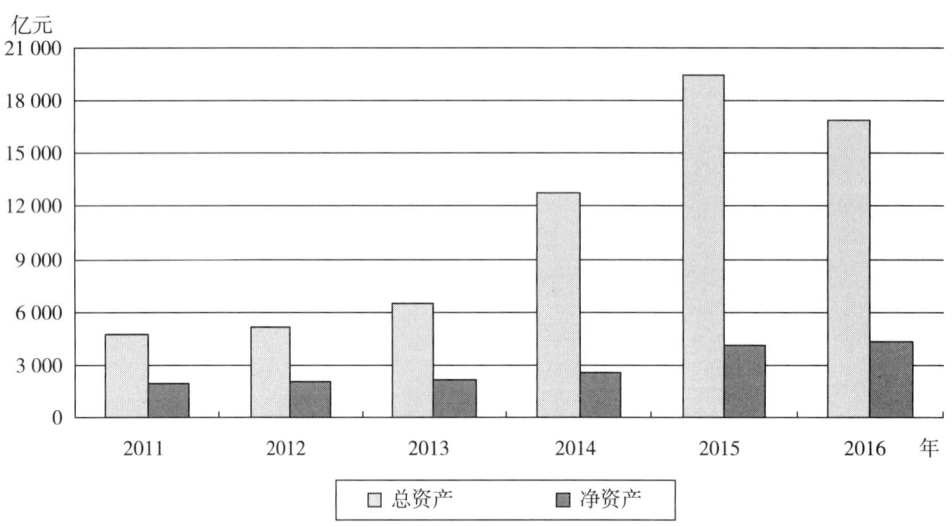

数据来源:广东证监局、深圳证监局。

图10 广东法人证券公司资产规模

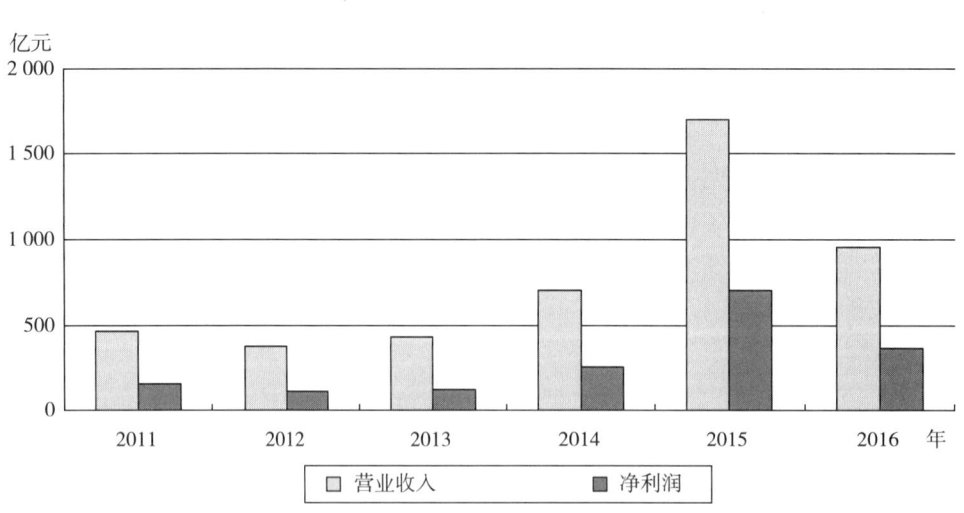

数据来源:广东证监局、深圳证监局。

图11 广东法人证券公司收入及利润

期货公司总体经营保持稳定,但受市场行情影响,市场交易活跃度大幅下降。2016年末,全省共有期货公司21家,与上年持平;总资产1 172.6亿元,同比增长12.3%,净资产172.0亿元,同比增长14.6%;全年实现营业收入40.3亿元,同比下降6.4%;实现净利润13.7亿元,同比增长1.98%;全年代理交易额640 515.9亿元,同比下降71.9%(见图12)。

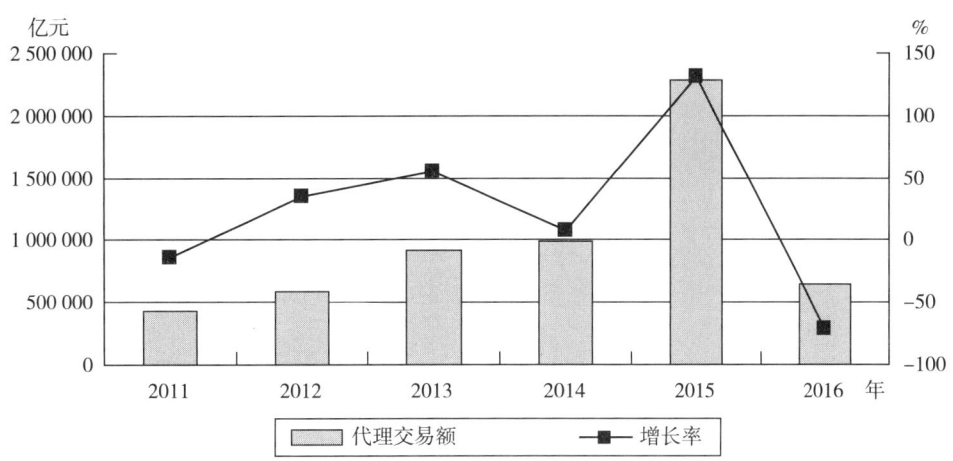

数据来源：广东证监局、深圳证监局。

图12 广东法人期货公司代理交易额和增长率

基金公司规模和所管理的基金净值均实现稳步增长。2016年末，全省共有基金管理公司29家，比上年增加3家；所管理的基金数量1 505只，比年初增加497只；基金规模30 955.2亿元，同比增加21.1%；基金净值为32 675.7亿元，同比增长13.5%，基金行业总体实力稳步增长，抗风险能力持续增强（见图13）。

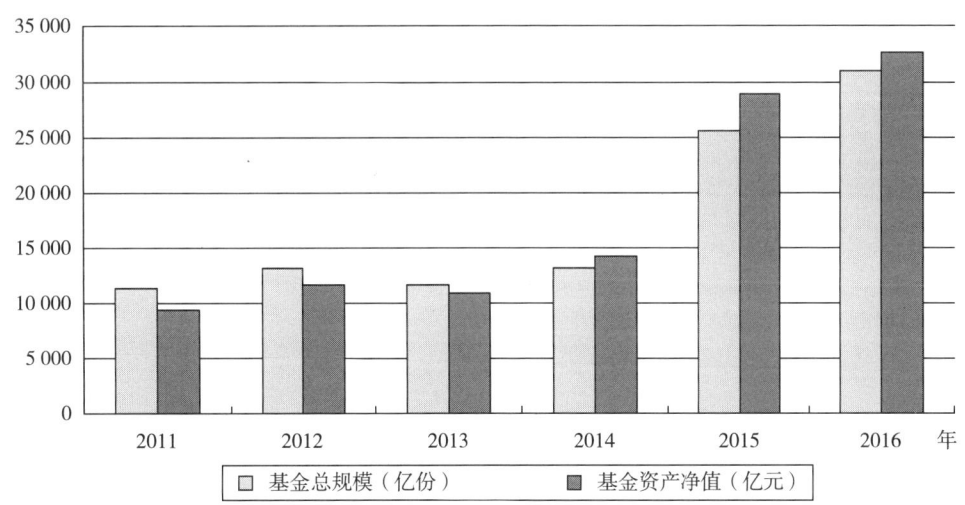

数据来源：广东证监局、深圳证监局。

图13 广东法人基金公司经营情况

（二）主要风险特征

证券机构抗风险能力有待提高。证券经营机构的经营状况仍然在较大程度上依赖市场行情，抗风险的能力不足。2016年年初股市遭遇两次熔断，加剧了市场的异常波动。受制于2016年证券市场行情不佳，证券公司收入和利润指标大幅下降，风险监控指标下降较明显，证券公司面临拓宽资金来源，增强抗风险能力的压力。

创新业务风险管控能力有待改善，交叉性金融风险较为突出。在股票市场波动和经济增速下滑的背景下，融资融券业务、股票质押式融资业务信用风险加大。部分融资标的公司质押比例过高，还款能力存在较大的不确定性。资产管理业务和柜台业务方面，多数资产管理业务是与银行业机构合作的交叉性金融业务，且部分资金投向房地产、股票市场等领域，存在规避信贷投向管控等问题，可能引起风险交叉传染。

中小企业私募债兑付高峰，违约风险发酵，内部管理需进一步加强。现阶段国内经济下行压力较大，企业盈利能力大幅下降，中小企业私募债信用事件增多。证券公司对私募债券投资项目事前及事中尽职调查工作不够深入，部分人员专业技术和经验不足，对项目的后期风险关注不到位，导致证券公司遭受到债券违约损失，成为事实上的债券违约风险承担者。

（三）风险结构特征

截至2016年末，除深圳外，广东范围内共有5家法人证券公司，广州3家，东莞和惠州各1家。风险总体可控，总体稳健性良好（见表1）。

表1　　　　　　　　　　　2016年末证券公司风险监控指标情况表　　　　　　　　　　　单位：%

机构名称	净资本/各项风险资本准备之和 预警标准>120% 监管标准>100%	净资本/净资产 预警标准>48% 监管标准>40%	净资本/负债 预警标准>9.6% 监管标准>8%	净资产/负债 预警标准>24% 监管标准>20%
证券公司平均值	224.42	94.96	50.81	55.22
其中：指标最大值	282.05	110.77	75.22	91.71
指标最小值	171.88	82.02	23.00	24.90

数据来源：各证券公司2016年12月报表。

四、保险业

（一）改革发展情况

2016年，广东省保险业呈现业务快速增长、结构持续优化、市场平稳运行、服务经济社会能力增强的良好态势。

保险业务快速增长。2016年，广东省保险公司资产总计10 811.14亿元，比年初增加851.47亿元，同比增幅8.55%；保费收入为3 820.51亿元，同比增加1 006.14亿元，同比增幅35.75%。其中，财产险、人寿险、健康险、意外伤害险保费收入分别为945.52亿元、2 038.11亿元、723.85亿元、113.02亿元，同比增长分别为7.46%、32.59%、133.11%、30.10%（见图14）。

赔付成本增长放缓。2016年，广东省保险业赔付支出1 035.42亿元，同比增长17.35%，低于2010—2015年平均增长速度2.14个百分点，保险业赔付支出成本增长情况有所放缓，但是部分保险业务赔付支出增长较快，意外伤害险赔付支出为19.70亿元，同比增长40.01%。2016年，从全省各

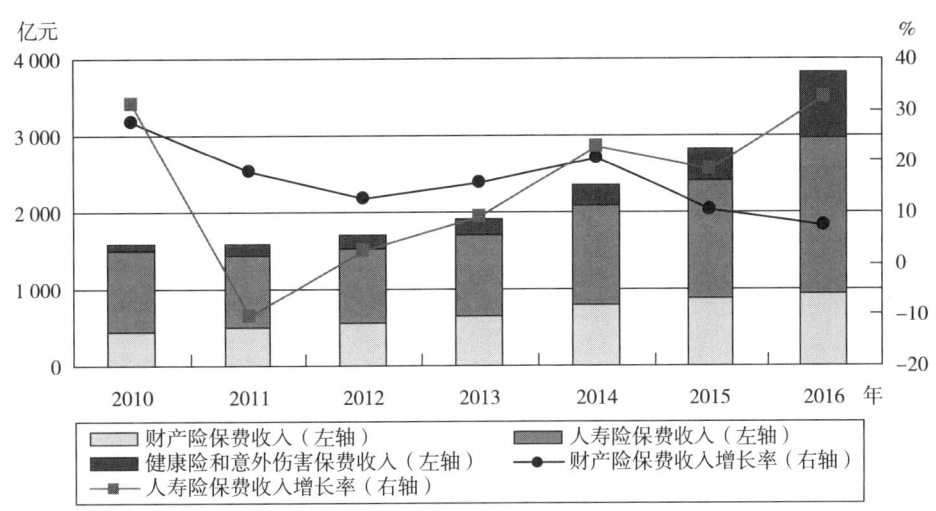

数据来源：广东保监局。

图 14　2010—2016 年广东保险业保费收入情况

地市保险业赔付情况来看，赔付支出（包含直保公司的分保赔付支出）排名第一的是深圳，赔付支出 345.88 亿元，赔付支出同比增长率最高的是云浮，高达 65.80%（见图 15 和图 16）。

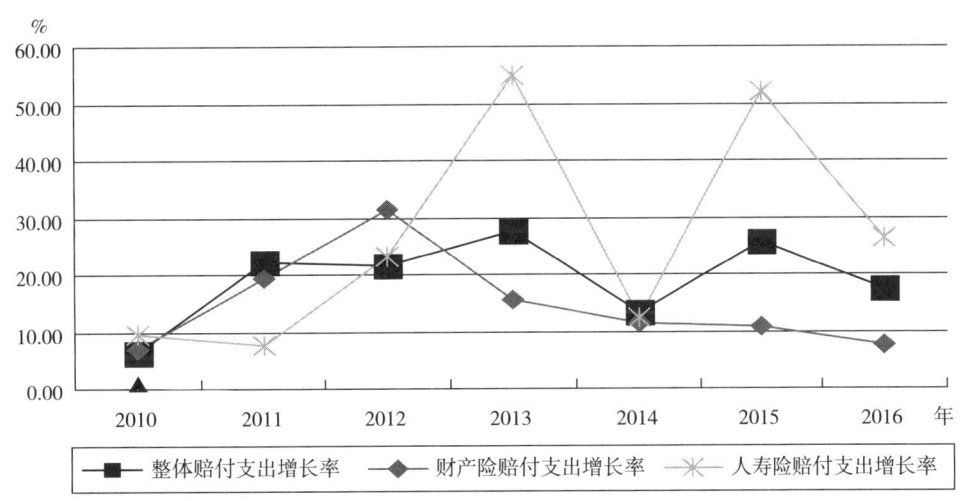

数据来源：广东保监局。

图 15　2010—2016 年广东保险业赔付支出增长情况

经营效益持续提升。2016 年，广东省保险公司实现承保利润 70.27 亿元，较 2015 年增长 7.59 亿元，同比增长 12.11%，承保利率 1.84%。

各项准备金保持充足。2016 年，广东省产险公司各项准备金保持充足，未到期责任准备金余额与财产险保费收入之比达到 55.61%，同比增长 2.68%；未到期责任准备金余额与财险赔款支出之比为 112.09%，同比增长 5.13%；未决赔款准备金与财产险保费收入、财产险赔款支出之比分别为 51.46% 和 103.72%，分别比上年上升 2.94 个和 5.66 个百分点（见图 17）。寿险公司责任准备金余

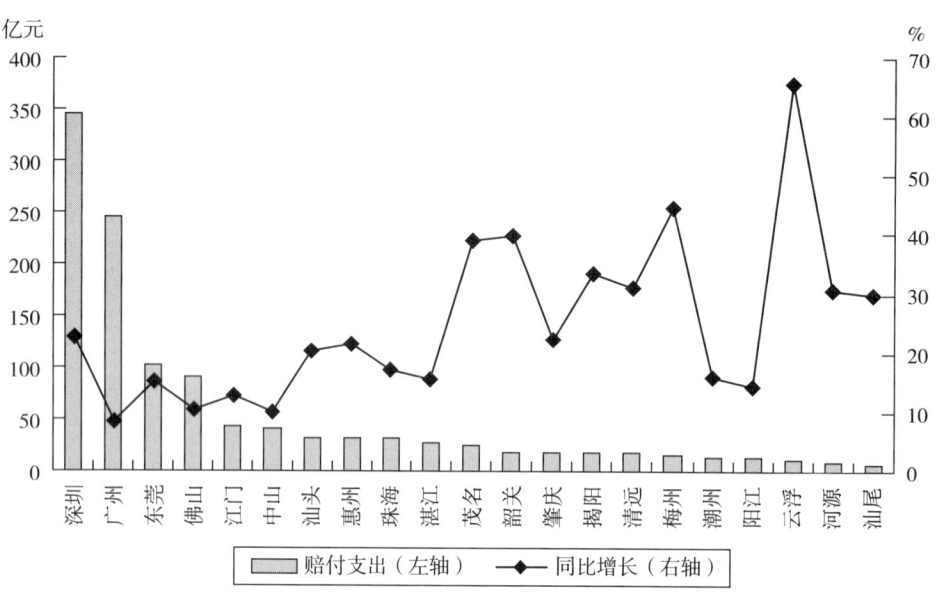

数据来源：广东保监局。

图16　2016年广东省各地市保险业赔付情况

额自2010年以来呈逐年上涨趋势，2016年寿险责任准备金余额同比增长14.68%；长期健康险责任准备金同比增长146.77%（见图18）。

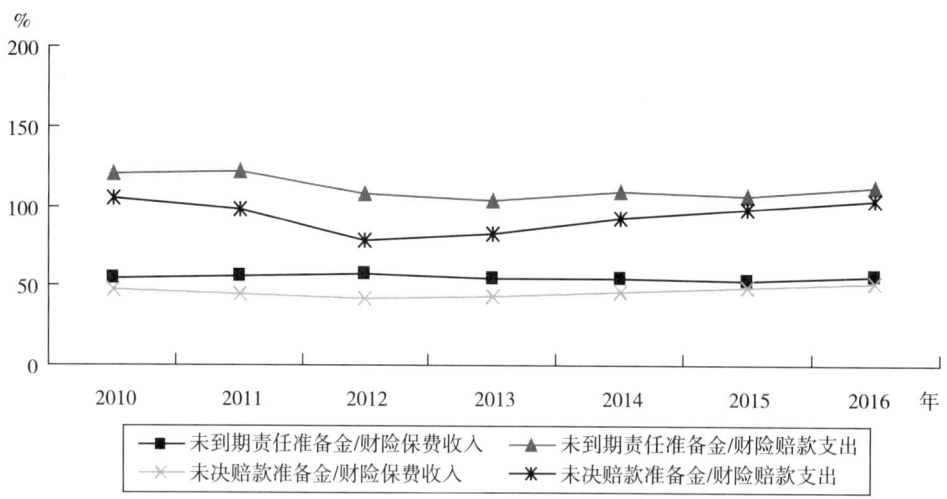

数据来源：广东保监局。

图17　2010—2016年广东产险公司各项准备情况

服务经济社会能力增强。保险业充分发挥风险管理作用，为社会生产生活提供212.5万亿元的财产风险保障和33.5万亿元的人身险风险保障。为农业生产提供509.7亿元风险保障，赔款给付4.4亿元，受益农户104.7万户。承担各类责任风险保障9.3万亿元，支付补偿金19.6亿元。支持外贸出口859亿美元，协助企业追回海外欠款22.7亿元。商业健康险有效服务2.3亿人次。保险资金在广东累计投资余额5 479.3亿元，其中本年新增1 367.3亿元。

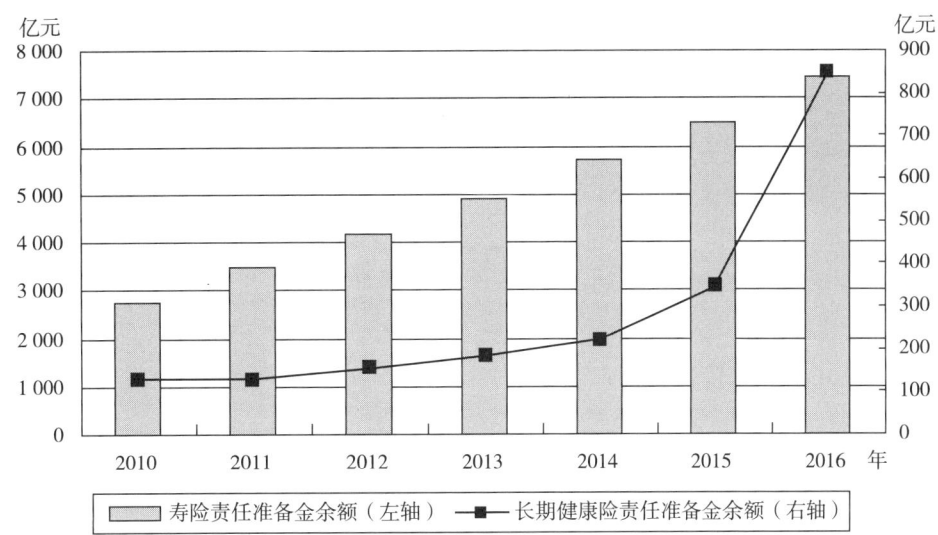

数据来源：广东保监局。

图18　2010—2016年广东寿险公司各项准备情况

(二) 主要风险分析

保险市场区域发展不平衡。2016年，珠三角地区累计保费收入3 303.71亿元，占比高达86.47%，其他地区合计保费收入占比仅为13.53%，地区发展严重不平衡。

保险业退保与满期给付压力大。2016年广东省保险业退保与满期给付支出上升，退保金累计507.28亿元，同比增长25.69%，满期给付累计353.08亿元，同比增长25.77%。退保金与满期给付支出大幅增长或引发寿险公司流动性风险，退保风险防范压力不断增大。

保险资金运用存在风险隐患。互联网保险业务飞速发展，2016年广东省保费规模大幅增加，部分保险机构将大规模的保险资金投向股票、房地产、不动产和高风险权益类资产等领域，存在资金期限错配和收益率不匹配，面临流动性及其他不可控风险，保险资金成为短期资金炒作者，保险业务不姓保等问题，保险资金运用存在风险隐患。

五、具有融资功能的非金融机构

(一) 小额贷款公司发展有所放缓

截至2016年底，全省（不含深圳）共有小额贷款公司394家，比上年增加16家，其中新设24家，推出8家；注册资本489亿元，贷款余额447亿元，不良贷款28.2亿元，不良贷款率6.56%，全年累计投放贷款46.7万笔，共投放金额567亿元。

(二) 融资担保公司平稳发展

截至2016年末，广东省（不含深圳）融资性担保法人机构309家，比上年减少21家；注册资本达590亿元，同比增加3.1%；在保余额1 945亿元，同比增长17.5%；从业人员5 925人，同比减少 6.0%；在保户数近 1 万户（含个人消费金融担保客户），同比减少 95%。全年全省融资性担保公司累计代偿 13.70 亿元，其中融资性担保代偿 13.45 亿元，担保代偿率和融资性担保代偿率分别为 0.80% 和 1.46%，与上年相比分别减少 45 个和 36 个百分点。

六、金融生态状况

2016 年，广东继续优化金融业发展的政策环境，加强金融法治和金融业信用体系建设，稳健运行支付体系，深入推进反洗钱工作，有力地促进了广东金融生态环境的改善。

（一）区域政策环境持续优化

2016 年，全面推进信贷资产质押再贷款试点工作，进一步引导金融机构完善内部制度、扩大对小微和"三农"信贷投放，累计已完成评级企业信息录入 10 533 家，约占全国的 15.7%，已完成评级近 6 657 家，约占全国的 23.8%。二是在金融改革创新方面，积极稳妥推进"两权"抵押贷款试点，深化农村金融改革创新。研究制定广东省"两权"抵押贷款试点实施方案，并指导落实试点工作。广东试点地区（云浮、梅州、清远、肇庆、湛江）累计发放"两权"抵押贷款 297 笔，金额 2.29 亿元。其中，农村承包土地的经营权抵押贷款 228 笔，金额 1.97 亿元，年末余额 1.94 亿元；农民住房财产权抵押贷款 69 笔，金额 0.32 亿元，年末余额 0.45 亿元。

（二）金融法治状况不断改善

2016 年，广东金融法治状况进一步改善。一是金融法制建设方面，人民银行广州分行审核《广东省货币信贷政策效果评价办法》、《中国人民银行广州分行支农再贷款细则》等 10 余件规范性文件，进一步完善了广东的金融法制体系。二是金融消费权益保护方面，成立广东省金融消费权益保护联合会，成为全国第一个专门以保护金融消费权益为宗旨的省级公益性社会团体，实现广东金融消费权益保护社会组织全覆盖。

（三）信用体系建设日益完善

2016 年，广东稳步推进社会信用体系建设，一是进一步深化小微企业和农村信用体系建设，运用互联网、大数据思维，搭建银企融资对接平台，为金融机构与中小微企业提供政策咨询、融资辅导等服务。二是开展"互联网＋信用三农"众筹试点，广东众筹平台共累计上线项目 134 个，完成融资 3 371.4 万元。三是全面开展小额贷款公司与融资担保公司信用评级，广东有 136 家机构参与信用评级。

（四）支付体系稳健运行

2016 年，广东支付体系运行稳健。一是中央银行会计核算数据集中系统（ACS）综合前置及信息管理子系统顺利推广上线。二是广东省各支付清算系统安全平稳运行，业务量保持稳步增长。2016 年，广东省（不含深圳）各支付清算系统共处理业务 9.99 亿笔，金额 437.55 万亿元。其中，大额支付系统共处理业务 1.69 亿笔，金额 422.6 万亿元，笔数、金额同比分别增长 6.08% 和 31.63%，笔数、金额分别占支付清算系统业务的 16.91% 和 96.58%，笔数、金额排名分别位居全国第一和第三；小额支付系统共处理业务4.81亿笔，金额5.77万亿元，笔数、金额同比分别增长26.03%和31.26%，笔数、金额分别占支付清算系统业务的48.14%和1.31%，笔数、金额排名分别位居全国第一和第三。

（五）反洗钱工作实效性进一步增强

一是深入开展风险领域反洗钱现场检查。2016年，累计对45家金融机构进行反洗钱执法检查，依法对违法情节较为严重的7家机构作出行政处罚。二是反洗钱案件调查工作的有效性进一步凸显，全年分行辖区共接收重点可疑交易报告991份，经分析向侦查机关移送线索220条，开展案件调查241宗，完成跨辖区调查20宗，成功破获各类型案件58宗，其中主动移送线索破获案件32宗，占比55%。三是反洗钱各项基础性工作稳步推进。2016年，共举办各类宣传活动2 500余场次，媒体宣传200多次，发放宣传材料2 100余万份，宣传受众约780余万人次，有效地提升了社会公众对反洗钱的认识。

七、金融稳定工作实践与探索

2016年，面对国内外错综严峻的经济金融形势，人民银行广州分行强化"治未病"工作理念，不断创新工作机制和工作方式，探索构建维护辖区金融稳定安全制度框架体系，有效防范和化解金融风险隐患，为金融支持实体经济发展营造了良好的金融环境。

（一）健全金融稳定制度框架体系

2016年，人民银行广州分行不断健全金融稳定制度体系，完成广东金融风险监测评估管理系统开发建设，提高风险监测、评估和预警分析效率；完善金融机构高管人员约谈制度，增强金融机构高级管理人员维护金融稳定意识；制定与完善八个重点领域金融风险预警预案，开展应急预案实操培训，全面提升辖区金融稳定系统干部的风险意识和处置突发事件能力。

（二）加强风险监测评估与风险提示

加强重点领域风险监测和排察，累计开展不良贷款情况等20多项重点领域风险排查；深入开展稳健性评估，先后对13家金融机构开展不良资产真实性现场评估，对9家金融机构开展同业业务督查，对部分证券、保险公司开展稳健性现场评估；发布各种形式的风险提示函15份，对46家各类金融机构、约110名金融机构高管开展监管谈话并提示风险。

（三）深入推进存款保险制度实施

组织对辖内148家地方法人投保机构开展存款保险风险评级现场核查，高效优质完成存款保险风险评级；扎实做好存款保险制度相关基础工作，有序开展对全省148家法人银行机构基础数据的归集整理和更新，不断充实和完善数据库，按时保质完成保费收缴。

（四）规范开展"两管理，两综合"工作

2016年，人民银行广州分行为辖区新设26家银行机构、12家证券机构、15家保险机构顺利加

入人民银行金融服务与管理体系提供指导和支持；组织开展对广东辖内 371 家中外资银行业机构开展综合评估，引导银行业机构按照更加符合宏观审慎要求的方向开展业务。人民银行广东省内各级分支机构继续对金融机构开展综合执法检查共 60 余次，并加大了对新开业金融机构经营合规性的执法检查力度。

八、总体评估和趋势展望

（一）总体评估

2016 年，面对错综复杂的国内外形势，广东加大创新发展、供给侧结构性改革和稳增长力度，有效应对经济下行压力，促进经济稳中有进，稳中向好，质量和效益提升，结构继续优化，经济综合实力再上新台阶，金融业稳健运行的宏观经济基础得到进一步巩固。金融业继续保持快速发展，银行业、证券业和保险业多数稳健性指标持续改善，抗风险能力保持良好。金融体制机制改革进一步推进，金融生态环境不断优化。总的来看，广东整体金融稳定状况保持在较好水平。

同时，应该注意到，广东省内实体经济困难较多，结构性矛盾依然突出，地方法人银行的不良率仍在上升，票据业务风险等金融风险有所抬头，人民币汇率贬值压力增加背景下，跨境资金异常流动风险增加，做好宏观调控和金融改革发展稳定工作仍面临不少挑战。

（二）趋势展望

2017 年，世界经济仍将处于缓慢复苏的进程中，复杂性、不稳定性、不确定性将进一步凸显，而国内经济金融稳定运行的基础还不牢固，区域和行业走势持续分化，挑战和风险不容低估。面对日趋复杂的经济形势，广东经济虽然仍面临下行压力，但总体上有望保持平稳向好的发展态势。从 2016 年的运行情况来看，广东经济增长仍保持在中高速水平，工业和出口趋稳，有力支撑了整体经济的平稳运行。同时，经济转型正在发生，创新发展和民营经济成为广东省经济发展的两大亮点，通过持续推进全面深化改革各项措施，激发经济活力，金融系统可以继续保持稳健运行。

主　　任：王景武
副 主 任：丘　斌
统　　稿：张铁强　郭红亮　郑楚琳
执　　笔：庄礼焕　陈育穗　苏宏召　吴　进　崔荣伟
　　　　　郑　勇　高思劼　覃麒桦
其他参与写作人员：龙永洁　李挚宁

广西壮族自治区金融稳定报告摘要

2016年，广西金融业积极应对复杂严峻的经济形势，全力支持地方经济稳增长，金融服务实体经济能力不断增强，金融改革取得重要进展，为广西实现"十三五"良好开局提供了有力支撑。但是，区域经济金融体系深层次矛盾依然突出，各类金融风险不断积聚，广西金融发展面临较大挑战。建议继续深化金融体制改革，着力防控金融风险，完善金融基础设施，实现经济金融协调发展。

一、广西经济运行总体情况及主要特点

（一）经济增速探底巩固，下行压力依然较大

2016年，广西地区生产总值（GDP）18 245.07亿元，同比增长7.3%，比上年同期回落0.8个百分点。三次产业结构由2015年的15.3:45.9:38.8调整为15.3:45.1:39.6，产业结构有所优化。固定资产投资17 652.95亿元，同比增长12.8%，其中，民间投资持续低迷，同比增长7.5%，比上年同期回落8.6个百分点；进出口总额3 170.42亿元，同比下降0.5%；社会消费品零售总额7 027.31亿元，同比增长10.7%；规模以上工业企业利润总额1 287.70亿元，同比增长8.9%；受经济基本面表现不佳和减税降费等减收因素影响，财政收入低位增长，全年财政收入2 454.05亿元，同比增长5.2%；全年居民人均可支配收入18 305元，名义同比增长8.5%；CPI同比增长1.6%，其中，食品烟酒类价格及医疗保健类价格上涨较快，分别同比上涨3.4%和3.7%；上游价格降幅持续缩窄，其中，工业生产者出厂价格（PPI）月度增速实现正增长；新增就业保持稳定，城镇登记失业率2.90%，同比略降0.02个百分点（见图1）。

（二）影响金融稳定的经济因素分析

一是经济下行压力不减，结构调整持续承压。2016年，广西经济增速不稳，年内季度累计增速分别为7%、7.2%、7%和7.3%，持续底部盘整；第三产业占GDP比重仍低于全国12.0个百分点，经济结构调整任务重；出口同比下降12.4%，降幅比全国高出10.4个百分点；限额以上企业（单位）消费仅占全区社会消费零售总额的30.4%，低于全国16.0个百分点，拉动消费增长力度非常有限；财政收支增幅大幅下滑，一般公共预算收入和一般公共预算支出增速分别比上年回落3.8个和7.1个百分点。

二是投资增速回落明显，对经济增长贡献减弱。在产能过剩和市场需求不振的双重压力之下，广西固定资产投资增速在2009年达最高点之后呈现逐年下行的态势，投资增长下行明显，拉动经济

数据来源：广西统计局。

图 1　全国和广西地区生产总值增速对比图

增长贡献减弱。2016 年，广西工业投资完成 6 404.46 亿元，同比增长 0.2%，增速比上年回落 13.9 个百分点，制造业投资 5 188.04 亿元，同比下降 1.2%，为 2002 年以来首次负增长；民间投资增速和占全部固定资产投资比重分别同比回落 8.6 个和 3.0 个百分点，增速显著放缓，对投资支撑能力下降。

二、金融业与金融稳定

（一）银行业

1. 银行业金融机构经营总体情况及其特点

（1）组织体系基本健全，机构数量保持稳定。2016 年，广西银行业新增 1 家股份制商业银行和 1 家村镇银行，1 家农村信用社成功改制为农村商业银行。截至 2016 年末，辖内银行业非法人金融机构 21 家：政策性银行 2 家、国有大型商业银行 5 家、股份制商业银行 8 家、外资银行 4 家、邮政储蓄银行 1 家、财务公司 1 家。银行业法人金融机构 136 家：城市商业银行 3 家、农村商业银行 26 家、农村合作银行 16 家、农村信用社 49 家、村镇银行 37 家、农村资金互助社 3 家、财务公司 1 家、金融租赁公司 1 家。

（2）资产负债规模持续扩张。2016 年末，广西银行业金融机构资产总额 33 075.49 亿元，同比增长 9.03%；负债总额 31 920.05 亿元，同比增长 9.03%。全年资产总额新增 2 739.56 亿元，增速同比下降 3.44 个百分点，其中，政策性银行和城市商业银行资产总额同比增速分别高于全行业平均水平 12.54 个和 18.19 个百分点，股份制商业银行资产规模出现收缩，比年初减少 231.00 亿元；全行业负债总额较年初增加 2 644.89 亿元，增速同比下降 3.82 个百分点，股份制商业银行负债规模出现收缩，比年初减少 210.71 亿元。

（3）存款稳定增长，贷款增速呈"V"形走势，存贷款增量创历史新高。2016 年末，广西金融机构本外币各项存款余额 25 477.80 亿元，同比增长 11.78%，全年新增存款 2 684.26 亿元，增量创历史新高，同比多增 277.41 亿元。其中，各项存款增量逐季减少，四个季度分别新增 1 492.59 亿元、754.82 亿元、273.55 亿元和 163.30 亿元。广西金融机构本外币各项贷款余额突破两万亿元，达到 20 640.54 亿元，同比增长 13.91%，贷款增速先慢后快，总体呈 V 形走势。全年贷款新增 2 521.15亿元，同比多增 472.80 亿元，创历史新高；交通、水利、电力三行业新增贷款 777.97 亿元，占行业新增贷款的 79.30%，比上年同期提高 13.06 个百分点。

2. 银行业稳定性评估

（1）资产质量管控压力较大

2016 年以来，受外部需求萎缩、广西经济下行压力不减等宏观经济因素影响，广西银行业资产质量管控压力较大。截至 2016 年末，广西银行业金融机构不良贷款余额 395.24 亿元，比年初增加 9.16 亿元，增长 2.37%；不良贷款率 1.91%，比年初下降 0.22 个百分点。关注类贷款余额 1 508.63 亿元，比年初增加 213.45 亿元；关注类贷款占比 7.31%，比年初增长 0.16 个百分点。从不良贷款增量上来看，农村合作金融机构、股份制商业银行和城市商业银行名列前三位，分别新增 28.51 亿元、12.08 亿元和 6.43 亿元。从不良贷款的行业分布来看，租赁和商务服务业、采矿业、信息传输、软件和信息技术服务业增幅较大，分别为 78.99%、71.57% 和 59.97%。

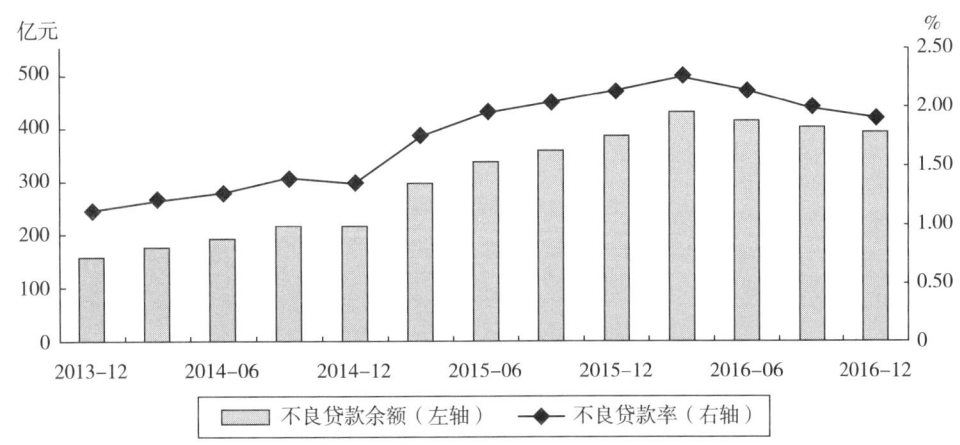

数据来源：广西银监局。

图 2　广西银行业资产质量趋势图

（2）流动性有收紧态势，法人机构流动性指标下行。2016 年，广西新增存款 2 684.26 亿元，在住户及非金融企业新增存款中，定期存款占比 16.89%，同比下降 30.96 个百分点；新增贷款 2 521.15亿元，中长期贷款占比 91.62%，期限配置呈现"短存长贷"的特点，流动性有收紧趋势。法人机构中城市商业银行和农村合作金融机构流动性比例和存贷比较年初有所恶化，流动性比例比年初分别下降 3.21 个和 3.31 个百分点，存贷比比年初分别增加 9.79 个和 2.68 个百分点；新型农村金融机构存贷比较年初下降 1.15 个百分点，但流动性比例比年初下降 0.67 个百分点，流动性状况出现收紧态势。

（3）法人金融机构整体资本充足水平略有上升。2016 年末，广西银行业法人金融机构资本充足率13.32%、核心一级资本充足率 12.11%，分别较年初提高 0.24 个和 0.04 个百分点。分机构看，城市商业银行除桂林银行资本充足率比年初提高 0.36 个百分点以外，其他城市商业银行的资本充足指标均出现不同程度的下降;农村合作金融机构中,农村信用社资本充足率和核心一级资本充足率比年初分别提高1.37个和1.31个百分点,农村商业银行和农村合作银行资本充足情况均出现不同程度的下降。

(4) 经营效益小幅回升,中间业务收入率下降。2016年,广西银行业金融机构实现税后净利润312.72亿元,同比增加7.21%,利润增速实现由负转正。其中,利息净收入803.93亿元,同比多增17.35亿元;利息收入率92.88%,同比提高5.75个百分点;手续费净收入90.86亿元,同比少增6.74亿元;中间业务收入率12.13%,同比下降0.30个百分点;净息差3.35%,同比下降0.23个百分点。截至2016年末,广西银行业金融机构资产利润率1.15%,同比下降0.02个百分点。

(二) 证券期货业

1. 证券类金融机构经营总体情况及其特点

(1) 证券期货市场主体稳步增加。2016年,广西新增上市公司1家、新三板市场挂牌公司29家、证券分公司4家、证券营业部31家,期货分公司2家,截至2016年末,广西共有36家境内上市公司,60家新三板挂牌公司,2 337家广西区域股权市场挂牌企业,1家证券公司,1家基金管理公司,19家证券分公司,184家证券营业部,2家期货分公司,32家期货营业部,42家已登记私募基金管理人(见表1)。

表1　　　　　　　　　　2016年末广西证券期货市场主体情况表　　　　　　　　单位:家

市场主体	家数	同比增减
境内上市公司	36	1
新三板挂牌公司	60	29
区域股权市场挂牌企业	2 337	1 337
法人证券公司	1	0
法人基金管理公司	1	0
证券分公司	19	4
证券营业部	184	31
期货营业部	32	−5
已登记的私募基金管理人	42	−49

数据来源:广西证监局。

(2) 直接融资实现平稳增长。2016年,广西直接融资实现平稳增长,直接融资总额达584.18亿元,同比增长14.53%;企业债券融资再创新高,全年广西企业共发行公司债融资442.9亿元,同比增长40.6%,占资本市场融资总额的75.82%,已成为广西企业直接融资主渠道。

(3) 市场交易量显著下降。2016年,受市场环境影响,辖区证券交易总额3.46万亿元,同比下降33.9%(见图3);期货成交量4 843.63万手,同比增长12.09%,期货成交金额2.16万亿元,同比下降51.1%(见图4)。

(4) 多层次资本市场体系日益完善。企业发行上市方面,广西广电网络于2016年8月在上交所成功上市,募资14.4亿元,广西境内上市公司达36家;上市公司再融资方面,共有7家上市公司实现增发融资134.04亿元;新三板市场方面,共有15家公司通过股权增发募资8.94亿元,全年新增29家挂牌公司,较上年末增长93.55%;区域股权市场方面,新增挂牌企业1 337家,较上年末增长

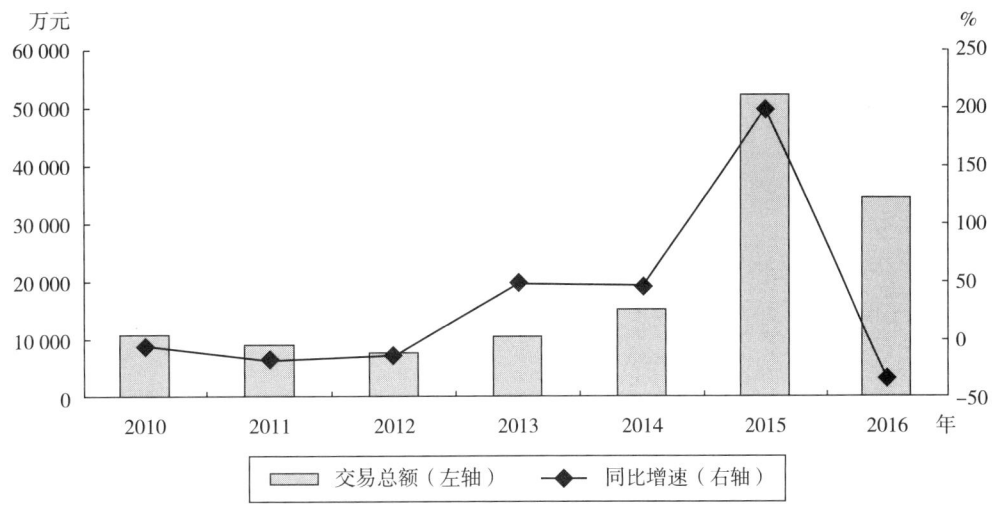

数据来源：广西证监局。

图3 广西证券经营机构代理证券交易总额和增速

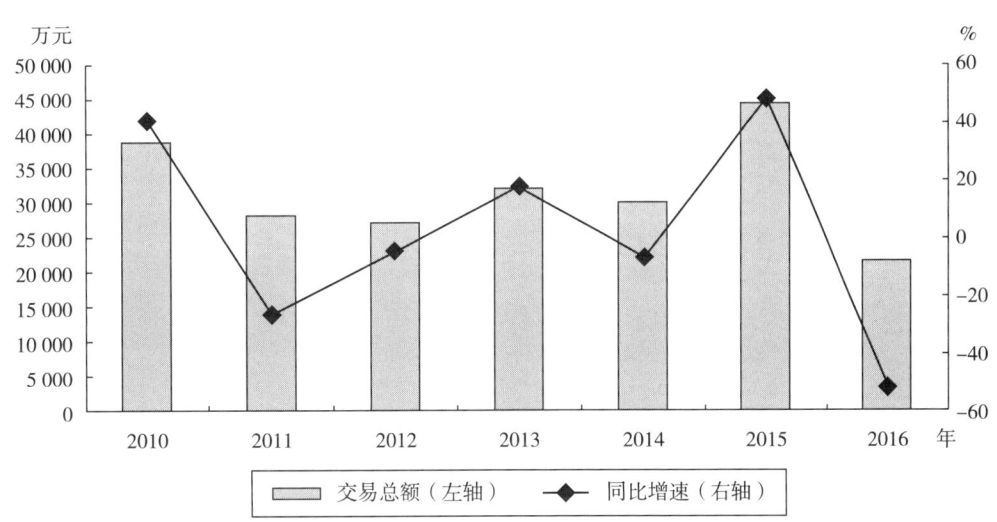

数据来源：广西证监局。

图4 广西期货经营机构代理期货交易总额和增速

133.7%，挂牌企业总数达2 337家，累计实现私募融资0.4亿元。

2. 证券业稳定性评估

（1）资本市场发展滞后，融资结构失衡。2016年，广西上市公司总市值3 763亿元，经济证券化率22.39%，全国排名末位，比全国低52.63个百分点；直接融资规模全国排名第24位，西部排名第6位，全国占比仅为0.63%。资本市场在广西经济发展中的地位和作用都还比较小，远不能适应地方经济发展的要求。

（2）证券期货机构业绩压力较大。2016年，广西证券期货机构经营业绩大幅下滑，证券营业部实现营业收入16.36亿元，同比下降63.82%，实现净利润6.34亿元，同比下降77.34%；期货营业部实现营业收入0.67亿元，同比下降20.24%，亏损扩大到812.57万元。

（3）上市公司总体质量不高，利用资本市场发展不足。据2016年第三季度报告显示，广西亏损上市公司约占上市公司总数的三分之一，少数公司已基本失去造血功能，持续经营困难。此外，广西已有4家上市公司控制权转移区外，上市公司再融资投向或并购资产项目也大多流落区外，从一个侧面说明了广西优势产业、优势企业与资本市场没有有效对接，资金在资本市场呈净流出状态。

（三）保险业

1. 保险类金融机构经营总体情况及特点

（1）市场体系日趋完善。截至2016年末，广西共有保险经营主体39家，同比增加2家，其中法人保险机构1家，省级分公司38家（产险公司22家，人身保险公司16家）。保险公司各级分支机构2 082家，同比增加55家，专业保险中介机构304家，同比增长151家，初步形成了地方法人公司与分支机构、中资与外资、商业性与政策性、综合性与专业性等多种形式共同发展的保险市场体系，保险服务基本实现全区覆盖。广西保险从业人员数量达到18.69万人，同比增长5.12万人，服务人员队伍得到进一步充实。

（2）业务平稳较快增长。截至2016年末，广西累计实现原保险保费收入469.17亿元，同比增长21.63%，其中，财产险保费收入165.71亿元，同比增长12.62%；人身险保费收入303.46亿元，同比增长27.18%。保险密度为969.77元/人，同比增长20.57%；保险深度为2.57%，同比上升0.27个百分点。保险业总资产达到938.45亿元，同比增长21.27%（见图5）。

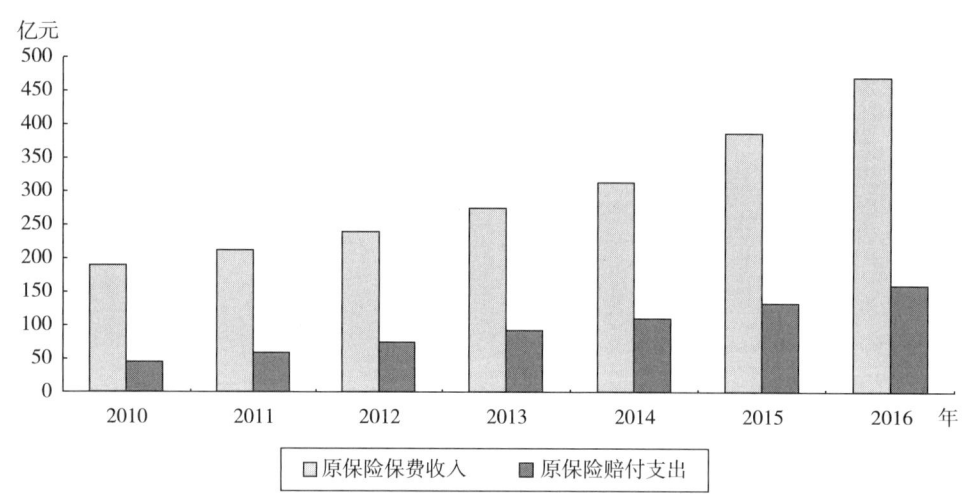

数据来源：广西保监局。

图5　2010—2016年广西保费收入和赔付支出图

（3）保险功能较好发挥。2016年，广西保险业共为全区提供财产和人身保险保障32万亿元，同比增长85.1%，广西保险赔付支出158.95亿元，同比增长19.72%，其中，财产险赔付支出75.98亿元，同比增长5.04%；人身险赔付支出82.97亿元，同比增长37.30%，"社会稳定器"和"经济助推器"功能得到有效发挥。

2. 保险业稳定性评估

（1）保险产品同质化突出。当前广西辖区保险行业产品种类不够丰富，产险主要集中于车险业务，2016年车险实现保费收入占财产险保费收入的比例达80.24%，寿险主要是分红险等投资性险种，分红险保费收入占寿险保费收入的比例达 32.99%。产品缺乏创新，同质化问题突出，服务覆盖面不足，加上部分险种针对性和适用性差，条款设计缺乏严密性，保障功能设计不足，难以满足市场日益个性化、多样化的需求，服务能力有待加强，对实体经济的支持面有待扩展。

（2）退保风险不容忽视。2016 年，广西寿险业累计退保金支出 82.97 亿元，同比增长 37.30%；退保率为 3.94%，同比微降 0.78 个百分点。退保金额和退保率的增加会对寿险公司运营的现金流、业务质量等造成较大压力，应重点关注寿险公司的退保问题，保证公司的稳健经营。

（3）对保险资金运用的监管合作亟待加强。广西保险公司保险资金运用渠道不断拓宽，资产配置更加主动和灵活，对于监管部门的监管能力和协同配合提出了更高要求。保险公司资金投资于货币基金、股票基金、债券基金、资管产品、结构性存款等多个领域，投资品种日渐丰富，跨机构、跨市场金融产品占比不断增多，投资项目大多具有金额大、期限长、操作复杂、透明度低等特征。在当前分业监管的模式下，对监管部门的专业水平是一个严峻考验，同时也对各监管部门间的信息共享和合作提出了越来越高的要求。

三、非金融机构与金融稳定

（一）小额贷款公司发展总体平稳，民营机构风险增加

1. 机构数量略有减少，业务规模较快增长

2016 年广西小额贷款公司总体运行平稳，未出现非法集资、暴力收贷和风险外溢现象。截至 2016 年末，广西小额贷款公司 372 家，比年初减少 12 家；注册资本 297.82 亿元，同比下降 3.13%；贷款余额 543.4 亿元，同比增长 19.57%；资产总额 604.25 亿元，同比增长 17.62%；负债总额 259.73 亿元，同比增长 53.03%。

2. 经营效益持续下滑

近年来，宏观经济持续下行，同时银行业金融机构大力发展消费贷款和网贷平台的兴起，小额贷款公司面临的竞争压力增大，收入与利润出现双降。2016 年广西小额贷款公司全行业实现主营业务收入 40.17 亿元，同比下降 20.75%；利润总额 16.86 亿元，同比下降 40.32%。机构亏损面高达 46.77%，较上年增加 11.61 个百分点。

3. 民营机构经营风险增加

一是减资注销明显增加。2010—2016 年广西小额贷款公司累计注销 43 家，累计办理减资 53 家，其中仅在 2016 年就有 20 家小贷公司办理终止，办理减资 29 家，办理终止的均为民营公司，办理减资的仅有一家是国有公司。二是亏损机构几乎都是民营公司。2016 年末广西小额贷款公司账面累计亏损公司 174 家，其中民营公司占比达 99.43%，累计亏损总额 2.52 亿元。三是外部融资持续受限。2016 年末广西小额贷款公司外部融资余额 90.6 亿元，其中，国资公司融资余额 85.94 亿元，占比 94.86%；民营公司融资余额 4.66 亿元，仅占比 5.14%。

（二）融资性担保业务保持平稳，行业结构得到优化

1. 行业规模同比下降

截至 2016 年末，广西融资性担保公司共 166 家（法人机构 145 家，分公司 21 家），同比减少 21

家；注册资本合计196.95亿元，同比减少8.05%；在保余额275.26亿元，同比减少26.16%，融资性担保累计发生额196.49亿元，同比减少35.2%。

2. 代偿风险显著降低

截至2016年12月底，本年度广西融资性担保公司累计代偿额18.96亿元，较上年同期下降了39.75%，代偿率显著降低，风险防范成效显著。2016年广西融资性担保行业保持平稳发展，全区未发生因融资担保而引发的重大风险事件和群体性事件。

3. 行业结构优化，担保实力增强

2016年广西监管部门加强监管，注销了一批失信企业的《融资性担保机构经营许可证》。全区民营融资性担保机构减少，国有融资性担保机构保持相对稳定增长，截至2016年末，政策性机构30家，同比增加7家，全区融资性担保机构的平均注册资本1.19亿元，同比增长21.72%，担保实力普遍增强。

（三）典当行首度出现整体亏损，经营风险整体可控

1. 行业规模持续增长

截至2016年末，广西共有典当行160家（含3家分支机构），从业人员1 016人，机构和人员数量较年初均有增长。典当行资产总额14.18亿元，同比增长7.5%；负债总额0.2亿元，同比增长17.65%。

2. 业务量下滑，盈利能力堪忧

截至2016年末，广西典当行全年累计完成典当总额21.88亿元，同比下降15%，其中：动产典当总额6.44亿元，同比下降14.1%；房地产典当总额12.94亿元，同比下降18.6%，财产权利典当总额2.49亿元，同比增长5.4%。全年营业收入5 743万元，同比下降13.2%；主营业务收入4 768万元，同比下降23.47%。亏损范围持续扩大，共有77家典当行发生亏损，亏损面连续五年持续增长，已高达48%，较上年同期增加5个百分点。全行业首度出现整体亏损，共计亏损635万元。

3. 逾期贷款余额减少，风险传导性较低

截至2016年末，广西典当行逾期贷款余额6 200万元，同比下降10.9%；逾期贷款余额占典当余额的7.67%，较上年同期减少0.9个百分点；绝当金额2 634万元，比上年同期增加一倍；绝当率1.2%，比2016年同期增加0.7个百分点，企业经营风险整体处于较低水平。目前广西典当行主要利用自有资金进行经营，未从银行获得贷款，风险传导性较低。

四、其他金融风险与金融稳定

（一）涉企金融风险频发，累积隐患不容忽视

一是广西涉企金融风险呈多发态势，形势较为严峻。涉险金额巨大，涉险企业多属广西重要产业。2014—2015年是广西涉企金融风险急剧暴露的时期，涉险金额快速增长，涉险企业主要分布于广西支柱或重要产业，如制糖、有色、房地产业以及工程机械等。二是涉企金融风险主要集中于地方法人金融机构。由于资金本实力薄弱，风险控制水平和自身抵御风险能力远不如全国性银行机构，地方法人金融机构涉企金融风险事件多发。历经较多的涉险事件或将引致公众对于地方法人金融机

构的信任危机乃至区域性的金融风险。三是部分重大涉企风险事件仍未彻底化解。部分涉险企业虽经内部改革和外部联合救助，但经营效益改善受制于经济周期，难以短期内偿还银行债务。多数涉险事件在处置过程中，法律诉讼程序进展缓慢、执行阶段漫长，耗费的时间成本和人力成本较高。

（二）债券违约负面影响较大，代持业务产生正反馈效应

由于债券市场风险传播具有影响面更广、信息更透明、负面影响外溢性更强等特点，2016年广西有色金属集团破产清算引起的债券违约和国海证券债券风险事件对广西乃至全国债券市场都产生了较大影响，受到各级监管部门和市场参与者的普遍高度关注，对广西金融市场稳定和管理水平提出了较大挑战，对广西金融市场环境产生了较大的负面影响。一是广西有色金属集团破产清算引起的债券违约，对广西金融市场环境产生了较大的负面影响。突出表现在债券市场新增融资显著下降，2016年广西企业债券融资占社会融资规模比重仅为7.6%，占比同比下降8.6个百分点，创历史最大降幅。相关事件后续影响的深度和广度还有待观察和评估。二是债券"代持"业务极易产生"正反馈"效应，加剧市场风险。债券代持缺少法律强制性保护，完全基于机构之间信用和市场潜规则开展，一旦代持某方因市场变化或自身问题无力履约或不愿履约，将会严重破坏市场信用，形成链条式正反馈效应。如果考虑到杠杆效用和表外业务不受监控的特性，这种正反馈还将被放大，加剧市场波动风险。

（三）互联网金融隐藏风险，金融市场稳定承受考验

近年来，随着互联网的快速发展，互联网金融正成为一股新兴力量不断壮大。互联网金融企业借助互联网平台从事各项金融相关业务，如P2P网贷、股权众筹、互联网保险、第三方支付等，在提高金融市场竞争、优化金融资源配置和降低金融服务成本的同时，金融风险不断积聚，风险隐患不断增大。在对互联网金融的监管方面，由于其尚属金融领域的新业态、新模式，相关法律、政策和监管体系存在不少漏洞，行业处于野蛮增长阶段，风险事件屡有发生，金融市场稳定承受一定考验。一是可能涉嫌非法集资风险，如部分P2P网贷公司涉嫌通过互联网平台募集公众资金。二是兑付风险，目前绝大多数互联网金融公司没有足够资产做担保，因此，一旦该公司资金管理不当或出现投资不能正常收回，很有可能引发流动性风险，导致兑付风险发生，损害投资者利益。三是监管风险，目前我国除第三方支付企业外，对其他形式的互联网金融企业尚未有准入限制或标准，监管存在真空地带，容易引发业务混乱和泡沫式增长。

五、总体评估与政策建议

（一）总体评估

2016年，广西经济仍处于"L形"筑底企稳拐点，下行压力较大，投资、财政收入、三产增速偏低，进出口总值2001年以来首次下降，贸易差额由顺差转为逆差，跨境收支由净流入转为净流出，信贷保持较快增长，但大量信贷资金未明显缓解实体经济发展压力，融资难、融资贵问题仍较突出，各类金融风险也在集聚。银行业资产质量控制压力较大，整体盈利能力下降，法人机构流动性风险加大；资本市场发展滞后，证券期货机构业绩压力较大，上市公司总体质量不高，利用资本

市场发展不足;保险产品同质化突出,退保风险不容忽视,对保险资金运用的监管合作亟待加强;小额贷款公司后续发展能力不足,融资性担保公司实力较弱,典当行亏损面持续扩大;涉企金融风险形势严峻,债券市场风险频发,互联网金融风险进入高发期,风险防控能力面临新挑战。总体来看,2016年,广西金融稳定状况良好,全年未发生系统性风险事件,金融体系保持了稳健运行,下一步应继续关注部分领域和少数金融机构的风险隐患,切实做好风险防控,守住不发生系统性风险底线。

(二)化解金融风险、增强金融业稳健性的政策建议

1. 深化金融体制改革,促进实体经济发展

一是继续推进稳增长政策落实。充分贯彻落实中央和自治区政府出台的一系列稳增长、降成本具体政策措施,完善信贷资金向实体经济融通机制等政策落实,有效发挥好政策效益。二是补齐投资短板,扩大有效投资。加大投资力度,优化投资结构,着力推进PPP模式,引导民间投资合理、稳健发展;加大有效投资项目的推进力度,强化重大项目投资带动作用。三是深化改革,促外贸回稳向好。继续推行区域通关一体化改革、关检合作"三个一"等改革,促进通关贸易便利化;进一步完善边贸改革发展措施,推进边民互市贸易转型升级。

2. 着力防控金融风险,促进辖区金融业稳健发展

把防控风险放在更加突出位置,加强市场风险排查预警和应急处置。切实加强银行业金融风险监测分析,重点关注涉企金融风险及"僵尸企业"处置情况;加大辖区债券信用风险监测,避免因个别公司的债务问题引发区域金融信用危机;建立和完善区域金融监管工作协调制度,促进各成员单位在监管工作或重大案件查处中的协调与合作,防范金融风险的跨行业传递。

3. 完善金融基础设施,优化金融生态环境

巩固完善支付结算基础设施,推动广西支付体系快速健康发展;强化征信查询管理,从严查处征信违法违规行为,切实保护信息主体的合法权益,共同培育合规有序的征信市场;加快建设金融监管大数据平台,整合相关数据和信息,增强监管合力;开展县域金融生态环境评价,构建长效机制,为优化区域金融生态环境夯实基础。

总　纂:罗跃华
统　稿:黎　宇　朱燕宇
执　笔:王　涛　农丽娜　吴　强　农　婧　吕永安
其他参与写作人员:安立波　黄显林　林启刚　余永波

海南省金融稳定报告摘要

2016 年,面对错综复杂的国际经济形势和国内经济下行压力,海南省坚持稳中求进工作总基调,以供给侧结构性改革为主线,主动适应经济发展新常态,全省经济整体呈现增速平稳、结构优化、效益提升的良好态势。海南省金融业认真落实各项金融调控政策,积极应对经济下行压力,金融业助推社会经济发展作用有效发挥,全年金融业完成增加值 280.07 亿元,增长 15.7%,占全省 GDP 的 6.92%,比上年提高 0.25 个百分点,有力地支持了海南国际旅游岛建设。

一、区域经济运行与金融稳定

2016 年,海南省经济保持平稳增长,结构继续优化,固定资产投资和消费保持增长态势,民生继续改善,总体呈现稳中有进的态势,为金融业安全运行奠定良好的经济基础。

(一)经济运行总体情况

1. 经济保持平稳增长

2016 年,海南省实现地区生产总值 4 044.51 亿元,按可比价格计算,比上年增长 7.5%,增速较上年小幅回落 0.3 个百分点。按年平均常住人口计算,全省人均地区生产总值 44 252 元,按现行平均汇率计算为 6 664 美元,比上年增长 6.7%(见图 1)。

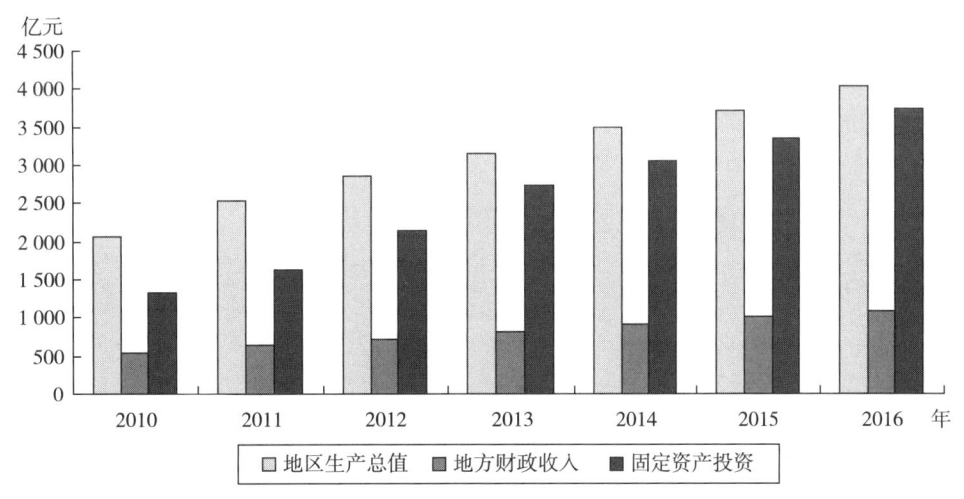

数据来源:海南省统计局。

图 1 2010—2016 年海南省 GDP、财政收入、固定资产投资变动情况

2. 经济结构继续优化

三次产业结构由上年的23.1:23.6:53.3调整为24.01:22.29:53.70。服务业保持较快增长，对整体经济增长的贡献率达71.4%，比上年提高10个百分点。十二个重点产业增加值平均增长9.9%，快于全部经济增长2.4个百分点，产业支撑力进一步提升。

3. 固定资产投资增长较快

2016年，海南省开展服务社会投资百日大行动，积极发挥项目对经济增长的引领作用。全省固定资产投资总额（不含农户）完成3 747.03亿元，比上年增长11.7%。其中，房地产开发完成投资1 787.60亿元，增长4.9%；基础设施建设完成投资978.17亿元，增长25.1%。

4. 消费增长保持平稳

2016年，全省社会消费品零售总额1 453.72亿元，同比增长9.7%，增速较上年高1.5个百分点。其中，随着乡村旅游日益火热，全年乡村零售额增长11.5%，增速比城镇快2.1个百分点。

5. 对外贸易和利用外资下滑

全年进出口总值748.40亿元，同比下降13.9%。其中，出口总值和进口总值同比分别下降39.5%和4.5%。新签外商投资项目88宗，增长23.9%。实际利用外资总额22.16亿美元，同比下降10.1%。其中，外商直接投资21.31亿美元，同比增长6.3%。

6. 物价保持基本稳定

全省居民消费价格（CPI）同比上涨2.8%，比全国平均水平高0.8个百分点。食品烟酒、医疗保健及其他用品和服务是影响海南居民消费价格上涨的主要因素。工业生产者出厂价格指数下降4%，企业经营压力较大。

7. 财政收支增长平稳

2016年，全省全口径一般公共预算收入1 080.81亿元，同比增长6.5%。全省地方一般公共预算支出1 378.38亿元，同比增长10.7%。政府性基金收入380.02亿元，同比增长19.8%。其中，国有土地使用权出让收入298.35亿元，同比增长22.5%。

8. 民生保障持续加强

脱贫攻坚进展顺利，全年20.07万贫困人口实现脱贫，100个贫困村脱贫出列。全年共投入财政扶贫专项资金19.5亿元，增长198.8%。城乡居民收入稳步增长，全省常住居民人均可支配收入20 653元，扣除价格因素实际增长5.9%。其中，城镇常住居民和农村常住居民人均可支配收入实际分别增长4.9%和6.4%。城镇登记失业率2.36%，保持在合理区间（见图2）。

（二）经济运行中需关注的问题

1. 经济转型升级压力较大

一是从供给端看，产业结构失衡、过于依赖房地产业的现象仍然存在。2016年，随着"两个暂停"等政策措施的实施，全省房屋销售额1 490.20亿元，增长51.6%，比上年提升46.5个百分点；全省房地产业完成增加值345.04亿元，增长13.2%，比上年提升7.8个百分点，成为拉动我省经济与财政收入增长的主要因素之一。房地产贷款余额占全省各项贷款的比重达30%，风险较为集中。二是从需求端看，消费和出口需求不足，依赖投资的情况较为严重。2016年，全省社会消费零售总额增速比全国低0.7个百分点，出口降幅比上年扩大25.1个百分点，而固定资产投资增速比全国高3.6个百分点。三是从特色产业看，创新不足、竞争力不强。旅游业和热带特色农业中具有品牌、规

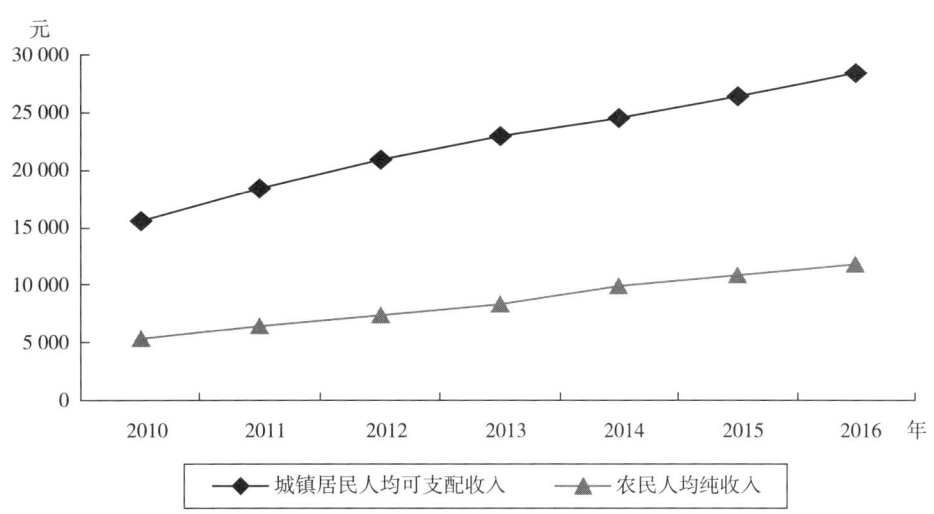

数据来源：海南省统计局。

图2 2010—2016年海南省城乡居民收入变动情况

模优势的企业少，竞争力弱；信息和互联网产业虽然增长速度较快，但尚未形成规模。

2. 工业企业收入下滑，效益不佳

2016年，我省规模以上工业企业主营业务收入1 660.32亿元，同比下降0.1%。根据省统计局工业生产经营景气状况及企业调查情况看，产品需求减少、订单不足的工业企业超过三分之一；一些骨干企业受市场低迷影响，生产大幅下滑；一些主要行业增幅收窄，如农副食品加工业受东南亚市场冲击，出口订单大幅下降，产能发挥受限。

3. 部分市县房地产市场去库存压力仍较大

2016年，在全省房屋待售面积增速下降的情况下，有10个市县待售面积继续增长。其中，增速同比加快的市县有4个。

4. 政府债务风险不容忽视

2016年全省全口径一般公共预算收入同比增长6.5%，增速比上年下降0.8个百分点。同时，政府平台债务增长较快，2016年末，在发行置换债367.2亿元后，全省政府融资平台贷款余额770.91亿元。个别市县政府债务率超过警戒线。此外，2016年，全省企业职工基本养老保险基金收入148.9亿元（含中央财政补助40.5亿元），基本养老保险基金支出141.2亿元，财政补贴压力大。

二、金融业与金融稳定

（一）银行业与金融稳定

2016年，海南省银行业金融机构认真落实国家宏观调控和产业政策，积极推动供给侧结构性改革，提升服务实体经济质效，有力支持了全省经济健康发展。

1. 银行业整体运行情况

（1）改革持续深化，资产负债规模稳步扩张。2016年，海南省开发性、政策性金融改革继续推进；邮政储蓄银行改革继续深化；农信社改革进一步深入，白沙农村合作银行成功改制为白沙农村商业银行；新设立 4 家村镇银行，实现村镇银行市县全覆盖。2016 年末，海南省有法人银行业金融机构 45 家、一级分行 18 家（含外资机构 1 家）。银行业金融机构资产总额 14 242.13 亿元，同比增长 23.04%；负债总额 13 907.91 亿元，同比增长 23.25%。

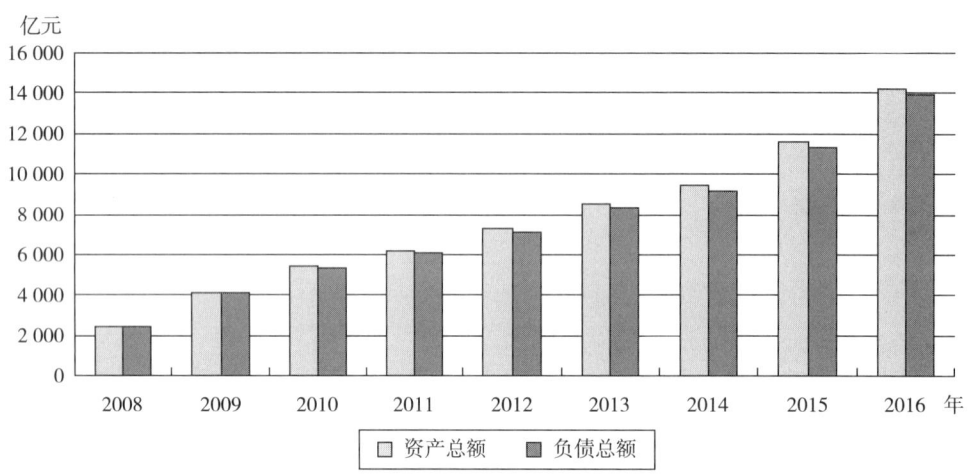

数据来源：中国人民银行海口中心支行。

图 3　2008—2016 年海南省银行业金融机构资产负债变动情况

（2）存款同比增速加快，各主体存款持续增长。2016 年末，全省本外币存款余额 9 120.17 亿元，同比增长 19.42%，增速高于上年同期 8.28 个百分点，且高于全国平均增速 8.32 个百分点。全省新增本外币存款余额 1 482.91 亿元，同比多增 458.48 亿元。境内存款余额 9 085.33 亿元，同比增长 19.34%，比年初增加 1 472.51 亿元，同比多增 449.01 亿元。其中，住户存款余额 3 417.20 亿元，同比增长 14.08%；非金融企业存款余额 3 213.06 亿元，同比增长 27.97%（见表 1）。

表 1　　　　　　　　　2016 年海南省银行业金融机构存款结构分析表　　　　　　单位：亿元、%

栏目项目	2016 年末	比年初增加	同比增长速度
各项存款	9 120.17	1 482.91	19.42
（一）境内存款	9 085.33	1 472.51	19.34
其中：住户存款	3 417.20	421.89	14.08
非金融企业存款	3 213.06	702.19	27.97
广义政府存款	2 077.29	265.62	14.66
非存款类金融机构存款	431.80	82.75	23.70
（二）境外存款	34.85	10.39	42.50

数据来源：中国人民银行海口中心支行。

（3）贷款增速回落，新增贷款同比减少。2016 年末，全省本外币贷款余额 7 687.65 亿元，同比增长 15.59%，比上年同期下降 7.76 个百分点，高于全国平均增速 3.09 个百分点，较好地支持重点产业、重点项目资金需求。全省新增贷款 1 037.00 亿元，同比少增 222.15 亿元。境内贷款余额 7 447.34 亿元，同比增长 16.18%，比上年同期下降 7.89 个百分点。其中，住户贷款余额 1 279.63 亿元，同比增长 41.69%，比上年同期上升 11.83 个百分点；非金融企业及机关团体贷款余额 5 507.01 亿元，同比增长 23.16%，比上年同期下降 11.16 个百分点（见图 4）。

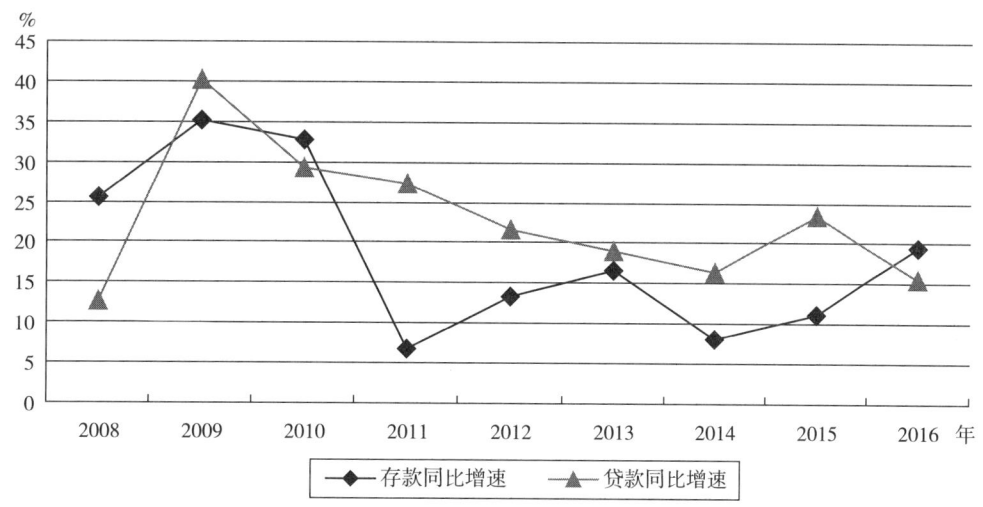

数据来源：中国人民银行海口中心支行。

图 4　2008—2016 年海南省银行业金融机构存贷款增速情况

（4）不良贷款余额及比例"双降"，经营效益显著提升。2016 年末，全省银行业金融机构账面不良贷款余额 103.82 亿元，比年初减少 2.89 亿元；账面不良贷款率 1.35%，比年初下降 0.25 个百分点。全年共实现净利润 149.07 亿元，同比增盈 30.72 亿元，同比增长 25.96%，比上年同期上升 30.18 个百分点。

2. 银行业发展中需关注的问题

（1）关注类贷款持续增加，资产质量下迁压力大。2016 年末，全省关注类贷款余额 398.58 亿元，比年初增加 23.24 亿元，同比增长 6.19%。作为反映不良贷款先行指标的关注类贷款呈现持续增加态势，随着经济下行，辖区银行业金融机构信贷质量向下迁徙压力加大。

（2）部分法人银行机构资本充足率较低，资本管理能力薄弱。资本充足率是衡量银行稳健性及抵御风险能力的重要指标，反映了银行对负债的最后偿债能力。2016 年末，全省仍有 13 家法人银行机构资本充足率低于 8%，资本实力较弱，风险抵御能力不足。

（3）贷款集中度较高，信贷结构有待优化。从贷款客户分布来看，全省银行业金融机构最大十家贷款客户的贷款余额 2 143.90 亿元，占全省贷款余额的 27.89%；地方政府融资平台贷款余额占全省贷款余额的 10.03%。其中，农信社系统单一集团客户授信集中度 22.59%，最大十家集团客户授信集中度 131.61%，超过监管标准。从贷款投放行业看，2016 年租赁商务服务业、房地产业、环境公共设施业在行业新增贷款总量中的份额分别达到 25.25%、22.41% 和 20.98%，合计占比达 68.65%。农林牧渔业所占份额仅为 3.09%，"三农"支持力度有待提升。

（二）证券期货业与金融稳定

2016 年，海南省证券期货业平稳发展，资本市场主体数量增多，直接融资规模取得历史性突破，多层次资本市场稳步推进。

1. 证券期货业整体运行情况

（1）证券交易量萎缩，证券机构经营业绩下滑。2016 年末，海南省共有 2 家法人证券公司、14 家证券分公司和 54 家证券营业部，比上年增加 4 家分公司和 9 家证券营业部，机构数量稳步增加。

受证券市场低迷行情影响，2016年全省证券市场交投活跃度下降，辖区证券营业部证券交易金额同比下降50.8%，管理客户资产余额同比下降14.15%，手续费及佣金净收入同比下降66.2%，净利润同比下降75.33%。证券营业部盈利面48.15%，较上年下降40.22个百分点。2家法人证券公司共实现营业收入10.69亿元，同比下降45.24%。其中，手续费及佣金净收入、融资融券利息净收入、受托客户资产管理业务净收入、投资收益同比分别下降52.04%、35.42%、44.92%和63.4%。净利润2.04亿元，同比下降70.15%。

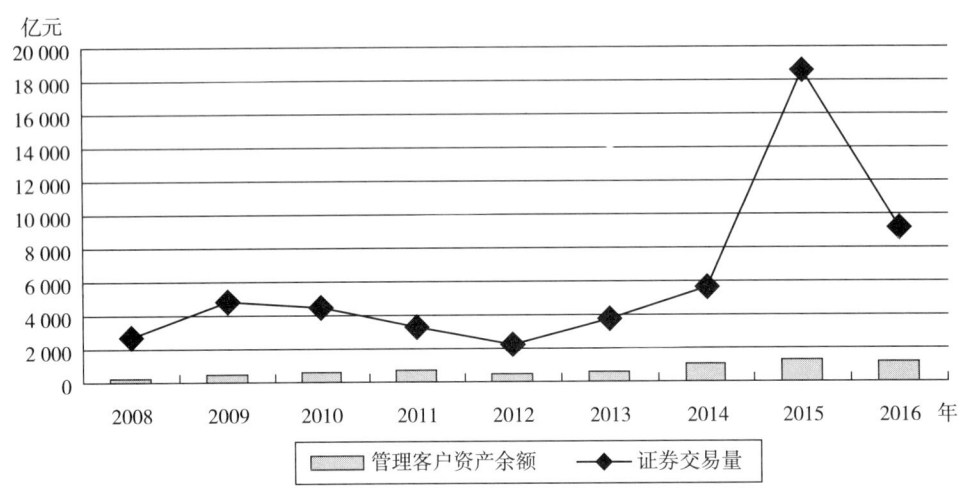

数据来源：海南证监局。

图5　2008—2016年海南证券营业部证券交易量与管理客户资产趋势

（2）证券公司实力增强，服务市场能力提升。2016年末，海南省2家法人证券公司净资产和净资本同比分别增长2.09%和3.28%。证券公司积极为省内企业在资本市场直接融资提供服务。金元证券保荐海南海汽运输集团股份有限公司首发上市，推荐海南传味文昌鸡产业股份有限公司挂牌全国股份转让系统。万和证券新增保荐业务以及与证券交易、证券投资活动有关的财务顾问业务资格。

（3）期货市场交投活跃度下降，期货机构盈利水平下滑。2016年，海南省共有2家法人期货公司、1家期货分公司和12家期货营业部。法人期货公司资产总额（不含客户权益）、净资产、净资本同比分别增长5.83%、4.63%和12.18%，客户权益同比增长70.38%。全年累计代理交易额同比下降75.93%；营业收入1.49亿元，同比下降1.2%；净利润0.36亿元，同比下降0.5%。期货公司分支机构累计代理交易额同比下降71.6%，亏损0.05亿元。

（4）直接融资规模创历史新高，多层次资本市场稳步推进。2016年，海南省有1家公司实现首发上市。28家境内上市公司总股本460.47亿股，同比增长30.46%；总市值3 878.76亿元，同比增长9.21%。全年海南企业在沪深证券交易所累计融资932.23亿元，创历史新高。其中IPO融资3.02亿元；定向增发融资645.59亿元，同比增长27.82倍；发行公司债券283.62亿元，同比增长4.04倍。资本要素市场不断完善，企业融资渠道拓宽。2016年，全省共有30家企业挂牌新三板，比上年增加14家，总股本31.59亿股，同比增长85.06%。其中9家挂牌公司定向发行股票，融资44.49亿元，同比增长6.72倍。海南股权交易中心累计挂牌企业1 058家，其中交易板挂牌企业54家。

2. 证券期货业发展中需关注的问题

（1）证券期货机构综合竞争力和风险控制能力有待加强。2016年证券公司分类结果，海南2家

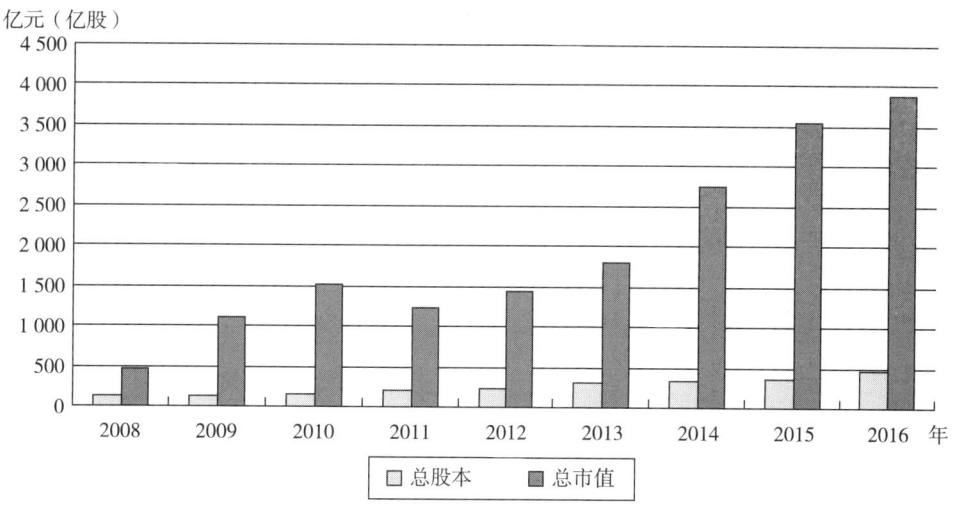

数据来源：海南证监局。

图6 2008—2016年海南上市公司总市值及总股本情况

法人证券公司分别由上年的A级和BBB级降至BBB级和CCC级，公司合规管理和风险控制能力有待提升。2016年证券市场行情低迷，辖内法人证券公司业务经营受到较大影响，营业收入和净利润明显减少，"靠天吃饭"特征明显。2016年期货公司分类结果，海南2家法人期货公司均为BB级，资本金规模偏低，净资产、净资本均低于全国平均水平，应对经营风险的能力有待提升。

（2）上市公司发展不平衡，盈利水平两极化。当前，海南省部分上市公司资产规模小，经营业绩差，主要依靠非经常性损益实现盈利，缺乏规模优势和核心竞争力。2016年中报显示，全省上市公司共实现净利润13.37亿元，同比下降42.57%；盈利面57.14%，同比下降5.82个百分点。在经济增速趋缓的新常态下，净利润的下降将使上市公司整体偿债压力增大。

（三）保险业与金融稳定

2016年，海南省保险市场业务实现稳健增长，保险覆盖面逐步扩大，保险业助实体、惠民生能力明显提升。

1. 保险业整体运行情况

（1）保险市场平稳运行，经济补偿功能增强。2016年末，全省有法人保险公司1家、保险省级分公司24家，其中，财产险分公司12家、人身险分公司12家。专业保险中介机构118家，比上年增加39家；兼业保险代理机构1 744家，比上年减少9家。截至2016年末，全省保险公司资产总额2 102.83亿元，同比增长29.81%。保险深度3.29%，同比提高0.21个百分点；保险密度1452.43元/人，同比提高198.12元/人，对社会经济生活的渗透率持续提高。

2016年，海南保险业实现保费收入133.21亿元，同比增长16.6%。其中，财产险公司、人身险公司保费收入分别为49.74亿元和83.47亿元，同比分别增长8.66%和21.9%。全年保险业为海南经济社会提供风险保障5.37万亿元，同比增长63.45%。各保险公司赔付支出49.25亿元，同比增长26.67%。其中，财产险公司、人身险公司赔付支出分别为27.73亿元和21.52亿元，同比分别增长3.41%和78.38%。

（2）财产险业务发展稳健，人身险业务风险可控。2016年，海南财产险业务稳步增长，车险、企财险、保证险、责任险和农业保险等主要险种的保费规模增长较快。其中，车险、企财险、保证险保费收入分别为33.08亿元、2.38亿元和3.22亿元，同比分别增长14.33%、25.55%和8.53%。人身险业务快速增长，未发生行业性风险事件。寿险保费收入68.18亿元，同比增长15.81%；意外险保费收入2.37亿元，同比增长15.09%；健康险保费收入12.92亿元，同比增长71.4%。寿险期交业务占新单业务比例38.49%，同比提高11.79个百分点。综合退保率同比下降0.02个百分点，全年未发生满期给付与退保群体性事件。

（3）农业保险保障作用有效发挥，服务领域继续拓宽。2016年，海南农业保险产品创新能力有所提高，农业保险服务领域逐步扩大，服务质量进一步提升。一是保险机构推出荔枝价格指数保险和槟榔价格指数保险产品，将农业保险的风险保障范围从传统的自然风险向市场风险延伸，同时推动文昌鸡养殖保险和黑山羊养殖保险等特色畜禽保险业务发展，一定程度上满足了海南养殖业规模化和产业化发展的需要。二是农房保险在原有文昌、万宁和澄迈3个试点市县的基础上，新增海口、三亚和三沙等13个市县，农房保险覆盖面扩大。三是南繁制种水稻保险承保面积9.08万亩，创历史新高，承包覆盖面达到76%；蔬菜价格指数保险试点范围扩大至海口、三亚、澄迈、乐东和五指山5个市县。2016年，海南农业保险累计为69.19万农户提供风险保障资金343.45亿元，共赔付支出4.42亿元，受益农户9.36万户次。

2. 保险业发展中需关注的问题

（1）财产险业务依赖车险，业务拓展能力不强。2016年，海南财产险业务发展对车险依赖度提高，部分险种甚至出现萎缩，全行业整体盈利水平下滑。车险业务保费收入33.08亿元，同比增长14.33%，增速同比提高0.89个百分点；占财产险业务保费收入的66.51%，同比提高3.29个百分点。工程险、特殊险、货运险、家财险和信用险等险种保费收入出现负增长。有8家财产险公司的保费收入增速同比出现下滑。财产险公司综合成本率99.93%，同比提高7.2个百分点；账面净亏损0.12亿元。

（2）人身险业务发展质量有待提高，退保风险存在隐忧。2016年，海南人身险公司新单保费收入增速回落，部分保险公司业务销售渠道单一，保险产品同质化严重，与消费者多样化的保障需求存在一定差距，部分公司保险承保理赔工作效率有待改进，销售误导和理赔难问题时有发生。截至2016年末，人身险公司新单保费收入同比增长21.76%，较上年同期回落66.85个百分点，其中有6家人身险公司的银邮渠道保费收入在其新单业务保费收入中的占比超过70%。值得注意的是，人身险公司满期给付和退保压力增大，部分保险公司的退保风险不容忽视。2016年，人身险公司满期给付金额达到11.47亿元，同比增长51.56%。其中有6家公司满期给付金额超过1亿元，合计占比达到91.46%。全省寿险退保金额12.77亿元，同比增长21.49%。其中有三家公司综合退保率超过5%。

三、社会金融活动与金融稳定

2016年，海南省小额贷款公司、典当行、融资性担保公司等具有融资功能的非金融机构充分发挥自身优势，在服务社会、解决小微企业、个体工商户、"三农"融资难等方面发挥了重要作用，对传统金融业形成良好的补充，起到了拾遗补阙的作用。

（一）发展现状

1. 小额贷款公司规模不断扩大

截至2016年末，全省共有62家小额贷款公司，比上年增加16家，机构数量迅速增加。贷款余额65.38亿元，同比增长25.12%。全年累计发放贷款70.18亿元，同比增长45.5%。从投放对象看，个人贷款、个体工商户贷款和企业贷款分别占全部贷款余额的61.95%、6.73%和28.99%。从行业分布看，农业贷款、工业贷款和服务业贷款分别占全部贷款余额的23.85%、15.68%和43%。全年共实现营业收入5.32亿元，净利润2.02亿元。

2. 典当行业务发展放缓

截至2016年末，全省共有法人典当行166家、分支机构4家。全省典当行资产总额18.26亿元，同比增长4.7%；负债总额0.5亿元，同比下降9.82%。2016年，全省典当行发放典当贷款总额14.28亿元，同比下降14.01%。其中，房地产典当贷款总额、动产典当贷款总额、财产权利典当贷款总额分别占全部典当贷款总额的66.85%、24.03%和8.29%。典当贷款余额7.93亿元，同比增长7.49%。典当逾期贷款0.38亿元，占典当贷款余额的4.79%。绝当金额0.27亿元，同比增长61%。

3. 融资性担保公司运行平稳

截至2016年末，全省共有法人融资性担保公司27家、分支机构5家，比上年减少3家法人机构。实收资本金22.88亿元，同比下降10.93%。融资性担保公司主要承担了全省中小企业以及涉农客户的政策性担保。在保责任余额49.24亿元，同比增长9.28%；担保准备金余额2.30亿元，同比增长10.47%；担保代偿余额2.69亿元，同比增长22.93%。2016年新增担保业务40.99亿元，同比下降3.91%。全年共实现担保业务收入1.21亿元，同比下降6.92%；净利润0.49亿元，同比增长250%。

（二）应关注的问题

1. 小额贷款公司不良贷款不断攀升

截至2016年末，全省小额贷款公司不良贷款余额3.41亿元，同比增加0.77亿元；不良贷款率5.21%，同比提高0.16个百分点。全省小额贷款公司不良贷款率连续六年攀升，个别小额贷款公司不良贷款率甚至超过40%，风险控制能力亟待提高。

2. 典当行经营效益不佳

2016年，全省典当行业主营业务收入0.84亿元，同比下降13.19%；纳税额0.09亿元，同比下降32.67%；主营业务利润0.19亿元，同比下降17.36%，盈利能力较低。受经济下行压力影响，典当业务量下降，典当企业出现经营困难，个别典当企业有抽逃注册资本现象。

3. 融资性担保业务担保杠杆仍较低

2016年末，全省融资性担保公司融资性担保责任余额46.71亿元，融资性担保业务放大倍数为1.74倍，同比提高0.3倍，但仍远低于《海南省融资性担保公司管理办法》规定的10倍上限，资本杠杆率较小，助推市场融资的作用未充分发挥。

四、总体评估和政策建议

(一) 总体评估

2016年，海南省经济平稳增长，金融业稳中求进，金融机构实力增强，金融改革与创新不断推进，金融与实体经济对接融合度增强，金融服务质量持续提升。具有融资功能的非金融机构适度发展，对传统金融业形成有益补充。

总体来看，2016年，部分领域和少数金融机构仍存在一些风险隐患，但风险可控，海南省金融稳定状况良好，全年未发生系统性、区域性金融风险。

(二) 政策建议

1. 优化信贷结构，推动供给侧结构性改革

引导银行业金融机构优化信贷结构，完善信贷风险防范机制，有效降低信贷集中度风险。引导银行业金融机构发挥自身优势，创新金融服务模式，鼓励银行机构继续做好普惠金融工作，推动12个重点产业为主导的供给侧结构性改革，促进全省经济结构转型升级。

2. 推动金融体系深化改革，提升支持实体经济发展的能力和水平

一是推动地方中小法人银行机构加快管理体制和经营机制转型，强化资本配置，增强服务能力和风险管控能力。二是推动证券期货机构加快业务转型，规范发展柜台业务，提升执业质量和公信力，推动证券期货机构实施差异化、专业化、特色化发展。三是促进保险机构业务结构优化升级，培育新的业务增长点，提高产品差异化程度，创新服务理念及服务方式，拓展服务的广度和深度，改善经营效益。四是大力发展多层次资本市场，推动企业通过多层次资本市场获得发展资金，进一步提升产业发展动力。五是推动小额贷款公司、融资性担保公司、典当行等影子银行机构规范健康发展。

3. 加强重点领域风险排查和管控，防范系统性风险

健全金融监管协调机制和信息共享机制。加强对地方政府融资平台、房地产、跨境资金流动、社会融资活动等重点领域风险的跟踪监测。建立防控风险制度，监测各类非法金融活动。密切关注银行业金融机构资本充足水平、资产质量、盈利和流动性变化。督促银行业金融机构严控信贷风险，防止关注类贷款向下迁徙。加强对人身险公司满期给付与退保风险的监测与防范工作。督促各金融机构健全风险应急处置机制，做好重大事项报告，坚持防患于未然。

总　纂：张华强
统　稿：鄂锋　黄明理
执　笔：陈太玉　邓启峰　符瑞武　王宇
其他参与写作人员：邝继彬　蓝文兴　邢福炯　陈琼蓉　祝春盛

重庆市金融稳定报告摘要

2016年,重庆市严格落实中央决策部署,坚持五大发展理念,把握引领经济发展新常态,深化内陆开发开放,经济增长质量、效益全面提升,供给侧结构性改革成效明显。经济金融协调发展。金融业运行保持稳健,直接融资加快发展,金融基础设施不断完善,服务实体经济能力不断增强。但面对错综复杂的国内外经济形势,随着去产能、去杠杆等各项改革的深入推进和实施,地方政府债务置换、房地产市场调控及产能过剩行业信用风险、具有融资功能的非金融机构及P2P融资隐患等问题需重点关注。

一、区域经济运行与金融稳定

(一) 经济运行情况

1. 经济增速继续位居全国前列,三次产业结构不断优化

2016年,全市实现地区生产总值17 558.76亿元,同比增长10.7%,位居全国第二,高出全国水平4个百分点,三次产业分别同比增长4.6%、11.3%和11.0%。三次产业结构持续优化,结构占比为7.42:44.17:48.41,分别拉动重庆经济增长0.4个、5.0个和5.3个百分点(见图1)。

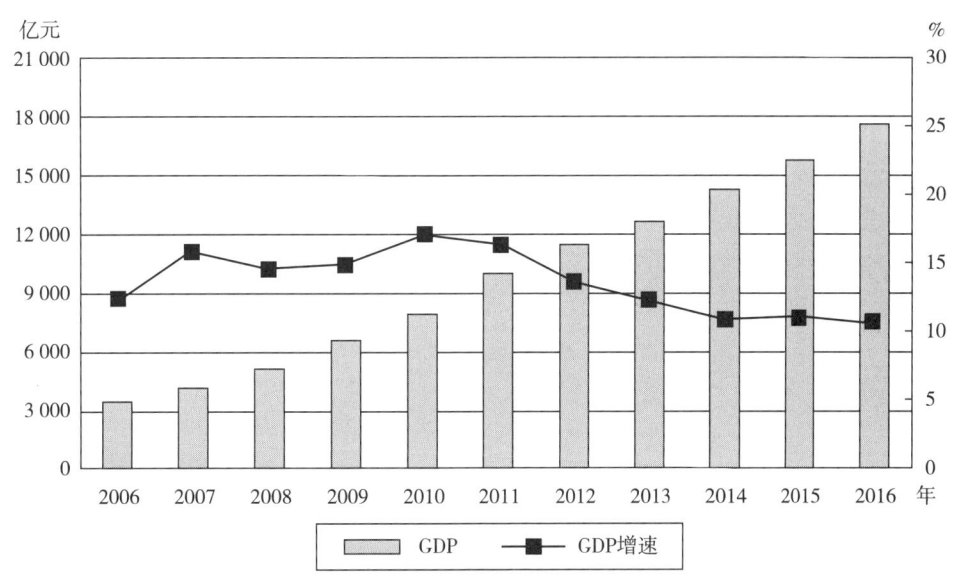

数据来源:重庆市统计局。

图1 重庆市经济增长情况(2006—2016年)

2. 经济结构转型升级加快，发展动力持续优化

一是支柱产业集群效应不断增强。2016年，规模以上汽车、电子和消费品行业增速分别为11.7%、17.7%和11.7%，对规模以上工业增长的贡献率合计达到77%。二是创新驱动经济的支撑作用不断凸显。2016年，全市规上高技术产业增加值同比增长24.2%，高于规上工业增加值增速13.9个百分点。三是增长动力持续优化。2016年，工业投资、基建投资和房地产开发投资占全市总投资的比重分别为32.6%、32.6%和21.5%，民间投资同比增长11.0%，占全市投资总量的51.0%。实际利用外资113.4亿美元，增速较上年加快4.1个百分点（见图2）。

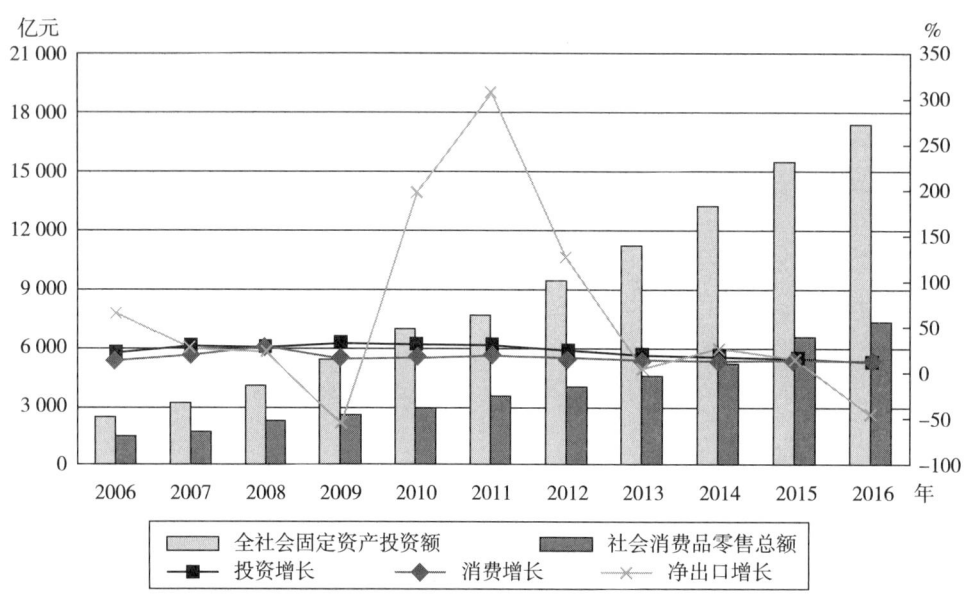

数据来源：重庆市统计局。

图2 重庆市需求结构变化情况（2006—2016年）

3. 居民消费价格温和上涨，工业生产者价格降幅收窄

2016年，全市居民消费价格总水平同比上涨1.8%，其中，食品烟酒价格上涨最快，同比增长3.6%，教育文化和娱乐价格出现下降，同比下降0.5%。全市工业生产者出厂价格指数和购进价格指数分别下降1.4%和1.6%，降幅较上年同期分别收窄1.4个和1.3个百分点（见图3）。

4. 房地产去库存效果明显，市场交易呈现"量价齐升"

1—12月，全市商品房成交6 257.15万平方米，同比增加16.3%，比上年同期提高10.8个百分点。商品房销售额3 432.00亿元，同比增长16.3%，比上年同期提高11.4个百分点。商品住宅销售均价小幅上升，1—12月，主城区商品住宅成交均价7 116元/平方米，同比上升7.4%。

5. 就业形势基本稳定，城乡居民收入稳步提高

2016年，全市城镇新增就业人员72.09万人，同比增长0.4%。城镇登记失业率为3.7%，比上年同期上升0.1个百分点。城乡居民收入稳步提高。全市城镇常住居民人均可支配收入29 610元，同比增长8.7%；农村常住居民人均可支配收入11 549元，同比增长9.9%，增速持续保持在城镇居民收入增速之上。

6. 财政收入略有下降，财政支出结构持续向好

全年财政收入3 815.70亿元，同比下降3.03%。公共预算收入2 228.20亿元，同比增长

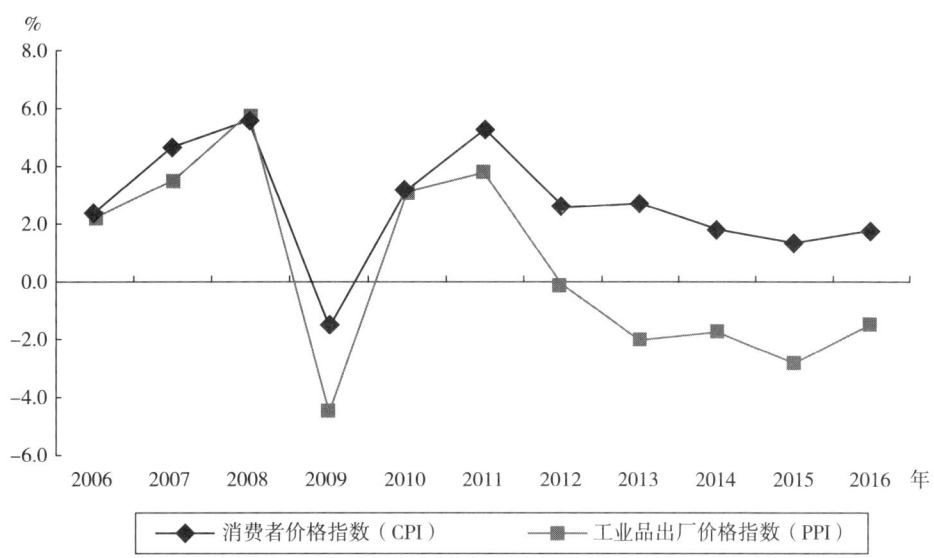

数据来源：重庆市统计局。

图3　重庆市物价变动情况（2006—2016年）

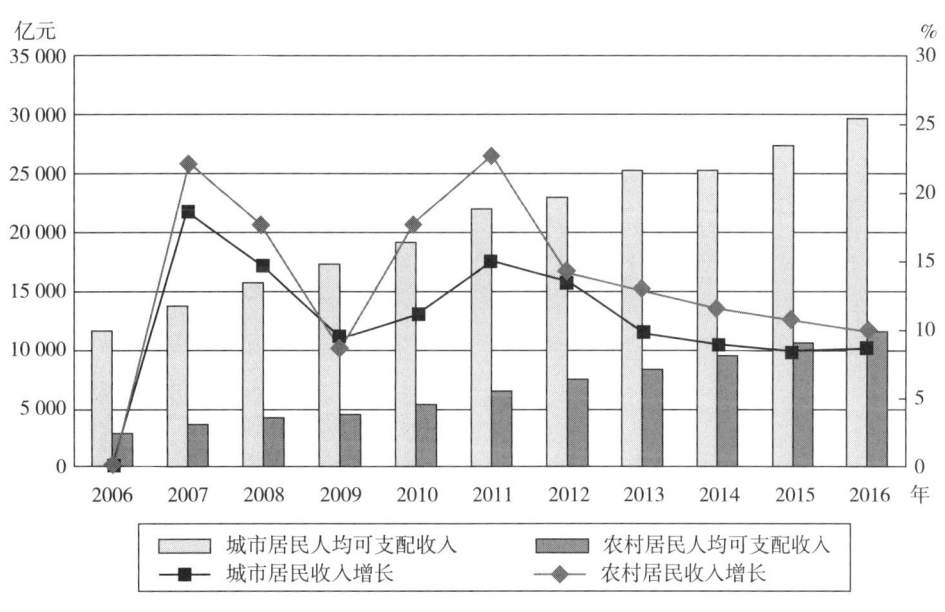

数据来源：重庆市统计局。

图4　重庆市居民收入增长情况（2006—2016年）

7.08%，其中，基金预算收入1 497.31亿元，同比下降8.9%，是近3年的最低点。土地出让收入1 412.37亿元，同比下降9.05%，是导致基金预算收入下降的主要原因。全年财政支出5 690.46亿元，同比增长4.59%。民生领域支出持续改善，全年在教育、医疗计生、社保就业、住房保障等方面的财政支出共计1 485.32亿元，占一般公共预算支出的36.01%（见图5）。

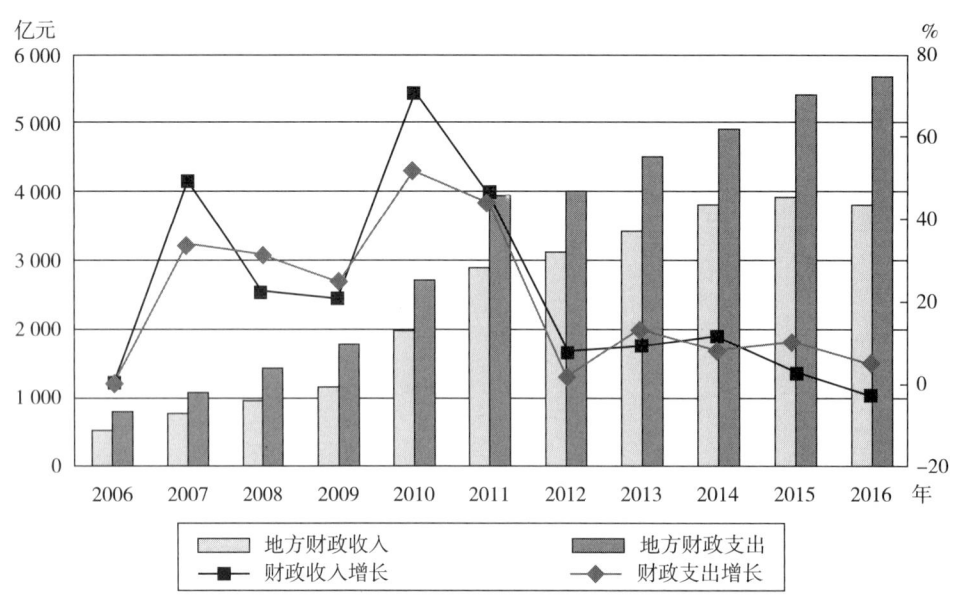

数据来源：重庆市统计局。

图5 重庆市财政收支状况（2006—2016年）

（二）需要关注的问题

外贸形势依然严峻。一方面，全球经济复苏乏力导致外需疲软，加上人工、环境资源成本上升削弱价格竞争优势，全市笔电等产品出口持续下滑拖累全市外贸增速。另一方面，人民币汇率波动加剧，海关加大对虚假贸易打击力度，进出口下降明显。2016年，全市进出口总值4 115.10亿元，同比下降10.8%，其中出口2 652.73亿元，同比下降22.4%，降幅较上年同期扩大10.4个百分点。

房地产市场走势值得关注。2016年底以来形势突变，部分开发商通过媒体"炒作"、捂盘销售、哄抬房价，加上市外人员因重庆住宅的"价格洼地"集中来渝投资投机购房快速拉升需求，导致主城部分地段、部分楼盘价格快速上涨，2016年10—12月，重庆主城区商品住宅成交均价累计同比增幅分别为3.1%、5.9%和7.4%。近期重庆市国土房管部门、金融管理部门、财税部门打出了一套"组合拳"，市场预期得到有效引导，但未来走势及对我市经济的影响仍需保持高度关注。

工业部门仍然面临较大下行压力。2016年以来，原材料价格上涨拉动部分中上游企业盈利能力修复，但中下游企业直接面对终端消费市场，受市场需求不振影响，企业很难通过提高产品售价转嫁成本压力，经营未见显著改善，制约企业利润好转，进而使得工业部门无法形成新一轮的良性产能扩张循环圈。因此，全市工业部门发展仍面临较大的向下压力。

二、金融业与金融稳定

（一）银行业稳健性

1. 银行业运行分析

银行业资产负债规模平稳增长，市场主体更加丰富。2016年末，全市银行业总资产4.33万亿元,同比增长9.85%;总负债4.17万亿元,同比增长10.19%。西部首家民营银行富民银行开业运营,渤海银行重庆分行筹建获批,全国性股份制商业银行均在渝设立分支机构。全市银行业金融机构数量达到95家,较上年增加4家。目前,全市各类金融机构数量约1 600家,涵盖5大门类,10多个领域的金融牌照,门类数量均在中西部最齐全。

行业利润同比负增长,信贷资产质量继续下滑。全年银行业实现税后净利润累计493.7亿元,较去年同期减少48.8亿元,同比下降9.0%,连续两年呈现负增长。其中商业银行净利润同比下降12.8%。在去产能、去杠杆的背景下,全市银行业信贷资产质量下滑明显,不良贷款继续"双升",年末不良贷款余额290.5亿元,较年初增加83.2亿元,同比增长40.15%;不良贷款率1.14%,同比上升0.23个百分点。整体拨备覆盖率247.2%,同比下降13.8%(见图6)。

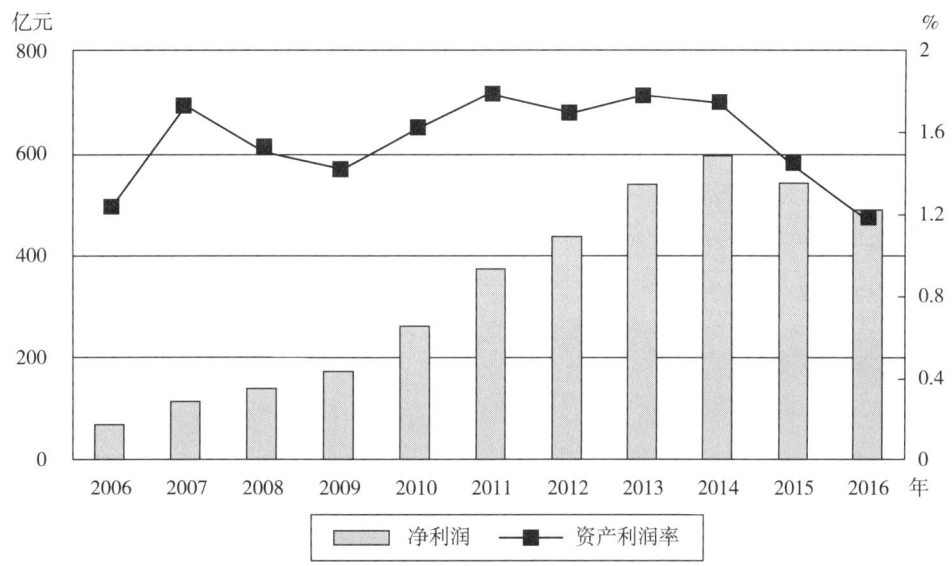

数据来源:重庆银监局。

图6 重庆市银行业盈利水平情况(2006—2016年)

法人机构运营总体稳健,资本实力有所增强。截至12月末,全市39家法人银行资产总额13 781.89亿元,同比增长16.50%;资本充足率12.60%,同比上升0.50个百分点;整体拨备覆盖率为340.31%,均大幅高于监管要求。年内,重庆地方法人银行累计发行二级资本债55亿元,同比增长511%。重庆三峡银行增资扩股至44亿元。此外,重庆银行发起设立重庆钚渝金融租赁公司,迈出多元化经营步伐。

2. 需要关注的问题

非金融企业信用风险持续暴露,杠杆风险值得关注。目前,重庆市经济仍处于新旧动能转换、产业结构调整阵痛期。监测显示,全辖银行机构授信500万元以上的问题企业客户超过1 300家,涉及银行贷款余额超过600亿元。从行业分布看,四成以上的企业来自批零业,近三成来自机械、通用设备、化工制品、钢铁制造等传统制造业。从企业规模看,中小企业占比超过八成,个别大型企业债务负担较重、偿债压力较大。同时,非金融企业资产负债率约64%,高出全国平均水平4个百分点,杠杆率高企进一步加大企业信用风险隐患。

同业业务仍存在违规套利行为,内控管理亟待加强。部分银行在业务发展和内控管理方面存在不少问题：一是存在监管套利甚至违规行为，如通过同业业务转移不良贷款、掩盖资产真实性，通过银银、银信、银证等同业业务将原本风险权重较高的基础资产"包装"成权重较低的同业资产，加大了金融业全行业风险敞口。二是通过"当期买断＋远期卖断"的双买断操作，从形式上规避禁止买入返售非标资产的监管要求，通过签署补充协议为投资非保本银行理财产品增信，以规避穿透式风险管理。三是部分机构同业业务内控制度建设明显滞后，专营制管理比较粗放，同业授信管理存在缺陷，甚至发生内部人员违规操纵导致的同业风险事件。

（二）证券业稳健性

1. 证券业运行分析

证券机构数量保持稳定，市场交易量大幅减少。截至12月末，全市共有1家法人证券公司、23家证券分公司、186家证券营业部、4家期货公司、32家期货营业部、1家基金管理公司、1家证券投资咨询公司。全年证券经营机构累计代理证券交易额40 392.16亿元，同比减少36.19%，期货经营机构代理商品期货交易额87 532.95亿元，同比减少59.18%。

上市公司总市值小幅增长，辖内1家公司实现IPO。截至12月末，辖区上市公司市价总值6 691.25亿元，同比增长3.01%。辖内上市公司（境内A、B股）44家，其中，仅发A股上市公司41家，仅发B股公司数1家，同时发A、B股公司数1家，同时发A、H股公司数1家。全年共有1家公司（重庆小康工业集团）实现IPO，募集资金总计8.28亿元。新增上市公司和新三板挂牌企业57家。

证券机构经营业绩下滑，期货基金法人表现较好。截至12月末，西南证券资产总额609.8亿元、净资本148.14亿元，较年初分别下降4.5%、增长6.8%；公司全年实现营业收入36.95亿元，净利润10.99亿元，较上年分别下降51.4%和68.5%。辖区4家法人期货公司资产总额97.92亿元、净资本14.31亿元，同比分别增长21.3%和40.4%；全年共实现盈利2.2亿元，同比增长54.9%。新华基金管理基金产品41只，较上年增加5只，基金管理份额405.63亿份、资产净值439.62亿元，较上年末增幅分别为41.1%、27.9%。

创新业务持续推进，综合金融服务能力增强。西南证券公司持续深化"全牌照"经营格局，获批"上市公司股权激励行权融资业务试点"等创新业务资格。同时，公司分别对旗下创新子公司和直投子公司增资8亿元和6亿元，新设的电子商务公司和基金管理公司业务加速拓展，逐步形成结构完整、重点突出、服务多样的综合金融发展模式。

2. 需要关注的问题

证券行业创新业务快速发展，交叉性金融风险不容忽视。近年来，证券行业融资融券、股票质押式回购等信用交易业务以及资产管理等交叉性金融业务成为行业最重要的利润增长点，其中资管计划资金主要来源于银行，融资融券业务筹集的资金来源于银行和保险公司。资金主要投向委托贷款、信用证、股票质押回购、信托、货币类资产、股票二级市场、定向增发等。这些业务创新使证券业与其他金融行业之间的关联度愈加紧密，交叉性金融风险增大。

证券市场违规违法行为仍时有发生，行业秩序仍需规范。辖区证券期货业的竞争日益加剧，部分证券期货经营机构采用不合规手段获取市场份额，损害投资者利益，对市场秩序造成了一定的不良影响。此外，非法中介、非法发行、非法证券投资咨询、非法委托理财、非法期货活动和非法证券投资基金活动时有出现，干扰了正常的市场经营环境，例如，上半年重庆股份转让中心联手公安部门查办一起典型的误导宣传、混淆挂牌与上市区别的涉嫌非法集资的活动,对类似事件和问题提出风险警示。

(三)保险业稳健性

1. 保险业运行分析

市场体系不断完善,主要指标整体向好。截至12月末,全市有法人保险公司4家,市级保险分公司51家,中心支公司及以下机构1 264家,各类专业中介机构98家,兼业代理机构5 300家。全市保险业从业人员达到12.6万人,较上年增长32.6%。保险公司总资产2 113.98亿元,同比增长18.02%。全年累计实现原保费收入601.6亿元,较上年增长16.9%。保险深度3.43%,较上年提高0.16个百分点;保险密度1 974元/人,较上年增加268元(见图7)。

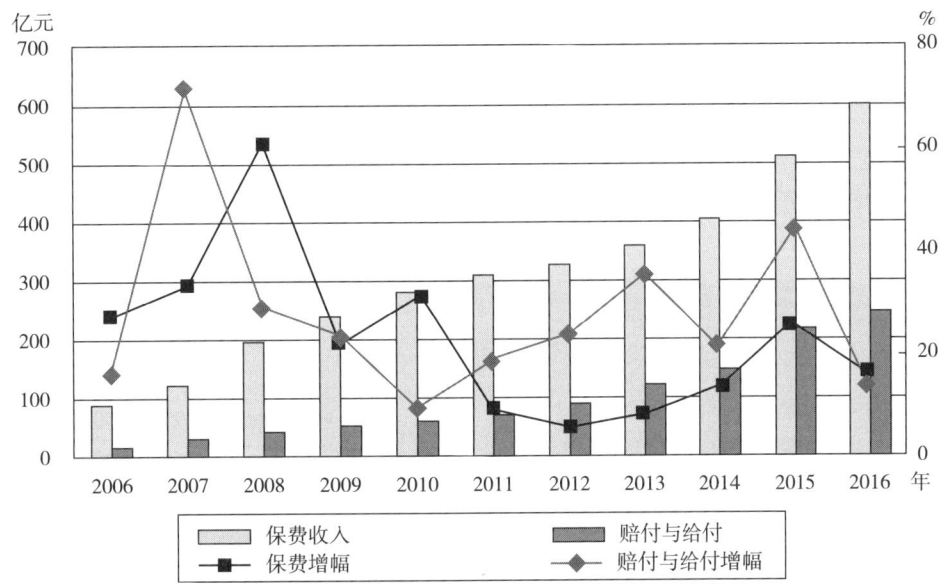

数据来源:重庆市统计局。

图7 重庆市保险业发展基本情况(2006—2016年)

业务结构持续优化,偿付能力总体充足。2016年,产险公司效益保持稳定,综合成本率96.7%,低于全国平均水平2.8个百分点。寿险公司全年普通寿险、健康险保费收入分别同比增长27.2%、29%,在寿险业务中的占比提升至62.6%。寿险新单保费折标率52.5%,高于全国水平9.1个百分点,同比提高7.4个百分点。辖区安诚产险、利宝产险、恒大人寿等3家法人保险机构的偿付能力充足率分别为709.03%、167.92%和109.7%,均高于监管标准,但较上年有不同程度下降。

法人机构数量位居中西部地区首位,综合实力不断增强。截至2016年底,在渝保险法人机构4家,居中西部地区首位。受恒大人寿变更股东后增资影响,2016年4家保险法人机构资本总额达136.28亿元,同比增长199.5%;累计实现保费收入93.59亿元,同比增长74.77%。截至12月底,在渝保险法人机构总资产858.58亿元,与去年同期相比翻了一番。

保险功能有效发挥,服务发展力度增强。全年保险业为全社会提供风险保障29.5万亿元,同比增长27.6%;保险业累计赔付支出250.2亿元,同比增长13.6%。辖区保险机构农产品收益保险覆盖 11 个区县，保费规模较上年大幅增长 71.4%。城乡居民大病保险和城镇职工大额医疗互助保险实现全覆盖。此外，辖区保险公司积极利用互联网等新技术提高服务质量，消费者保险消费满意度进一步提升。

2. 需要关注的问题

保险营销面临较大的合规风险和声誉风险。在客户竞争日趋激烈的形势下，保险公司利用互联网营销等新方式和手段开辟展业空间，但营销环节中的跨区域销售、产品宣传及销售中误导性表述等违规问题时有发生，与之相伴的合规风险和声誉风险上升。2016 年，恒大人寿就因出现类似问题被监管部门下发了监管函，互联网营销渠道被迫暂停，对公司产生一定负面影响。

人身险期满给付和分红险退保投诉问题。未来一段时期，人身险市场满期给付和退保仍将高位运行，尤其是销售误导顽疾尚未根治，加上受市场利率下行、资本市场波动、资金运用压力加大等复杂因素影响，寿险公司分红险等投资理财产品收益与客户预期始终存在一定差距，很容易引起群诉群访、非正常退保纠纷甚至群体性事件。因此，当前应重点关注部分公司分红险"高投诉、高退保"现象以及部分中断存续期产品高增长、高退保并存问题。

三、金融基础设施与金融稳定

（一）支付清算体系

支付服务市场监管不断加强，银行卡手续费调整政策平稳落地。建立支付机构飞行巡查及协作监管、备付金银行履职评价、支付系统参与者风险评估等长效机制。审慎开展《支付业务许可证》续展初审工作，首批 2 家法人支付机构牌照全部成功续展。推广和规范非现金支付工具使用，银行卡手续费调整政策落地平稳。根据银行卡手续费定价新规，组织制定《银行卡刷卡手续费调整实施细则》和《市场自律公约》，49 家银行卡收单机构与 22.9 万户活动商户完成协议换签。2016 年，全市实现银行卡跨行交易 4.08 亿笔，金额 1.33 万亿元，同比分别增长 24.80% 和 17.53%。

农村支付服务环境建设综合试点深入推进，普惠金融协调发展。着力推动助农取款服务点与电商合作、手机支付产业链应用、助农取款跨行通用三项特色惠农支付工程纵深发展。在全国率先自主开发建设惠农支付服务综合管理系统，实现 14 家服务主体（含 7 家银行、3 家支付机构、4 家村镇银行）、635 个便民金融自助服务点惠农支付信息的系统采集、网上审核、统一管理、统一维护和共享使用。截至 2016 年底，服务农村的银行和支付机构达 40 余家，11 569 个助农取款服务点实现村域全覆盖，447 个跨行助农取款服务点实现县域全覆盖。

联合整治支付领域违法犯罪行为，风险势头得到有效遏制。会同市公安局成立联合整治支付结算重大违法犯罪办公室，切实加大电信网络诈骗打击力度，联合市反诈骗中心制定了支付机构协助公安机关查询、止付、冻结的工作流程，指导银行及支付机构建立 7×24 小时专人协查快速响应机制。截至 2016 年底，全市各支付机构累计配合处置涉案账户 8 128 个，止付涉案资金 1 323 万元。

（二）征信体系

征信系统覆盖面显著提升，防范信贷风险作用不断增强。截至 12 月末，重庆市累计有 213 家机构接入征信系统。个人征信系统累计收录重庆市 1 792 万个自然人，开通重庆查询用户 2 226 个；

2016年，重庆市共计查询个人信用报告1 316万次，同比增长149.5%。企业征信系统累计收录重庆市企业及其他组织24.4万户，开通重庆查询用户2 141个；2016年，重庆市共计查询企业信用报告76.8万次，同比减少15.3%。

社会信用体系建设稳步推进，信息共享平台初步建立。建立"重庆农村信用信息基础数据库"等涉农信用信息大数据管理平台，目前已采集356万农户基本信息，各类信用信息616万条。已初步构建重庆市社会公共信息平台"3+1+X"体系，即三大基础数据库（自然人基础数据库、法人信息数据库、综合市情系统），1个共享交换平台，4个公共服务平台（政务共享平台、中央在线监管平台、信息惠民平台、社会治理平台在内的X个应用系统），均已实现基本功能。

（三）反洗钱体系

稳步推进调查协查，情报支撑日益显现。通过建立指标、制定方案、组织推动、持续辅导等步骤开展可疑交易报告质量评价试点工作，探索推动义务机构提升报告能力和水平。创新手段，进一步提升可疑交易甄别能力。人民银行重庆营管部全年接收、分析可疑交易线索156条，移送线索102条，同比增长83%。人民银行重庆营管部、市金融办、市公安局等部门加强情报会商，全力开展打击利用离岸公司和地下钱庄专项行动，深度挖掘涉嫌洗钱线索，金融情报职能有效显现。

不断深化协作机制，反洗钱合力逐步增强。在反洗钱联席工作机制框架下，各层次机构开展跨部门协作，制定打击涉毒洗钱犯罪、洗钱案件倒查问责等协作机制，各成员单位加强日常信息沟通和交流，逐步增强反洗钱合力。重庆市反洗钱工作信息共享制度有效运行，每半年汇总分析各成员单位数据，定期发布共享报告。金融机构和支付机构积极贯彻风险为本的反洗钱理念，强化内控机制和系统建设，切实履行大额可疑交易报告等反洗钱义务，深入开展《反洗钱法》颁布实施十周年宣传活动，有效扩大了反洗钱的社会影响力。

（四）金融消费者权益保护

深化金融知识宣传教育工作有成效。一是金融知识与金融法治知识宣传站建设工作取得积极进展。全辖已建成宣传站988个，覆盖全辖城镇、主要街道和乡镇金融机构，依托宣传站开展宣传5 268场次，发放各类宣传资料240万份，宣传受众达313万人。重庆电视台、央视网等主流媒体对宣传站建设情况进行了报道。二是采取"线上+线下"相结合的调查方式，创新开展消费者金融素养问卷调查和消费者满意度调查。三是继续开展"3·15金融消费者权益日"和"金融知识普及月"集中宣传活动，有效提高了社会公众对金融知识的认知。

以提高投诉服务质量为目标强化投诉管理工作。一是金融消费者投诉分类标准应用试点工作稳步开展。截至2016年12月，4家试点机构共受理投诉7 804笔，月均及时办结率达98.95%，客户满意度达99.1%。二是投诉服务工作质量进一步提高。金融消费权益保护信息管理系统平稳运行，实现投诉受理转办全流程电子化。全年全辖受理处理金融消费者咨询42 577件，投诉581件，其中，已办结580件，办结率达99.83%，消费者满意率为98.75%。三是组织开展投诉应急演练，提高了群体性金融消费者投诉事件应急处置能力。

四、总体评估结论

2016年，面对错综复杂的国内外经济形势，重庆金融体系主动适应经济发展新常态，各项发展改革稳定工作有序推进，未发生系统性、区域性金融风险。供给侧改革取得初步成效，经济增速继续位居全国前列，增长质量持续提升，全市经济社会继续呈现结构优化、民生改善的良好局面。全市金融业在坚持稳健合规经营的基础上，改革创新双轮驱动。金融支持实体经济发展力度更大，直接融资比重进一步提升，金融改革广度和深度不断拓展，金融市场更具活力。

金融机构认真贯彻落实各项金融调控政策，主动对接国家和地方重大发展战略，"盘活存量、用好增量"，服务经济发展重点领域、薄弱环节取得了新的成效。金融机构改革不断深化，审慎经营理念不断夯实，综合金融服务能力有效提升。各类法人金融机构公司治理结构不断完善，业务转型有序实施，抗风险能力得到增强。金融新业态发展更趋多元化，竞争更加有效充分，带动辖区金融发展活力显著提升。辖区金融业风险总体可控。

金融基础设施不断健全完善，金融生态环境更加优化。金融法治手段日趋完备，支付清算、征信、反洗钱等金融服务和监管手段更加有效，为维护区域金融稳定提供了良好的机制环境。在"去杠杆、去产能"等复杂艰巨形势下，尽管金融领域新情况、新问题不断涌现，但通过各方共同努力，积极应对风险隐患，各种冲击区域金融稳定的不利因素和苗头性问题得以减弱和消除，坚守住了不发生系统性、区域性金融风险的底线。

当前，世界经济仍处于缓慢复苏的进程中，实体经济发展面临诸多困难，市场风险传导显性化和隐性化交织，对重庆金融稳定的影响加大。随着去产能、去杠杆等各项改革的深入推进和实施，地方政府债务置换、房地产市场调控及产能过剩行业信用风险、具有融资功能的非金融机构及P2P融资隐患等问题需重点关注。面对新形势，重庆金融业只有坚持金融服务实体经济导向，抓住我国金融业改革开放全面深化的重要战略机遇期，主动对接各项金融改革，持续扩大对外开放，积极稳妥推进金融创新，才能更大程度释放政策红利，有效防范各类金融风险。

总　　纂：楚龙春
统　　稿：杨育宏　张　赶
执　　笔：张　赶　刘　林　刘姝姝　刘科星　纪宝林　钱东平
其他参与写作人员：蒋兴明　范　奇　吴恒宇　韩淑媛　黄觉波
　　　　　　　　　李高亮　邹芳莉　谭明红　王　芮　周　薇
　　　　　　　　　傅　宏　贺　涛　王松涛

四川省金融稳定报告摘要

2016年，四川省经济运行呈现总体平稳、稳中向好的态势，转方式调结构取得明显成效，主要经济指标好于预期，实现了"十三五"良好开局。但是，全省经济企稳向好基础还不牢固，过度依靠投资和负债拉动经济增长现象依然突出，内生增长动力不足，经济下行压力较大。同时，省内金融业在总体保持平稳发展的势头下，面临的一些问题依然突出，金融系统整体杠杆率偏高，信贷资产质量形势严峻，中小金融机构流动性和盈利水平下降，券商业绩下滑明显，寿险满期给付规模持续高企，民间融资领域司法审理和处置工作压力巨大，金融体系潜在风险持续积聚，防控和化解金融风险的压力较大。

一、经济环境

2016年，四川省经济运行总体平稳，工业企业效益有所好转，PPI单月增速4年来首次由负转正。

（一）经济运行特点

1. 经济增长放缓，增速高于全国平均水平

2016年，四川实现地区生产总值（GDP）3.27万亿元，比上年增长7.7%，同比回落0.2个百分点，比全国平均水平高1个百分点（见图1）。分产业看，第一产业增加值3 924.08亿元，增长3.8%；第二产业增加值13 924.73亿元，增长7.5%；第三产业增加值14 831.69亿元，增长9.1%。产业结构为12:42.6:45.4。其中，规模以上工业增加值增长7.9%，增幅高于全国平均水平1.9个百分点。工业增速放缓和服务业较快增长为下一步经济结构调整创造了条件。全年城镇居民人均可支配收入28 335元，同比增长8.1%；农村居民人均纯收入11 203元，同比增长9.3%。

2. 内需平稳增长，出口降幅收窄

2016年，全社会固定资产投资2.9万亿元，同比增长12.1%（见图2），高于全国平均水平4个百分点。社会消费品零售总额1.55万亿元，同比增长11.7%，高于全国平均水平0.8个百分点。全年实现进出口总额493.31亿美元，同比下降3.6%，降幅比上年收窄22.9个百分点。其中，出口279.46亿美元，下降15.6%，降幅收窄10个百分点；进口213.86亿美元，增长18.2%，增速由负转正。合同利用外资43.19亿美元，同比增长18.68%；实际利用外资80.31亿美元，同比下降20.22%。跨境人民币结算金额1 121.35亿元，同比下降32.37%，占全省本外币国际收支的比重达22%。跨境人民币业务覆盖3 248户企业，比上年末增加726户。

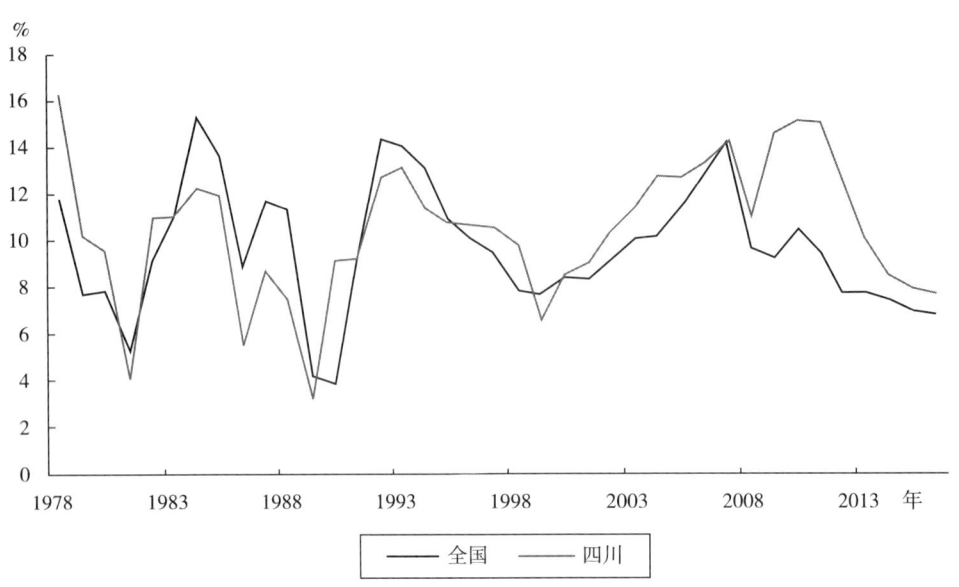

数据来源：国家统计局、四川省统计局。

图1　全国和四川经济增长

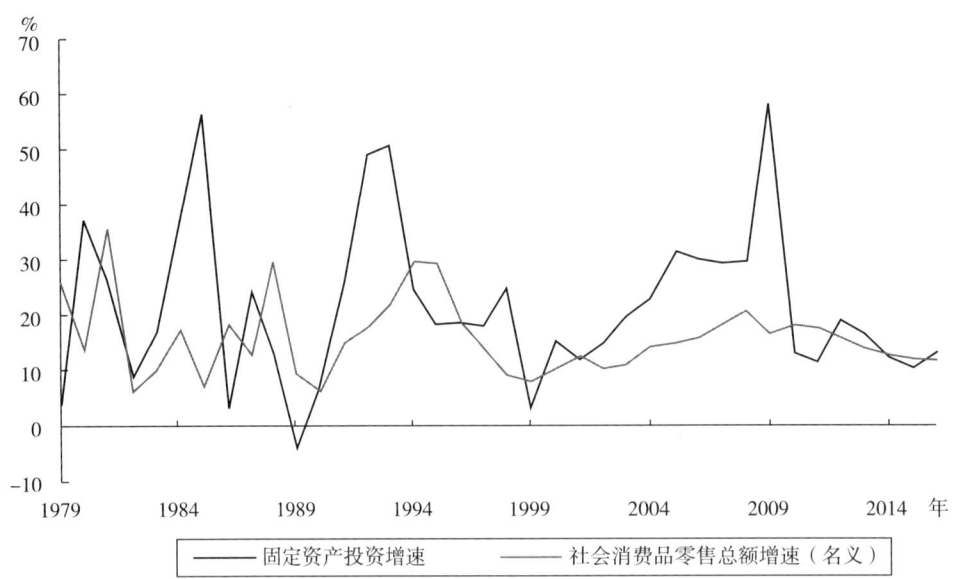

数据来源：四川省统计局。

图2　投资与消费增长

3. 政府债务总体风险可控，工业企业效益有所好转

2016年，四川地方公共财政收入3 389.4亿元，同比增长8.3%；四川地方公共财政支出8 011.9亿元，同比增长9.8%。2016年末，四川省政府整体债务余额7 812亿元，全年发行地方政府债2 890.62亿元，较上年同期增加1 100.62亿元。其中，一般债券发行1 624.01亿元，较上年同期增加394.01亿元；专项债券发行1 266.61亿元，较上年同期增加754.19亿元。2016年规模以上工业企业利润总额为2 176.09亿元，同比增长5.36%，比上年同期下降7.73个百分点。

4. 物价水平总体平稳，PPI 指数实现回升

2016 年，全年居民消费价格（CPI）同比上涨 1.9%，增速较去年同期小幅回升 0.4 个百分点，较全国平均水平低 0.1 个百分点。工业生产者出厂价格指数（PPI）累计同比下降 1.1%，降幅较全国平均水平低 0.7 个百分点（见图 3），但自 9 月开始，单月同比涨幅 4 年来首次由负转正，并在年底前连续 4 个月涨幅为正；工业生产者购进价格指数（IPI）全年累计同比下降 1.2%，但自 10 月起同比涨幅由负转正，初步显示出经济企稳回暖迹象。

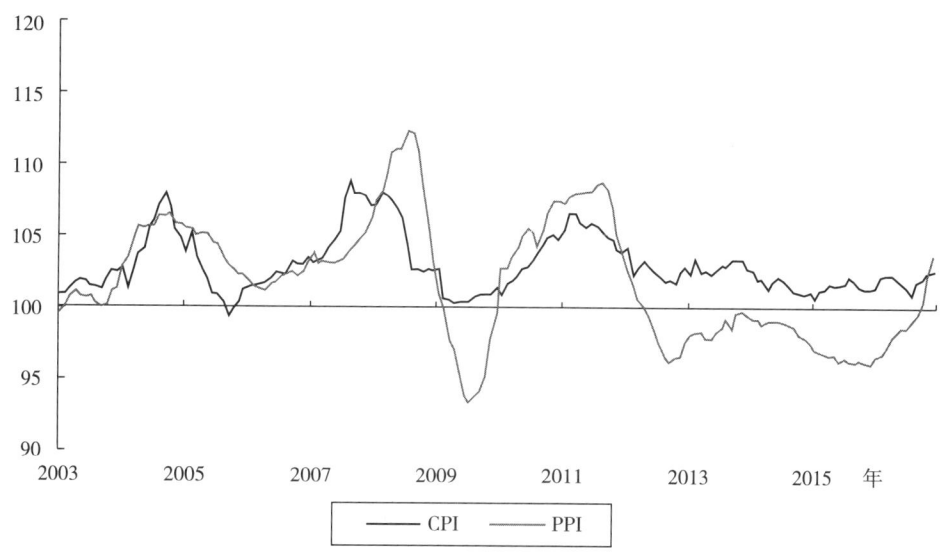

数据来源：四川省统计局。

图 3　月同比物价指数

（二）2017 年经济展望

当前，国内外环境依然错综复杂，从国际看，世界政治格局正加速演变，世界经济处于缓慢复苏阶段的大环境仍将持续一段时期，从国内看，我国经济发展新常态特征更加明显，经济平稳的态势在延续，向好因素在积累，但是转型发展的任务仍然十分艰巨，产能过剩和需求结构升级矛盾突出，经济金融风险上升特别是房地产泡沫和信用违约风险加大，转型升级还需要一个长期过程。从四川省情况看，同样面临实体经济发展动力不足、结构性矛盾突出、区域发展不平衡等问题。同时，全省经济也面临重大历史发展机遇，一系列有利条件正在我省交汇叠加，"一带一路"、长江经济带、成渝经济区、系统推进全面创新改革试验、自由贸易区、建设成都国家中心城市等重要发展战略，有望引领全省经济在 2017 年继续保持平稳较快发展。

二、金融业

2016 年，四川金融业总体运行稳健，对地方实体经济发展支持力度不断加大。2016 年末，四川金融业总资产 8.93 万亿元，增长 11.9%，增速上升 1.1 个百分点。但是，省内金融机构资产质量形势依然较为严峻，业绩增长困难，市场分化加剧，金融风险隐患持续积聚，防控压力较大。

（一）银行业

2016年，四川银行业金融机构继续保持平稳发展，组织体系更加健全，金融改革成效显著，但信贷资产分类下迁压力较大，盈利状况不容乐观，中小法人机构流动性压力上升较快。

1. 运行情况

（1）资产负债规模稳步增长。2016年末，四川银行机构资产总额8.51万亿元，同比增长12.03%，增速较上年同期上升2.18个百分点；负债总额8.24万亿元，同比增长12.07%，增速较上年同期上升2.1个百分点。政策性银行、大型国有商业银行、城商行、农村合作金融机构资产余额分别同比增长16.1%、10.97%、27.88%和9.92%。

（2）存贷款增速有所回升。2016年末，各项存款余额6.5万亿元，同比增长12.55%，增速较上年同期上升3.24个百分点，高于负债增速0.48个百分点；各项贷款余额4.38万亿元，同比增长12.49%，增速较上年同期上升1.15个百分点，高于资产增速0.46个百分点。

（3）组织体系不断健全。2016年末，四川银行业机构232家，其中省外机构一级分支机构51家（国有银行5家、政策性银行3家、股份制银行13家、省外城商行8家、邮储银行1家、外资银行15家、非银行金融机构2家、金融资产管理公司4家），法人机构181家（其中城商行13家、农村合作金融机构110家、新型农村金融机构50家、非银行金融机构8家）。全省银行业机构网点14 183个，增加143个，从业人员22.91万人。新设法人机构1家。

（4）金融扶贫精准发力，补短板降成本成效显著。"扶贫再贷款+扶贫小额信贷"和"扶贫再贷款+产业带动贷款"模式持续推进，全年累计发放扶贫再贷款99.1亿元，四川金融精准扶贫贷款余额2561.8亿元，同比增长46.8%，高于各项贷款增速34.3个百分点。货币政策工具引导有效，累计发放支农再贷款157.33亿元、支小再贷款44.8亿元、办理再贴现125.39亿元，年末四川涉农、小微企业贷款分别同比增长10.07%和18.64%；贷款利率持续下行，年末四川人民币贷款加权平均利率5.68%，同比下降44个基点。涉农银行机构累计发放"两权"抵押贷款23.88亿元。政策性银行借用抵押补充贷款对棚户区改造、"一带一路"、水利和农村公路等特定领域发放的贷款余额为1 037.59亿元。

（5）重点金融机构改革有序推进。国家开发银行、进出口银行和农业发展银行在四川分支机构继续落实开发性、改革性金融改革方案，在支持四川棚改、脱贫攻坚、"一带一路"等重大项目和重点企业"走出去"等方面发挥了积极的作用。农业银行"三农金融事业部"、交通银行、邮政储蓄银行、出口信用保险公司、资产管理公司等重点机构在四川分支机构继续深化商业化、市场化改革，业务运行效率和风险管控能力明显提升。13家城市商业银行进一步完善法人治理机制，不断优化资本结构。四川发展成功入股凉山商业银行，并拟入股攀枝花商业银行，四川银行筹建工作稳步推进。农村信用社商业化改革工作有序推进，全年改制成立14家农村商业银行。

（6）成都农村金融服务综合改革试点取得阶段性进展。一是农村金融综合服务站全面建设，已建立村级农村金融服务站1 100个。二是"两权"试点工作稳步开展。设立市、县两级农村产权抵押融资风险基金1.65亿元；2016年，温江、崇州、郫县三个全国"试点县""两权"抵押贷款累计发放457笔、12.13亿元；出台了《成都市鼓励和引导农村产权入场流转交易办法》，成都市农村产权收储公司挂牌成为全国首家，并办理首笔1 500万元涉农不良债权收储。三是成都农村产权交易所设立并运营，实现农村产权交易1.3万宗、536亿元。

(7)存款保险职能深入推进。2016年,存款保险风险评级、差别费率、现场核查等重要职能在四川相继实施,对174家地方法人银行业金融机构开展风险评级,全面、准确把握机构经营和风险状况,差别化核定地方法人投保机构适用费率;开展存款保险现场核查,在夯实保费基数的基础上,探索风险的早期识别和早期纠正;建立辖区法人银行机构存款保险风险监测机制,切实把握风险变化,加强关注类机构存款保险风险管理。存款保险各项新职能的深入推进,切实保障了存款人权益,进一步强化了公平竞争和市场约束,促进法人银行机构的改革深化和稳健经营。

2. 稳健性评估

(1)不良贷款快速增长势头得到初步遏制,信贷资产质量防控压力依然较大。2016年末,四川省银行业金融机构不良贷款余额1 102.2亿元,较年初增加150.15亿元,同比少增197.43亿元;不良贷款率2.52%,较年初上升0.07个百分点,同比少升0.65个百分点(见图4)。不良贷款增速放缓,部分原因在于金融机构加大了不良资产处置。2016年以来,全省银行业机构累计核销不良贷款276亿元,向非银行机构转让贷款352亿元,分别为2015年的2.7倍和1.6倍。2016年末,全省关注类贷款余额2 262.83亿元,同比增长15.75%;表外垫款余额128.59亿元,同比增长14.18%。随着供给侧改革的持续推进,关注类贷款的下迁、表外垫款的转化,都将对银行业金融机构信贷资产质量形成现实压力。

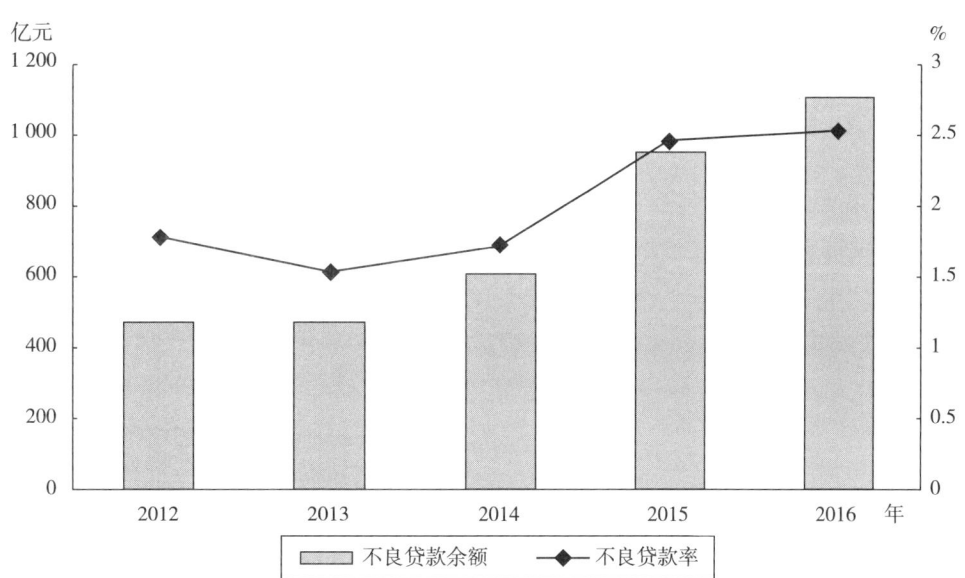

数据来源:四川银监局。

图4 银行业资产质量

(2)净利润增速放缓,盈利能力下降。2016年,四川银行业机构实现净利润720.96亿元,同比增加37.76亿元,增幅5.53%,增速回落0.48个百分点(见图5)。其中,大型银行盈利缓慢增长,股份制银行和各类中小法人盈利均不同程度下滑,个别机构甚至出现近年来首次亏损。在经济下行压力、利率市场化背景下息差收窄、拨备计提增加等多重因素影响下,银行业机构盈利能力下降,资产利润率0.9%,同比下降0.05个百分点;资本利润率27.52%,同比下降1.4个百分点。

(3)法人银行机构拨备增加,资本充足率小幅下降。2016年末,四川中小法人银行机构贷款损失准备余额580.24亿元,同比增加66.63亿元,增幅12.97%;拨备覆盖率161.08%,同比上升

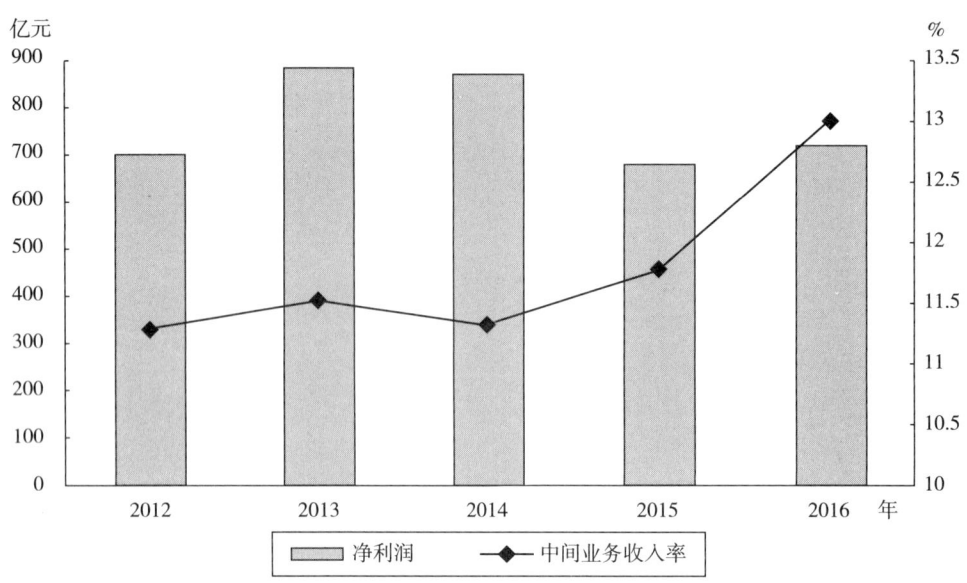

数据来源:四川银监局。

图5 银行业盈利水平

8.77个百分点。资本充足率13.57%,同比下降0.09个百分点(见图6)。分机构来看,城商行、农合行资本充足率分别下降1.09个和1.28个百分点;农商行、农信社和村镇银行资本充足率分别上升0.31个、1.1个和0.7个百分点。

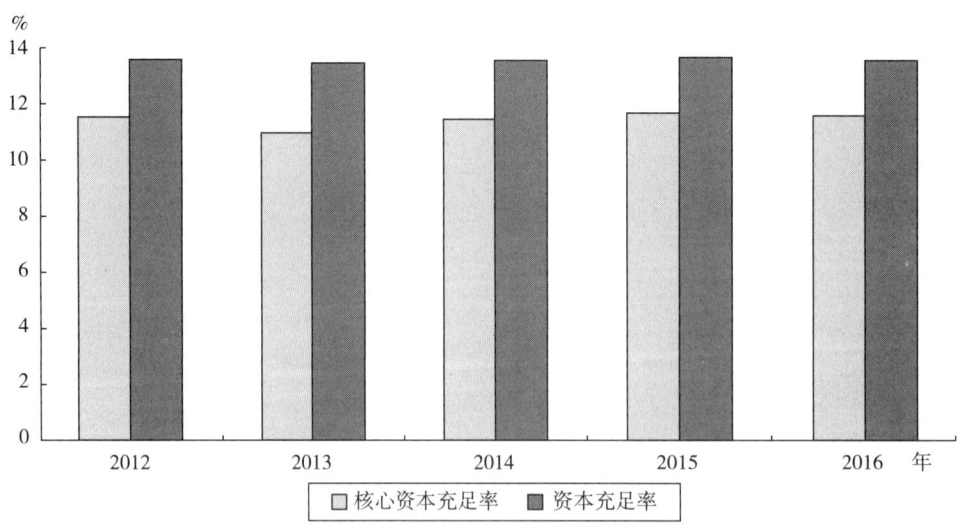

数据来源:四川银监局。

图6 法人银行业机构资本充足状况

(4)中小法人机构流动性压力上升,村镇银行尤为突出。2016年末,四川中小法人银行机构流动性比例57.58%,同比下降15.94个百分点。其中,城商行、农信社、村镇银行流动性比例分别为51.99%、62.9%和62.19%,分别同比下降7.1个、16.46个和10.08个百分点。特别是部分村镇银行受品牌认可度低、机构网点少、未开办银行卡等因素制约,吸储困难,存款稳定性差,流动性比例较年初降幅较大。

（5）同业业务持续较快增长，潜在风险不容忽视。随着存贷利差收窄，金融机构为拓展利润空间，以各类理财产品、信托计划及资管计划等跨市场交叉性金融产品为代表的同业业务快速增长，2016年末，四川银行业机构同业业务达1.51万亿元。特别是法人银行业机构同业投资增长较快，投资特定目的载体余额为3 863.81亿元，同比增长77.1%。其中，银行理财产品1 410.32亿元，增长137.27%；证券或保险资产管理计划1 170.23亿元，增长59.23%；信托计划1 036.49亿元，增长38.55%。同业业务交易对手众多，交易结构日趋复杂，交易链条冗长，潜在风险应予以关注。

（二）证券期货业

2016年，四川证券业总体风险可控，但受市场行情影响较大，经营指标有所下滑。

1. 运行状况

（1）证券期货经营机构总量持续增长。2016年末，四川证券期货经营机构全年新增46家，总家数460家，总量继续位居中西部第一。其中，法人证券公司4家、法人期货公司3家、证券公司分公司36家、证券营业部353家、证券投资咨询公司3家、期货公司营业部47家。

（2）法人证券公司、期货公司资产负债缩表，盈利水平下降。受资本市场波动和监管措施趋严影响，四川证券期货业经营机构资产负债规模均有所下滑，2016年末，4家法人证券公司资产总额1 050.44亿元，同比下降15.66%；负债总额721.5亿元，同比下降22.83%。3家法人期货公司资产总额60.41亿元，同比下降7.49%；负债总额50.95亿元，同比下降9.76%。盈利方面，4家法人券商全年净利润总额26.07亿元，大幅下降56.62%；3家法人期货公司共实现净利润0.64亿元，与2015年基本持平。

（3）资本市场创新支持金融扶贫模式。2016年9月，华西证券与国开证券承销的30亿元"易地搬迁项目收益债"首期5亿元顺利发行。该债券是国内企业债券市场上第一次"政策债"尝试，成功引入资本市场力量，为脱贫攻坚注入了新活力。

（4）阳光私募较快发展。2016年12月末，四川在中国证券投资基金业协会登记的私募基金管理机构共255家，管理基金374只，管理基金认缴规模约961.2亿元，基金数量和认缴规模均较上年同期大幅上升。

2. 稳健性评估

（1）总体经营稳健，个别风控指标在新计算规则下有所降低。2016年10月，证券监管部门开始使用新的风控指标体系和计算方法，在新体系下，2016年末辖内四家法人券商的风险覆盖率指标均明显下降，但仍处于合规区间，符合监管标准。此外，在新启用的流动性覆盖率、净稳定资金率等监管指标方面，四家券商均符合监管要求。

（2）投行业务收入增长较快，其他业务板块净收入不同程度下降。受市场行情低迷，以及业务模式较为传统等因素制约，辖内四家券商收入占比最大的经纪业务净收入大幅下降，总体下降约六成。自营证券投资方面，券商普遍调整投资结构，减少投资股权类证券，加大了对固定收益类证券的投资，但整体收入依然下降逾四成。受IPO加速发行、再融资爆发性增长等因素影响，承销保荐业务大幅增长，带动投行板块净收入上升，成为四家券商唯一保持净收入增长的业务板块（见图7）。

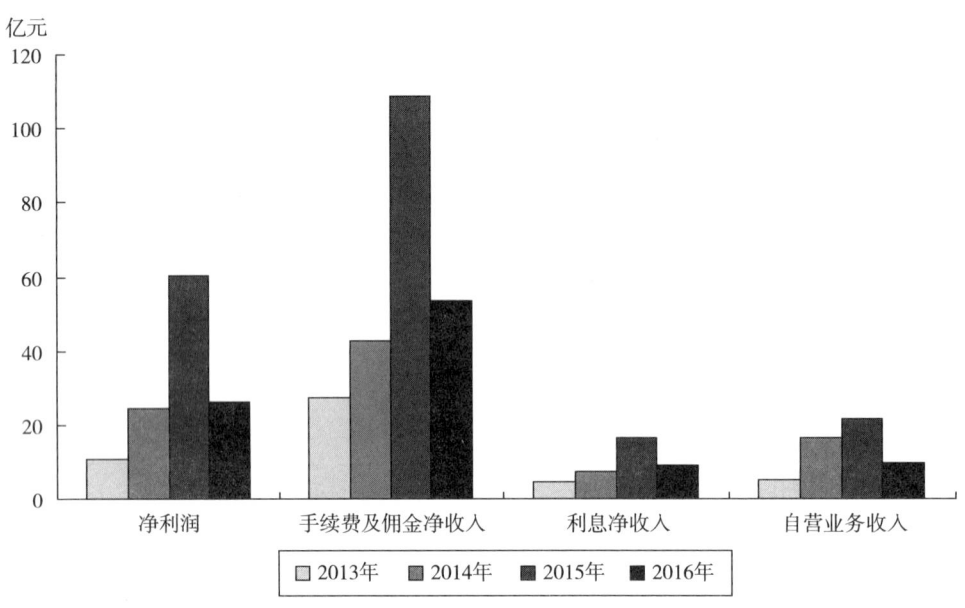

数据来源：四川证监局。

图7 法人证券公司收入情况

（三）保险业

2016年，四川省保险业发展稳中有进，寿险满期给付压力较大。

1. 运行状况

（1）市场主体不断增加，市场分化特征明显。2016年末，四川省已开业保险公司达到87家，其中法人机构3家，按业务性质分，产险公司38家、寿险公司43家、养老险公司4家、健康险公司2家。2016年，辖内保险密度2 087元/人，保险深度5.24%。2016年，全省赔付支出554.36亿元，同比增长22.08%；提供风险保障54.65万亿元，同比增长49.75%。从保险市场发展来看，四川保险市场开始出现明显分化竞争的特征。大型产险公司凭借规模和网点优势进一步提升市场份额。寿险市场受取消万能险最低保证利率和分红险预定利率上限等市场化费率改革政策影响，各家人身险公司市场份额竞争更加充分和激烈。

（2）保费收入保持高速增长，健康险增速迅猛。2016年，全省共实现原保险保费收入1 712.08亿元，同比增长35.1%（见图8），保费规模和增速均在全国排名第5位。其中，全省财产险公司实现原保险保费收入487.64亿元，同比增长9%；人身险公司实现原保险保费收入1 224.44亿元，首度突破千亿元大关，同比增长49.33%。受个人税收优惠型健康保险政策红利影响，全省健康险爆发式增长，2016年共实现健康险原保费收入225.75亿元，同比增长84.82%。

（3）保险业服务供给侧改革能力进一步提升。2016年，四川保险业在支持实体经济发展、构筑民生保障等方面进一步发力。信用保险深度融入"一带一路"重大战略，积极服务企业"走出去"，保费收入同比增长31.64%。特殊风险保险受首台（套）重大技术装备保险的拉动，保费收入同比增长142.57%。家财险和健康险随着住房地震保险和大病保险的深入推进，得到了快速发展，保费收入分别同比增长26.42%和19.87%。7月，四川省召开保险资金投资四川重大项目对接会，现场签约金额达到150亿元，为地方经济发展提供了长期稳定资金，有力地支持了地方供给侧结构性改革。

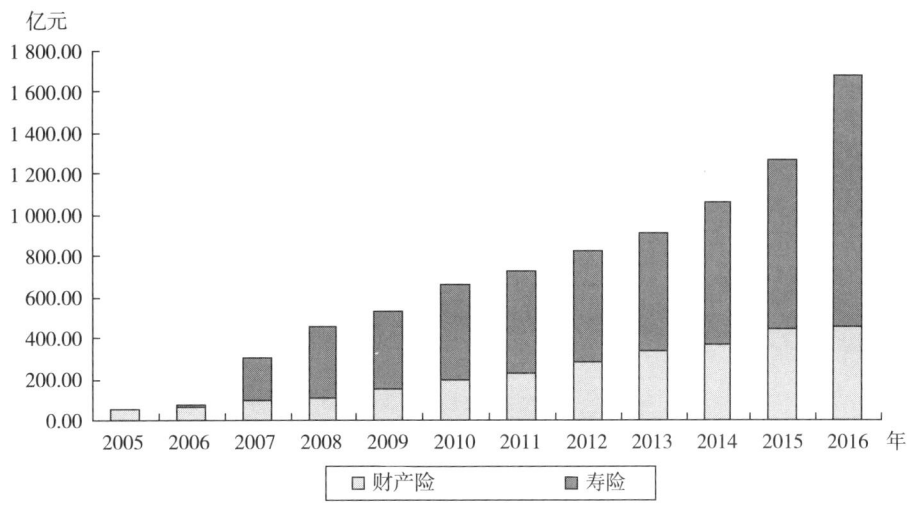

数据来源：四川保监局。

图 8 保险业保费收入

2. 稳健性评估

（1）财产险公司盈利能力不断提升。2016年，全省产险综合赔付率53.08%，同比下降7%，有力提升了财产险公司盈利能力。受此影响，四川省财产险公司实现承保利润32.6亿元，同比增长105.45%，承保利润率为7.31%，同比上升3.22个百分点，并呈现出多数公司盈利、主要险种盈利以及全部地区盈利的良好局面。

（2）寿险满期给付规模继续高位运行。受前期期缴业务大量到期和近年来中短期高现金价值产品大量销售的影响，四川省人身险产品满期给付规模持续高速增长，2016年，全省满期给付规模达226.82亿元，同比增长54.1%，增速上升22.8个百分点（见图9）。预计今后一段时期内，给付规

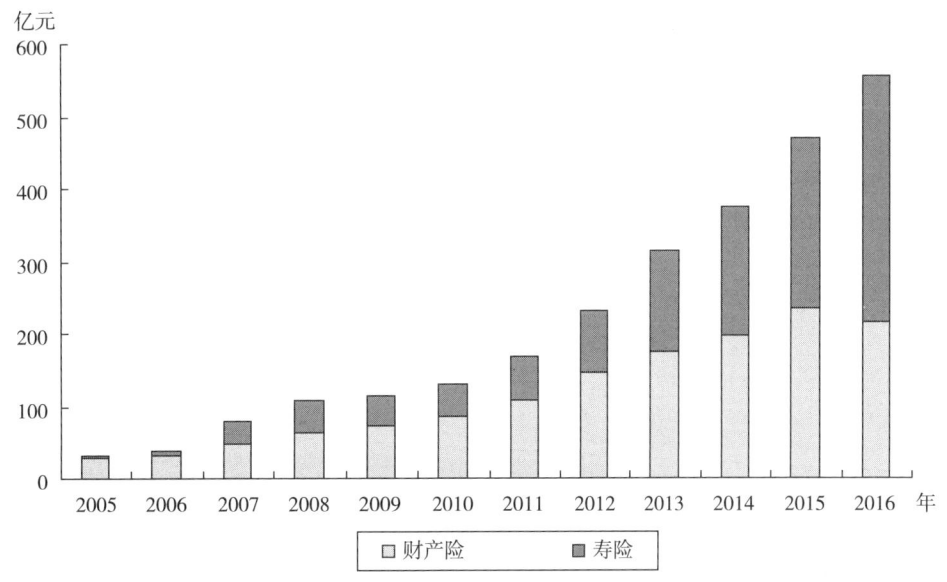

数据来源：四川保监局。

图 9 保险业赔付支出

模将继续高企，部分人身险公司现金流将承受较大压力。

（3）通过境外购买保险转移资金风险值得关注。2016年，辖内发现利用POS机刷卡方式购买境外大额保单的情况，相关交易背后的跨境资金转移倾向明显，存在利用境外购险以及"蚂蚁搬家"模式转移资金出境的风险。鉴于现阶段资金外流压力加大和监管趋严的大环境，通过购买境外保险产品规避外汇管制，有可能成为部分人群向境外转移资产的重要渠道，相关风险值得关注。

三、金融市场

2016年，四川金融市场总体平稳健康发展，但受国内外经济和市场影响，各市场交易情况出现较大分化，货币市场、外汇市场、黄金市场继续保持较快增长，股票市场基本保持平稳，票据市场、期货市场则出现大幅回落。

（一）货币市场

2016年，货币市场成交规模大幅增长，利率呈震荡下行趋势。四川辖内市场成员在货币市场全年累计成交48.79万亿元，同比增长45.64%。分品种看，同业拆借市场累计成交10.03万亿元，同比增长45.57%；银行间市场债券回购累计成交47.78万亿元，同比增长45.54%。分期限看，7天以内交易占95.68%，较上年同期上升1.55个百分点，其中，隔夜和7天期交易占比分别为83.82%和11.86%。从利率走势看，货币市场利率整体呈现震荡下行趋势，同业拆借加权平均利率2.53%，较上年同期下降37个基点。

（二）票据市场

2016年，受经济增速放缓、风险事件频发、监管趋严以及金融业"去杠杆"等因素影响，票据市场业务规模明显回落，四川金融机构全年累计签发银行承兑汇票4 893.6亿元，年末余额3 154.26亿元，同比分别下降26.40%和5.27%；累计签发商业承兑汇票75.16亿元，年末余额25.83亿元，同比分别下降59.24%和62.88%。金融机构累计办理银行承兑汇票贴现11 317.05亿元，商业承兑汇票贴现514.91亿元，同比分别下降35.15%和40.76%；银行承兑汇票贴现余额1 297.83亿元，商业承兑汇票贴现余额93.81亿元，同比分别增长32.53%和46.33%，但增速大幅回落。同时，受市场流动性相对充裕影响，票据贴现利率持续下行（见图10）。

（三）股票市场

2016年，辖内企业交易所资本市场直接融资971.84亿元，同比增长24.21%。一是股票市场融资总体规模保持平稳，总额401.24亿元，同比微增0.64%。其中，9家企业实现A股首发融资40.05亿元；16家次上市企业通过增发、配股等方式实现再融资336.51亿元；84家次"新三板"挂牌企业实现股权融资19.97亿元；二是交易所企业债券融资规模增长显著，共实现交易所债券融资570.60亿元，同比增长46.91%。其中8家次上市企业在证券交易所实现债券融资78.00亿元，同比增长437.93%；51家次非上市企业在证券交易所实现债券融资457.60亿元，同比增长80.22%；3家次证券公司在交易所发行公司债券，实现融资35.00亿元。此外，2016年，四川省证券市场交易额11.19万亿元，同比下降35.81%，股票投资账户开户数1 509.79万户，同比增长32.44%。

数据来源：人民银行成都分行。

图10　四川票据利率

（四）外汇市场

2016年，外汇市场规模增长迅猛，人民币对主要国家货币贬值。四川银行间外汇市场全年成交46.78亿美元，同比增长206.55%。交易币种以美元为主导，成交45.88亿美元，同比增长246.26%，占成交总量的98.07%。成都银行交易量增长迅速，继续保持第一位，占比达85.04%（见表1）。受经济基本面弱化和人民币贬值预期等因素影响，2016年末，人民币兑美元、日元和欧元中间价比年初分别贬值6.7%、10.37%和3.7%，但受英国脱欧等因素影响，人民币兑英镑中间价较年初升值11.11%。

表1　四川省银行间外汇市场会员成交量情况　　　　　单位：亿美元

机构	2009年	2010年	2011年	2012年	2013年	2014年	2015年	2016年
成都银行	2.15	2.11	2.12	2.03	3.11	3.52	4.15	39.78
德阳银行	0.30	0.61	1.47	1.46	3.25	2.41	1.85	
南充市商业银行	0.46	0.54	1.32	1.09	2.20	3.82	3.23	1.46
东方电气财务公司	4.74	6.61	5.47	3.54	5.42	8.84	3.85	3.76
成都农商行	0	0	0	0	0.11	0.86	1.09	
乐山市商业银行	0	0	0	0	0	0	0.03	
第一银行	0	0	0	0	0	0	1.06	
合计	7.65	9.99	10.42	8.19	14.09	19.45	15.26	46.78

数据来源：人民银行成都分行。

（五）黄金市场

2016年，四川省金融机构黄金业务整体保持较快增长态势。辖内商业银行参与上海黄金交易所代理交易业务成交36 477.08千克，同比增长2.2%。账户黄金累计成交35 526.67千克，同比增长59.82%。辖内商业银行实物黄金销售和回购业务累计成交16 185.98千克，同比下降34.36%。辖内金融机构黄金租赁业务总成交量25 901千克，业务总成交金额67.95亿元。

（六）期货市场

2016年12月末，四川期货投资者开户数8.93万户，同比增长16.73%，期货公司市场交易额7.73万亿元，同比大幅下降69.19%。

四、金融基础设施建设

2016年，四川金融基础设施建设持续推进，服务范围不断扩大，运行管理水平进一步提升，为辖内金融体系平稳运行提供了有力保障。

（一）金融法治环境建设

1. 扎实推进金融消费权益保护和金融法治宣传工作

2016年，人民银行四川各级机构严格落实"12363"咨询投诉电话管理制度，全年受理咨询5 363件、消费者投诉1 104件，投诉办结率99.37%。继续完善金融消费纠纷非诉讼解决机制，在全省银行业机构开展金融消费权益保护评估，开展形式多样的金融知识宣传普及和金融法治宣传活动，引导社会公众增强金融风险识别防范能力。

2. 切实加强金融综合管理

2016年，人民银行四川各级机构受（办）理新设银行业机构开业管理申报92件；收到和处理重大事项报告2 659期；圆满完成735家银行业机构2016年度综合评价工作；对1 223个金融机构网点开展专项执法检查，对137个金融机构网点开展综合执法检查；实施行政处罚68件。

3. 积极稳妥开展互联网金融风险专项整治工作

2016年，四川完成互联网金融风险机构排查47 955家，确定重点机构39家。在分管副省长任组长的整治工作领导小组统筹协调下，各参与方明确时间节点，把握工作进度，发挥各自在组织、协调、资源调动及专业指导等方面作用，推动整治工作有序进行。全省参与专项整治工作5 751人，其中专职人员1 468人。在全省范围内开展集中培训4次，全年开展各级各类培训323场次，受训人数5 749人次，确保了整治工作的针对性和有效性。目前互联网金融风险专项整治工作已取得阶段性成果并在有序推进中。

（二）支付体系建设

1. 支付系统平稳运行

2016年，四川支付系统运行平稳，有力保障了日趋增长的支付业务需求，全年发生业务2.17亿笔，金额162.61万亿元，同比分别增长17.30%和26.21%。其中，大额支付系统0.55亿笔，金额

161.03万亿元；小额支付系统1.62亿笔，金额1.58万亿元。

2. 账户新规有效落实

改善账户核准服务，配合"三证合一"改革，完善制度规定，提高行政效率。推动账户管理新规落地，开展账户行政审批和同业银行结算账户专项检查，完成四川省"电信网络新型违法犯罪交易风险事件管理平台"建设。

3. 农村支付环境建设深入推进

推动ATM机具、POS机具等支付服务基础设施进村入社，开展助农取款服务点分类管理、分类监测及管理系统开发，推动服务点与金融扶贫服务站、电商服务站融合。2016年，发展助农取款点8.96万个，发生助农取款业务4 510.71万笔，金额166.72亿元，同比分别增长57.67%和74.66%；全省新创565个示范点、148个示范站和23家示范行社。

4. 支付机构监管持续加强

开展支付牌照续展，实施分类评级试点，开展法人支付机构自评，促进行业稳健发展；完善市州支付机构监管制度，组织开展备付金现场检查，处置违规事件，维护社会公众权益；持续开展支付机构风险整治工作，依法合规对排查出的机构开展清理和处置。

（三）征信体系建设

1. 信息平台全面推开，基础数据库不断扩大

个人信用报告查询前置系统和征信监管系统在全省全面推广，打造应收账款融资"长虹模式"，应收账款融资服务平台开通用户10 192家，融资1 624笔、金额1 593亿元。金融信用信息基础数据库覆盖范围不断扩大，2016年末，74家地方法人机构接入数据库，收录6 163.6万个自然人、135.7万户企业和其他组织信息，同比分别增长3.94%和18.24%。

2. 互联网服务平台推广和代理查询工作持续推进

2016年，人民银行和接入机构查询企业和个人信用报告1 096.34万次，同比增长16.05%。新注册互联网用户41.28万，查询互联网个人信用报告170.31万次。16家商业银行网点开展人工代理个人信用报告查询，16个市州54个网点推广自助查询机服务；在34个边远县区构建商业银行定点代办查询服务模式。

3. 小微企业和农村信用体系建设持续深化

在四川18个市州成立了服务于小微企业和农村经济主体的信用信息中心，为42.37万户中小企业、573.14万农户、2 429户农业新型经营主体建立信用档案，推动出台信用导向的金融信贷、财税扶持等正向激励措施，11个市州推广应用互联网融资对接平台，对178个参评县（区、市）开展县域金融生态环境评价，依法排查备案6家企业征信机构。

（四）反洗钱

加大监管走访和检查处罚力度，2016年对1 525家反洗钱义务主体开展工作考评，约见谈话85家，监管走访385家，发出质询书55份，监管意见书148份，对80家机构开展现场检查。对32家机构和56名直接责任人处罚款680.4万元。推动18家银行业法人机构建立反洗钱监测中心。四川各义务主体报送重点可疑交易报告255起，其中，向有关部门报案166起，立案44起。开展反洗钱调查116起，协助破获案件99起，推动洗钱案件判决3起。根据反洗钱线索破获的两例毒品案件被12

家中央媒体采访报道，工作成效显著。开展《反洗钱法》颁布十周年宣传活动，宣传受众1 000万人次以上。

总　纂：李　铀
统　稿：胡国文
执　笔：丁惠强　甘　力　王大波　毛　慧　文　青　文兴易
　　　　左　桃　厉　鹏　沈丁丁　陈　丹　陈　丰　杨丽萍
　　　　张志勇　李亚玮　陈　倩　罗来东　苟于国　胡国文
　　　　姚　艳　赵　影　黄盛华　黄小平　蒋先明　蒋　平
　　　　廖　卫

贵州省金融稳定报告摘要

2016年，贵州省努力克服国内外经济增速放缓、市场有效需求不足、节能降耗压力增大等诸多困难，坚持主基调主战略，坚持发展为要、民生为本、企业为基、环境为重，牢牢守住发展和生态两条底线，积极主动适应新常态，统筹做好稳增长、调结构、惠民生、防风险各项工作，谋划新思路、化解新矛盾，经济保持平稳向好的发展态势。全省金融业整体运行平稳，银行业整体发展稳中向好，证券业市场整体保持稳健发展，保险业保持较快发展，金融风险整体可控，但局部金融风险隐患加大，银行业重点领域风险凸显、上市公司后备资源不足、保险业务发展不平衡等问题亟须关注。

一、区域经济运行

2016年，贵州省坚守发展和生态两条底线，坚持以供给侧结构性改革为主线，大力实施主基调主战略，强力推进大扶贫、大数据两大战略行动，统筹做好稳增长、促改革、调结构、惠民生、防风险各项工作，经济社会整体发展平稳、稳中向好。

（一）运行情况

1. 经济总体稳步增长

2016年，贵州省地区生产总值11 734.43亿元，同比增长10.5%。其中，第一产业增加值1 846.54亿元，同比增长6%；第二产业增加值4 636.74亿元，增长11.1%；第三产业增加值5 251.15亿元，增长11.5%。

2. 工业经济稳中趋好，结构调整成效明显

2016年，贵州省规模以上工业增加值4 032.11亿元，同比增长9.9%。其中，煤炭开采和洗选业，电力、热力生产和供应业，烟草制品业，酒、饮料和精制茶制造业总体稳定，共实现增加值2 193.81亿元，占规模以上工业增加值的比重为54.4%，比重同比下降3.9个百分点。装备制造业实现增加值389.83亿元，占规模以上工业增加值的比重为9.7%，比重同比提高1.9个百分点。新企业贡献突出。规模以上工业企业数突破5 000户，为5 047户，同比增加565户。新建投产规模以上企业实现增加值182.91亿元，拉动规模以上工业增加值增长4.2个百分点。新兴产业发展迅速。以大数据为引领的计算机、通信和其他电子设备制造业增加值同比增长66.6%，以大健康为目标的医药制造业同比增长12.3%，汽车制造业增长38.4%。

3. 投资保持快速增长，投资结构优化

2016年，贵州省固定资产投资12 929.17亿元，同比增长21.1%。投资结构继续调整优化。全

省第一、第二、第三产业分别实现投资289.2亿元、3 076.84亿元、9 563.13亿元，同比分别增长29.2%、12.8%、23.8%，三次产业投资结构为2.2:23.8:74。高技术产业、科学研究和技术服务业、租赁和商务服务业、生物制药等新兴产业投资快速增长，其中租赁和商务服务业投资同比增长70.2%。

4. 消费市场持续活跃，消费升级趋势明显

2016年，贵州省社会消费品零售总额3 708.99亿元，同比增长13%。其中，城镇和乡村的消费品零售额同比分别增长12.9%和13.4%；限额以上企业（单位）通过公共网络实现商品零售额51.81亿元，同比增长100.7%。限额以上汽车类零售额、与汽车消费相关的石油及制品类零售额分别为690.96亿元、615.26亿元，同比增长19.2%和10.5%。家具类、建筑及装潢材料类、体育及娱乐用品类同比分别增长44.9%、17.4%和26.3%，消费升级步伐加快。

5. 对外贸易大幅缩减，实际利用外资有所增加

2016年，贵州省进出口总额377.16亿美元，同比降低50.5%。其中，进口总额63.16亿美元，同比降低55.7%；出口总额314亿美元，同比降低49.2%，进出口相抵，贸易顺差250.84亿美元，较上年有所减少。全年实际利用外资总额为32.16亿美元，同比增长27.4%。

6. 财政收入平稳增长，民生支出力度加大

2016年，贵州省财政收入2 409.35亿元，同比增长4.4%。一般公共预算收入1 561.33亿元，同比增长8.1%。其中，税收收入1 120.42亿元，增长6.5%；非税收入440.9亿元，增长12.6%。一般公共预算支出4 261.68亿元，同比增长7.9%。其中，教育支出845.1亿元，增长9.3%；医疗卫生与计划生育支出390.85亿元，增长8.3%；社会保障和就业支出370.16亿元，增长8.8%；节能环保支出128.82亿元，增长33.5%。

7. 居民收入稳步增长，居民消费价格温和上涨

2016年，全省常住居民人均可支配收入15 121元，同比增长10.4%。其中，城镇常住居民人均可支配收入26 743元，增长8.8%；农村常住居民人均可支配收入8 090元，增长9.5%。居民消费价格同比小幅上涨1.4%，除食品烟酒价格小幅上涨外，工业生产者出厂价格、工业生产者购进价格均同比下降2.1%和1.5%。

（二）需关注的问题

1. 部分大型企业流动资金短缺，存在风险隐患

近年来，随着全国经济增速下滑，贵州省部分大型企业受市场需求不足、产能过剩等因素影响效益持续下滑，以煤炭、钢铁、钛等资源行业为代表的大型传统企业存在不同程度的风险集中度高、风险传染力度大、资产质量下降等问题，财务风险或经营风险隐患较大。

2. 房地产去库存任务仍然较重

为促进房地产业持续健康发展，中央和贵州各级部门在房屋交易税收、购房贷款、公积金申请、降低首付、棚户区改造货币化安置等方面出台了一系列去库存利好政策，有力地促进了商品房销售市场的回暖。目前，住宅的销售明显加快总体库存在下降，但由于商业地产、其他等非住宅类商品房销售增长偏慢，去库存压力仍然很大。2016年，贵州省房地产开发企业住宅销售面积增长16.4%，增速同比提高7.7个百分点。商品营业用房增长19.8%，增速同比回落14.2个百分点。办公楼增长9.8%，同比提高16.5个百分点。其他房屋同比增长19.0%，增速同比回落55.0个百

分点。

3. 产业结构有待优化，部分产业投资潜力有待挖掘

贵州省传统产业投资占比较大，新兴产业仍处于萌发阶段，规模效益较小，对投资增长的拉动作用有限，而传统产业的投资效益较低迷，产业结构亟待优化。以服务业为例，近年来贵州省服务业投资占比稳步提升，但仍然以房地产业、交通、水利环境和公共设施管理等传统行业为主，2016年这些传统服务行业占服务业投资比重高达80%以上；信息服务业、科研和技术服务业、租赁和商务服务业等新业态的服务业投资发展明显不足，影响新的经济增长点的形成，投资潜力有待进一步挖掘。

二、银行业

2016年，贵州省银行业总体运行较为平稳，存贷款规模持续快速增长，净利润增速放缓，资产质量总体稳定，地方法人银行资本充足状况良好。但同时存在局部风险凸显的情况，部分中小法人银行机构流动性风险凸显、存贷比持续高位运行；重点行业信贷风险严峻，房地产信贷风险隐患仍然存在；金融机构改革及投资理财业务风险防控难度加大等问题值得关注。

（一）运行情况

1. 存贷款规模持续快速增长

截至2016年末，全省银行业金融机构本外币各项贷款余额17 961亿元，同比增长18.78%。其中，境内短期贷款余额3 426.45亿元，同比增长8.3%；中长期贷款余额14 116.47亿元，同比增长20.85%。本外币各项存款余额23 831.4亿元，同比增长26.5%。其中，单位存款余额13 684亿元，同比增长27.52%；个人存款余额8 531.81亿元，同比增长15.12%；财政性存款余额802.6亿元，同比增长40.9%。

2. 净利润增速有所回升

截至2016年末，全省银行业金融机构实现净利润350.95亿元，同比增长8.71%，同比增加5.66个百分点；利息净收入875.21亿元，同比增长12.44%；手续费及佣金收入109.37亿元，同比增长9.29%；资产利润率1.26%，同比减少0.17个百分点。分机构看，政策性银行利润增长最快，为70.5亿元，同比增长35.8%；大型国有商业银行利润为132.7亿元，同比增长10.4%；地方法人金融机构利润为144亿元，同比增长4.2%；股份制商业银行略有亏损。

3. 资产质量小规模下滑

截至2016年末，全省银行业金融机构不良贷款余额332.04亿元，同比增加82.04亿元，增长32.66%；不良贷款率1.86%，同比增长0.2个百分点。分机构看，仅政策性银行和农村信用社的不良贷款率有所下降，其余类型商业银行均存在不同程度的反弹，其中，股份制商业银行和村镇银行不良贷款反弹压力较大。

4. 投资和理财业务规模快速增长

截至2016年末，全省银行业金融机构表内投资规模达3 245.08亿元，同比增长50.52%，占总资产的10.53%。我省法人银行业金融机构表内投资规模为2 896.48亿元，同比增长55.76%；存续理财产品共171款，余额为767.88亿元，同比增长93.76%，超过贷款增速75.98个百分点。

（二）需要关注的问题

1. 不良贷款持续攀升，信用风险隐患加大

截至2016年12月末，全省银行业金融机构不良贷款余额332.04亿元，同比增长32.66%，不良贷款率1.86%，同比提高0.2个百分点，资产质量不断承压，信用风险积聚。从行业看，不良贷款主要集中在批发和零售业、制造业、采矿业及农林牧渔业等四个行业。从机构看，全省主要银行业金融机构不良贷款出现"双升"，少数机构不良贷款率有所下降。从地区看，全省各地区资产质量情况差距增大，区域性信用风险防范和化解困难加剧。

2. 部分中小法人银行风险凸显

贵州省村镇银行在历经一段时间的发展期后，资产质量、流动性风险等问题已开始凸显，应予以重点关注。一是资产质量下滑严重。截至2016年12月末，贵州省村镇银行不良贷款余额已达到3.38亿元，比上年同期增加1.67亿元，增长97.66%。全省已有3家村镇银行不良贷款率超过5%监管警戒线。同时个别村镇银行为规避监管，采取类信贷业务模式对外放款，资产质量恶化趋势明显；二是流动性风险不容忽视。截至2016年12月末，全省法人银行业金融机构流动性比率为53.81%，同比下降2.77个百分点，部分村镇银行已逼近监管最低要求；三是部分村镇银行内部管理和风险防控能力不足。部分村镇银行规章制度不完善，吸收存款较为困难，风险意识不强，风险识别、计量与监测能力明显滞后，个别主发起行管理意识薄弱。截至2016年12月末，贵州省共有31家村镇银行存贷比在75%以上，占所有村镇银行总数的63.27%。

3. 重点领域风险严峻

2016年12月末，全省煤炭、钢铁、电解铝等六大能源矿产行业的不良贷款率仍居高位。受经济增速放缓和产业结构调整等因素影响，商业银行不良贷款持续暴露，白酒、煤炭、钛等重点领域仍未能有效扭转企业大范围亏损的局面。特别是对于以煤炭、钢铁等为支柱产业的地区，产业经济不景气所导致的信用风险及企业债违约风险的防控压力仍然存在。

4. 房地产贷款潜在风险仍然较大

2016年，贵州省商品房销售情况回暖，市场运行总体平稳，房价稳中有升，但仍需关注以下风险：一是贷款余额、不良贷款余额呈现快速增长趋势。截至2016年12月末，我省房地产贷款余额为4 044.29亿元，同比增长20.03%；不良贷款余额同比增长43%，占全部不良贷款的7%，不良贷款率同比上升0.09个百分点；二是贷款行业集中度高。截至2016年12月末，房地产贷款、其他以房地产为抵押的贷款、投向房地产的非标债权资产合计为6 809.76亿元，占总贷款的比重超过20%；三是中小房企销售缓慢、经营压力凸显，再加上资金链紧张等问题，贷款存在违约风险；四是部分资金紧张的房地产企业通过委托贷款、信托、资管计划以及关联企业借款等多种渠道获得资金，存在风险隐患。

5. 农信社改革面临一定困难和挑战

从全省农信社体制改革状况来看，发展总体平稳，但仍面临许多困难和挑战。一是不良贷款反弹压力较大。纵向看来，全省农信资产质量改善明显，但从横向看，农信社与省内其他银行相比差距仍然较大，加上经济下行因素影响，不良贷款反弹压力较大；二是改革推进难度较大，特别是在改制过程中法人股募集难等问题仍然突出；三是经营成本仍然较高。全省农信网点主要分布在广大农村，维护经营的成本较高，目前还有基础薄弱网点中有近36%的网点不能实现

盈亏平衡。

6. 投资理财业务风险防控难度加大

一是投资范围日益复杂,各金融市场间风险关联程度提高,价格风险、流动性风险和信用风险互相交织转换,表内投资和理财业务易产生交叉性金融风险;二是随着债券配置力度加大,市场风险、操作风险以及对手方风险的传染均需高度关注;三是部分投资者将理财产品误解为储蓄存款,将代销责任与银行自营投资管理责任混淆,将银行对账户的托管等同于资产本身的管理运作等,使银行承担了隐性担保、刚性兑付的压力。

三、证券业

2016年,贵州省证券业市场整体保持稳健发展的态势。证券公司坚持创新驱动,着力深化转型,大力拓展投资银行、资产管理、私募投融资等业务。上市公司整体经营状况良好,融资规模呈扩大趋势。债券市场发展活跃。

(一)运行情况

1. 市场融资功能有效发挥

截至2016年12月末,贵州省上市公司23家,总市值6 839.13亿元,其中,2016年首次在国内A股市场公开发行的公司有3家,均在主板市场上市,融资63.24亿元,本年贵州无创业板首发上市公司;4家上市公司通过非公开发行股份募集资金71.40亿元,2家上市公司通过发行股份购买资产方式注入资产37.7亿元,2家上市公司通过发行公司债券直接融资123.35亿元。截至2016年12月末,贵州省新三板挂牌公司51家,融资6.23亿元。

2. 证券期货基金经营机构蓬勃发展

截至2016年12月末,贵州省共有2家法人机构,其中,2016年新增一家法人证券公司为:海际证券。2016年,2家法人证券公司资产总额303.8亿元,同比增长0.53%;负债总额为140.6亿元,同比下降0.13%。法人公司2016年实现营业收入15.17亿元,其中,经纪业务收入5.04亿元,证券发行收入5.74亿元,全年实现净利润2.96亿元。

3. 债券市场发展活跃

自证监会《公司债券发行与交易管理办法》出台后,公司债券融资方式被更多的企业采用。贵州省企业在2016年积极运用公司债券融资方式,发行债券81只,融入资金888.45亿元,债券发行规模在全国排名位居第11位,融资规模创新高。

4. 区域性股权市场进一步发展

2016年,贵州省区域性股权市场进一步发展,服务企业直接融资能力有所提升,截至2016年底,贵州股权金融资产交易中心共有挂牌企业836家,通过私募债等方式实现融资146.71亿元。

(二)需要关注的问题

1. 法人证券公司竞争力有待提升

一是规模仍然较小。2016年,贵州省法人证券公司华创证券成功实施重组,净资本增至110亿元,但与净资本规模相近的其他上市券商相比,在员工队伍、网点数量、营收规模等方面存在一定差距。二是专业人才缺乏。贵州省法人证券公司高端领军人才和专业人才不足,资源整合与协同配合方面的挑战严峻。

2. 资本市场规模仍然偏小,直接筹资能力较弱

一是融资规模较小。2016年,全省股票市场直接融资额为172.33亿元,仅为同期贵州省社会融资规模①的3.98%。二是上市公司数量偏少。截至2016年末,全省上市公司数量仅23家,整体规模落后于全国,与贵州省经济的快速发展相比,增长速度也较为滞后,上市公司后备资源不足。

3. 区域性股权交易市场发展难度较大

一是企业参与股权交易市场积极性不高,开展难度大。贵州省大部分中小微企业对参与区域性股权市场不积极,参与意识不强,对企业挂牌动力不足。二是尚无激励政策支持。与其他区域性股权交易市场发展较好的省份相比,全省缺乏相应配套的支持政策,吸引企业及其他主体参与到区域性股权市场中。如对挂牌企业提供资金奖励,鼓励企业在区域性股权市场挂牌等方面出台相关鼓励政策。

四、保险业

2016年,贵州保险业发展形势总体较好,呈"快中趋稳,稳中向好"态势,实现"十三五"良好开局。

(一)运行情况

2016年贵州省实现原保险保费收入321.28亿元,同比增长24.63%,其中,财产险153.15亿元,同比增长14.33%;寿险128.79亿元,同比增长32.67%;健康险27.84亿元,同比增长64.98%;意外险11.5亿元,同比增长16.23%。

1. 业务发展快速增长,增幅创近八年新高

2016年贵州省保费收入增长24.63%,增速同比提高3.63个百分点,达2009年以来同期最快增速,排名全国第18位、西部第5位。其中,产、寿险业务增速双双居前。财产险业务较上年增长14.33%,高于全国5.21个百分点,排名全国第4位。人身险业务较上年增长35.76%,略低于全国0.75个百分点,排名全国第13位。

2. 产险公司增速保持全国前列

财产险公司全年保费收入162.59亿元,同比增长15.87%,增速高于全国5.86个百分点,排名全国第4位,较前三年(保持前两位)稍有下滑。一是车险保持较快增长。车险业务全年实现保费收入127.49亿元,同比增长15.53%,增速高于全国5.28个百分点,排名全国第4位,是产险公司增速领先的主要推动力量。二是非车险发展继续快于车险,业务占比不断提升。非车险实现保费收入35.09亿元,同比增长17.12%,业务占比同比提高0.23个百分点,达到21.58%,连续3年呈上升态势。

3. 寿险公司实现高速增长,业务结构不断优化

人身险公司全年保费收入158.7亿元,同比增长35.08%,排名列全国第13位。一是期缴业务

---

① 2016年贵州省社会融资规模为4 327.4亿元。

好于全国平均水平。寿险新单期缴率50.73%，高于全国17.69个百分点，高于上年同期9.11个百分点。新单折标率达42.12%，高于全国20.74个百分点。二是渠道发展更加均衡。个险、银邮双双高速增长，分别实现保费88.28亿元、46.87亿元，分别同比增长41.51%、36.89%，业务占比分别提高2.53个、0.39个百分点。

（二）需要关注的问题

目前来看，保险业保持持续较快增长压力较大。财产险公司车险业务受新车销量增速下滑及商车险改革等因素影响，非车险业务占比较小，对增长的贡献有限，保持整体快速增长的压力较大。人身险公司在保险资金整体投资收益率下降的背景下，保险公司主动降低负债端成本是大势所趋，一定程度上可能会降低寿险产品竞争力。

五、金融市场

（一）货币市场及资本市场

1. 金融机构货币市场交易量进一步增加

2016年，贵州省全国银行间同业拆借市场成员22家、债券市场成员20家，债券回购累计成交9.39万亿元，交易金额同比增长75.51%。现券交易累计达成1.13万亿元，同比增长156.82%。同业拆借交易金额共计1 967.3亿元，同比增长164.77%。累计发行同业存单1 336.5亿元，较上年同期增加889.6亿元。货币市场交易量继续保持快速增长态势。

2. 票据市场融资量整体下降

2016年，贵州省内金融机构银行承兑汇票累计签发额、年末余额分别为1 829.77亿元、892.33亿元，同比分别减少37.28%和32.2%；企业贴现累计办理额567.96亿元，同比减少69.76亿元；贴现余额138.77亿元，同比增加2 059万元。商业承兑汇票累计发生额17.29亿元，余额31.48亿元，同比增长18.72%和36.81%；商业承兑汇票累计贴现145.01亿元，同比减少57.55%，贴现余额4.81亿元，同比减少3.8%。

3. 市场融资规模持续扩大

2016年，贵州省直接融资额1 265.78亿元，连续三年增长。其中，14家企业通过银行间市场非金融企业债务融资工具融入资金206亿元，同比减少50.18%。全省7家上市公司申请通过IPO和增发等方式融资，募集资金133.63亿元；通过发行股份购买资产方式注入资产37.7亿元。公司债券融资方式被更多的企业采用，共发行债券81只，融入资金888.45亿元，债券发行规模在全国排名位居第11位。此外，区域性股权市场挂牌企业836家，通过私募债等方式实现融资146.71亿元。

4. 金融债发行量创历史新高

2016年，贵州省金融机构发行金融债券33亿元，接近金融债历史发行总量的50%。其中，茅台农商行成功发行全省首只"三农"金融专项债，金额1亿元；贵阳银行成功发行全省首只小微企业金融债，首期发行金额20亿元。

(二) 黄金市场及跨境资金市场

1. 黄金业务参与机构增加，交易规模扩大

2016年，贵州省获得授权开展黄金业务的银行业金融机构达到17家①，其中，新增加3家地方法人金融机构从事黄金代理业务。省内黄金市场成员累计交易黄金64 586.83千克，累计成交金额171.12亿元，同比分别增长26.3%和40.43%。从交易类型看，2016年，贵州省银行业金融机构上海黄金交易所代理交易成交量和交易金额占比有所下降，分别降至47.7%和47.43%；账户金交易量和交易金额占比大幅增加，分别增至34.06%，交易金额占比为34.23%；实物黄金交易量占比继续下降仅为7.84%，交易金额占比8.4%；黄金租赁交易量占比10.37%，交易金额占比9.94%。

2. 跨境外汇资金稳中有升，银行结售汇有所下降

2016年，贵州省跨境外汇资金总额112.5亿美元，同比下降7.1%。其中，收入52.9亿美元，同比下降26.5%；支出59.6亿美元，同比增长21.1%，净流出6.7亿美元。银行结售汇总额55亿美元，同比下降1.6%，其中结汇29.7亿美元，同比下降5.7%，售汇25.3亿美元，同比增长3.7%。货物贸易外汇收支逆差，资本项目顺差，货物贸易保持1—5月逆差，6—12月顺差，截至12月末，贵州省货物贸易外汇收支和结售汇顺差分别为66亿美元和8.1亿美元；资本与金融项目外汇收支和结售汇顺差分别为3.3亿美元和4.1亿美元。

3. 跨境人民币资金规模下降，参与机构不断增加

2016年，贵州省跨境人民币资金总额305.7亿元，同比下降15.6%。其中，货物贸易结算金额118.2亿元，同比下降29.1%；服务贸易及其他经常项目结算金额11.6亿元，同比增长37.6%，资本项目结算金额175.8亿元，同比下降5.9%。跨境人民币业务参与机构不断增多，受益主体范围不断扩大，已有17家省级商业银行、149家省内分支机构开展了跨境人民币结算业务，分别较上年增加1家和28家。受益主体②进一步增加到594家，较上年末新增205家。跨境双向人民币资金池业务实现零的突破，截至2016年末，省内机构办理资金池业务12.8亿元。

六、金融基础设施建设

(一) 支付结算体系

1. 支付系统建设进一步完善，应用平台不断拓展

一是支付系统建设进一步完善，清算效率有所提升。贵州省中央银行会计核算信息管理子系统和中央银行档案管理子系统成功上线，地方法人参与者信息系统化加强，业务处理效率明显提升。截至2016年末，全省人民银行支付系统参与者达4 233家，新增625家；支付系统办理业务8 243.66万笔，清算资金43.63万亿元，同比分别增长40.79%和26.59%；二是"贵州农村支付综合服务平台"应用不断拓展。在全省成功实现助农取款服务点"全覆盖"的基础上，各收单机构将银行卡助农取款交易数据接入"贵州农村支付综合服务平台"，实现实时监控辖区承办机构和助农取款业务发展。截至2016年末，全省共设立助农取款服务点38 945个，约为农民群众节约资金10.2亿元。

---

① 统计口径为纳入黄金交易监测的金融机构。
② 受益主体包括企业、机关、团体等。

2. 金融服务水平不断提高，支付市场秩序稳中有进

一是联网取现业务试点成功。2016年，贵州省作为全国唯一试点地区，开展联网方式办理现金支取业务，历时半年多成功完成了在贵阳、遵义的试点，并实现全省的推广。截至2016年末，全省有280个商业银行（信用社）分支机构全部采用该方式，累计办理业务8 917笔，金额658.94亿元。二是严肃治理支付市场秩序。2016年，贵州省推出《贵州省无证经营支付业务专项整治工作实施方案》及《贵州省联合整治非法买卖银行卡信息专项行动工作方案》，督促省内各相关机构认真做好支付业务风险排查工作，同时打击银行卡信息买卖活动，有效维护了支付市场秩序。

（二）信用体系

1. 金融生态环境测评结果应用面扩大，农村信用体系建设取得积极进展

一是金融生态环境测评结果应用面扩大，测评作用显现积极成效。2016年，人民银行贵阳中心支行将金融生态环境测评对象范围，覆盖至全省9个市（州）和74个县（市），并将测评报告和测评结果向各地方政府、相关职能部门和金融机构公开发布。二是农村信用体系建设取得积极进展，截至2016年末，全省农村信用社已为703.29万农户建立了信用档案，评定信用农户684.64万户，对信用农户发放贷款余额1 367.23亿元。

2. 第三方信用评级结果应用增强，融资服务平台应用进一步推广

一是第三方信用评级系统功能增强，评级结果应用增强。依托"贵州省第三方信用评级管理系统"，实现信用评级业务的实时监管及评级机构的全面监测，缩短了评级业务报备与审查时间，大幅提升了监管的精细化程度和效率。2016年，贵州省共完成第三方信用评级252笔，同时，各银行业金融机构合理使用第三方信用评级结果，对符合要求的企业，适当扩大授信及利率方面优惠。二是应收账款融资服务平台应用得到推广。截至2016年12月末，通过融资服务平台实现成交1 037笔，成交金额1 666.02亿元，其中2016年新增695笔，成交金额1 177.05亿元，在全国位居前列。

（三）反洗钱

1. 评级结果有效应用，制度建设不断强化

一是强化反洗钱评级结果运用，规范实施分类监管。2016年共对728家金融机构开展了年度反洗钱考核评级工作，评级面达100%，同时依据考核评级结果，采取了差别化的监管措施，取得良好成效。二是制度建设进一步强化，可疑线索研判质量提高。2016年贵州省共接收重点可疑交易线索48条，经分析研判上报反洗钱监测分析中心，移送公安部、省公检法等有关部门可疑线索共47条，涉及金额逾247.12亿元。

2. 积极预防和打击恐怖融资，深入推进各项专项行动

一是加强反恐怖融资协作，预防和打击恐怖融资。人民银行与贵州省国家安全机关共同签署了《洗钱和恐怖融资案件线索协作备忘录》，建立了长效合作机制。二是深入推进"打击利用离岸公司和地下钱庄转移赃款专项行动"。2016年专项行动中，共向人民银行反洗钱监测分析中心报送可疑案件线索5起，涉案金额41亿元；向公安机关移送及配合相关部门案件调查线索共11起，涉案金额45.6亿余元。

（四）金融消费权益保护

2016年，人民银行贵阳中心支行积极推动全省金融消费权益保护监督检查工作，成立金融消费权益保护工作协调小组，完善内外部协调工作机制，增强监管合力，切实保护金融消费者合法权益。组建"蒲公英"金融志愿服务队，深入推进金融知识普及宣传，不断扩大金融消费者宣传教育覆盖面。共受理与处理金融消费者有效投诉125件、有效咨询1 207件，并针对全省金融消费者反映比较集中的热点问题，开展金融消费权益专项检查。

七、总体评估

（一）总体评估

总体来看，在全国经济新常态下，2016年贵州省经济增速保持平稳较快增长，继续高于全国、西部平均水平，排位稳定靠前。但由于国际形势复杂多变，国内经济下行压力增大，区域经济对金融稳定的贡献度有所下降，主要表现为：主要经济指标增速回落明显，重点传统行业如煤炭、电力、卷烟等持续低迷，新增企业后备缺乏，新兴产业规模不足，规模以上工业企业融资困难等。

2016年，从贵州省金融稳定综合评价值来看，区域金融处于基本稳定状态。金融业持续深化改革，发展稳中有进、稳中向好。银行业金融机构总体运行平稳，存贷款规模持续增长，净利润增速有所回升，资产质量总体稳定。证券业保持稳健发展，证券公司创新意识显著增强，盈利模式不断转型，上市公司整体经营状况良好，融资规模逐步扩大。保险业保持较快发展，保险业务结构调整不断优化，服务能力进一步增强。金融生态环境持续向好，法治环境有一定改善，征信数据库覆盖率逐步增加，社会信用体系更加完善。

（二）政策建议

1. 挖掘内需潜力，保持经济稳定快速增长

一是继续强化基础设施投资，推进交通、水利、城建及电网等投资，设立政府性产业投资基金，推动产业园区提质升级，同时扩大保障性住房、农村危房改造等民生工程投资。二是创新拓宽投融资渠道，争取中央新增补助以及国家引导基金支持。三是进一步提高直接融资比重。多措并举促进居民消费，扩大旅游、住房、汽车、养老、用电等消费。

2. 持续推进供给侧改革，做好配套金融服务

一是继续推行差异化的信贷政策，做好"去产能"的服务工作，运用多种方式降低社会实际融资成本，深入推进"三去一降一补"；二是持续贯彻大扶贫、大数据战略，积极探索支持扶贫及大数据产业发展的有效方式，助推大扶贫、大数据战略的实施；三是推动发展具有贵州省特色的农业与山地旅游业，助力培育新的经济增长点。

3. 加强地方金融体系建设，夯实风险管控基础

一是继续深化银行业改革，积极支持城市商业银行创新发展，继续推动符合条件的农村信用社改制为农村商业银行，加强对底子薄弱的中小法人机构的指导，完善公司治理结构，健全风险防控体系。二是促进证券业机构内控制度建设和业务流程改造，提高市场竞争力，强化风险控制和防御能力。三是加快保险业机构业务调整，创新产品和服务方式，发展契合市场需求的个性化新产品。四是加强融资性担保公司、小额贷款公司、典当行及区域性要素类市场等组织的监督管理，提高其制度规范性和内控有效性，建立竞争有序、协调发展的市场环境。

4. 增强监管合力，强化联动监管

一是监管部门和地方政府加强信息共享，增进协同联动，切实做到风险"早发现、早处置"；二是建立跨行业、跨市场运营全面风险管理框架，建立金融市场风险补偿机制及"防火墙"，加强各个金融市场政策措施执行的统筹协调，确保金融体系安全稳健运行。

总　　纂：马咏洪
统　　稿：邓承红　舒　勤　刘利红
主 执 笔：陈红宇
执　　笔：陈　羲　袁　燕　岳晶晶
其他参与写作人员：石　实　季忠艳　於康平　周富玲
　　　　　　　　　赖怡玲　刘　爽　孔艳彦　孙　怡
　　　　　　　　　蒋　欣　赵　鑫　车　浩　白　捷

云南省金融稳定报告摘要

2016年，面对错综复杂的国内外经济金融形势，云南省全面贯彻落实党中央、国务院重大决策部署，坚持稳中求进的工作总基调，推进供给侧结构性改革，积极巩固企稳回升基础应对严峻的经济下行压力，尽管还存在一些问题和困难，经济总体呈现稳中有进的良好发展态势，为云南省金融发展和稳健运行提供良好基础。金融业主动适应经济发展新常态，围绕经济社会发展目标，盘活存量、优化增量、拓宽渠道，大力支持经济稳增长，提高金融运行效率和服务实体经济的能力，坚守不发生系统性风险的底线，在改革创新中总体平稳有序发展，但经济发展长期积累的深层次矛盾逐渐反映到金融领域，风险防范压力日益加大。金融基础设施建设和服务不断加强，布局进一步优化，为金融业稳健运行提供重要保障。

一、区域经济

（一）宏观经济运行

2016年，云南省积极推进供给侧结构性改革，加快培育发展新动能，经济增长保持稳中有进发展态势，实现"十三五"良好开局。

1. 经济运行稳中有升，产业结构继续优化

初步核算，云南省GDP总额14 869.95亿元，同比增长8.7%，高于全国2个百分点，增速全国第6，较上年前移3位。第一产业增加值2 195.04亿元，同比增长5.6%；第二产业增加值5 799.34亿元，同比增长8.9%；第三产业增加值6 875.57亿元，同比增长9.5%；三次产业结构比重为14.8:39:46.2，第三产业比重提升1.1个百分点，经济由工业主导向服务业主导加快转变（见图1）。

2. 农业平稳增长，工业呈"前低后高"走势

云南省农林牧渔业总产值3 633.06亿元，同比增长5.8%，完成增加值2 242.15亿元，同比增长5.7%，粮食产量1 902.9万吨，同比增长1.4%，综合平均单产同比增长1.6%。高原特色现代农业稳中向好，烟叶、核桃、咖啡面积和产量保持全国第一，蔬菜、茶叶、水产品实现较快增长。通过推进重点产业和项目建设，克服经济下行和烟草制品业负增长的不利影响，工业经济逐步企稳回升，规模以上工业增速前三个季度分别为2.1%、1.5%和3.8%，规模以上工业增加值最终完成3 668.28亿元，同比增长6.5%，工业经济运行呈现"前低后高"走势。

3. 投资和消费增速回升，进出口持续负增长

云南省固定资产投资15 662.49亿元，同比增长19.8%，较上年提高1.8个百分点，高于全国11.7个百分点，全国排名第3。第一、第三产业增势较好，第一产业投资629.08亿元，同比增长

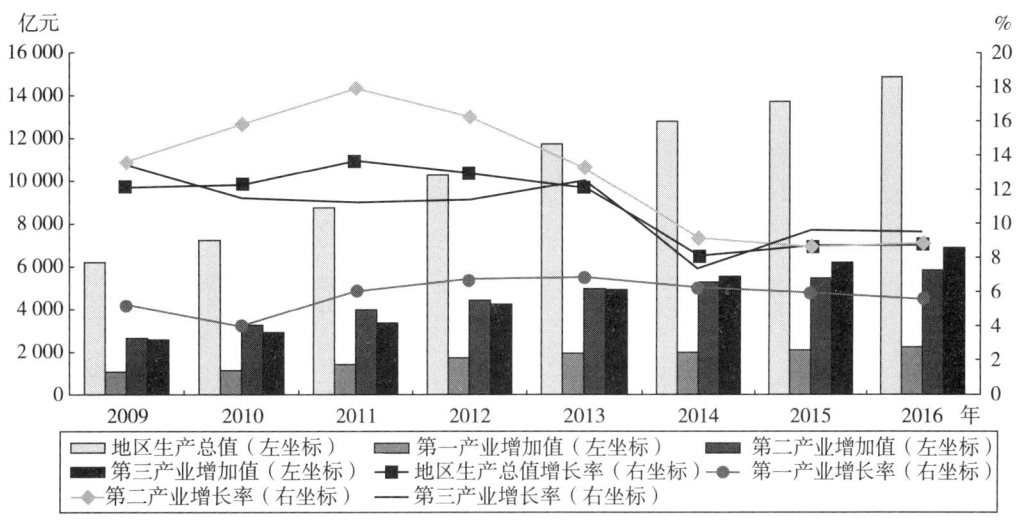

数据来源：云南省统计局。

图1　2009—2016年云南省经济增长情况

25.8%，第三产业投资12 182.50亿元，同比增长29.3%，第二产业投资2 850.91亿元，同比下降9.4%。社会消费品零售总额5 722.90亿元，同比增长12.1%，较上年提高1.9个百分点；城镇市场消费品零售额4 936.71亿元，同比增长12.1%；乡村市场零售额786.2亿元，同比增长12.7%。受有效需求不足、大宗商品价格大幅波动影响，进出口总额199.99亿美元，同比下降18.4%，其中，出口115.82亿美元，同比下降30.3%；进口84.17亿美元，同比增长6.7%。实际利用外资8.67亿美元，同比下降71.02%；跨境收支270.69亿美元，同比下降17.61%；银行结售汇119.4亿美元，同比下降15.54%（见图2）。

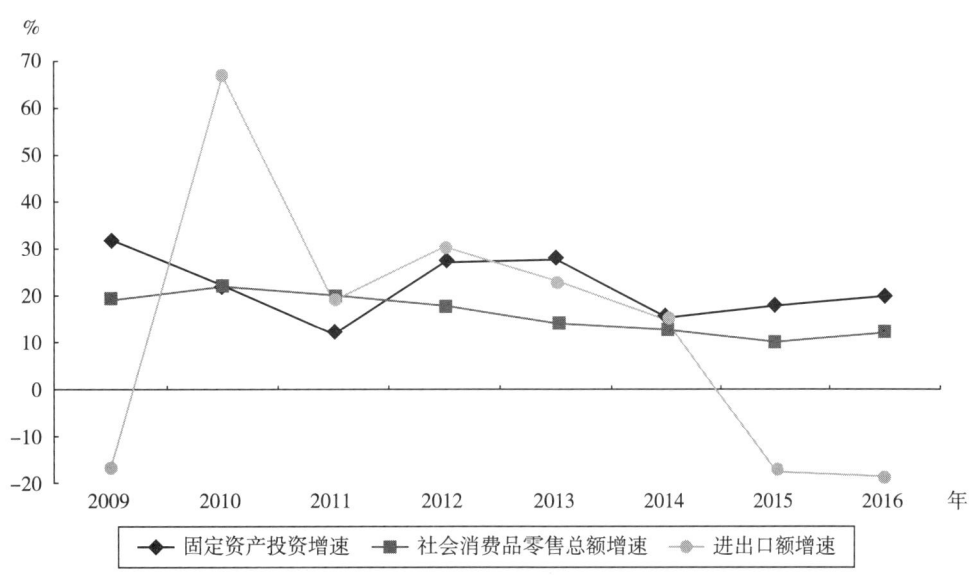

数据来源：云南省统计局。

图2　2009—2016年云南省投资、消费、进出口增长情况

4. 财政收入增速放缓，财政支出刚性增长

云南省地方一般公共预算收入 1 812.26 亿元，同比增长 5.1%，较上年回落 1.4 个百分点，其中，税收收入 1 173.49 亿元，同比增长 1.5%，非税收入 638.77 亿元，同比增长 12.5%。一般公共预算支出 5 019.62 亿元，同比增长 6.5%，较上年提高 0.3 个百分点，其中，一般公共服务支出 477.32 亿元，同比增长 22.9%；教育支出 871.31 亿元，同比增长 13.5%；社会保障和就业支出 692.43 亿元，同比增长 6.7%；农林水支出 713.45 亿元，同比增长 11.2%。

（二）需要关注的方面

1. 工业稳增长压力大，资源型产业转型升级举步维艰

受烟草工业负增长，工业投资、民间投资增速下跌，去产能压力大，杠杆率高企等因素影响，工业企业特别是国有企业面临较大经营压力，前 11 月，规模以上工业企业亏损面 28.18%，亏损企业亏损额 207.62 亿元；国有控股企业主营业务收入同比下降 2.9%，利润下降 10.8%，亏损面 36.29%。企业杠杆率高企，工业企业杠杆率 63.7%，高于全国水平 7.6 个百分点，高杠杆经营导致财务负担增速过快，资产回报率下降，债务融资能力下降，部分企业通过"借新还旧"甚至"借新还息"勉强维持，容易引发债务风险并可能沿债务链、产业链蔓延。总体来看，云南大量产业位于产业链的中低端，部分过剩产能、资源型企业面临成本上升、库存增加、财务紧张、利润下滑等诸多困难，转型升级举步维艰，国企改革推进难度较大，新兴产业培育发展需要时间，企业经营困难局面可能还会持续。

2. 民间投资及工业投资明显下滑，外贸形势较为严峻

受市场需求不足、投资意愿下降等因素影响，民间投资持续负增长，同比下降 4.1%，低于固定投资增速 23.9 个百分点，民间投资占比 34.4%，较上年下降 8.5 个百分点。工业投资增速持续回落，工业投资同比下降 9.4%，较上年回落 22.2 个百分点，占比 18.2%，较上年回落 5.9 个百分点。投资增速下降导致工业发展后劲不足，可能对稳增长产生不利影响。对外贸易面临较多的困难和挑战，进出口总额增速持续下滑，其中出口额降幅较大，前四个季度出口额增速分别为 -24.8%、-23.2%、-27.4%、-25.6%；进出口规模持续下降对外汇收支产生较大影响，跨境收支同比下降 17.61%，创四年来新低。

3. 房地产开发投资持续低迷，去库存压力仍然较大

云南省房地产开发投资完成 2 688.34 亿元，同比增长 0.7%，增速较上年提高 6.9 个百分点，仍低于规模以上固定资产投资增速 19.1 个百分点，低于全国 6.2 个百分点；购置土地面积同比下降 37.3%，新开工面积同比下降 10.1%；房地产开发投资资金同比下降 9.1%，其中国内贷款同比下降 14.2%，自筹资金同比下降 13.4%，稳定房地产开发投资的项目和资金支撑力度不足。商品房销售面积 3 639.75 万平方米，同比增长 15.7%，仍低于全国 6.8 个百分点；按当年销售面积和待售面积进行测算，云南省商品房待售面积的消化周期 6.4 个月，高于全国 1.1 个月。区域性不平衡问题仍然存在，部分州市商品房销售不旺，丽江、红河等 5 个州市商品房销售面积同比下降；9 个州市商品房消化周期高于全省平均水平，迪庆、德宏、怒江、昭通 4 个州市消化周期超过 12 个月。

二、银行业

（一）银行业运行

2016年，云南省银行业贯彻落实宏观调控政策，强化风险管理，总体保持稳健运行态势。但经济下行压力的各种困难逐步反映到金融领域，风险防范压力较大。

1. 资产负债规模增长出现分化，机构体系更加健全

云南省银行业总资产36 842.01亿元，同比增长10.52%，较上年回落3.35个百分点，其中，大型国有商业银行资产同比增长7.19%，较上年增加0.86个百分点；股份制商业银行资产同比增长0.93%，较上年下降9.35个百分点，5家股份制商业银行出现负增长；地方法人金融机构资产13 119.74亿元，同比增长14.6%；总负债35 608.36亿元，同比增长10.52%，较上年回落3.51个百分点。组织体系日趋完善，基本满足各层次金融服务需求，地方法人金融机构数量和市场份额继续上升，地方法人金融机构资产增速高于银行业资产增速4.08个百分点，资产占比35.61%，较年初提高1.27个百分点（见图3）。

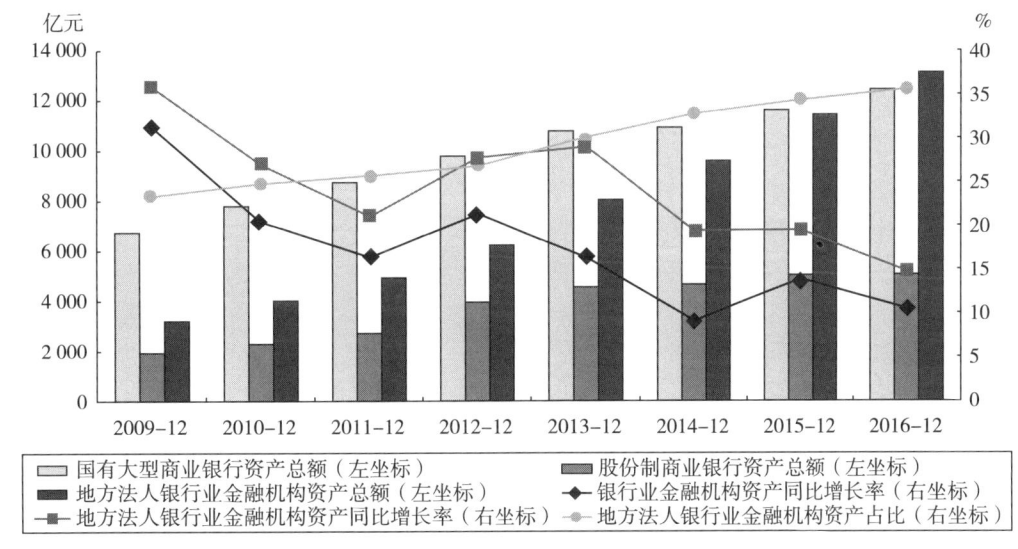

数据来源：中国银行业监督管理委员会云南监管局。

图3 2009—2016年云南省银行业金融机构资产变化情况

2. 存款增速小幅回落，存款增长活期化特征凸显

云南省本外币各项存款余额27 921.53亿元，同比增长10.78%，较上年回落0.49个百分点。股份制商业银行存款增长乏力，同比仅增长1.86%，7家股份制商业银行出现负增长，其他银行特别是地方法人存款增速企稳回升，存贷款增长倒挂压力有所缓解。2016年云南省集中发行地方债进行债务置换，对存款特别是活期存款增长产生较大影响，活期存款余额同比增长22.65%，高于各项存款增速11.87个百分点，较年初新增2053.78亿元，占新增存款的75.59%，较上年增加31.48个百分点。由于部分活期存款是集中发行地方债导致的企业资金入库和沉淀，稳定性较差，加大银行流动性风险管理难度（见图4）。

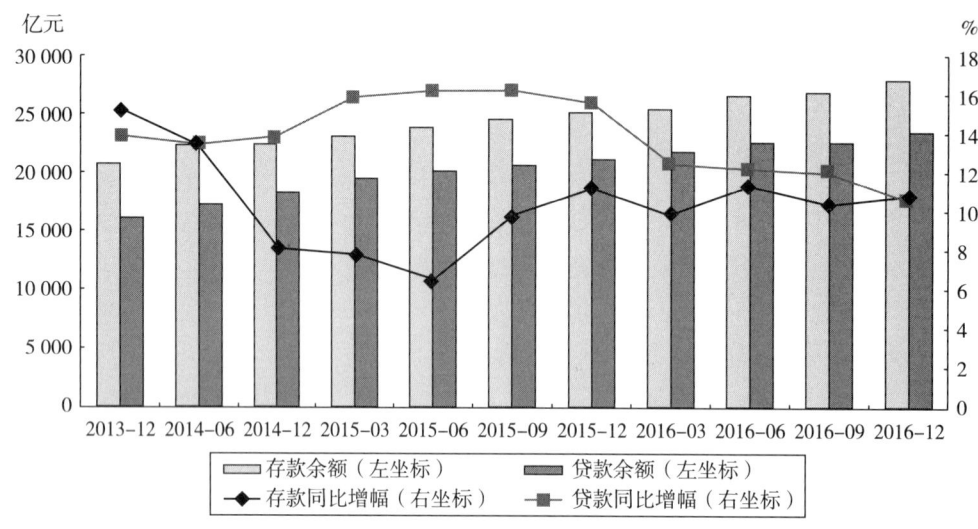

数据来源：中国人民银行昆明中心支行。

图4 2013—2016年云南省金融机构存贷款变化情况

3. 贷款增长趋缓，中长期贷款和票据融资成为主要支撑

受资产质量下降、债务集中置换、表外业务增长迅速、有效信贷需求不足等因素影响，云南省银行业信贷投放增速有所放缓，本外币各项贷款余额23 491.38亿元，同比增长10.58%，较上年回落5.07个百分点，增速排名全国26位，低于全国2.22个百分点。从增长结构来看，信贷增长主要依靠中长期基建项目和票据融资支撑，中长期贷款同比增长14.56%，高于贷款增速3.98个百分点，较年初增加1 961.39亿元，占新增贷款规模的87.22%；票据融资同比增长37.55%，高于贷款增速26.97个百分点，占新增贷款规模的13.7%；地方法人金融机构成为信贷投放的主力，各项贷款增速18%，高于银行业贷款增速7.4个百分点，占新增贷款的43.8%，较上年提高9.4个百分点。

4. 机构改革持续推进，大力支持实体经济发展

云南省银行业深化改革创新力度，农业银行"三农金融事业部"试点改革全面推进，支持"三农"和县域经济发展力度不断加强；地方法人金融机构改革取得重要进展，首批20家农村信用社县级联社改制为农村商业银行；富滇银行发起消费金融公司通过答辩论证；玉溪市商业银行增资扩股改名为云南红塔银行，市场竞争力明显增强，资产较年初增长102.92%；村镇银行组建成效显著，年内新成立17家村镇银行；地方资产管理公司组建取得积极进展。银行业加强信贷政策与产业政策的配合，在支持供给侧结构性改革中探索创新适合自身发展特点的信贷产品和服务方式，为重点领域和薄弱环节的发展提供有力金融支持，支持"一带一路"贷款余额3 207亿元，同比增长30.74%；"四个一百"重点建设项目贷款余额2 394亿元，同比增长53.46%；涉农贷款余额8 006.1亿元，同比增长12.23%；小微企业贷款余额3 997.21亿元，同比增长14.68%；推进扶贫开发金融服务，93个贫困县贷款余额6 477.01亿元，同比增长9.57%，精准扶贫贷款余额同比增长23.29%。

5. 经营效益下降，业务发展转型压力大

受经济下行压力、新资本协议实施、利率市场化推进等因素影响，云南省银行面临利差收窄、盈利能力下降、风险资本占用上升、不良资产侵蚀利润等困难，经营压力不断加大，转型发展压力凸显。银行业实现利息收入2 169.9亿元，同比下降11.98%；净息差2.75%，较上年下降0.79个

百分点；实现中间业务收入 127.99 亿元，同比下降 6.2%；实现净利润 242.54 亿元，同比下降 6.14%，个别机构出现较大经营亏损；资产利润率（税前经营）2.03%，较上年小幅回升 0.06 个百分点；成本收入比 30.43%，较上年下降 1.2 个百分点。

6. 资本充足率高位运行，流动性总体充裕

云南省地方法人金融机构贯彻落实新资本管理政策，资本充足水平保持高位运行，资本充足率和核心一级资本充足率分别为 13.54% 和 12.6%，分别较年初下降 1.29 个和 1.27 个百分点，仍高于监管标准 4.24 个和 6.3 个百分点；核心一级资本净额占资本净额的 93.03%。流动性总体充足，银行业存贷比 72.3%，较年初下降 10.55 个百分点，法人金融机构流动性比例 48.27%，较年初下降 9.36 个百分点，高于监管标准 23.27 个百分点。

（二）需要关注的方面

1. 资产质量持续下滑，整体拨备覆盖率低于监管标准

受经济下行压力、外部需求萎缩、企业经营困难等因素影响，云南省银行业不良贷款持续"双升"，不良贷款余额 687.89 亿元，不良贷款率 2.92%，分别较年初增加 228.75 亿元和 0.77 个百分点。从区域分布看，16 个州市中 13 个州市出现不良贷款双升，3 个州市不良贷款率超过 5%；从机构分布看，除少数银行不良贷款减少，其他机构特别是农村金融机构资产质量不同程度下降；从行业分布看，不良贷款集中于批发零售业、制造业、采矿业和农林牧渔业，上述行业不良贷款余额占比 77.11%。资产质量下降给银行带来巨大经营压力，侵蚀拨备覆盖，整体拨备覆盖率已经低于监管标准，削弱银行对风险的抵御和处置能力。银行业计提各项资产减值损失准备 967.02 亿元，较年初增加 229.39 亿元；拨备覆盖率 134.28%，较年初下降 21.93 百分点；贷款拨备率 3.93%，较年初提高 0.56 个百分点（见图 5）。

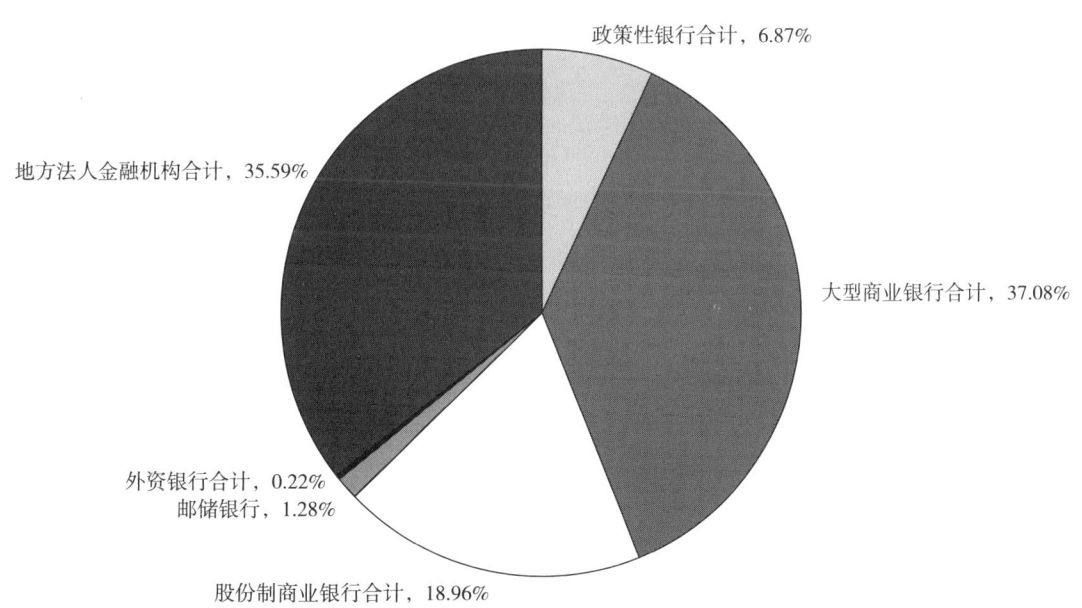

数据来源：中国银行业监督管理委员会云南监管局。

图 5　2016 年云南省银行业不良贷款构成情况

2. 不良贷款统计数据难以反映真实信用风险，风险防控化解压力大

当前不良贷款统计数据难以全面反映信用风险，随着经济下行压力的持续和"三去一降一补"推进，潜在风险可能加速暴露，资产质量将继续向下迁徙。一是关注类贷款快速增长，关注类贷款余额 1 868.23 亿元，关注类贷款率 7.94%，分别较年初增加 331.36 亿元和 0.72 个百分点，个别机构关注类贷款率高位运行。二是逾期贷款快速增长，逾期贷款余额 1 131.23 亿元，逾期 90 天以上贷款 850.17 亿元，逾期 90 天以上贷款超过不良贷款余额 162.28 亿元。三是部分银行存在未严格执行不良贷款认定标准导致资产质量分类不准确的情况，如未及时调整停产企业、重组贷款、已涉诉企业资产分类等。四是表外业务存在风险隐患，承兑汇票、委托贷款、资产托管、代理代销等表外业务余额 1.47 万亿元，相当于表内信贷规模的 62.27%，但云南省银行机构表外业务风险管理能力较为薄弱，部分银行存在通过表外业务规避产业信贷政策调控、监管套利、未准确计量风险资本与拨备，表内外风险可能会出现交叉传染。

3. 案件防控形势严峻，不良资产处置困难较多

云南省银行业特别是地方法人金融机构处于案件和操作风险多发期，2016 年，发生一类案件 13 件，涉案金额 18.17 亿元。部分机构业务增长与风险管理能力脱节，不同程度存在无章可循、有章不循、内控形同虚设等问题，昆明、曲靖、红河等州市的金融机构发生多起内外勾结和外部侵害案件，并呈现出内部员工参与作案、涉案金额大、发案环节从存贷款向表外业务扩散、重大案件占比高等特点，案件防控和风险处置压力不断增大。银行加大不良资产核销处置、防范化解风险面临较多困难，一是法院对银行诉讼案件审结、执行效率不高、过程繁复导致不良贷款诉讼处置进程缓慢；二是司法和执法方面对债权人权益维护力度、对逃废金融债务的执法打击力度以及对失信人联合惩戒力度还有待加强；三是不良贷款打包处置资产回收率低，资产保全压力大。

4. 类金融组织风险频发，局部金融生态环境恶化

一是具备融资功能的部分类金融组织由于内部管理不善、外部监管不足等原因出现经营恶化，风险事件多发频发，存在风险向金融体系传导的可能，如泛亚有色金属交易所风险事件造成严重风险隐患。二是民间融资和非法集资风险有所抬头，部分民间融资组织借助互联网技术无序发展、超范围经营、变相从事信用中介业务现象突出，并呈现向偏远地区及金融服务覆盖薄弱地区、防范意识淡薄人群蔓延的趋势。三是故意拖欠和逃废债务现象增多，部分债务人采取故意赖账、转移隐匿财产、失联跑路、拒收传票、恶意破产等形式逃废债务，给银行风险防范和不良资产处置带来一定困难。四是融资担保机构代偿能力不足，代偿意愿下降，部分机构因过度代偿已经破产，部分担保贷款出现风险。

三、证券期货业

（一）证券期货业运行

2016 年，云南省证券期货业推进多层次资本市场建设，对实体经济发展支持力度不断加大，积极应对证券市场大幅下跌后呈现低位震荡格局的困难，总体运行平稳。

1. 证券期货机构稳健发展，改革力度不断加强

云南省新增 11 家证券分公司、15 家证券营业部、3 家期货营业部，证券期货经营机构达 206 家，

市场服务能力明显提高。证券市场累计成交23 056.04亿元，同比下降46.23%；新增证券资金账户26.75万户，累计资金账户数188.55万户，同比增加16.54%。2家法人证券公司营业收入24.02亿元，同比下降45%，经济业务手续费收入大幅下降63%；实现净利润8.32亿元，同比下降59%；净资产227.41亿元，同比增长22%，净资本负债率142.95%，较年初下降28个百分点。太平洋证券加快国际化发展步伐，在老挝设立的合资证券公司发展迅速，拟通过现金出资方式在香港设立全资子公司；红塔证券公司继续推进IPO事项借力资本市场加快发展。期货市场代理交易额19 377.23亿元，同比下降75.1%；新增开户数4 229户，累计开户数31 221户，同比增长15.67%；2家期货公司营业收入8 374.88万元，净利润1 512.10万元，同比分别下降0.29%和3.28%。

2. 服务实体经济手段不断丰富，期货市场风险管理功能有效发挥

证券机构服务实体经济力度不断加大，通过提供上市保荐、"新三板"推荐、债券承销发行、资产证券化等服务为企业融资，融出资金余额176.85亿元；沿边金融综合改革试验区积极筹备设立合资证券公司，"大华继显陆金（云南）证券有限公司"申报材料已报批；已登记私募基金管理人73家，备案产品114只，产品认缴规模共计559.71亿元，实缴规模共计481.18亿元。期货市场充分发挥价格发现和风险管理功能，已上市交易的铁合金、锡、镍等云南优势资源类期货品种的交易量日益活跃，为相关产业链企业提供有效风险管理工具，增强定价能力。

3. 多层次资本市场发展成效明显，直接融资规模持续扩大

云南省新增股票融资170.78亿元，同比增长54.54%，其中，新增2家上市公司首发融资10.23亿元，上市公司达32家，连续3年有企业成功上市；8家上市公司通过定向增发、配股等方式融资160.55亿元。新增"新三板"挂牌公司27家，挂牌公司达82家，数量位居西部第5位，全国21位；11家挂牌公司进入创新层，24家挂牌公司通过定向增发融资8.41亿元，同比增加112.37%。债券和资产证券化产品融资规模增长迅速，新增交易所市场债券和资产证券化产品融资523.90亿元，同比增长19.04%，其中45家企业发行一般公司债、私募债、证券公司债融资412.8亿元；26家企业发行资产证券化产品融资111.10亿元。拟上市与拟挂牌企业辅导培育效果显著，IPO在审企业4家，辅导企业10家；9家"新三板"拟挂牌企业在审，77家拟挂牌企业进入培育。

4. 上市公司"三去一降一补"取得阶段性成效，经营情况出现积极变化

资本市场为上市公司去杠杆、降成本、增效益提供有力支持，10家上市公司新增股票融资和债券融资279.78亿元，第三季度上市公司资产负债率较年初下降1个百分点。上市公司借助资本市场开展并购重组，提升资产质量和盈利能力，实现转型升级，6家上市公司完成并购重组事项，交易金额52.59亿元；3家上市公司再融资方案过会待发，拟收购资产金额20.5亿元。重点行业上市公司去产能、去库存取得阶段成效，前三个季度，有色冶炼行业上市公司库存同比下降17.29%，化工行业上市公司库存同比下降5.36%。

（二）需要关注的方面

1. 传统行业上市公司转型升级压力大，部分上市公司退市风险凸显

云南省上市公司集中在有色金属、化工、生物医药等传统行业，水电、旅游文化、花卉等优势行业资本化程度低，具有成长性的高技术企业少，创业板上市公司仅2家；"新三板"挂牌公司主要集中在制造业和建筑业，合计占比达53%。在经济下行压力加大背景下，除生物医药行业上市公司，过剩产能、资源型行业上市公司杠杆率高企，面临较大经营压力，前三个季度，上市公司资产负债

率70.4%，部分行业如化工行业90.2%、房地产行业78.11%，有色金属行业67.5%；实现营业总收入1 683.51亿元，同比下降9.74%，净利润15.68亿元，同比下降17.38%；财务负担沉重，个别公司净资产为负，经营性资金紧缺。2015年7家上市公司亏损，2016年前三个季度8家上市公司亏损，若第四季度不能扭亏为盈，3家*ST公司（*ST云维、*ST昆机、*ST景谷）将因连续三年亏损被暂停上市，云维集团已经进入司法重整程序并停牌，其他4家将因连续两年亏损被*ST退市风险警示，保壳压力较大。

2. 互联网金融存在风险隐患，整治工作任务艰巨

经初步排查，云南省涉及股权众筹和私募基金的机构有1 000多家，由于政策法规不完善、监管主体责任不明确、监管不到位等原因，部分股权众筹和私募基金管理和运作不规范，个别股权众筹机构发行的众筹产品存在欺诈嫌疑，一些私募股权基金名股实债，且资金投向多集中于房地产、矿产等去库存、去产能行业，而且股权众筹和私募基金自然人投资者比例较高，投资者承担较大风险；针对私募基金的举报投诉增多，中国基金业协会通报云南省有3家私募基金管理机构被举报涉嫌违规。

四、保险业

（一）保险业运行

2016年，云南省保险业保持有速度、有质量的良好发展势头，对社会经济发展的支持作用显著增强。

1. 资产规模不断扩大，保费收入快速增长

云南省有1家法人保险公司、39家省级分公司，新成立4家省级分公司，中支及以下保险分支机构2 845家，从业人员15.14万人。保险公司资产总额808.67亿元，同比增长22.26%，较上年提高6.56个百分点。财产险公司资产185.37亿元，同比增长55.82%；人身险公司资产623.3亿元，同比增长14.91%。实现保费收入529.37亿元，同比增长21.81%，较上年提高6.22个百分点；保费规模全国23位，西部第4位；财产险公司保费收入244.5亿元，同比增长12.7%，保费规模全国14位，其中，机动车辆保险保费收入186.47亿元，同比增长13.79%；人身险公司保费收入284.87亿元，同比增长30.88%，保费规模全国25位，其中，人寿保险保费收入218.63亿元，同比增长28.26%；健康保险保费收入54.98亿元，同比增长51.27%；意外伤害保险保费收入11.26亿元，同比增长3.79%（见图6）。

2. 保费支出平稳增长，保障功能有效发挥

保险业经济补偿功能有效发挥，累计赔付支出206.1亿元，同比增长18.98%，较上年增加4.17个百分点。财产险公司赔付支出123.65亿元，同比增长13.02%，其中，机动车辆保险赔付支出89.94亿元，同比增长10.33%。寿险公司赔付支出82.45亿元，同比增长29.19%，其中，人寿保险赔付支出55.15亿元，同比增长29.6%；健康保险赔付支出23.89亿元，同比增长29.8%；意外伤害保险赔付支出2.41亿元，同比增长15.43%。积极发展农业保险支持"三农"发展，新增8个农业保险品种，农业保险品种达30个，为农业生产经营者提供1 085.18亿元风险保障；累计赔付支出7.89亿元，同比增长221.52%，89.65万农户直接受益。大力发展出口信用保险，承保外经贸风

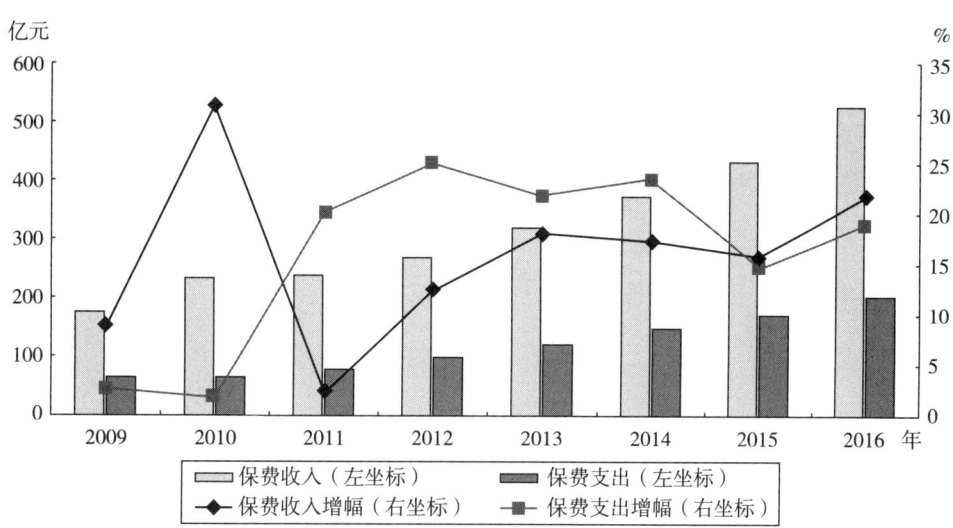

数据来源：中国保险监督管理委员会云南监管局。

图6 2009—2016年云南省保费收支增长情况

险金额199亿元，向企业赔付4 775万元，帮助企业获取项目融资51亿元。大理州政策性农房地震保险试点年内完成两笔赔付，共计3 553.76万元。平安保险、太平洋保险与云南省政府签署战略合作协议，"十三五"期间为云南省经济社会发展提供3 000亿元意向融资额度。

3. 加大金融扶贫力度，提升贫困地区保险服务水平

开展脱贫攻坚产品及服务模式创新，推动咖啡价格指数保险帮扶建档立卡咖啡种植贫困户；在大理开展建档立卡贫困户财产人身组合保险试点；在昭通对建档立卡贫困户开展民政医疗救助团体补充保险；在楚雄对建档立卡贫困户开展"扶贫保"家庭综合保险等。发展人口较少民族综合保险助力精准扶贫，为77.1万人口较少民族购买10元/年的人身意外伤害保险，保险金额125 000元/人；为人口较少民族聚居的395个建制村18.5万户农户，购买每户每年20元的农房保险，保险金额为6.6万元；共赔付支出1 114万元，代发放学生助学补助1 360.4万元。开展驻村扶贫工作队百亿元保障计划，为建档立卡贫困村24 745名驻村扶贫工作队员提供总保额136.83亿元的人身意外伤害保险。

（二）需要关注的方面

1. 非车险业务增长缓慢，部分业务负增长

非车险业务实现保费收入58.3亿元，同比增长9.34%，较上年下降4.95个百分点。13个非车险保险品种中5个险种负增长，占比较高的企财险、保证保险和货运险负增长超过20%，企财险和货运险连续三年负增长。非车险业务保费规模不断下滑，但承保责任却持续扩大，费率屡创新低，尤其是企财险、工程险、船舶险及货运险的费率2011年起持续下降，保费充足度不断下降，存在较大经营压力。

2. 满期给付压力大，退保风险形势严峻

人身险公司满期给付金额40.86亿元，同比增长34.32%；退保金额46.68亿元，同比减少

0.2%，退保率4.64%，同比减少0.8个百分点。满期给付和退保金额合计现金流出87.54亿元，占寿险公司保费总收入的30.73%和新单保费收入的51.13%，现金流压力较大。部分保险公司为应对压力，通过销售期限较短、成本较高的保险产品并投资于流动性较低的权益类高收益产品，存在流动性风险。

五、金融基础设施

（一）金融基础设施运行

1. 支付清算体系建设不断完善，社会信用体系建设持续推进

2016年，云南省各类支付系统安全稳定运行，大、小额支付系统和支付结算综合业务系统处理业务金额分别同比增长-5.06%、33.13%和6.64%；建设非税收入电子化收缴系统，实现支付结算综合业务系统与财政票据系统实时对接，公众通过柜台、ATM、网银等渠道进行非税收入缴纳；加强支付工具的推广及管理，累计建成109条刷卡无障碍示范街（区），开通惠农支付服务点现金汇款业务功能；NRA账户办理现金业务试点深入推进，受理18家境外机构NRA账户办理现金业务，NRA账户开户数347个，有效解决境外机构人民币现金结算需求；全面开展互联网金融专项整治和无证支付机构清理整治。成立"云南省反电信网络诈骗中心"，形成多部门合作打击防范电信网络诈骗犯罪新模式，昆明中心支行成为首家入驻反诈骗中心的人民银行。推动信息共享和联合奖惩机制建设，征信覆盖面进一步扩大，为1 934.63万个自然人、16.86万户企业及其他组织建立信用档案，实现企业和个人欠缴电费信息纳入征信系统，将重大税收违法、欠税等信息载入金融信用信息基础数据库；为金融机构提供信用报告查询737.5万次，实现不良贷款清收2.66万笔、金额70.36亿元，拒绝企业授信、个人贷款和信用卡申请71.71万笔、金额868.09亿元。

2. 反洗钱成效显著，全面推进反假货币工作

坚持执法检查与业务指导相结合，研发大额交易现场检查系统，提升检查效率；推动涉腐案件反洗钱调查，开展涉腐案件调查84件，发出协查函1 265份；报送重点可疑交易报告397份，向侦查机关移送线索12份；协助侦查机关调查洗钱案件207件，协助破获案件18起；探索建立反洗钱跨境合作交流机制，与周边国家和地区开展反洗钱和反恐怖融资交流与合作，加强对涉毒洗钱手法、趋势等研究成果的交流。开展打击假币犯罪专项集中整治行动，收缴假币19.89万张（枚），金额1 703.93万元；积极推进跨境反假货币工作，挂牌成立"跨境反假货币工作（昆明）中心"，最大限度压缩假币生存空间，保护货币持有人合法权益。

（二）需要关注的方面

2016年，云南省支付体系建设不断完善，社会信用体系建设规范发展，反洗钱和反假货币工作深入推进，金融服务和管理水平全面提高，有力保障金融体系的稳健运行，但也还面临一些问题。一是经济下行压力加大背景下，信用缺失问题较为突出，信用信息共享和联合奖惩机制尚不健全，信息不对称、失信成本低，影响市场和社会秩序。二是云南省是非法出境活动重点区域，涉毒、涉恐和涉腐反洗钱工作形势日趋复杂严峻。

六、稳定评估

(一) 定量评估

运用区域金融稳定定量评估模型对 2016 年云南省金融稳定进行定量评估，从宏观经济运行、银行业、证券业、保险业和金融生态环境五个方面选取了 27 个指标进行量化评价。从定量评估的结果来看，受益于经济增长企稳回升，云南省金融稳定状况综合得分 80.42 分，较上年提高 0.56 分，属于"B 类地区良好地区-"。从具体指标变动来看，固定资产投资增长率等 9 项指标较上年改善，地区生产总值等 10 项指标与上年持平，银行不良贷款率等 8 项指标较上年下降。从分项指标看，宏观经济运行方面，固定资产投资、消费增长企稳回升，房地产逐步企稳，物价和就业水平基本稳定，经济增长保持稳中向好态势，宏观经济得分较上年提高 7.63 分；银行业方面，资产质量、流动性持续下滑，资本充足率、利润率指标保持稳定，得分较上年下降 8.77 分；证券业方面，受股市大幅波动导致利润大幅下降影响，得分较上年下降 10.73 分；保险业方面，寿险公司退保率和应收保费率持续上升现象有所缓解，保费收入大幅增长，得分较上年提高 9 分；金融生态环境方面，银行服务密度和征信数据库覆盖率继续改善，但金融债权案件执行面临较多困难，执行率有所下降，得分较上年下降 2.4 分（见图 7）。

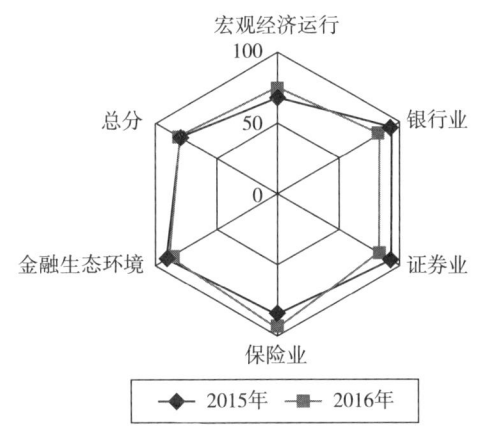

数据来源：云南省统计局。

图 7　2015 年和 2016 年云南省金融稳定定量评估情况

(二) 总体评估

2016 年，面对严峻复杂的国内外经济金融形势和艰巨繁重的发展改革稳定任务，云南省坚持稳中求进工作总基调，着力加强供给侧结构性改革和产业转型升级，加快培育发展新动能，夯实经济企稳回升基础，提高发展质量效益，保持了总体平稳、稳中有进的良好发展态势，为金融稳定提供重要经济基础；金融业积极顺应宏观经济形势变化，总体运行平稳，组织体系日益健全，规模持续扩张，发展改革创新力度不断增强，风险管理防控能力切实提升，坚持服务实体经济的本质要求，有效支持实体经济发展，为经济社会平稳发展发挥了重要作用；金融基础设施建设扎实推进，金融管理和服务水平显著提高。但云南省经济金融稳定运行的基础还不牢固，经济下行压力仍然较大，经济运行中存在不少突出问题和矛盾，工业经济增长持续低迷，经济效益不容乐观，增长动能转换迟缓，民间投资和产业投资低迷，稳增长、调结构任务仍然较为艰巨。同时，经济发展积累的深层次矛盾逐渐反映到金融领域，不良资产风险、案件风险、债务违约风险、影子银行风险、政府债务风险、互联网金融风险、民间融资风险等各类金融风险仍在累积，部分上市公司持续经营能力弱，寿险公司满期给付和退保压力并存，金融机构在防范风险和支持经济稳增长之间把握平衡的难度不断加大；金融基础设施软、硬件建设仍有待加强。总体来看，云南省经济金融运行过程中尽管面临经济增速换挡、结构调整阵痛、新旧动能转换交织、金融风险上升等诸多矛盾，但总体仍然呈现经济发展平稳向好、社会和谐稳定、金融业规模日益扩大、支持实体经济发展能力不断提高的良好局面，区域金融在改革发展创新中继续保持稳健运行。

总　　纂：杨小平　王建东
统　　稿：李宇专　杨百昕
执　　笔：汪　洋
其他参与写作人员：毛　颖　李　捷　芦江波　吴明辉　罗　喆
　　　　　　　　　张　琦　张　靖　张建伟　胡维金　黄连慧
　　　　　　　　　雷一忠　雷　波　穆海韬

西藏自治区金融稳定报告摘要

2016年，西藏自治区面对全国经济下行压力，坚持和深化"663"发展思路，稳增长、调结构、强支撑、促改革、惠民生、防风险，保稳定，务实创新、真抓实干，保持了辖区经济社会持续快速健康发展，实现了"十三五"良好开局。在良好的经济环境下，全区金融运行平稳，社会融资规模平稳增长，金融业资产规模持续扩大，金融业成为西藏经济社会发展的重要引擎，对全区经济平稳较快发展起到了重要支撑作用。

一、区域经济运行与金融稳定

（一）区域经济运行情况

1. 经济持续快速增长，产业结构持续优化

在国内宏观经济下行压力不减、政策扩张力度持续加大的情况下，2016年，西藏地区生产总值1 150.07亿元，同比增长10%，较同期全国经济增速高出3.3个百分点，连续二十四年实现两位数增长。其中，第一产业实现增加值104.98亿元，同比增长4.0%；第二产业实现增加值429.92亿元，同比增长12.1%；第三产业实现增加值615.17亿元，同比增长9.6%。分别占GDP的比重为9.13%、37.38%、53.49%，产业结构持续优化（见图1）。

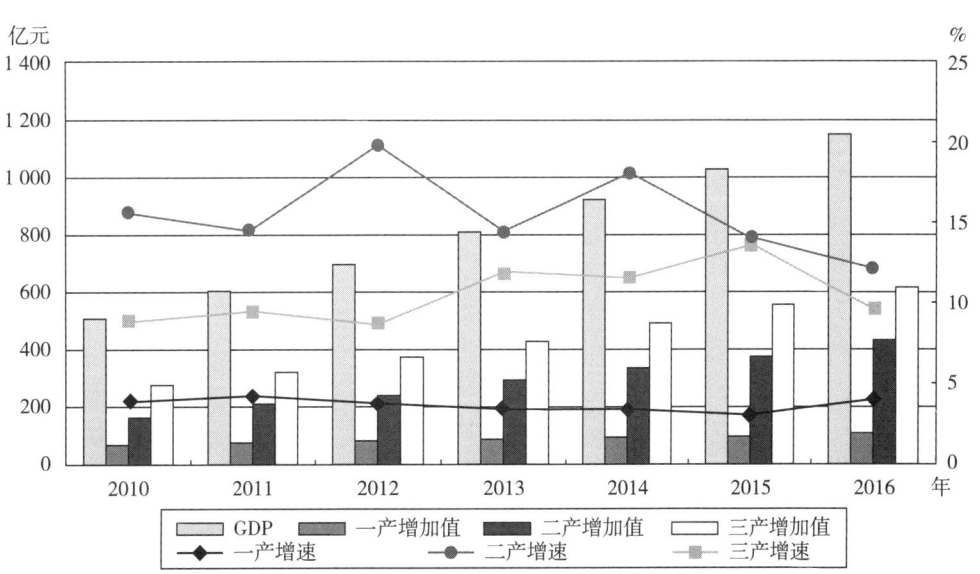

图1　2010—2016年GDP及三产增加值

2. 投资、消费保持增长，进出口贸易有所下滑

（1）固定资产投资增速提升。2016年，西藏全社会固定资产投资1 655.50亿元，同比增长23.3%，增速较同期全国平均水平高出15.2个百分点，较上年同期提高3.4个百分点。

（2）居民消费全面提升。2016年，西藏社会消费品零售总额平稳增长，实现459.41亿元，同比增长12.5%，增速较同期全国平均水平高出2.1个百分点，较去年同期提高约0.5个百分点。

（3）进出口贸易继续下滑。2016年，西藏进出口贸易总额完成7.79亿美元，同比下降14.40%。其中，出口额4.71亿美元，同比下降20.17%；进口额3.08亿美元，同比下降3.75%。全区对外贸易进出口总体表现为顺差格局，顺差额为1.63亿美元，同比下降39.63%（见图2）。

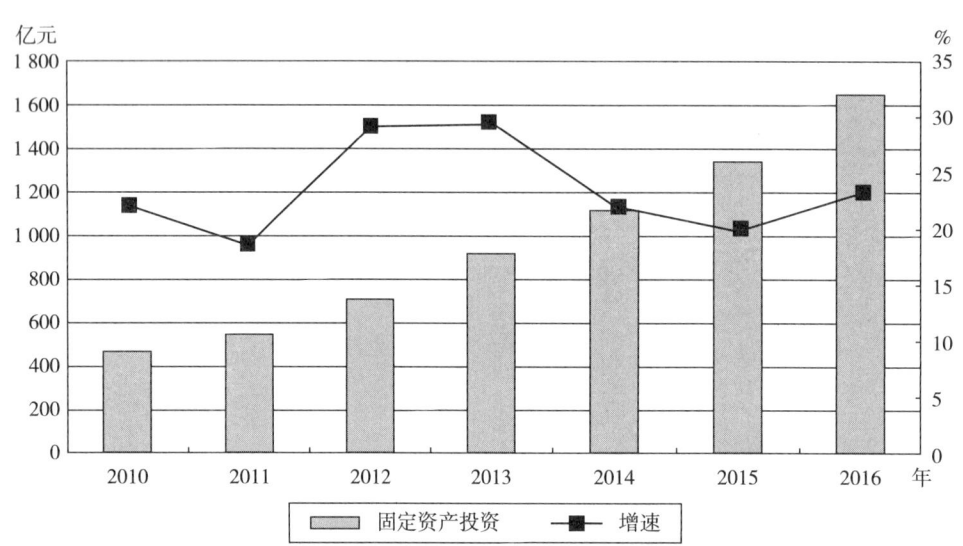

图2　2010—2016年固定资产投资及增速变化情况

3. 三产生产水平稳步提升

2016年，西藏完成粮食播种面积257.90千公顷，同比增加2.0%。实现农林牧渔总产值160.87亿元，同比增长4.5%，农牧业生产形势良好；2016年，规模以上工业实现增加值75.26亿元，同比增长12.7%，工业生产平稳增长，西藏工业生产继续保持较快增长态势；2016年，接待国内外游客2 315.94万人次，同比增长14.8%，增速较上年同期下降15.1个百分点；旅游总收入330.75亿元，同比增长17.3%，服务业持续稳步发展。

4. 物价水平基本稳定

2016年，全区居民消费价格累计同比上涨2.5%，涨幅同比下降0.5个百分点，较全国平均水平高出0.5个百分点。

5. 财政收入快速增长，财政支出略有下降

2016年全区实现一般公共财政预算收入155.61亿元，同比增长13.5%。地方财政收入206.37亿元，较上年增长17.4%。财政支出1 640.98亿元，较上年增长15%，增速与上年基本持平。财政支出向民生和交通基础设施建设等方面倾斜，投向社会保障及就业支出、城乡社区事务支出和交通运输的财政支出增长较多。

6. 金融撬动不断强化，社会融资规模快速增长

2016年，西藏金融业增加值96.24亿元，同比增长34.7%，占全区生产总值的比例为8.4%，

较上年提高1.6个百分点。金融业对西藏经济增长贡献率达23.1%，较上年提高9.4个百分点；金融业拉动西藏经济增长2.3个百分点，较上年提高0.8个百分点，金融业对经济增长贡献率首次超过工业贡献率，成为拉动西藏经济增长的新引擎。同时，西藏社会融资规模累计新增935.22亿元，创历史同期最高水平，增长17.8%。2016年末，西藏社会融资规模存量4 389.98亿元，增长35.01%。

（二）区域经济运行中值得关注的问题

从整体上看，西藏经济发展的初级性、依赖性、粗放性特征仍然明显，需求结构、供给结构、收入结构不合理问题依然突出，投资需求大、供给能力弱、创收渠道窄，尚未形成较强的自我财富创造能力。一是西藏经济长期依靠投资拉动的格局尚未改变，内生增长动力不足，经济增长方式仍处于粗放型增长阶段。同时，经济增长对投资和资源的依赖程度高。二是财政自给能力不足，经济发展过度依靠中央财政转移支付潜存风险。西藏财政自给能力不足，财政收支不平衡，财政支出远大于财政收入，经济发展过度依赖中央财政转移支付的现象较为突出。三是产业支撑能力较弱，"一产弱、二产散、三产层次低"，产业结构不合理、关联性差、组织化程度地、规模小、竞争能力弱。四是根据2016年人民银行拉萨中心支行对20家当地非金融企业进行的调查情况来看，西藏辖区非金融企业资产回报率低，杠杆率较高（见图3）。

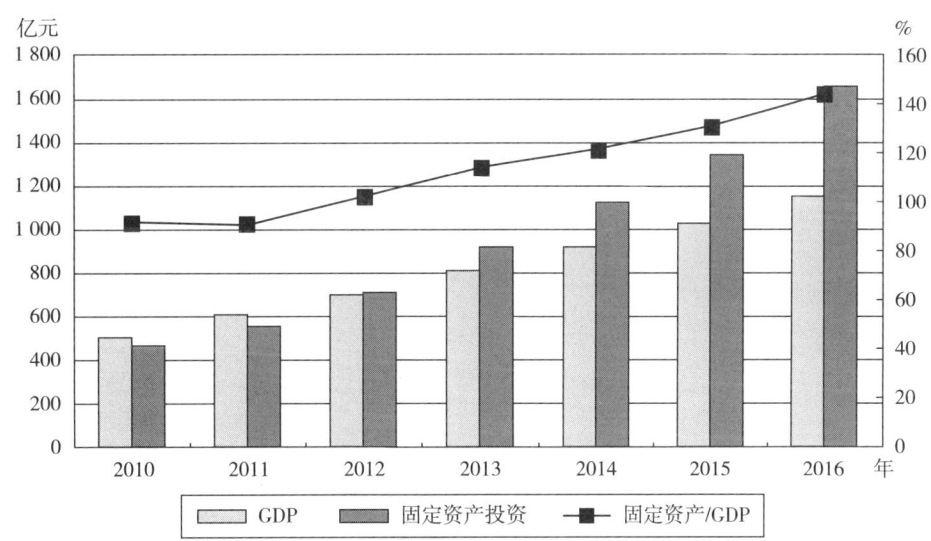

图3　2010—2016年GDP及固定资产投资变化情况

二、金融业与金融稳定

（一）银行业与金融稳定

2016年，西藏银行业金融机构继续认真贯彻落实西藏特殊优惠金融政策，主动推进改革创新，改善金融服务，严格风险管理，银行业整体平稳健康运行。

1. 银行业发展概况

（1）银行业机构不断增加，组织体系不断完善

2016年，浦发银行拉萨分行正式开业、民生银行设立首家社区支行、中信银行信用卡中心正式对外营业、西藏银行那曲地区分行开业运营，光大银行正进行在藏设立分支机构的前期准备工作，辖区银行业金融机构数量不断增加，组织体系日趋完善，市场集中度有所下降，竞争程度进一步提高。截至2016年12月末，西藏银行业金融机构各级机构数达679家，银行业组织体系不断完善。

（2）资产负债规模稳步扩大，盈利能力显著提高

截至2016年12月末，西藏银行业金融机构总资产5 233.26亿元，比年初增加1 182.75亿元，增长29.20%；总负债为5 056.53亿元，比年初增加1 136.74亿元，增长29%；2016年，实现净利润89.15亿元，比上年同期增加9.89亿元，增长12.48%。

（3）各项存款平稳增长，各项贷款快速增长

截至2016年12月末，西藏金融机构本外币各项存款余额为4 379.66亿元，比年初增加708.43亿元，增长19.30%。截至2016年12月末，西藏金融机构本外币各项贷款余额3 048.64亿元，比年初增加924.15亿元，增长43.50%。

（4）落实特殊优惠金融政策，加大对薄弱环节的信贷投入

2016年1—12月，累计发放扶贫贴息贷款226.61亿元、易地扶贫搬迁贷款151.18亿、抵押补充贷款（PSL）250.85亿元。截至2016年12月末，全区扶贫贴息贷款余额423.09亿元，比上年末增加130.01亿元，增长44.36%，增速同比上升11.13个百分点；小微企业贷款余额765.10亿元，比上年末增加441.86亿元，增长136.70%，增速同比上升105.82个百分点。

（5）推动"两权"抵押贷款和林权抵押贷款工作，提升金融服务"三农"工作力度

2016年，全区金融机构累计发放农村承包土地经营权抵押贷款29万元、农民住房财产权抵（含宅基地使用权）押贷款273万元，截至2016年12月末，全区农村承包土地经营权抵押贷款余额113万元、农民住房财产权抵（含宅基地使用权）押贷款余额273万元。年内，发放了西藏首笔林权抵押贷款800万元。截至2016年12月末，全区涉农贷款余额859.80亿元，比上年末增加446.76亿元，增长108.16%，增速同比上升69.16个百分点，其中，农牧民小额信用贷款余额122.40亿元，比上年末增加11.69亿元，增长10.56%。

（6）不良贷款略有反弹，资产质量总体向好

2016年，银行业面临的风险因素增多，新增不良贷款呈上升态势。截至2016年12月末，西藏银行业不良贷款余额9.81亿元，是近三年最高位，比年初增加2.01亿元，增长25.71%；不良贷款率0.32%，比年初下降0.05个百分点。

（7）地方法人银行业机构发展迅速，经营状况良好

截至2016年12月末，西藏4家地方法人银行业机构资产总额684.43亿元，同比增长45.10%；负债总额575.15亿元，同比增长45.29%；资本净额113.11亿元，同比增长44.02%。本外币各项存款余额414.63亿元，同比增长30.97%；各项贷款余额410.65亿元，同比增长62.65%。截至2016年12月末，累计实现净利润14.39亿元，增长35.12%。在地方法人银行业机构中，西藏银行及西藏信托两家机构不良贷款有所攀升。

2. 银行业值得关注的问题

(1) 银行业机构稳健性有待进一步提高

根据人民银行拉萨中心支行对西藏银行业金融机构进行的稳健性定量评估显示，2016年西藏12家银行稳健值平均分为62.56分，整体处于稳健区间。具体来看，12家参评机构在最大十家集团客户授信集中度、行业贷款集中度、存贷款增长均衡性、贷款投放节奏、风险管理人力保障程度等方面得分较低，稳健性有待进一步提高。另外，根据2016年人民银行拉萨中心支行对辖区部分银行业金融机构资产质量现场评估以及同业业务督察情况来看，西藏辖区各银行业金融机构资产质量总体良好，分类基本准确，同业业务经营总体规范。但仍存在部分机构资产质量分类不到位，个别制度执行不到位，以及个别同业业务会计核算不准确和超授信开展业务等问题。

(2) 存款过度依赖单位存款现象仍未改善

截至2016年12月末，非金融企业存款余额为979.20亿元，比年初增加343.15亿元，增长53.95%；广义政府存款余额为2 609.23亿元，比年初增加233.03亿元，增长9.81%；非银行业金融机构存款余额为3.74亿元，比年初减少0.40亿元，下降9.56%，三项共计3 592.18亿元，占全部存款余额的82.02%，全年新增575.78亿元，占全部新增存款的81.28%。银行业金融机构存款过分依赖单位存款，不利于业务的长足发展。

(3) 资产负债期限结构错配问题较为突出

贷款以中长期贷款为主，而存款以活期存款为主，期限错配问题突出。截至2016年12月末，西藏金融机构中长期贷款余额2 462.08亿元，占各项贷款的80.76%，同比上升4.51个百分点。住户存款中，活期存款余额543.52亿元，占住户存款余额的69.10%；非金融企业存款中，活期存款余额723.78亿元，占非金融企业存款的73.91%。存款以短期为主，短存长贷的资产负债期限错配较为明显，易引发流动性风险。

(4) 地方法人银行业机构授信集中度较高

截至2016年12月末，西藏银行单一行业授信集中度为38.02%，单一客户授信集中度为55.45%，最大十家集团客户授信集中度为112.65%；西藏信托单一客户授信集中度为28.48%，最大十家集团客户授信集中度为100%；西藏金融租赁公司单一客户授信集中度为19.93%，均超过或处于监管临界值上，存在风险隐患。

(二) 证券期货业与金融稳定

2016年，西藏资本市场运行平稳，证券期货市场主体进一步增多，盈利能力增强，上市公司再融资、并购重组得到有力推动。

1. 证券期货业发展概况

(1) 证券业改革稳步推进，市场主体日益增多

截至2016年12月末，西藏有2家法人证券公司，3家证券公司分公司，14家证券公司营业部；1家期货公司营业部；1家公募基金管理机构，177家登记备案的私募基金管理机构。截至2016年12月末，西藏辖区共有14家A股上市公司，1家H股上市公司，新三板挂牌公司13家，拟上市公司10家、拟挂牌企业1家，后备企业22家。

(2) 证券机构稳健经营，利润不断提高

截至2016年12月末，2家法人证券机构资产总额309.55亿元，同比增长7.29%；负债总额

216.44亿元，同比下降11.81%。截至2016年末，客户交易结算资金余额128.44亿元，同比上升0.63%。

截至2016年12月末，辖区17家证券分支机构合格资金账户数1 239 550户，代理买卖证券款45.66亿元，客户资产503.60亿元。2016年，辖区各证券分支机构证券交易量16 954.90亿元，营业收入6.16亿元，同比增长103.30%；实现净利润3.98亿元，同比增长101.01%。

（3）基金管理业务不断发展，规模快速增长

截至2016年12月末，泓德基金管理有限公司管理公募基金产品15只，管理规模179.55亿元，管理专户产品13只，管理规模133.98亿元；已在中国证券投资基金业协会进行登记备案的各类私募基金管理机构177家，管理基金674只，管理基金规模1 997.26亿元，同比增长169.18%。

（4）上市公司经营状况较好，利润进一步提高

2016年，华钰矿业挂牌上市，首发融资3.7亿元，西藏高争民爆股份有限公司、西藏易明西雅医药科技股份有限公司也于12月挂牌上市，首发融资分别为3.8亿元和2.9亿元。2016年第三季度末，辖区A股上市公司总资产合计512.30亿元，同比增长5.90%，平均总资产42.69亿元；上市公司净资产合计270.73亿元，同比增长15.23%，平均净资产22.56亿元；平均资产负债率为47.15%，同比下降8.32%；实现营业总收入164.50亿元，平均营业收入13.71亿元，同比下降0.72%；实现净利润21.58亿元，平均净利润1.80亿元，同比增长38.71%。[①]

2. 证券期货业发展中值得关注的问题

（1）资本市场总体规模较小

西藏资本市场在经济结构中所占的比例还比较低，拉动经济发展的作用有限。上市公司平均股本、总资产、收入、利润以及每股收益等主要指标均明显低于全国水平。资本市场总体规模较小，在结合西藏独特的资源优势和区位优势方面涉及的深度和广度还不够，对西藏国民经济的带动作用依然有限。

（2）直接融资能力仍显不足

二十多年来，西藏A股上市公司累计融资272.53亿元，直接融资比率仍然很低，远小于银行贷款等间接融资方式，未能很好地利用资本市场将资源优势转化为资本优势。

（3）市场要素有待进一步完善

目前西藏还没有创业板上市公司、有证券从业资格的会计师事务所、律师事务所和资产评估机构，市场主体要素不齐备也在一定程度上制约了西藏资本市场的发展。

（三）保险业与金融稳定

2016年，西藏保险市场运行稳健，机构不断丰富，业务规模持续快速增长，经济补偿能力显著提高。

1. 保险业发展概况

（1）保险业机构不断增多，组织体系逐步完善

2016年，西藏首家法人保险业金融机构珠峰财产保险有限责任公司正式成立并对外营业。全年新增产险公司1家，寿险公司1家。截至2016年末，共有各级保险机构63家，其中，法人保险公司

[①] 上市公司年报一般于次年四月公布，所以此处采用第三季度数据。

1家，省级分公司8家。

(2) 保费收入不断增长，赔付能力进一步提升

2016年12月末，西藏保险市场实现原保险保费收入22.25亿元，同比增长28.18%。其中，财产险业务13.90亿元，同比增长24.82%；人身险业务8.35亿元，同比增长34.21%。累计赔付支出10.08亿元，同比增长25.28%。其中，人身险业务赔款支出3.11亿元，同比增长39.68%；财产险业务赔款支出6.97亿元，同比增长19.77%。

(3) 农业保险覆盖面继续扩大，保额进一步提高

2016年，西藏农业保险覆盖面不断扩大，已有大棚蔬菜、大棚主体、马铃薯、青稞、小麦、油菜、玉米、水稻、藏系牛（牦牛、犏牛、黄牛）、藏系羊（绵羊、山羊）、农房、农机具、能繁母猪、野生动物肇事责任保险等14个承保品种。另外，保险金额有所增加，牦牛保额由4 000元提升至4 200元，农房保额由12 000元提升至14 000元，羊的保额由300元提升至400元。

(4) 首家法人保险公司正式成立，各项业务平稳发展

2016年5月，西藏首家法人保险业金融机构珠峰财产保险有限责任公司正式成立并对外营业。截至2016年末，珠峰财产保险总资产98 819.84万元，总负债5 925.18万元。公司原保险保费收入2 459.98万元，自留保费1 638.70万元。各项业务均平稳发展。

2. 保险业发展中值得关注的问题

(1) 保险业市场发展的基础较薄弱

由于受文化、地域、经济发展水平等综合因素的影响，占西藏人口80%以上的广大农牧民保险意识相对淡薄，很多农牧民仍然喜欢单纯依靠政府救济和投入，缺少风险分散和风险共担的意识，缺乏对保险这种风险防范手段和方式的认识。保险业市场发展的基础较薄弱，保险市场有待进一步培育。

(2) 保险公司服务能力有待进一步提升

西藏保险业市场规模还不大，保险服务能力不强，城乡发展水平差距较大，在全区74个县（区）中，设有保险机构的仅占1/3，而乡镇乃至村这一层级则基本为空白区域，机构设置和人才队伍建设不足，保险服务半径小，各类查勘、理赔等数据显示，西藏的保险服务能力、服务时效还处于较为落后的状态，与辖区保险需求还有差距。

(3) 西藏保险机构经营风险较大

西藏高寒缺氧、气候恶劣，生态环境脆弱，灾害种类多、范围广，干旱、地震、低温冷冻和雪灾、山体滑坡和泥石流等各类巨灾频繁发生，给西藏经济社会发展和人民生命财产带来严重影响，一定程度上增加了保险公司的经营风险。

（四）影子银行、互联网金融与金融稳定

截至2016年12月末，西藏辖内已设立小额贷款公司（以下简称小贷公司）62家[①]，其中16家已向人民银行拉萨中心支行报备。截至2016年12月末，报备的16家小贷公司注册资本金共计11.21亿元[②]，贷款余额总计8.96亿元，贷款余额占注册资本金的79.93%。截至2016年12月末，融资性担保公司共计11家。注册资本合计144 008万元，从业人员137人，累计担保金额351 307.4

---

① 数据来源：西藏自治区人民政府金融办。
② 数据来源：因未能取得最新数据，此处注册资本金采用拉萨人行统计研究处2016年3月数据。

万元，在保余额 243 523 万元①。截至 2016 年 12 月末，西藏共有典当行 12 家。注册资本共计 1.9 亿元②。目前，随着西藏经济跨越式发展，西藏"影子银行"机构不断增多，规模逐渐壮大。

2016 年，根据互联网金融风险排查情况，在西藏辖内注册的业务范围包含网络借贷的企业达到 27 家，实际营业并开展相关业务的企业数 3 家，开展的业务均为 P2P 网络借贷。三家公司 2016 年累计交易金额为 1 636.27 万元，交易笔数为 166 笔，借款人有 110 人，出借人 823 人。经排查，全区未发现互联网股权众筹、互联网保险、第三方支付、通过互联网开展资产管理及跨界从事金融业务的机构。

目前，西藏辖区影子银行及互联网金融存在地方性监管细则未落地，监管责任不明确，监管主体监管力量较弱，重准入轻监管问题较为突出，后续监管不到位的情况。因此，加强对影子银行机构及互联网金融机构的监管，规范业务经营活动显得刻不容缓。

三、金融基础设施与金融稳定

2016 年，西藏自治区金融基础设施建设进一步优化，存款保险各项工作扎实有效推进，金融生态环境持续向好，有力推动了西藏经济金融的健康发展。

（一）存款保险各项工作扎实有效推进

为完善存款保险工作机制，先后制定《中国人民银行拉萨中心支行办公室关于存款保险评级审核工作小组的通知》、《中国人民银行拉萨中心支行办公室关于成立存款保险费率审核工作小组的通知》。成立中国人民银行拉萨中心支行存款保险评级审核工作小组及存款保险费率审核工作小组。做好存款保险评级前期投保机构基础信息采集、定量数据报送、评级简易工具测试、定量得分情况核对、辖内投保机构定量得分情况核对。首次开展对辖区两家投保机构即西藏银行股份有限公司、林芝民生村镇银行的正式评级工作；存款保险评级审核工作小组的评级结果审核会议；对两家投保机构适用费率的核定。积极督促、指导辖内两家投保机构及时完成保费交纳工作，并向投保机构发放保费收缴凭证。

（二）支付清算体系建设日趋完善

2016 年，全年处理新增和变更行名行号业务共计 16 笔，新开立结算账户企业中 70% 以上已变更为"三证合一"或统一社会信用代码，建成 17 个"金融综合服务站"。2016 年全年，单位结算账户存量 6.5 万户，同比增长 22.64%，个人结算账户存量 679 万户，同比增长 44.78%。2016 年全区助农取款交易金额 90 700.40 万元，较 2015 年增长 7.03 倍；助农取款业务笔数为 40.07 万笔，较上年增长 2.25 倍；查询笔数为 2.29 万笔，较上年增长 2.14 倍。2016 年，西藏辖区共处理大小额支付业务 478.39 万笔、共 32 467.73 亿元，同比分别增长 51.44% 和 31.2%，为辖区经济社会发展提供了优质的金融服务。

---

① 数据来源：西藏自治区工信厅中小企业处。
② 数据来源：西藏自治区商务厅商服处。

（三）征信系统建设稳定运行

山南地区琼结县被评为西藏首个信用县，西藏中小企业信用信息服务系统于11月上线试运行平稳。截至2016年末，企业征信系统共收录企事业单位及其他经济组织8 113户，同比增长3.63%；个人征信系统收录全区自然人约132.92万人，同比增加4.87%。2016年全区新增7台个人信用报告自助查询机，目前全区7个地市共设立了23处个人信用报告自助查询点。

（四）反洗钱反恐融资工作有效性提升

2016年，辖区人民银行分支机构对27家金融机构进行了现场检查，共接收重点可疑交易报告47份，对其中2笔重点可疑交易上报反洗钱监测中心，开展案件协查18起。山南中支在拉萨中支的授权指导下，积极配合山南市公安处禁毒支队成功破获了"12·10"特大运输毒品案，有力保障了人民群众财产安全，维护了辖区金融秩序的安全稳定。

（五）反假币工作取得成效

截至2016年12月末，西藏辖区全年收缴假人民币8 514张，共计701 621.00元，收缴总量同比上升了7.3%。制定《西藏自治区反假货币工作联席会议制度》。辖区各级反假办、银行业金融机构联合公安机关开展宣传9次，在辖区人流量集中地开展反假货币集中宣传34次。

（六）国库服务水平显著提升

截至2016年12月末，全辖各级国库共办理9.96万笔业务，将10.24亿元各项补贴资金拨付到农牧民个人账户上。目前，西藏辖区实现84个国库机构（含代理）、111个国税机构、9个财政机构横向联网系统全覆盖，参与系统清算银行及其分支机构达25个。2016年10月25日，林芝、昌都、那曲、阿里4家中心支库成功上线"财政支出电子化"项目。全年拒绝办理不合规业务303笔，合计金额68.89亿元。10月底，国库监管子系统在西藏全辖范围成功上线并稳定运行，国库资金风险控制由传统的人工审核转变为系统监控。

（七）金融消费者权益保护工作深入推进

开展与广大居民日常金融消费活动密切相关知识的宣传活动：5月15日"打击和防范经济犯罪宣传日"活动、9月"金融知识宣传月"活动。截至2016年12月末，向总行消保局上报辖区金融机构案例分析16起。2016年全年，辖区人民银行共受理咨询投诉102起，其中，投诉85起、咨询17起，投诉办结率100%，通过回访，办结满意81起，办结满意率95.29%。

（八）普惠金融发展相关工作稳步推进

通过向30余家单位征求意见后，人行拉萨中心支行结合西藏实际继续修改完善《西藏自治区普惠金融发展规划（2016—2020年）》。探索建立符合西藏实际的普惠金融指标体系，印发《西藏辖区普惠金融现状评估试点方案》、《中国人民银行拉萨中心支行办公室关于在全区开展普惠金融现状评估工作的通知》，完成山南市、阿里地区普惠金融现状评估试点各项工作和《西藏自治区普惠金融现状评估报告》。目前人民银行拉萨中心支行在积极借鉴内地行成功经验基础上，完成《西藏自治区普惠金融发展实施方案》，力争尽快出台。

（九）金融生态环境良好

2016年西藏地方金融生态环境建设工作不断推进，全区金融生态良好。中央第六次西藏工作座谈会明确提出"十三五"时期继续对西藏实施特殊优惠金融政策具体措施，区党委八届八次全委会对推进金融领域创新、完善金融体系、建立信贷持续增长机制、推进机构网点和服务下沉提出了具体要求。以严格规范、提升效率为原则，"两管理、两综合"工作有效督促了金融机构合规审慎经营。西藏社会法律体系不断健全，金融法治环境进一步改善，打击经济金融犯罪行为的力度不断增强，违约失信行为受到制裁，金融案件发案率逐步降低，金融秩序得到良好维护。辖内人民银行各分支机构积极开展了形式多样的诚信文化教育活动，各类经济主体守信践约、良性互动的良好社会信用环境逐步形成，全社会信用意识显著提高。不断完善处置非法集资工作机制，非法集资案件在前两年发案较为集中、金额较大的情况下，通过相关各部门的共同努力，发案势头得到遏制。

四、总体评估与政策建议

（一）总体评估

2016年，西藏自治区面经济社会保持了持续快速健康发展的良好态势。全区金融业在良好的经济环境和和谐稳定的社会环境下，全面贯彻落实国家宏观调控政策和中央赋予西藏的特殊优惠金融政策，大力实施"金融撬动"战略，对全区经济平稳较快发展起到了重要的支撑作用。2016年西藏自治区金融业做到了"突发事件零发生、应急预案零响应"，守牢了不发生区域性系统性金融风险的底线。从西藏辖区人民银行系统对金融机构开展的稳健性评估、存保核查、同业督察、综合执法检查、非现场的风险监测、快速调查以及对辖区宏观经济形势的分析研究，以及与"三局一办"交流情况来看，西藏辖区金融运行平稳，风险可控。

从西藏经济金融稳定监测分析系统[1]对2016年前三个季度辖区经济金融总体景气状况的监测情况来看，2016年前三个季度西藏经济金融总体运行平稳，但增速持续放缓，经济仍呈现出不景气状态，而金融呈现出景气的状态（见图4）。

（二）政策建议

2017年是实施"十三五"规划的重要一年，西藏自治区应认真贯彻落实中央第六次西藏工作座谈会和人民银行金融业支持西藏经济座谈会精神，大力实施金融撬动战略，推动金融改革发展，加强金融监管，防范金融风险，改善金融生态环境，促进西藏经济持续发展和社会长治久安。

---

[1] 2013年，人行拉萨中支研究开发了"西藏自治区金融稳定监测分析系统"。该系统首先依据灰色关联分析方法，选取了第一产业增加值、第二产业增加值、第三产业增加值、固定资产投资总额、社会消费品零售总额、进出口总额、CPI、一般预算收入、一般预算支出、工业产品销售率、各项税收、发电量、储蓄存款、各项贷款余额、中长期贷款余额等15个具有代表性的经济金融指标建立西藏金融稳定监测分析指标体系；其次采用国际较流行的景气预警监测分析技术，构造CI（合成指数）和DI（扩散指数），构建出西藏经济金融稳定监测分析系统，按季度监测并分析辖区经济金融总体景气状况。

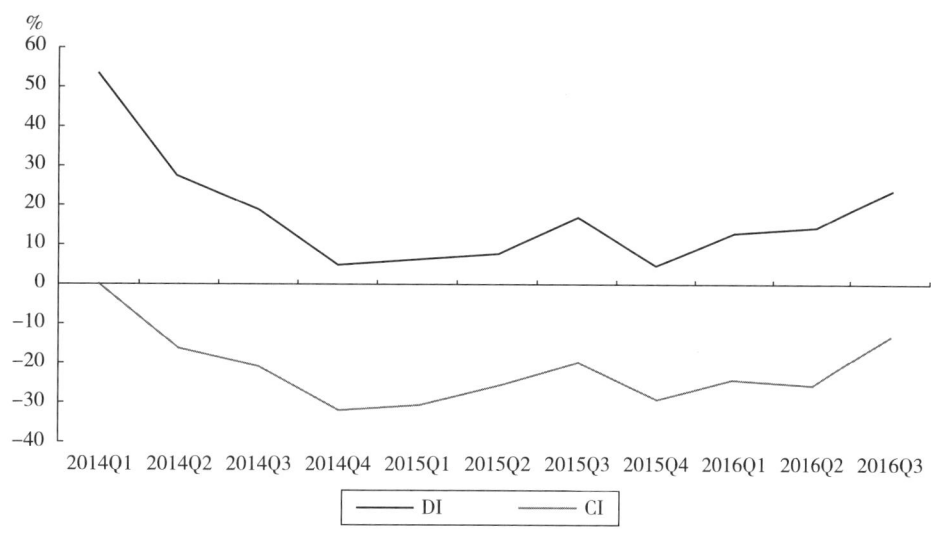

图4 西藏自治区经济金融景气 CI 和 DI 指数变动图

1. 全面落实金融优惠政策，发挥"金融撬动"作用

2017年，在藏银行业金融机构将认真贯彻落实西藏特殊优惠金融政策，全面实施金融精准扶贫，合理把握信贷投放，优化信贷结构，将更多金融资本、社会资本投向西藏基础设施、"三农"、小微企业、生态环保等领域，构建多元化的金融业态，多渠道扩大金融资源投入，提高信贷资金使用质量和效率，发挥好"金融撬动"作用，更有力地支持西藏经济快速发展。

2. 继续深化改革，增强可持续发展能力

密切关注全区金融机构改革情况，促进区内金融组织体系发展，督促农业发展银行、国家开发银行西藏自治区分行设立"扶贫金融事业部"，为支持打赢脱贫攻坚战、全面建成小康社会提供有力的支撑和保障。积极推动农业银行"三农"金融事业部改革，不断提高服务"三农"和县域的能力和水平，支持邮政储蓄银行建立"三农"金融事业部，深入推进"三农"金融事业部改革，在网络建设、产品研发、服务升级等方面加大力度，为广大农牧户、新型农业经营主体，农牧业产业化龙头企业等提供更加优质的金融服务。

3. 进一步优化金融生态环境，营造良好的金融发展环境

良好的金融生态环境是金融产业赖以生存和发展的基础条件，是金融与经济良性互动的重要基础，建设良好的金融生态环境对于促进地方经济发展具有重要意义。一是辖区各级金融机构要继续加强与司法部门的沟通协调，积极运用法律手段维护金融债权，营造良好的金融法治环境。二是进一步完善信贷征信体系和担保体系建设，规范中介市场。三是探索建立"中小企业贷款风险补偿"机制，通过政策激励机制，有效分散信贷风险，充分调动商业银行支持中小企业发展的积极性。四是积极发挥各级政府主导作用，健全社会信用的正向激励和逆向惩戒机制。五是继续帮助企业提高管理水平，引导企业练好内功，逐步提升经营效益，使之尽快达到间接融资的基础条件，逐步增加有效信贷需求。

4. 加强风险防控，确保区域金融稳定

2017年，要把防控金融风险放在重中之重的位置，充分利用金融机构稳健性评估、景气监测预警、存保核查、快速调查等多种现场和非现场的监测手段，进一步完善金融监管合作机制，实现信

息共享，充分发挥各监管单位监管合力。加强辖内经济金融风险研判和预警，关注银行业资产质量、地方法人流动性、企业杠杆、地方政府债务、房地产泡沫、影子银行体系等领域风险，摸清辖区风险底数，及时进行风险提示。

总　纂：张　伟
审　核：尼玛潘多　王书碧
统　稿：扎西坚才
执　笔：扎西坚才　冯　兰　玉　珍　旦增曲珍　孟凡春
其他参与写作人员：德吉央宗　杜虹霖　李　亮　刘永红　孟令训
　　　　　　　　　尼　珍　申　霞　唐　平　王明月　肖　筱　杨新标

陕西省金融稳定报告摘要

2016年，陕西省经济发展保持稳中有进的态势，金融业总体稳健运行，金融市场平稳发展，金融基础设施建设有效推进，金融机构改革持续深化，服务地方经济发展水平进一步提升。但在经济下行压力较大的背景下，主要经济指标增势放缓，实体经济风险向金融体系传导，部分地区、行业和领域潜藏一定风险。

一、区域经济发展与金融稳定

（一）区域经济发展概况

1. 经济增长稳中向好，产业结构明显优化

2016年以来，受煤炭价格回升、房地产投资增长加快等多重积极因素的影响，陕西省主要经济指标呈现"稳中向好"趋势，工业稳步增长，服务业呈现较快增长，固定资产投资和消费均呈现加快增长态势。2016年，全省实现生产总值19 165.39亿元，同比增长7.6%，高于全国0.9个百分点（见图1）。其中，第一产业增加值1 693.84亿元，同比增长4%，占GDP比重为8.8%；第二产业增加值9 390.88亿元，同比增长7.3%，占GDP比重为49.0%，低于上年1.4个百分点；第三产业增加值8 080.67亿元，同比增长8.7%，占GDP比重为42.2%，高于上年1.4个百分点。全省固定资产投资（不含农户）20 474.85亿元，同比增长12.3%（见图2）。经济的平稳发展，为地区金融业稳健运行提供了较好的外部环境。

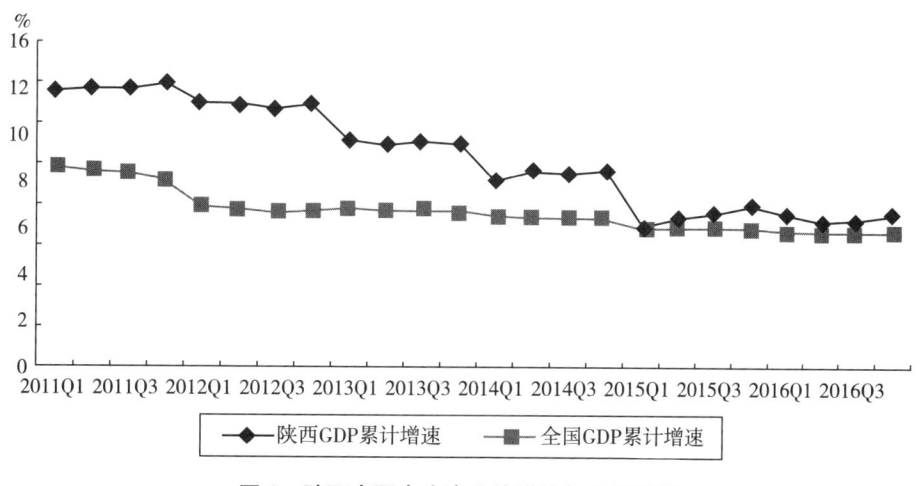

图1 陕西省国内生产总值增速与全国比较

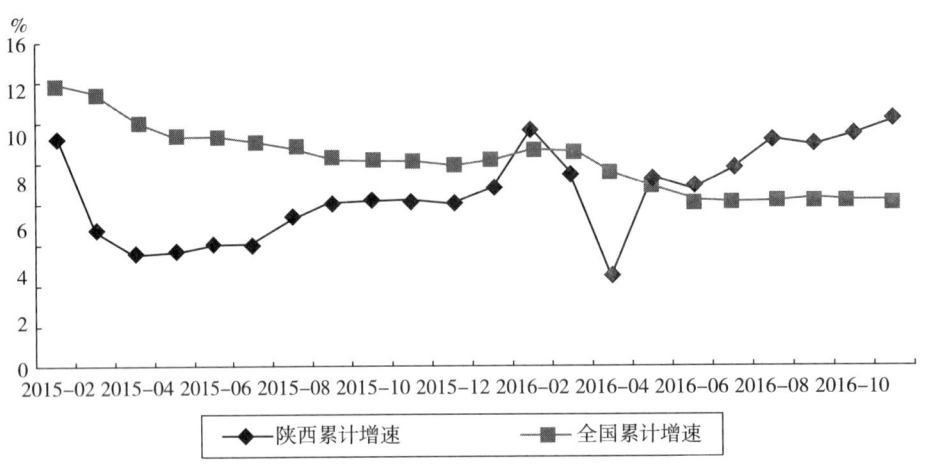

图 2　陕西省固定资产投资增速与全国比较

2. 财政收入增速持续下滑，民生支出保障有力

2016年，全省地方财政收入1 833.93亿元，同比增长6.0%，增速较2015年回落6.1个百分点。其中，地方税收收入1 204.30亿元，同比下降6.7%，降幅较2015年扩大3.3个百分点，主要是企业盈利水平下降，能源产品量价齐跌，"营改增"政策全面推行，土地市场成交下降以及房地产减税政策等因素，对税收增长造成较大影响。2016年，陕西省财政支出4 390.60亿元，同比增长6.5%，完成预算的95.4%。其中，民生支出合计完成3 595.50亿元，占财政支出的81.9%，有力保障了农业、教育、社会保障、医疗卫生、移民搬迁、环境保护等民生支出的需要。

3. 供给侧改革推进，结构优化成效明显

在去产能方面，2016年陕西省压减炼铁产能160万吨、炼钢产能70万吨，提前4年完成钢铁行业去产能任务；压减煤炭产能2 934万吨，超额完成本年度任务；在去库存方面，2016年，全省规模以上工业企业产成品存货同比增长0.1%，较上年下降2.7个百分点。产成品存货周转天数为9.7天，同比减少0.7天。40个大类行业中，19个行业产成品存货同比减少；在去杠杆方面，陕西省先后出台了一系列硬举措，积极引导资金流入实体经济，激发实体经济发展动力；在降成本方面，2016年9月，陕西省出台《陕西省供给侧结构性改革降成本行动计划》，最大限度为实体企业松绑减负。全省规模以上工业企业近4年成本费用增速始终高于收入增速的情况得到明显改善，企业盈利状况好转。

（二）区域经济发展中需要关注的问题

1. 经济下行压力较大，重点产业仍显低迷

2016年，陕西省煤炭采选、油气开采、石油加工、黑色金属冶压、通用设备、电力热力等具有优势特色且占比大的重点行业，规模以上工业总产值仅增长3.9%、-23.2%、-12.3%、0.7%、-2.5%、-1.4%，是扭转经济不景气亟须帮扶解困的重点和难点领域。采矿业和多数制造业的投资也由正增长下滑为负增长，油气开采、黑色金属矿采选、非金属矿采选、金属制品、通用设备制造、汽车制造、铁路传播航空航天制造、计算机通信等行业投资均为负增长，成为拖累工业投资增速的重点行业。

2. 基础设施投资增速回升受制约，部分企业投资意愿下降

制造业投资继续保持低速增长态势。2016年11月，陕西省制造业投资增长率才结束了2016年以来的负增长，全年制造业固定资产投资3 658.99亿元，比上年同期增长1.7%。能源化工、装备制造、有色金属等支柱行业受经济整体下行影响较大，企业扩大投资意愿不强，贷款需求较弱。2016年12月末，人民银行西安分行监测的209户企业固定资产余额为4 376.72亿元，同比增长0.05%，增速较上半年下降10.92个百分点，较2015年同期下降22.60个百分点。

3. 外贸进出口规模下降，实际利用外资增速放缓

2016年，在全球经济形势错综复杂的情况下，陕西省外贸进出口规模下降，进口规模下降幅度较大。2016年陕西省进出口总值299.2亿美元，同比下降1.9%。其中，出口158.3亿美元，同比增长7.0%；进口140.9亿美元，同比下降10.4%。全省实际利用外资增速继续回落，2016年新批外商投资企业116家，同比增长3.57%，较上年同期增幅回落11.89个百分点；合同利用外资46.33亿美元，同比下降19.87%，降幅较去年同期扩大18.63个百分点；实际利用外资50.12亿美元，同比增长8.45%，较上年同期增幅回落2.25个百分点。

二、金融业稳健性

（一）银行业稳健性

1. 银行业运行状况

机构体系更加丰富，资产负债规模平稳增长。2016年陕西省共有银行业金融机构179家，各级机构及营业网点7 178家，较年初增加77个，从业人数101 919人，较年初增加2 718人。银行业金融机构资产总额为4.52万亿元，同比增长8.79%，负债总额4.38万亿元，同比增长8.72%[1]。本外币各项存款余额3.57亿元，同比增长9.25%，本外币各项贷款余额2.42万亿元，同比增长9.63%[2]（见图3）。资产质量总体较好，抵御风险能力较强。全省银行业机构拨备覆盖率120.24%，同比下降10.37个百分点。

重点领域支持力度增大，服务地方经济转型升级。2016年，银行业金融机构大力支持国家战略实施和重点工程建设，支持陕西省重点建设项目106个，支持资金余额合计2 167.96亿元，保障性安居工程贷款余额1 238.43亿元，同比增长61.32%。银行业机构小微企业金融服务再上新台阶，全省小微企业贷款余额3 993.07亿元，同比增长14.96%，增速高于贷款平均增速5.34个百分点。同时，涉农金融服务水平持续提升，全省涉农贷款余额5 857.86亿元，同比增长7.36%，全省贫困县基础金融服务覆盖率92.5%，高于全省水平0.5个百分点。

非银行机构发展势头良好，首家消费金融公司开始运营。2016年，陕西省共有3家信托公司，6家财务公司（其中法人财务公司3家），1家汽车金融公司，1家消费金融公司。3家信托公司固定资产总额254.75亿元，同比下降7.73%；管理信托资产总额7 599.84亿元，同比增长30.29%；实现利润22.15亿元，同比下降1.20%。6家财务公司资产总额685.36亿元，同比增长18.27%；负债总额634.03亿元，同比增长18.27%；实现利润9.49亿元，同比增长9.44%。比亚迪汽车金融公

---

[1] 数据来源：中国银行业监督管理委员会陕西监管局。
[2] 数据来源：中国人民银行西安分行。

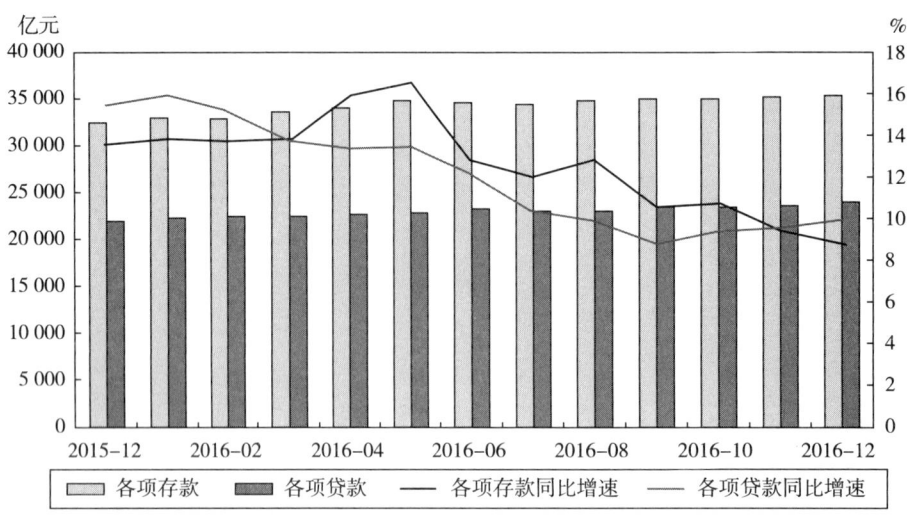

图3　陕西省银行业金融机构人民币存贷款变化趋势

司开业一年来发展势头良好,2016年末资产总额46.07亿元,同比增长278.44%;负债总额30.47亿元,同比增长330.34%。2016年11月,陕西省首家消费金融公司正式开业,注册资本金3.6亿元。截至2016年末,公司资产总额3.59亿元,负债总额0.05亿元。

2. 影响银行业稳健性的主要方面

资产质量下滑,重点领域风险或向银行业传导。受宏观经济下行影响,2016年末,陕西省银行业金融机构不良贷款率为2.83%,较年初上升了0.53个百分点,高于全国平均不良贷款率0.86个百分点。由于银行业机构盈利能力下降,存量不良贷款处置渠道不畅等原因,不良贷款化解难度较大(见图4)。信用风险集中于榆林、渭南等重点地区,并且向其他地区扩散。煤炭、房地产等行业效益差、杠杆率高的企业资金链更趋紧张,潜在风险或向银行体系传导。

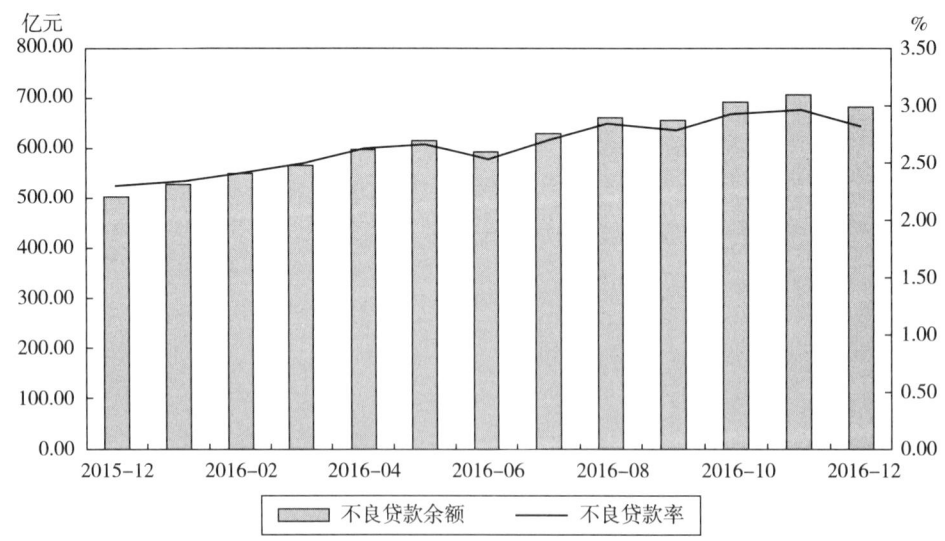

图4　陕西省银行业金融机构不良贷款变化情况

流动性风险管理压力加大,交叉性金融风险不容忽视。银行表外业务和理财业务快速发展,同业业务交易结构复杂，部分短期资金对接中长期信贷类资产，资产负债期限结构匹配性差。此外，银行机构以信托、证券公司为通道，以单一信托、资产管理等形式间接开展的投融资业务中，权利义务约定不清，底层资产风险较大，此类业务逐渐成为新的风险集聚点。

银行业金融机构面临的经营环境日益复杂，案件风险与操作风险防控形势严峻。2016年以来，企业生产经营困难依然较多，社会融资环境趋紧，民间借贷、非法集资、银行卡欺诈、质押骗贷等金融案件进入高发阶段，部分机构操作风险隐患突出，案件防控形势日益严峻。

（二）证券业稳健性

1. 证券期货业运行状况

证券交易活跃度下降，区域股权市场快速发展。2016年，陕西省累计代理证券交易额、代理期货交易额42 928.18亿元、64 287.47亿元，同比分别下降41.66%和59.39%。从场外交易看，2016年陕西股权交易中心为企业股权融资8.48亿元，同比增长687.82%，为企业债券/债权融资12.37亿元，同比增长188.34%。

法人证券期货机构经营业绩下滑，但业务范围不断拓宽。截至2016年末，3家法人证券公司总资产合计610.13亿元，同比下降5.06%；实现营业收入、净利润44.3亿元、14.16亿元，同比分别下降34.14%和41.66%。3家法人期货公司总资产合计71.49亿元，同比下降10.06%，实现营业收入2.55亿元，同比下降1.54%。虽然经营业绩有所下滑，但机构积极创新产品种类，业务范围不断拓宽。其中，西部证券新增50ETF期权合约品种一般做市商、银行间利率互换、综合业务平台副主承销商等5项业务资格；开源证券新增转融通业务和"新三板"推荐业务资格；中邮证券新增保荐业务、新三板经纪业务和做市业务资格。迈科期货获批在新三板挂牌，成为辖区首家获批挂牌的期货公司。

上市公司市价总值回落，2家公司实现IPO。截至2016年末，陕西省内上市公司45家，市价总值6 437.8亿元，同比下降7.32%。2家公司实现IPO，分别为环球印务（深证A股）和晨曦航空（深证A股），募集资金净额分别为1.688亿元和2.46亿元。

2. 影响证券期货业稳健性的主要方面

法人证券期货机构经营实力偏弱，抗市场冲击能力不足。截至2016年末，3家法人证券公司总资产、净资产、净资本的全国占比仅为1.05%、1.03%和1.09%。3家法人期货公司净资本的全国占比仅为1.34%。资产规模小、资本实力低的现状直接制约着业务种类创新及信用类业务发展，进而导致长期依赖于传统经纪业务的盈利模式难以明显改善。同时，在资本市场交易活跃度下降、行业监管趋严等背景下，行业性业绩下滑问题还将持续，净资本偏低将导致法人证券期货公司抵御市场冲击的能力相对不足。

上市公司体量小、竞争力弱，拉动地区经济增长动力不足。2016年陕西省上市公司数量全国排名17位，上市总股本全国排名18位，落后于陕西省GDP的全国排名，营业收入占全省GDP等指标也明显低于全国平均水平，上市公司对地区经济增长的拉动作用有待提升。

证券公司资管业务发展粗放，部分产品潜藏风险。2016年法人证券公司资管业务飞速发展，但仍以通道类业务为主，且产品资金流向、最终用途不审慎问题依然突出。如部分资管产品为银行虚假处置不良资产提供通道，导致不良风险未能充分暴露、及时化解，削弱了银行业金融监管有效性。

(三) 保险业稳健性

1. 保险业运行状况

保险业务快速增长，经济补偿功能有效发挥。2016年陕西省拥有法人保险业机构1家，省级分公司55家，同比增加3家。保险行业总资产1 552.28亿元，同比增加263.61亿元，增长20.46%。全年实现保费收入714.74亿元，同比增长24.86%，增速较去年同期上升4.79个百分点。全省保险业共提供各类风险保障21.76万亿元，支付赔款238.44亿元，同比增长22.93%，经济补偿功能得到有效发挥。

业务结构调整持续深化，发展稳定性不断提高。从财产险来看，2016年陕西省非车险业务快速增长，增速为12.68%，高于车险业务4.58个百分点。其中，信用险和工程险业务增速分别达到63.93%和39.99%，均高于全国平均水平。从人身险来看，2016年陕西省普通寿险业务增速为56.02%，业务占比较上年同期提高7.74个百分点。另外，全省寿险业务新单期缴增速达108.03%，较上年同期提高56.46个百分点，业务占比较上年同期提高11.94个百分点。同时，全省寿险公司标准保费同比增长44.22%，高于规模保费增速11.93个百分点。

重点险种发展持续向好，服务经济社会能力进一步提高。2016年陕西省大病保险稳步推进。大病保险已覆盖全省3 000多万群众，在140家县区合疗办及医保中心合署办公实现"一站式"服务，累计支付大病保险赔款18亿元，直接受益群众超过20万人次。同时，农业保险不断扩面、提标、增品。省级财政补贴从1.5亿元增加到1.9亿元，首次设立1 000万元农险创新基金，用于试点开办茶叶和花椒气象指数保险，花椒、水果和肉牛价格指数保险等地方特色创新型农险产品。2016年全省农业保险保费收入6.48亿元，为477万户次农户提供风险保障637亿元，支付赔款3.25亿元，受益农户30万户次。

2. 影响保险业稳健性的主要方面

寿险业退保和满期给付压力较大。2016年，陕西省寿险业退保金额103.3亿元，同比增长10.48%，增速较上年同期下降7.7个百分点；退保率5.37%，同比下降0.38个百分点。全省退保率呈现出逐月上升的态势（见图5）。另外，1—12月，全省寿险业满期给付金额98.5亿元，同比上升51.35%。退保和满期给付增长的叠加效应可能会给寿险业带来一定的现金流压力。

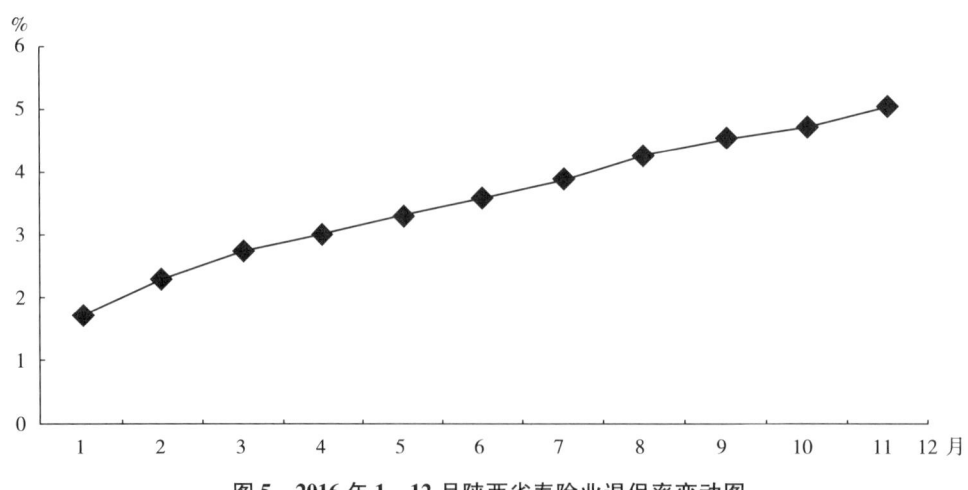

图5　2016年1—12月陕西省寿险业退保率变动图

风险来源更加复杂,防控难度有所加大。寿险业的资产负债匹配难度不断加大。资产负债端的收益错配可能增大利差损风险,期限错配风险增加了流动性风险。在经济下行压力下,其他行业领域风险可能通过销售、承保等各种途径传导至保险业,引发群访群诉事件。同时,保险业务违规手段不断翻新,恶性竞争依然存在。比如,在业务增长乏力时,个别产险公司采取买车险送油卡、买酒送保险、积分返现等手段争抢市场,扰乱市场竞争秩序。

部分中小型保险公司存在可持续发展问题。在经济下行期间,部分中小型保险公司由于在业务渠道开拓、客户资源管理、队伍建设培养等方面处于劣势,业务发展压力较大。比如,部分中小型产险公司在商业车险费率改革后,暴露出对费率实施管控手段的不足,部分中小型寿险公司通过银保渠道激进发展中短存续期产品,一旦保险公司出现资产负债不匹配或现金流不足等问题,将可能影响分支机构的正常经营。

三、金融市场与金融稳定

(一)金融市场运行状况

1. 同业拆借市场整体呈现净融入态势,市场交易利率低位回升

2016年,陕西省金融机构通过全国银行间同业拆借市场累计成交646笔,成交金额4 916.1亿元,同比增加374.9%。其中,同业拆入4 792.25亿元,同业拆出123.85亿元,净融入4 668.4亿元。同业拆借利率呈现出先走低、平缓波动再回升的趋势(见图6)。

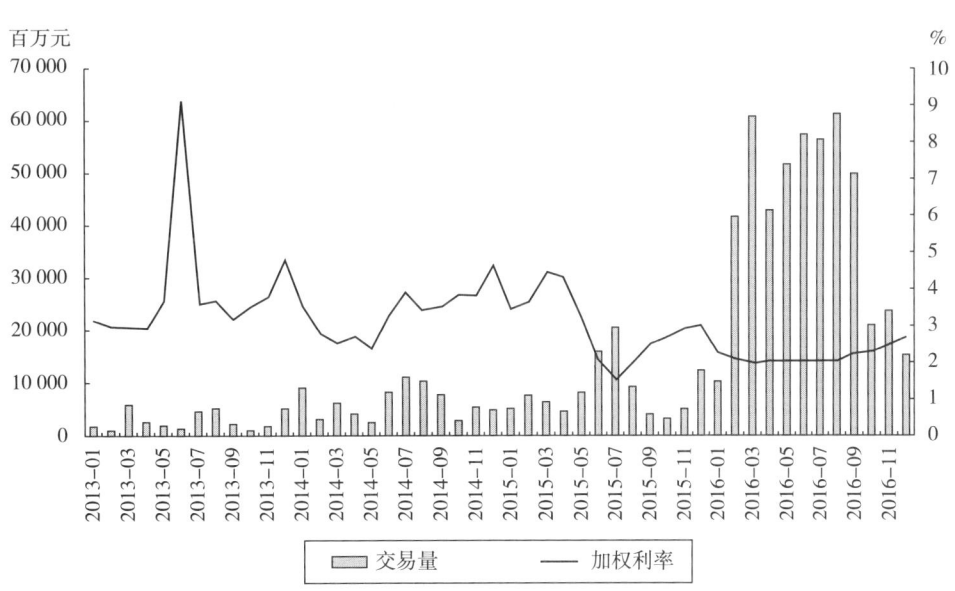

图6　2013—2016年陕西省同业拆借量价分析图

2. 债券回购成交额大幅增加,市场整体以融出资金为主

2016年,陕西省金融机构债券回购累计成交57 525笔,成交金额120 908.89亿元,同比增长38.6%。其中,正回购成交金额58 579.71亿元,逆回购成交金额62 329.18亿元,市场整体通过回

购交易融出资金3 749.47亿元。从利率走势看,债券回购加权利率走势平稳,与货币市场资金利率曲线基本一致,呈现窄幅震荡态势,整体处在历史较低水平,维持在2.15%左右(见图7)。

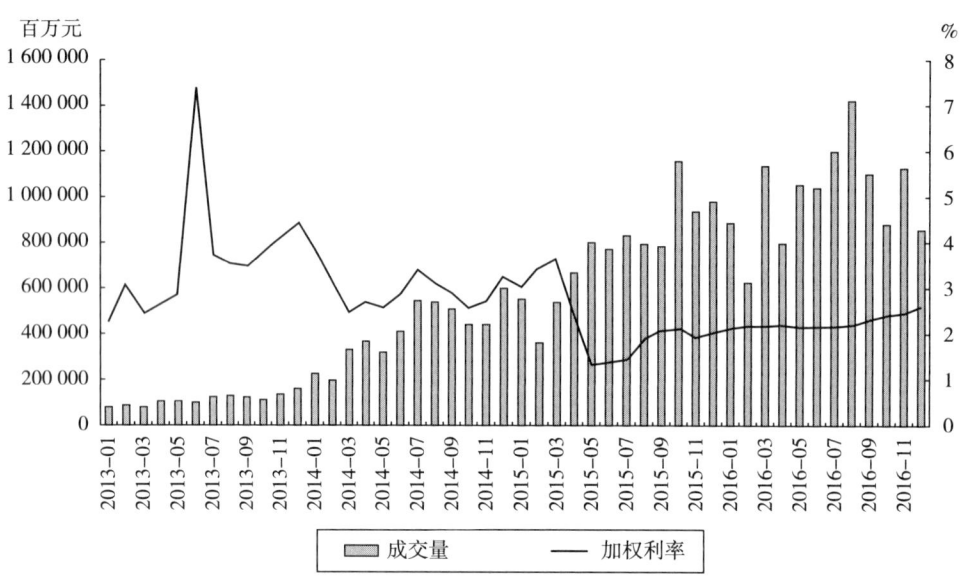

图7 2013—2016年陕西省债券回购量价分析图

3. 现券交易量大幅增长,总体收益率先抑后扬

2016年,陕西省金融机构现券交易累计成交33 237笔,成交金额55 484.66亿元,同比增长166.7%。现券交易加权收益率从年初逐步走低,10月后回升,12月达到3.6562%。

4. 非金融企业债务融资持续增加,企业融资结构逐步优化

2016年,陕西省企业运用非金融企业债务融资工具共募集资金1 435.9亿元,同比增长4.32%。其中,中期票据260.6亿元,短期融资券234.5亿元,超短期融资券740亿元,非公开定向债务融资工具200.8亿元。非金融企业债务融资的持续增长,为直接融资的发展和扩大全省社会融资规模奠定了良好基础。

(二)需要关注的问题

近几年,为进一步拓宽金融机构融资渠道,优化资产负债结构,各类金融债券陆续推出并得到广泛运用。西安银行、长安银行、西部证券等省内地方法人金融机构也通过小微企业金融债券、证券公司短期融资券等工具在债券市场筹措资金。但是,绿色金融债券、"三农"金融债券等债务融资工具仍属空白,专项金融债券支持薄弱环节的作用尚未得到充分发挥。

四、金融基础设施与金融稳定

(一)支付体系建设有效推进,风险处置能力持续提高

1. 加大支付系统推广应用力度,支付服务能力显著增强

截至2016年末,陕西省支付系统参与者达5 613家,全年新增支付系统参与者131家、支票影

像交换系统6家,新增286个银行网点和1家财务公司开通了电子商业汇票业务,全省支付清算系统覆盖率达96%。组织开展农村支付"互联网+"建设工程,共建立助农取款+农村电商融合发展服务点1 362个,助农取款服务点46 957个,基本实现了支付服务村村通。

2. 监管检查力度加大,支付服务环境持续优化

强化支付系统日常运行监控,实行事前统计督促、事后通报整改相结合的支付清算规则执行监管机制,维护良好的支付清算秩序。开展了银行卡收单外包、支付机构预付卡以及银行同业账户等业务现场执法检查,有效净化了省内支付结算环境。

3. 支付体系风险管理加强,风险处置能力不断提升

会同公安部门组织成立了联合整治支付结算重大违法犯罪办公室。组织开展整治银行卡网上非法买卖专项行动、打击治理电信网络新型违法犯罪,以及银行卡助农取款服务点风险排查。组织开展支付系统、中央银行会计核算数据集中系统(ACS)应急演练,不断提高支付清算系统危机处置能力。

(二)征信服务水平显著提高,信用体系建设富有成效

1. 征信服务水平提升,征信系统功能充分发挥

2016年,开展了以"便民、高效"为宗旨的征信服务零距离活动,实现信用报告查询的县域全覆盖。共提供征信信息查询服务70.94万笔,同比增长63.36%。组织符合条件的村镇银行、金融消费公司等机构接入征信系统。征信查询管理前置系统的研发,提升了征信查询服务的风险防控和追溯能力。大力推广应收账款融资服务平台的应用,促成平台应收账款融资524笔,金额661.4亿元。

2. 深化社会信用体系建设,创新信用体系建设模式

完善陕西省社会信用体系建设双牵头工作机制,在全省组织开展县域金融生态环境评估工作,推动县域金融生态环境改善。搭建"数据库+网络"为核心的信用信息服务平台。截至2016年底,累计7.7万户小微企业和617.9万个农户建立了信用档案,农户建档率84%。累计评定信用户436.3万个,创建信用村、镇4 239个。

(三)反洗钱工作机制持续完善,监管和执法力度增强

1. 风险评估机制不断完善,分析框架更加细化

人民银行西安分行—地市中心支行—金融机构"三位一体"的类型分析体系得到加强,洗钱上游犯罪案例和洗钱风险信息的收集与研判质量显著提高,陕西省金融机构洗钱风险评估监测系统开发正式启动。下发《反洗钱提示》5期,提升金融机构对省内重点类型洗钱监测的准确性和风险防范能力。

2. 行政调查和执法合作成果突出,监管力度不断加强

2016年共发现和接收可疑交易线索57份,开展反洗钱调查18起,完成调查任务293次。协助公安、安全部门对4起涉嫌恐怖融资、有组织犯罪,6起涉嫌非法集资、贪污贿赂犯罪线索开展协查。向省国税稽查局移交可疑交易线索1份。在打击地下钱庄专项行动中,移交公安厅重大地下钱庄案件1起。对近三年被检查机构整改情况开展"回头望",推进整改落实到位。对非银行金融机构现场检查力度加大,证券、保险、支付机构占被查机构的34%。

(四) 金融法治环境持续改善,金融消费权益得到切实保障

1. 金融行政执法水平提升,金融法治宣传深入推进

在依法行政制度体系建设方面,新建和修订涉及依法行政 7 项制度,制定印发规范性文件 28 份,参与地方金融立法 16 件;在全省建立"双随机——公开"检查监督机制,共开展各类专项执法检查 200 余次,行政执法检查更加严格规范。在金融法治宣传方面,运用微信、微电影、动漫和"互联网+金融法治宣传"新模式,联合金融监管机构和地方政府有关部门开展金融法治宣传活动 1 200 余次,受益群众达百万人。

2. 金融知识普及力度强化,金融消费权益保护加强

2016 年共组织开展各类宣传活动 2 693 次,惠及群众 197 万余人,并且深入开展监督检查。对 45 家具有代表性的金融机构和第三方支付机构开展了个人金融信息安全专项检查。同时,投诉受理与处理工作不断改善。共受理金融消费者投诉 490 件,办结 480 件,办结率为 97.96%,满意率为 100%;金融消费纠纷"第三方解决机制"试点工作不断推进。陕西金融消费纠纷调解中心受理并成功调解各类复杂金融消费纠纷 26 起。

(五) 存款保险制度扎实推进,金融安全网进一步完善

1. 风险差别费率制度顺利实施,金融体系运行更趋稳健

认真落实《存款保险费率管理与保费核定办法》,顺利完成对全省地方法人投保机构存款保险评级工作,核定了地方法人投保机构存款保险适用费率,风险差别费率制度正式实施,对投保机构的正向激励、反向约束机制初步建立。投保机构运行监测机制更加完善,投保机构经营情况、改革发展动态和风险变化得到及时反映。

2. 开展存款保险核查,存款保险工作基础不断夯实

选取 12 家投保机构,对其存款的规模、结构以及真实性开展存款保险现场核查,重点对存款业务的会计科目设置和核算、存款业务的金融统计情况、被保险存款申报情况、信息系统建设情况进行了现场核查,进一步规范投保机构存款保险业务工作。对于部分机构进一步扩大核查内容和范围。

3. 建立健全存款保险业务操作规程,工作规范化、信息化建设稳步推进

制定了《陕西省地方法人投保机构存款保险评级工作操作指南》、《人民银行西安分行投保、费率管理与保费核定操作手册》两项制度,就存款保险评级工作、保费基数核定与保费交纳、投保机构适用费率核定等制定了相应的具体操作规程,并对省内存款保险业务人员开展培训。指导开发"存款保险信息管理系统",推进存款保险工作数据信息精准化、电子档案规范化。

五、地方金融改革与金融稳定

(一) 地方法人金融机构改革全面深化,服务地方经济发展水平显著提升

1. 城市商业银行深化发展,业务转型成效显著

省内 2 家法人城市商业银行持续深化经营转型,取得突出成效。西安银行于 12 月末正式进入主板上市排队序列,在区域内率先实现"人脸识别"身份验证。长安银行积极发展特色业务,服务领

域向县域和农村延伸。截至 2016 年末,小微企业贷款余额达 282.47 亿元,同比增长 22.74%,"长安贷"系列小微贷款产品被中国银行业协会评为"2015 年服务小微五十佳金融产品"。长安银行在在全省投入建设超过 300 家的"惠农支付服务点",实施"信贷助推精准脱贫 863 计划",首批涉及扶贫对象约 2 万户。

2. 农村合作金融机构股份制改制深入推进,农商行加速发展

2016 年陕西省共有 12 家机构转制为农商行,至年末共有农商行 48 家。秦农银行吸收合并阎良区、临潼区、高陵区联社事项已报中国银监会,并购重组户县、蓝田县、周至县联社工作稳步推进。吸收合并和并购重组完成后,秦农银行将跻身全国农商行前十位。此外,陕西省农信社与秦农银行共同发起筹建了"陕西丝绸之路农商银行发展联盟",助推陕西省对丝绸之路沿线省份经济影响力和辐射力。

3. 新型农村金融机构组建步伐继续加快,区域金融集聚效应不断增强

2016 年,陕西省新增村镇银行 11 家。截至 2016 年末,全省村镇银行全面覆盖省内 10 个地市,村镇银行总资产、存款余额和贷款余额分别达到 80.91 亿元、60.27 亿元和 39.02 亿元,同比增长 41.31%、43.23%和 45.01%。

(二)新型金融组织建设取得突破,地区金融创新力度不断加大

积极加快新型金融组织建设,取得明显成效。西北首家消费金融公司——陕西长银消费金融有限公司开业。陕西金融信息科技公司和农村金融服务公司筹建工作启动。地区非银行机构积极开展产品创新和管理创新,比亚迪汽车金融公司组建了 9 个省区的金融营销团队,长安信托等省内法人信托公司在债券投资、公益信托等领域取得新发展。

(三)准金融机构发展趋缓,机构类型更加丰富

截至 2016 年末,陕西省共有小额贷款公司 286 家,数量与上年持平,贷款余额 246.66 亿元,同比增长 0.56%,较上年同期下降 12.66 个百分点。全省共有融资性担保公司 170 家,较上年同期减少 1 家。在保余额 949.6 亿元,较上年同期增加 123.2 亿元,增长 14.91%。全省共有典当企业 217 家,同比增加 16 家,典当总额 30.04 亿元,同比减少 2.3%。

2016 年 8 月,陕西省首家金融资产管理公司开业。该公司直属于陕西省人民政府,由陕西省国资委、延长石油等十四家企业共同出资设立,注册资本 45 亿元人民币。2016 年 8 月,陕西省在西安国际港务区、西安经济技术开发区开展商业保理试点,截至 12 月末,两个试点区已累计注册商业保理内资企业 14 家,实际引资 4.5 亿元。

六、总体评估与政策建议

(一)总体评估

2016 年,面对错综复杂的国内外经济环境,陕西省出台了一系列政策措施,保持经济运行在合理区间,全省经济发展稳中有进,为金融业稳健运行奠定了坚实基础。银行业发展规模持续增加,信贷资源配置优化,证券期货机构业务不断拓宽,区域股权市场快速发展,保险业业务不断增长,

结构调整持续深化，金融市场平稳发展，金融基础设施建设全面推进，地方金融改革加速推进，金融生态环境不断改善。

总体来看，陕西省金融体系发展的外部环境和保障基础较好，金融体系稳健运行，但在复杂多变的市场环境中仍存在一些潜在风险因素。银行业存量信贷资产风险显现、流动性风险管理压力加大、案件与操作风险抬头，证券期货机构经营实力偏弱、资管业务发展粗放，保险业退保压力较大，均需在未来一段时间内密切关注。

（二）政策建议

1. 深入推进地区供给侧结构性改革，全面提升经济增长质量

地方政府应将提升经济增长质量作为地区供给侧结构性改革的最终目标，通过扎实推进"三去一降一补"五大任务在陕西有效落实，努力实现地区经济供求关系新均衡、重点产业稳增长优结构、投资和消费全面升级，为地区金融稳定构筑良好的实体环境。同时，应充分抓住自贸区建设等重大机遇，通过体制机制创新，带动陕西经济向更广层次开放发展，也为金融体系主体壮大、产品创新提供更加开阔的平台。

2. 全面强化风险监测、预警、处置工作，严控行业及重点领域金融风险

人民银行、金融监管部门应进一步加大对地区正规金融机构日常风险监测频率，突出重大风险事件的跟踪监测、跨机构跨市场的交叉性金融产品风险监测分析，对于行业性、区域性、系统性金融风险进行及时提示，对于机构已经暴露出的风险及时进行有效处置。同时，金融监管部门要对机构风险处置的真实性进行检查评估，对于虚假处置风险的行为给予严惩。地方政府应密切关注正规金融体系之外的金融活动风险防控，特别是互联网金融、民间融资体系中的风险滋生及蔓延。

3. 加快推进地区金融改革，着力提升金融服务经济实效

以建设西安区域金融中心为契机，加大金融信息科技公司、农村金融服务公司、金融租赁公司等新型金融机构在陕西组建力度，推进地方法人金融机构改革重组，加快发展民营中小金融机构，不断壮大地区金融组织体系，优化存量金融资源配置效率。督促金融机构加快结构调整、加大业务创新，培育多元化利润增长点。搭建地区综合投融资平台，鼓励企业在多层次资本市场挂牌上市，为省内企业利用绿色金融债券、"三农"金融债券等工具融资提供业务辅导，不断优化地区投融资环境。

总　纂：郑　锋
统　稿：邓京明　张志遥　王　青
执　笔：包　琼　方　蕊　郝俊香　焦少飞　雷梦菲
　　　　刘天宇　王汉君　王　敏　王　青　阎晶磊
其他参与写作人员：陈炅炜　关　伟　刘佳珍　刘胜军　潘亚柳
　　　　　　　　　孙炎炜　王　玮　温秋鹏　张宏亮　张　昀

青海省金融稳定报告摘要

2016年是"十三五"规划开局之年,青海省主动适应经济发展新常态,紧扣"三去一降一补"要求,积极推进各项改革,妥善应对风险挑战,经济社会发展总体平稳、稳中向好。青海省金融机构实力进一步增强,金融业资产规模稳步增长,银行业、证券业、保险业稳健运行,金融基础设施建设更加完善,金融生态环境持续向好,金融体系总体稳健,服务地方经济发展能力进一步增强。但仍存在能源资源型行业产能过剩、商业地产去库存压力大、部分领域金融风险上升的问题,维护地区金融稳定的任务复杂而艰巨。

一、区域经济运行与金融稳定

2016年,青海省实现地区生产总值2 572.49亿元,同比增长8.0%,增速比全国平均水平高1.3个百分点。其中,第一产业增加值221.19亿元,增长5.4%;第二产业增加值1 249.98亿元,增长8.5%;第三产业增加值1 101.32亿元,增长8.0%。三大产业结构由2015年的8.6:50.0:41.4优化调整为8.6:48.6:42.8(见图1)。

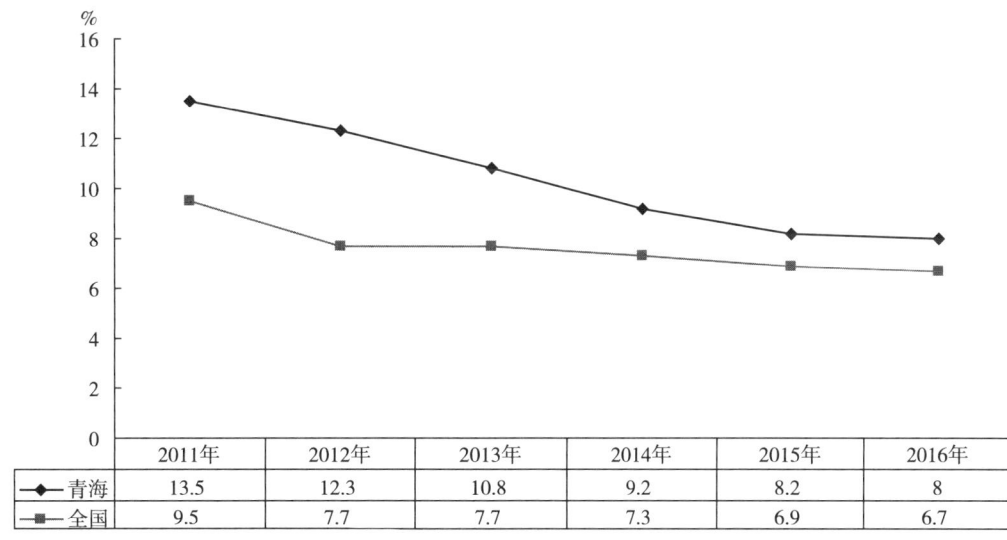

数据来源:国家统计局。

图1 近年来青海省与全国生产总值增速对比情况

（一）区域经济运行特点

1. 供给侧结构性改革初显成效

2016年，青海省"三去一降一补"齐头并进，化解59万吨钢铁、煤炭过剩产能，商品住房库存面积较上年下降25.6%，重点企业高杠杆风险得到有效稳控，通过落实减税降费等措施累计为企业降低各类成本近60亿元，产业、生态和基础设施等领域的发展短板持续补上。同时，三大产业协同稳步迈向中高端：工业向规模化、集群化发展，锂产业等新兴产业基地乘势崛起；农牧业向特色化、优质化发展，逐渐形成一批以枸杞、藜麦和特色牛羊肉为代表的高原绿色有机农畜产业；服务业向专业化、新型化发展，对经济增长的贡献率首超工业。

2. 需求侧支撑作用不断增强

投资、消费和出口"三驾马车"齐力前行，需求侧新动能稳步蓄积。2016年，青海省完成全社会固定资产投资3 533.19亿元，同比增长10.9%。全年实现社会消费品零售总额767.3亿元，同比增长11.0%。全省接待国内外游客2 876.92万人次，实现旅游总收入310.3亿元。积极融入"一带一路"战略，国际航线达到6条，航空旅客吞吐量突破500万人次，首趟中欧班列"青海号"顺利投运。

3. 居民消费价格涨幅创近年新低

2016年，青海省居民消费价格总水平同比上涨1.8%，较全国2016年平均涨幅低0.2个百分点，是2007年以来涨幅最低的一年。从八大子项看，居住类领涨物价上涨，全年增长5.2%，医疗保健类、食品烟酒类和其他用品和服务类价格涨幅分别为2.6%、2.3%和2.4%，均高于价格总体上涨水平，其他子项则涨幅温和，其中交通和通信类价格下降2.7%，是唯一一个负增长子项。

4. 民生福祉持续改进

以小财政撬动大民生，民生支出占财政总支出的75.5%。全体居民、城镇和农村常住居民人均可支配收入分别达到17 302元、2 6757元和8 664元，同比分别增长9.4%、9.0%和9.2%。脱贫攻坚首战告捷，全省6个县、400个村、11万人实现"脱贫摘帽"。新增城镇就业6.35万人，农牧区劳动力转移就业119万人次，城镇登记失业率控制在3.1%。

5. 财政运行总体平稳

2016年是全面实施"营改增"后的第1年，青海省地方财政收支总体保持平稳增长态势，全省公共财政预算收入359.96亿元，比上年增长7.7%。公共财政预算支出1 522.55亿元，同比增长0.5%。政府债务风险总体可控，债务率处在100%警界线以下。政府性基金收入下降10.8%，清理规范后得到合理压缩。签约实施5个PPP项目，总投资38亿元，吸引社会资本投资约20亿元。

（二）需要关注的问题

1. 工业经济运行仍然面临不少挑战

一是全省工业生产者出厂价格持续处于下降区间，虽然降幅较上年收窄5.4个百分点，但产品价格总体下跌的趋势没有得到根本扭转，市场需求仍然偏弱。二是受高基数、宏观经济下行、产能过剩等多因素影响，石油和天然气开采及加工业，电力热力生产和供应业，黑色金属、有色金属冶炼及延压加工业等重点行业增速放缓，下行压力较大。三是新兴工业产业体量、规模尚小，短期内难以弥补冶金、化工、采油等传统行业增速回落对全省工业发展造成的影响。

2. 第三产业尚未驶入内涵式增长之路

青海省第三产业规模的持续提升主要以金融业和非营利性服务业为支撑,两者合计对第三产业增长的贡献率达到50%以上。然而,金融业以存贷款增速作为主要核算依据,非营利性服务业以财政八项支出作为主要核算依据,诸如软件服务、现代商贸和文化创意等真正能够体现内涵式增长的新型服务业却发展相对缓慢。

3. 房地产商业用房去化压力较大

根据住建部门数据显示,2016年末,青海省商业地产去化周期43.4个月[①],商业地产库存去化周期高企,处于供给严重过剩。原因有以下方面,一是商业用房租赁费用虚高,承担主体支付租金难度加大;二是全省人口吸附能力渐弱,城镇化进度不够,对商业用房需求不足。

(三)经济运行对金融稳定的影响

2016年,青海省地区生产总值增长继续延续回落态势,年度增速持续下降。一方面,经济下行压力通过企业贷款持续将风险向金融系统传导,银行业金融机构不良贷款出现"双升"态势,煤炭、冶金等领域的部分重点大型企业不良贷款暴露事件偶有发生。另一方面,以担保代偿风险为突出标志,政府、企业和金融之间交互的信用链条持续承压,经济与金融之间的跨部门风险传染已显苗头。如何采取有效措施化解存量不良、防范新生不良,是下阶段风险防控工作的关键所在。

二、金融业与金融稳定

(一)银行业

1. 运行状况

(1)资产负债规模持续扩大。截至2016年末,青海省银行业金融机构资产总额8 394.18亿元,同比增长9.57%,增速同比下降8.53个百分点,高于全国平均水平2.63个百分点;负债总额8 113.54亿元,同比增长9.73%,增速同比下降8.54个百分点,高于全国平均水平3.43个百分点。

(2)存贷款增速放缓。截至2016年末,青海省本外币各项存款余额5 586.18亿元,比年初增加358.12亿元,同比增长6.85%,增速同比回落7.91个百分点,低于全国平均水平4.45个百分点;各项贷款余额5 717.16亿元,比年初增加593.06亿元,同比增长11.57%,增速同比回落7.50个百分点,低于全国平均水平1.23个百分点(见图2)。

(3)表外业务增长强劲。截至2016年末,青海省银行业金融机构表外业务余额2 227.47亿元,同比增加682.59亿元,增长44.18%。其中:金融资产服务类余额1 701.86亿元,同比增加793.35亿元,增长87.32%;担保类余额176.42亿元,同比减少98.57亿元,下降35.84%。

(4)支持供给侧结构性改革的力度加大。2016年,人民银行西宁中心支行提出金融支持供给侧结构性改革的二十条具体措施,经省政府转发在全省执行。全省各家银行采取"一企一策"和提供一揽子方案的方式,支持传统产业改造升级、加大对新兴产业的支持力度、帮助有前景的困难企业渡过难关、有序退出产能过剩行业贷款、增加薄弱领域信贷投入。全年新增节能和技改升级贷款

[①] 去化周期=累计可售商品房面积÷过去12个月月均销售面积。

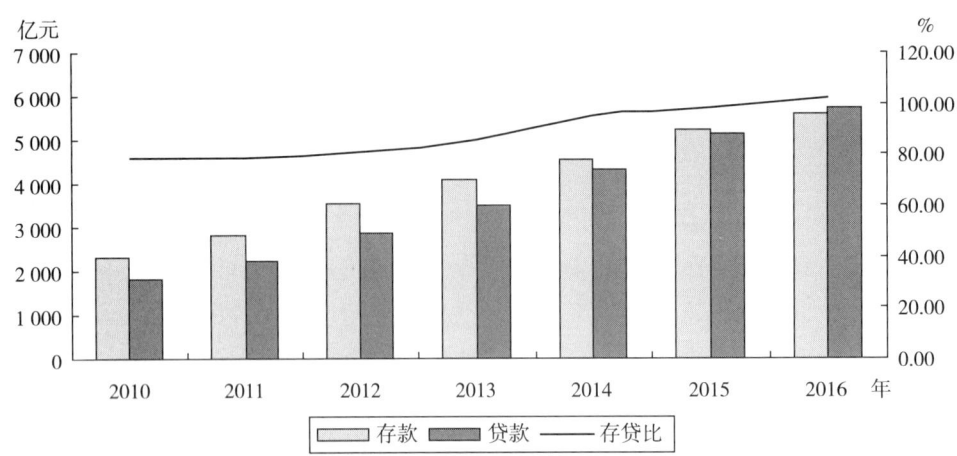

数据来源：中国人民银行西宁中心支行。

图 2 2010 年以来青海省银行业金融机构存贷款变化情况

135.09 亿元；收回"僵尸企业"贷款 6.39 亿元。年末涉农贷款余额 1 995.09 亿元，同比增长 9.32%。完成存量债务置换 147.33 亿元，释放了地方政府性债务风险。为各类客户减免税收 1.70 亿元、让利 10.50 亿元，减轻了客户成本负担。

（5）银行业发展取得新成效。股份制银行引进工作有条不紊开展，民生银行西宁分行正式开业，光大银行西宁分行筹建工作基本完成。农村信用社改制农村商业银行工作进展顺利，2 家农村商业银行挂牌开业，5 家农村商业银行获批筹建。银行机构服务体系建设稳步推进，全省新增零售专营支行 2 家，部分银行成立零售金融事业部和公司金融事业部，专业化服务水平进一步提升。

2. 需要关注的问题

（1）银行业信用风险不断上升。2016 年，青海省银行业不良贷款延续 2015 年的"双升"态势，信贷资产质量劣变明显。截至年末，银行业金融机构不良贷款余额 118.91 亿元，比年初增加 47.7 亿元；不良贷款率 2.08%，比年初提高 0.69 个百分点，高出全国平均水平 0.17 个百分点。同时，关注类贷款不断增加，关注类贷款余额 265.94 亿元，同比增长 23.29%；关注类贷款向下迁徙率 42.12%，同比提高 26.73 个百分点，不良贷款反弹压力较大，信用风险管控形势严峻。

（2）地方法人银行机构流动性风险值得关注。一是农村合作金融机构流动性比例不断下滑。2016 年末，青海省农村信用社和农村商业银行流动性比例分别为 43.56% 和 51.48%，同比分别下降 11.75 个百分点和 0.95 个百分点，流动性水平有所降低。二是部分机构流动性指标未达到监管要求。农村商业银行、农村信用社和村镇银行核心负债依存度分别为 43.59%、43.42% 和 30.02%，分别低于监管标准 16.41 个百分点、16.58 个百分点和 29.98 个百分点，流动性风险值得警惕。三是部分机构贷款"中长期化"和存款"活期化"的特征未明显改善，期限错配风险仍然存在。

（3）银担合作风险不容忽视。受资本实力弱、业务过度扩张、担保贷款行业集中度高等影响，2016 年省内担保公司代偿压力加大，截至年末，全省融资性担保机构担保代偿余额 31.44 亿元，同比增长 55.88%。随着代偿额增加，担保代偿风险逐步显现，个别担保机构不能及时、足额代偿银行贷款，加速了银行不良贷款增加，也使得部分担保代偿风险向银行体系传导，银担合作风险加大。

（二）证券期货业

1. 运行状况

（1）证券期货机构业务分化明显。2016年，青海省法人证券公司业务规模增长较快，而证券营业部和法人期货公司业务规模则大幅下滑。其中：法人证券公司累计代理交易额4 307.33亿元，同比增长142.37%；客户资产总额179.72亿元，同比增长999.20%。证券营业部累计代理交易额2 830.17亿元，同比下降44.08%；客户资产总额297.12亿元，同比下降19.04%。法人期货公司累计代理交易额3 288.43亿元，同比下降39.51%；客户保证金余额37.98亿元，同比下降1.84%。

（2）上市公司运行良好。截至2016年末，青海省上市公司总股本129.59亿股，同比增长35.31%；总市值1 657.18亿元，同比增长17.55%。2016年前三个季度，上市公司实现营业收入520.90亿元，同比增长24.89%；归属于母公司股东净利润12.23亿元，同比增长87.29%；平均每股收益0.11元，同比增长120.00%。

（3）多层次资本市场体系建设稳步发展。一是区域性股权市场建设有序推进。截至2016年末，青海股权交易中心累计挂牌企业323家，同比增加72家；登记托管金额153.45亿元，累计为24家企业融资5.43亿元。二是上市和"新三板"挂牌企业数量增加。全年新增2家上市公司，上市公司数量达到12家；2家公司在"新三板"成功挂牌，"新三板"挂牌公司达到5家。三是上市公司融资规模显著增长。共完成7项融资，融资规模206.24亿元，同比增长93.00%。

2. 需要关注的问题

（1）证券期货机构经营业绩有所下滑。受资本市场股债齐跌、交易量萎缩等影响，2016年，辖区部分证券期货机构经营业绩出现下滑。其中：证券营业部实现营业收入2.20亿元，同比下降65.92%；净利润0.69亿元，同比下降91.34%。期货公司实现营业收入0.82亿元，同比下降8.62%；净利润0.19亿元，同比下降16.7%。

（2）上市和"新三板"挂牌企业质量有待提升。一是与全国其他省份相比，辖区上市公司数量较少，拟上市企业后备资源严重不足，上市公司培育力度有待加强。二是辖区无创业板上市公司，且大多数上市公司属于传统制造行业或资源型企业，产品附加值相对较低。受经济下行、产业结构调整等影响，部分上市公司经营活动现金流呈净流出状态，经营效益不佳，经营风险逐步显现。三是辖区5家"新三板"挂牌企业挂牌至今未进行过定向增发和融资，利用"新三板"市场为企业发展服务的能力有待提高。

（三）保险业

1. 运行状况

（1）保险市场运行平稳。2016年，青海省保险市场累计实现原保险保费收入68.73亿元，同比增长22.09%。其中：财产险保费收入29.64亿元，同比增长13.49%；人身险保费收入39.09亿元，同比增长29.53%。各项赔付支出27.38亿元，同比增长34.74%。

（2）保险保障功能有效发挥。一是农业保险覆盖面扩大。2016年，青海省农业保险品种增加至20个，森林保险计划投保面积2 367万亩，同比增长10.2%，藏系羊、牦牛保险承保区域扩展至6个县。二是大病保险不断推进。全年大病保险保费收入2.28亿元，大病保险报付金额2.27亿元，大病保险报付金额占患者总医疗费用的16.41%，同比提高1.08个百分点。三是责任险领域进一步拓宽。环境污染强制责任保险、见义勇为救助责任险等险种稳步发展。

（3）财产险公司经营效益较好。2016年，青海省财产保险公司实现承保利润2.15亿元，承保利润率7.71%，同比提高0.27个百分点。其中车险承保利润率达10.41%，成为财产险公司利润的主要来源。

2. 需要关注的问题

（1）保险业发展速度变缓。2016年，青海省保费收入增速呈趋缓态势，主要原因一是受经济下行压力、居民收入增速回落等影响，保险购买力增长放缓；二是青海省加大淘汰落后产业力度，关停、整合了一批高耗能、高污染行业落后产能，影响企业财产险增速同比下降10.53个百分点，货运险增速同比下降5.33个百分点。

（2）退保和满期给付压力加大。2016年，青海省人身险公司退保金达4.13亿元，同比增长39.47%；退保率3.29%，同比上升0.29个百分点。此外，满期给付压力也未得到有效缓解，人身险公司满期给付金额5.83亿元，同比增长88.7%。

（四）金融业运行对金融稳定的影响评估

2016年，青海省金融业运行平稳，金融风险总体可控，为辖区金融稳定奠定了重要基础。同时，银担合作、银保合作、银信合作等跨市场、跨行业业务不断增多，信用风险、上市公司经营风险、流动性风险、退保风险等有所上升，给辖区金融稳定带来一定压力。

三、金融市场运行与金融稳定

（一）区域金融市场运行特点

1. 货币市场交易活跃

截至2016年末，青海省累计发生货币市场交易21 057笔，交易量21 816.11亿元，交易笔数和交易金额分别较上年同期增长415.85%和337.03%。其中：质押式正逆回购9 017笔，交易金额15 444.36亿元；现券买卖5 574笔，交易金额2 620.77亿元；信用拆借307.9亿元；买断式回购3 443.08亿元。同业拆借加权平均利率2.8804%，现券买卖加权平均利率2.3682%，均较上年同期有所下降。

2. 债务融资总量减少，金融债取得突破

2016年，青海省12家企业通过银行间市场发行债务融资工具14只，募集资金155亿元，同比下降39.22%，各类型债务融资工具加权平均利率均呈现不同程度下降。截至2016年末，全省企业累计发行债务融资工具102只，共计1 026.48亿元，存续规模564.2亿元。青海省三家地方法人金融机构开展市场化融资工作，发行小微企业专项金融债30亿元、注册二级资本债8.5亿元。

3. 账户金交易回落，实物金大幅上升

2016年，青海省人民币账户金买卖21 375.49千克，成交金额45.27亿元，交易量及交易金额同比分别下降10.89%和19.74%；美元账户金交易1 689.4盎司，成交金额212.08万美元；实物黄金交易1 281.46千克，成交金额3.41亿元，分别同比上升70.59%和74.87%。

4. 跨境收支总量下降，同比逆差转顺差

2016年，青海省实现跨境收支总额19.96亿美元①，同比下降38.1%，其中收入10.32亿美元，支出9.64亿美元。全省跨境收支差额由2015年的逆差5.88亿美元转为顺差6 851万美元，实现了国际收支基本平衡。

5. 银行结售汇总额下降，逆差同比持平

2016年，青海省结售汇总额9.84亿美元，同比下降17.3%，其中结汇4.37亿美元，同比下降19.6%，售汇5.47亿美元，同比下降15.5%，逆差1.1亿美元，逆差规模同比持平。

（二）金融市场运行状况对金融稳定的影响

2016年，青海省金融市场运行平稳，交易活跃度进一步上升。但与全国其他省份相比，青海省金融市场规模依然偏小，金融市场工具种类较少。下阶段，应进一步丰富金融市场层次和产品，发挥市场在资源配置中的决定性作用。

四、金融基础设施与金融稳定

2016年，青海省金融基础设施建设继续完善，支付体系建设稳步推进，征信系统服务功能显著增强，反洗钱工作扎实有效开展，金融消费权益保护力度不断加大，为全省金融业健康发展提供了有力支撑。

（一）运行状况

1. 支付服务质量持续提高

一是支付清算系统服务能力增强，2016年全省通过大小额支付系统发生业务1 418.94万笔，交易金额68 111.49亿元，同比分别增长50.78%和26.76%。二是农牧区支付环境继续改善，在惠农金融服务点推广"助农取款点＋农村电商"模式，搭建外销土特产增收致富平台。2016年末已实现服务点全省有条件村级全覆盖，其中海拔4 000米以上服务点90个，使偏远地区农牧民享受到了安全、便捷的现代金融服务。

2. 征信体系建设扎实推进

一是征信服务水平不断提升。全年提供企业信用报告查询5.32万次、个人信用报告查询106.69万次，已累计录入2.52万户企业、395.17万个自然人信用信息，社会对征信服务的需求不断满足。二是加强征信合规管理。对15家银行业金融机构开展征信信用泄露风险现场专项检查，约谈、通报8家银行业金融机构，有效维护征信信息主体权益。三是农村信用体系建设稳步推进。大力推动精准扶贫基础工作，完成13.66万贫困户信用档案建档，评定贫困信用户9.89万户，贫困信用户到户小额信用贷款6.45亿元。累计建立农户信用档案74.97万份，同比增加21.17%，累计评定信用户41万户，同比增加21.8%。四是全面推广应收账款融资服务平台，累计注册户322户，2016年促成融资187.69亿元，累计融资金额289.60亿元。

3. 反洗钱履职效能不断加强

一是加强风险评估，将全省划分为"五个"洗钱风险区域地图，在两化地区（化隆、循化）开

---

① 国际收支统计口径。

展县域洗钱风险评估,为反洗钱差别化监管提供参考。二是强化监管,对263家金融机构开展年度考核评级和动态风险评价,对16家金融机构开展执法检查,对13家金融机构开展监管走访,对8家金融机构(支付机构)开展风险评估,对4家金融机构整改落实情况进行"回头看",对23家金融机构约见高管谈话,对5家金融机构进行行政处罚,进一步提升了监管的有效性。三是增强协作,向侦查机关移送可疑交易线索59起,开展反洗钱调查协查21起,有力地支撑了侦查机关办案14起,其中破案4起,有效预防和遏制了洗钱和恐怖融资犯罪,维护了全省社会政治安全和经济金融稳定。

4. 金融消费权益保护工作有序开展

一是提高工作质效,变"12363咨询投诉电话"分散受理为集中受理,全面启用"金融消费权益保护信息管理系统"咨询投诉模块,促进投诉受理处理电子化、规范化。全年共受理金融消费者投诉99起,办结率达100%。稳妥应对泛亚投资人代表群体性投诉事件。二是推进金融宣传教育,编译印刷《金融知识普及读本》汉藏双语系列丛书,联合银、证、保围绕"六类重点关注人群"组织开展"金融知识普及月"活动,提高社会大众金融素养。三是加大监督检查力度,对38家金融机构网点开展个人金融信息保护现场检查,对1家金融机构进行警告,对2家金融机构高管人员进行约谈,要求35家金融机构网点限期整改,促进金融机构规范提供金融产品和服务的行为。

5. 外汇管理工作水平稳步提升

一是突出"控流出、扩流入"工作,通过约谈、企业分类降级及"回头看"等方式,督促银行和企业严格落实外汇管理规定。二是提升外汇管理服务水平,积极推进资本项目结汇改革,落实全口径跨境融资宏观审慎管理,全年中资企业全口径跨境融资实际到位资金同比增长5倍。三是出台三项具体外汇管理支持地方经济发展实施意见,全力支持全省涉外经济发展。四是搭建青海省银行外汇、跨境人民币业务展业自律机制,进一步畅通外汇管理政策传导渠道。五是加大检查、核查工作力度,对25家企业及银行开展外汇业务检查及国际收支统计核查,进一步夯实国际收支统计基础,防范跨境资本流动风险,维护辖区外汇市场健康稳定发展。

(二)金融基础设施运行对金融稳定的影响评估

2016年,青海省金融基础设施不断完善,为金融市场安全高效运行和整体稳定提供了有效保障。与此同时也面临业务量和服务对象不断增加的压力,部分领域服务效能和管理水平与内地发达地区相比还有一定提升空间,金融基础设施建设有待进一步加强。

五、总体评估与政策建议

(一)总体评估

2016年,青海省金融运行总体平稳。经济增速虽有所回落,但仍高于全国平均水平,供给侧结构性改革初见成效,产业结构进一步优化,居民消费价格涨幅创历史新低,经济增长内生动力不断加强,为区域金融稳定运行提供了良好的外部环境。金融体系整体稳健,银行业资产负债规模继续扩大,表外业务增长强劲,金融机构引进加快;法人证券公司业务规模快速增长,多层次资本市场体系建设稳步开展;保险市场快速发展,保险保障功能有效发挥。但与此同时,全省金融体系稳定运行也面临复杂的形势和挑战:一是全球经济仍将保持低增长和弱复苏态势,英国脱欧公投、美国大选等"黑天鹅"事件为全球经济发展带来不确定性因素，美元走强使新兴市场国家再度面临货币贬值风险和资本外流隐患，可能通过贸易、价格、资本流动等方式影响青海省经济金融发展。二是国内经济处于新常态，供求的结构性矛盾依然存在，在全国经济下行背景下，青海省传统能源资源型行业产能过剩问题依旧突出，工业生产者出厂价格持续下跌，市场需求偏弱，房地产去库存任务较重，财政增收难度加大，经济发展任务艰巨。三是部分领域金融风险上升，银行机构不良贷款延续2015年"双升"态势，担保代偿风险逐步显现，保险业退保和满期给付压力增加，金融风险防范形势严峻，维护金融稳定任重道远。

（二）政策建议

1. 紧扣"三降一去一补"主题，继续推进供给侧结构性改革

以改革创新推进青海省经济结构调整，实现经济可持续发展。继续稳妥化解钢铁、煤炭等过剩产能，加大商业地产去库存力度。积极发展特色、有机和品牌农牧业，形成高原特色的农畜产品供给体系。积极培育网络购物、社会养老、医疗保健、消费金融等新兴消费热点，提高消费潜力。

2. 发挥"普惠金融"试点优势，加强金融基础设施建设

大力发展"扶贫普惠"、"信用普惠"、"绿色普惠"和"网络普惠"，继续改善农牧区支付环境，保障支付系统安全、稳定运行。扩大信用报告查询覆盖范围，加强征信、评级市场培育和发展，持续推动社会、中小企业和农村信用体系建设。建立青海特色区域洗钱风险评估体系，采取差别化布防措施，预防和遏制洗钱犯罪。健全完善金融消费权益投诉受理处理机制，扩大咨询投诉服务覆盖范围，维护金融消费者合法权益。加大金融教育力度，增强社会大众防范风险意识和权责意识。尝试组建法人保险机构，完善多层次金融组织体系。

3. 强化金融风险防范，做好风险处置工作

动态排查金融风险隐患，开展金融风险专项整治。加强对产能过剩行业、房地产业、互联网金融等重点领域和大型有问题企业的风险监测与评估，防止实体经济风险向金融业传导。加强外汇管理和服务，继续坚持"扩流入、控流出、稳预期、防风险"的工作思路，强化跨境资金监测分析，防范跨境资本流动风险。充分发挥资产管理公司作用，参与省内不良资产处置工作。拓宽不良贷款处置渠道，加大不良贷款清收和核销力度。指导金融机构用活用好金融风险处置各项政策，尝试通过债务置换、资产证券化、增加有效抵质押物等方式，分门别类化解金融风险。强化金融风险应急管理，督促金融机构完善重大事项报告制度，制定金融风险应急处置预案，开展应急演练，坚决守住不发生系统性金融风险的底线。

总　　纂：曹建勋
统　　稿：潘　娟　苏中华
执　　笔：孙亚刚　吴俊成　徐　静　席丹丹　常家升
其他参与写作人员：丁　宏　马启军　王建民　毛泽强　尹三强　兰松山
　　　　　　　　　刘　涛　闫永晶　李亚奇　李宝莹　吴兆阳　邸小宁
　　　　　　　　　汪金祥　周育栋　韩志宏　魏春飞

甘肃省金融稳定报告摘要

2016年，面对复杂的宏观经济形势，甘肃主动适应经济发展新常态，稳步推进供给侧结构性改革，着力提高发展质量和效益，全省经济运行总体平稳。金融业总体实力和运行稳健性不断提高，金融改革工作深入推进，服务实体经济能力不断提升。但受多种因素影响，主要经济指标增速放缓，银行业不良贷款持续双升，防范区域性金融风险压力依然较大。

一、区域经济运行与金融稳定

（一）经济运行情况

1. 经济运行总体平稳，经济结构持续升级转型

2016年，全省经济运行在合理区间，呈现出缓中趋稳、稳中有进、进中向好的良好态势。全年生产总值7 152.04亿元，同比增长7.6%，高出全国0.9个百分点。其中，第一产业增加值973.47亿元，同比增长5.5%，第二产业增加值2 491.53亿元，同比增长6.8%，第三产业增加值3 687.04亿元，同比增长8.9%。产业结构不断优化，全省三次产业结构比为13.6:34.8:51.6，第三产业增加值占生产总值的比重较上年提高2.4个百分点，首次超过50%。工业经济转型升级稳步推进，规模以上非公有制工业增加值占全省规模以上工业的26.5%，比重较上年提高2.5个百分点；装备制造业增加值占全省规模以上工业的7.0%，比重较上年提高0.3个百分点。城镇化率达到44.69%，较上年提高1.5个百分点。

2. 供给侧结构性改革稳步推进，新经济、新动能快速成长

以"三去一降一补"为抓手的供给侧结构性改革成效初显。钢铁、煤炭行业圆满完成全年去产能任务，全年全省钢材产量同比下降21.5%，原煤产量同比下降2.76%。全省规模以上工业企业产成品存货增速持续保持负增长，商品住宅去库存周期17.5个月，同比缩短9个月。企业成本下降显著，全省规模以上工业企业每百元主营业务收入成本同比减少2.82元。新业态和新产业加快成长。全年全省限额以上批零住餐业通过公共网络实现零售额8.64亿元，同比增长42.3%；旅游接待超过1.91亿人次，实现旅游综合收入1 220.4亿元，分别增长22.11%和25.12%；完成快递业务量6 065.1万件，同比增长71.3%。以新能源、新材料、先进装备和智能制造、生物医药、信息技术、节能环保、新型煤化工、现代服务业、公共安全等领域为重点的战略性新兴产业完成增加值936.9亿元，同比增长12.2%，占生产总值比重提高到13.1%。

3. 重大项目加快建设，发展支撑持续增强

"3341"项目建设工程大力实施，基础设施建设持续推进，85个省列重大项目完成投资932亿

元,新建成了一大批交通、水利、能源等重大项目,项目建设在补短板的同时有力带动了投资持续增长。2016年,全省完成固定资产投资9 534.10亿元,同比增长10.5%。其中,第一产业投资678.30亿元,同比增长26.8%;第二产业投资3 220.99亿元,同比下降6.2%;第三产业投资5 634.81亿元,同比增长21.0%。房地产开发投资850.03亿元,同比增长10.7%。房屋新开工面积2 331.71万平方米,同比增长0.8%;房屋竣工面积991.73万平方米,同比增长3.1%;商品房销售面积1 679.49万平方米,同比增长17.0%。

4. 城乡区域协调发展,开放合作不断深化

完成敦煌等17个"多规合一"试点县市规划。庆阳市入选国家海绵城市试点。会宁、麦积、华池3县区被列入第三批国家新型城镇化综合试点。3个建制镇被列入国家特色小镇,18个省级重点特色小镇分类培育创建。新开通国际航线7条,国内国际航线增至179条,通达91个城市。兰州新区综合保税区入驻企业达到206家,武威保税物流中心入驻企业达70家。与16个国家开展产能合作,全省对外实际投资额达6.19亿美元,同比增长4倍,省公航旅集团境外成功发行外币债券5亿美元。

(二)经济运行中需要关注的方面

1. 工业经济下行影响显著

甘肃经济结构以传统的原材料、重化工业为主,在经济下行阶段和去产能过程中遭受到一定冲击,导致重点行业和骨干企业运行出现波动,在经济领域表现为工业品出厂价格跌幅加深,工业企业产品销售收入、全社会发电量负增长,省内骨干企业销售收入明显减少、经营效益急速下滑;在金融领域表现为企业存贷款新增额大幅减少,影响各项存贷款增速持续回落。同时骨干企业生产经营的不景气造成相邻区域配套产业不景气,直接影响职工收入,拉低了相应区域居民储蓄存款增速。

2. 经济增长动力不足

投资作为拉动全省经济的主要动力表现出后劲不足。工业投资持续下降,民间投资增长缓慢,有影响的大项目、好项目少,固定资产投资快速增长存在隐忧。现代农业体系还不够健全,组织化程度低,新型经营主体数量少、规模小,生产、储存、销售、保险等体系不完备,抵御市场风险能力弱。工业主导产品价格长期低位震荡,主要支柱工业增速减缓,规模以上企业应收账款增长过快等问题短期难以扭转。受全球市场需求疲软和国际大宗商品价格持续低迷的影响,传统产业企业生产经营困难、效益大幅下降,转型升级难度较大;新兴产业虽然发展快,但规模和比重偏小,尚处于培育期,新增动力尚难以弥补传统支柱行业下滑的缺口。

3. 县域经济发展滞后

甘肃省县域经济实力较弱,县域人均生产总值不到全国水平的一半,有32个县财政自给率不足10%。主导产业发展层次不高,龙头企业带动作用不强。全省农业产业化龙头企业2 700多家,销售收入超过1亿元的只有106家;农民合作组织6.88万家,多数组织成员不足10人,销售收入1 000万元以上的仅有231家,而且以原材料出售为主,缺少精深加工、附加值高的产品,抗风险能力弱,盈利水平低。基础设施和公共服务薄弱,园区配套设施不完善,金融、科技、人才等要素保障不足,支撑县域经济发展的体制还有待进一步完善。

二、金融业与金融稳定

(一) 银行业

1. 银行业运行情况

(1) 服务主体不断增加,规模增速趋缓。全省银行业机构改革步伐不断加快,全年通过农村信用社改制或新设合并方式共组建成立2家农村商业银行,新设村镇银行2家、财务公司和金融租赁公司各1家,进出口银行在甘肃设立分支机构。截至2016年末,全省共有银行业金融机构133家①,其中法人银行业金融机构117家。年末全省银行业资产总额24 493.00亿元,同比增长9.68%,较上年回落6.99个百分点,低于全国6.11个百分点。其中,各项信贷业务占65.03%,较上年提高3.55个百分点;投资业务占8.77%,较上年提高0.75个百分点。负债总额23 461.90亿元,同比增长9.88%,较上年回落6.34个百分点,低于全国6.17个百分点。其中,各项存款占71.96%,较上年下降2.24个百分点;同业负债占9.68%,较上年提高0.43个百分点;发行债券占0.54%,较上年提高0.2个百分点。

(2) 中长期贷款保持良好增势,存款增幅有所回落。2016年末,全省金融机构人民币各项贷款余额15 650.47亿元,同比增长17.74%,较上年回落6.19个百分点,全年增加2 358.29亿元。其中,中长期贷款增长出现积极变化,全年增量占各项贷款增量的87.81%,同比提高26.99个百分点。受经济下行、理财产品分流等因素影响,存款增长动力减弱。年末,全省金融机构各项存款余额17 515.66亿元,同比增长7.46%,较上年回落9.09个百分点。

(3) 利润首次出现负增长,风险覆盖能力总体良好。2016年,全省银行业金融机构累计实现净利润235.20亿元,同比下降0.76%。息差收窄影响利润增速,年末净息差为2.84%,同比下降0.17个百分点;净利差2.56%,同比下降0.05个百分点。年末,全省银行业金融机构各项贷款减值准备余额549.48亿元,同比增长33.13%;拨备覆盖率170.01%,较上年提高0.03个百分点。全省法人金融机构资本充足率13.49%,较上年下降0.39个百分点。

(4) 金融改革工作深入推进,服务实体经济能力不断提升。农业银行甘肃省分行"三农金融事业部"坚持"面向三农、服务三农"的市场定位和社会责任,创新支农方式方法,完善惠农保障机制,落实强农政策措施,有效提升了农村金融服务整体水平。2016年末,全省70家县级事业部涉农贷款余额495.91亿元,同比增长6.94%;农户贷款余额249.09亿元,同比增长13.62%;涉农贷款占比达81.2%。农村合作金融机构改革工作稳步推进,全省农村商业银行总数达到23家,农村合作金融机构在重组改制和转型发展过程中不断提升经营服务水平和支农服务力度。成功组建甘肃省金融控股集团,成立地方资产管理公司和兰银金融租赁公司等一批省内法人金融机构,金融服务体系不断健全,为有效支持地方经济社会发展奠定了良好基础。

2. 银行业运行中存在的问题

(1) 不良资产防控压力较大。2016年末,全省银行业金融机构不良贷款余额323.23亿元,较上

---

① 大型银行和股份制银行在甘分支机构16家,地方法人银行机构111家(含城市商业银行2家、农村信用社53家(含省联社)、农村商业银行23家,农村合作银行8家,省联社结算中心1家,村镇银行20家、资金互助社4家),信托公司、财务公司及金融租赁公司等法人非银行金融机构6家。

年增加78.60亿元；不良贷款率2.03%，较上年上升0.25个百分点。其中，全省地方法人机构不良贷款余额145.11亿元，较上年增加24.33亿元；不良贷款率2.36%，较上年上升0.03个百分点。115家法人银行机构中有75家法人银行业机构不良贷款较年初反弹。在经济增速放缓等多种因素影响下，全省银行业金融机构资产质量不断下滑，风险防控压力依然较大。

（2）期限错配有所显现。2016年末，全省银行业金融机构中长期贷款占比63.38%，而活期存款占比为50.41%，期限错配问题有所显现。与此同时，互联网金融等新兴融资模式的不断发展，加大了银行体系内的资金供需矛盾，资金在不同机构、不同市场间流转更加频繁，资金转移的突发性越来越强，银行传统负债的稳定性下降，对同业负债等批发性融资的依赖程度不断提升，在金融市场发生流动性紧张时易受到冲击。

（3）跨市场、交叉性业务潜存隐患。2016年末，全省银行业金融机构投资业务余额2 146.98亿元，同比增长19.98%，高于同期贷款增速3.96个百分点。从投资品种看，债券占20.48%，其他投资占79.50%。其他投资主要是券商资管计划、信托收益权等通道类业务，资金往往流向地方融资项目、房地产等高风险高收益行业，此类行业企业的经营困难可能会通过上述业务传导至金融体系。此外，监管套利、未根据"穿透原则"评估底层资产状况足额计提准备及计算资本占用、投后管理弱化等问题使得此类业务潜存一定风险隐患。

（4）表外业务亟待规范。2016年末，全省银行业金融机构表外业务余额7 914.84亿元，同比增长12.98%，高于表内资产增速3.3个百分点。票据业务贸易背景不真实、保证金来源不合规等问题比较突出。年末，全省银行业金融机构各项垫款合计35.65亿元，同比增长131.43%，主要是银行承兑汇票垫款大幅增加。委托贷款业务合规性风险不断显现，在资金来源、投向以及业务操作合规性等方面都存在不少问题。

（二）证券业

1. 证券业运行情况

（1）证券期货经营机构规模不断扩大。2016年末，甘肃省有1家法人证券公司，15家证券分公司，91家证券营业部，较上年增加3家证券分公司和4家证券营业部。全省有1家法人期货公司，8家期货营业部，1家境外期货持证企业，59家从事IB业务的证券营业部，较上年增加3家从事IB业务的证券营业部。法人证券公司华龙证券总资产323.83亿元，同比增长15.57%；法人期货公司华龙期货总资产11.22亿元，同比增长24.94%。

（2）证券经营机构盈利水平大幅下降。受证券市场大幅降温影响，2016年，全省证券经营机构[1]累计实现证券交易额11 591.10亿元，同比下降50.91%；股票交易额9 930.37亿元，同比下降53.98%；实现营业收入12.15亿元，同比下降62.38%；实现净利润5.25亿元，同比下降73.09%。其中，法人证券公司华龙证券[2]累计实现营业收入12.43亿元，同比下降50.26%；实现净利润3.98亿元，同比下降65.18%。

（3）期货经营机构经营效益稳步增长。2016年，全省期货经营机构[3]累计实现期货交易额6 510.12亿元，同比下降56.81%；实现营业收入6 586.47万元，同比增长13.06%；实现净利润

---

[1] 不包括华龙证券在甘肃辖外经营机构的数据。
[2] 此处华龙证券营业收入和净利润包含该公司在甘肃辖外经营机构的数据。
[3] 不包括华龙期货甘肃辖外经营机构的数据。

2 692.59 万元，同比增长 32.14%。其中，法人期货公司华龙期货①实现期货交易额 2 822.68 亿元，同比下降 75.54%；实现代理手续费收入 2 248.82 万元，同比下降 9.41%；实现净利润 2 445.03 万元，同比增长 80.91%。

（4）法人证券期货机构抗风险能力整体较强。2016 年末，华龙证券净资产 139.62 亿元，同比增长 202.73%；净资本 116.27 亿元，同比增长 458.45%；净资本/各项风险资本准备之和 655.63%，净资本/净资产 83.28%，净资本/负债 86.96%。华龙期货净资产 5.73 亿元，同比增长 303.59%；净资本 5.09 亿元，同比增长 277.04%。法人证券期货机构各项指标均高于监管要求，资本抵御风险能力总体较强。

（5）上市公司实力有所提升。2016 年末，甘肃省共有 A 股上市公司 30 家②，较上年增加 3 家，总市值 2 767.86 亿元，同比下降 2.77%。全年全省 A 股上市公司募集资金 134.43 亿元，同比增长 13.22%；其中，首发融资 10.61 亿元，非公开发行融资 88.82 亿元，发行公司债券融资 35 亿元。全省拟上市公司共 12 家，白银集团首发申请获得通过，3 家企业报送申请材料，8 家企业处于辅导期，上市公司后备资源有所扩充。

2. 证券业运行中存在的问题

（1）上市公司和证券分支机构地区分布不均衡。目前，甘肃省 30 家上市公司主要分布在 7 个市州，其中兰州 18 家，占比 60%；全省证券期货分支机构共 106 家，兰州等 8 个市州分布 97 家，占比 91.51%，其中兰州 57 家，占比 53.77%，甘南尚未开设证券期货分支机构。证券业资源分布不平衡，全省资本市场参与主体分布不均衡，半数以上市州难以借助资本市场改善融资环境，拓展融资渠道，提升地区经济发展的金融支持效率。

（2）上市公司行业分布和全省优势产业不匹配。甘肃省上市公司主要分布在制造、采掘、批发零售贸易、信息技术、农业、电力和医药等行业，全省传统优势行业有色金属、油气、风光资源、文化旅游、中药种植等领域缺少优秀的上市公司，上市公司后备资源不足。全省上市公司行业特征与传统优势行业不匹配，且缺乏在全国有影响力的大型蓝筹上市公司，难以利用资本市场有效推动优势行业加快发展。

（3）证券期货分支机构金融风险防范压力加大。互联网金融快速发展背景下，证券期货行业竞争与分化加剧，主营业务盈利情况与证券市场竞争程度和周期性变化密切相关，全省证券期货分支机构盈利模式单一，业务创新能力不高，对市场景气程度的依赖程度较高，从而蕴藏一定风险。

（三）保险业

1. 保险业运行情况

（1）市场运行稳中有进。2016 年，全省保险业累计实现原保险保费收入 307.66 亿元，同比增长 19.76%，增速较上年同期下降 3.48 个百分点。其中，产险公司累计实现原保险保费收入 109.17 亿元，同比增长 12.19%，低于上年同期 1.74 个百分点，高于全国平均 2.18 个百分点；人身险公司累计实现原保险保费收入 198.48 亿元，同比增长 24.38%，增速较上年同期下降 5.33 个百分点，低于全国平均 12.40 个百分点。全年累计发生赔付支出 109.38 亿元，同比增长 17.93%。其中，产险公司累计发生赔付支出 56.89 亿元，同比增长 9.48%；人身险公司累计发生赔付支出 52.49 亿元，同

---

① 华龙期货交易额、收入和净利润三项指标包含该公司在甘肃辖外经营机构的数据。
② 主板上市 22 家，中小板上市 5 家，创业板上市 3 家。

比增长28.69%。

（2）行业实力不断增强。2016年末，全省共有保险省级分公司25家，较上年增加1家，其中，产险公司13家，人身险公司12家。保险业资产总额689.41亿元，同比增长18.38%。保险专业中介机构40家，较上年增加7家；保险兼业代理机构3694家，较上年减少478家；保险业从业人员12.59万多人，较上年增加3.49万多人。2016年9月，黄河财产保险股份有限公司获批筹建，甘肃法人保险机构实现了零的突破。"险资入甘"稳步推进，全年引进保险资金投资36.3亿元，累计已有20个项目获得保险投资206.7亿元。

（3）发展质量稳步提高。2016年，产险市场综合成本率92.95%，承保利润率7.04%，均位居全国第四位，非车险业务占比达27.2%，高于全国0.97个百分点。与国计民生和社会治理密切相关的农业保险、责任保险和保证保险快速增长，增速分别为9.8%、13%和19.5%，责任保险覆盖面和渗透度进一步扩大，占比高于全国0.4个百分点。寿险业务注重转型，普通寿险实现保费收入86.3亿元，同比增长40.2%，占寿险业务的51.4%，较上年同期提高5.03个百分点。

（4）保障程度显著提升。2016年，全省保险业为地方经济发展、企业经营和居民生活提供的风险保障程度不断提高，全年提供各类风险保障达28.8万亿元，同比增长165.5%。支农扶贫成效显现。全年农业保险累计实现保费收入8.44亿元，同比增长9.75%，参保农户202.2万户次，受益农户153.02万户次，全年累计支付赔款6.86亿元，同比增长31.27%。健康医疗保险快速发展。2016年全省健康险实现保费收入29.04亿元，同比增长11.87%。全国首创"两保一孤"特困人群保险试点覆盖97.18万贫困人口，提供风险保障超过295亿元，累计有421人次享受到674.58万元的保险补偿。城乡居民大病保险参保人数2210.71万人，筹资总额6.63亿元，为17.6万城乡居民提供补偿金额5.53亿元。责任保险有效推进，医疗责任险二级以上公立医院覆盖率达到90%；环责险自2013年开办以来保持较快增长，保费规模突破600万元；食责险保费收入突破200万元。

2. 保险业运行中存在的问题

（1）产险市场运行成本加大。从市场运行看，产险市场非理性竞争问题仍然突出，虚列费用、低价竞标现象时有发生，费用率居高不下。2016年末，甘肃省产险市场综合费用率37.25%，高于上年同期2.01个百分点。监管方面，理赔难、合同纠纷问题仍然存在，损害公众对行业信心，不利于持续健康发展。

（2）寿险市场退保和满期给付压力居高不下。2016年末，全省寿险退保率3.35%，低于全国2.26个百分点。但从市场运行看，大公司进入退保及满期给付高峰期，中小公司进入退保快速增长期，两期叠加使退保和满期给付持续处于较高水平。

三、总体评估与政策建议

（一）计量分析

运用区域金融稳定定量评估模型对2016年甘肃省金融稳定状况进行量化评估，从评价结果看：2016年甘肃省金融稳定综合评价得分0.647分，较2015年提高0.051分，金融稳定水平有所提升。分析板块组成时间序列变化，宏观经济板块、证券业板块评价指数处于上升态势，银行业、保险业、金融生态板块评价指数均有所下降，其中金融生态板块评价指数下降幅度较大。宏观经济运行中，房地产处于合理增长区间，而经济增速持续下滑、全社会固定资产投资增长率进一步下降，对外经济负增长、城乡居民收入增速下降等因素对宏观经济稳健运行产生一定负面影响。银行业评价指数下降主要是受全省银行业金融机构资本充足率水平和盈利能力下降、不良贷款率上升的影响。证券业评价指数上升主要是省内法人证券公司资本充足率、资产安全性水平上升所致。保险业评价指数下降主要是应收保费率和寿险退保率上升所致，反映出全省保险业的应对经济下行的实力有待增强。金融生态评价指数下降主要是地方财政收入占地区生产总值的比重大幅下降所致，反映出全省应对经济下行的经济实力有待加强，而法制信用环境的逐年向好、金融深化程度的不断提升对全省金融体系稳健运行发挥了良好的基础性作用（见图1）。

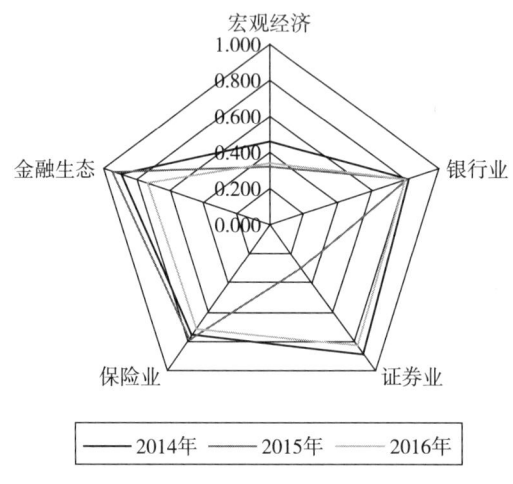

数据来源：计算所得。

图1　2014—2016年甘肃省金融稳定总体状况及组成部分比较图

（二）总体评估

2016年，面对复杂的宏观经济形势，甘肃省主动适应经济发展新常态，稳步推进供给侧结构性改革，着力提高发展质量和效益，全省经济运行总体平稳，经济增长保持在中高速增长合理区间。结构转型升级持续推进，新业态和新产业加快成长，重大项目加快建设，发展支撑持续增强，城乡区域协调发展，开放合作不断深化，全省经济平稳增长有利于金融体系保持稳定。但是全省传统能源资源型行业产能过剩矛盾突出，转型难度大，工业经济下行影响显著，项目投资进展缓慢，企业经营困难较多，经济增长的动力不足，经济发展中不平衡、不协调、不可持续的矛盾和问题依然存在。

全省金融业在改革中稳步发展，金融结构不断完善，金融市场平稳运行，金融体系不断健全，金融业总体呈现稳健发展态势，对重点领域的支持力度持续加大，促进了全省供给侧结构性改革和经济转型发展。但经济增速下行等多种因素导致信贷风险持续暴露、银行业盈利能力持续下降、法人银行风险防控形势较为严峻；证券期货经营机构盈利模式单一，高度依赖市场景气程度，上市公司行业分布和辖内优势产业不匹配，难以通过资本市场改善融资结构；产险市场运行成本加大，寿险市场退保和满期给付压力居高不下。金融市场的平稳有序运行，在调剂资金余缺、提高资金利用效率、优化资产负债结构、促进市场参与主体提升管理水平等方面发挥了积极作用，但是地方法人金融机构创新能力不足，在金融市场的参与度较低，债券市场波动加大。金融基础设施建设稳步推进，金融运行的各种软、硬件设施不断完善。

总体来看，全省经济金融运行中虽然存在一些不利因素和潜在隐患，但是风险总体可控，区域金融继续保持稳定态势。

（三）建议

一是将防控金融风险放到更加突出位置，强化重点领域和高风险机构的监测和预警。完善"一行三局"金融稳定协调工作机制，人民银行与政府相关部门的信息共享，发挥各有关部门合力，共同防范区域金融风险。加强风险预警提示，密切关注辖内实体企业尤其是产能过剩行业企业、房地产企业的经营及偿债情况和地方政府债务情况，及时发现风险苗头和风险隐患，督促金融机构切实防范和化解信贷风险。重点监测地方法人金融机构、交叉性金融业务、影子银行体系等方面的突出问题和潜在风险，督促金融机构提高风险防控和审慎经营水平，防范金融风险跨市场传导、非法集资等金融体系外部风险向体系内传递。进一步建立健全各类金融风险应急预案，强化应急实战演练，推动建立地方金融风险处置机制，提升突发金融风险处置能力。

二是深化供给侧改革，大力推进经济结构调整和发展方式转变。深入推进"三去一降一补"，着力推动经济结构调整、转型升级，让市场在资源调配中发挥主要作用，有效化解落后过剩产能，支持战略新兴产业企业发展壮大，积极培育接续产业，促进全省产业体系平衡、协调、高效发展，防范实体经济风险向金融体系传递。

三是优化融资结构，加大国民经济薄弱领域的金融支持力度。金融机构应扩大服务覆盖面，强化服务功能，加大对薄弱领域的金融支持，着力解决"三农"、民营企业、小微企业和社会弱势群体的融资难问题。进一步拓宽直接融资渠道，推动金融机构和企业发行绿色债券，支持金融机构加快融资产品创新，推动融资租赁、产业基金等融资模式快速发展。推动符合上市条件的企业加快股改上市进程，进一步加大股权融资比重，优化全省融资结构，扩大社会融资总量，缓解信贷过度依赖的局面，着力提高金融业的专业化服务水平和能力。

总　　纂：李文瑞
统　　稿：王宗祥
执　　笔：边永平　杨　柳　景小娟　昝国江
其他参与写作人员：梁丽萍　赵林虓　李高元　张　莉
　　　　　　　　　张　乾　王丽娟　刘海申　张　峰
　　　　　　　　　刘　琰　孙雪峰　孟秋敏　贾修斌
　　　　　　　　　何振宇

宁夏回族自治区金融稳定报告摘要

2016年,面对国内外错综复杂的经济金融形势,宁夏认真贯彻落实国家宏观调控政策,顺应新常态、重塑新动力,着力稳增长、调结构、促改革、惠民生,全区经济呈现稳中有升、稳中有进、稳中向好的运行态势。产业结构持续优化,居民收入不断提高,供给侧结构性改革成效明显,民生支出持续增加,为全区金融稳健运行创造了良好的环境。金融业主动适应经济发展新常态,资产规模逐步扩大,组织体系日趋完善,金融业总体保持稳健运行。银行业认真落实稳健的货币政策,优化信贷结构,降低融资成本,支持实体经济的力度不断增大;证券业多层次资本市场快速发展,直接融资比例大幅上升,上市公司并购重组和再融资日益活跃;保险业继续保持强劲发展势头,首家地方法人保险公司成立,市场体系日趋完善,服务领域逐步拓宽,行业发展指标全面提升。

一、区域经济运行及金融稳定

2016年,宁夏经济发展呈现"稳中有升、稳中有进、稳中向好"的运行态势。初步核算,全年地区生产总值3 150亿元,同比增长8.1%,高于全国1.4个百分点(见图1)。

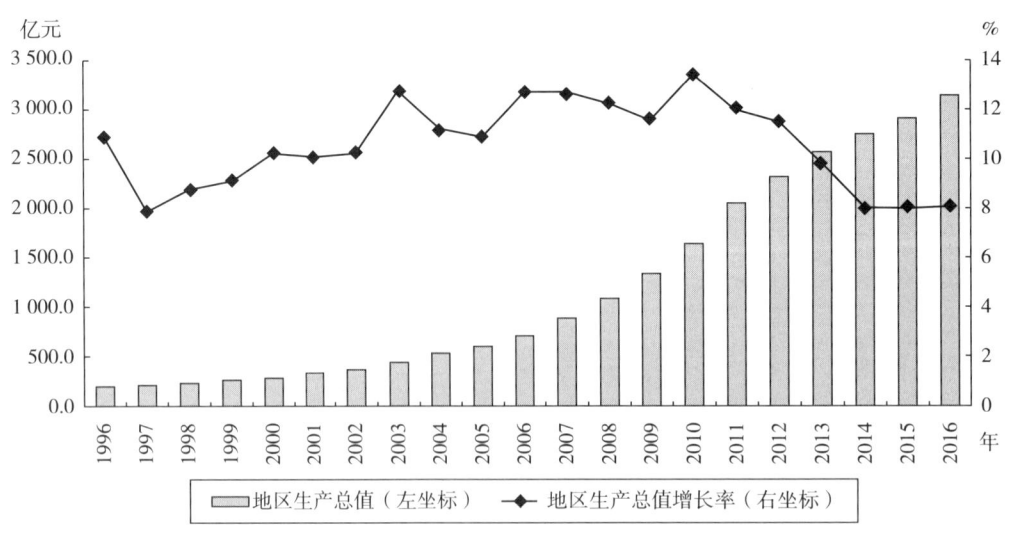

图1　1996—2016年宁夏地区生产总值及其增长率

（一）经济平稳发展

1. 内需平稳增长，外需增势延缓

（1）投资增速趋缓，结构持续优化。2016年，宁夏完成全社会固定资产投资同比增长8.6%，增速比2015年低1.8个百分点。从产业看，第一产业投资增长19.9%，第二产业投资下降1.3%，第三产业投资增长17.1%，三次产业投资结构由2015年的4.7:47.1:48.2调整为4.2:42.8:53.0，投资结构进一步优化。

（2）居民收入不断提高，消费市场平稳运行。2016年，宁夏城镇常住居民人均可支配收入同比增长7.8%，农村常住居民人均可支配收入同比增长8.0%，城乡居民收入比与2015年持平。实现社会消费品零售总额同比增长7.7%，同比提高0.6个百分点。其中，城镇消费品零售额同比增长7.3%，乡村消费品零售额同比增速快于城镇5.0个百分点。

（3）对外贸易下降明显，利用外资大幅增长。2016年，宁夏外贸进出口总额32.7亿美元，同比下降12.6%。其中，出口25.0亿美元，同比下降15.7%；进口7.7亿美元，同比下降0.6%。利用外资形势良好，全年批准项目29个，实际利用外资2.5亿美元，同比增长36.3%。

2. 三次产业协调发展，第三产业贡献突出

2016年，宁夏第一、第二、第三产业分别增长4.5%、7.8%、9.1%，三次产业结构由2015年的8.2:47.4:44.4调整为7.6:46.8:45.5，三次产业对经济增长的贡献率分别为4.5%、45.5%、50.0%，结构优化升级取得成效。

（1）特色农业发展加快，规模不断扩大。2016年，宁夏新建高标准农田51.7万亩、高效节水灌溉35万亩，粮食总产达370.6万吨，实现"十三连丰"；新建标准化规模养殖场112家、永久性蔬菜基地10万亩，特色优势农业产值占比达86.5%，农业机械化综合水平、农产品加工转化率分别达71%和62%。

（2）工业经济平稳增长，转型升级步伐加快。2016年，宁夏规模以上工业实现增加值同比增长7.5%，比全国高1.5个百分点，其中轻工业增加值同比增长15.2%，重工业增加值同比增长5.8%。轻工业比重达到19.3%，比2015年提高1.4个百分点。非公有工业增加值同比增长11.7%，比宁夏平均水平高4.2个百分点。高耗能工业比重由2015年的52.6%下降至51.6%。全球单套投资规模和装置最大的神华宁煤400万吨煤制油项目投产，实施智能制造示范工程，吴忠市成为全国"中国制造2025"试点示范城市之一，共享装备跻身国家首批双创示范基地和智能铸造产业创新中心。

（3）服务业呈现快速发展趋势，内部结构得到改善。2016年，宁夏实现服务业增加值同比增长6.9%，同比提高2.2个百分点，对经济增长的贡献率达到50%。宁夏成为全国第2个省级全域旅游示范区，游客增长14.4%，旅游收入增长28%；中卫云基地、银川大数据中心加快建设，三大运营商直通北京、西安的4×100G骨干网络建成使用；网上交易额突破130亿元；现代服务业和民生相关的服务业投资增速明显加快，信息传输、软件和信息技术服务业投资增长29.4%，水利、环境和公共设施管理业投资增长29.1%，科学研究和技术服务业增长60.7%。

3. 价格小幅上涨，就业形势整体稳定

（1）居民消费价格小幅上涨，全年呈现U形走势。2016年，宁夏居民消费价格同比上涨1.5%，涨幅同比提高0.4个百分点，比全国低0.5个百分点。八大类商品呈现"七涨一降"的态势。医疗保健价格涨幅最高，同比上涨2.9%；其他用品和服务、食品烟酒、教育文化和娱乐、衣着、居住和生活用品及服务价格分别同比上涨 3.2%、2.4%、2.2%、1.7%、0.4%、0.3%；交通和通信价格同比下降 1.4%。

（2）工业生产者价格回升较快。2016 年，宁夏工业生产者出厂价格同比下降 0.9%，降幅收窄，比全国高 0.5 个百分点；购进价格同比下降 3.1%，比全国低 1.1 个百分点。其中，黑色金属冶炼及压延加工业价格同比上涨 10.1%，有色金属冶炼及压延加工业价格同比上涨 4.9%；石油加工、炼焦和核燃料加工业价格同比下降 4.7%，降幅比 2015 年收窄 16.5 个百分点。

（3）就业形势总体稳定。2016 年，宁夏城乡就业保持平稳增长态势，城镇新增就业 8.2 万人，同比增长 6.4%；失业人员实现再就业 61 471 人，同比增长 6.5%；农村劳动力转移就业 74.4 万人，同比增长 4.4%；城镇登记失业率 3.9%，同比下降 0.1 个百分点。

4. 财政收入低位增长，民生支出持续增长

2016 年，宁夏完成公共财政预算总收入 643 亿元，同比增长 5.3%。其中，地方公共财政预算收入 388 亿元，同比增长 8.0%。在地方公共财政预算收入中，完成各项税收入 247 亿元，同比下降 3.8%；完成非税收入 141 亿元，同比增长 20.5%。公共财政预算支出 1 258 亿元，同比增长 10.2%。其中，教育、社会保障和就业、医疗卫生与计划生育支出分别同比增长 9.8%、17.8%、11.9%。

5. 供给侧结构性改革成效明显

（1）新产业、新经济较快发展。新产业方面，2016 年，宁夏战略性新兴产业领域的医药制造业增加值同比增长 29.2%、仪器仪表制造业增长 11.5%、废弃资源综合利用业增长 51.3%。新经济方面，全区科学研究和技术服务业营业收入增长 15.4%、专业技术服务业增长 16.7%、软件和信息技术服务业增长 35.6%。

（2）去产能稳步推进。研究制定了《钢铁和煤炭行业化解过剩产能实现脱困发展的实施方案》，出台了金融支持、职工安置等配套措施。全年完成了 554 万吨煤炭产能退出任务，淘汰电解铝、铁合金、电石等落后产能 140 万吨。

（3）着力消化企业库存。通过加强关联行业、上下游企业合作，建立销售联动、价格会商机制，规模以上工业企业产成品库存增长 2.2%（去年同比增速多少，是否收窄）；积极推进棚改货币化安置，消化商品房库存 150 多万平方米，去库存周期较上年减少 2.3 个月。

（4）积极稳妥去杠杆。2016 年，宁夏直接融资增量占全区社会融资规模增量的 14.1%，占比同比提高 7.8 个百分点；健全地方政府债务管理制度，做好存量债务置换工作，2016 年，宁夏发行地方政府置换债券 265.9 亿元，同比增长 28.5%，有效缓解了地方政府偿债压力。

（5）多措并举促进实体经济降成本。出台降低实体经济企业成本《实施意见》和园区低成本改造方案，从用电、税费、融资、行政审批等方面入手，有效降低了企业生产成本，宁夏每百元主营业务收入中的成本从 2015 年末的 86.3 元下降至 84.5 元，比全国低 1.3 元。

（6）短板领域投资增速加快。不断调整和优化产业结构，促进技术创新和"两化融合"，扶持非公有经济和小微企业加快发展，推动煤炭、化工、冶金等传统行业提质增效，着力推进农田、水利、交通通信以及科研技术等补短板项目建设。宁夏农林牧渔投资增长 23.0%，交通运输邮政业投资增长 39.3%，信息传输和信息技术服务业投资增长 35.0%，科学研究和技术服务业投资增长 60.7%，水利、环境和公共设施管理业投资增长 29.1%。

（二）区域经济运行中需要关注的问题

1. 工业增长基础不牢固

受工业品价格回升影响，全区煤炭、冶金和化工等行业效益有所回升，短期内对全区稳增长起到支撑作用，但市场供求关系没有实质性改善，行业进一步发展空间有限。

2. 内外部需求疲软

从内需看，宁夏社会消费品零售总额增速已经连续8个季度个位数增长，2016年仅增长7.7%，对经济增长贡献度有限；从外需看，全区外贸经济呈现大幅下降趋势，外向型产业基础薄弱，结构单一，资源型和初加工产品出口占比较高，特色农业、装备制造、电子信息等外向型产业尚未形成规模，短期内难以形成新的出口优势。

二、金融业与金融稳定

2016年，宁夏金融业认真贯彻国家宏观调控政策，主动适应经济发展新常态，资产规模稳步扩大，组织体系日趋完善，服务经济发展和转型升级的水平和质量不断提高。

（一）银行业与金融稳定

2016年，宁夏银行业金融机构紧紧围绕供给侧结构性改革任务和自治区发展战略，认真落实稳健的货币政策，扩大信贷投放，优化信贷结构，降低融资成本，为全区经济发展提供了良好的金融环境。

1. 银行业发展基本情况

（1）资产负债规模增速放缓，盈利能力下降明显。2016年，全区银行业金融机构资产、负债总额分别为8 309.2亿元和7 949.7亿元，同比分别增长9.7%和9.5%，增速同比下降3.2个百分点和3.6个百分点。全年实现利润84亿元，同比下降4.1%，较上年同期减少3.6亿元，较2013年（利润最高年份）减少23亿元，下降幅度为21.1%，全区银行业金融机构利润呈现持续下降态势。

（2）存款保持较快增长，贷款增速低位企稳。2016年，全区人民币各项存款余额5 442亿元，同比增长12.5%，全年新增人民币存款606亿元，同比少增27亿元。人民币各项贷款余额5 668亿元，同比增长10.8%，全年新增人民币贷款550亿元，同比多增11亿元，其中，非金融企业及机关团体贷款贷款余额同比增长11.9%，较年初增加446亿元，占全部新增贷款的81.0%。

（3）信贷结构趋于优化，中长期贷款占比大幅提升。2016年，在棚户区改造贷款大幅增长的带动下，第三产业贷款增长快于第一、第二产业，第三产业贷款余额2 579亿元，同比增长12.5%，分别高于第一、第二产业1.0个和6.9个百分点，全年新增贷款287亿元，占三次产业贷款新增额的62.0%。从具体行业看，制造业贷款增速持续回升，全区制造业贷款余额781亿元，同比增长7.6%，比上年末提高16.5个百分点，有力支持全区制造业行业结构转型升级。信贷投放"稳增长"态势明显，中长期贷款占比大幅提升，新增中长期贷款419亿元，占全部人民币新增贷款的76.1%，比上年同期提高23个百分点。

（4）贷款利率持续下行，企业融资成本显著降低。全年一般贷款加权平均利率为6.1%，比上年同期下降0.8个百分点。其中，全国性银行业金融机构一般贷款加权平均利率为5.0%，比上年同期下降0.7个百分点；地方性银行业金融机构一般贷款加权平均利率为7.4%，比上年同期下降1.0个百分点。全区非金融企业跨境人民币信贷融资平均利率3.3%，低于同期一般贷款加权平均利率2.8个百分点，为企业节省利息支出近8 700万元。

（5）存款保险制度有效实施，利率市场化改革持续推进。宁夏辖区存款保险评级工作顺利启动，保费交纳基数、适用费率核定、现场核查等存款保险基础性工作扎实有效开展，按季度开展投保机构存款保险风险预警工作，及时进行风险提示，督促投保机构稳健经营。利率市场化改革持续推进，建立宁夏市场利率定价自律机制，超过50%的地方法人金融机构成为全国市场利率定价自律机制成员，全年发行同业存单628亿元，发行大额存单41亿元。

（6）跨境收支总额降幅较大，收支差额由逆转顺。2016年，全区跨境收支总额41亿美元，同比下降33%，跨境收支差额由2015年逆差14亿美元转为本期顺差5亿美元。银行结售汇总额31亿美元，同比下降39.4%。其中，结汇18亿美元，同比下降6.8%；售汇13亿美元，同比下降45.1%；银行结售汇差额由2015年逆差5亿美元转为本期顺差5亿美元。

2. 银行业发展中需要关注的问题

（1）贷款增速处于低位，下滑幅度较为明显。受有效信贷需求较弱、风险溢价上升及地方债务置换等因素影响，全区贷款增速持续下滑，贷款余额同比增速已由2015年初17.1%下滑至当前的10.8%，下滑幅度较为明显。

（2）信贷资产质量持续向下迁徙，不良贷款反弹压力较大。一是关注类贷款持续攀升，2016年末，全区银行业金融机构关注类贷款余额为413亿元，同比大幅增长32.9%，较年初新增102亿元，关注类贷款率为7.1%，较年初提高1.2个百分点，较不良贷款率高5.3个百分点；二是全区企业人民币贷款逾期余额160亿元，同比增长138.8%，呈现逐月攀升态势，不良贷款反弹压力仍然较大。

（二）证券业与金融稳定

2016年，宁夏多层次资本市场快速发展，市场交易活跃，企业融资渠道进一步拓宽，直接融资大幅上升，上市公司并购重组和再融资日益活跃。

1. 证券期货业发展基本情况

（1）投资者开户数大幅上升，市场交易额下降明显。2016年，九州证券、天风证券和长江证券相继入驻，截至年末，共设立证券分公司9家，证券营业部38家，期货营业部3家。累计开设证券账户101.2万户，较年初增长24.2%；累计开设期货账户0.6万户，较年初增长25.5%。证券期货投资者客户资产494.1亿元，较年初增长22.2%。市场交易下降明显，全年证券市场累计成交额5 156.8亿元，较上年下降42.3%，期货市场累计成交额2 725.9亿元，较上年下降53.8%（见图2）。

（2）区域股权市场快速发展，市场参与者队伍稳步扩大。区域股权市场挂牌企业数量不断增多，2016年末，挂牌企业数量增至516家。主板后备上市资源培育有序推进，嘉泽能源、晓鸣农牧、百瑞源、沃福百瑞、网虫股份、德泓国际、共享集团等企业上市前期工作启动。

（3）直接融资规模扩大，企业融资渠道进一步拓宽。2016年全年实现股权和债券融资813.4亿元，其中上市公司定向增发募集资金90.8亿元，较上年增长1 413.8%；债券市场融资729.6亿元，较上年增长108.7%，企业融资渠道进一步拓宽。

（4）上市公司重组加快，资本实力不断增强。西部创业、美利云和赢环球完成并购重组和定向

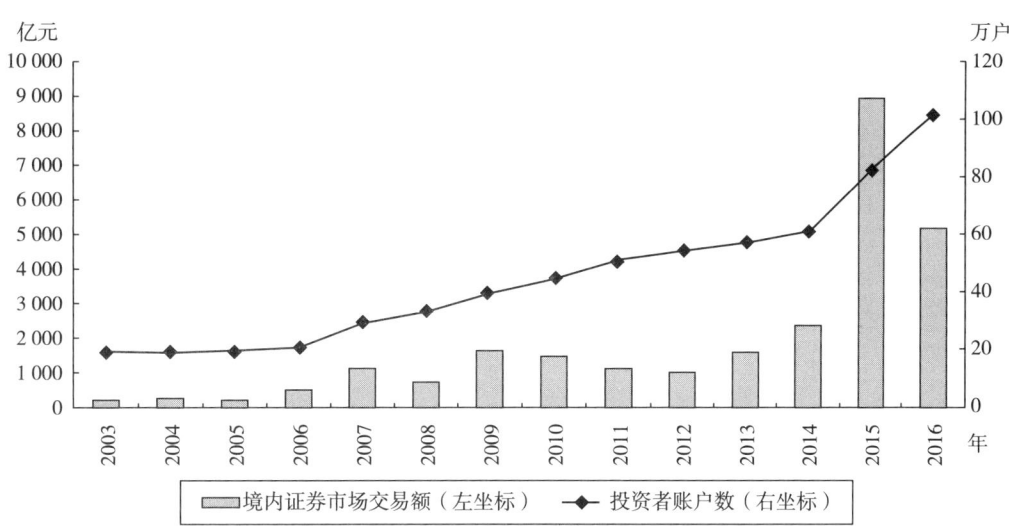

图 2　2003—2016 年宁夏资金账户数、证券交易变化情况

增发，成功实现转型，银星能源定增获准，新日恒力非公开增发完成报备。年末上市公司总股本81.3 亿股，较年初增长 28.1%，总市值 1 057.1 亿元，较年初增长 29.3%，上市公司总市值占地区GDP 的比重上升至 33.6%，较年初提高 5.4 个百分点。

2. 证券期货业发展中需要关注的问题

资本市场整体发展水平不高。目前宁夏仅有十几家上市公司，总股本、总市值、总资产均位列西北五省末位。股权融资和债券融资尚处于起步阶段，总体发展低于全国平均水平。无地方法人证券、期货、信托、基金等交易机构，市场服务体系仍需完善。

（三）保险业与金融稳定

2016 年，宁夏保险业继续保持强劲发展势头，首家地方法人保险公司成立，市场体系日趋完善，服务领域逐步拓宽，行业发展指标全面提升。

1. 保险业发展基本情况

（1）保险业务稳步发展，市场体系日趋完善。2016 年，宁夏保险业继续保持强劲发展势头。首家地方法人保险公司——建信财产保险有限公司正式成立，泰康养老宁夏分公司获准开业，长安责任宁夏分公司获准筹建，全区保险公司数量增至 21 家，保险行业资产总额 306.7 亿元，较年初增长24.7%，保险行业实力进一步壮大，市场体系逐步完善。

（2）保险业务快速发展，行业发展指标全面提升。2016 年实现保费收入 133.9 亿元，同比增长29.6%，高于全国 2.1 个百分点，全年累计赔付支出 42.8 亿元，同比增长 25.2%。保险密度和保险深度进一步提高，年度保费收入占地区 GDP 的比重达到 4.3%，较上年提高 0.7 个百分点；人均保费 1 984.8 元，较上年提高 28.1%（见图 3）。

（3）风险保障能力不断提升，保险功能作用充分发挥。截至 2016 年末，宁夏保险业共为全社会提供风险保障 8.9 万亿元，其中财产险公司保险金额为 7.8 万亿元，人身险公司保险金额为 1.1 万亿元，全区城乡居民通过商业保险积累的养老和健康等长期风险准备金达到 288.3 亿元。城乡居民大

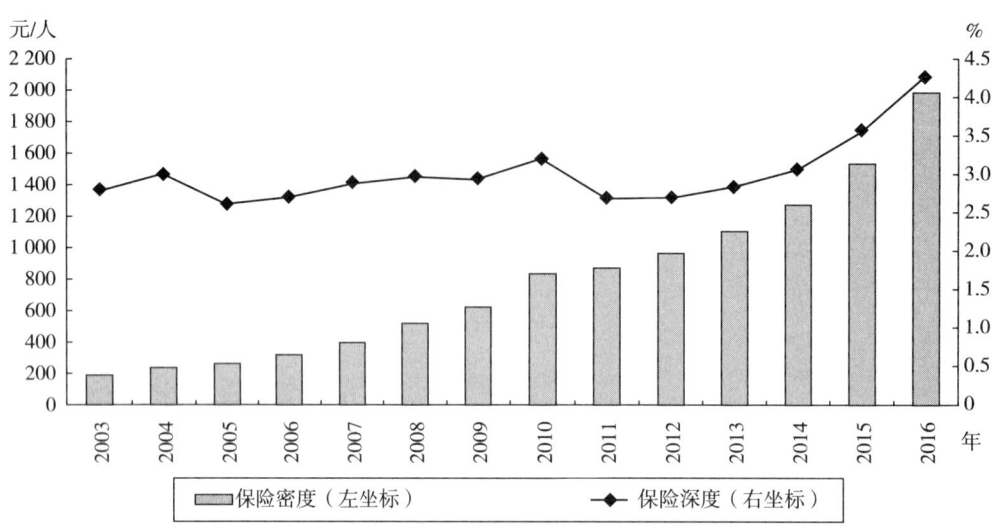

图3 2003—2016年宁夏保险深度、保险密度变动情况

病保险实现全区覆盖,大病保险已覆盖473.7万参保群众,累计报销金额4.9亿元;农业保险继续快速发展。截至2016年末,全区农业保险承保牲畜188.1万头、种植作物691.2万亩,为农业生产提供风险保障68.0亿元,支付赔款3.8亿元,17.3万户农户从中受益。

(4) 创新力度不断加大,服务领域逐步拓宽。一是保险业联合自治区扶贫办在全区推出的保大病、保意外、保信贷、保产业一揽子"扶贫保"项目,精准对接58万户建档立卡人口和15万户建档立卡贫困户,覆盖全区72%的建档立卡人口和78%的建档立卡户。二是小额贷款保证保险、政策性农险保单质押贷款的开展以及股权+贷款+保险的"股贷保"产品上线,创新了中小企业贷款保证保险新模式,进一步解决了融资难、融资贵的问题。三是医责险、旅责险全面实施,安全生产责任险、环境污染责任险试点启动,责任保险累计承担风险保额5 244.6亿元。

2. 保险业发展中需要关注的问题。

(1) 行业亏损加剧。2016年,在保费规模迅速扩大的同时,辖区保险业的盈利状况却没有实现好转,全年保险行业预计亏损9.2亿元,亏损额较上年扩大24.9%。同时,大幅提高佣金费率等非理性竞争导致各保险公司运营成本上升,2016年,宁夏保险业手续费及佣金支出19.7亿元,同比大幅增长71.8%。

(2) 流动性风险加大。2016年,宁夏寿险公司退保金支出10.0亿元,同比增长21.0%,简单退保率11.8%,虽较上年下降2.1个百分点,但仍处于高位;保险业寿险满期给付8.8亿元,同比增长67.7%。退保与满期给付业务连续快速增长,加大了相关险企的流动性压力。

三、总体评估与政策建议

(一) 总体评估

运用区域金融稳定定量分析模型,从宏观经济、金融机构、金融生态环境三个方面构建指标体系,对2016年宁夏金融稳定状况进行量化评估。从总体评估结果看,金融稳定总体形势受银行业盈利能力和流动下降以及证券市场交易额萎缩的影响，2016年全区金融稳定综合评价评估值较上年下降0.0912。从分析板块组成可以看出，受进出口总额增长率大幅上升、社会消费品总额增长率上升、城镇登记失业率小幅下降的影响，宏观经济评估值比去年上升0.0226；银行业主要由于资产利润率、流动性比率下降，综合评估值较上年下降0.0822；证券业由于境内证券市场交易额增长率大幅下降，综合评估值较去年下降0.4911；保险业在应收保费率大幅增长的影响下，综合评估值较上年下降0.0195；金融生态环境评估值因地方财政收入占GDP比重、征信数据库覆盖率小幅下降，较上年下降0.0625。

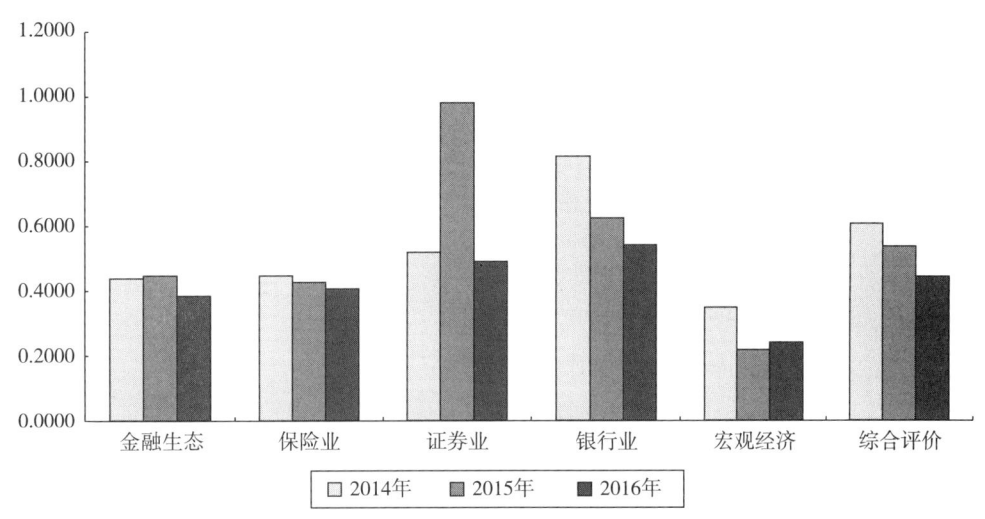

图4　2014—2016年宁夏金融稳定总体状况及组成部分对比图

（二）政策建议

1. 深化推进供给侧改革，提高发展质量和效益

继续深化推进供给侧结构性改革，加快新旧动能转换，不断提高供给质量；以降成本为抓手，切实降低企业用电、物流、融资等生产经营成本，着力推进工业提质增效；加大科技示范推广力度，推进农业供给侧结构性改革；充分发挥重大项目建设的关键作用，培育"新动能"，支撑经济社会发展；加强城市公共服务和基础设施建设，推进产城融合，提升综合承载能力。

2. 牢固树立新发展理念，发挥金融支撑作用

认真落实稳健中性货币政策，紧紧围绕区域战略重点，盯紧大项目，跟进大产业，加大金融对实体经济信贷支持力度；聚焦农村改革和"三农"服务，加快创新农村信贷产品和金融服务方式，进一步改善农村金融服务；坚持区别对待，有扶有控原则，不断优化金融资源配置，加快绿色金融发展；提高金融扶贫精准度，强力助推脱贫攻坚；进一步增加对涉农、小微、科技服务、创业就业等民生领域支持，提升民生金融水平；加大政策宣传和产品推介，积极发展直接融资，稳妥支持企业去杠杆；转变保险业发展方式，进一步发挥保险服务保障功能。

3. 加强金融监管协调合作，严守金融风险底线

建立健全金融稳定协调机制和金融监管协调机制，加强"一行三局"和地方金融管理部门的监管合作，发挥监管合力；加大金融风险监测、预警和处置力度，加强对重点领域、跨市场金融风险的监测分析，严守金融风险底线，有效维护地区金融安全稳定；强化地方法人金融机构流动性管理，

督促机构依法合规开展同业拆借市场、银行间债券市场、票据市场等业务，确保稳健经营。

总　　纂：李　宁
统　　稿：冯爱华　刘　玲　李　斌
执　　笔：马　娟　周　豹　吉　洁

新疆维吾尔自治区金融稳定报告摘要

2016年,在经济周期下行、经济结构调整、区内反恐维稳任务重的严峻形势下,新疆经济金融整体平稳发展。金融业改革持续推动,金融机构引进加快,金融业务规模持续增长,金融机构实力不断增强。金融市场平稳运行,金融基础设施不断完善,金融体系总体稳健,服务地方经济发展能力逐年增强。

一、经济金融运行及稳健性评估

2016年,新疆主动适应经济发展新常态,紧抓丝绸之路经济带建设重大机遇,始终坚持"新金融、大金融"发展理念,持续实施稳健货币政策,经济整体保持平稳发展。

(一)区域经济运行

1. 经济增长总体平稳,产业结构持续优化

2016年,新疆生产总值9 617.23亿元,增长7.6%,增速同比回落1.2个百分点,高于全国0.9个百分点。第三产业增加值增长9.7%,分别高于第一产业、第二产业增速3.9个百分点、1.1个百分点。第三产业对经济贡献率达57.3%,持续高于第一产业、第二产业(见图1)。

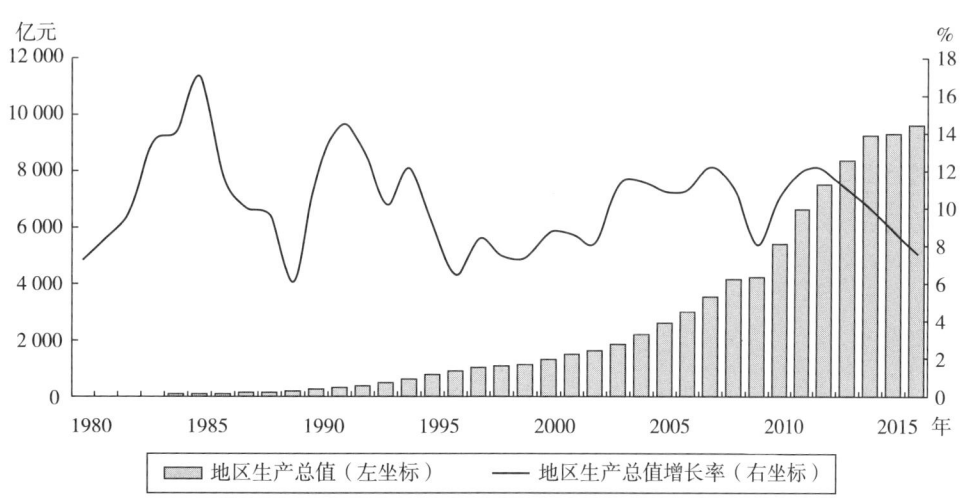

数据来源:新疆统计局。

图1　1978—2016年新疆地区生产总值及其增长率

2. 国内需求增长持续放缓，外部需求持续减弱

2016 年，新疆全社会固定资产投资 9 983.86 亿元，下降 6.9%，增速回落 17 个百分点。全社会消费品零售总额 2 825.90 亿元，增长 8.4%，增速提高 1.4 个百分点。其中，乡村消费品零售额增长 10.6%，高于城镇 2.4 个百分点。货物贸易进出口 179.63 亿美元，下降 8.7%，其中，出口下降 9.1%，进口下降 5.6%（见图 2）。

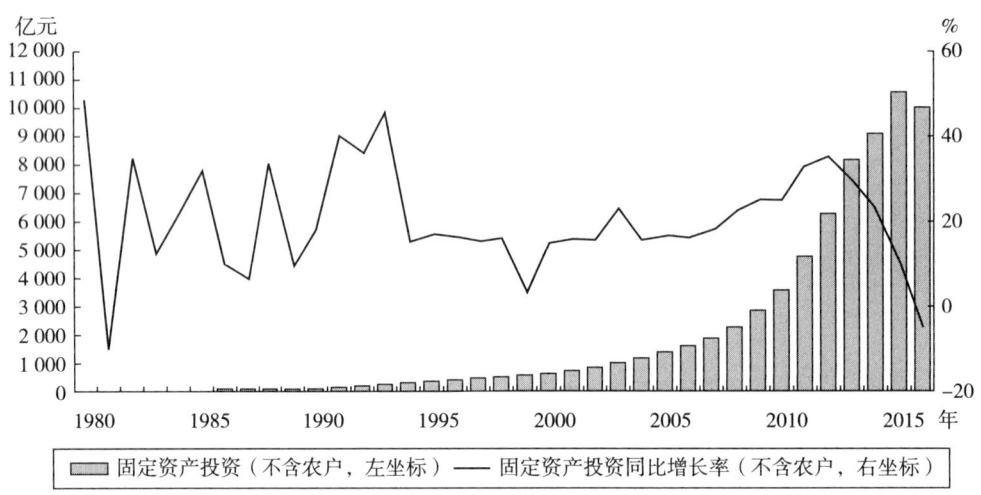

数据来源：新疆统计局。

图 2　1978—2016 年新疆固定资产投资及其增长率

3. 物价水平总体趋稳，涨幅逐步收窄

2016 年，新疆居民消费价格上涨 1.4%，低于全国 0.6 个百分点，城市上涨高于农村 0.1 个百分点。全年工业生产者出厂价格、购进价格分别下降 5.5% 和 4.5%，降速分别扩大 12.1 个、11.2 个百分点，但降幅较上年收窄（见图 3）。

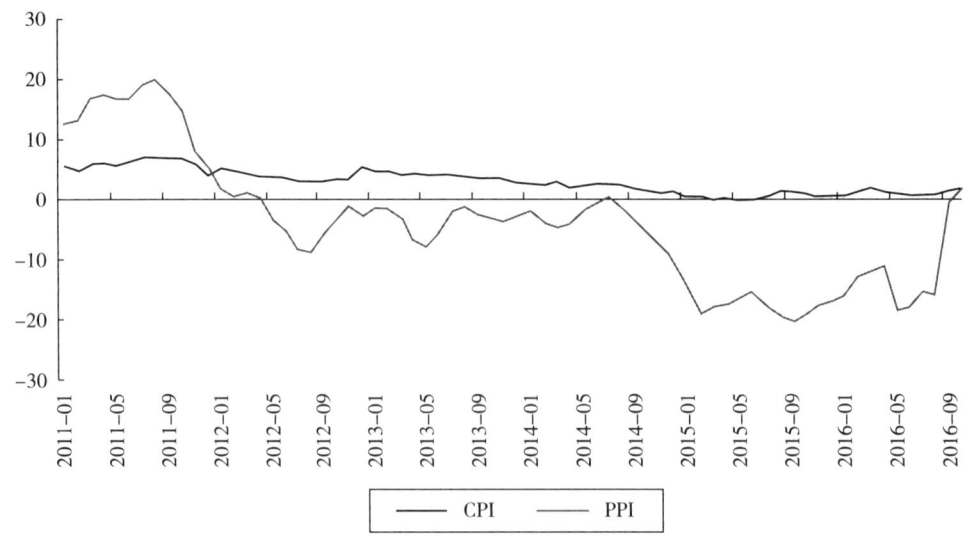

数据来源：新疆统计局。

图 3　2011—2016 年新疆主要物价指数月度同比走势

4. 财政收支增速放缓，居民收入稳步增长

2016年，新疆一般公共预算收入1 299亿元，下降2.4%，增速回落6.2个百分点。一般公共预算支出4 141.4亿元，增长8.9%，增速下降5.8个百分点。城镇居民人均可支配收入实际增长6.8%，高于农村居民人均可支配收入0.1个百分点，低于全国0.2个百分点（见图4）。

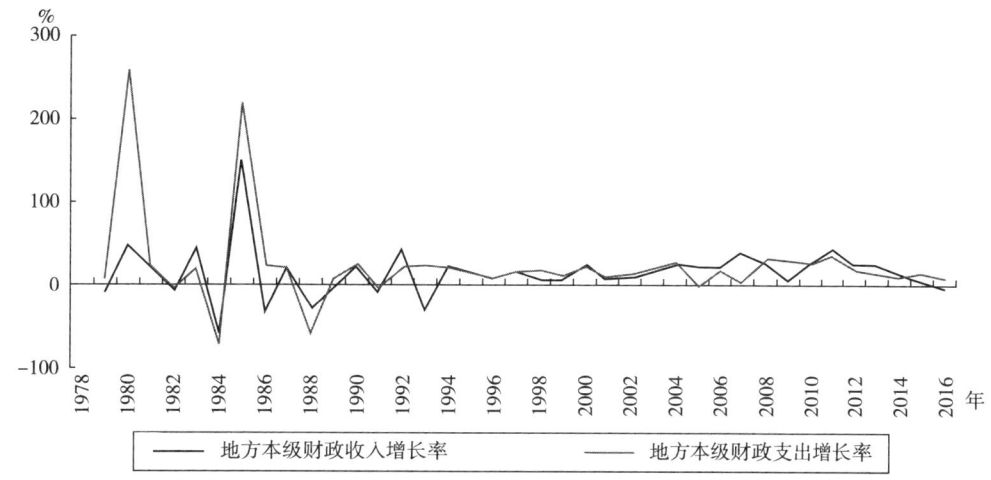

数据来源：新疆统计局。

图4　1979—2016年新疆财政收支增长变化情况

（二）区域货币金融运行

1. 存贷款增速回落，利率水平低位运行

2016年，新疆本外币各项存款19 300.1亿元，增长8.3%，降低2.7个百分点，低于全国3.0个百分点。其中，企业存款增量、增速双降，少增277.8亿元，增长8.7%，降低6.1个百分点。各项贷款15 196亿元，增长11.3%，低于全国1.5个百分点。金融机构存款利率稳步下行，贷款利率呈V形走势，全年贷款加权平均利率5.78%，回落0.58个百分点（见图5）。

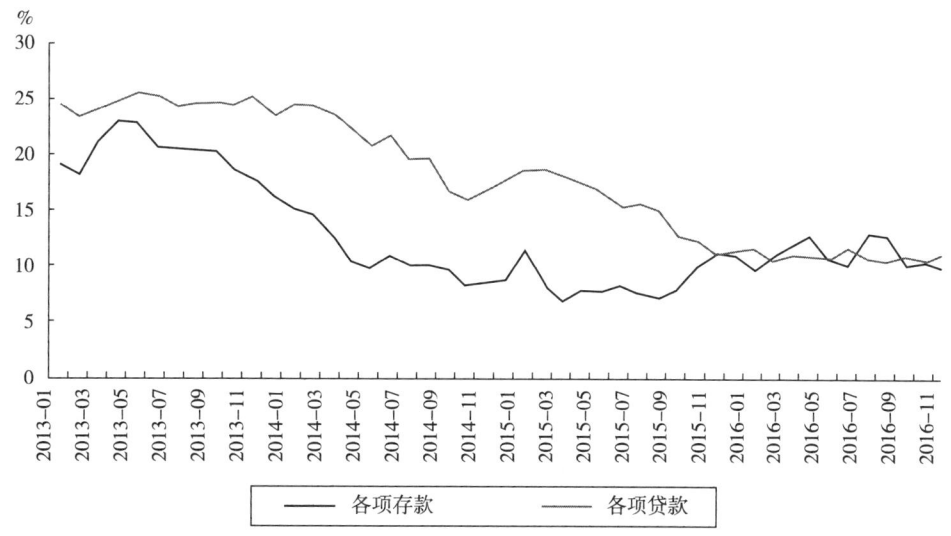

数据来源：人民银行乌鲁木齐中心支行。

图5　2013—2016年新疆存贷款月度增长变化情况

2. 融资规模稳定增长，间接融资占比较高

2016 年，新疆社会融资规模 2.02 万亿元，增长 8.5%。其中，债券、股票等直接融资新增 525.2 亿元，多增 95.3 亿元，占社会融资规模增量的 31.2%，上升 7.8 个百分点。银行信贷、非金融企业直接融资多增 242 亿元。银行信贷增量占社会融资规模增量的比重为 88.2%，上升 15.3 个百分点，高于全国 21.5 个百分点（见图 6）。

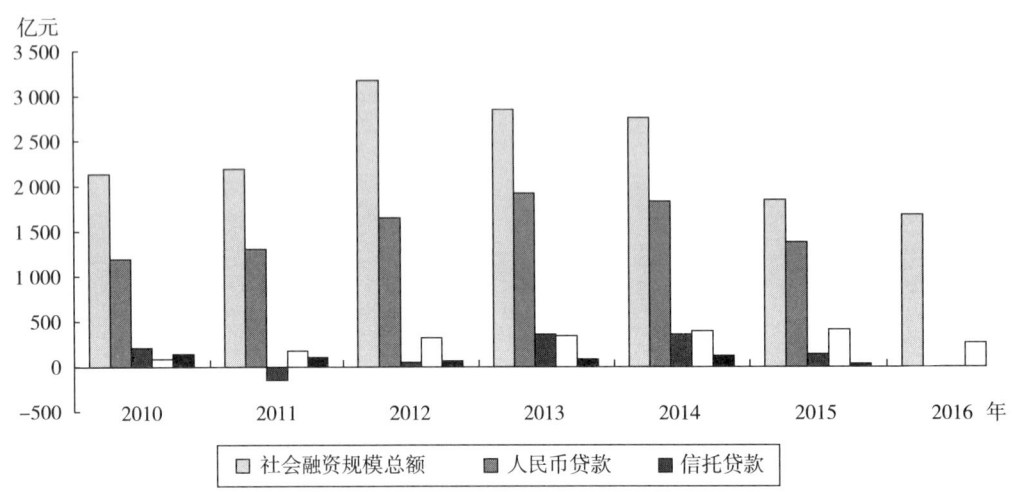

数据来源：人民银行乌鲁木齐中心支行。

图 6　2010—2016 年新疆社会融资规模发展变化情况

3. 货币政策管理和运用增强，金融机构流动性管理较为合理

2016 年，新疆按照"定向发力、精准调控"要求，发挥工具激励作用，鼓励地方法人金融机构加大小微和涉农领域信贷投放，全年涉农贷款增长 9.2%，小微企业贷款增长 21%。114 家法人机构实际存款准备金率 16.5%，各类法人金融机构实际存款准备金率高于法定存款准备金率 3～5 个百分点。

4. 跨境人民币银行业务平稳发展

2016 年，新疆跨境人民币收付结算额 258.4 亿元，下降 35%。自 2010 年试点以来，与 86 个国家和地区开展了业务，累计实现跨境结算收付 2 234.3 亿元，业务覆盖全疆 15 个地（州、市）和 19 家银行机构，国内 2 279 家企业参与新疆跨境人民币结算。

（三）区域经济金融稳健性评估

2016 年，新疆经济金融整体平稳发展，产业结构持续优化，内外部需求放缓，物价平稳，但是也存在经济转型升级压力较大，有效融资需求不足等问题。受偏重型产业结构影响，新疆主要传统行业产能普遍过剩，去产能产生的紧缩效应持续显现，投资、财政收入等均出现负增长，工业企业生产经营仍比较困难。据人民银行企业调查显示，2016 年 12 月末，样本企业全行业主营业务收入下降 6.4%，利润率下降 2.2%，第四季度，新疆产品市场需求指数为 37.3%，处于近年来较低水平，贷款总体需求指数环比下降 1.6%，制造业、采矿业贷款持续低速增长，12 月末分别增长 4%、3%，受全国债券市场违约风险加大、产能过剩企业信用风险增加等原因，债务融资工具发行量增幅也明显放缓。

二、金融业运行及稳健性评估

2016年,金融业资产规模稳步增长,各项业务和交易平稳增长,金融市场平稳运行,金融基础设施持续改善,金融服务能力显著提升。

(一)银行业稳健性评估

1. 运行状况

规模持续扩大,盈利水平企稳回升。2016年末,银行业资产总额26 843.03亿元,增长11.85%。其中,贷款余额15 537.68亿元,增长11.54%。累计实现净利润306.03亿元,增长3.74%,上升8.94个百分点。资产利润率1.47%,利息收入率88.91%,中间业务收入率11.17%,银行业收入来源仍以利息收入为主(见图7)。

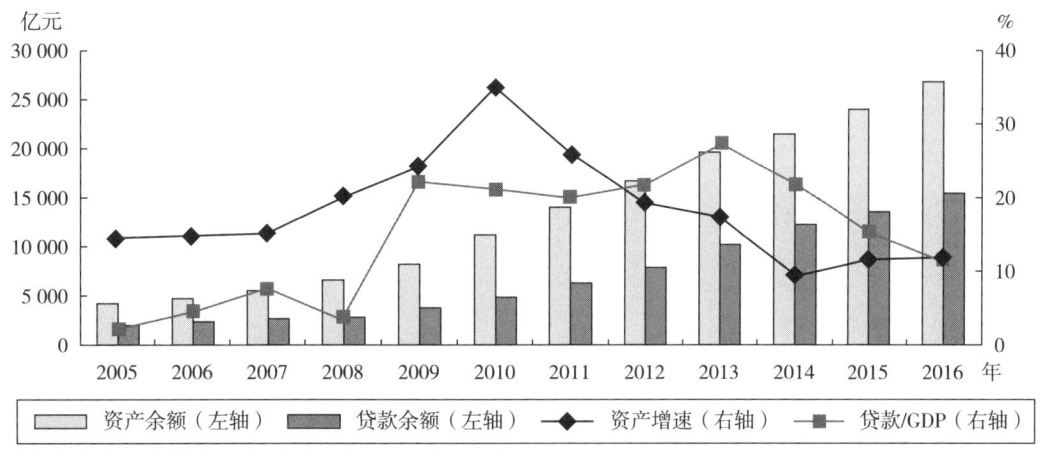

数据来源:新疆银监局,新疆统计局。

图7 2005—2016年新疆银行业资产贷款变化情况

资产质量总体较好,风险处于合理区间。2016年末,银行业不良贷款余额224.69亿元,增长26.82%,不良贷款率1.5%,上升0.17个百分点,呈现"双升"趋势。各类银行业金融机构信用资产不良率均保持在1.5%以内,资产不良率整体保持在较低水平。

法人银行资本较充足,流动性充裕。2016年末,新疆法人银行机构资本净额888.58亿元,增长20.45%。法人机构核心资本充足率、资本充足率分别为15.71%、16.86%,各类法人银行机构核心资本充足率、资本充足率均在12%以上。各类法人机构贷款损失准备充足率、拨备覆盖率均在150%以上,拨贷比在3%以上。各类法人机构流动性比例均在40%以上,113家法人机构中有108家机构流动性比率满足监管要求。

金融改革不断推进,服务水平逐年提升。2016年,福建南安农村商业银行设立1家村镇银行,天津银行发起设立3家村镇银行,新疆银行顺利开业,巴基斯坦哈比银行乌鲁木齐分行各项筹备工作基本完成,金融机构体系进一步完善。乌苏市农村信用联社改制为乌苏农村商业银行,乌鲁木齐县农村信用联社改制乌鲁木齐农村商业银行召开创立大会,农村信用社改制工作持续推进。农业银行"三农事业部"改革不断推进,全年农行新疆分行设立"三农事业部"94家、农行新疆兵团分行

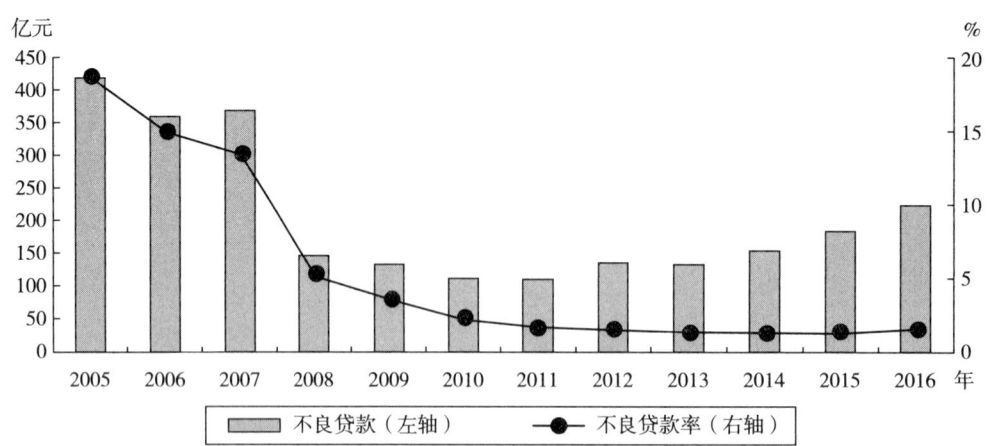

数据来源：新疆银监局。

图8　2005—2016年新疆银行业不良贷款变化情况

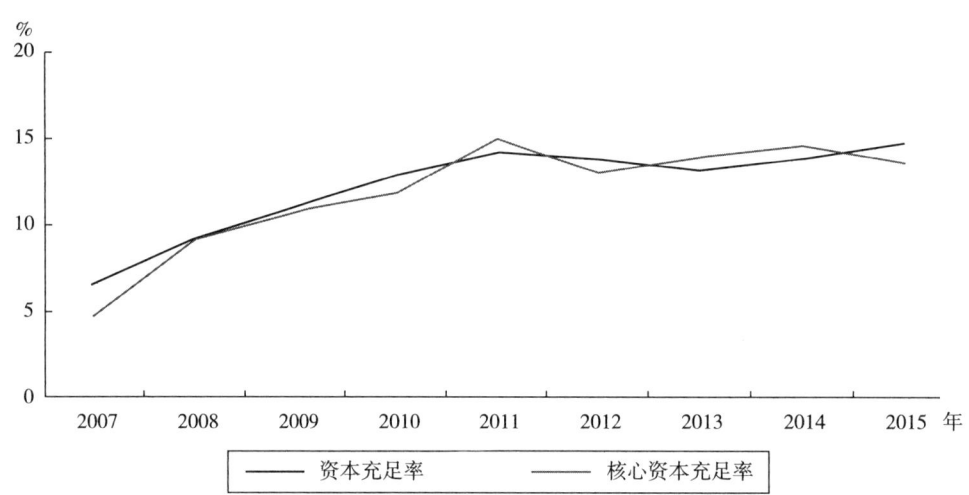

数据来源：新疆银监局。

图9　2007—2015年新疆法人银行机构资本充足水平变化情况

设立"三农事业部"20家，涉农贷款投放增速分别为11.35%、9.79%，设立金穗惠农服务点4 260个，助农服务点170个，电子机具连队覆盖率达98.5%，支农惠农力度持续加大。

2. 稳健性评估

2016年，新疆银行业积极支持供给侧改革，将哈密市、昌吉州、克拉玛依市纳入全国首批绿色金融改革试验区试点，"两权"抵押贷款余额60.22亿元，居全国前列。支持房地产去库存效果明显，个人购房贷款增长16.7%，上升1.4个百分点。金融精准扶贫成效显著，35个贫困县贷款增速达27.2%，高于全疆各项贷款15.9个百分点，17.3万户建档立卡贫困户获得贷款58.9亿元。银行业资产规模、存贷款、经营利润稳步增加，运行平稳，整体保持稳定，但一些影响金融运行的因素需要关注。

贷款风险持续显现，部分地区和机构风险突出。2016年末，全疆不良贷款余额224.7亿元，增加47.63亿元，增长26.8%，高于全国8.13个百分点。不良贷款率1.49%，上升0.17个百分点。

法人银行不良贷款余额增长42.59%，连续2年高速增长，反弹幅度较大。法人银行整体不良贷款率2.15%，超过2%的红线。乌鲁木齐、昌吉、塔城、哈密、克拉玛依、巴州、阿克苏、和田等地不良贷款增幅超过了20%。其中，乌鲁木齐、昌吉、克拉玛依、巴州不良贷款增幅超过了50%。城市商业银行、农村商业银行、村镇银行不良贷款余额分别增长了56.66%、67.87%、164.65%。股份制商业银行逾期90天以上贷款增长超过80%，城市商业银行、农村合作银行、农村信用社、村镇银行逾期90天以上贷款占不良贷款比例超过了100%。

集团授信规模较大，潜在一定信贷风险。2016年末，新疆主要银行中的国家开发银行、进出口银行、上海浦发银行、兴业银行、民生银行、北京银行乌鲁木齐分行的最大单家客户贷款占各项贷款比例超过了10%，国家开发银行、进出口银行、民生银行、北京银行乌鲁木齐分行的最大十家客户贷款占各项贷款比例超过了50%，贷款存在向大客户、重点项目集中的趋势，贷款集中度风险较高。

法人银行存在流动性风险隐患。2016年末，全疆41%的法人银行存贷比超过75%，核心负债依存度为50%，低于监管标准10个百分点。

（二）证券期货业稳健性评估

1. 运行状况

证券业稳步发展，市场交易明显放缓。2016年，新疆证券业主体机构30家，增加2家（国海证券、西南证券）。其中，法人公司2家，证券分公司15家，其他非法人证券经营主体机构13家，证券营业部83家，增加15家。全年证券交易总额15 751亿元，下降55.6%，资金账户214.13万户，增长19.14%，再创新高。净利润9.89亿元，下降49.9%（见图10）。

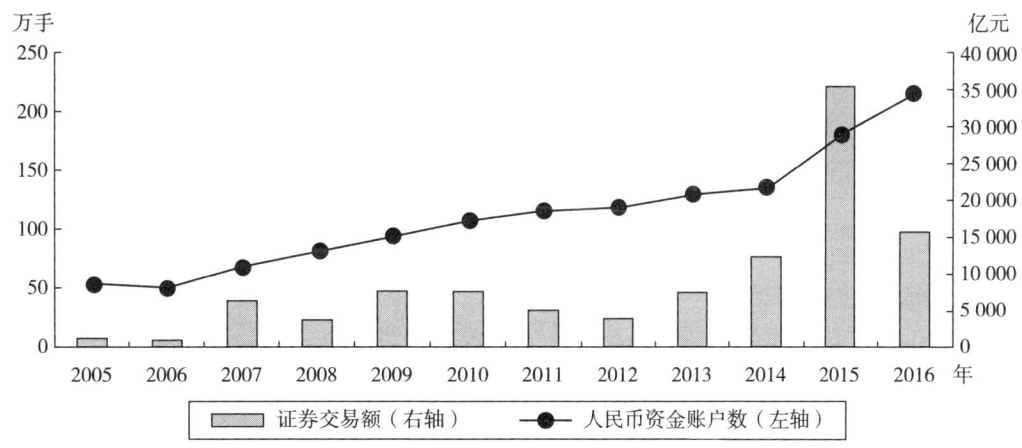

数据来源：新疆证监局。

图10 2005—2016年新疆证券交易和资金账户变化情况

期货业务大幅下降，经营利润大幅萎缩。2016年，新疆期货公司2家。其中，法人机构2家，分公司2家，外地在疆期货营业部2家。全年期货交易总额7 078.44亿元，下降40.6%。净利润403.84万元，下降64%（见图11）。

上市公司融资快速增长，并购重组活跃。2016年，新疆汇嘉时代、天顺股份、新天然气、贝肯能源4家企业在上证所、深证所首发上市。2016年末，新疆A股上市公司47家，市值6 251.87亿

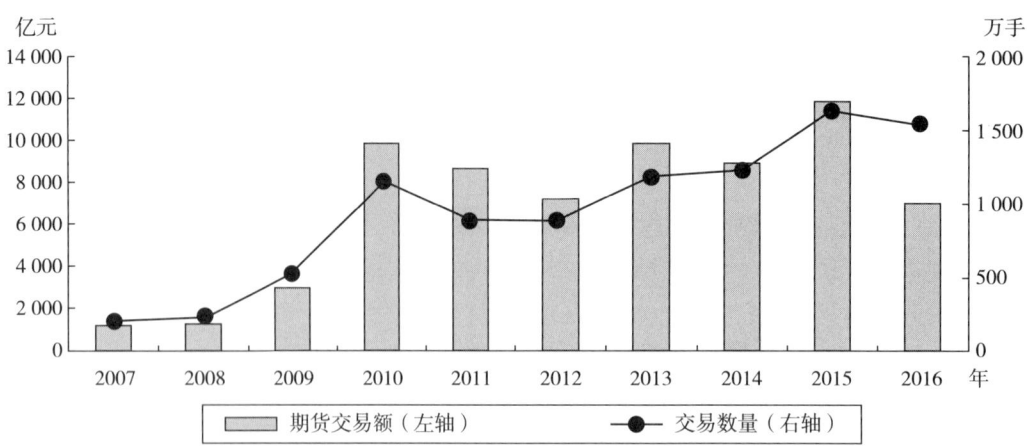

数据来源：新疆证监局。

图11　2007—2016年新疆期货交易和资金账户变化情况

元，增长1.81%。融资总额427.4亿元，增长81.3%，创历史纪录。其中，IPO融资20.91亿元，再融资245.54亿元（见图12）。

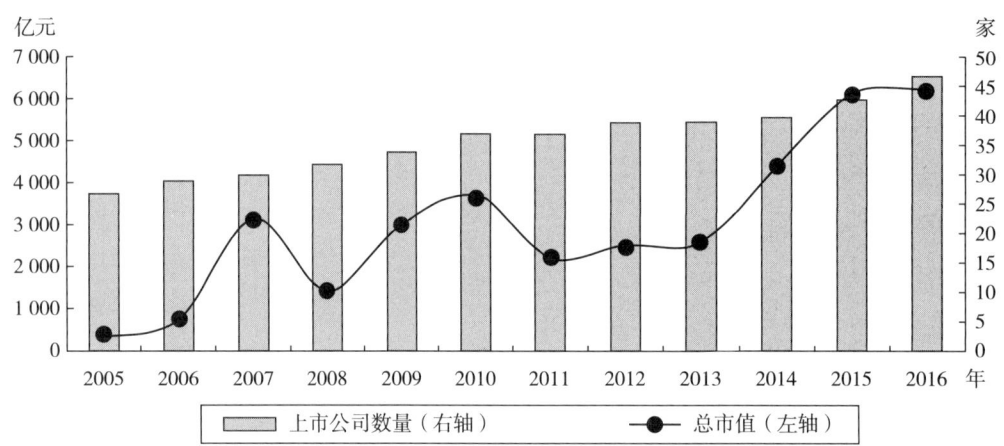

数据来源：新疆证监局。

图12　2005—2016年新疆上市公司数量及市值变化情况

2. 稳健性评估

2016年，新疆证券期货市场交易量、交易额双降，资金参与意愿处于较低水平，经营利润大幅下滑，上市公司发展势头强劲，融资功能不断增强，证券期货市场总体运行平稳。但受经济周期下行和去产能等因素影响，6家期货机构、10家上市公司亏损，上市公司违规行为时有发生，雪峰科技未及时披露关联交易信息，被处罚30万元，中葡股份控股股东减持股份违规操作，被监管部门记入诚信档案。

（三）保险业稳健性评估

1. 运行状况

保险体系逐年完善，业务规模增长较快。2016年末，保险市场共有主体31家，增加1家（前海财险）。其中，财产险公司 18 家、人身险公司 13 家。分支机构 1 834 家，增加 53 个。保险业资产总额 882.03 亿元，增长 18.72%，上升 2.96 个百分点。保险密度 1 864 元/人、保险深度 4.57%，分别增加 307.1 元/人、上升 0.63 个百分点（见图 13）。

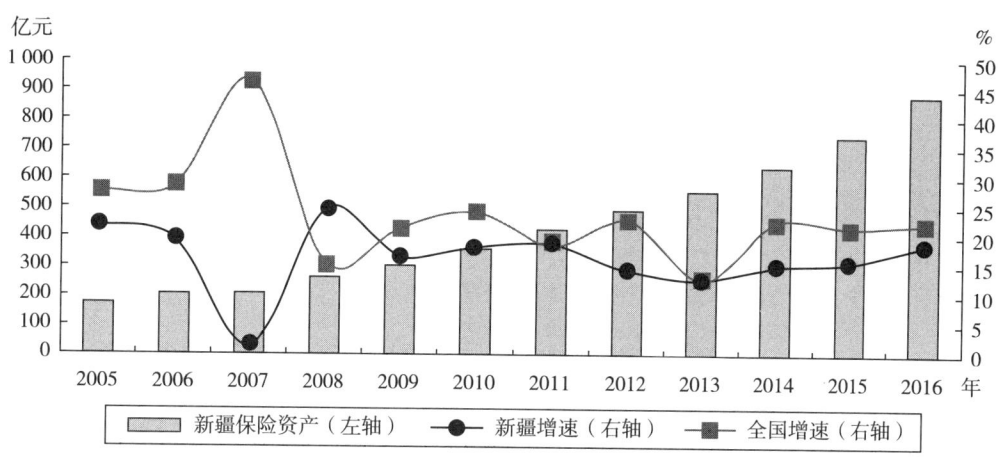

数据来源：新疆保监局。

图 13 2005—2016 年新疆保险业资产变化情况

保费收入快速增长，农险规模全国第一。全年实现保费总收入 439.9 亿元，增长 19.7%，创 2011 年以来新高，业务规模居西北五省第二位。其中，财产险保费收入增长 7.29%，人身险保费收入增长 27.6%。农业保险累计收入增长 3.11%，规模位列全国首位（见图 14）。

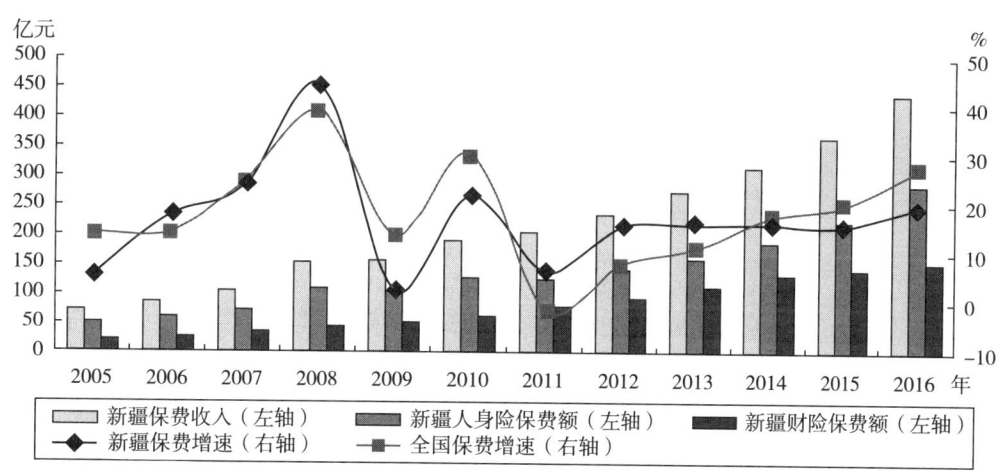

数据来源：新疆保监局。

图 14 2005—2016 年新疆保险收入增长变化情况

保险赔付持续增加，社会保障水平不断增强。全年，保险业累计发生赔款与给付支出 154.95 亿元，增长 13.22%。农业保险赔款支出 27.38 亿元。信用保险、特殊风险保险赔付分别增长 12 倍、3.6 倍（见图 15）。

2. 稳健性评估

2016 年，新疆保险市场运行平稳，偿付能力稳定，退保风险可控，保险业各项资产、保费收入、

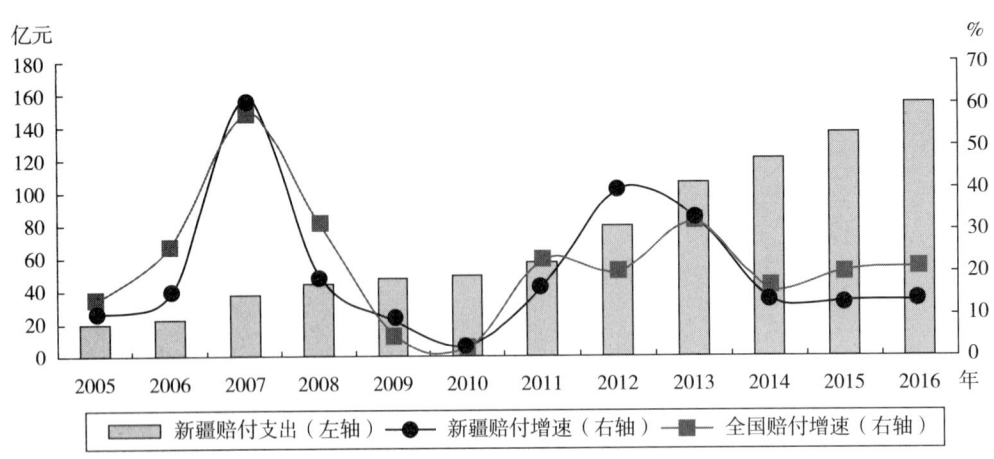

数据来源：新疆保监局。

图15 2005—2016年新疆保险业赔付支出变化情况

赔付支出、保险密度、保险深度等指标稳步增长，保险市场持续健康良性发展。但在发展中重点领域风险凸显，低利率引发风险，销售误导、骗保案件、违规经营等问题依然突出，对新疆保险市场稳健发展带来潜在影响。

（四）准金融机构稳健性评估

1. 运行状况

小额贷款公司平稳发展。年末，小额贷款公司382家，增加21家。注册资本金246.79亿元，增长2.99%。贷款余额244.64亿元，增长10.40%。其中，"三农"、中小企业、个体工商户贷款分别增长20.31%、15.63%、36.43%。

融资性担保公司稳健运行。年末，融资担保公司170家，增加4家。注册资本金166.53亿元，增长24.29%。融资担保责任余额152.26亿元，下降11.32%。融资担保代偿额13.85亿元，增长6.95%。

典当公司稳步发展。年末，典当公司218家，增加29家。实收资本33.16亿元，增长15.43%。典当业务总额39.8亿元，增长51.92%。绝当金额760.94万元，增长8.42%。净利润0.49亿元，增长4.26%。

2. 稳健性评估

2016年，新疆三类准金融机构数量持续快速增长，各项业务保持稳健发展，但贷款风险增加，贷款损失拨备计提不足，潜在风险仍需要关注。一是小额贷款公司不良贷款增长4.51倍，17%的机构贷款损失拨备计提不足；二是融资性担保公司业务开展困难，15%的机构长达三年没有新增业务，代偿额持续增长；三是典当行经营风险凸显，典当企业亏损面40.3%，亏损额0.21亿元，单家机构资本规模较小，抵御风险能力较弱。

（五）金融市场稳健性评估

1. 债券市场交易活跃

全年，银行间市场债券交易累计成交7.2万亿元，增长32.43%。其中，债券回购累计成交

57 942.77亿元，增长28.55%，正、逆回购累计成交量分别为3.53万亿元和2.26万亿元。质押式债券回购交易5.66万亿元，占交易总额的77.6%，资金呈净流入态势。同业拆借交易2 002.1亿元，下降35.55%。新疆企业在银行间市场注册54单债务融资工具836亿元，增长2.14%，实际发行84单债务融资工具542亿元，下降6.39%。

2. 票据市场规模小幅下降

全年，新疆商业汇票累计签发量1 344.9亿元，下降4.3%，低于全疆人民币各项贷款增速15.9个百分点。票据贴现累计发生额611.8亿元，增长21.57%，转贴现交易量明显压缩，全年票据转贴现发生额6 872.28亿元，下降56.1%。

3. 黄金交易大幅增长

受国际环境回暖影响，黄金价格总体上涨，居民投资黄金意愿上升，交易量大幅上涨，年末黄金累计交易量达63 992.49千克，增长16.8%。近三年，黄金累计交易量增长率分别为－59.7%、6%、16.8%，交易量、价格波动幅度较大。

3. 外汇交易持续下降

全年，新疆银行结售汇总额155.8亿美元，下降15.9%，其中，结汇114.9亿美元，下降13.5%；售汇41亿美元，下降21.9%。结售汇顺差73.9亿美元，下降8.1%，顺差占总规模的46%，占比居全国第一位。

（六）金融基础设施建设稳健性评估

1. 金融管理与服务工作不断加强，存款保险工作持续推进

全年，新疆辖区共受理新设金融机构及其分支机构14家，受理各类重大事项469项，对260家金融机构及其分支机构执行人民银行政策情况进行综合评价，开展综合执法检查37次，行政处罚3家，罚款金额13万元，金融机构合规经营意识提高。全年开展存款保险各类宣传64场次，培训3次，参训率100%，对110家投保机构开展现场评级，投入人力400余人次，累计收缴保费0.82亿元，受保存款2 070.21亿元，受保账户1 730万户，对24家机构开展存款保险保费真实性核查，存款保险制度作用有效发挥。

2. 支付结算体系良性运行，农村支付环境持续改善

2016年，大、小额支付系统处理业务2 649.4万笔，金额33.80万亿元。农村地区共设立银行卡助农取款服务点3 505个，笔数155.85万笔，增长98.64%，金额6.17亿元，增长1.92倍。加大兵团农村支付环境建设力度，印发《关于全面推进深化新疆生产建设兵团农村支付环境建设的指导意见》，按照资金流、产业链梳理兵团农村特色支付结算需求，推动支付结算账户普及、非现金支付工具应用、支付系统网络延伸，惠农支付服务建设不断推进。

3. 金融消费者权益保护工作持续推进，金融风险排查工作持续开展

全年，新疆各级人民银行加强对"12363"热线、邮件、信件、来访等投诉受理渠道维护，进一步畅通投诉渠道，提高金融消费者金融消费维权意识。受理投诉367件，咨询570件，投诉量下降24.5%，办结率99%。金融消费者投诉受理、处理机制进一步建立健全，各金融机构积极、妥善解决金融消费者投诉。自治区各部门加强协调配合，完善工作机制，保障经费，加大对非法集资风险的督察力度，遏制了非法集资风险上升势头。同时，落实责任，对第三方支付、P2P网络借贷、众筹、互联网保险、非融资性担保公司、第三方理财公司等重点领域进行专项整治，维护了金融市场

秩序。

4. 反恐融资纵向深入，反洗钱监管不断增强

全年，新疆共发现和接收涉恐可疑交易线索 342 份，向侦查机关移送涉恐犯罪线索 190 起，协查涉恐案件 26 起，推动 4 起资助恐怖活动案宣判，发挥反洗钱在维护辖区经济金融和社会稳定中的重要作用。对 68 家金融机构开展现场检查，对违规金融机构罚款 23.55 万元，对 163 家金融机构实施了走访、约谈、质询、风险评估等监管措施，促进金融机构履职能力不断提升。

5. 社会信用体系不断健全，司法信用环境持续改善

全年，新疆累计分别建立农户、中小企业信用档案 318 万户、3.1 万余户，为农户发放贷款 3 287 亿元，中小企业取得银行授信意向 3 515 户。通过中征应收账款融资服务平台成功办理 1 898 笔融资业务，金额 681 亿元，居全国前列。加大征信宣传力度，组织翻译印刷《征信业管理条例》及相关宣传资料，弥补少数民族征信宣传资料空白。与中国联通签署征信宣传战略合作协议，实现宣传多领域、全覆盖。新疆法院构建"一处失信、处处受限"的信用惩戒体系，整治"老赖"，将全疆 42 865 个单位和个人纳入全国法院失信被执行人信息系统，从严惩处规避、抗拒执法行为，罚款拘留 1 674 人次，依法追究 34 名被执行人刑事责任。

6. 反假币工作机制持续推进，宣传力度不断加强

2016 年，新疆进一步完善银警打击整治假币违法犯罪协作机制，全年共收缴假币 1 365 万元、增长 29.8%。其中，公安机关案件解缴 214.8 万元，增长 11.4 倍。累计设立假币动态银行监测点达 64 个，开展"反假货币宣传月"、"反假知识进万村"等系列宣传活动，发放维、汉文字宣传资料 100 余万份，媒体宣传及报道 30 余条。

7. 监管协调力度加大，监管合力不断增强

全年，新疆召开四次金融监管协调联席会议，就促进经济发展和维护区域金融稳定进行交流探讨，并就诸多难点问题达成共识。银证保联系更加紧密，维护区域金融稳定的基础得到不断夯实。

三、总体评估与对策建议

（一）总体评估

2016 年，新疆经济运行总体平稳，结构调整不断优化，第三产业对经济增长的贡献率持续领先，投资增速持续回落，国内外需求增速持续下降，物价水平总体趋稳，财政增收压力加大，居民收入稳步增长。银行业整体稳健运行，金融改革持续推动，地方法人资本充足，资产质量总体较好，流动性充裕。证券期货市场交易明显放缓，上市公司融资快速增长。保费收入快速增长，保费赔付支出持续增加，社会保险保障功能不断增强。新疆经济金融业整体运行稳健，但是在运行过程中也存在以下问题：一是去产能紧缩效应持续显现，工业企业生产经营困难，主营业务收入下降，净利润减少。二是银行业不良贷款持续大幅反弹，法人银行机构存在流动性风险隐患；证券期货公司亏损机构数增加，上市公司违规行为时有发生；保险业销售误导、骗保案件、违规经营问题依然突出。三是地方准金融机构新增业务拓展困难，效益不佳，损失拨备计提不足，抵御风险能力较弱。

（二）计量评估

以人民银行上海总部的区域金融稳定定量评估指标体系为依据，结合新疆实际，对宏观经济、

银行业、证券业、保险业和金融生态环境指标进行计量评估分析，得出新疆区域金融稳定状况。2016年，新疆宏观经济、金融业、金融生态环境指标得分均较上年略降，金融稳定综合得分指数下降0.0009。原因是：宏观经济指标受地区生产总值、投资等主要经济指标下行影响略降；金融业指标受银行业资产利润率、不良贷款率、流动性比例下降，证券业净资本充足率、净资本负债率、资产利润率下降，保险业应收保费率增长因素影响略降；金融生态环境得分受财政收入占GDP比重、法制环境综合得分下降影响略降。

表1　　　　　　　　　　　2012—2016年新疆金融稳定综合评价表

年份	2012年	2013年	2014年	2015年	2016年
宏观经济	0.1231	0.1126	0.1102	0.1096	0.1091
金融业	0.4985	0.4875	0.4882	0.4877	0.4874
金融生态环境	0.1017	0.1023	0.1031	0.1028	0.1027
综合得分	0.7233	0.702	0.7015	0.7001	0.6992

（三）相关建议

1. 适应经济新常态，抓住发展机遇，推动经济金融健康发展

全面贯彻中央关于新疆工作的大政方针，坚持"四个全面"战略布局，进一步深化改革扩大开放，落实"丝绸之路经济带"核心区建设行动，推进产业结构调整，发挥创新引领作用，提升经济发展质量和效益，加快创新型新疆建设。

2. 加强金融风险监测，防范化解金融风险，维护区域金融稳定

加强对国内外经济金融形势研判，加强对非法集资、互联网金融、交叉性金融风险的监测分析，重点防范地方中小法人金融风险，密切关注重点大型企业风险变化，持续推动银证保金融监管联席会议机制，发挥金融监管合力，持续推进存款保险制度建设，加大宣传力度，切实防范系统性金融风险。

3. 推动金融生态环境建设，构筑经济金融健康发展基础

推动绿色金融试点城市建设，扩大金融生态示范县区域，加大诚信农村建设，强化诚信意识，推动金融法律法规出台，完善金融法制环境建设，及时排查金融风险，创建良好金融生态环境。

总　　纂：尚　晓
统　　稿：庞小红　杨长伟
执　　笔：白文梅
其他参与写作人员：谢　鹃　王春燕　王　璐　张　硕　丁满涛
　　　　　　　　　李文全　买金星　马　红　王　哲　孔军士
　　　　　　　　　蔡　玲　赵　强　杨　涛

大连市金融稳定报告摘要

2016年，大连市国民经济增速有所回升，全市地区生产总值同比增长6.5%，同比增加2.3个百分点，实体经济发展平稳，消费拉动作用增强，就业、物价保持稳定，为区域金融稳定创造了较好的外部环境。金融业继续保持健康平稳的运行态势，银行业发展速度减缓、证券业发展平稳、保险业发展势头较好，法人金融机构稳健经营，市场运作井然有序，风险防范能力逐渐增强。但经济全面企稳复苏的基础还不牢固，金融生态环境有所退步，经济、金融稳定发展中蕴含着一定的风险。

一、区域经济运行与金融稳定

2016年，大连市经济发展呈现出良好迹象，多项宏观指标连续几个季度企稳回升，区域金融稳定基础较为坚实。但在世界经济缓慢复苏，国内经济下行压力依然较大的背景下，大连市经济增长的内生动力略显不足，经济发展的体制机制不活，传统产业产能过剩和需求结构升级矛盾突出，有效需求增长乏力，经济全面企稳复苏的基础还不牢固，金融业的平稳运行仍面临较大的挑战。

（一）经济运行保持平稳增长，金融稳定基础更加牢固

1. 经济增长稳定性增强，产业结构继续优化

2016年大连市实现地区生产总值8 150亿元，同比增长6.5%，比全国低0.2个百分点。产业结构优化升级步伐进一步加快，全市高新技术产业增加值增长17.8%，快于规模以上工业10.6个百分点；"互联网+"迅猛发展，新技术、新产业、新业态、新模式快速成长，软件和信息服务业实现营业收入1 567亿元，战略性新兴产业增加值增长18%，成为未来经济发展的支撑力量；全市服务业增加值增长6.5%，占GDP比重达到51.4%，成为稳增长的"压舱石"，三次产业比例为5.8:42.8:51.4，结构更趋科学合理（见图1）。

2. 固定资产投资大幅回落，有效投资不断增加

2016年全市完成固定资产投资1 436.4亿元，同比下降68.5%，增速与全国落差达76.6个百分点，整体呈现疲弱之势。分性质看，建设项目投资901.2亿元，同比下降75.4%，房地产开发投资535.2亿元，同比下降40.4%。大力推进补短板、调结构、惠民生等重大项目建设，全年开复工亿元以上重大项目660个，积极吸引社会资本参与基础设施建设，推出PPP项目28个（见图2）。

3. 重大开放试验区获批，对外开放实现新的突破

2016年，自由贸易试验区、构建开放型经济新体制综合试点试验区、跨境电子商务综合试验区获批，金普新区加快发展，经济总量占全市的28.2%。全市实际利用外资30亿美元，增长10%。外

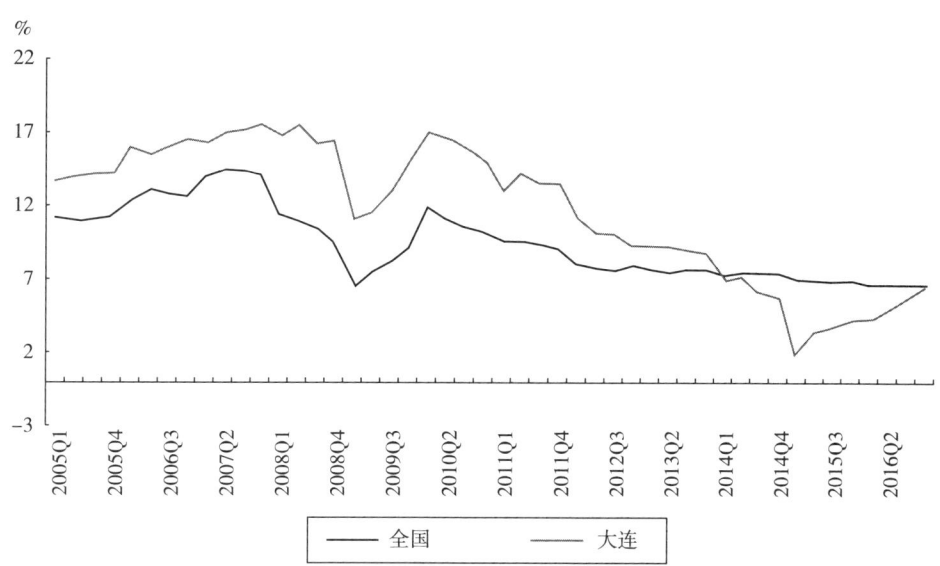

数据来源：国家、辽宁省及大连市统计局。

图1 生产总值（GDP）累计同比增速

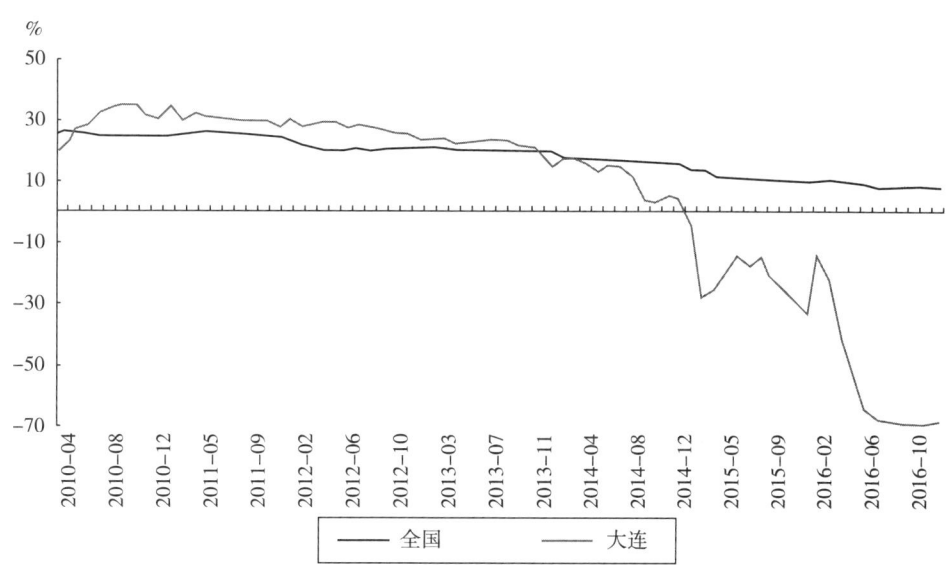

数据来源：国家、辽宁省及大连市统计局。

图2 固定资产投资累计同比增速

贸自营进出口总额514.7亿美元，同比下降6.6%，降速比全国低0.2个百分点。跨境电商异军突起，电商企业增加300多家，平台主体和交易额快速增长。主动对接"一带一路"战略，积极推进"辽满欧"综合交通运输大通道建设，企业"走出去"成效显著（见图3）。

4. 工业增速缓慢回升，经济活力明显增强

全年规模以上工业增加值同比增长7.4%，高于全国平均水平1.4个百分点。规模以上工业实现销售产值6 428.4亿元，同比下降1.5%，工业产品产销率97.3%；工业用电量202亿千瓦时，同比

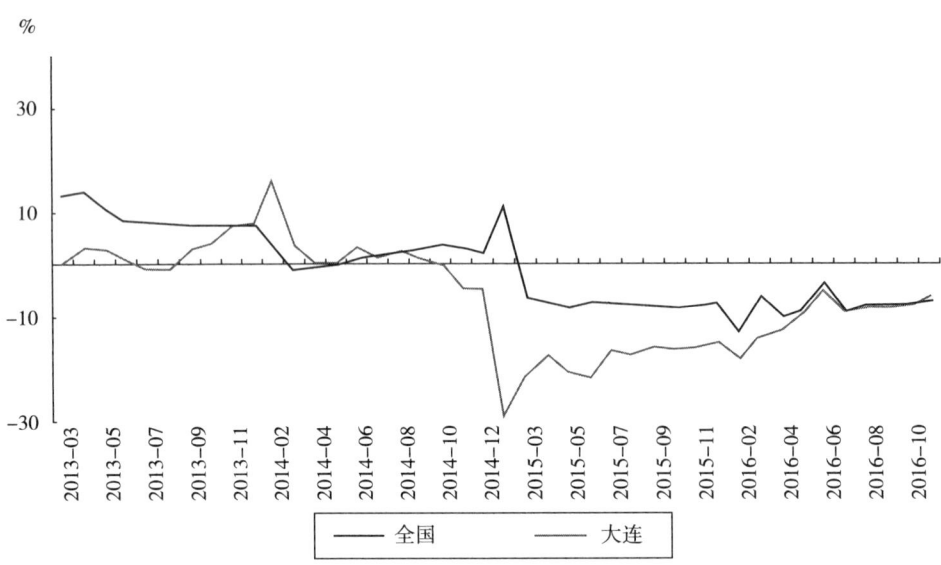

数据来源：国家、辽宁省及大连市统计局。

图3　进出口总额累计增速

增长3.7%。针对实体经济实际情况，深入实施"育龙计划"，认真落实支持中小企业创新发展的政策措施，制定了集成电路产业发展规划，出台了促进储能产业发展的实施意见，新经济迅速发展，新动能加快成长。全市各类企业主体3.2万户，增长16.8%，平均每个工作日新增企业129户（见图4）。

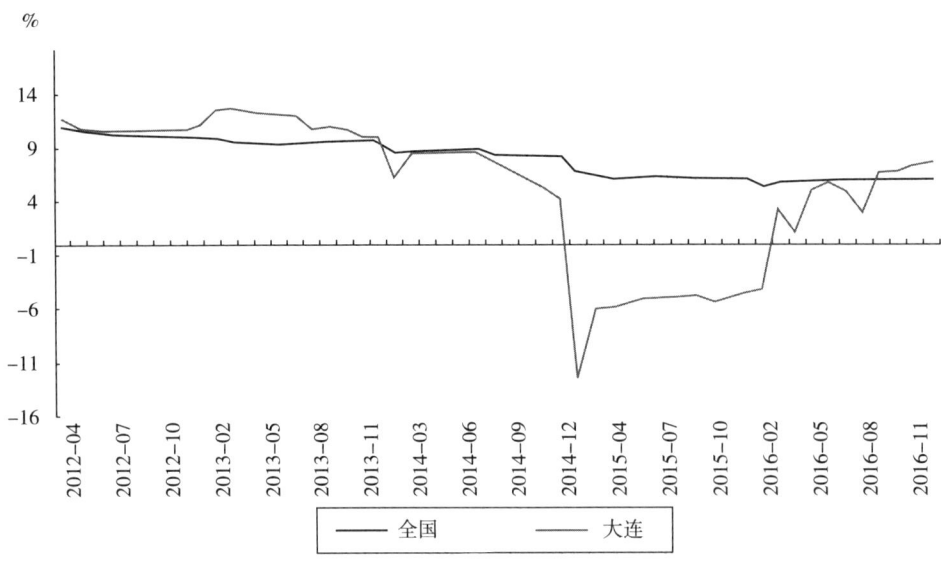

数据来源：国家、辽宁省及大连市统计局。

图4　规模以上增加值累计同比增速

5. 价格水平显示经济回暖积极信号，消费增长保持平稳

2016年大连市居民消费价格指数上涨1.9个百分点，CPI继续保持在较低水平。生产者价格指

数同比下降1个百分点，生产者价格指数同比增速自2012年5月开始连续52个月呈现负值状态以来，2016年9—12月，连续4个月稳步增长，平均增速为2.5%。全年城镇居民人均可支配收入38 050元，同比增长6.0%；农村居民人均可支配收入15 664元，同比增长6.8%。全年社会消费品零售总额3 410.1亿元，同比增长10.4%，增速与全国持平（见图5）。

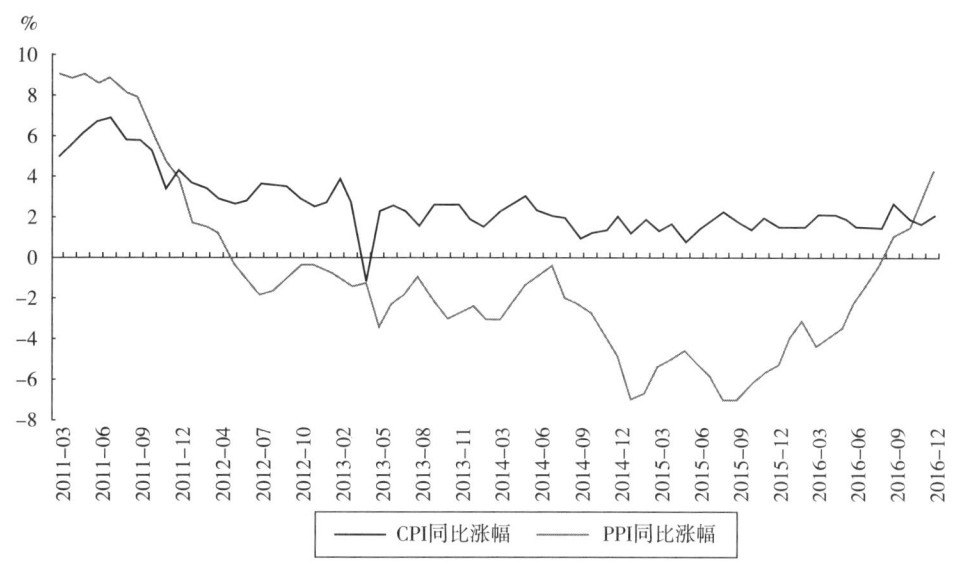

数据来源：大连市统计局。

图5　大连市CPI与PPI走势

（二）区域经济运行中不利于金融稳定的因素

2016年，大连市经济运行稳中有进，部分行业和企业依靠技术创新和战略调整，提高了资源利用效率，具有很强的发展后劲。同时，大连市经济发展面临的困难和压力也不容低估。一是大连对投资的依赖度较高，在当前投资环境处于低谷，社会投资连续下滑，固定资产投资水平并没有好转的情况下，依靠投资拉动经济增长的模式在短期和中期难以为继。二是大连市传统行业如石化、造船、装备制造和电子信息四大支柱产业，都面临结构调整和优化升级问题，部分行业还没有摆脱经营困境，对经济的拉动作用逐步减弱。三是世界经济复苏缓慢，需求疲弱，全市进出口均出现下滑，贸易形势短期内难有较大改观，受投资环境、汇率变动和房地产市场调整的影响，辖内资本外流的压力将加大。

二、金融业与金融稳定

2016年，大连市金融业运行平稳，银行业、证券业、保险业健康发展，市场秩序进一步改善，金融机构改革逐步推进，无重大风险事件发生，但仍存在风险隐患。

（一）银行业运行状况及风险分析

截至2016年末，大连市共有地方法人银行业金融机构13家，分行45家。2016年，大连市银行业金融机构总体发展平稳，存款增速趋缓，呈现前低后高态势，下半年存款形势好转；贷款增速维持低位，年内呈现波动下行；存、贷款利率同时走低，利差趋于稳定；资产质量持续下滑，外部风险冲击不确定性增多，流动性管理风险和成本加大，银行业持续健康发展依然面临挑战。

1. 银行业运行状况

（1）存款增速总体平缓，全年呈前低后高走势。2016年末，全市银行业金融机构本外币各项存款余额14 701.7亿元，同比增长7%，比上年末高0.6个百分点，存款增速在6月达到近两年来低点（1.9%）后反弹；比年初增加965.1亿元，同比多增33.7亿元，其中，非银行业金融机构存款新增617.3亿元，同比多增162.5亿元。2016年，全市存款增速比全国低4.3个百分点，但新增存款形势下半年有所好转（见图6）。

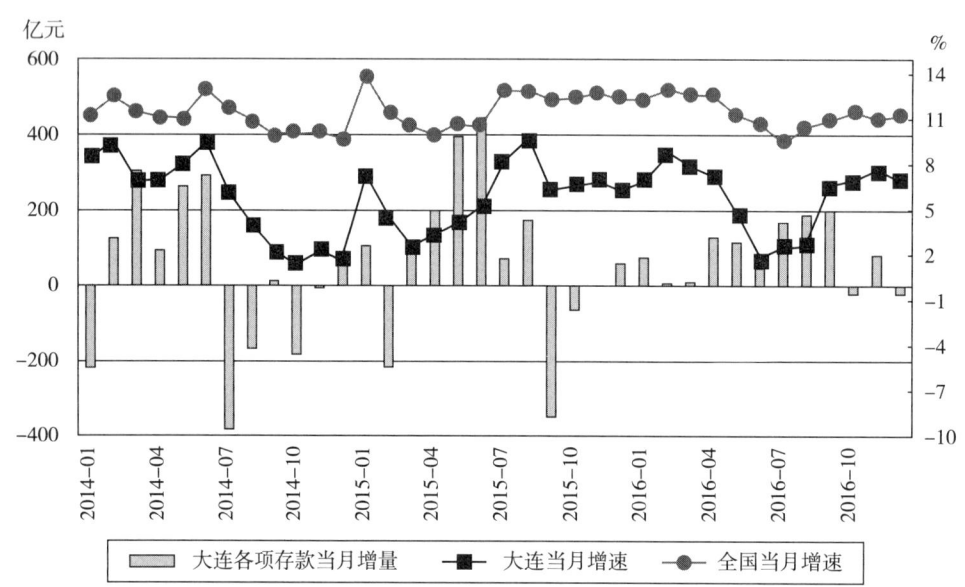

图6 金融机构存款增量、增速走势图

（2）贷款增速低位运行，全年呈持续下行走势。2016年末，全市金融机构本外币各项贷款余额11 803.5亿元，同比增长2.3%，比上年末低4.2个百分点，11月单月增速仅1.6%，再创2000年以来新低；比年初增加267.5亿元，同比少增442.5亿元，其中非金融企业及机关团体贷款余额比年初增加113.4亿元（剔除票据融资后，比年初减少36.4亿元），同比少增539.7亿元。2016年，全市贷款增速比全国低10.5个百分点，增速差距较上半年进一步扩大（见图7）。

（3）存、贷款利率均呈下降趋势，存贷款利差稳定。2016年，全市金融机构人民币存款加权平均利率2.1%，同比下降41个基点；从季度走势看，人民币存款利率持续走低，已由年初的2.2%降至第四季度的2%，全年累计下降20个基点。贷款加权平均利率5.3%，同比下降76个基点。总体上看，人民币存、贷款利率变动趋势较2015年更为平缓，全市金融机构人民币存贷款利差始终维持在3.2%~3.3%之内。

（4）不良贷款"双升"，盈利水平显著下滑。2016年末，全市银行业金融机构不良贷款余额380.6亿元，比年初增加129亿元，增幅51.4%；不良贷款率3.2%，比年初增加1.1个百分点，增幅52.4%。因资产质量下降，金融机构表外转表内垫款显著增加，2016年末，全市金融机构垫款余额143.4亿元，较年初增加75亿元，是上年同期的4.9倍，同比增幅109.5%。2016年，因不良贷

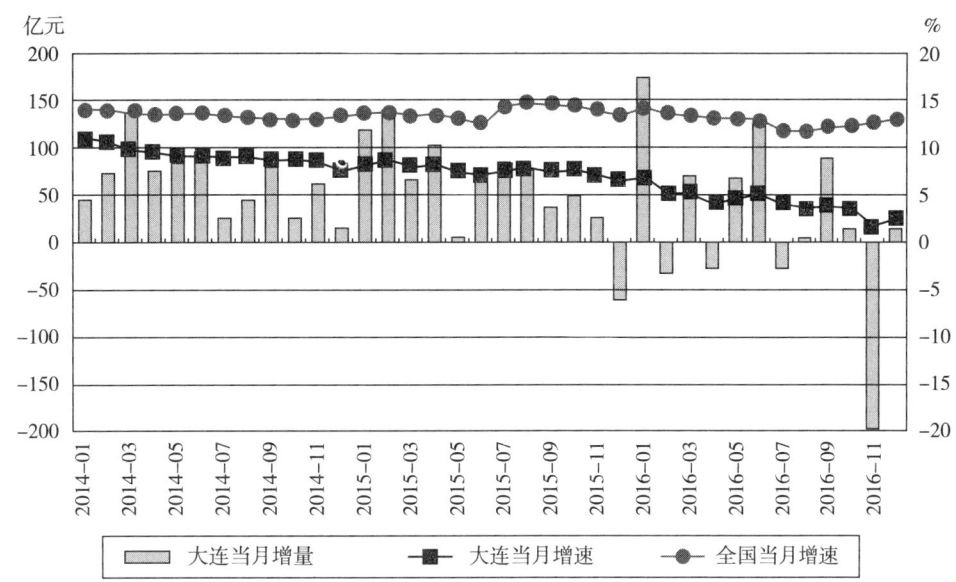

图7 金融机构贷款增量、增速走势图

款大幅增加推高资产减值损失，各金融机构盈利显著下降，全市金融机构累计实现本外币利润95.7亿元，同比大幅减少72.6亿元，降幅43.1%。

2. 银行业风险情况分析

（1）资产质量下行压力依然较大。一方面，在经济增长新动能尚不明确、信贷规模扩张的政策约束有所强化的背景下，依靠总量扩张稀释不良贷款的难度在加大。另一方面，在推进供给侧结构性改革的政策背景下，新增不良贷款仍有持续暴露的可能。2017年，随着去产能、去库存、去杠杆政策的进一步落实，在经济尚未完全实现企稳的背景下，未来不良贷款继续走高的可能性很大。

（2）外部风险冲击不容忽视。一是大型企业债市违约带来的风险冲击。2016年，大连市发生了东北特钢、大连机床两家大型企业的债市违约事件，其自身、上下游企业以及担保、互保企业带来的波及影响较大。二是来自民间融资领域的风险冲击。受经济低迷、行业风险不断暴露等因素影响，银行信贷投放较以往更加谨慎，逐渐退出风险溢价较高的贷款项目，导致抵押担保不健全等高风险贷款转向民间融资市场。三是非法金融业务带来的突发金融风险。近年来，大连辖区非法金融业务活动领域更加广泛、活动主体更加多元、涉案金额进一步增大，这也给银行业经营带来不确定风险冲击。

（3）流动性管理的成本和风险有所增加。近年来，金融机构同业活动日益频繁，金融部门杠杆率升高，而金融部门向实体经济的信贷投放增速却有所下降。金融部门的利润合计来源于为实体经济提供的服务，如果不伴随金融部门整体利润水平的持续增长，这种内部循环最终难以为继，并易形成金融资产泡沫和造成风险的加速传递。目前，银行普遍依赖于外部流动性负债来匹配自身流动性资产，这种做法将使其在短端利率上行及资金面偏紧的情况下，流动性管理的成本和风险都将加大。

（二）证券业运行状况及风险分析

截至2016年末，大连市共有证券公司1家，证券分公司11家，证券营业部85家；期货公司1

家，期货分公司6家，期货营业部64家；境内上市公司28家。2016年，大连市资本市场总体运行保持平稳。受资本市场整体形势影响，证券机构数据指标和去年同期相比有一定下滑，再融资继续保持活跃，公司债券融资继续保持快速增长态势。同时，上市公司面临经营风险和违规风险、债市违约风险加大、证券机构盈利能力较弱等问题值得关注。

1. 证券业运行情况

（1）证券机构平稳运行，法人机构业绩有所下滑。截至2016年末，大连市辖区各类证券机构97家，从业人员1 875人。随着股票市场趋于平稳，证券机构各项财务指标均较2015年有所下降，全年累计成交金额2.9万亿元，同比下降29%。法人机构大通证券全年实现营业收入6.6亿元，同比下降52.8%；净利润2亿元，同比下降68.7%。

（2）期货机构经营回暖，交易额稳中有升。截至2016年末，大连市辖区各类期货机构71家，从业人员570人。全年累计实现交易额21.2万亿元，同比增长14.7%；利润总额0.4亿元，同比增长54%。期货行业规模保持平稳，机构业绩普遍回暖，交易额与利润稳步增长。年末期货公司总资产4亿元，净资本0.9亿元，客户保证金2.5亿元，交易额4 002.5亿元；全年营业收入2 955.6万元，净利润66.6万元。

（3）资本市场发展保持活跃，债券融资增幅明显。截至2016年末，大连辖区境内上市公司28家，其中主板19家，中小板7家，创业板2家，总市值4 298.8亿元。辖区11家上市公司启动或完成重大资产重组或再融资，涉及金额合计356.6亿元。辖区新三板挂牌公司87家，同比增加28家，增幅47%。17家次挂牌公司发行普通股再融资，累计发行8 476.5万股，融资金额3.6亿元。年末各类企业公司债券发行余额421.5亿元，同比增长57.8%，发行规模有较大提升。

2. 证券业风险情况分析

（1）上市公司面临经营风险和违规风险。2016年上半年，上市公司中17家营业收入出现不同程度的下降，13家净利润下滑，6家出现亏损。其中，亏损或业绩下滑公司多数为大连市本土企业。上市公司在业绩下滑期间，出于经营压力，容易出现占用资金、粉饰业绩等违规风险。同时，新三板挂牌公司数量增长迅速，在进入资本市场时间短、对规则缺乏了解、合规意识相对淡薄的情况下，这些挂牌公司后续存在潜在的违规风险。

（2）债市违约风险加大企业直接融资难度。2016年全年共有79只债券发生违约，涉及35家发行企业，违约规模398.9亿元。其中大连地区东北特钢集团和大连机床集团先后出现多次违约，直接降低了企业的信用评级，间接提升了地方企业发债门槛，对区域债券市场的发展造成了不利影响，进一步引发企业发债难度加大、融资困难加剧的问题。

（3）多方因素造成证券机构盈利能力减弱。2016年股票市场变动趋于平缓，市场投资热情降低，在市场较为低迷的情况下，大连市证券机构的交易量和利润水平都出现了一定程度的下滑。辖区证券机构对经纪业务等传统业务的依赖程度较高，对资管、投行等创新业务的投入和发展相对滞后，直接影响了机构盈利水平。证券分支机构的数量较多，竞争相对激烈，对机构的利润水平也造成了一定影响。

（三）保险业运行状况及风险分析

截至2016年末，大连市共有保险总公司3家，保险分公司48家，从业人员5.7万人。2016年，大连市保险业克服困难、把握机遇、开拓创新，保险市场运行呈现出稳中有进、进中趋好的发展态势，保险机构资产规模稳步提升，各项保费收入持续增加。但受国内外经济疲软的影响，保险市场仍存在赔款与给付支出增加、利润水平降低、混业风险加大等潜在风险。

1. 保险业基本运行情况

（1）市场整体运行稳健，资产规模稳步提升。截至2016年末，大连市共有保险总公司3家，分公司48家，从业人员5.7万人，其中分公司同比增加1家，从业人员同比增长29.5%。保险公司资产总额763.37亿元，同比增长14.7%。其中，产险公司资产总额122.2亿元，同比增长32.8%；人身险公司资产总额641.2亿元，同比增长11.8%。

（2）保费收入稳步增长，人身险增速较快。2016年，大连保险业实现保费收入277.3亿元，同比增长18.9%，增幅较上年增加1.8个百分点，但仍低于全国8.7个百分点。其中，财产险业务实现保费收入73.1亿元，同比增长2.9%；人身险业务实现保费收入204.3亿元，同比增长25.8%。

（3）赔款与给付支出持续增加，满期给付金额较大。2016年，大连市保险业累计赔款与给付支出98.8亿元，同比增长20.4%，其中，财产险业务赔款支出42.3亿元，同比增长7.7%，人身险业务赔款及给付支出56.5亿元，同比增长32%，其中，满期给付38.9亿元，同比增长36%。

（4）寿险业务发展迅猛，结构持续优化。2016年，人身险业务新单期缴保费45亿元，同比增长66.9%，新单期缴率38.7%，在全国排名第15位。健康险与意外险保费实现收入23.8亿元和5.1亿元，同比分别增长26.1%和6.5%。

2. 保险业风险情况分析

（1）赔款与给付支出持续增加，面临较大风险压力。2016年大连市保险业满期给付38.9亿元，占比39.4%。保险公司如出现对满期给付规模测算不准确、对高风险的满期产品的认识不到位的情况，短期内将面临较大的流动性风险。同时，对于保单满期收益较低的高风险产品，保险公司将面临投诉纠纷的风险。

（2）资本市场价格波动、产品成本迅速上升等因素拉低保险业利润水平。2016年保险业资金运用的平均收益率为5.7%，同比下降1.9个百分点。一方面，由于宏观经济下行资本市场波动，造成了企财险、货运险等领域的业务量减少，加剧了行业的信用风险和市场风险。另一方面，保险产品成本迅速上升也造成了利润的减少。

（3）产业融合造成保险行业经营领域不断延伸，混业风险等新型风险显著增加。随着金融业的综合发展，保险公司与银行、证券、基金等领域的交叉性不断增加，由此产生了一些新的风险点。同时，混业风险由于形式较新，很可能脱离以往的监管框架，因此不容易被及时发现，可能会造成严重的市场损失和社会危害。

三、金融市场运行与金融稳定

2016年，大连市金融市场总体呈现健康发展态势，市场配置资源的基础作用进一步发挥。银行间同业拆借市场交易活跃度下降，债券市场成交量下降，票据市场运行平稳，外汇市场交易量保持增长。

（一）金融市场配置资源功能日趋完善

1. 同业拆借市场交易活跃度下降

2016年，大连市全国银行间同业拆借市场成员5家，全年参与市场交易金额87.7亿元，同比下降37.9%。其中，拆入资金13笔，金额30.7亿元，拆出资金21笔、金额57亿元。年内拆入资金加权平均利率的波动区间为2.2%~3.5%，拆出资金加权平均利率的波动区间为2.0%~3.6%。

2. 债券市场成交量下降

2016年，大连市金融机构参与全国银行间债券市场交易1.3万笔，成交金额4.8万亿元，同比下降10.2%。从资金流向上看，融入金额23 933.5亿元，融出金额24 377.5亿元，资金净融出444亿元。从利率走势上看，质押式回购融出资金加权平均利率波动区间为2%~2.4%，融入资金加权平均利率波动区间为2%~2.3%；现券交易融出资金加权平均利率波动区间为3.6%~4.2%，融入资金加权平均利率波动区间为3.5%~4.3%。

3. 票据市场运行平稳

2016年大连市金融机构累计签发银行承兑汇票3 978亿元，同比下降19.7%。截至年末，承兑授信余额1 903.1亿元，同比下降17.5%。全年累计办理贴现2万亿元，同比增长10.8%；截至年末，票据贴现余额706.6亿元，同比增长18.8%。全年金融机构贴现利率呈震荡上行，最高值是12月的3.6%，最低值是8月的2.9%，级差0.73个百分点。

4. 外汇市场交易量保持增长

2016年，银行间外汇市场全年成交1 031笔，同比增长196.3%；汇总成交量累计折合12.2亿美元，同比增长11.1%。其中买入外汇折合6.6亿美元，卖出外汇折合5.6亿美元。成交币种以美元为主，年初以6.5120元人民币/美元开盘，年末以6.9560元人民币/美元报收。

5. 地方政府债务置换债券发行

2016年，大连市已发行地方政府债423.9亿元，其中公开招标发行金额为97亿元，定向发行金额为326.9亿元。公开发行的募集资金均用于置换存量非银行类债务，包括信托计划、民间融资等；定向承销方式发行债券所募集的资金全部用于偿还银行贷款。

（二）金融市场运行中的风险值得关注

1. 债券市场风险释放，对市场影响值得关注

2016年，大连地区连续出现东北特钢集团、大连机床集团债券市场违约事件，涉及本金109.7亿元。其中东北特钢违约作为地方国企在公募债市场的首例违约，标志着债券市场刚性兑付被打破，隐性加大了后续企业融资压力，对大连市金融生态环境产生一定影响。

2. 金融机构收益与风险的两难平衡

2016年，金融市场呈现优质资产的稀缺的情况，金融机构经营承压。其中，地方法人银行由于内控制度制定和执行能力均较弱，在与全国性商业银行的市场竞争中，业务发展重业绩轻管理，盲目追求新模式、高规模，业务合规管理和风险防控却未能同步，风险抵御能力较弱。

四、金融基础设施与金融稳定

（一）支付体系更加完善，支付服务覆盖面进一步扩大

2016年，大连地区支付系统运行安全平稳。大额支付系统处理业务502.5万笔，金额15.9万亿元；小额支付系统处理业务1 284.3万笔，金额1 746.4亿元；同城票据交换系统清分票据383.3万

笔，金额5 501.9亿元；全年核准账户3.1万户，办理销户1.1万户。联网核查公民身份信息系统累计处理业务2亿次，日均处理业务9.9万次。支付服务组织规范发展。取得"支付业务许可证"的法人支付机构2家，新增3家已备案的非法人支付机构。银行卡服务功能不断增强。全市银行卡发卡总量达5 125万张，同比增长12.3%；注册商户11.8万户，同比增长37.6%；银行卡POS机交易金额2 404亿元，同比下降10.1%。银行卡助农取款服务深入推广。全市共设立服务点3 160个，同比增加256个，累计办理取款、转账、缴费等业务1 001.7万笔，交易金额24.8亿元。

（二）切实履行反洗钱法定义务，洗钱风险防范意识和能力显著提升

2016年，大连市金融机构反洗钱履职能力和工作实效大幅提升。坚持依法行政，完善监管措施，全年共检查金融机构23家，督促机构及时发现问题、有针对性地改进工作。突出风险导向，实施分类监管，全年约见谈话12家，监管走访11家，电话和书面质询16家，现场风险评估法人1家，指导机构加强反洗钱履职能力建设。合理配置监管资源，提高监管效率，开展反洗钱考核评级，全辖机构反洗钱工作整体水平较上年有所提高。加强对恐怖融资、电信诈骗、非法集资、地下钱庄等风险领域违法犯罪活动的监测和分析，受理并研判金融机构报送的重点可疑交易报告5份，上报反洗钱监测分析中心研判线索1份，向公安部门移送线索1份。协助相关单位和部门开展反洗钱调查57次，涉及商业银行账户181个，累计交易约14.1万笔，涉及交易金额约193.4亿元。

（三）强化征信管理和服务，持续推进社会信用体系建设

2016年，大连地区进一步完善企业与个人征信系统建设，辖内接入企业征信系统和个人征信系统的机构分别达到50家和43家，共收录全市32.2万家企业、639.7万个自然人的相关信用信息；窗口服务水平不断提升，新增2台自助查询机、5个查询网点，全年累计提供个人报告查询28万余人次、企业报告查询6 300余笔；对15家金融机构实施执法检查，开展各类培训5场，参训机构120余家、500余人次；启动"大连市小微企业金融服务平台"，累计开通金融机构查询用户884户，对金融机构提供查询3.5万次，对社会企业提供访问3 000余次，提供页面浏览7 400余次，借助该平台，辖内银企之间已累计对接融资61.7亿元；全年为4万户新设社会组织配发机构信用代码证，持有机构信用代码证组织达32.2万户；推广中征应收账款融资服务平台拓宽中小企业融资渠道，截至年末，辖内注册平台用户788家，全年达成交易786笔，成交555.9亿元。

五、总体评估及对策建议

（一）总体评估

1. 定量评估结果

大连市近年金融稳定综合评估得分和稳定状况如表1所示。

表1　　　　　　　　　　　大连市金融稳定综合评估表

年份	2004年	2005年	2006年	2007年	2008年	2009年	2010年	2011年	2012年	2013年	2014年	2015年	2016年
得分	71.50	72.01	85.09	86.50	84.16	84.44	89.94	89.29	89.92	86.07	81.93	78.51	77.97
稳定状况	较好−	较好−	良好+	良好+	良好−	良好−	良好+	良好+	良好+	良好+	良好−	较好+	较好+
所属类别	B类地区	B类地区	A类地区	A类地区	A类地区	A类地区	A类地区	A类地区	A类地区	A类地区	A类地区	B类地区	B类地区

2016年，大连市金融稳定综合得分80.1分，稳定状况为"良好－"，所属类别为A类地区。2013年以来，国际经济缓慢复苏，国内经济逐步进入"三期叠加"的新常态，在调整过程中，大连市主要经济指标企稳回升，呈现平稳增长趋势，金融稳定状况受到经济企稳的影响，得分有所上升，稳定状况再次升到"良好－"水平，所属类别上升到A类地区（见图8）。

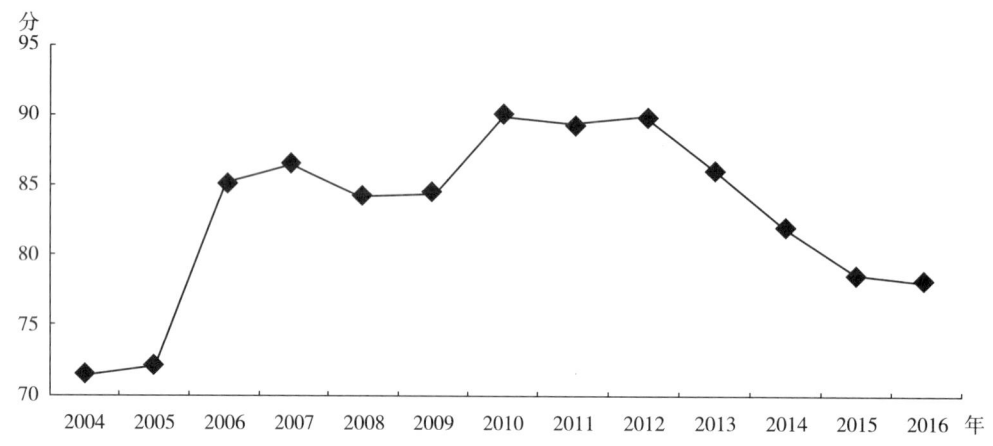

图8 大连市金融稳定综合评估得分趋势图

2. 定量评估结果分析

具体看宏观经济、金融机构和金融生态环境三部分，如图9所示，呈现出不同的变化趋势。其中，金融生态环境受整体经济形势变化影响较小，最大波动区间为20%左右，2016年降幅较大；金融机构得分呈阶段式特征，2006年，大通证券改革后，得分升幅达到10.7%，之后金融机构得分保持平稳，2011年以来，受经济回升势头减缓影响，金融机构发展速度放缓，得分有小幅下降，2013年以来，受整体经济形势低迷影响，金融业面临一定考验，得分下降幅度比较明显，达到12.7%；宏观经济得分波动最为明显，2007年以前整体呈U形上升趋势，2008年，在国际金融危机影响下，得分出现下降，跌幅为7.8%，2010年以后，在国际金融危机影响式微的形势下逐步上升，得分增幅达到20.2%，2013年开始，得分再次下降，降幅15.1%，2015年得分降至2006年以来最低值，

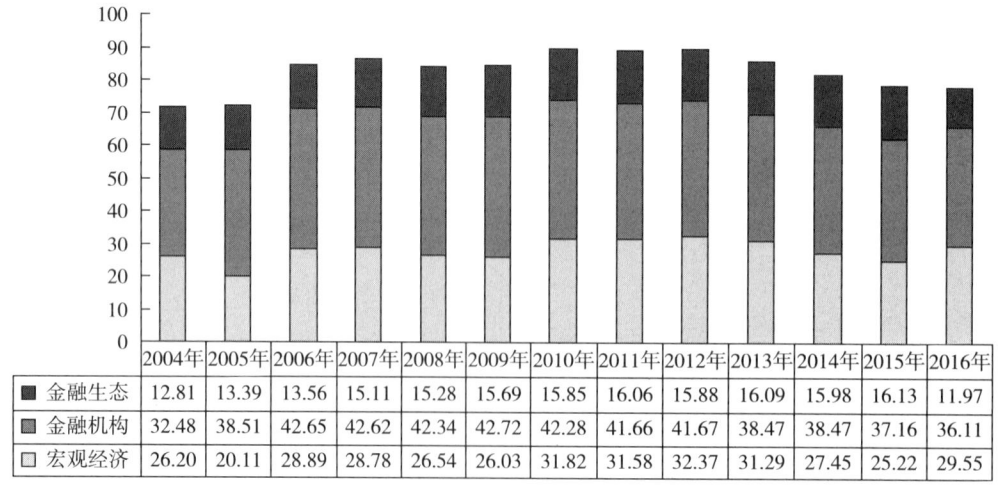

图9 金融稳定定量评估三方面指标变化趋势图

2016年得分有所上升。

具体细分金融机构指标,从宏观经济、银行业、证券业、保险业和金融生态环境五方面,得到图10。

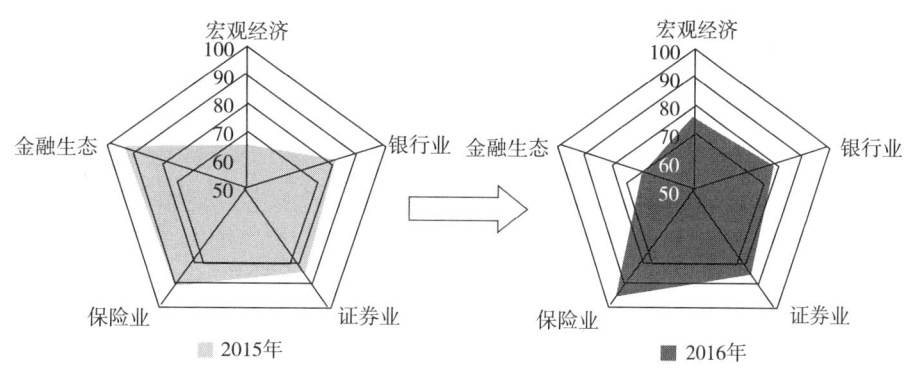

数据来源:大连市保监局。

图10　2015—2016年大连市金融稳定定量评估雷达图

从定量评估结果来看,2016年大连市宏观经济发展速度缓慢回升,得分有所提高;金融生态环境受到多方面影响,得分出现下降;金融机构发展面临不同挑战,整体得分小幅下降,银行业继续收缩、证券业发展保持稳定、保险业得分有小幅度提高,金融机构内部发展不均衡问题有所加剧。

在宏观经济方面,得分75.8分,高于上年11.1分,其中经济增长、消费增长等指标得分好于2015年,投资、就业等指标的得分基本与2015年持平,居民收入方面指标的得分低于2015年。这说明大连市经济发展速度有所回升,主要依靠消费拉动,但是居民收入水平增长有所下降,结构性调整仍需继续。在金融生态环境方面,得分70.4分,低于2015年24分,其中地方政府财政得分与2015年基本持平,市场体系、社会信用环境和法制环境得分有所下降。2016年大连地区发生的几起债务违约事件对大连市金融生态环境产生了较大影响。在金融业发展方面,银行业得分80.8分,低于2015年2.3分,其中资本充足性、资产流动性等监管硬指标方面的得分变化不大,继续保持稳定,但是同时由于不良贷款增加,资产质量、盈利能力等方面得分均有所降低,拉低了银行业整体得分。证券业得分85.8分,低于2015年0.3分,其中资本充足率、资产安全性、资产流动性等证券机构方面的指标得分均与2015年持平,股票市场筹资、上市公司市值等证券市场方面的指标得分要好于2015年,但是行业利润率有所下降。保险业得分95.8分,高于2015年1.9分,其中资产充足性、资产安全性和盈利能力等方面的指标得分与2015年持平,资产流动性方面的指标得分高于2015年,拉动保险业得分上升。保险业得分的持续上升和银行业得分的持续下降,使得大连市金融状况渐趋不均衡。

(二) 对策建议

1. 深化供给侧结构性改革,振兴实体经济

大连市要按照党中央、国务院全面振兴东北的系列政策措施,持之以恒落实五大发展理念和"四个着力",保持经济向好态势。加快构建现代化产业体系,克服"脱实向虚"倾向,引导各类要素向实体经济聚集;全面推进"三去一降一补",严格执行环保、能耗、质量、安全等法规和标准,推进企业兼并重组,化解产能过剩;深入落实《中国制造2025大连行动计划》,加快传统产业转型升级，提高智能制造、绿色制造、精益制造和服务型制造能力，促进石化、船舶、汽车、轨道交通装备、电子信息等优势产业向全产业链发展；推动现代服务业发展，促进港口城市产业一体化、航运交易金融一体化、物流物联集疏一体化；着力保障和改善民生，使发展成果更多更公平惠及全体人民，增强经济可持续发展能力。金融系统在这一过程中要切实做好金融服务工作，加大结构调整力度，为经济结构调整提供优质的金融服务。

2. 优化金融生态环境，促进金融发展

推进整体经济环境、法制环境、信用环境、市场环境和制度环境建设，着力解决金融生态建设与经济社会发展不相适应的方面，提高企业和居民的诚信意识和风险意识；推动地区金融改革和金融市场建设，增强地方经济吸引金融资源的竞争力，提升区域金融中心功能，吸引国内外金融集团设立区域性机构，实现经济金融的良性互动。指导企业根据自身实际情况，形成合理的融资结构，从单纯依靠银行贷款向全面债权融资扩展，制定匹配生产经营的融资计划，平衡融资结构，防范系统性金融风险可能带来的冲击。

3. 加强金融监管合作，防范金融风险

完善金融宏观审慎政策框架，探索本外币一体化监管模式。密切关注金融创新跨行业、跨市场、跨国境发展的新特点，加强金融监管部门之间的沟通与协调，建立和完善系统性风险、交叉性风险的预警、防范和化解体系。督促金融机构稳健经营，严格遵守监管部门的规定；合理制定市场定位，理性开展跨机构、跨部门的新业务，平衡好风险防范和业务发展之间的关系；关注市场变动和社会热点问题，运用多种金融工具提高风险防范能力；用好金融机构突发事件和重大事项报告制度，配合监管部门有效防范和化解重大事件风险。关注重点行业及重点企业的风险变动情况，建立健全风险处置应急机制，实行重点风险行业企业分类帮扶处置，保护优质、帮助重点、处置不良，防止金融风险扩散蔓延。

总　　纂：符　林
统　　稿：朱　焱　单晓丽
执　　笔：陈家宁　张帏栋　姚　宁　张宏燕　朱晓云
　　　　　侯　英　闫宇闻
其他参与写作人员：冯　雪　赵娜娜　顾文欣　万　晨　曲孝生　吴　绪

青岛市金融稳定报告摘要

2016年,面对复杂多变的内外部环境,青岛市经济运行走势平稳,经济总量平稳增长,银行、证券、保险等金融业总体运行平稳,金融机构综合实力增强,金融基础设施不断完善。但是,经济持续发展动力不足外贸持续增长的压力加大,信贷资产质量压力持续加大,重大信贷风险事件频发等潜在风险因素需加以重视,金融基础设施也存在诸多薄弱环节。这些问题需要进一步完善和解决。

一、宏观经济环境

(一)区域经济运行情况

2016年,面对错综复杂的国际形势和国内经济下行压力加大的局面,青岛市认真贯彻落实中央宏观调控各项措施,坚持系统谋划与精准施策相结合,政府引导与市场主导相协调,优化存量与引导增量相呼应,供给侧改革与需求侧创新相促进,全市经济运行稳中有进、进中向好。

经济总量突破万亿元,新经济加快发展。初步核算,2016年全市实现生产总值(GDP)10 011.29亿元,增长7.9%。其中,第一产业增加值371.01亿元,增长2.9%;第二产业增加值4 160.67亿元,增长6.7%;第三产业增加值5 479.61亿元,增长9.2%。第三产业比重达到54.7%。

产业转型不断推进,实体经济稳健运行。现代服务业增势良好。2016年,金融业增加值668.81亿元,增长12.8%;房地产业增加值539.72亿元,增长12.4%;盈利性服务业增加值911.84亿元,增长15.4%;全年规模以上其他盈利性服务业营业收入增长22.4%。

内需拉动坚实有力,对外交流日益紧密。2016年,全市固定资产投资达7 454.7亿元,增长13.7%;投资结构明显改善,第三产业投资步伐加快,成为带动投资增长的重要支撑,完成投资3 759.8亿元,增长18%,增速高于第二产业7.9个百分点。社会消费品零售总额达4 104.9亿元,增长10.5%。全市累计货物进出口4 350.67亿元,下降0.2%。其中,出口2 821.91亿元,增长0.2%,进口1 528.76亿元,下降0.8%。实际到账外资70.02亿美元,增长11.3%。

财政收入稳定增长,就业形势整体稳定。财政收入增长平稳。2016年全市一般公共预算收入1 100亿元,增长10.3%。新增就业保持稳定。2016年全市城镇新增就业68万元,增长2.7%。民生投入持续增加。2016年全市安排民生支出973亿元,占财政支出的72%。

消费价格处于合理空间,生产价格止跌回升。2016年全市社会消费品零售总额增长10.5%,与年初持平,高于全国平均增速0.1个百分点。全年工业生产者出厂价格指数同比下降1.23%,工业生产者购进价格指数同比下降2.72%。

（二）宏观经济环境中影响金融稳定的风险因素

经济发展压力较大，有效需求不足。行业分化加剧，目前除载重汽车、轨道交通装备产值增速超过10%以外，其他工业行业增长不快，规模以上工业企业效益增速持续回落。金融支持实体经济面临需求制约。经济增长动力不足，工业投资、民间投资比较谨慎，实体经济不少行业经营困难，传统产业效益下滑，新兴产业规模不大，出口仍呈低迷态势。这些经济方面的问题反映在金融上，表现为信贷有效需求不足甚至是无需求。

资金呈流出态势，跨境资金流动仍面临较为严峻的形势。2016年，青岛市涉外收支和结售汇顺差分别下降了27.5%和32.8%。进入2017年，跨境资金流出影响因素仍未消除。货物贸易方面，占全市进口比重较大的大宗商品价格上涨较大，进口支出将会增加；2017年年初全市境外投资项下已登记未汇出额为135.2亿美元，且较少涉及房地产、酒店、影城、娱乐业、体育俱乐部等非理性对外投资领域，未来直接投资跨境支出需求存量较大；在预期人民币贬值情况下，企业通过贸易信贷等正常财务运作进行的跨境资金摆布调控难度较大。

远期售汇签约下滑态势明显，远期结汇签约额创历史新低。2016年，青岛市远期购汇签约额26.7亿美元，同比下降16.3%。汇改后单月签约峰值10.9亿美元，2月以来远期购汇签约保持平稳，尤其是第二季度人民币汇率波动较为稳定后，企业观望情绪上升，远期需求大幅下滑，远期购汇呈现逐月下降态势，10月签约额下滑至0.44亿美元，为2013年以来最低值；11月、12月有所回升，高于第二、第三季度平均值70%。由于人民币汇率长期看仍存在贬值预期，企业叙做远期结汇积极性仍然不高。全年青岛市远期结汇签约额9.1亿美元，仅为上年同期的41.6%；掉期签约额21.1亿美元，与上年基本持平；期权签约额10.1亿美元，同比下降45%。

二、金融业发展和稳定状况

（一）银行业与金融稳定

1. 银行业基本情况

2016年青岛市共有银行业金融机构61家，其中政策性银行分行3家，国有商业银行4家，股份制商业银行10家，外资银行17家，城市商业银行、农村商业银行各1家，城市商业银行分支机构5家，农村商业银行分支机构2家，邮政储蓄机构、信托公司、资产管理公司、消费金融公司各1家，财务公司6家，村镇银行8家。

资产负债规模平稳增长。年末，青岛辖区银行机构资产总额21 332.11亿元，比年初增长16.79%；负债总额20 646.55亿元，比年初增长17.06%，增速均创近三年新高。主要特点：一是投资业务快速增长。全年新增投资业务838.89亿元，同比增长48.34%，比年初提高2.74个百分点，在总资产中的占比为12.07%；受监管政策调整、业务权限上收等因素影响，同业资产规模持续收缩，12月末余额为1 279.45亿元，同比下降1.26%。二是同业负债依存度持续提升。全年新增同业负债1 163.87亿元，同比增长43.38%，在总负债中的占比为18.63%。三是金融资产服务类表外业务快速增长。12月末，以资产托管、代客理财、委托贷款为主的金融资产服务类表外业务较年初增长30.48%，而受制于风险暴露加快、监管趋严、需求减少，承兑汇票、保函等担保类表外业务比年初下降9.01%。

各项存贷款增速回升。2016年末，青岛市本外币各项存款余额为14 673.8亿元，同比增长11.5%；比年初新增1 518亿元，同比多增243亿元。贷款实际新增创历史新高。2016年末，本外币各项贷款余额为12 955.3亿元，同比增长11.9%；比年初新增1 378.5亿元，创历史新高，同比多增332.3亿元。

银行业利润略有回升。2016年辖区银行机构共实现账面利润（税前）177.14亿元，同比增长1.4%，改变了连续两年负增长的趋势，但资产利润率（税前经营）为1.68%，同比回落0.18个百分点。从收入结构看，投资及中间业务收入同比增长6.95%，在营业净收入中的占比为35.5%，同比提高3.78个百分点；而净息差持续收窄，12月末为2.98%，同比回落0.18个百分点，利息净收入同比下降9.8%，在营业净收入中的占比为63.7%，同比回落3.79个百分点。

融资利率持续回落。2016年，人民银行有针对性地引导市场利率和社会融资成本下行，贷款利率持续下行。全市一般性贷款加权平均利率降至4.79%，同比下降0.78个百分点，维持在低位运行；票据贴现利率相伴下行，全市票据贴现加权月平均利率为3.47%，同比下降0.58个百分点。

直接债务融资稳步发展。2016年，青岛市企业从银行间市场实现直接债务融资182.4亿元，其中，金融企业发债80亿元，非金融企业发债102.4亿元。从融资结构看，非金融企业债占总量的56.1%。同时，在非金融企业债中，国信、城投、华通等传统平台公司发债占54.7%，其他企业发债占45.3%，直接债务融资发展还有较大空间。

2. 银行业风险分析

不良贷款形势仍很严峻。2016年全市不良贷款余额新增20.8亿元，年末不良率为1.98%。关注类贷款和逾期贷款呈上升趋势。关注类贷款增加90.55亿元，占比5.79%，同比提高0.09个百分点；逾期贷款增加63.8亿元，占比3.25%，同比提高0.11个百分点；逾期90天以上贷款相对不良贷款的比例继续提高，2015年该比例为95%，2016年进一步上升到100%，这些潜在的、动态的、可能发生的不良贷款应引起高度重视。大客户贷款风险持续暴露，2016年，辖内贷款5亿元以上重点出险企业10户，年末逾期贷款余额达到94亿元，不良余额为61.5亿元。异地信用风险传导压力加大，部分潜在大额风险客户关注类贷款增长较快，上年发生多起异地贷款风险暴露情况。

不良贷款处置难度加大、速度放缓。不良贷款处置面临"无抵押资产转让难、有抵押资产变现难"的困境，银行对企业的把控难度加大，企业还款意愿和配合度降低，逃废债问题依然突出，加大了不良贷款处置难度，辖区银行机构全年共处置不良贷款263.56亿元，处置总额与新形成不良贷款的比例为92.69%，同比回落11.21个百分点。不良贷款暴露速度快于处置速度，不良贷款余额较年初反弹。

同业投资业务隐藏的信用风险更值得关注。2016年辖区银行新增同业投资业务838.89亿元，同比增长48.34%，比年初提高2.74个百分点。辖区银行同业投资业务中仍存在违规开展带有兜底或担保性质的非标业务、非标投资对接不良贷款、通过理财资金对接自营投资业务、通过同业投资购买他行附带兜底协议的理财产品、委托贷款由总行通过非标投资形式对接等诸多问题，且同业投资业务基础资产大多为信贷资产，贷后管理相对弱于普通贷款，且通道叠加，其风险识别和管控的难度较大。

期限错配上升加大流动性风险隐患。辖区法人银行机构负债稳定性下降、资产业务中长期化趋势凸显，资产负债期限错配进一步加剧。辖区法人银行机构流动性缺口率为 -8.95%，较年初下降 7.28 个百分点；个别法人银行流动性缺口率仅为 -55.1%，远低于 -10% 的监管标准；辖区法人银行机构杠杆率虽高于 4% 的监管标准，但均较去年同期呈下降趋势。

（二）证券期货业与金融稳定

1. 证券期货业基本情况

2016 年，青岛辖区共有证券公司 1 家、证券分公司 15 家、证券营业部 107 家、期货营业部 34 家、证券投资咨询机构 2 家、基金管理公司 4 家，上市公司 25 家。

债券和资产证券化业务稳步推进。2016 年末，存续公司债券数量 17 只，其中，面向公众投资者公开发行 1 只，面向合格投资者公开发行 7 只，非公开发行 9 只；存续公司债券余额 149.1 亿元，其中，面向公众投资者公开发行 1 亿元，面向合格投资者公开发行 88.2 亿元，非公开发行 59.9 亿元。存续资产支持专项计划数量 1 只，金额 3.7 亿元。

上市公司业务规模稳步增长。2016 年末，青岛辖内 25 家上市公司总股本 251.65 亿元，同比增长 16%；其中，流通股本 209.46 亿元，同比增长 8.5%。年末总市值 3 350.2 亿元，同比增长 3.9%。2016 年，辖区累计筹资额 147.13 亿元，其中首发 21.56 亿元，增发 125.57 亿元；辖区历年累计筹资 494.44 亿元。

2. 存在问题

业务结构较为单一。证券经营机构业务仍主要依赖经纪业务。如除经纪业务、自营证券投资业务和融资融券业务外，中信证券（山东）有限责任公司 2016 年未开展承销与保荐业务、资产管理业务、财务顾问业务、股指期货业务及研究咨询业务等。

期货机构经营状况大幅下滑。2016 年，青岛辖区期货经营机构累计代理成交额为 26 414.34 亿元，同比下降 57.46%；累计代理成交量 5 768.61 万手，同比增长 4.71%；累计净利润总额为 -170.35 万元。截至年末，客户数量为 48 986 户，期货经营机构期末客户权益为 35.63 亿元，同比下降 8.8%。

法人证券机构经营状况下滑。2016 年，中信证券（山东）有限责任公司营业部 63 家，当年新成立 6 家。年末，总资产 217.83 亿元，同比下降 22.43%；总负债 165.1 亿元，同比下降 29.1%；累计交易金额 30 314 亿元，同比下降 31.89%；本年累计实现营业收入 15.46 亿元，同比下降 46.82%；实现净利润 4.87 亿元，同比下降 61.1%。

证券经营机构营业状况大幅下滑。2016 年，107 家证券营业部总资产 144.56 亿元，同比下降 33.63%；实现交易金额 34 455.18 亿元，同比下降 50.35%；实现净利润 2.94 亿元，同比下降 82.9%。年末，客户保证金余额 121.86 亿元，同比下降 31.91%。

（三）保险业与金融稳定

1. 保险业基本情况

2016 年末，青岛市共有保险主体 71 家，其中，产险公司 39 家，寿险公司 32 家；中资公司 54 家，外资公司 17 家。2016 年，青岛保监局共对 15 家公司和 23 名保险从业人员做出行政处罚 16 次，罚款共计 110.7 万元。

资产规模平稳增长。年末，青岛保险公司资产总额达 672.63 亿元，较年初增长 19.5%。其中财产险公司资产总额87.45亿元，较年初增长36.11%；人身险公司资产总额585.15亿元，较年初增长17.32%。

业务规模大幅增长。2016年，实现保费总收入333.09亿元，同比增长48.62%。其中财产险保费收入105.63亿元，同比增长11.05%；人身险保费收入227.46亿元，同比增长52.66%。累计支付各类赔款112.29亿元，同比增长27.59%。其中人身险赔款和给付支出58.45亿元，同比增长57.99%；财产险赔款支出53.84亿元，同比增长5.54%。

保险业改革创新步伐加快。一是小微企业专利权质押贷款保证保险作用充分发挥。目前，已有34家青岛市科技型中小微企业通过保险获得银行授信，撬动银行发放贷款1.22亿元，企业整体融资成本均低至5.2%以内。二是有效服务"三农"建设。目前在胶州市保险创新发展试验区内开展的农产品价格指数保险，承保生猪6 000头、大白菜300亩、马铃薯9 447亩，增强了种植户抵抗市场风险的能力。三是保险资金加大在青岛的投资运用。中国人寿资产管理有限公司中标青岛市地铁4号线PPP项目，投资25亿元，成为全国首个保险资金中标的轨道交通PPP项目。目前，保险资金在青岛的投资额达178亿元。

2. 存在问题

产险市场对车险业务的依赖度仍然较高。2016年，青岛产险公司实现车险保费收入70.87亿元，在财产险公司总保费收入中占比为67%；车险赔款支出36.6亿元，占财产险公司总赔款支出的70%。

寿险公司满期给付大幅上升。2016年，青岛辖内寿险公司满期支付支出29.9亿元，同比增长37.2%；满期支付占寿险公司总赔款支出的51.2%。寿险公司满期给付支出大幅上升导致寿险赔付面临较大压力，流动性风险加大。

企业财产险业务规模大幅下降。2016年，企业财产保险实现保费收入4.9亿元，同比下降14.97%；赔款支出2.42亿元，同比下降2.77%。

（四）金融业综合经营与金融稳定

1. 综合经营基本情况

截至2016年末，青岛市并无纯粹意义的金融控股公司。

融资性理财产品规模较快增长。2016年，青岛辖区银行机构融资性理财产品累计发生（放）额452.17亿元，是上年同期的2.87倍；年末融资性理财产品余额282.71亿元，较年初增加48.5亿元，同比多增8亿元。

非标准化债权资产业务规模持续增长。2016年，青岛辖区银行机构非标准化债权资产业务累计发生额7 022.8亿元，同比下降10.1%；年末余额786.5亿元，较年初减少198.27亿元。从结构上看，定向资产管理计划仍是非标准化债权资产业务的主要投资方向，全年累计发生额6723.8亿元，同比下降12%，主要为委托证券公司管理的定向资产管理计划；年末余额544.6亿元，较年初减少172亿元。

2. 存在问题

综合性金融业务监管工作存在"盲点"。由于体制等无法克服的原因，在综合性金融业务监管上存在部分"盲点"。一是分业监管形成监管信息交流障碍。各监管部门之间的沟通成本较高，难以统一协调行动。二是分业监管导致交叉金融业务监管"真空"。由于各自监管的目的、标准、手段与方法有明显差异，对各监管对象的资本要求、风险甄别方式和风险管理手段等相去甚远。三是协调机制运行不畅，难以形成对交叉性金融工具监管的合力。

跨市场、跨平台业务风险传染加剧。当前民间借贷、非法集资等进入风险高发期，传统信贷与社会金融叠加风险增加。辖区银行专项排查发现多个客户存在参与非法集资、民间借贷等问题，部分员工存在异常行为，个别客户民间借贷风险已经暴露并给银行造成损失。随着金融创新加快，银行资金来源和运用跨界化特征明显，但同业投融资、类信贷等跨界产品仍存在配套制度不完善、风险隔离不到位、资金期限错配等问题，部分产品甚至成为规避资本、行业、规模等监管的手段，导致银行实际承担风险超过自身承受能力，容易引发交叉传染和流动性风险。

社会金融风险传导压力加大。当前P2P网络借贷平台风险持续暴露，辖区多家P2P网络借贷平台出险退出，部分涉及非法集资，此外，银行员工参与非法集资仍有发生。部分以小贷公司、融资担保公司为主的准金融机构与民间借贷互通，甚至存在违规投资、过度担保，进而对担保贷款负面影响较大，加剧风险传导。

三、金融基础设施

（一）金融基础设施建设的进展情况

1. 支付体系建设及运行情况

支付服务行业有序发展。全市非金融支付服务发展迅速，机构数量不断增加，市场规模持续扩大，有效发挥了新兴支付业务对电子商务的支撑和保障作用、创新零售支付的便民效应和对金融普惠的带动作用。2016年，全市46家支付机构全市预付卡累计发行31.50万张，发行金额4.14亿元，受理金额4.05亿元；银行卡收单直联特约商户7.49万户，月均交易笔数711.22万笔，清算交易资金140.92亿元，互联网支付交易笔数270.02万笔，交易金额354.78亿元。

支付体系建设稳步推进。2016年，青岛市大额支付系统、小额支付系统、全国支票影像系统、网上支付跨行清算系统、电子商业汇票系统等支付清算系统运行稳定，资金汇划高效、安全、快捷，支付服务市场繁荣发展。各银行业金融机构通过大额支付系统办理支付往来业务1 880.91万笔，金额484 333.24亿元；通过小额支付系统办理各类支付往来业务532.07万笔，金额749.71亿元；通过影像交换系统共办理支票提出、提入业务37 449笔，涉及资金29.75亿元。全年实现POS跨行清算交易17 584.78万笔，跨行消费金额5 277.39亿元；实现ATM跨行取款交易3 253.03万笔，跨行取款金额556.52亿元。

农村支付环境建设持续推进。2016年末，全市助农取款服务点已达9 131个，日均交易2.17万笔、973.32万元；进一步加快"小微云"、"便民缴费平台"、"智付通"等新型支付终端对传统机具的替代应用，促进农村金融基础设施提效增速，及时跟进政府"益农信息社"建设，支持村级电子商务服务点与助农取款服务点业务合作，相互促进，融合发展，目前支持建设的村级电子商务服务点达300家。

2. 反洗钱工作取得积极进展

探索实践法人监管取得新成效。一是推动辖区2家系统重要性法人银行设立反洗钱中心，组建专职团队，集中分析处理可疑交易。并以推进集中处理为契机，指导2家法人银行优化反洗钱系统功能,提高系统筛选可疑线索的能力。二是建立法人银行监管专员派驻机制,向辖区10家法人银行派驻监管专员,由专员持续跟踪法人银行反洗钱履职情况,进行长期性、规律化的一对一指导,帮助被派驻机构全方位提升反洗钱工作有效性。

高风险领域反洗钱监管取得新进展。充分发挥青岛市反洗钱工作联席会议作用,借助联席会议成员单位作为行业监管部门的优势,加强部门信息沟通和工作配合,为强化对高风险行业的反洗钱监管奠定良好基础。对薄弱领域实施强化监管。对辖区8家证券、保险公司进行监管走访,掌握其反洗钱风险状况,提出25条针对性监管意见,目前相关机构已就问题进行了纠改。

打击洗钱和恐怖融资犯罪取得新成果。2016年共发现和接收重点可疑交易线索23份,开展反洗钱调查及协查113次。协助外省分支行对一起特大虚开增值税专用发票案和一起涉嫌信用卡诈骗案的线索开展调查。与此同时,着力开展打击利用离岸公司和地下钱庄转移赃款、反电信网络诈骗、反恐怖融资等专项行动,向公安经侦支队、反恐支队、检察院反贪局等机关报案16起,涉及地下钱庄、恐怖融资、贪污腐败、非法集资等多种犯罪类型,成功推动3起洗钱罪立案。

3. 信用体系建设稳步推进

充分发挥牵头作用,推动社会信用体系建设取得实质性进展。推动社会信用体系建设稳步快速推进,在制度体系、平台建设、数据共享均取得一定成效。持续推进辖区中小企业和农村信用体系建设,以信用信息征集、信用评价和应用为主线,完善征信服务和金融服务,以普惠金融为切入点,致力于提高中小企业、农户的融资可获得性和便利性,为支持中小企业和农户的融资发展,发挥了积极作用。深入开展农村信用工程创建活动,青岛市已评定农村信用户31.44万户,覆盖率达18.54%,较好发挥了信用工程对改善农村信用环境的助推作用。大力推进农村信用工程成果的应用,青岛市已建立农户信用评价体系的县区及金融机构共270个,对33.16万户农户建立信用档案,对已建立信用档案的农户累计发放贷款1 017亿元。

深化普惠金融,探索征信服务方式创新。及时修订服务窗口工作制度汇编,指导辖内征信服务工作有序开展。强化业务监督,认真落实领导检查制度,全辖各查询网点做好分管领导日常巡视工作,保证征信业务开展优质高效。在全辖支行服务网点推广使用自助查询机,在全省率先探索建立个人信用报告商业银行代理查询网点,为民众提供更优质更便捷的征信服务,将普惠金融真正落到实处。2016年,全辖征信服务窗口共办理各类业务30万笔。其中,个人信用报告本人查询29.1万笔,企业信用报告查询8 906笔,较好地满足了社会征信服务需求。

(二) 金融基础设施建设中的薄弱环节

1. 外资银行行内业务系统风险应予关注

支付清算系统是支持经济社会发展、金融运行的重要基础设施,是全国资金流动的主动脉。受银行规模、人员素质等的影响,外资银行行内系统存在潜在运行风险,一定程度影响着全市支付清算系统的健康稳定运行。2016年,个别银行机构安全与风险意识不强,内控制度不完善、业务操作不规范、应急管理不到位,以致支付系统突发事件仍时有发生,应予高度关注。

2. 金融机构反洗钱工作有待进一步提高

金融机构反洗钱工作有待进一步提高。从现场检查和非现场监管情况看,2016年,辖区金融机构未发生重大违规行为,总体上青岛市洗钱风险可控。但部分金融机构依然存在以下问题:洗钱风险管理存在弱化,反洗钱工作领导小组机制流于形式,合规部门缺乏充足的履职权限或资源保障;

反洗钱绩效考核占比过低，难以真正促动从业人员切实履行反洗钱职责；客户尽职调查不到位，留存客户身份信息不完整，持续识别和重新识别不及时；可疑交易监测分析技能水平有待进一步提高，反洗钱黑名单监控存在明显不足；未能及时、有效落实人民银行各项反洗钱工作部署。

3. 征信工作规范化水平有待进一步提高

个别银行机构征信系统管理制度执行情况较差，征信系统的信息涉及企业商业秘密和个人隐私，需要有严格内部管理制度，个别银行机构征信管理方面制度不健全，内控不规范，在查询、使用、异议处理、安全管理、用户管理等各个环节均存在问题，管理较为混乱，查询用户管理混乱、公共用户现象普遍，存在为数不少的越权查询个人信用报告的问题。另外，征信系统的信息仍主要以银行机构提供的信息为主，工商、税务及公检法等社会信息仍未纳入征信系统。

四、总体评估

根据人民银行青岛市中心支行金融稳定评估方案，从宏观经济、金融机构及金融生态环境等方面对青岛市 2016 年金融稳定状况进行综合评估。评估结果显示，青岛市金融稳定状况良好。

2016 年青岛经济运行总体平稳，主要经济指标保持在合理区间，经济结构持续调整，呈现缓中趋稳、稳中有进的态势。辖区银行业积极转变发展理念，业务结构和盈利模式持续调整，资产负债增速回升，存贷款增量均创近三年新高，风险暴露趋缓，经营状况总体趋好，但经济运行中的矛盾和压力持续向银行业传导，风险管控和转型发展仍面临较大压力。不良贷款余额较年初反弹，潜在风险尚未充分释放，不良贷款处置难度加大等问题较为突出。证券期货市场发展速度放缓，法人证券机构经营状况下滑。保险业发展平稳，保险对经济稳定运行的保障作用进一步提升。金融基础设施不断完善。支付体系建设进程加快，反洗钱工作取得积极进展，信用体系建设日趋完善，金融生态环境进一步改善。

总　　纂：王富全
统　　稿：郝龙敬
主　　笔：赵国靖
执　　笔：马居亭　许倩　刘翠丽　张琳　禹靓蔚　翟泉明

宁波市金融稳定报告摘要

2016年,宁波市经济金融总体保持平稳运行。全年GDP增速平稳,固定资产投资与社会消费品零售总额平稳增长,进出口依旧疲软。金融业运行总体稳健,金融基础设施建设深入推进。定量评估结果显示,2016年辖区金融保持稳定,潜在风险有所减少。

一、区域经济运行

(一)区域经济基本情况

1. 经济增速有所放缓,人均GDP有所增长。2016年全市地区生产总值8 541.1亿元,按可比价格计算,同比增长7.1%,增幅较上年下降0.9个百分点。其中,第一产业增加值304.6亿元,增长2.1%;第二产业增加值4 239.6亿元,增长6.5%;第三产业增加值3 996.9亿元,增长8.1%。三次产业增加值之比为3.6:49.6:46.8。按常住人口计算,人均生产总值108 804元,同比增长6.18%。

2. 工业经济增速回升,规模以上企业利润增长较快

2016年全市规模以上企业工业增加值3 766.6亿元,同比增长7%,增幅较上年提高3.2个百分点;销售产值13 886.2亿元,同比增长4.1%;实现利润总额993.8亿元,同比增长30.5%,增幅同比提高13.6个百分点。

3. 投资消费平稳增长,进出口依旧疲软

2016年全市固定资产投资4 961.4亿元,同比增长10.1%,增幅较上年回落2.9个百分点。其中,房地产开发投资1 270.3亿元,同比增长3.4%。2016年全市社会消费品零售总额3 667.6亿元,同比增长10.3%,增幅较上年回落1.7个百分点。2016年,宁波市外贸进出口总额948.7亿美元,同比减少5.1%。其中,出口660.9亿美元,同比减少7.2%;进口287.8亿元,与上年持平。

4. 财政、居民收入稳步增长

2016年全市一般公共预算收入1 114.5亿元,增长10.5%。城镇居民、农村居民人均可支配收入分别为51 560元、28 572元,同比分别增长7.7%和7.9%。

5. 三类价格走势分化

2016年宁波市区居民消费价格同比上涨2.1%;工业生产者出厂价格同比下降2.3%,工业生产者购进价格同比下降3%。此外,2016年12月,全市新建住宅销售价格环比上涨12%,涨幅同比上升8.6个百分点,在全国70个大中城市中排名21位。

(二) 区域经济运行中需关注的问题

1. 工业和民间投资乏力

2016年全市工业、民间投资分别为1 469.9亿元、2 070亿元，同比分别下降0.2%、4.4%，降幅较上年同期扩大20.7个、15.2个百分点。2016年辖区投资增长动力主要依赖政府主导的基础设施投资以及房地产投资的回暖。工业和民间投资乏力使得投资增长的可持续性面临较大压力。

2. 新兴产业对经济拉动作用尚未显现

2016年，辖区战略性新兴产业增加值484.5亿元，同比增长10.4%，较全市工业增加值增长率高3.4个百分点，但占全市工业增加值比重为12.86%。当前，辖区工业经济增长动力主要依赖石油加工、汽车制造、烟草三大行业。

3. 房地产市场结构分化，未来仍面临较大不确定性

受2015年以来各项优惠政策刺激，2016年末全市商品房待售面积同比下降38.9%，商品住宅去库存效果显现。但商业用房、办公用房销售增速低于商品住宅，去库存仍面临较大压力。同时，2017年相关优惠政策到期后不再延续，在2016年商品住宅销售创历史高点情况下，房地产市场走势值得关注。

二、银行业

(一) 银行业经营情况

截至2016年底，全市拥有地方法人银行业金融机构29家，总资产、总负债分别为13 310.6亿元、12 389.18亿元，比上年分别增长25.51%、27.16%；拥有市级分行34家，总资产、总负债分别为16 027.3亿元、16 010.5亿元，比上年分别增长0.17%、0.06%。各银行业金融机构认真配合做好存保风险评级、差别费率实施和保费交纳工作。2016年辖内25家法人投保机构交纳保费1.16亿元。

1. 资本充足率及其结构状况良好

截至2016年末，辖区29家法人银行业金融机构资本充足率（新）14.52%，较2015年末下降0.11个百分点。从资本结构看，一级资本净额与资本净额的比例81.75%，同比上升0.42个百分点。

2. 资产质量下滑趋势放缓

截至2016年末，辖区银行业不良贷款余额435.57亿元，同比增长6.88%，较上年下降32.52个百分点；不良贷款率2.63%，较年初上升0.03个百分点。不良率于2016年5月达到历史最高点（3.19%），下半年各银行加大不良资产处置力度，不良率回落。

3. 机构盈利止跌回升

2016年，辖区银行业实现净利润122.97亿元，同比增长21.56%，结束了2013—2015年连续3年的下滑趋势。从盈利来源看，中间业务收入、利息收入一增一减，全年中间业务收入占比25.19%，同比上升4.12个百分点；净息差、净利差分别为2.07%、1.66%，同比下降0.27个、0.05个百分点。

4. 贷款利率稳中有降

第四季度政府性项目贷款投放较多，带动全市贷款加权平均利率呈下行趋势，2016年新发放贷

款加权平均利率5.45%，同比下降0.68个百分点。

（二）辖区银行业发展中需关注的问题

1. 不良贷款账面值与实际值存在偏离

监测显示，2016年辖区银行业关注类贷款、逾期贷款分别高出不良贷款232亿元、150.13亿元，表明不良贷款存在账实偏离。对辖区4家机构现场评估后测算，被评估机构实际不良率高出账面约2个百分点，不良贷款账实偏离主要原因是个别银行不良贷款分类不准确、处置不合规以及腾挪出表等。

2. 同业业务风险需引起关注

一是部分机构存在通过同业投资承接本行或他行贷款的现象，部分同业投资投向政府融资平台、"两高一剩"等限制性行业，不符合宏观政策调控导向。二是部分银行开展同业业务过程中，存在少计提拨备、风险资产计量不准确等行为，金融体系风险吸收能力下降。三是内部控制和风险管理需进一步加强，部分机构开展同业业务存在接受保底承诺、会计核算不规范、专营部门制落实不到位等问题。

3. 业务创新合规性有待提高

一是一些金融机构表外理财业务开展不够规范，存在资金池运作和嵌套投资等现象。二是部分创新业务交叉关联，跨机构跨行业市场风险较大。三是"通道"业务持续增长，业务的中间环节不断加长，风险管控难度加大。

三、证券业

（一）证券业经营情况

1. 经营主体增加

截至2016年末，辖区证券经营机构135家，同比增加16家。其中，证券营业部121家，证券公司分公司12家，基金公司、证券投资咨询公司各1家。期货经营机构39家，同比增加1家。其中，期货营业部35家，期货经纪公司1家，期货分公司数3家；境内上市公司56家，同比增家5家，包括主板公司32家，中小板公司13家，创业板11家。

2. 证券期货交易金额同比下降

2016年全年辖区证券交易成交总额52 924.06亿元，同比下降43.21%；期货代理交易金额41 399.79亿元，同比下降56.68%。2016年末，证券投资者账户数170.16万户，同比增长18.16%，客户保证金余额185.63亿元，同比下降30.33%，证券托管市值3 854.06亿元，同比下降5.06%；期货投资者账户数3.27万户，同比增长29.24%，客户保证金余额55.36亿元，同比增长33.47%。

3. 证券、期货经营机构盈利分化，法人期货机构保持稳健

2016年，辖区证券经营机构营业收入20.88亿元、利润总额8.19亿元，同比分别下降56.9%、70.61%。期货经营机构交易手续费收入4.35亿元，利润总额0.23亿元，同比分别增长3.08%、30.81%。各家证券期货营业部根据监管政策变化和公司总部工作要求及时修订完善各项内控制度，加强开户、风险、反洗钱等管理，除个别个人客户年初受股指熔断影响，融资融券业务被强制平仓

外，证券期货经营总体稳健，未发生重大风险事件。截至2016年末，法人机构兴业期货净资本3.95亿元，风险资本准备总额1.86亿元，净资本与风险资本准备总额比例212%；流动资产与流动负债比率2 553%，负债与净资产比率4%，符合监管要求。

4. 资本市场较好地支持了实体经济

2016年辖区企业通过资本市场融资443.24亿元，同比增长197.5%。其中首发融资17.79亿元、再融资211.36亿元、同比分别减少53.09%、增长132.16%。截至2016年末，辖内A股上市56家，同比增长9.8%，新三板挂牌企业136家，同比增长151.85%，另有45家企业进入境内上市辅导期。

（二）辖区证券业发展中需关注的问题

1. 证券经营机构盈利渠道单一未得到有效改善

近年来，证券业各项创新业务呈较快发展，收入来源也逐渐多元化，但从2016年辖区证券经营机构的盈利情况看，对经纪业务收入的依赖未得到根本性改变。受2016年市场活跃度下降影响，辖内证券经营机构的净利润同比下降70.61%，25%的机构出现了亏损，80%的机构盈利同比下降。同时，调查显示，受互联网金融、一人多户、券商"跑马圈地"策略影响，辖内证券营业部数量持续上升，客户竞争较为激烈，受制于服务同质性，竞争方式以降低佣金为主，一定程度上加剧了盈利能力的下降。

2. 个别上市公司高管涉及内幕交易值得关注

中央经济工作会议把防风险放在更加突出位置，资本市场监管力度持续加大。证监会提出依法监管、从严监管、全面监管，加强对资本市场各类违法违规行为的打击。2016年辖内1家上市公司董事会秘书因内幕交易、短线交易被处罚。随着辖内上市公司数量的不断增加，如何有效促进上市公司遵守资本市场法律法规，防范违法违规行为值得关注。

四、保险业

（一）保险业经营情况

1. 业务发展平稳，市场风险整体可控

2016年，宁波保险市场实现保费收入257.6亿元，同比增长12.8%。赔付支出115.3亿元，同比增长8.2%。其中，财产险市场月累计保费增速由1月末的2.3%逐步上升至12月末的5.1%，呈低开高走态势，增速较上年同期下降3.2个百分点。人身险市场保费增速22.3%，较上年同期上升9.5个百分点。2016年，寿险机构满期给付25.4亿元，退保金48.2亿元，未发生满期给付和退保行业性风险。监管部门处理消费者投诉579件，亿元保费投诉量0.4件，未发生群访群诉事件。

2. 产险机构综合费用率持续走低，经营效益整体稳定

受"莫兰蒂"台风及中信保因上年承保的浙江造船海工船项目出现大额可损提取近0.7亿元未决赔款准备金的影响，2016年，产险机构综合赔付率68.3%，较上年同期上升1.4个百分点，但综合费用率由上年的29.2%降至28.6%，为产险机构总体承保盈利奠定了基础。产险机构共实现承保利润3.6亿元，承保利润率3.1%，经营效益整体稳定。

3. 法人机构稳健性指标情况

2016年，东海航运实现保费收入7 545万元，应收保费率22.45%。其中，船舶险保费4 065万

元，货运险保费 1 039 万元，责任险保费 2 441 万元。2016 年，赔付支出 758.53 万元，受已赚净保费低影响，综合赔付率 289.47%，实现利润 –381 万元，2016 年综合偿付能力充足率 963%，优质资产流动性覆盖率高于 100%，报告期内流动性充足。

（二）需关注的几个问题

1. 部分中小产险机构发展压力进一步加大

宁波产险市场集中度较高，60% 以上的市场规模和近 80% 以上的承保利润均集中在人保财险、平安财险和太保财险 3 家，中小产险机构尚未形成较好的发展思路，在业务发展和盈利方面面临的压力依然较大。2016 年，部分中小产险机构出现业务萎缩和承保亏损，市场份额低于 5% 的 26 家（不包括东海航运）产险机构中，11 家机构保费出现下降。

2. 车险市场非理性争夺客户资源现象比较突出

2016 年，宁波车险手续费支出 7.6 亿元，同比增长 47.7%，增速较上年增加 5.8 个百分点，手续费增速超过车险保费增速 42 个百分点。28 家经营车险业务的保险机构中有 17 家手续费增速超过 40%，17 家机构车险业务亏损，其中，近六成机构的车险综合费用率超过 30%，车险承保亏损依然严重。

五、影子银行

（一）担保机构持续减少，业务下降明显

截至 2016 年末，宁波市登记在册的融资性担保公司 48 家，比年初减少 5 家，总注册资本 40 亿元，注册资本在 1 亿元以上 13 家，户均注册资本 8 333 万元，比 2015 年提高 2 144 万元。48 家机构中，国有或国有控股担保机构 15 家，占比 31.3%，注册资本金 20.9 亿元，占比 52%。2016 年，累计实现担保总额 59.2 亿元，同比下降 32.6%。

（二）典当经营业绩持续下滑，亏损面呈扩大趋势

截至 2016 年末，全市典当企业共计 86 户，从业人员 504 人，注册资金 13.76 亿元。2016 年共发放典当贷款 24.93 亿元、共计 5.59 万笔，同比分别减少 16.57%、27.51%；年末典当余额 8.07 亿元，同比减少 13.87%。2016 年，全市典当企业主营业务收入 4 511 万元，同比减少 27.8%，主营业务收入已连续 5 年减少，其中，息费收入 3 642 万元，减少 36.22%。2016 年典当企业共亏损 67 万元，而上年同期为盈利 302 万元。86 家企业中，有 41 家出现不同程度亏损，亏损面 47.67%，创 2008 年以来最高纪录。

（三）小贷公司业务量逐年萎缩，不良贷款"双升"

截至 2016 年末，全市小额贷款公司共计 45 户，同比增加 1 户。2016 年末贷款余额 76.03 亿元，同比减少 13.61%，自 2013 年以来连续三年同比下降。2016 年末，全市小额贷款公司不良贷款余额 15.38 亿元，同比增加 0.54 亿元；不良贷款率 20.2%，同比上升 3.4 个百分点。从变动趋势看，2012 年以来，不良余额、不良率逐年"双升"，2016 年双双创下近 5 年最高纪录，信用风险防控压

力较大。

六、金融市场

（一）同业拆借

2016年，全辖有10家法人金融机构在银行间市场办理同业拆借业务，较上年增加了4家。共办理2 209笔同业拆借，同比增长13.63%；累计完成同业拆借14 068.86亿元，同比增长41.66%。2016年前8个月拆借利率在2.04%~2.09%内窄幅震荡，9月以后拆借利率出现明显上扬，拆借利率呈现逐月走高态势，并在12月达到全年最高的2.42%。

（二）债券回购

2016年，有11家法人银行机构、1家货币基金和多个资管账户参与债券回购交易153 701.05亿元，同比增长17.33%，回购交易价格与同业拆借走势一致：2016年前8个月回购利率在2%上下波动，9月以后回购利率开始明显上扬，并出现逐月走高态势，在12月回购利率达到全年高点2.29%，这一利率水平较前8个月利率上升了近30个基点。

（三）现券交易

2016年，全辖12家法人主体和3家资管主体累计交易现券42 562.65亿元，同比增长98.14%。从交易品种来看，利率债仍是绝对主力：政策性金融债、国债（含地方债）和同业存单交易量位居前三，占比分别为60.69%、14.63%、12.13%。从到期收益率来看，其走势与同业拆借利率、回购利率高度一致，总体呈现前低后高走势。

（四）债务融资工具及地方政府债券发行

2016年辖区共有14家金融机构为14家企业承销发行了37笔债务融资，累计金额245.5亿元，较上年下降17.51%，2016年债券违约时有发生。债务融资工具加权平均利率为3.83%，较上年大幅回落104个基点。2016年，先后两次发行地方政府债券，累计发行金额482.3亿元，其中定向置换268.82亿元，公开发行213.48亿元。其中，定向置换按照以同期限（3年、5年、7年、10年）国债平均收益率上浮15%成交；公开招标利率受流动性宽松影响，出现明显下行，第一次公开招标发行利率为3%，而第二次公开招标发行利率下降到2.65%，债务成本显著降低。

（五）黄金交易

2016年，辖内金融机构共发生各类境内黄金交易1 293.5吨，同比增长102.27%；交易金额3 248.87亿元，同比增长123.56%；平均交易价格为每克251元，比上年上涨约24元/克。

（六）外汇交易

全年辖内5家法人机构开展各类银行间外汇交易折合9 090.83亿美元，同比增长4.9%。全年美元/人民币掉期交易占57.77%，银行间即期结售汇占比38.59%，其他业务占比较小。

七、金融基础设施

（一）支付清算体系

2016年，宁波市支付清算系统安全、稳定运行，支付清算业务量稳步增长。全年宁波市支付系统日均处理业务27.46万笔、清算资金3 079.16亿元，较上年分别增长3.98%、13.26%。年内组织辖内10家法人金融机构顺利完成ACS综合前置子系统推广上线。同时通过整肃支付服务市场、强化支付机构执法检查、加强银行机构支付业务管理以及加大防范和打击电信诈骗工作力度等方式，有效维护支付体系稳定、正常运转。

（二）征信体系

把中小企业和农村信用体系建设融入普惠金融信用体系建设，通过打造宁波市普惠金融信用信息服务平台，建立起全国第一个普惠金融信用体系。开发上线基于移动金融标准的农户信用档案手机APP，实现农户信用信息自主申报、信息查询以及融资请求等功能。截至2016年末，移动平台已收集农户信用档案33.5万份。通过政务外网与市场监管局、市公共信用信息服务平台、市不动产登记服务中心、中国联通宁波分公司、金电联行等机构建立信息共享机制，全年共享、挖掘各类信用信息超过3亿条，全市有64家银行、小贷公司、保险公司接入平台，月均查询16.7万次。

（三）反洗钱体系

认真落实反洗钱监管新政，建立健全反洗钱监管档案，完善检查、评估、走访"三位一体"的反洗钱现场监管机制，全年共完成11个反洗钱执法检查项目，法人机构现场监管率连续4年达到100%，反洗钱监管有效性进一步提升。加强资金交易监测和可疑交易线索分析研判，向市公安局移送多起涉嫌犯罪的可疑线索；发现涉及全国众多省市的重大地下钱庄可疑交易线索。

（四）货币发行与反假币

2016年，宁波辖区现金净投放312.24亿元，同比下降5.19%。现金净投放已连续四年下降。同时，围绕市场多元需求构建科学流通体系，创新小面额现金供应新模式，在全国率先实现第四套人民币1角硬币只收不付；在全省首推小面额纸币通过ATM投放，完成ATM改造升级为可提取小面额纸币等创新性工作。积极做好人民币反假工作，2016年，宁波辖区共收缴假人民币10.46万张/枚，面额合计737.64万元，同比增加97.8万元，增幅15.29%。

（五）金融消费权益保护

2016年，以推进普惠金融综合示范区试点建设为契机，规范完善监管协调、投诉受理和纠纷调解三项工作机制。构建完善以"机构、环境、产品"为核心的金融消费权益保护非现场评估监测体系。进一步改进评估力量、评估指标、数据采集、评估方法，完成《2016年宁波市金融消费权益保护环境评估报告》，通过三年评估试点，对提升宁波地区的金融生态环境发挥了积极作用。进一步完善"12363"工作机制，提升投诉处理的专业性、规划性和高效性。截至2016年底，投诉电话共受理投诉591起、办结率99.14%。

八、总体评估与政策建议

受益于工业经济及房地产市场回暖，经计量评估，2016年辖区金融稳定得分为39.30分[①]，较上年下降0.15分，表明当前不稳定因素有所减少。建议2017年从以下三方面推动辖区经济发展，防范金融风险，维护区域金融稳定。

（一）加快创新经济发展，持续优化金融稳定外部环境

一是以落实"中国制造2025"为契机，借助辖区制造业优势，坚持科技创新，加快转型升级步伐，有效发挥新兴产业对辖区经济的引领作用。二是继续推动港口经济圈建设、深入推进跨境电商综合试验区发展，不断发挥辖区开放经济优势。三是加大政策支持力度，进一步降低实体经济负担，增强企业家信心，为辖区实体经济发展、结构调整创造良好的政策环境。

（二）强监管和促创新并举，提升金融服务实体经济实效

一是有效实施宏观审慎管理、规范同业业务，坚持防控资金"脱实向虚"，促进金融机构加大服务实体经济力度，引导金融业回归服务"实体"主业。二是继续加大创新力度，运用发展债权、股权、资产证券化等多层次多类型融资产品，持续优化直接融资和间接融资比例，不断拓展企业融资渠道，降低融资成本。三是建立完善地方政府融资市场机制、债务约束和信息披露制度，适时推出市政债券，逐步实现更加标准化、透明化、推动地方政府投融资合规、有序开展。

（三）做好重点领域风险防控，妥善应对和处置突发事件

一是落实行院合作机制，推动市场化法制化处置企业风险；加大力度打击逃废债行为，严控辖区信用风险。二是深入推进互联网金融专项整治工作，有效打击各类违法违规行为，构建互联网金融监管长效机制。三是加强重大事项报告执行力度，进一步完善各项应急机制，及时有效应对各类突发事件，切实维护辖区金融稳定。

总　纂：周伟军
统　稿：鲍　雯　徐洪水
执　笔：黄　健　傅晓燕　楼东玮
其他参与写作人员：上官忠东　尤伟志　邓忠斌　刘良毕
　　　　　　　　　刘昌瑞　邱嗣峰　陈　达　金皆女

[①] 分值越小，表示风险越低，稳定状况越好。

厦门市金融稳定报告摘要

2016年，厦门市积极适应经济发展新常态，深入推进供给侧结构性改革，实施创新驱动发展战略，经济金融运行稳健，转型发展呈现新亮点。银行业强化风险防控，支持区域经济"三去一降一补"；证券期货业积极发展创新业务，资本市场投资者增加，融资功能得到较好发挥；保险业市场规模稳步扩大，切实体现风险保障作用；金融市场总体运行平稳，多数金融市场交易活跃，直接融资渠道进一步拓宽；金融基础设施建设持续完善。但厦门市经济金融运行仍面临不少困难和挑战，区域经济下行压力较大，结构性问题突出，金融业盈利增长面临的内外挑战增多，个别领域风险隐患显现。

一、区域经济运行与金融稳定

（一）区域经济运行情况

1. 经济运行增速回升，产业结构持续优化

2016年，厦门市实现地区生产总值（GDP）3 784.25亿元，同比增长7.9%，增速比上年提高0.7个百分点，高于全国增速1.2个百分点。从产业结构看，2016年厦门市第一产业增加值同比下降5.5%，第二、第三产业增加值分别增长5.7%和9.8%。产业结构从上年的0.7:43.5:55.8调整为0.6:41.2:58.2，第三产业占比接近六成。

2. 工业增速回落但效益提升，服务业发展活力增强

2016年，厦门市规模以上工业实现增加值1 264.78亿元，同比增长5.4%，增速同比回落2.5个百分点，但工业呈现出提质增效的特征：一是结构不断优化，全年规模以上高新技术产业实现增加值751.83亿元，同比增长7.6%，占全市的59.4%。二是"去杠杆"有序推进，2016年年末规模以上工业企业资产负债率50.2%，比上年末下降0.36个百分点。三是效益逐步提升，工业经济效益综合指数225.03，同比提高17.9个百分点，规模以上工业企业全年实现利润总额272.79亿元，同比大幅增长48.2%。

2016年，厦门市第三产业实现增加值2 202.18亿元，同比增长9.8%，增速比上年提高3.3个百分点，对厦门市经济增长贡献率为69.1%。第三产业在多个领域呈现发展亮点：一是金融业较快发展，全年实现增加值422.36亿元，同比增长12.8%；二是软件信息业收入快速增长，全年厦门市规模以上信息传输、软件和信息技术服务业实现营业收入250.37亿元，同比增长25.3%；三是旅游会展业优势较明显，全年旅游总收入965.00亿元，同比增长16.0%，举办各类展览总面积215万平方米，同比增长13.0%。

3. 固定资产投资增速有所回落，基础设施建设加大投入

2016年，厦门市完成全社会固定资产投资（不含农户）2 159.81亿元，同比增长14.4%，增速比上年降低6.4个百分点。其中，基础设施和工业投资拉动固定资产投资较快增长，全年完成基础设施投资792.35亿元，同比增长34.2%；全年完成工业投资397.72亿元，同比增长12.2%；民间投资增速由负转正，释放积极信号，按可比口径统计全年完成民间投资626.21亿元，同比增长6.4%。

4. 消费增速略有回升，消费热点助推消费增长

2016年，厦门市社会消费品零售总额1 283.46亿元，同比增长9.8%，增速比上年提高0.9个百分点，但低于全国增速。多个消费热点助推消费增长：一是互联网零售保持快速增长，全年实现互联网零售额127.15亿元，同比增长19.4%；二是汽车类消费成为拉动消费增长的主要原因，全年实现汽车类零售额292.99亿元，同比增长12.0%；三是消费升级类商品平稳增长，全年通信器材类、中西药品类等发展型健康型商品分别实现零售额36.06亿元、49.42亿元，同比分别增长23.4%、36.3%。

5. 外贸形势持续低迷，对外开放不断深入

2016年，厦门市实现外贸进出口总额5 091.55亿元，同比下降1.4%，降幅（以人民币计价）比全国平均降幅扩大0.5个百分点。其中出口总额3 094.22亿元，同比下降6.7%，进口总额1 997.33亿元，同比增长8.2%。虽然外贸形势总体低迷，但对外开放不断深入：一是利用外资力度加大，全年合同利用外资总额75.68亿美元，实际利用外资总额22.24亿美元，同比分别增长81.8%、6.2%；二是对外投资快速增长，全年新批境外投资额55.40亿美元，同比增长1.5倍，其中对"海丝"沿线国家和地区投资10.70亿美元，同比增长1.3倍；三是外贸结构持续优化，全年外贸综合服务、跨境电商、融资租赁等外贸新兴业态出口同比增长14.2%，一般贸易和服务贸易占比合计提高3.5个百分点，贸易附加值进一步提高。

6. 财政收支增速回落，城镇居民收入增速有所提高

2016年，厦门市实现财政总收入1 083.31亿元，同比增长8.2%，增速比上年回落2.0个百分点，其中，地方级财政收入647.92亿元，同比增长8.6%。全年完成财政支出761.21亿元，同比增长16.9%，增速比上年回落2.0个百分点。

2016年，厦门市全体居民人均可支配收入43 143元，同比增长8.7%，增速比上年提高1.1个百分点。其中，城镇居民人均可支配收入46 254元，同比增长8.6%；农村居民人均可支配收入18 885元，同比增长7.6%。

（二）区域经济运行需关注的问题

1. 工业运行仍面临较多困难

一是新增工业企业较少，工业经济增长主要依靠存量工业企业增资扩产。二是工业产销率较低，全年规模以上工业企业产销率93.9%。三是工业企业产品出口状况不佳，全年规模以上工业企业完成产品出口交货值1 457.90亿元，同比下降3.4%，出口交货值率40.3%，比上年下降0.3个百分点。四是工业下行压力仍然较大，工业生产者出厂价格指数（PPI）仍处低位，全年同比下降2.9%。

2. 出口形势严峻，未来外贸形势难以显著改善

一是近年来国际市场需求持续低迷，全球贸易保护主义有所抬头，外需持续下滑，厦门市外贸

进出口总额逐年持续下降;二是受劳动力价格上涨、人民币汇率变动等因素影响,厦门市外贸生产成本居高不下,原有低成本竞争优势逐步弱化,部分出口订单向东南亚和拉美国家转移。

3. 高房价背景下消费意愿和能力有所下降,消费增长动力不足

一是受高房价、就业市场竞争激烈等因素影响,居民储蓄意愿进一步提升,导致消费意愿和能力下滑;二是随着快捷公共交通逐步成形,汽车消费难以长期维持两位数的增长速度;三是受市政工程建设、电商分流影响,综合零售业增长缓慢,全年限额以上综合零售企业实现零售额112.64亿元,同比仅增长2.4%。

4. 部分行业面临供需错配矛盾

当前厦门市部分行业面临一定供需错配矛盾。以服务业为例,厦门市现代服务业增长较快,但中高端领域供给能力不足,无法满足快速增长的市场需求,低端领域同质化竞争激烈,产能过剩问题显现,传统贸易、住宿餐饮、仓储运输等行业下行压力不断加大,转型升级任务繁重。

二、金融业与金融稳定

(一)银行业

1. 银行业运行情况

(1)资产负债规模平稳增长

2016年末,厦门市共有各类银行业金融机构44家(含3家代表处),比上年末增加3家。银行业金融机构资产总额1.68万亿元,同比增长18.6%,增速回落2.8个百分点;负债总额1.61万亿元,同比增长18.8%,增速回升2.85个百分点。

(2)存款增速回落,对公贷款增长缓慢,新增信贷主要投向个人住房贷款

2016年末,厦门市金融机构本外币存款余额9788.27亿元,同比增长10.3%,增速比上年末回落5.7个百分点;本外币贷款余额8617.24亿元,同比增长13.9%,增速与上年末持平。存款方面,新增存款主要集中在广义政府存款和企业存款,两项合计占同期本外币存款增量的62.6%;全年存款增速震荡下行,上半年存款增长较快,而下半年增长后劲不足。贷款方面,新增贷款近七成集中在个人住房贷款,增量占同期本外币贷款增量的71.3%,受企业直接融资增加、地方政府置换债券及信用风险事件影响,对公贷款同比仅增长2.8%。

(3)盈利连续两年负增长,行业风险整体可控

2016年,部分银行贷款质量等级下调导致资产减值损失计提大幅增加,厦门市银行业计提各项资产减值损失增加92.49亿元,受此影响,全年厦门市金融机构实现税后利润107.71亿元,同比下降29.1%。

2016年末,厦门市银行业不良贷款余额160.73亿元,比年初增加49.32亿元;不良贷款率1.87%,比年初提高0.39个百分点,高于全国平均水平0.06个百分点。贷款损失准备充足率为257.48%,比年初提高42.97个百分点,拨备覆盖率160.20%,比年初降低1.46个百分点,银行业整体仍具备一定损失抵补能力。地方法人银行业金融机构流动性管理稳健,2016年末平均流动性比例为58.09%,流动性缺口率0.16%,均优于监管要求。

(4)表外业务较快增长,结构有所变化

2016年末，辖区银行业表外业务余额（不含金融衍生品）为9 141亿元，同比增长28.4%，高于表内资产增幅9.8个百分点。从项目大类看，金融资产服务类业务余额5 490亿元，增加1 903亿元，增长53%，金融资产服务类业务主要构成科目资产托管、委托贷款和发行非保本理财（三者占比分别为63%、22%和13%）分别增长36.5%、57.3%和236%；而受汇率波动、存款利率下降和境外美元贷款成本增加影响，融资性保函业务规模大幅缩减，全年减少254亿元，余额下降46%。

2. 银行业运行需关注的问题

（1）不良贷款持续上升，信用风险管控压力增大

2016年下半年以来，厦门市银行业不良贷款余额逐月上升，全年不良贷款余额和不良贷款率"双升"，信用风险管控压力增大，并呈现以下特点：一是"高暴露、高计提"。全年新发生不良贷款110亿元，同比增长51%，为应对贷款损失，全年累计计提资产减值准备124亿元，同比增长86%，全年处置不良贷款59.6亿元，同比增长6%。二是机构和行业集中。年末不良贷款余额的前五大机构占辖区不良比重达69%；制造业、批发零售业不良贷款余额占全部不良比重62%，占境内不良比重达到82%。三是关注类贷款、逾期贷款等资产质量先行指标仍处于高位，后期不良贷款面临较大反弹压力。2016年末关注类贷款余额332亿元，逾期90天以上贷款与不良贷款比例102%，个别机构存在贷款质量分类不真实的现象，信用风险未完全暴露。

（2）负债来源不稳定，流动性风险管理难度加大

一是负债来源不稳定。自2014年以来，厦门市银行业金融机构加大对同业批发性融资的吸收力度，同业净融入额由负转正并持续扩大，至2016年末同业融入余额为同业融出余额的2倍，同业净融入达到1 310亿元。同业融入负债对市场走势更为敏感，在金融市场发生流动性紧张时容易受到冲击，导致集体扩张或收缩。二是资产负债增大了期限错配风险，资金运用在大量发放房地产相关贷款背景下进一步"中长期化"。三是银行业表外业务和理财等快速发展，辖区个别机构核心负债依存度低，资金来源主要依靠对公及同业资金，同业负债依存度较高，均加大了流动性风险管理难度。

（3）交叉性金融业务快速发展，风险隐患显现

2016年以来，厦门市银行业交叉性金融产品业务增长较快，各类跨业务、跨机构、跨行业间的产品与合作日趋丰富和多元化，风险交叉传染概率增大。以"其他投资"业务为例，年末业务余额达2 801亿元，同比增长37.7%，主要对接特定目的载体，包括非保本理财产品、各类收（受）益权和资管计划等，业务链条往往涉及产品发起方、通道方、资金提供方等多家机构，业务模式和结构复杂，个别金融机构没有按照穿透原则进行管理，资本和拨备计提不足，风险隐患不容忽视。

（二）证券期货业

1. 证券业运行情况

（1）证券期货市场经营主体持续增加，私募基金保持快速增长

2016年，厦门市新增5家证券公司分公司和7家证券营业部，至年末，辖区共有1家法人证券公司、16家证券公司分公司、84家证券营业部；新增期货分公司1家，至年末共有2家法人期货公司、2家期货公司厦门本部、3家期货分公司，29家非法人期货公司营业部。

截至2016年末，厦门市共有219家登记备案的私募基金管理机构，管理基金345只，管理规模（实缴规模）358.28亿元，同比增长96.8%。

(2) 市场投资者增加，创新业务稳步推进，但交易量明显萎缩

2016年末，厦门市开立的证券账户数为313.71万户，同比增长23.5%；开立的期货经纪业务账户数为4.27万户，同比增长48.9%。但交易量明显萎缩，2016年厦门市证券交易量4.09万亿元，同比减少43.7%，其中A股交易量2.94万亿元，同比减少48.2%；期货经营机构代理成交额2.91万亿元，同比减少76.9%。

2016年，证券营业部创新业务稳步发展，融资融券、约定购回、股票质押回购的年末余额为120.10亿元、393.79亿元和165.56亿元，全年收入合计达14.82亿元，已成为重要的收入增长点。期货资管规模大幅增长，至2016年末，辖区两家法人期货公司资产管理业务账户数175户，管理资产规模为170.3亿元，同比增长332.5%。

(3) 上市公司融资规模持续增长，"新三板"挂牌企业发展迅速

2016年末，厦门市共有上市公司37家，较上年增加4家，其中主板17家，中小板13家，创业板7家。全年厦门上市公司通过首发融资、公司债、银行间市场融资等渠道实现各类融资471.36亿元，同比增长102.7%。并购重组有序开展，2016年共有4家上市公司公告开展并购重组，已公告并购重组金额合计88.31亿元。后备上市资源较为充足，至2016年末，清源科技、安井食品首发申请获得批文，等待发行，18家企业的首发申请处于审核中，8家企业处于辅导备案阶段。

截至2016年末，厦门市共有新三板挂牌企业141家，比上年增长166%；累计实施融资72家次，募集资金总额共计18.01亿元，其中2016年度新增融资10.91亿元。

2. 证券期货业运行需关注的问题

(1) 证券期货行业经营业绩下滑，潜藏一定违规经营冲动

2016年，受沪深股指下跌影响，市场成交金额大幅下降，厦门市证券机构经营业绩也明显下降。全年厦门市证券分支机构实现营业收入14.47亿元、利润总额5.63亿元，分别大幅减少59.7%和72.0%，其中41家亏损，亏损面达43.6%。随着证券行业市场竞争的加剧，佣金率持续下滑，辖区证券机构经营压力增大，违规冲动有所抬头。2016年，厦门市某营业部违规委托第三方互联网平台开户，并被责令整改。

2016年，厦门市期货经营机构实现营业收入5.24亿元，同比减少7.3%；净利润2.54亿元，同比减少8.6%。行业整体实现盈利，但多数营业部盈利状况不容乐观，辖区实现盈利的营业部仅7家（含两家法人期货公司的厦门本部），亏损面达79.4%。

(2) 上市公司小面积经营亏损，个别公司在信息披露等领域存在违规行为

2016年，受宏观经济环境、业务转型等因素影响，厦门市部分上市公司经营压力增加，亟待打破市场发展瓶颈，挖掘增收节支潜力。2016年前三个季度，厦门市共有5家上市公司亏损，最高亏损额达5.25亿元；在实现盈利的32家上市公司中，有7家公司利润同比出现下降。此外，上市公司规范运作水平还有待提高。2016年，厦门市证监局查实了辖区上市公司数起信息披露、会计处理等违规问题，个别公司还因信息披露不合规受到行政处罚。

（三）保险业

1. 保险业运行情况

(1) 保险市场整体平稳增长

2016年，厦门市保险市场呈现较好的发展态势，共有各类保险公司38家，较上年增加1家，实

现保费收入162.60亿元，同比增长11.1%，增速回落0.5个百分点。按类别看，财产险业务保费收入63.17亿元，同比增长3.0%；人身险业务保费收入99.42亿元，同比增长17.0%。全市保险密度4 212元/人，同比增长370元/人，保险深度4.4%，同比提升0.2个百分点。

（2）产险盈利能力有所下降，寿险公司业务结构持续优化

2016年，厦门市产险公司综合成本率、综合赔付率分别为123.4%、85.1%，同比分别上升20.5个百分点、20.6个百分点，盈利能力有所下降。赔付增加的主要原因是2016年9月台风"莫兰蒂"正面登陆厦门，赔付案件大幅增加。从结构看，车险占比偏大未见改善，2016年产险公司车险、非车险保费收入分别为49.61亿、13.57亿元，结构比例为78.5%:21.5%，非车险占比同比下降3.1个百分点，略低于全国平均水平。

2016年，厦门市寿险公司业务结构有所优化，全年普通寿险保费收入合计35.24亿元，同比增长41.7%，险种占比达46.1%，同比提升7.1个百分点，而分红险、万能险占比有所下降。从质量看，新单期交率和折标率大幅上升。寿险新单期交保费收入18.73亿元，同比增长47.0%，新单期交率同比上升7.8个百分点至55.8%，APE折标率同比上升2.3个百分点至71.1%，均优于全国平均水平。

（3）主要风险指标有所改善，行业风险处于可控范围

2016年，厦门市产险公司应收保费率为11.0%，同比下降1.6个百分点，剔除保证保险后的应收保费率为4.76%，同比上升2.26个百分点。寿险公司综合退保率3.1%，同比下降1.3个百分点，简单退保率13.7%，同比下降6.7个百分点，均低于全国平均水平。退保金12.12亿元，同比减少18.1%。

（4）服务经济社会能力继续提升

2016年，厦门市保险公司赔付支出74.72亿元，同比增长41.7%，共提供风险保障13.19万亿元，同比增加6.37万亿。自然灾害公众责任险覆盖360.6万人，农房保险承保1.6万户，已实现应保尽保。出口信用险为企业提供108.7亿美元风险保障，同比增长10.2%，支持出口险项下融资3亿美元，一般贸易渗透率35.6%。

2. 保险业运行需关注的问题

（1）财产险中非车险保费充足度偏低，应对自然灾害能力不足

由于厦门市产险市场化改革启动较早，市场竞争相对充分，非车险业务不理性竞争问题较为突出，导致保费充足率不足。在未发生重大灾害的2015年，非车险综合赔付率已达到94.0%，综合成本率127.6%，已连续三年处于亏损状态。2016年，受台风"莫兰蒂"影响，非车险综合赔付率达180.6%，综合成本率212.5%，分别同比上升86.6个百分点、84.9个百分点。保费充足率不足导致厦门保险业缺乏积累，应对重大自然灾害的能力不足。

（2）寿险退保、满期给付压力不容忽视

一是满期给付风险。预计2017年满期给付规模8.07亿元，预计将与2016年持平，满期产品主要集中于银邮代理渠道和分红型产品，产品期限多为5年期、6年期。由于早期产品分红水平偏低，预期年化收益率不到3%，可能会引发客户投诉。二是退保压力。预计2017年退保金额为28.36亿元，同比增幅将超过50%；个别寿险公司短期内还面临业务转型带来的保费收入下降，整体现金流压力有所增大。

三、金融市场与金融稳定

（一）金融市场运行情况

1. 银行间市场

2016年，厦门市法人银行积极运用银行间市场加强流动性管理。全年法人银行在全国银行间同业拆借市场累计成交3 512.67亿元，同比增长76.73%；在全国银行间债券市场累计完成债券回购交易7.03万亿元，同比增长92.67%。同时，厦门市非金融企业和金融机构充分利用各项债务融资工具，债券市场融资规模大幅增长：一是厦门市非金融企业运用银行间债务融资工具合计融资达1 085.20亿元，同比增长56.59%，同时融资主体进一步扩大，发债的非金融企业由上年末的23家增加至29家。二是法人银行积极发行二级资本债券和同业存单，扩大资金来源。2016年法人银行合计在银行间债券市场成功发行79.5亿元二级资本债券，全年累计发行同业存单1 399.50亿元，同比增长2.29倍。

2. 票据市场

2016年，厦门市票据市场多数业务规模出现萎缩。全年累计签发银行承兑汇票1 542.56亿元，同比下降1.4%；全年累计办理票据贴现724.8亿元，同比增长13.7%，增速回落30.7个百分点。全年买断式转贴现业务累计发生额12 949.77亿元，回购式转贴现业务累计发生额898.73亿元，同比分别减少54.4%、74.8%。

3. 黄金市场

2016年，厦门市银行业金融机构黄金市场业务总体运行平稳，全年合计成交1 512.80亿元，同比增长2.5%。业务结构有所调整，其中，上海黄金交易所业务萎缩，全年未开展黄金自营业务；黄金代理买卖合计成交173.57吨，成交金额378.27亿元，分别同比下降41.9%和43.4%；商业银行账户金、黄金租赁与黄金掉期等其他黄金交易业务较快发展。全年境内其他黄金交易合计成交449.43吨，成交金额1 134.53亿元，分别同比增长59.5%和48.2%。

4. 外汇市场

2016年，厦门市银行结售汇总额七年来首次下降，结售汇逆差大幅收窄，短期波动较为剧烈。全年结售汇总额590.7亿美元，同比下降20.7%。其中，结汇295.21亿美元，同比下降16.4%；售汇295.49亿美元，同比下降24.6%。结售汇逆差0.28亿美元，同比下降99.3%。2016年银行间外汇市场交易量爆发式增长，全年外汇业务合计成交3 539.29亿美元，同比增长6.7倍。

（二）金融市场运行需关注的问题

1. 辖区互联网金融业务存在违规行为

经过互联网金融领域专项整治，互联网金融逐步转入规范发展阶段，但是专项整治中也发现多数互联网金融企业存在违规行为，特别是互联网资产管理公司，表面上从事P2P平台"咨询"业务，实际上存在直接或间接归集出借人资金、自行发售或代售理财产品募集资金等违反监管规定的行为，且普遍拆解业务流程分设机构、滥设线下门店的行为，加大了监管和处置难度。

2. 地方交易场所风险较为突出

当前各类地方交易场所快速增长，但是地方政府对地方交易场所缺乏有力监管，商品交易场所及其会员单位存在诱导投资者开户、与投资者进行对赌交易、代客交易等违规经营现象，金融资产交易场所实质成为地方政府批准的"全牌照"金融机构。同时，地方交易场所涉及投资者众多、风险处置难度大，导致地方交易场所成为维护区域金融生态和金融稳定的重要风险隐患。

四、金融基础设施与金融稳定

（一）支付体系

2016年，厦门市支付服务环境总体良好，服务质量持续改善。一是支付清算系统运行安全平稳，全年通过大小额支付系统和同城资金清算系统累计发起业务6 609.69万笔，交易金额35.44万亿元，同比分别增长34.4%、64.9%。二是非现金支付工具使用量继续扩大。全年签发票据1.46万亿元，同比增长2.2%；全年银行卡刷卡消费额（剔除信托、购房和投资性交易等）占同期社会消费品零售总额（银行卡渗透率）比例超过84%。三是支付密码推广率保持全国领先，支付密码推广率为93.6%，同比提高3.4个百分点。四是稳步推进金融IC卡应用工作，至年末累计发行金融IC卡1 691万张，占全市银行卡发卡量的48.4%，同比提高11.3个百分点。但厦门市支付服务环境仍需改善，尤其是岛内外服务水平差异需进一步缩小，农村地区支付服务环境有待提升。

（二）征信体系

2016年，厦门市成为国家社会信用体系建设示范城市，征信体系快速发展。一是征信系统收录信息数量快速增长，至2016年末，信用信息基础数据库共收录厦门市逾8万户借款企业和近277万个人的信用信息。二是机构信用代码推广工作稳步推进。至2016年末，厦门市共发放机构信用代码证19.70万份，其中2016年新增4.04万户，变更3.51万户。三是应收账款质押登记系统和融资服务平台发展平稳。至2016年末，共有364家银行和企业注册为平台用户，实现融资交易602笔，交易金额50亿元。但当前厦门市征信体系仍存在数据归集量较小、数据应用不足等问题。

总　　编：李伟平
总　　纂：郑卫国
统　　稿：黄师今
执　　笔：李康宁
其他参与写作人员：潘望春　施海松　刘雅珣　黄肇伟　王国新
　　　　　　　　　王庭成　陈　楠　陈玉婵　孔德营　朱鑫怡
　　　　　　　　　林志伟　周　超　张志杰　苏剑煌　黄斯颖

深圳市金融稳定报告摘要

2016年,深圳经济发展稳中有进,创新动能加速成长,转型升级成效显现,地区生产总值（GDP）逼近2万亿元,质量型发展进入新阶段。地区金融运行总体稳定,金融要素不断聚集,跨境资金流出风险有效缓解,全年社会融资总量1.04万亿元,为实体经济发展创造了有利条件。展望2017年,深圳经济增速下行的压力依然存在,房地产调控对金融运行的综合影响可能进一步显现,跨境资本流出带来的经济金融压力仍然较大,资产管理业务、金融控股公司、新兴金融业态等风险点不容忽视,为此,应加强宏观审慎管理,加强监管协调与合作,切实守住不发生系统性金融风险的底线。

一、2016年深圳市经济金融运行总体情况

（一）深圳经济运行情况

国内生产总值近2万亿元,第三产业占比超过60%[①]。2016年,全市国内生产总值19 492.60亿元,按可比价格计算,同比增长9.0%。人均生产总值16.74万元,居全国副省级以上城市首位。第三产业增加值11 785.88亿元,占GDP比重达60.5%,其中,金融业增加值2 876.89亿元,较上年增长14.6%；房地产业增加值1 866.18亿元,较上年减少0.5%。2016年全市规模以上工业增加值7 199.47亿元,增长7.0%,工业生产对深圳经济发展的支撑作用相对减弱（见表1）。全年一般公共预算收入3 136.42亿元,同比增长15.0%。居民消费价格指数（CPI）比上年上涨2.4%,居民人均可支配收入4.85万元、增长8.8%。

表1　深圳市规模以上工业增加值对比情况表　　　　单位：亿元,%

年份	规模以上工业增加值	同比增长	占GDP比重
2013	5 695.0	9.6	39.28
2014	6 501.1	8.4	40.63
2015	6 785.01	7.70	38.77
2016	7 199.47	7.0	36.93

新产业增长强劲,占GDP比重超过40%。2016年,深圳经济创新驱动战略成效显现,全年新产

[①] 如无特殊说明,本报告中数据均来自深圳市发展和改革委员会、深圳市统计局和中国人民银行深圳市中心支行、深圳市银监局、证监局、保监局等相关政府职能部门。

业增加值（已剔除重复部分）7 847.72 亿元，同比增长 10.6%。其中，文化创意产业（1 949.70 亿元）占比最高，为 24.84%。新能源产业、机器人和智能设备产业、新材料产业增幅位列前三，同比分别增长 29.30%、20.20%、19.60%（见图1）。

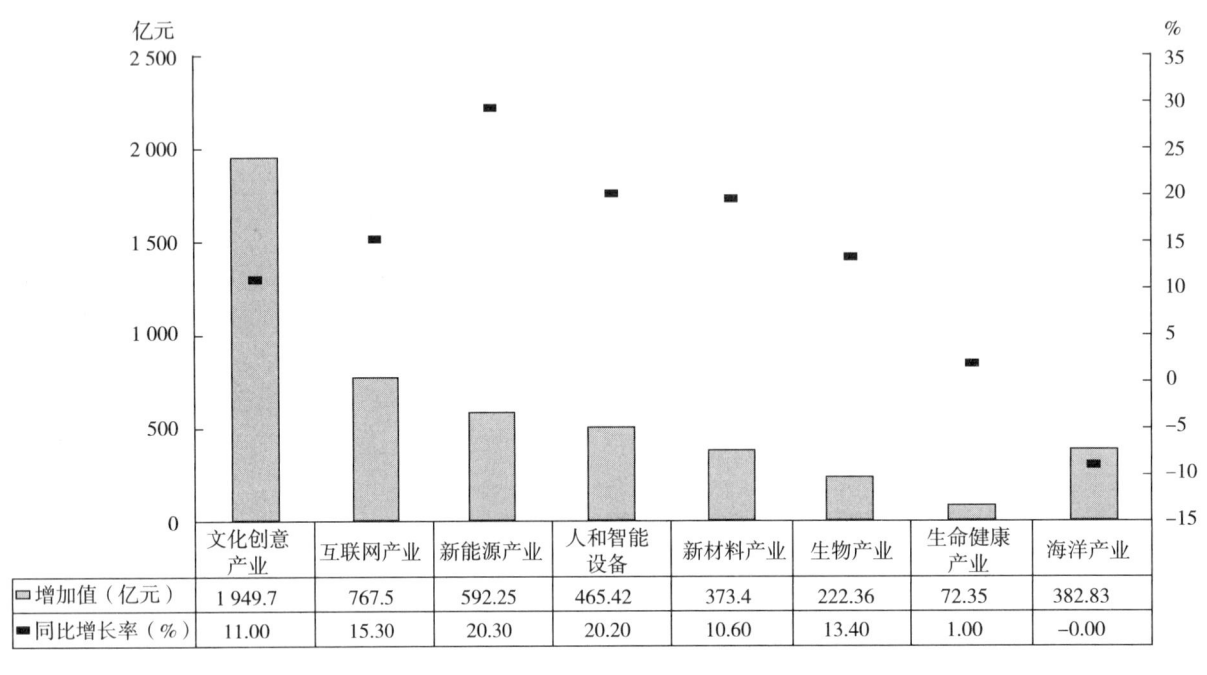

图 1　2016 年深圳市新兴产业增加值及同比增幅示意图

固定资产投资超过 4 000 亿元，民间投资占比过半。2016 年，全市固定资产投资 4 078.16 亿元，增长 23.6%，创 1994 年以来新高。其中，建筑安装工程投资占比 62.5%、总额达 2 550.14 亿元。全年民间投资额 2 097.16 亿元，占固定资产投资比重 51.4%，同比增长 61.5%，增幅高于全国 58.3 个百分点。

社会消费品零售总额超过 5 500 亿元，出口总额 15 680 亿元。2016 年，全市社会消费品零售总额 5 512.76 亿元，增长 8.1%，其中批发和零售业 4 879.32 亿元，增长 8.2%。全年完成进出口总额 26 307.01 亿元，其中出口总额 15 680.40 亿元、下降 4.5%，降幅较上年收窄 1.5 个百分点，出口规模连续 24 年居国内城市首位（见图 2）。

（二）深圳金融业运行情况

金融业整体运行平稳，全年社会融资总量 1.04 万亿元。2016 年，深圳金融业整体运行平稳，金融机构各季度宏观审慎评估（MPA）结果整体均为良好。全年社会融资总量 10 369.21 亿元、同比增加 46.6%，货币净投放 1 098.96 亿元，为实体经济发展创造了有利货币环境。

银行业总资产 7.85 万亿元，全年实现净利润 965 亿元。2016 年深圳市银行业机构保持平稳较快增长，年末总资产余额 7.85 万亿元，同比增长 14.89%。存贷款余额分别为 6.44 万亿元和 4.05 万亿元，同比分别增长 11.47% 和 24.89%。不良贷款率微降至 1.07%。辖内银行理财（发行 + 代销）余额合计 11 633.30 亿元，较年初增长 56.56%。受存贷款利差缩减、手续费及佣金收入下滑等因素

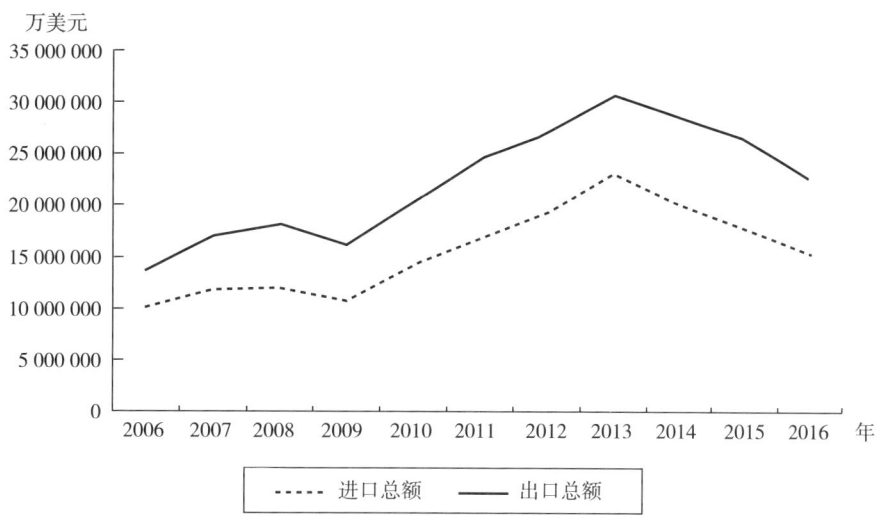

图 2 深圳市出口总额变化示意图

影响,银行业机构利润增速大幅下降,全年实现净利润 964.98 亿元,同比增长 0.94%,增速下跌 18.14 个百分点(见表 2)。

表 2 深圳市各类银行业机构营业收入、利润总额增速对比表 单位:亿元,%

		外资金融机构	国有四大行	政策性银行	股份制银行	城市商业银行	村镇银行	农商行	邮储	非银行机构
营业收入	2016 年(亿元)	63.6	663.9	52.7	707.3	106.7	12.7	66.5	23.9	177.5
	占银行业比重(%)	3.3	35.0	2.8	37.2	5.6	0.7	3.5	1.3	9.3
	收入同比增速(%)	-12.8	1.0	-7.6	-1.0	-1.2	21.6	1.5	10.6	-9.2
	增速变动幅度(%)	-11.4	-9.7	-8.4	-37.9	-25.3	10.9	-7.3	-25.0	-39.9
利润总额(拨备前)	2016 年(亿元)	37.0	486.4	46.7	514.3	72.7	7.1	43.8	10.5	121.8
	占银行业比重(%)	2.7	36.0	3.5	38.0	5.4	0.5	3.2	0.8	9.0
	利润同比增速(%)	-18.6	7.1	0.0	0.6	1.4	11.4	4.0	25.9	-11.5
	增速变动幅度(%)	-15.5	-6.4	-1.5	-48.5	-33.2	-3.0	-12.0	-92.1	-45.8

证券期货业总资产 1.36 万亿元,法人证券公司净利润大幅下滑。2016 年末,深圳证券期货业经营机构表内总资产为 1.36 万亿元。其中,20 家法人证券公司总资产 1.25 万亿元,25 家法人公募基金管理公司总资产 351.1 亿元,13 家法人期货公司总资产 712.29 亿元。受市场行情影响,深圳证券期货经营机构净利润大幅下降,法人证券公司、公募基金、期货公司全年实现净利润分别为 271.44 亿元、48.97 亿元和 8.97 亿元,同比分别下降 51.0%、11.5% 和 3.8%。2016 年末,深圳证券期货业资产管理总规模达 13.87 万亿元(含券商资管、期货资管、公募基金非公募业务和私募机构资管业务),同比增长约三成。截至 2016 年末,在中国证券投资基金业协会完成登记的深圳私募基金管理人为 3 544 家,管理规模 1.18 万亿元。

辖内保费总收入 834.5 亿元,法人保险公司偿付能力总体充足。2016 年末,深圳辖内 72 家非法人保险公司资产总额合计 2 850.09 亿元,同比下降 16.77%;全年累计实现保费收入 834.45 亿元,同比增长 28.86%。险种结构优化,人身险保费大涨近四成;缴费期限结构向好,新单期缴业务增速显著上升。深圳25家法人保险机构年末总资产3.61万亿元，同比增长21.96%；净利润682.21亿元，同比下降6.2%。综合偿付能力充足率均超过100%。辖区退保金支出76.96亿元，退保率4.02%。

地方类金融业务发展较快，前海蛇口自贸片区跨境业务稳步推进。深圳全年各小贷公司新增贷款687.09亿元，年末贷款余额315.35亿元，其中不良贷款余额4.52亿元。P2P网贷贷款成交额4 565.95亿元，同比增长72.84%[1]。各融资担保公司实现担保总额1 152.69亿元，民营融资担保公司业务萎缩严重。前海蛇口自贸片区获准继续开展跨境双向股权投资试点，深圳共有41家企业获得合格境内合伙人（QDLP）试点资格，设立了20家合格境外有限合伙人（QFLP）基金。截至2016年末，前海跨境人民币贷款累计提款365亿元。

（三）金融市场运行情况

证券交易市场累计股票成交金额77.6万亿元，深港通平稳启动。受金融降杠杆、公司价值重估和熔断机制实施等因素影响，2016年证券市场开年剧烈波动，深证综指年末报收于1 969.11点，较年初下跌14.7%。深交所全年累计股票成交金额77.60万亿元，同比减少36.7%。12月5日，深港通正式上线启动，深股通、港股通每日额度分别为130亿元、105亿元人民币，当月的日均额度使用率分别为7.26%和3.83%，跨境资金流向呈"北多南少"特点。

银行间货币市场交易总额94.4万亿元，价格总体有所上升。2016年，深圳货币市场交投旺盛，年末价格呈现翘尾现象。银行间货币市场全年累计交易94.4万亿元，同比增长48.81%。银行间债券市场的现券买卖交易总量23.7万亿元，增长69.86%。货币市场资金价格水平稳中有升，年末增幅较大，2016年12月，深圳金融机构同业存款定期和活期的平均利率分别为4.03%和1.48%，比年初分别提高110个基点和12个基点。

签发银行承兑汇票0.58万亿元，票据贴现增幅较大。企业全年累计签发银行承兑汇票5 853.1亿元（同比下降6.3%），其中，制造业及批发零售业约占签发总额八成。企业累计办理票据贴现5 648.4亿元，同比增长20.5%；期末余额717.7亿元，同比增长62.5%。全年共有16家金融机构办理票据再贴现67.2亿元，余额13.2亿元（同比下降38.3%），贴现利率围绕3%上下微幅波动。

黄金交易量1.12万吨，交割量降幅较大。2016年上海黄金交易所深圳会员黄金交易量11 159吨，同比增长72.29%，深圳会员占金交所全部会员黄金交易量的20.04%，占比上升3.09个百分点。金融类会员黄金交易量1.04万吨，同比增长88.5%，占深圳全部会员黄金交易量的93.05%。黄金交割库出库量1327吨，同比下降28.72%，占金交所黄金出库量的66.42%，占比下降5.3个百分点。

跨境收支总额5 436.1亿美元，资金流出压力缓解。2016年，按照"扩流入、控流出、促改革、稳预期"方针，大力促进跨境收支平衡。全年跨境收支顺差171.5亿美元，同比增长30.6%。全年外币跨境收入顺差326.7亿美元，较2015年增加401.8亿美元；人民币净流出等值155.2亿美元，较2015年增加361.7亿美元。总体来看，基本实现了防范跨境资金流动风险和促进贸易投资便利化双目标的有机统一。

---

[1] 本报告有关互联网金融监测数据主要来自深圳市钱诚互联网金融研究院（第一网贷）。

(四) 金融基础设施建设和金融生态环境

支付系统业务量持续增长，金融市场交易清算活跃。2016年，各支付清算系统共处理业务19.40亿笔，金额447.69万亿元，同比分别增长46.66%和15.97%。非银行支付机构业务增长迅速，共有19家法人支付机构（数量居全国前三）和33家非法人支付机构在深备案开展支付业务。截至2016年末，19家法人支付机构累计完成支付业务（不含预付卡发行）865.81亿笔、金额40.56万亿元，同比分别增长237%、173%。

国库库存现金余额充足，经理国库效能稳步提升。2016年末，全市国库库存余额937.75亿元，较上年末小幅增长0.27%。全年现金管理操作20期，投放6 900亿元，收回6 800亿元，实现利息收入53.23亿元，期数和操作规模均为全国第一，年末国库现金管理余额1 680亿元。

大力打击地下钱庄和金融领域洗钱活动，金融生态环境总体良好。联合打击利用离岸公司和地下钱庄转移赃款专项行动，遏制不法资金流出，破获地下钱庄10多宗、涉案总金额2 000多亿元人民币，涉案金额为历年最高。重点开展支付领域反洗钱现场检查，对风险值较高的多家机构进行整顿，取缔多个洗钱窝点，冻结涉案金额超过4亿元。

加强金融消费权益保护，多渠道构建金融安全网。正式启用金融消费权益保护信息管理系统，通畅金融消费投诉处理渠道，规定时间内办结率95%以上。征信查询服务能力大幅提升，全年共受理个人信用报告本人查询23.13万笔。信息采集主体扩至部分非金融机构，采集机构增至186家。金融机构缴存款的假币平均浓度控制在百万分之零点一以内，远低于全国平均水平。存款保险评级和差别费率稳步实施，辖区未出现危及储户存款安全和存保基金安全的突出风险。

二、2016年深圳经济金融稳健性评估

总体来看，2016年深圳经济金融运行良好，多层次金融市场不断发展，跨境资金控流出取得实效，金融机构信用风险有所缓解，民间金融、互联网金融及其他新兴金融业态规范整治取得初步成效。但是，在宏观经济增速下行的背景下，地方金融风险不断冒头，跨行业、跨市场相关业务风险有所累积，影响深圳金融稳定的其他不利因素依然存在，某些领域还有所增加。

(一) 社会融资增长偏快，对GDP拉动效应减弱

社会融资规模增长偏快。2016年，深圳市社会融资总量10 369.21亿元，同比增长46.6%，比上一年多增3 297.58亿元。其中，新增本外币贷款7 478.24亿元，占社会融资总量的72.12%；境内股票和债券市场融资金额2 038.23亿元，占比19.66%。

社会融资增量对深圳GDP拉动效应减弱。2016年，平均每1元社会融资规模增量可以带动增加1.88元地区生产总值和0.39元固定资产投资；而2015年，平均每1元社会融资规模增量，可以带动增加2.48元地区生产总值和0.47元固定资产投资。社会融资规模的快速增长提高了企业和居民家庭债务水平，中长期住房贷款的大幅增加还对居民消费能力造成负面影响，深圳经济增长对政府支出和固定资产投资的依赖增加（见图3）。

(二) 房地产调控政策收紧，投机性融资风险隐患渐显

个人住房贷款增量高位回落。2016年，为抑制房地产价格快速上涨势头，深圳先后出台了

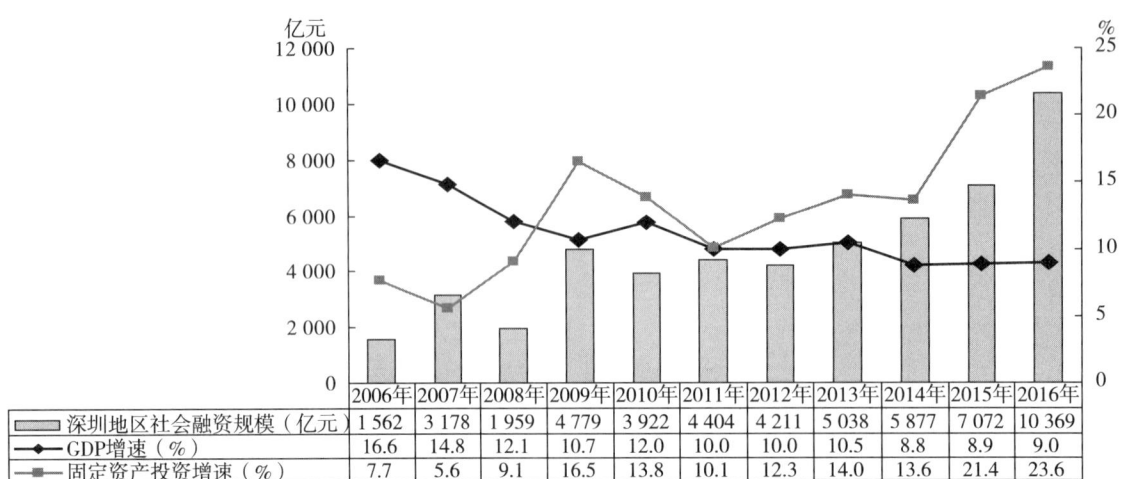

图3 深圳地区社会融资规模与经济增长指标走势

"325"和"1004"房地产新政，金融监管部门相应收紧了房地产类融资业务。截至2016年末，深圳市银行业金融机构发放的本外币个人购房贷款余额10 774.29亿元，同比增长33.19%。从月度数据看，个人购房贷款月度增量在2016年4月达到407亿元峰值后，整体呈下跌走势，12月增量仅60.2亿元（见图4）。

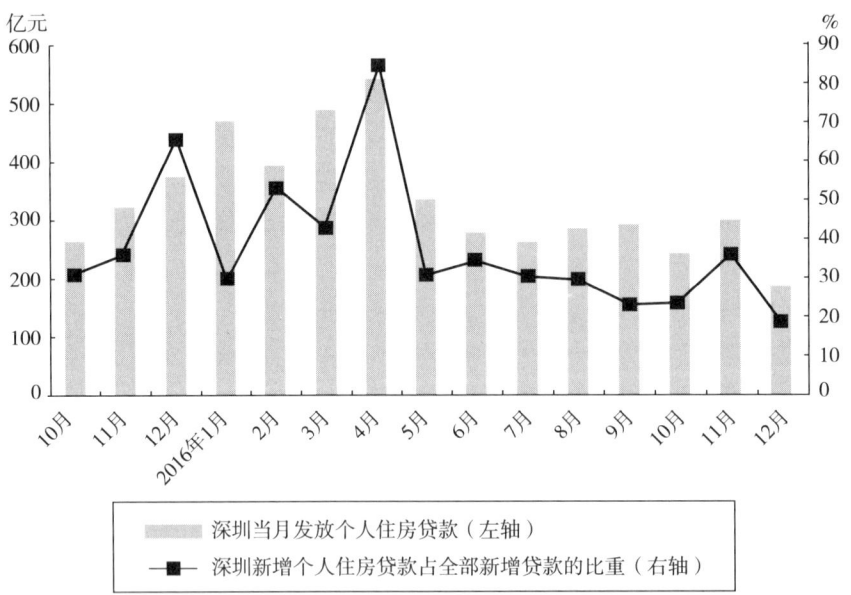

图4 深圳个人住房贷款增长情况（2015-10—2016-12）

调控收紧后商品房成交量显著减少。深圳市规划国土委统计数据显示，深圳市登记的商品住房全年成交量15.81万套，同比下降27.63%。四个季度的成交量依次为6.00万套、3.44万套、3.23万套和3.14万套，单月成交量由年初的月均超2万套降至年末的约1万套。12月，深圳一手住宅销售均价54 946.32元/平方米，价格环比下跌0.09%，出现量价齐跌迹象。

投机性融资可能引发结构性信用收缩。近年来，在传统房地产信贷之外，银行业借道信托和证券资管计划等特殊目的载体（SPV）向房地产市场提供融资便利，交易场所为房地产企业发行债券、股权交易提供平台支持，基金和保险业机构以"名股实债"等方式增持房地产类资产，大量资金涌入房地产领域投机套利。"1004"房地产新政以后，金融监管部门纷纷收紧非正规融资渠道，房地产融资环境趋紧。如果投资（机）性融资难以继续维持，深圳房地产市场可能出现住房成交量、成交价格、信贷增量竞相回落态势，房地产行业可能发生结构性信用收缩。

（三）跨境资金流出压力仍存，企业外债管理能力有待提高

1. 跨境资金仍面临较大流出压力

2016年，深圳跨境收支总额5 436.1亿美元，同比下降13.5%。深圳全年结售汇总额2 034.4亿美元，结汇率、售汇率分别为47.7%和56.7%，其中售汇率较上年同期下降20.5个百分点，结售汇逆差6.4亿美元。深圳地区长期以来存在出口不收汇或少收汇的现象。2016年，企业出口收入未收回境内的情况相对较多，全年货物贸易出口收汇率（按照可比口径）为86.9%，低于进口付汇率101.6%。

2. 企业外债管理能力有待提高

2016年人民币兑美元中间价贬值6.83%，相关企业外债风险敞口有所增加。2016年末，全市登记外债余额756.94亿美元（包括招行和平安银行离岸部数据），其中人民币外债219.04亿美元，较年初下降33.75%；外币外债537.9亿美元，较年初增长21.07%。内保外贷余额481.83亿美元，其中企业担保余额130.73亿美元，增长63.43%。人民币贬值对相关金融机构和企业的外债管理能力提出了更高要求。

（四）风险暴露不充分，金融机构资产质量或继续下降

部分银行不良贷款率增长较快。2016年末，深圳银行业不良贷款余额435.34亿元，比年初增加72.2亿元，整体不良贷款率为1.07%，同比下降0.05个百分点。2016年新增不良贷款相对集中在部分银行，少数中小法人银行关注类贷款比重较高。部分银行以借新还旧、展期、重组、转让出表以及逾期不下调等方式，隐藏真实风险状况。但是，政策性银行和股份制银行的不良贷款率上升较多，分别是1.75%和0.82%，同比提高0.91个和0.19个百分点（见表3）。

表3 深圳市各类银行业不良贷款率对比 单位：亿元,%

		外资金融机构	国有四大行	政策性银行	股份制银行	城市商业银行	村镇银行	农商行	非银行机构
累计核销额（亿元）	2016年	4.8	25.7		38.7	8.5	1.3	0.4	
	2015年	8.5	30.5	2	28.3	5.1			
不良贷款余额（亿元）	2016年	14.2	193.8	64.4	95.1	34.3	2.8	10.1	17.4
	2015年	14.2	203.0	28.3	58.0	25.0	1.9	8.0	21.7
	同比（%）	−0.2	−4.5	127.7	63.9	37.2	45.6	26.1	−19.6
不良贷款比例（%）	2016年	1.08	1.15	1.75	0.77	1.15	1.53	0.94	1.05
	2015年	1.12	1.55	0.84	0.62	1.04	1.35	0.86	1.53
	变动幅度	−0.04	−0.40	0.91	0.15	0.11	0.18	0.08	−0.49

证券业机构债券代持风险上升。据证监部门摸底，证券业机构的资管产品多投资于公司债券，债券代持规模在全行业占比高。受年底市场利率抬升影响，债券市场价格剧烈波动，债券违约时有发生，连锁兑付风险隐现。2016年12月，发生"侨兴债"违约事件，深圳某基金子公司发行的1只

资管计划出现了兑付风险。由于债券违约导致资管产品违约，进而引发的社会维稳风险不容忽视。

保险公司投资收益下行加剧利差损风险。受资产价格波动影响，深圳保险业投资收益率也出现跟随性下降，并与行业非理性竞争发生共振，导致保险业利差损不断扩大。如深圳×海人寿2016年的万能险平均结算利率为5.42%，但2016年综合投资收益率仅为3.85%，利差损风险显现。

（五）资管业务存在多通道、高杠杆运作现象，加剧资金"脱实向虚"问题

部分银行理财产品存在资金池运作风险。现场督察发现，深圳资产管理业务体量大，链条长，部分理财产品所投底层资产模糊不清，资金与资产难以做到一一对应，期限错配、滚动发售、混合运作、分离定价等资金池问题突出。大量理财资金借助信托、证券通道，流入股市、房地产和信用债等领域，在体系内循环、投机套利，脱实向虚问题突出。

证券通道业务放大金融市场杠杆水平。据证券机构反馈数据显示，证券资管产品约八成是通道业务，证券资管规模与承担风险的自有资产不匹配。如某证券公司（截至2016年6月末）管理的资管业务规模为1 782亿元，其中1 759亿元为募集资金，即以1.29%的自有资金承担"劣后级"风险，为其超过98%份额的客户资产进行风险缓释，资管业务风险已大大超越其内在的风险缓释能力。在"宝万"事件中，某商业银行资金通过信托公司、证券公司等通道向宝能系提供高杠杆证券投资资金，加大实体与金融间的交叉性风险。

资管产品的"刚性兑付"和监管套利风险较大。随着跨市场、跨行业资管产品快速扩张，部分金融机构已过度透支自身的声誉，直接或间接为投资者提供刚性兑付承诺。部分金融机构和个别金融资产交易所还借助互联网平台，为关联方募集资金或助其实现不良资产出表，将高风险理财或资管产品兜售给普通投资者，大大增加了风险波及面。在分业监管体制下，不同资管业务的监管规则和监管标准不统一，对资管产品杠杆比例、透明度、投资者适当性等要求各不相同，机构的监管套利问题比较普遍。

（六）控股公司杠杆收购和不当关联交易问题较多，相关操作存在较大金融风险隐患

控股母公司借附属金融机构资金实施高风险杠杆收购。辖区部分保险公司配合控股母公司，以高成本"万能险"吸收公众资金，频频在二级市场举牌上市公司。从年初的"宝万之争"到年中的"南玻A"事件，再到年尾"突袭"格力电器，控股母公司借助附属及合作金融机构资金开展高杠杆收购案例多发，影响证券市场稳定，干扰实体企业正常经营，威胁到金融消费者合法权益。

民营保险机构存在不当关联交易风险和问题。民营保险机构股权十分集中，深圳富×生命人寿公司的实际控制人直接或间接持有该保险公司的股权约90%，宝能集团通过关联公司持有的前海人寿股权近100%。由于缺乏股权制衡机制，两家保险公司的公司治理问题较为突出，不当关联交易多发，个别保险公司有成为大股东"提款机"的风险。

（七）新业态金融和交易场所经营不规范，地方金融风险多发

部分互联网金融平台经营管理能力较弱。近年来，互联网金融机构为中小微企业融资作出重要贡献，但发展中也存在"快、偏、乱、跑"等问题。许多P2P平台业务创新和风险管控逐渐偏离了金融本质，部分互联网金融平台违规对接私募债、垃圾债，将其打包拆分作为公募产品向普通投资者兜售。2013年以来深圳市发生风险的各种P2P问题平台290家（2016年为83家），占全国

11.81%。随着国家对互联网金融规范整治的深入，深圳部分互联网金融机构还将陆续被"出清"，部分互联网金融平台的投资者可能面临兑付风险。

小额贷款公司综合费率偏高但水平总体稳定。据深圳金融办调查，深圳市小贷市场长期存在综合费率偏高的问题，但利率水平已充分市场化、波动区间不大，多年基本维持同一水平。2016年，深圳小贷公司平均贷款年化利率达17%左右，部分纯信用"微贷"业务年化率达30%。从融资渠道看，很多小贷公司从金融资产交易所、其他小贷公司、互联网金融平台等融资，突破监管防火墙。对逾期时间较长的信贷资产，小贷公司多采取打包转让等方式"收债"，其野蛮催收给客户生活、工作带来严重影响，产生社会不稳定问题。

私募基金风险与合规管理问题较多。据测算，许多深圳私募基金客户的人均真实投资额低于100万元，部分私募基金通过P2P借贷、股权众筹融资等方式向不特定的投资者募集资金，个别私募基金可能涉嫌非法集资。部分私募基金以"名股实债"方式，大量投资房地产项目，有的私募基金因股权投资项目失败发生兑付风险。

地方大宗商品交易场所违规风险多发。截至2016年12月，深圳市共批准设立各类地方交易场所23家，经营范围包含贵金属、大宗商品、文化艺术品、金融资产、股权、实物资产等。各交易场所交易模式和经营方式差异较大，合规经营情况良莠不齐。以深圳×化工交易所有限公司、前海×华国际商品交易中心等为代表的部分大宗商品交易场所，违规集中交易标准化合约被要求停业整顿，投资者亏损严重，相关维权活动频繁。

新商事登记改革推动了账户管理便利化，但防诈骗压力剧增。深圳近年的商事登记便利化改革成效显著，2016年新登记商事主体56.08万户，同比增长21.5%。但在商事主体数量剧增的同时，单位银行结算账户案件也呈爆发态势。某些不法分子利用单位账户进行电信诈骗，成为账户管理方面的新风险点。2016年，深圳共发生116宗利用单位银行结算账户实施的信息诈骗案。

三、2017年形势分析与展望

展望2017年，世界政治经济前景依然复杂多变，外部冲击对中国经济的影响可能加大，在金融市场波动和债务违约多发的市场环境下，深圳金融机构资产质量可能进一步下滑，房地产调控和金融业去通道、降杠杆政策也会给市场带来阵痛。为应对经济新常态下的各种挑战，深圳应坚定推进供给侧结构性改革，着力推动金融服务实体经济，把防控金融风险放在更加重要的位置，抑制资产泡沫，加强金融宏观审慎监管，切实防范系统性金融风险。

（一）引导资金"脱虚向实"，增强服务实体经济效能

金融业应当谨守服务实体经济的原则，结合深圳科技与创新类产业发达的特点，加大对先进制造业、战略性新兴产业、创新创业企业的直接支持力度，探索推动科技金融、供应链金融、航运金融、贸易融资等业务发展。探索实施投贷联动和中小微企业贷款风险补偿等政策。在互联网金融和金融科技（Fintech）竞争压力下，金融机构应当积极探索大数据、区块链技术下的新运营机制和风险管控模式，贴近实体经济做好普惠金融。

（二）因城施策做好房地产调控，切实防范房地产金融风险

真正落实"房子是用来住的、不是用来炒的"定位，因城施策做好房地产市场调控，逐步降低

经济增长对房地产相关行业的依赖，减轻高房价对实体经济的"挤压"。健全房地产金融宏观审慎监管体系，逐步收紧房地产融资政策，做好对房地产成交量、成交价格和融资收紧的风险监测预警，防范房地产金融风险及其对整个金融体系的传导效应。同时，应支持政府土地整备、旧城改造、生态红线置换、保障房建设等合理融资需求，推动房地产行业稳健发展。

（三）加强本外币全口径监管，促进跨境资金均衡流动

高度重视跨境收支和结售汇"双维度"平衡管理，加强本外币全口径监管，进一步促进人民币跨境资金均衡流动。把"扩流入"放在更重要位置，将"扩流入"与深化深港金融合作、推进跨境业务改革创新相结合，积极引导外汇市场预期。大力做好"控流出"工作，加强资金流出渠道监控，高度关注部分企业借道构造贸易、内保外贷、供应链业务和第三方支付等流出资金。进一步发挥深圳市外汇和跨境人民币业务展业自律机制的作用，指导商业银行配合跨境资金流动均衡管理政策，压缩套利空间。

（四）统一杠杆要求，完善跨市场、跨行业资产管理业务的监管机制

探索建立跨市场跨行业资产管理业务的监管协调机制，开展大数据风险监测分析，对资管产品的资金来源、结构和底层资产进行穿透式监管，统一跨市场、跨行业资管产品杠杆要求，加强资本消耗管理，减少资管产品嵌套层级，明确风险承担主体及责任，重点防范市场主体借资管通道加杠杆投资可能引发的金融风险，防止少数资管业务风险演变为系统性金融风险。

（五）以风险资本充足为监管核心，探索建立金融控股公司监测监管制度

深圳本地具有金融控股功能或开展相关业务的控股公司（集团）众多，集团内部虚增资本、不当关联交易、交叉性持股等问题不少，整体杠杆率高，风险抵补能力弱。应当加快金融控股公司监管相关制度建设，尤其是加强对产融结合型控股集团的监管约束，加强对集团合并资本的统一监管，着力维护资本市场投融资秩序，限制控股集团利用融资便利开展恶性并购等行为，防止产业资本与金融资本交叉传导引发系统性风险。

（六）加强对新兴金融业态的规范管理，完善投资者适当性管理和金融消费权益保护机制

新兴金融业态和地方交易场所是区域金融风险的重要来源。深圳新兴金融机构类型多元，涉险资金量大，投资者人数众多，对金融业的关联性大、影响面广。为保护中小投资者合法权益，应当加强对证券经营机构涉众违规经营的执法力度，取缔非法交易场所和互联网金融平台，加强投资者适当性管理，防范私募基金变相公募化或借私募基金之名开展非法集资。

总　　纂：林　平
统　　稿：余　钢　胡春冬
执　　笔：盖　鹏
其他参与写作人员：杨　丹　熊　英　袁　婷　桂　蟾　王翔宇　张　涵
　　　　　　　　　谢文芳　孙勤立　王建党　孟　浩　郭健伟　张　婉
　　　　　　　　　高　苏　林嘉立　高　敏　庞春阳　陈　曦　刘宇奇
　　　　　　　　　赵民伟　王智勇　蔡瑞文　马瑞超